Jus Internationale et Europaeum

herausgegeben von
Thilo Marauhn und Christian Walter

179

Franziska Hobmaier

Die Einrichtung völkervertraglicher Gremien

Entwicklung eines unionsrechtlichen
Legitimationssystems mit Bezügen zum Grundgesetz

Mohr Siebeck

Franziska Hobmaier, geboren 1993; Studium der Rechtswissenschaft in München und Neuchâtel; 2016 Erste Juristische Prüfung; 2016–20 Wissenschaftliche Mitarbeiterin am Lehrstuhl für Öffentliches Recht und Europarecht an der Ludwig-Maximilians-Universität München; 2021 Promotion; seit 2020 Rechtsreferendarin im Bezirk des OLG München.
orcid.org/0000-0002-2970-359X

ISBN 978-3-16-160966-4 / eISBN 978-3-16-160967-1
DOI 10.1628/978-3-16-160967-1

ISSN 1861-1893 / eISSN 2568-8464 (Jus Internationale et Europaeum)

Die Deutsche Nationalbibliothek verzeichnet diese Publikation in der Deutschen Nationalbibliographie; detaillierte bibliographische Daten sind über *http://dnb.dnb.de* abrufbar.

© 2021 Mohr Siebeck Tübingen. www.mohrsiebeck.com

Das Werk einschließlich aller seiner Teile ist urheberrechtlich geschützt. Jede Verwertung außerhalb der engen Grenzen des Urheberrechtsgesetzes ist ohne Zustimmung des Verlags unzulässig und strafbar. Das gilt insbesondere für die Verbreitung, Vervielfältigung, Übersetzung und die Einspeicherung und Verarbeitung in elektronischen Systemen.

Das Buch wurde von Gulde Druck in Tübingen gesetzt, auf alterungsbeständiges Werkdruckpapier gedruckt und gebunden.

Printed in Germany.

Meiner Familie

Vorwort

Die vorliegende Arbeit wurde im Sommersemester 2020 zur Begutachtung bei der Juristischen Fakultät der Ludwig-Maximilians-Universität München eingereicht und im Wintersemester 2020/21 als Dissertation angenommen. Literatur und Rechtsprechung sind für die Veröffentlichung aktualisiert worden und befinden sich auf dem Stand Dezember 2020.

Von ganzem Herzen möchte ich meinem akademischen Lehrer und Doktorvater Prof. em. Dr. Rudolf Streinz danken, der in mir nicht nur die Liebe zum Europarecht geweckt hat, sondern mich verlässlich auf meinem Weg zur Promotion unterstützt und mir gleichzeitig die nötigen akademischen Freiheiten geschenkt hat.

Für die angenehme Zeit während meines Lehr- und Forschungsaufenthalts an der Hitotsubashi University, Tokio bedanke ich mich bei Frau Prof. Yumiko Nakanishi, insbesondere für ihre Bereitschaft zum wissenschaftlichen Austausch und die Anregungen im persönlichen Gespräch.

Mein herzlicher Dank gilt in zweifacher Hinsicht Herrn Prof. Dr. Christian Walter für die Erstellung des Zweitgutachtens und für die Aufnahme meiner Arbeit in die Schriftenreihe Ius Internationale et Europaeum. Bezüglich letzterem danke ich auch Prof. Dr. Thilo Marauhn. Daneben möchte ich Frau Daniela Taudt (LL.M. Eur.) für die verlegerische Betreuung danken.

Dankbar bin ich auch für die Inspirationen und Denkanstöße, die ich durch die Teilnahme am Europaeum-Doktorandenprogramm während meiner Promotionszeit bekommen habe.

Schließlich gilt mein Dank all denjenigen Freundinnen und Freunden sowie Kolleginnen und Kollegen, die mich auf unterschiedlichste Weise bei der Fertigung dieser Arbeit und darüber hinaus unterstützt haben. Stellvertretend für viele seien genannt Dr. Eva-Maria Ehemann, Dr. Julian Eibl, Dr. Martin Heidebach, Prof. Dr. Walther Michl (LL.M. Eur.) und Charlotte Mölter.

Ein besonderer Dank gebührt meiner Familie, besonders meinem Vater für die sorgfältige Durchsicht des Manuskripts, und Florian. Ihr habt mich auf meinem bisherigen Weg in jeder erdenklichen Weise unterstützt und mir den nötigen Rückhalt geboten. Dafür danke ich euch von ganzem Herzen und widme euch diese Arbeit.

München, im Juni 2021   *Franziska Hobmaier*

Inhaltsverzeichnis

Vorwort VII
Abkürzungsverzeichnis XXI

Einführung 1

A. Zusammenarbeit auf Grundlage bilateraler Vertragsstrukturen als Chance oder Gefahr? 1
B. Einbezug des deutschen Verfassungsrechts 4
   I. Relevanz 4
   II. Verfahren vor dem BVerfG im Vorfeld des Abschlusses aktueller Freihandelsabkommen der EU 6
C. Problemlösung 9
   I. Methodologische Vorbemerkung und Eingrenzung des Forschungsvorhabens 9
   II. Gang und Ziel der Untersuchung 11

§ 1 Beschlüsse völkervertraglicher Gremien bilateraler Natur und ihre Wirkung in der Unionsrechtsordnung 15

A. Das völkervertragliche Gremium bilateraler Natur und dessen Befugnisse 15
   I. Kennzeichen des Vertragsgremiums bilateraler Natur 15
      1. Einrichtung durch völkerrechtlichen Vertrag mit bilateraler Erfüllungsstruktur 15
      2. Besetzung mit Unionsvertretern und Einvernehmlichkeitsprinzip 17
   II. Konkretisierung von Art und Wirkung der Gremientätigkeit . . . 18
      1. Befugnis zum Erlass unmittelbar verbindlicher Beschlüsse . . 18
      2. Reichweite der Beschlussfassungsbefugnisse in der Praxis . . . 20
   III. Fazit 21
B. Status und Wirkung völkervertraglicher Beschlüsse in der Unionsrechtsordnung 22
   I. Status völkervertraglicher Beschlüsse im Unionsrecht 22

1. Integrale Bestandteilseigenschaft und Geltung	22
2. Unmittelbarer Zusammenhang zum Abkommen	23
a) Beschlussfassungsbefugnisse und -verfahren im jeweiligen Abkommen	24
b) Einhaltung des primärrechtlichen Standpunktverfahrens	24
aa) Mechanismus bei völkerrechtlichen Verträgen	25
bb) Gleichlauf bei Beschlüssen	26
c) Zwischenergebnis	27
II. Wirkung völkervertraglicher Beschlüsse im Unionsrecht	27
1. Rang und Vorrang	27
2. Unmittelbare Wirkung	29
a) Prüfung der unmittelbaren Wirkung der Abkommensbestimmung	30
b) Unmittelbare Wirkung der Beschlüsse	32
III. Fazit	33
C. Völkerrechtliche Natur der Gremien und ihrer Beschlüsse	33
I. Vertragsorgan	34
II. Beschluss als einseitiger Rechtsakt des Gremiums	35
III. Fazit	37

§ 2 Kompetenzen für die Einrichtung völkervertraglicher Gremien und die Mitwirkung an der Beschlussfassung ... 39

A. Kompetenzen für die Einrichtung völkervertraglicher Gremien	39
I. Kompetenzrechtliche Grundlage	39
1. Bestimmungen des Primärrechts	39
2. Rechtsprechung des EuGH	40
II. Kompetenzrechtliche Grenzen	42
1. Einrichtungsakt ultra vires?	42
a) Vertikale Kompetenzabgrenzung und gemischte Abkommen	43
b) Übertragung von Hoheitsrechten und Integrationsprogramm der EU	44
aa) Übertragung von Hoheitsrechten durch den Einrichtungsvorgang	45
(1) Begriff der „Übertragung von Hoheitsrechten"	45
(2) Begriff der „zwischenstaatlichen Einrichtung"	47
bb) Vertragsschließungskompetenzen und Übertragung von Hoheitsrechten	48
2. „Identität" der Unionsverfassung: Absolute Grenze der Vertragsänderung nach Art. 48 EUV	50

III. Fazit	53
B. Kompetenzen für die Mitwirkung an Beschlüssen völkervertraglicher Gremien	53
I. Kompetenzrechtliche Grundlage	53
II. Kompetenzabgrenzung für die Standpunktfestlegung in gemischten Abkommen	54
1. Grundregeln für die Ermittlung der Kompetenzen	56
2. Kompetenzkonstellationen bei der Durchführung gemischter Abkommen	57
a) Beschluss im ausschließlichen Kompetenzbereich der EU	58
b) Beschluss im mitgliedstaatlichen Kompetenzbereich	58
aa) Grundlagen	58
bb) Kein Übergang der Durchführungskompetenz auf die EU	59
c) Teil des Beschlusses in ausschließlich mitgliedstaatlicher Zuständigkeit	61
aa) Pastis-Formel	61
bb) Neueste EuGH-Rechtsprechung im Bereich der GASP	62
cc) Bewertung	63
d) Der Erlass gemeinsamer Standpunkte durch einstimmigen Ratsbeschluss im Bereich gemischter Kompetenzen	64
aa) Einbettung in die Diskussionen zu CETA	65
bb) Analyse vor dem Hintergrund des Unionsprimärrechts	66
(1) Mehrheitserfordernis des Unionsprimärrechts	67
(2) Hybride Beschlüsse als Missbrauch des Mehrheitserfordernisses?	67
(3) Anwendung auf hybride Standpunktbeschlüsse	68
(4) Relevanz einer politischen Absichtserklärung	70
cc) Bewertung der „Trennungslösung" und Ausblick	70
e) Beschluss im Bereich geteilter Kompetenzen (Antarktis-Urteil)	72
aa) Inhalt und Gang des Verfahrens	73
bb) Ansicht der Generalanwältin: kein facultative mixity	74
cc) Ansicht des EuGH	75
(1) Möglichkeit der facultative mixity	75
(2) Obligatory mixity durch Völkerrecht	76
dd) Bewertung der Rechtsprechung	77
III. Fazit	78

§ 3 Die Verfahren zur Mitwirkung der Unionsorgane
an Beschlüssen völkervertraglicher Gremien durch
Standpunktfestlegung 81
A. Grundlagen zu den unionsinternen Mitwirkungsverfahren 82
   I. Einordnung der Standpunktfestlegung in den Rahmen
      der Außenvertretung 82
   II. Entstehungsgeschichte des Verfahrens nach Art. 218 Abs. 9 AEUV 84
      1. Rückgriff auf das Vertragsschlussverfahren
        (EWGV bis EGV-Maastricht) 84
      2. Erstmalige Kodifikation des vereinfachten Verfahrens
        (EGV-Amsterdam) 86
      3. Öffnung des Anwendungsbereichs (EGV-Nizza) 87
      4. (Teilweise) Loslösung des Standpunktverfahrens
        (mit Vertrag von Lissabon) 88
      5. Entstehungsgeschichte als Spiegel verschiedener Interessen . . 88
B. Unionsinterne Verfahren der Standpunktfestlegung anlässlich des
   Erlasses völkervertraglicher Gremienbeschlüsse 89
   I. Das Verfahren nach Art. 218 Abs. 9 AEUV 89
      1. Vorschlag durch die Kommission oder den Hohen Vertreter . . 90
        a) Vorbereitungsphase 90
        b) Vorschlagsberechtigung 91
        c) Änderung oder Rücknahme des Kommissionsvorschlags . . 92
      2. Festlegung des Standpunktes durch Ratsbeschluss 92
        a) Inhaltliche Änderungsmöglichkeit des Standpunktvorschlags 92
        b) Rechtsform des Beschlusses und
           Rechtmäßigkeitsanforderungen 94
        c) Rolle des Europäischen Parlaments 96
        d) Abstimmungsregeln im Rat 97
           aa) Standpunktverfahren und allgemeines
              Vertragsschlussverfahren 98
           bb) Rückgriff auf die allgemeinen Mehrheitsregeln
              der Verträge 99
           cc) Rückgriff auf Art. 218 Abs. 8 AEUV 100
              (1) Urteil Vereinigtes Königreich/Rat 100
              (2) Urteil Kommission/Rat (ITU) 100
              (3) Urteil Kommission/Rat (Kasachstan) 101
                (a) Betonung der Nähe zum Vertragsschlussverfahren 101
                (b) Fallgruppen der einstimmigen Beschlussfassung . 102
           dd) Bewertung 103

3. Vertretung des Standpunktes im Gremium		105
a) Durch den Unionsvertreter		105
b) Entscheidungsspielraum des Unionsvertreters		106
4. Bewertung des Einflusses der Unionsorgane auf den Gremienbeschluss		108
II. Das Verfahren nach Art. 218 Abs. 7 AEUV		109
1. Genereller Ablauf		109
a) Ermächtigung durch den Rat		109
b) Annahme der Änderung im Gremium durch den Verhandlungsführer		111
2. Zeitpunkt der Standpunktfestlegung		111
3. Bewertung des Einflusses der Unionsorgane auf den Gremienbeschluss		113
III. Gegenüberstellung der Verfahren im Umfeld völkervertraglicher Beschlüsse		113
1. Organbeteiligung im Vertragsschlussverfahren		113
2. Vergleich mit unionsinternen Mitwirkungsverfahren		115
3. Exkurs: Informelle Verfahren für nicht rechtswirksame Akte		116
C. Anwendungsbereich der unionsinternen Mitwirkungsverfahren		118
I. Durch eine Übereinkunft eingesetztes Gremium		119
1. Grundkonstellation: Übereinkunft der EU		120
2. Sonderkonstellation: Übereinkunft der Mitgliedstaaten		120
a) Urteil Deutschland/Rat (OIV)		121
b) Kritische Bewertung		123
aa) Keine direkte Anwendung auf Übereinkünfte der Mitgliedstaaten		123
(1) Wortlaut		123
(2) Aktivierung des Art. 218 Abs. 9 AEUV über Art. 43 AEUV		124
(3) Systematik, Telos, Entstehungsgeschichte des Art. 218 Abs. 9 AEUV		125
bb) Analoge Anwendung auf Übereinkünfte der Mitgliedstaaten		126
(1) Verhältnis zum Loyalitätsgebot aus Art. 4 Abs. 3 EUV		127
(2) Verhältnis zu einem Beitritt der EU		130
cc) Zwischenergebnis		131
c) Übereinkünfte im Bereich der GASP		132
3. Übertragung der Überlegungen auf Art. 218 Abs. 7 AEUV		132
II. Teilnahme der EU am Erlass rechtswirksamer Akte		133
1. Standpunktverfahren des Art. 218 Abs. 9 AEUV		133

  2. Anwendung auf das Verfahren nach Art. 218 Abs. 7 AEUV . . 135
 III. Gremientätigkeit 135
  1. Der Erlass rechtswirksamer Akte im Sinne von Art. 218 Abs. 9
   AEUV 135
   a) Ausdehnung auf völkerrechtlich unverbindliche Akte
    (OIV-Urteil) 136
   b) Eigene Auslegung und Suche nach dem Zweck des
    Standpunktverfahrens 137
    aa) Anknüpfen an die integrale Bestandteilseigenschaft . . . 138
    bb) Gleichstellung der Wirkungen mit denen völkerrechtlicher
     Abkommen 140
    cc) Zwischenergebnis 141
   c) Sonderproblem: „rechtswirksamer Akt" bei
    Vorbereitungshandlungen 141
  2. Rückausnahme rechtswirksamer Akte zur Änderung oder
   Ergänzung des institutionellen Rahmens der Übereinkunft
   (Art. 218 Abs. 9 AEUV a. E.) 143
   a) Folgen des Anwendungsausschlusses 144
    aa) Anwendung des Verfahrens nach Art. 218 Abs. 6 AEUV 144
    bb) Beteiligungsform des Europäischen Parlaments 146
    cc) Folgen für den Umfang delegierbarer
     Beschlussfassungsbefugnisse 147
   b) Reichweite des Anwendungsausschlusses 148
    aa) Institutioneller Rahmen der Übereinkunft 148
    bb) Änderung oder Ergänzung des institutionellen Rahmens 150
    cc) Anwendungsbeispiele 153
     (1) Hauptausschüsse und Unterausschüsse 154
     (2) Erweiterung oder Verschiebung von
      Entscheidungsbefugnissen 155
  3. Reichweite der Gremientätigkeit in Art. 218 Abs. 7 AEUV . . . 156
   a) Die Annahme von Änderungen der Übereinkunft 156
   b) Anwendbarkeit der Rückausnahme des Art. 218 Abs. 9
    AEUV a. E. 158
 IV. Zusammenfassende Übersicht der Verfahren im Umfeld der
   völkervertraglichen Beschlussfassung 159
D. Rückschlüsse für die Einrichtung völkervertraglicher Gremien 161
 I. Teilnahme von Vertretern der EU und Rückbindung an die
   Unionsorgane 161
 II. Befugnisse im institutionellen Bereich 162
 III. Offenheit für weitreichende Befugnisse im materiellen Bereich . . 163

§ 4 Feinjustierung des unionsrechtlichen Maßstabs und Verknüpfung mit den Anforderungen des Grundgesetzes 165

A. Feinjustierung auf Grundlage unionsverfassungsrechtlicher Prinzipien 166
  I. Prinzip der demokratischen Legitimation 166
    1. Legitimationsbedarf und Legitimationsniveau 166
      a) Grundlagen 166
      b) Legitimationsbedarf bei der Einrichtung völkervertraglicher Gremien 168
      c) Legitimationsbedarf völkervertraglicher Beschlüsse 170
      d) Legitimation im internationalen Kontext 171
    2. Mechanismen der Legitimationsvermittlung 174
      a) Grundlagen unter Berücksichtigung politikwissenschaftlicher Ansätze 174
      b) Legitimationskonzept der EU 175
        aa) Legitimationsvermittlung durch den Rat und das Europäische Parlament 175
        bb) Gewichtung der Legitimationsstränge 177
        cc) Alternative Formen der Legitimationsvermittlung 178
        dd) Zwischenergebnis 180
      c) Delegations- und Mitwirkungsakte der Unionsebene 180
        aa) Vorüberlegungen: Gemischtes Abkommen oder EU-only-Abkommen 181
        bb) Anforderungen an den Delegationsakt („Integrationsprogramm") 182
        cc) Mitwirkungsakt der Unionsebene 182
        dd) Output-Legitimation und ergänzende Legitimationsformen 183
        ee) Verhältnis der Legitimationsmechanismen zueinander . . 184
    3. Hinreichendes Legitimationsniveau bei Einhaltung der besonderen Verfahrensbestimmungen des Unionsrechts? 185
      a) Besondere Verfahrensbestimmungen als Ausdruck des Prinzips der demokratischen Legitimation 185
      b) Verbleibende Relevanz des allgemeinen Legitimationsprinzips 186
  II. Prinzip des institutionellen Gleichgewichts 187
    1. Herleitung 187
    2. Inhalte 189
    3. Verstoß gegen das institutionelle Gleichgewicht durch die Einrichtung völkervertraglicher Gremien? 190

III. Befugnisdelegationen in der Rechtsprechung des EuGH	192
1. Meroni-Kriterien	193
a) Meroni-Konstellation	193
b) Anforderungen und Grenzen aus der Meroni-Rechtsprechung	193
aa) Übertragung eigener Rechte	194
bb) Ausdrücklichkeit der Befugnisübertragung	194
cc) Anforderungen an den Inhalt der Delegation	194
dd) Wahrung des institutionellen Gleichgewichts	196
2. Kriterien für die unionsinterne Delegation von Rechtsetzung an die Europäische Kommission	197
a) Anforderungen an den Delegationsakt	198
b) Mechanismen zur Kontrolle der Ausübung der Delegation	198
c) Grenze: Ergänzung oder Änderung nicht wesentlicher Vorschriften	199
aa) Komitologie-Urteile: Primär funktionales Verständnis	199
(1) Wesentliche Grundzüge der zu regelnden Materie	200
(2) Anhaltspunkte für bereichsspezifischen Wesentlichkeitsgrundsatz	200
(3) Zwischenergebnis	201
bb) Inhaltliche Ausdifferenzierung nach Lissabon	202
cc) Konturierung eines unionsrechtlichen Wesentlichkeitsmaßstabs	203
(1) Kriterium der politischen Entscheidung	203
(2) Kriterium der Grundrechtsbezogenheit	204
(3) Kriterium der Interessenabwägung	205
(4) Prüfung der Wesentlichkeit	205
(5) Maßstab bei einem Handeln der Kommission	207
3. Anwendung der Kriterien auf die Delegation an völkervertragliche Gremien	207
a) Keine direkte Anwendung	207
aa) Fehlende Ähnlichkeit der institutionellen Strukturen	208
bb) Keine vollständige Ähnlichkeit der Befugnisübertragungen	208
b) Modifizierte Anwendung der Kriterien auf völkervertragliche Gremien	210
aa) Interne Kriterien und auswärtiges Handeln	210
(1) Meroni-Kriterien im Gutachten zum Stilllegungsfonds	210
(2) Gemeinsame allgemeine Grundsätze des Unionsrechts	212
(3) Einheitliches institutionelles Gleichgewicht intern und extern	213

bb) Auswahl tauglicher Anforderungen und Grenzen	215
(1) Kein nachträgliches Einspruchs- oder Widerrufsrecht	215
(2) Anforderungen an den Delegationsakt	216
(3) Entscheidung für das Wesentlichkeitskriterium	217
cc) Anwendung des Wesentlichkeitskriteriums	219
(1) Wesensänderung und grundlegende Regelungsentscheidungen	219
(2) Genau umgrenzte Durchführungsbefugnisse	220
(3) Begrenztes Ermessen bzw. delegierte Rechtsetzung .	221
(4) Keine erheblichen Grundrechtseingriffe	223
dd) Anwendung der Anforderungen auch auf Art. 218 Abs. 7 AEUV.	223
IV. Zusammenfassung des verfeinerten unionsrechtlichen Maßstabs .	224
B. Verknüpfung mit den Anforderungen des Grundgesetzes: Mitwirkungsakte des Bundestags und Integrationsverantwortung . .	225
I. Unterscheidung zwischen Kompetenzbereichen der EU und der Mitgliedstaaten	225
1. Anknüpfungspunkt für den nationalen Kompetenzbereich . . .	225
2. Anknüpfungspunkt für den EU-Kompetenzbereich: Integrationsverantwortung.	226
II. Bundestagsbeteiligung im nationalen Kompetenzbereich gemischter Abkommen	227
1. Anwendbares Zustimmungserfordernis für die völkerrechtliche Ratifikation	228
a) Einrichtung völkervertraglicher Gremien ohne Hoheitsrechtsübertragung.	228
b) Einrichtung völkervertraglicher Gremien mit Hoheitsrechtsübertragung	228
aa) Durchgriffswirkung der Beschlüsse ohne Umsetzungsakt	229
bb) Keine Anwendung des Art. 23 GG	229
(1) Kein Übergang nationaler Hoheitsrechte auf die EU .	229
(2) Kein Übergang auf Einrichtungen im Näheverhältnis der EU.	230
c) Zwischenergebnis	233
2. Rückbindung der Gremienbeschlüsse an den Bundestag	233
a) Kein unmittelbarer Durchgriff in die nationale Rechtsordnung	234
b) Zustimmung durch Ratifikationserfordernis	234
c) Rückkopplung des mitgliedstaatlichen Vertreters an den Bundestag	235
aa) Ausübung mitgliedstaatlicher Zuständigkeiten	235

bb) Reichweite des Integrationsprogramms 236
III. Beteiligung des Bundestags im Kompetenzbereich der EU 236
   1. Überschießende Ratifikation bei gemischten Abkommen 237
      a) Blockademöglichkeit des gemischten Abkommens in der Praxis 237
      b) Keine Blockademöglichkeit des EU-only-Abkommens 238
   2. Verstärkte Rückbindung des Delegationsakts an den Bundestag 238
      a) Relevanz bei gemischten und EU-only-Abkommen 239
      b) Bestehender Einfluss des Bundestags auf den Ratsvertreter . 239
      c) Gesetz/Beschluss wegen Art. 23 Abs. 1 GG und Integrationsverantwortung 240
         aa) Bestehende Fallgruppen des Art. 23 Abs. 1 GG 241
            (1) Von Verfassungs wegen gebotene Wahrnehmung . . . 241
            (2) Haftungsmechanismen und Haushaltsverantwortung . 242
            (3) „Weiterübertragung" von Hoheitsrechten in Abkommen der EU 242
         bb) Neue Fallgruppe wesentlicher gemischter Vertragsschlüsse? 243
            (1) Rückkopplung europäischer Entscheidungsmechanismen 244
            (2) Auswirkungen auf die effektive Entscheidungsfindung im Rat 244
            (3) Beachtung der bereits bestehenden Legitimationsmechanismen 246
            (4) Restriktiver Maßstab 247
         cc) Zwischenergebnis 247
   3. Keine Rückbindung weitreichender Standpunktfestlegungen an den Bundestag 248
      a) Bestehendes Zustimmungsrecht des Europäischen Parlaments 248
      b) Verstärkte Einbindung des Europäischen Parlaments in besonderen Fällen 249
      c) Nutzung der bestehenden Unterrichtungsrechte des Bundestags 249
      d) Keine zusätzliche Rückkopplung an den Deutschen Bundestag 249
IV. Zusammenfassung des mit den Anforderungen des Grundgesetzes verknüpften Maßstabs 250

§ 5 Unionsrechtliches Legitimationssystem für die Einrichtung völkervertraglicher Gremien ... 253

A. Das unionsrechtliche Legitimationssystem ... 254
   I. Anwendbarkeit des Legitimationssystems ... 254
   II. Anforderungen an den Delegationsakt ... 255
      1. Sachliche Rechtfertigung ... 255
      2. Kompetenzgrundlage für die Befugnisdelegation ... 255
      3. Einhaltung des Vertragsschlussverfahrens und Beteiligung relevanter Akteure ... 256
      4. Anforderungen an den Delegationsakt ... 256
   III. Ursprungskontrolle durch die Rückbindung des Unionsvertreters an den Standpunkt der Unionsorgane ... 257
      1. Besetzung mit Unionsvertretern ... 257
      2. Rückbindung über unionsinterne Mitwirkungsverfahren ... 257
         a) Auswahl des unionsinternen Mitwirkungsverfahrens ... 258
         b) Intensität der Rückbindung des Unionsvertreters ... 258
         c) Intensive(re) Einbeziehung der Parlamente in Sonderfällen ... 258
         d) Einlasskontrolle aufgrund dualen Verständnisses ... 259
   IV. Gerichtliche Kontrolle der Befugnisdelegation durch den EuGH ... 259
      1. Gerichtliche Kontrolle des völkerrechtlichen Vertrags ... 259
      2. Gerichtliche Kontrolle des Gremienbeschlusses ... 260
         a) Gutachtenverfahren ... 260
         b) Vorabentscheidungsverfahren ... 261
         c) Nichtigkeitsklage ... 263
      3. Zwischenergebnis ... 265
   V. Grenzen für die Einrichtung völkervertraglicher Gremien ... 265
      1. Änderung oder Ergänzung des institutionellen Rahmens der Übereinkunft ... 266
      2. Delegation wesentlicher Befugnisse ... 266
         a) Inhalt und Reichweite der Wesentlichkeit ... 266
         b) Kontrolle der Einhaltung der Wesentlichkeit ... 267
B. Anwendung des unionsrechtlichen Legitimationssystems auf CETA ... 268
   I. Anwendbarkeit des Legitimationssystems ... 268
      1. CETA-Gremien als Gremien bilateraler Art mit Beschlussfassungsbefugnissen ... 268
      2. Befugnis zum selbstständigen Erlass verbindlicher Beschlüsse ... 270
      3. CETA als gemischtes Abkommen ... 273
   II. Anforderungen an den Delegationsakt ... 273
      1. Ausreichende Unionskompetenzen ... 273

2. Anforderungen an die Ausdrücklichkeit und Bestimmtheit der
   Befugnisse 274
III. Rückkopplungsmöglichkeit der Entscheidungsfindung 275
IV. Grenzen der Befugnisdelegation 275
   1. Änderung oder Ergänzung des institutionellen Rahmens der
      Übereinkunft 276
      a) Übergang auf ein multilaterales Investitionsgericht 276
      b) Verfahrensrecht institutioneller Art 277
         aa) Verhaltenskodex für Richter 278
         bb) Festlegung von Standards über den Austausch von
             Produktwarnungen 278
   2. Grenze der Wesentlichkeit 279
      a) Kategorien des geistigen Eigentums 280
      b) Festlegung der gerechten und billigen Behandlung 281
      c) Änderung oder Ergänzung bestimmter CETA-Bestimmungen
         und Anhänge 281
         aa) Aufnahme und Streichung geographischer
             Herkunftsangaben 282
         bb) Änderung von Anhängen und Protokollen 282
      d) Verbindliche Auslegung der CETA-Bestimmungen 282
   V. Zwischenergebnis 283
C. Abgrenzung und Ausblick: Multilaterale Gremienstrukturen 284
   I. Ursprungskontrolle und Eingliederung in die
      Unionsrechtsordnung 286
      1. Anwendbarkeit unionsinterner Standpunktverfahren 286
      2. Allgemeiner Unionsstandpunkt und Spielraum des
         Unionsvertreters 287
      3. Auswirkungen auf die Ursprungs- und die Einlasskontrolle .. 288
   II. Gerichtliche Kontrolle 288
   III. Art und Reichweite delegierbarer Befugnisse 289

§ 6 Gesamtergebnis der Untersuchung 291

A. Schlussbetrachtung 291
B. Überblick über die Ergebnisse 294

Literaturverzeichnis 305
Sachverzeichnis 319

Abkürzungsverzeichnis

a. A.	andere Ansicht
ABl.	Amtsblatt der Europäischen Gemeinschaften/Union
Abs.	Absatz
a. E.	am Ende
a. F.	alte Fassung
AEUV	Vertrag über die Arbeitsweise der Europäischen Union
AFDI	Annuaire français de droit international
AJIL	American Journal of International Law
AKP	Organisation Afrikanischer, Karibischer und Pazifischer Staaten
Alt.	Alternative
AöR	Archiv des öffentlichen Rechts (Zeitschrift)
Art.	Artikel
AStV	Ausschuss der Ständigen Vertreter der Regierungen der Mitgliedstaaten der Europäischen Union
Aufl.	Auflage
Bd.	Band
Beschl.	Beschluss
BVerfG	Bundesverfassungsgericht
BVerfGE	Entscheidungen des Bundesverfassungsgerichts
bzw.	beziehungsweise
CCAMLR	Commission for the Conservation of Antarctic Marine Living Resources
CE	Communauté européenne
CETA	Comprehensive Economic and Trade Agreement
CFI	Court of First Instance
CLEER	Centre for the Law of EU External Relations
CMLRev.	Common Market Law Review (Zeitschrift)
COM	Commission
COPs	conference of the parties
COSAC	Konferenz der Ausschüsse für Unionsangelegenheiten der Parlamente der Europäischen Union
ders.	derselbe(n)
d. h.	das heißt
dies.	dieselbe(n)
DÖV	Die Öffentliche Verwaltung (Zeitschrift)
DVBl.	Deutsches Verwaltungsblatt (Zeitschrift)
EAD	Europäischer Auswärtiger Dienst
EC	European Community

ECJ	European Court of Justice
EFAR	European Foreign Affairs Review (Zeitschrift)
EG	Europäische Gemeinschaft(en)
EGV	Vertrag zur Gründung der Europäischen Gemeinschaft
EGKS	Europäische Gemeinschaft für Kohle und Stahl
EGMR	Europäischer Gerichtshof für Menschenrechte
EJIL	European Journal of International Law (Zeitschrift)
EL	Ergänzungslieferung
ELJ	European Law Journal (Zeitschrift)
ELRev.	European Law Review (Zeitschrift)
EMRK	Europäische Menschenrechtskonvention
endg.	endgültig
EnzEuR	Enzyklopädie Europarecht
EP	Europäisches Parlament
EPIL	Encyclopedia of Public International Law
ESM	Europäischer Stabilitätsmechanismus
EU	Europäische Union
EuG	Gericht der Europäischen Union (früher: Gericht Erster Instanz)
EuGH	Europäischer Gerichtshof (Gerichtshof der Europäischen Union)
EuR	Europarecht (Zeitschrift)
EUSFTA	European Union Singapore Free Trade Agreement
EUV	Vertrag über die Europäische Union
EuZW	Europäische Zeitschrift für Wirtschaftsrecht
EVV	Vertrag über eine Verfassung für Europa
EWG	Europäische Wirtschaftsgemeinschaft
EWGV	Vertrag zur Gründung der Europäischen Wirtschaftsgemeinschaft
EWR	Europäischer Wirtschaftsraum
EWS	Europäisches Wirtschafts- und Steuerrecht (Zeitschrift)
EYIEL	European Yearbook of International Economic Law
f./ff.	folgende
Fn.	Fußnote
FS	Festschrift
FTA	Free Trade Agreement
GA	Generalanwalt/Generalanwältin
GASP	Gemeinsame Außen- und Sicherheitspolitik
GATT	General Agreement on Tariffs and Trade
GeschO-EP	Geschäftsordnung des Europäischen Parlaments
GG	Grundgesetz
ggf.	gegebenenfalls
GLJ	German Law Journal (Zeitschrift)
GRC/GRCh	Charta der Grundrechte der Europäischen Union
GS	Gedächtnisschrift
GYIL	German Yearbook of International Law
Hrsg.	Herausgeber
Hs.	Halbsatz
HUDOC	Human Rights Documentation (Onlinedatenbank des EGMR)
I.CON	International Journal of Constitutional Law
IGC	Intergovernmental Conference

insb.	insbesondere
IntVG	Integrationsverantwortungsgesetz
i. S. d.	im Sinne der/des
ISGH	Internationaler Seegerichtshof
i. S. v.	im Sinne von
ITU	International Telecommunication Union
iVm	in Verbindung mit
Jura	Juristische Ausbildung (Zeitschrift)
JuS	Juristische Schulung (Zeitschrift)
JZ	Juristenzeitung (Zeitschrift)
KJ	Kritische Justiz (Zeitschrift)
KOM	Europäische Kommission
KSE	Kölner Schriften zum Europarecht
Lfg.	Lieferung
lit.	Buchstabe (litera)
Ls.	Leitsatz
MOPs	meeting of the parties
MJ	Maastricht Journal of European and Comparative Law (Zeitschrift)
MS	Member States
m. w. N.	mit weiteren Nachweisen
NJW	Neue Juristische Wochenschrift
No.	Number
Nr.	Nummer
NVwZ	Neue Zeitschrift für Verwaltungsrecht
OIV	Internationale Organisation für Rebe und Wein
OTIF	Zwischenstaatliche Organisation für den internationalen Eisenbahnverkehr
Ratsdok.	Ratsdokument
RL	Richtlinie
Rn.	Randnummer
Rs.	Rechtssache
RTDEuR	Revue Trimestrielle de Droit Europeen
Rz.	Randziffer
S.	Seite
SchlA	Schlussanträge
Slg.	Sammlung der Rechtsprechung des Gerichtshofes und des Gerichts (Erster Instanz)
sog.	sogenannt
Sp.	Spiegelstrich
TEU	Treaty on European Union
TFEU	Treaty on the Functioning of the European Union
TTIP	Transatlantic Trade and Investment Partnership
u. a.	unter andere/unter anderem
UAbs.	Unterabsatz
UE	Union européenne
v	versus
v.	von/vom
verb. Rs.	verbundene Rechtssachen

vgl.	vergleiche
VO	Verordnung
Vol.	Volume
VVDStRL	Veröffentlichungen der Vereinigung der Deutschen Staatsrechtslehrer
WPA	Wirtschaftspartnerschaftsabkommen
WTO	Welthandelsorganisation (World Trade Organization)
ZaöRV	Zeitschrift für ausländisches öffentliches Recht und Völkerrecht
z. B.	zum Beispiel
ZEuS	Zeitschrift für europarechtliche Studien
Ziff.	Ziffer
ZRP	Zeitschrift für Rechtspolitik

Einführung

A. Zusammenarbeit auf Grundlage bilateraler Vertragsstrukturen als Chance oder Gefahr?

Die EU ist in internationalen Organisationen und Vertragsgremien mehr und mehr präsent.[1] Dies ermöglichte insbesondere der Vertrag von Lissabon, der die EU im Bereich der Außenbeziehungen mit weitreichenden Vertragsschließungskompetenzen und Mechanismen zur Mitwirkung in völkervertraglichen Gremien ausstattete. Der Lissabonner Vertrag weitete die Kompetenzen im Bereich der gemeinsamen Handelspolitik aus,[2] legte implizite Außenkompetenzen vertraglich nieder[3] und schuf einheitliche Bestimmungen für das Aushandeln und den Abschluss völkerrechtlicher Verträge im Integrations- und GASP-Bereich[4]. Dahinter stand die Intention, das Ziel des gescheiterten Vertrags über eine Verfassung für Europa, eine Grundlage für eine starke und geeinte Identität der EU auf internationaler Bühne zu schaffen, weiterzuführen.[5] Die EU und ihre Mitgliedstaaten sollen in die Position versetzt werden, die Weltordnung, orientiert an den eigenen Werten[6], Zielen[7] und strategischen Interessen[8] mitzugestalten und Lösungen für grenzüberschreitende Herausforderungen der Handelspolitik, des Umwelt- und Klimaschutzes, der Digitalisierung und der Bewältigung von Migrationsströmen zu entwickeln. Der Lissabonner Vertrag beauftragt die Unionsorgane, sich in bilateralen und multilateralen Gremien für die Grundsätze der Demokratie, Rechtsstaatlichkeit, der Menschenrechte und

---

[1] *Blockmans/Wessel*, CLEER Working Paper 2012/5, S. 1 (7 ff.); zur Entwicklung bereits vor dem Inkrafttreten des Vertrags von Lissabon *Hoffmeister*, CMLRev. 2007, 41 (68).
[2] Dies betraf insbesondere den Bereich der ausländischen Direktinvestitionen, der nun ausdrücklich in die EU-Kompetenz fällt, siehe Art. 207 Abs. 1 S. 1 AEUV.
[3] Art. 216 Abs. 1 Alt. 2–4 iVm Art. 3 Abs. 2 AEUV.
[4] Art. 218 AEUV iVm Art. 37 EUV.
[5] *From the board*, Legal Issues of Economic Integration 2016, 1 (1).
[6] Art. 21 Abs. 1 EUV, Art. 205 Abs. 1 AEUV iVm Art. 2 EUV.
[7] Art. 2, Art. 3 EUV.
[8] Vgl. Art. 22 EUV.

des Völkerrechts aktiv einzusetzen.⁹ Sie sollen die genannten Grundsätze, Ziele und Interessen nach außen verwirklichen und gleichzeitig nach innen sichern.¹⁰

Dieses unionsprimärrechtlich niedergelegte Bekenntnis zur wertebasierten internationalen Zusammenarbeit scheint in Zeiten von Xi und Trump zumindest auf multilateraler Ebene schwer durchsetzbar zu sein. Vielmehr streben mächtige Nationen durch intensive protektionistische Maßnahmen und den Boykott bestehender multilateraler Systeme eine alleinige Vormachtstellung in der Welt an. Die (auch) dadurch erzeugte Krise multilateraler Systeme wie beispielsweise der Welthandelsorganisation (WTO) zwang die EU zu einem Strategiewechsel hin zur Kooperation durch bilaterale Vertragsstrukturen.¹¹ In der Folge nahmen diese Strukturen in quantitativer Hinsicht zu¹² und erlangten mehr und mehr strategische Bedeutung.¹³ Bilaterale Handelsabkommen der „neuen Generation"¹⁴, Assoziierungs- und sonstige Kooperationsabkommen setzen zudem in qualitativer Hinsicht Standards nicht nur für handelsbezogene Fragen, sondern auch für neue Wachstumsbereiche. Hierzu gehören Regelungen des geistigen Eigentums, des Wettbewerbs, der nachhaltigen Entwicklung und des Umwelt- und Arbeitsschutzes. Die auf diese Weise gesetzten Standards sind von hoher Relevanz und können sogar als „blueprint" für multilaterale Systeme fungieren.¹⁵

Neben den in den Abkommen gesetzten materiellen Standards ist auch ihre institutionelle Ausgestaltung interessant. Bilaterale völkerrechtliche Verträge der EU mit Drittstaaten sehen seit jeher die Einrichtung von Gremien vor, die mit ihren Beschlüssen den völkerrechtlichen Vertrag in vereinfachter Weise durchführen, ändern, ergänzen oder auch weiterentwickeln, ohne dass die Ver-

---

⁹ Diesen Werten soll die EU „weltweit zu stärkerer Geltung verhelfen", Art. 21 Abs. 1 EUV; siehe hierzu *Marquardt/Gaedtke*, in: von der Groeben/Schwarze/Hatje, 7. Aufl. 2015, Art. 21 EUV, Rn. 3.
¹⁰ Art. 21 Abs. 1 UAbs. 2 EUV, Art. 21 Abs. 2 lit. a EUV, Art. 3 Abs. 5 EUV. Diese Dualität erinnert an die bereits im deutschen Verfassungsrecht in Art. 23 Abs. 1 S. 1 und 3 GG niedergelegten Funktionen der Struktursicherung der internationalen Ebene und des Bestandsschutzes der „eigenen" Ebene. Siehe für das deutsche Verfassungsrecht *Streinz*, in: Sachs, 8. Aufl. 2018, Art. 23 Abs. 1 GG, Rn. 15.
¹¹ Der Strategiewechsel ist in der „Global Europe"-Initiative aus dem Jahre 2006 festgelegt, COM (2006) 567 final.
¹² Empirische Auswertung bei *Appel*, Das internationale Kooperationsrecht der Europäischen Union, 2016, S. 96 ff.
¹³ *Altemöller*, EuZW 2016, 374 (375 ff.); *Germelmann*, EuZW 2016, 207 (209 f.).
¹⁴ Die Bezeichnung wird dem Europäischen Parlament zugeordnet und vom EuGH aufgenommen, siehe EuGH, Gutachten 2/15 (Singapur), ECLI:EU:C:2017:376, Rn. 17, 140.
¹⁵ Vgl. *Germelmann*, EuZW 2016, 207 (210 ff.), der andeutet, dass sich bilaterale Freihandelsabkommen zu „Versuchslaboren" des internationalen Wirtschaftsrechts entwickeln könnten.

tragsparteien auf das umständliche Vertragsänderungsverfahren zurückgreifen müssen. Am bekanntesten ist der Assoziationsrat der Assoziierung EWG-Türkei[16], der mit Exekutivvertretern der Vertragsparteien besetzt ist und ermächtigt ist, die zentralen Elemente für den Arbeitsmarktzugang türkischer Arbeitnehmer in der EU zu regeln. Die den Vertragsgremien zugewiesenen Entscheidungsbefugnisse ermöglichen es, das Völkervertragsrecht leichter an aktuelle Veränderungen anzupassen und weiterzuentwickeln. Gleichzeitig stellt die Verlagerung politischer Verantwortung für die Gestaltung des Unionsrechts in von Beamten geführte Verhandlungsprozesse eine „ernsthafte Herausforderung für die unionale Verfassungsentwicklung" dar, die „angesichts der wachsenden Bedeutung interregionaler Wirtschaftskooperation an Schärfe gewinnen wird."[17] Die Delegation von Entscheidungsbefugnissen auf die völkerrechtliche Ebene führt daneben auch zu Problemen auf nationaler Ebene, wie der in Deutschland geführte kritische Diskurs und die vielen Rechtsstreitigkeiten anlässlich des Abschlusses des Freihandelsabkommens der EU, ihrer Mitgliedstaaten und Kanada (CETA) vor dem BVerfG zeigten. Tatsächlich ist nicht konkret messbar, inwieweit die Hochzonung von Befugnissen von der Ebene der Union auf die völkervertragliche Ebene das Unionsverfassungsrecht und die nationalen Verfassungen maßgeblich beeinträchtigt. Es liegt jedoch auf der Hand, dass sich mit der Übertragung weitreichender Befugnisse an mit Exekutivvertretern besetzte völkervertragliche Gremien und der reduzierten Beteiligung der Parlamente die demokratische Legitimation der getroffenen Entscheidungen reduziert. Auf der anderen Seite verdeutlichen die zwischenzeitliche Zustimmungsverweigerung der Region Wallonien zu CETA und die Blockade der Niederlande aufgrund eines Referendums zum Assoziierungsabkommen mit der Ukraine, dass eine zu intensive Beteiligung der Parlamente eine effektive völkervertragliche Zusammenarbeit erschweren, wenn nicht sogar unmöglich machen kann.

Diese Arbeit widmet sich der Frage, inwiefern bei der Einrichtung völkervertraglicher Gremien eine effektive völkerrechtliche Zusammenarbeit der EU mit anderen Völkerrechtssubjekten und gleichzeitig eine ausreichende Beteiligung legitimationsstiftender Organe wie der Parlamente sichergestellt werden kann. Ersteres dient der Verwirklichung des unionsverfassungsrechtlichen Bekenntnisses zur internationalen Zusammenarbeit,[18] letzteres der Realisierung des im Unionsrecht niedergelegten Prinzips demokratischer Legitimation[19]. Eine zu starke Verlagerung wichtiger Entscheidungsbefugnisse an die Exekutive führt zu nicht hinnehmbaren Einbußen parlamentarischer Kontrolle. Zu starke parla-

---

[16] ABl. 1964 P 217/3687.
[17] *von Bogdandy/Bast/Arndt*, ZaöRV 2002, 77 (148 f.).
[18] Vgl. Art. 21 Abs. 1, Abs. 2 EUV.
[19] Vgl. Art. 10 Abs. 1 EUV.

mentarische Beteiligungsrechte bringen wiederum eine effektive völkervertragliche Zusammenarbeit zum Erliegen. Ziel dieser Arbeit ist es, bei der Hochzonung von Befugnissen von der europäischen auf die völkerrechtliche Ebene eine angemessene Balance zwischen der Offenheit gegenüber völkerrechtlicher Kooperation auf der einen Seite und der Wahrung der essentiellen Strukturen und Prinzipien der Unionsrechtsordnung auf der anderen Seite zu finden. Zu diesen im Hinblick auf Delegationen relevanten Prinzipien gehören insbesondere das unionsrechtliche Prinzip der demokratischen Legitimation und das Prinzip des institutionellen Gleichgewichts.

B. Einbezug des deutschen Verfassungsrechts

I. Relevanz

Für die Beantwortung der Frage, inwieweit die EU völkervertragliche Gremien einrichten und mit Entscheidungsbefugnissen ausstatten kann, sind aufgrund der supranationalen Verflechtungen auch die sich aus den Verfassungsordnungen der EU-Mitgliedstaaten ergebenden Anforderungen und Grenzen an die europäische Integration zu berücksichtigen.[20] Dies lässt sich mit der besonderen Rolle der Mitgliedstaaten in der EU begründen. Inwieweit die EU fortbesteht, sich fortentwickelt und funktioniert, liegt in den Händen der Mitgliedstaaten, die die EU durch völkerrechtliche Verträge geschaffen haben. Sie sind die „Herren der Verträge". In dieser Funktion weisen sie der EU durch die Übertragung von Hoheitsrechten Kompetenzen zu, stellen jedoch auch Anforderungen und Grenzen an die europäische Integration, die sich aus den Integrationsnormen[21] der Mitgliedstaaten ergeben. Die Kompetenzen der EU speisen sich aus der Hoheitsrechtsübertragung der Mitgliedstaaten, die das Handeln der EU „bottom-up" legitimieren.[22] Zudem tragen die Mitgliedstaaten nicht unwesentlich zur demokratischen Legitimation der Handlungen der Unionsorgane bei, die sich aus der Ausübung übertragener Außenkompetenzen ergeben. Über das Unionsorgan „Rat"[23], der mit weisungsabhängigen Vertretern der Mitgliedstaaten besetzt ist,[24] üben die Mitgliedstaaten einen maßgeblichen Einfluss auf das Zu-

---

[20] Siehe vertieft unten, § 2 A.II.2. und § 4 B.
[21] Siehe für einen umfassenden Vergleich der verfassungsrechtlichen Integrationsnormen *Wendel*, Permeabilität im europäischen Verfassungsrecht, 2011, S. 144 ff.
[22] Siehe zur Unterscheidung des „top-down" und „bottom-up"-Ansatzes für die Legitimation des Unionsrechts *Maduro*, EuR 2007, 3 (21).
[23] Art. 13 Abs. 1 EUV.
[24] Art. 16 Abs. 2 EUV.

standekommen und die Durchführung völkerrechtlicher Verträge der EU aus. Der jeweilige Ratsvertreter ist den nationalen Parlamenten gegenüber rechenschaftspflichtig (Art. 10 Abs. 2 UAbs. 2 EUV). Diese im Unionsrecht niedergelegte Rechenschaftspflicht wird über nationale Gesetze ausgeformt.[25]

Eine völlig vom verfassungsrechtlichen Diskurs losgelöste Betrachtung kommt auch deshalb nicht in Betracht, da die EU in der Praxis häufig bilaterale völkerrechtliche Verträge als gemischte Verträge, d.h. gemeinsam mit ihren Mitgliedstaaten, abschließt. Der Grund hierfür ist, dass entweder Kompetenzbereiche der Mitgliedstaaten berührt sind, die ein gemischtes Vorgehen zwingend erforderlich machen, oder aber ein gemeinsamer Abschluss von den Mitgliedstaaten politisch gewollt ist. Nachdem der nationale Kompetenzbereich gemischter Abkommen von den nationalen Organen zu legitimieren ist, sind auch die nationalen Legitimationsmechanismen knapp darzustellen.

Diese Arbeit geht daher exemplarisch auf den Diskurs ein, der zum deutschen Europaverfassungsrecht bei Abschluss des CETA geführt wurde, soweit er für den gewählten schwerpunktmäßig unionsrechtlichen Ansatz relevant ist. Dabei bezieht sich die Arbeit auf das deutsche Europaverfassungsrecht, da in der deutschen Literatur die Auseinandersetzung mit CETA und dessen Implikationen auf die nationale Rechtsordnung, insbesondere auf das Prinzip der demokratischen Legitimation auch im Vergleich zu anderen Mitgliedstaaten besonders intensiv erfolgt ist.[26] Außerdem setzte sich das BVerfG als Höchstgericht im Europäischen Mehrebenensystem mehrmals mit der Reichweite der Befugnis-

---

[25] Die Ausformung der Rechenschaftspflicht durch nationale Gesetze ist möglich, solange kein Konflikt mit dem in Art. 4 Abs. 3 EUV niedergelegten Prinzip der loyalen Zusammenarbeit eintritt.

[26] Siehe nur die Beiträge von *Weiß*, in: Kadelbach (Hrsg.), Die Welt und Wir. Die Außenbeziehungen der Europäischen Union, 2017; *Weiß*, EuZW 2016, 286; *Schroeder*, EuR 2018, 119; *Grzeszick*, NVwZ 2016, 1753; *von Arnauld*, AöR 2016, 268; *Grzeszick/Hettche*, AöR 2016, 225; *Holterhus*, EuR 2017, 234. Die große Kritik in anderen Mitgliedstaaten richtete sich vor allem gegen die in CETA niedergelegten „Schiedsgerichte". Eine große Hürde stellte sich für CETA vor allem in Belgien durch die zunächst verweigerte Zustimmung der Wallonie. Belgien leitete das Gutachtenverfahren 1/17 vor dem EuGH zur Überprüfung des ISDS-Mechanismus des CETA ein. Auch in Österreich gab es Kritik vor allem im Hinblick auf die niedergelegten Schiedsgerichte in CETA. Diskutiert wurde über eine CETA-Volksabstimmung als „Legitimierungsabstimmung", siehe zur Kritik hieran *Jaeger*, EuZW 2017, 127 (127f.). Außerdem verzögerte der österreichische Bundespräsident Alexander Van der Bellen die Ratifikation des bereits genehmigten Abkommens, lenkte dann aber ein (Notifikation der Ratifikation am 23.5.2019). Die Ratifikation beispielsweise durch Italien ist noch völlig offen, siehe zum Stand der Ratifikation https://www.consilium.europa.eu/en/documents-publications/treaties-agreements/agreement/?id=2016017&DocLanguage=en (zuletzt abgerufen am 26.6.2021).

ausstattung von Gremien in Freihandelsabkommen auseinander.[27] Die Entscheidungen des BVerfG im Vorfeld des Abschlusses umfassender Freihandelsabkommen dienen hierfür als Ausgangspunkt und zeigen bereits problematische Aspekte der Ausgestaltung institutioneller Strukturen in aktuellen Freihandelsabkommen auf.

II. Verfahren vor dem BVerfG im Vorfeld des Abschlusses aktueller Freihandelsabkommen der EU

Im ersten CETA-Verfahren begehrten die Beschwerdeführer und Antragsteller den Erlass einer einstweiligen Anordnung, um die Zustimmung des Vertreters der Bundesregierung zum Beschluss des Rates zur Unterzeichnung und vorläufigen Anwendung des CETA von bestimmten Bedingungen abhängig zu machen. Die vorgebrachten Argumente richteten sich neben kompetenzrechtlichen Fragen wie dem Außenvorlassen mitgliedstaatlicher Kompetenzbereiche aus der vorläufigen Anwendung und der einseitigen Beendigungsmöglichkeit der vorläufigen Anwendung gegen die fehlende parlamentarische Reversibilität der Gremienentscheidungen und damit gegen die mangelnde demokratische Legitimation des Ausschusssystems.[28] Im Ergebnis lehnte das BVerfG den Erlass einstweiliger Anordnungen ab und nannte Vorkehrungen, mit denen die Bundesregierung die genannten Risiken zumindest für die Dauer der vorläufigen Anwendung ausschließen kann. Insgesamt erachtete der Senat die Folgen eines – wenn auch möglicherweise nur vorläufigen – Scheiterns von CETA als gravierend für die europäische Außenhandelspolitik, da damit die Verlässlichkeit der EU in Frage gestellt und der Einfluss europäischer Akteure bei der Gestaltung der globalen Handelsbeziehungen verringert werden könnte.[29]

In kompetenzrechtlicher Hinsicht verwies das BVerfG auf das etwaige Fehlen von Kompetenzen für Portfolioinvestitionen, den Investitionsschutz, den internationalen Seeverkehr, die gegenseitige Anerkennung von Berufsqualifikationen und den Arbeitsschutz.[30] Inwiefern mit dem Ratsbeschluss tatsächlich ein *ultra vires*-Akt nach den durch das BVerfG entwickelten Anforderungen an eine offensichtliche und strukturell bedeutsame Kompetenzüberschreitung vor-

---

[27] Das BVerfG lehnte die Gewährung einstweiligen Rechtsschutzes gegen die Unterzeichnung, die vorläufige Anwendung und den Abschluss von CETA mehrfach ab. Siehe nur Urteil vom 13.10.2016, BVerfGE 143, 65 – CETA I und Beschluss vom 7.12.2016, BVerfGE 144, 1 – CETA II; zu CETA I: *Nettesheim*, NJW 2016, 3567; *Proelß*, ZEuS 2016, 401; *Hoffmann*, ZEuS 2016, 459; *Grzeszick*, NVwZ 2016, 1753; *Nowrot/Tietje*, EuR 2017, 137.
[28] Zu den Argumenten der Antragsteller siehe BVerfGE 143, 65 (82 ff.) – CETA I.
[29] BVerfGE 143, 65 (91 ff.) – CETA I
[30] BVerfGE 143, 65 (93 ff.) – CETA I.

liegt,³¹ ist aufgrund der noch ausstehenden Entscheidung in der Hauptsache unklar. Dieses Problem war jedenfalls dadurch zu lösen, dass mitgliedstaatliche Kompetenzbereiche im Ratsbeschluss über die vorläufige Anwendung auszuschließen waren und die Möglichkeit einer einseitigen Beendigung der vorläufigen Anwendung durch Deutschland vorzusehen war.

Der für die vorliegende Arbeit interessantere Problembereich ist die Frage der Vereinbarkeit des CETA-Ausschusssystems mit dem Demokratieprinzip. Vage verwies der Senat in dieser Hinsicht auf eine etwaige Berührung der Grundsätze des Demokratieprinzips als Teil der Verfassungsidentität des Grundgesetzes und begründete dies mit den unklaren Regelungen der Beschlussfassung des CETA-Ausschusses, die eine ausreichende Einflussnahme deutscher Stellen und damit eine hinreichende personelle und sachliche Legitimation nicht sicherstellen könnten.³² Konkret störte sich das BVerfG an der fehlenden Besetzung der Ausschüsse mit mitgliedstaatlichen Vertretern selbst im nationalen Kompetenzbereich und der damit einhergehenden nur indirekten Einflussmöglichkeit nationaler Stellen auf den Standpunktbeschluss im Rat über den jeweiligen Ratsvertreter im Verfahren des Art. 218 Abs. 9 AEUV. Für die Sicherstellung demokratischer Legitimation und Kontrolle sei jedoch gerade erforderlich, dass „mitgliedstaatliche Zuständigkeiten oder die Reichweite des Integrationsprogramms berührende Beschlüsse nur mit der Zustimmung Deutschlands gefasst werden."³³ Um diese Zustimmung Deutschlands im bestehenden System realisieren zu können, betonte der Senat die Möglichkeit, durch institutionelle Vereinbarung sicherzustellen, dass Beschlüsse des Gemischten Ausschusses nur auf Grundlage eines gemeinsamen Standpunktes nach Art. 218 Abs. 9 AEUV gefasst werden, der im Rat einstimmig angenommen werde.³⁴

Diese Vorgabe der einvernehmlichen Beschlussfassung wurde – wie auch die beiden weiteren Vorgaben – für den mitgliedstaatlichen Kompetenzbereich in der 19. Erklärung von Rat und Mitgliedstaaten im Protokoll zum Ratsbeschluss verankert.³⁵ Die Kommission erklärte außerdem, vor dem Abschluss des Hauptsacheverfahrens vor dem BVerfG keinen Vorschlag zur Änderung oder verbindlichen Auslegung des CETA für einen Unionsstandpunkt nach Art. 218 Abs. 9 AEUV vorzuschlagen.³⁶ Ob diese Erklärungen für eine effektive Umsetzung

---

³¹ BVerfGE 126, 286 (Ls. 1) – Honeywell.
³² BVerfGE 143, 65 (95 ff.) – CETA I.
³³ BVerfGE 143, 65 (98, Rn. 65) – CETA I.
³⁴ BVerfGE 143, 65 (100, Rn. 71) – CETA I.
³⁵ 19. Erklärung des Rates und der Mitgliedstaaten zu Beschlüssen des Gemischten CETA-Ausschusses, Erklärungen für das Ratsprotokoll (ABl. 2017 L 11/9).
³⁶ 18. Erklärung der Kommission zu Beschlüssen des Gemischten CETA-Ausschusses, Erklärungen für das Ratsprotokoll (ABl. 2017 L 11/9).

der Vorgaben ausreichen, wurde in der Literatur bezweifelt und sogar in weiteren Eilanträgen gerügt, vom Senat jedoch im dazugehörigen zweiten CETA-Verfahren bejaht.[37] Nach dem BVerfG sei zwar die Zustimmung Deutschlands nicht für jeden Beschluss des Gemischten CETA-Ausschusses sichergestellt, jedenfalls aber die Berücksichtigung mitgliedstaatlicher Belange bei der Beschlussfassung, da der von Union und Mitgliedstaaten einzunehmende gemeinsame Standpunkt zum Beschluss des Ausschusses, gerade im die vorläufige Anwendung betreffenden Kompetenzbereich der EU, einvernehmlich festgelegt werde.[38] Auch ohne eine dahingehende Entscheidung in der Hauptsache ist CETA seit dem 21.9.2017 hinsichtlich des unionsrechtlichen Teils vorläufig in Kraft getreten.[39]

In einem weiteren Verfahren lehnte das BVerfG einen Antrag im Eilrechtsschutz in Bezug auf das von der EU ohne ihre Mitgliedstaaten abgeschlossene und seit dem 21.11.2019 in Kraft getretene „EU-only"-Freihandelsabkommens mit der Republik Singapur (EUSFTA) ab.[40] Der Antrag zielte nicht darauf ab, die Unterzeichnung des Abkommens durch eine verweigerte Zustimmung des deutschen Vertreters im Rat zu verhindern, sondern bezog sich einschränkend auf den Erlass von Sicherungsmaßnahmen. Aufgrund des eingeschränkten Begehrens nahm das BVerfG nicht wie im ersten Verfahren eine Folgenabwägung vor, sondern diskutierte stattdessen mögliche Sicherungsmaßnahmen. Diese betrafen die Verpflichtung der Bundesregierung, bei ihrer Zustimmung zum Abschluss des EUSFTA (1) Vorbehalte für strittige Kompetenzbereiche der Vertragsgremien und der Sachbereiche der Schifffahrt und Nachhaltigkeit einzulegen, (2) den Rat zu verpflichten, bis zum Abschluss des Hauptsacheverfahrens keinen Beschluss nach Art. 218 Abs. 9 AEUV zu erlassen und (3) eine bindende Erklärung durch den Rat und die Europäische Kommission zu erwirken, die der Bundesrepublik Deutschland ein Ausscheiden aus dem EUSFTA erlaubt. Im Ergebnis sah die zweite Kammer des zweiten Senats des BVerfG die geforderten Sicherungsmaßnahmen wegen der EU-only-Natur des Abkommens und dem fehlenden Ratifikationserfordernis der Mitgliedstaaten nicht als geeignet an, den Anspruch auf Wahrnehmung der „Integrationsverantwortung"[41] durch Bundesregierung und Bundestag zu sichern, da die Bundesregierung rechtlich nicht in der Lage sei, einseitig die genannten Vorkehrungen zu gewährleisten:[42]

---

[37] *Hoffmann*, ZEuS 2016, 459 (473); BVerfGE 144, 1 – CETA II.
[38] BVerfGE 144, 1 (16 f.) – CETA II.
[39] https://ec.europa.eu/commission/presscorner/detail/de/IP_17_3121.
[40] BVerfG, NVwZ 2020, 541 – EUSFTA.
[41] Begriff in BVerfGE 123, 267 (Ls. 2a) – Lissabon, aufgegriffen im deutschen Integrationsverantwortungsgesetz, siehe dazu näher unten, § 4 B.
[42] BVerfG, NVwZ 2020, 541 (544) – EUSFTA.

Die Zustimmung des deutschen Vertreters könne zwar an die Genehmigung nationaler Parlamente gekoppelt werden und bei ihrem Fehlen möglicherweise das Zustandekommen des Beschlusses im Rat verhindern, nicht jedoch den Inhalt des Ratsbeschlusses selbst verändern oder den Rat und die Kommission zum Erlass bindender Erklärungen verpflichten. Nachdem der Rat in der Regel mit qualifizierter Mehrheit beschließt (Art. 218 Abs. 8 AEUV), könne der deutsche Vertreter überstimmt werden und das Zustandekommen des Beschlusses nicht verhindern. Damit zeigte das BVerfG letztlich auch die Grenzen der Einflussnahme über das Kopplungsorgan Rat auf, betonte abschließend jedoch im Wege eines *obiter dictum* die Möglichkeit, durch die Geltendmachung der Rechte aus Art. 38 Abs. 1 S. 1, Art. 20 Abs. 1 und Abs. 2 iVm Art. 79 Abs. 3 GG der Bundesregierung die Abgabe der Zustimmung im Rat zu untersagen, sollte der Ratsbeschluss einen Ultra-vires-Akt darstellen oder die Verfassungsidentität des Grundgesetzes verletzen.[43] Durch diesen Mechanismus bringt sich das BVerfG selbst als Kontrolleur der Integrationsverantwortung ins Spiel. Die Einflussnahme gelingt besonders dann, wenn der Rat einstimmig beschließt, wird jedoch durch das in der Regel einschlägige qualifizierte Mehrheitserfordernis des Art. 218 Abs. 8 AEUV, das für alle Ratsbeschlüsse im Umfeld des Vertragsabschlusses Anwendung findet,[44] für EU-only-Abkommen stark begrenzt. Etwas Anderes gilt nur dann, wenn das Mehrheitserfordernis durch den bereits angerissenen verfassungsrechtlichen Ansatz der Einstimmigkeit künstlich überspielt wird.[45]

C. Problemlösung

I. Methodologische Vorbemerkung und Eingrenzung des Forschungsvorhabens

Inwieweit die EU völkervertragliche Gremien einrichten, d. h. errichten und mit Beschlussfassungsbefugnissen ausstatten kann, ist eine offene europarechtliche Frage mit großer (unions-) verfassungsrechtlicher Bedeutung und enormer aktueller Relevanz.[46] Diese Arbeit wählt ein rechtswissenschaftliches Vorgehen und beleuchtet die aufgeworfene Frage schwerpunktmäßig aus unionsrechtlicher Perspektive.

---

[43] BVerfG, NVwZ 2020, 541 (544) – EUSFTA.
[44] Siehe zum Problemkreis der Anwendung des Art. 218 Abs. 8 AEUV auf das Standpunktverfahren nach Art. 218 Abs. 9 AEUV unten, § 3 B.I.2.d).
[45] Siehe zum verfassungsrechtlichen Ansatz unten, § 2 A.II.2 und § 4 B.
[46] *Nettesheim*, Umfassende Freihandelsabkommen und Grundgesetz, 2017, S. 6.

Die Herangehensweise ist überwiegend deduktiv[47]. Ausgangspunkt sind die Vorschriften auf unionsrechtlicher Ebene, die die Einrichtung völkervertraglicher Gremien determinieren. Für den Grobmaßstab legt die Arbeit Bestimmungen des Unionsverfassungsrechts, insbesondere die Kompetenzvorschriften und die speziellen Verfahrensbestimmungen im Bereich des Vertragsschlusses und der Mitwirkung an Gremienbeschlüssen aus. Ein wichtiger Bestandteil der Analyse sind aktuelle Urteile des EuGH im Bereich der Außenbeziehungen. Für eine weitere Feinjustierung konkretisiert die Arbeit die abstrakten unionsverfassungsrechtlichen Prinzipien der demokratischen Legitimation und des institutionellen Gleichgewichts. Vereinzelte Elemente bestimmt die Arbeit jedoch auch induktiv. Dies betrifft die Herausarbeitung der Befugnisse völkervertraglicher Gremien anhand konkreter Vertragsregime und die Ableitung von Anforderungen und Grenzen für Befugnisdelegationen aus der Rechtsprechung des EuGH zu anderen speziellen Konstellationen von Befugnisdelegationen im Unionsrecht. Bei der genauen Festlegung der möglichen Legitimationsmechanismen ist der Ansatz der Arbeit „wahrnehmungsoffen"[48] für Erkenntnisse aus den Politikwissenschaften, die in die Bearbeitung einfließen.

Der Forschungsansatz bezieht auch die im deutschen Verfassungsrecht zur Einrichtung völkervertraglicher Gremien diskutierten Problemkreise und Lösungsansätze mit ein. Dies bietet sich einerseits an, weil die EU völkervertragliche Gremien (insbesondere) aufgrund der begrenzten eigenen Kompetenzen häufig durch gemischte Verträge und damit gemeinsam mit den Mitgliedstaaten errichtet, sodass zu den Akten auf Unionsebene regelmäßig auch mitgliedstaatliche Mitwirkungsakte hinzutreten. Die EU ist andererseits nicht nur supranationale Organisation und „Staatenverbund", sondern fungiert auch als „Legitimationsverbund", in welchem neben dem Europäischen Parlament auch nationale Parlamente die Tätigkeit der Unionsorgane im Kompetenzbereich der EU legitimieren (Art. 10 Abs. 2 UAbs. 2 EUV). Bei der Entwicklung eines Maßstabs für die Einrichtung völkervertraglicher Gremien sind im Legitimationsverbund damit auch nationale Beiträge zu berücksichtigen.

Die Untersuchung ist in zweierlei Hinsicht begrenzt. Sie untersucht erstens die Einrichtung völkervertraglicher Gremien in bilateralen, nicht in multilateralen Vertragsstrukturen. Die Analyse behandelt zweitens nur die Delegation von Beschlussfassungsbefugnissen und bezieht sich daher nicht auf unverbindliche Empfehlungen oder Stellungnahmen, da aufgrund der besonderen Wirkweise der

---

[47] Das deduktive Vorgehen jedenfalls bei der Entwicklung rechtsvergleichender Maßstäbe präferierend, induktive Elemente jedoch zusätzlich heranziehend *Möllers*, Gewaltengliederung, 2005, S. 9 f.
[48] *Kahl*, Die Verwaltung 2009, 463 (499).

Gremienbeschlüsse ein verstärktes Bedürfnis besteht, Anforderungen und Grenzen für die Delegation solcher Befugnisse festzulegen.

II. Gang und Ziel der Untersuchung

Ziel der Arbeit ist die Entwicklung eines unionsrechtlichen Legitimationssystems für die Einrichtung völkervertraglicher Gremien, das gleichzeitig Wertungen des deutschen Europaverfassungsrechts mit einbezieht.

Das erste Kapitel stellt die institutionelle Ausgestaltung der Gremien in bilateralen Vertragsstrukturen und die Wirkweise der von ihnen erlassenen Beschlüsse dar und vergleicht sie mit multilateralen Vertragsstrukturen. Dies dient der genauen Eingrenzung des Forschungsvorhabens und der Konkretisierung des Legitimationsobjekts als Teil des späteren Legitimationssystems. Die Einordnung der Gremienbeschlüsse und die Konkretisierung der Entscheidungsverfahren liefern erste Anhaltspunkte für die Frage, ob und in welchem Ausmaß die Gremienbeschlüsse demokratisch zu legitimieren sind.

Mit Kompetenzfragen und damit zugleich der Machtverteilung zwischen der EU und den Mitgliedstaaten beschäftigt sich das zweite Kapitel. In welchem Umfang und Ausmaß die EU Beschlussfassungsbefugnisse auf völkervertragliche Gremien übertragen und an ihrer Ausübung mitwirken kann, hängt von der Reichweite der EU-Kompetenzen ab. Bei dem Abschluss und der Durchführung gemischter Abkommen ergeben sich komplexe Abgrenzungsprobleme zum mitgliedstaatlichen Kompetenzbereich. Dabei geht es einerseits darum, ob die EU in den jeweiligen Sachbereichen des völkerrechtlichen Abkommens handeln darf („Breite" der Kompetenzen) und andererseits, wie intensiv die Kooperation auf Grundlage der Vertragsschließungskompetenzen erfolgen darf („Tiefe" der Kompetenzen), d. h. ob auch Hoheitsrechte an völkervertragliche Gremien übertragen werden dürfen.

Im dritten Kapitel analysiert die Arbeit ausführlich die Verfahrensschritte und die Anwendungsbereiche der im Unionsrecht niedergelegten speziellen Verfahren für die Mitwirkung der Unionsorgane an Gremienbeschlüssen und stellt diese Verfahren vergleichend gegenüber. Hieraus ergeben sich weitere Voraussetzungen und Grenzen für die Einrichtung völkervertraglicher Gremien.

Das vierte Kapitel befasst sich mit der Feinjustierung des bisher herausgearbeiteten Grobrahmens, wofür in einem ersten Schritt die unionsverfassungsrechtlichen Prinzipien der demokratischen Legitimation und des institutionellen Gleichgewichts ausgelegt und die in der Rechtsprechung des EuGH für unterschiedliche Delegationskonstellationen entwickelten Anforderungen und Grenzen analysiert und auf ihre Übertragbarkeit auf völkervertragliche Gremien geprüft werden. In einem zweiten Schritt verknüpft die Arbeit die aus dem Unionsrecht und der Rechtsprechung des EuGH gewonnenen Erkenntnisse mit den Anforderungen des Grundgesetzes an die Organisationsstruktur der EU und die Grenzen der europäischen Integration. Die Untersuchung stellt die Mitwirkungsakte des Bundestags bei der Einrichtung völkerrechtlicher Gremien der EU und der Gremienbeschlussfassung dar und geht der Frage nach, inwieweit diese zur Wahrung der Integrationsverantwortung des Bundestags bei besonders umfassenden völkerrechtlichen Verträgen der EU zu verstärken sind.

Das fünfte Kapitel stellt die in den vorherigen Kapiteln gewonnenen Erkenntnisse abschließend in ein unionsrechtliches Legitimationssystem zusammen und fügt die Frage des Rechtsschutzes im Umfeld völkervertraglicher Beschlüsse hinzu. Mithilfe des auf diese Weise niedergelegten Legitimationssystems können Unionsabkommen mit institutionellen Strukturen auf ihre Vereinbarkeit mit dem Unionsrecht überprüft werden. Die Arbeit wendet im Anschluss das Legitimationssystem auf das CETA-Regime an und veranschaulicht damit die Anwendungsfähigkeit des Systems. Abschließend zeigt die Untersuchung, um die besonderen Kontroll- und Verantwortungsstrukturen bei bilateralen Gremienstrukturen nochmals zu verdeutlichen, auf, welche Gefahren sich bei der Einrichtung multilateraler Vertragssysteme ergeben.

Das Forschungsvorhaben leistet einen Beitrag dazu, die in der Literatur teils wenig beachteten unionsinternen Mitwirkungsverfahren an der völkervertraglichen Beschlussfassung zu systematisieren und deren Anwendungsbereiche zu klären. In diesem Bereich knüpft die Untersuchung an die bereits bestehenden Überlegungen von Martenczuk[49], Lavranos[50] und Heliskoski[51] an. Außerdem setzt die Arbeit konkrete Maßstäbe für die Einrichtung völkerrechtlicher Gremien mit Beschlussfassungsbefugnissen. In dieser Hinsicht schließt die Arbeit insbesondere an die ausführliche empirische, aber auch rechtsdogmatische Analyse von Appel[52] zum internationalen Kooperationsrecht und an den auf CETA ausgerichteten Beitrag von Weiß[53] zur demokratischen Legitimation von

---

[49] *Martenczuk*, Decisions of Bodies Established by International Agreements and the Community Legal Order, in: Kronenberger (Hrsg.), The European Union and the International Legal Order, 2001, S. 141 ff.

[50] *Lavranos*, Legal Interaction between Decisions of International Organisations and European Law, 2004.

[51] *Heliskoski*, Adoption of Positions under Mixed Agreements (Implementation), in: Hillion/Koutrakos (Hrsg.), Mixed Agreements Revisited, 2010, S. 138 ff.

[52] *Appel*, Das internationale Kooperationsrecht der Europäischen Union, 2016, zur empirischen Perspektive Zweiter Teil, S. 41 ff., zur rechtsdogmatischen Perspektive Vierter Teil, S. 229 ff.

[53] *Weiß*, Demokratische Legitimation und völkerrechtliche Governancestrukturen: Bundestagsbeteiligung bei EU-Handelsabkommen mit beschlussfassenden Gremien, in: Kadelbach (Hrsg.), Die Welt und Wir. Die Außenbeziehungen der Europäischen Union, 2017, S. 151 ff.

C. Problemlösung

EU-Handelsabkommen an. Die Untersuchung nimmt dabei nicht nur bereits bestehende institutionelle Strukturen völkerrechtlicher Abkommen der EU und die jeweiligen Beschlussfassungsbefugnisse in den Blick, sondern zielt auch darauf ab, den Rahmen für potentielle Weiterentwicklungen solcher Strukturen vorzuprägen.

Im Ausgangspunkt wird die These vertreten, dass das Unionsrecht hinreichende Mechanismen für die Einrichtung völkervertraglicher Gremien mit Beschlussfassungsbefugnissen in bilateralen Strukturen bereithält, um die unionsverfassungsrechtlichen Prinzipien der demokratischen Legitimation und des institutionellen Gleichgewichts in ausreichender Weise zu schützen und gleichzeitig eine hinreichend effektive Mitwirkung der EU auf internationaler Bühne zu ermöglichen. Eine Gefährdung unionsrechtlicher Verfassungsprinzipien ist erst dann zu erwarten, wenn die in der Praxis bewährten bilateralen Strukturen verlassen werden.

§ 1 Beschlüsse völkervertraglicher Gremien bilateraler Natur und ihre Wirkung in der Unionsrechtsordnung

Die Arbeit analysiert völkervertragliche Gremien bilateraler Natur, deren Kennzeichen und Befugnisse in der Praxis näher herausgearbeitet werden (A). Im Anschluss widmet sich die Untersuchung dem Status und der Wirkung der von den Gremien erlassenen Beschlüsse in der Unionsrechtsordnung (B). Auf dieser Basis wird geklärt, inwiefern den Vertragsgremien die durch sie erlassenen Beschlüsse zugerechnet werden können (C).

A. Das völkervertragliche Gremium bilateraler Natur und dessen Befugnisse

Nach einer einführenden Untersuchung der Merkmale der Gremien bilateraler Natur (I) werden die in der Praxis unterschiedlichen und teils weitreichenden Beschlussfassungsbefugnisse solcher Gremien umrissen (II).

I. Kennzeichen des Vertragsgremiums bilateraler Natur

Unter die Bezeichnung der völkervertraglichen Gremien bilateraler Natur sollen für den Zweck dieser Arbeit solche Gremien gefasst werden, die durch völkerrechtlichen Vertrag der EU mit bilateraler Erfüllungsstruktur errichtet und mit Beschlussfassungsbefugnissen ausgestattet werden (1), (auch) mit Unionsvertretern besetzt sind und in denen das Einvernehmlichkeitsprinzip gilt (2).

1. Einrichtung durch völkerrechtlichen Vertrag mit bilateraler Erfüllungsstruktur

Völkervertragliche Gremien bilateraler Natur werden nach dem Verständnis dieser Arbeit auf Grundlage eines völkerrechtlichen Vertrags mit bilateraler Erfüllungsstruktur eingerichtet, d.h. errichtet und mit Beschlussfassungsbefugnissen ausgestattet. Eine bilaterale Erfüllungsstruktur ist unproblematisch gegeben, wenn die EU nur mit einem weiteren Vertragspartner ein Abkommen abschließt. Entscheidend ist dabei nicht, ob die EU alleine oder neben ihren Mitgliedstaaten und damit in Form eines gemischten Abkommens beteiligt ist, da die Unionsseite immer als Einheit betrachtet wird.[1] Dies geht auch aus dem Titel gemischter Abkommen hervor, die mit „einerseits" die Unionsseite, d.h. die EU und ihre Mitgliedstaaten, und mit „andererseits" die Drittstaatsseite kennzeichnet. Auch multilaterale Verträge mit mehreren Drittstaaten oder internationalen Organisationen weisen eine bilaterale Erfüllungsstruktur auf, wenn „eine Staatenmehrheit als Vertragspartner in dem Sinne auftritt, daß diese Mehrheit nur einheitlich vertreten wird und sich so zu einer einzigen Vertragspartei verbindet."[2] In einem solchen Fall stehen der Unionsseite zwar mehrere Drittstaaten gegenüber; sie schließt das Abkommen aber letztlich mit jedem Drittstaat einzeln ab, was dazu führt, dass zwischen den Drittstaaten keine rechtlichen Beziehungen entstehen.[3] Es sind damit solche Gremien Gegenstand der Untersuchung, die auf Grundlage eines völkerrechtlichen Vertrags geschaffen werden, denen die Unionsseite (EU allein oder neben ihren Mitgliedstaaten) als Vertragspartei neben der Drittstaatsseite angehört, die aus einem oder mehreren Drittstaaten und/oder einer oder mehreren internationalen Organisationen bestehen kann, solange die Drittstaatsseite als Einheit angesehen wird. Hauptbeispiel einer solchen Struktur sind Assoziierungsabkommen, aber auch andere bilaterale Abkommen, die der Gruppe der „Kooperationsabkommen"[4] zugeordnet werden können. Dazu gehören auch umfassende Freihandelsabkommen wie CETA.

Davon sind multilaterale Vertragsverhältnisse mit multilateraler Erfüllungsstruktur abzugrenzen, bei denen rechtliche Beziehungen gerade nicht einzeln vorliegen, so wie dies beispielsweise bei Gründungsverträgen internationaler Organisationen der Fall ist.[5] Nicht Gegenstand der Untersuchung sind außerdem solche völkerrechtlichen Verträge der EU, die keine Gremien mit Beschluss-

---

[1] EuGH, Rs. C-316/91, Parlament/Rat (Abkommen von Lomé), Slg. 1994, I-625, Rn. 29; *Lorenzmeier*, in: Grabitz/Hilf/Nettesheim, 69. EL Februar 2020, Art. 218 AEUV, Rn. 15; *Vöneky/Beylage-Haarmann*, in: Grabitz/Hilf/Nettesheim, 69. EL Februar 2020, Art. 217 AEUV, Rn. 31.

[2] *Doehring*, Völkerrecht, 2. Aufl. 2004, S. 141, Rn. 328; siehe allgemein auch *Schmalenbach*, in: Dörr/Schmalenbach (Hrsg.), Vienna Convention on the Law of Treaties, 2012, Art. 2 UNTC, Rn. 9.

[3] *Petersmann*, ZaöRV 1973, 266 (272); *Frikha*, in: Léger (Hrsg.), TUE/TCE, 2000, Art. 310 TCE, Rn. 8; zur Beziehung zwischen der Gemeinschaft und den AKP-Staaten *Becker*, Die Partnerschaft von Lomé, 1979, S. 150f.

[4] Zur Definition *Appel*, Das internationale Kooperationsrecht der Europäischen Union, 2016, S. 24ff., insb. S. 28f.

[5] Siehe die Beispiele bei *Lorenzmeier*, in: Grabitz/Hilf/Nettesheim, 69. EL Februar 2020, Rn. 15.

fassungsbefugnissen schaffen, sondern internationale Konferenzen,[6] sowie Beschlussfassungen, die außerhalb völkerrechtlicher Verträge stattfinden, beispielsweise auf Grundlage eines Sekundärrechtsakts der Union.[7]

2. Besetzung mit Unionsvertretern und Einvernehmlichkeitsprinzip

Die bilaterale Erfüllungsstruktur des Abkommens setzt sich auch bei der Besetzung und den Beschlussfassungsmodalitäten der völkerrechtlichen Gremien fort. Die vom Untersuchungsgegenstand erfassten Gremien sind entweder gleichmäßig bzw. paritätisch mit Vertretern der Vertragsparteien besetzt, oder es ist durch das Einstimmigkeitsprinzip oder Veto-Möglichkeiten sichergestellt, dass der jeweilige Unionsvertreter nicht überstimmt werden kann. In dieser Konstruktion herrscht damit ein Einvernehmlichkeitsprinzip[8]. Für das Zustandekommen der Beschlüsse ist damit die aktive Mitwirkung eines Unionsvertreters erforderlich.

Auf Unionsseite zeigt eine empirische Analyse der völkerrechtlichen Vertragspraxis von *Appel*, dass in der Regel sowohl Vertreter der Union als auch der Drittstaatsseite, jedoch nur selten Vertreter der Mitgliedstaaten in bilateralen Vertragsgremien vorgesehen sind:[9] In 37 % der Kooperationsabkommen mit Beschlussfassungsbefugnis werden explizit Rat und Kommission als Vertreter genannt, während die Einbeziehung parlamentarischer Gremien in das Beschlussfassungsverfahren kaum stattfindet.[10] Diese explizite Zuweisung von Vertretungsbefugnissen an Kommission und/oder Rat zeigt, dass deren Einflussmöglichkeit in Verbindung mit dem Einvernehmlichkeitsprinzip für die meisten Gremien gesichert ist.

In Abgrenzung zu Gremien, die mit nicht überstimmbaren Unionsvertretern besetzt sind, stehen solche, die Beschlüsse ganz ohne Beteiligung der Unionsseite und damit unabhängig erlassen oder zwar unter Beteiligung der Unionsseite erlassen, der jedoch keine Vetoposition oder Opt-Out-Möglichkeit zukommt, da das Mehrheitsprinzip gilt.

---

[6] Vgl. *Sabel*, in: Wolfrum (Hrsg), Max Planck Encyclopedia of Public International Law, online edition, article last updated July 2008, 1 (3 f.).
[7] Bspw. Verwaltungsausschüsse der Hilfsprogramme der EU zur Unterstützung der Kommission, bspw. finanzielle und technische Begleitmaßnahmen (MEDA) zur Reform der wirtschaftlichen und sozialen Strukturen im Rahmen der Partnerschaft Europa-Mittelmeer, MED-Ausschuss nach Art. 11 VO (EG) Nr. 1488/96 des Rates, ABl. 1996 L 189/1.
[8] Zum Begriff auch *Appel*, Das internationale Kooperationsrecht der Europäischen Union, 2016, S. 27.
[9] Lediglich 8 % der Kooperationsabkommen sehen eine Beteiligung mitgliedstaatlicher Vertreter explizit vor, so *Appel*, Das internationale Kooperationsrecht der Europäischen Union, 2016, S. 302.
[10] *Appel*, Das internationale Kooperationsrecht der Europäischen Union, 2016, S. 302.

II. Konkretisierung von Art und Wirkung der Gremientätigkeit

1. Befugnis zum Erlass unmittelbar verbindlicher Beschlüsse

Diese Arbeit konzentriert sich auf solche Gremien bilateraler Natur, die in Abgrenzung zum Erlass unverbindlicher Handlungsformen,[11] wie Empfehlungen, Stellungnahmen oder Resolutionen, die Befugnis zum Erlass verbindliche Akte, sog. Beschlüsse,[12] innehaben. Ohne die Bedeutung unverbindlicher Rechtsakte negieren zu wollen,[13] ist eine Einschränkung auf verbindliche Beschlüsse ihrer potentiellen Wirkweise in der Unionsrechtsordnung geschuldet, da nur sie die Eigenschaften von Unionsrechtsnormen wie Anwendungsvorrang und unmittelbare Wirkung erlangen und Unionsrecht weitreichend beeinflussen und ggf. sogar aushebeln können,[14] was eine Einhegung von Befugnisdelegationen dieser Art besonders notwendig macht.[15]

Dies gilt umso mehr, da Beschlüsse bilateraler Vertragsgremien unabhängig von einer Ratifikation[16] oder einem anderweitigen Umsetzungsakt[17] der Vertragsparteien inkrafttreten und eine völkerrechtliche Bindung der Vertragsparteien erzeugen können, wenn das jeweilige völkerrechtliche Abkommen ihre unmittelbare Verbindlichkeit niederlegt.

---

[11] *Ruffert/Walter*, Institutionalisiertes Völkerrecht, 2. Aufl. 2015, Rn. 93.

[12] Zum Beschluss als verbindliche Handlungsform *von Bogdandy/Bast/Arndt*, ZaöRV 2002, 77 (146 f.); umfassend empirisch untersucht durch *Appel*, Das internationale Kooperationsrecht der Europäischen Union, 2016, 216 ff. und 349 ff. Auch im allgemeinen Völkerrecht ist eine wenn auch leichte Tendenz erkennbar, den Begriff des Beschlusses vermehrt nur für verbindliche Handlungsformen zu verwenden, siehe nur *Goldmann*, GLJ 2008, 1865 (1891, 1893); vgl. auch *Verhoeven*, in: Dupoy (Hrsg.), Manuel sur les organisations internationales, 2. Aufl. 1998, S. 413 (422 ff.).

[13] Zum Einfluss empfehlender Akte internationaler Gremien in der Unionsrechtsordnung *Wouters/Odermatt*, in: Wessel/Blockmans (Hrsg.), Between Autonomy and Dependence, 2013, S. 47 (47 ff.). Die rechtliche Relevanz ergibt sich bereits daraus, dass sie integraler Bestandteil der Unionsrechtsordnung werden und damit von nationalen Gerichten bei der Entscheidung eines Rechtsstreits berücksichtigt werden müssen, siehe nur EuGH, Rs. C-188/91, Deutsche Shell, Slg. 1993, I-363, Rn. 18.

[14] So auch *Wessel/Blockmans*, in: Eeckhout/López-Escudero (Hrsg.), The European Union's External Action in Times of Crisis, 2016, S. 223 (247 f.); zum geringen Rechtsetzungscharakter von Akten nur empfehlender Natur *Ruffert/Walter*, Institutionalisiertes Völkerrecht, 2. Aufl. 2015, Rn. 93.

[15] Siehe ausführlich zur Wirkung der Beschlüsse unten, § 1 B.II.

[16] Zu international decisions generell *Wessel/Blockmans*, in: Eeckhout/López-Escudero (Hrsg.), The European Union's External Action in Times of Crisis, 2016, S. 223 (247); zu rechtswirksamen Akten Commission Staff Working Document, Proposal and adoption of decisions having legal effects in the context of Multilateral Environmental Agreements (MEAs) v. 13.6.2006, 10707/06 ENV 369, S. 4.

[17] EuGH, Rs. C-277/94, Taflan-Met, Slg. 1996, I-4085, Rn. 20.

Die Wirkweise der Beschlüsse richtet sich nach dem jeweiligen „Programm" des völkerrechtlichen Vertrags und ist durch Auslegung der nicht immer klar formulierten Vertragsvorschriften zu ermitteln:[18] Je nach Regelung im konkreten Abkommen tritt die Verbindlichkeit unmittelbar ab der Beschlussfassung des Gremiums oder aber erst mit ausdrücklicher Zustimmung oder Annahme durch die Vertragsparteien ein. Für die Zwecke dieser Arbeit ist der erste Fall besonders relevant, d.h. wenn ein autonom völkerrechtlich verbindlicher Gremienbeschluss erlassen werden kann, der nicht erneut von den Vertragsparteien angenommen werden muss, um diese zu binden. In Abgrenzung hierzu ist die zweite Konstellation gegeben, wenn Organe internationaler Organisationen Beschlussentwürfe oder Texte annehmen, die im Anschluss von den Vertragsparteien ratifiziert werden müssen, um verbindlich zu werden.[19] Eine nachträgliche Annahme kann dadurch erreicht werden, dass die Stimmabgabe *ad referendum* stattfindet,[20] d.h. dass die Wirkung der Stimme unter Vorbehalt einer innerunionalen Bedingung steht. In einem solchen Fall ist der völkerrechtlich verpflichtende Akt erst die ausdrückliche Zustimmung der Vertragsparteien, konkret der Unionsorgane selbst, die diesen Akt direkt legitimieren können. Dies entspricht dann weitgehend dem normalen Vertragsschluss,[21] sodass sich die Problematik der Hochzonung von Befugnissen in das Völkerrecht nicht gleichermaßen stellt.

Legt das jeweilige völkerrechtliche Abkommen die unmittelbare Verbindlichkeit der Beschlüsse nieder, ergibt sich hieraus nach dem EuGH, dass der Beschluss am Tag seines Erlasses in Kraft tritt und die Vertragsparteien seither an ihn gebunden sind.[22] Der Grund hierfür ist, dass die Vertragsparteien durch den Abschluss des Abkommens der Verbindlichkeit der Beschlüsse zugestimmt haben und gegen das Abkommen verstoßen würden, könnten sie sich dieser Verbindlichkeit wieder entziehen.[23] Auf eine (vorausgegangene) Veröffentlichung kommt es dabei nicht an.[24] Den Vertragsparteien blieb es jedoch unbenommen,

---

[18] Zu dieser Unterscheidung *Vedder*, Die Auswärtige Gewalt des Europa der Neun, 1980, S. 155 f.

[19] Zur Ratifikation von Organbeschlüssen *Ruffert/Walter*, Institutionalisiertes Völkerrecht, 2. Aufl. 2015, Rn. 83.

[20] *Kovar*, AFDI 1975, 903 (921 ff.); dies ist jedoch nicht immer möglich, siehe *Vedder*, Die Auswärtige Gewalt des Europa der Neun, 1980, S. 156, insb. Fn. 21; siehe zur Stimmabgabe *ad referendum* bei Abstimmungen im Rat *Obwexer*, in: Streinz, 3. Aufl. 2018, Art. 238 AEUV, Rn. 60.

[21] *Vedder*, Die Auswärtige Gewalt des Europa der Neun, 1980, S. 155 f.

[22] So zum Assoziationsratsbeschluss Nr. 3/80 EWG-Türkei EuGH, Rs. C-277/94, Taflan-Met, Slg. 1996, I-4085, Rn. 21.

[23] EuGH, Rs. C-277/94, Taflan-Met, Slg. 1996, I-4085, Rn. 19.

[24] EuGH, Rs. C-192/89, Sevince, Slg. 1990, I-3461, Rn. 24; ausführlicher zur Veröffentli-

im jeweiligen Beschluss einen vom Tag des Erlasses abweichenden Zeitpunkt für das Inkrafttreten zu vereinbaren.[25]

2. Reichweite der Beschlussfassungsbefugnisse in der Praxis

Gremien in bilateralen Vertragsstrukturen werden dazu ermächtigt, in verbindlicher Weise Änderungen am Abkommen selbst, an Anhängen, Anlagen und Protokollen vorzunehmen, das Abkommen auslegen, Begriffe definieren und erweitern sowie den Geltungsbereich und die Geltungszeit von Abkommen oder Protokollen ändern bzw. verlängern.[26] Neben diesen materiellen Festlegungen haben völkerrechtliche Gremien nicht selten erhebliche Befugnisse zur Fortbildung des institutionellen Rechts der jeweiligen Vertragsgemeinschaft.[27] In Ausübung der Beschlussfassungsbefugnisse setzen völkervertragliche Gremien häufig verbindliches Recht, d. h. sie erlassen abstrakt-generelle Regelungen, beispielsweise wenn das Abkommen oder seine Anhänge geändert und Begriffe festgelegt werden; zur Rechtsetzung kann auch Innenrecht gezählt werden, sofern es unmittelbar rechtsverbindlich ist.[28] Auch die verbindliche Interpretation des Abkommens kann diesem eine neue Richtung geben und damit der Rechtsetzung zumindest nahekommen.[29] Teilweise finden sich auch Beschlussfassungsbefugnisse, die eher dem Bereich der Verwaltung zuzuschreiben sind, wie Beschlüsse zur Aufstellung von Zeitplänen und zur Durchführung der Abkommen.[30] Selten enthalten Beschlüsse konkret-individuelle Einzelfallentscheidungen, wie die Entscheidung über das Vorliegen eines bestimmten stichhaltigen Einwands gegen eine Klage oder die Besetzung des Gerichts.[31] Fungieren völkerrechtliche Gremien als politische Streitschlichtungsorgane, können ihre Beschlüsse, mit denen ein strittiger Punkt durch Verhandlung gelöst wird, ebenso als Rechtsetzungsakte verstanden werden.[32] Die unmittelbar ab Erlass des Gre-

---

chungsproblematik *Appel*, Das internationale Kooperationsrecht der Europäischen Union, 2016, S. 390 ff.

[25] EuGH, Rs. C-277/94, Taflan-Met, Slg. 1996, I-4085, Rn. 21.

[26] Siehe hierzu ausführlich die empirische Analyse von *Appel*, Das internationale Kooperationsrecht der Europäischen Union, 2016, S. 306 ff.

[27] *Eeckhout*, EU External Relations Law, 2. Aufl. 2011, S. 210 f.; *Koutrakos*, EU International Relations Law, 2. Aufl. 2015, S. 156.

[28] Zur Definition von Rechtsetzung *Appel*, Das internationale Kooperationsrecht der Europäischen Union, 2016, Fn. 1376; nach *Appel* beträgt der Anteil der Rechtsetzungsakte am sekundären Kooperationsrecht mehr als 80 %, ebenda, S. 380 f.

[29] Eine Interpretation kann einer *legislation* nahekommen, so zu COPs/MOPs *Churchill*, AJIL 2000, 623 (641).

[30] *Appel*, Das internationale Kooperationsrecht der Europäischen Union, 2016, S. 381.

[31] So zu CETA *Grzeszick*, NVwZ 2016, 1753 (1756).

[32] *Appel*, Das internationale Kooperationsrecht der Europäischen Union, 2016, S. 381.

miums verbindlichen Beschlüsse können damit als „eine Form auf internationale Einrichtungen verlagerter Rechtsetzung"[33] bezeichnet werden:

„Indeed, the outcome comes closer to a decision of an international organization than to an international agreement concluded between states. In fact, it could be argued that this is what ‚institutional law-making' is all about: it is law-making by international institutions (be it formal international organizations or other international bodies) and less about law-making through international institutions (although the latter continues to exist in the form of for instance Conferences of States Parties of multilateral conventions or bodies set up by these conventions)."[34]

Völkervertragliche Abkommen der EU tragen damit zur Einrichtung von Gremien bei, die selbstständig verbindlich Recht setzen können, indem sie durch ihre Beschlüsse das Abkommen ändern, ergänzen und fortentwickeln.

III. Fazit

Die Untersuchung hat bisher auf der einen Seite gezeigt, dass völkervertragliche Gremien bilateraler Natur auf der einen Seite umfassende Rechtsetzungsbefugnisse zugewiesen bekommen. Die erlassenen Beschlüsse können die Vertragsparteien potentiell völkerrechtlich binden. Auf der anderen Seite ist deutlich geworden, dass die besondere institutionelle Ausgestaltung der Gremien und der Entscheidungsverfahren die Einflussnahme der Unionsseite auf den Beschluss ermöglicht. Aus der bilateralen Erfüllungsstruktur und der Besetzung mit einem an der Beschlussfassung teilnehmenden und aufgrund des Einvernehmlichkeitsprinzips nicht überstimmbaren Unionsvertreter folgt für die Unionsseite, dass sie über die Kommission und/oder den Rat einen weitreichenden Einfluss auf den Gremienbeschluss hat. Solche weitreichenden Einflussmöglichkeiten auf die Beschlussfassung sind im Rahmen von multilateralen Regimen und internationalen Organisationen gerade nicht immer möglich, da Verpflichtungen in der Regel gegenüber einer Vielzahl von Parteien zu erbringen sind und Mehrheitsentscheidungen möglich sind, sodass einzelne Vertragsparteien, so auch die EU, überstimmt werden können.[35]

---

[33] *Vedder*, in: Randelzhofer/Scholz/Wilke (Hrsg.), Gedächtnisschrift für Eberhard Grabitz, 1995, S. 795 (799).

[34] *Wessel/Blockmans*, in: Eeckhout/Lopéz-Escudero (Hrsg.), The European Union's External Action in Times of Crisis, 2016, S. 223 (226).

[35] Siehe nur *Tomuschat*, in: von der Groeben/Schwarze, 6. Aufl. 2003, Art. 281 EGV, Rn. 50.

B. Status und Wirkung völkervertraglicher Beschlüsse in der Unionsrechtsordnung

Die Wirkweise der Gremienbeschlüsse ist ein entscheidender Faktor für die Bestimmung des Bedarfs demokratischer Legitimation und gibt erste Anhaltspunkte darüber, zu welchem Zeitpunkt etwaige Mitwirkungsakte der Unionsorgane ansetzen müssen. Aufgrund dessen bestimmt die Arbeit in der Folge den Status (I) und die Wirkungen der Beschlüsse völkervertraglicher Gremien bilateraler Natur (II).

I. Status völkervertraglicher Beschlüsse im Unionsrecht

Die völkerrechtliche Bindung der EU an die Gremienbeschlüsse ist von den Wirkungen der Beschlüsse in der Unionsrechtsordnung zu unterscheiden. Der Status internationaler Beschlüsse im Unionsrecht ist maßgeblich von der Rechtsprechung des EuGH zur integralen Bestandteileigenschaft geprägt.

1. Integrale Bestandteileigenschaft und Geltung

Den Grundstein des Konzepts legte der EuGH bereits im Jahre 1989, indem er feststellte, dass der Beschluss 2/80 des Assoziationsrats „[a]ufgrund seines unmittelbaren Zusammenhangs mit dem Assoziationsabkommen [...] seit seinem Inkrafttreten integrierender Bestandteil der Gemeinschaftsrechtsordnung [ist]."[36] Diese Rechtsprechungslinie wurde anschließend im Urteil *Sevince* wiederholt, bis heute fortgeführt[37] und auf Rechtsakte gemischter Ausschüsse in Freihandelsabkommen angewendet[38]. Gleichzeitig mit der integralen Bestandteileigenschaft erlangen die Beschlüsse Geltung in der Unionsrechtsordnung,[39] erheben also den Anspruch, beachtliches Recht zu sein und ein wirksames Sollensgebot aufzustellen[40]. Die Geltung erfolgt automatisiert im Zeitpunkt des

---

[36] EuGH, Rs. C-30/88, Griechenland/Kommission, Slg. 1989, 3733, Rn. 13.
[37] EuGH, Rs. C-192/89, Sevince, Slg. 1990, I-3461, Rn. 9; verb. Rs. C-7/10 und C-9/10, Kahveci und Inan, ECLI:EU:C:2012:180, Rn. 23.
[38] So EuGH, Rs. C-188/91, Deutsche Shell, Slg. 1993, I-363, Rn. 13 ff., jedoch nur im Hinblick auf eine unverbindliche Empfehlung, die keine unmittelbare Wirkung entfaltet; in der Literatur wird überwiegend angenommen, dass die Rechtsprechung auf alle Arten bilateraler Gremienbeschlüsse angewendet werden kann, siehe nur die Nachweise bei *Schmalenbach*, in: Calliess/Ruffert, 5. Aufl. 2016, Art. 216 AEUV, Rn. 47; sehr viel vorsichtiger hingegen *Mögele*, in: Streinz, 3. Aufl. 2018, Art. 217 AEUV, Rn. 25.
[39] *Klein, E.*, in: Ress/Will (Hrsg.), Vorträge, Reden und Bericht aus dem Europa-Institut Nr. 119, 1988, S. 2 (14).
[40] *Appel*, Das internationale Kooperationsrecht der Europäischen Union, 2016, S. 349.

Inkrafttretens, d.h. es sind keine Transformationsakte erforderlich.[41] Als bindendes objektives Recht sind die Beschlüsse von den unions- und mitgliedstaatlichen Organen zu beachten.[42] Durch die mit der integralen Bestandteilseigenschaft erreichte Eingliederung in das Unionsrecht ist der EuGH auch für die einheitliche Auslegung und Anwendung der internationalen Beschlüsse in der Unionsrechtsordnung verantwortlich.[43] Damit erhalten Beschlüsse in der Unionsrechtsordnung den gleichen rechtlichen Status, den der EuGH bereits im Jahre 1974 internationalen Übereinkünften zugesprochen hat.[44] Für gemischte Beschlüsse bietet sich dieselbe Behandlung wie für gemischte Übereinkünfte an, d.h. die Bereiche mitgliedstaatlicher Zuständigkeit sind von der Bestandteilseigenschaft ausgenommen.[45]

2. Unmittelbarer Zusammenhang zum Abkommen

Der völkervertragliche Beschluss wird zum integralen Bestandteil der Unionsrechtsordnung, wenn er in unmittelbarem Zusammenhang mit dem Abkommen steht.

---

[41] *Mögele*, in: Streinz, 3. Aufl. 2018, Art. 216 AEUV, Rn. 45; *Vedder*, in: Randelzhofer/Scholz/Willke (Hrsg.), Gedächtnisschrift für Eberhard Grabitz, 1995, S. 795 (798).

[42] So für völkerrechtliche Verträge *Klein, E.*, in: Ress/Will (Hrsg.), Vorträge, Reden und Bericht aus dem Europa-Institut Nr. 119, 1988, S. 2 (15).

[43] *Martenczuk*, in: Kronenberger (Hrsg.), The European Union and the International Legal Order, 2001, S. 141 (161).

[44] Erstmals durch EuGH, Rs. 181/73, Haegeman, Slg. 1974, 449, Rn. 2/6 (Assoziierungsabkommen Griechenland); bestätigt durch EuGH, Rs. 104/81, Kupferberg, Slg. 1982, 3641, Rn. 13 (Freihandelsabkommen Portugal), bekräftigt in ständiger Rechtsprechung zu unterschiedlichen Abkommen, siehe beispielsweise zum Assoziierungsabkommen mit der Türkei EuGH, Rs. 12/86, Demirel, Slg. 1987, 3747, Rn. 7 und EuGH, Rs. 30/88, Griechenland/Kommission, Slg. 1989, 3733, Rn. 12; in aktuellerer Rechtsprechung beispielsweise EuGH, Rs. C-135/10, SCF, ECLI:EU:C:2012:140, Rn. 39 f., 56 (TRIPS-Übereinkommen im Rahmen der WTO und EuGH, Rs. C-366/10, Air Transport Association of America, Slg. 2011, I-13755, Rn. 73 (Kyoto-Protokoll). Kein integraler Bestandteil sind Abkommen, bei denen die Gemeinschaft keine Vertragspartei ist und auch nicht an die Stelle der Mitgliedstaaten getreten ist, hierzu beispielhaft EuGH, Rs. C-301/08, Bogiatzi, Slg. 2009, I-10185, Rn. 23 f., 34 (Warschauer Abkommen).

[45] Zu gemischten Abkommen *Schmalenbach*, in: Calliess/Ruffert, 5. Aufl. 2016, Art. 216 AEUV, Rn. 43; *Vöneky/Beylage-Haarmann*, in: Grabitz/Hilf/Nettesheim, 69. EL Februar 2020, Art. 216 AEUV, Rn. 32; differenzierend im geteilten Kompetenzbereich *Mögele*, in: Streinz, 3. Aufl. 2018, Art. 216 AEUV, Rn. 74 ff. Allgemein zur Gleichbehandlung der Beschlüsse mit dem Abkommen *Mögele*, in: Streinz, 3. Aufl. 2018, Art. 216 AEUV, Rn. 49.

a) Beschlussfassungsbefugnisse und -verfahren im jeweiligen Abkommen

Aus der Rechtsprechung ist nicht ersichtlich, dass der Gerichtshof mit diesem Kriterium des unmittelbaren Zusammenhangs die integrale Bestandteileigenschaft von Beschlüssen der Vertragsgremien wesentlich einschränken wollte. Um einen unmittelbaren Zusammenhang zu begründen, verweist der EuGH im Urteil *Taflan Met* auf die Aufgabe der Durchführung des Abkommens durch Gremienakte:

„[Da] die Absprachen des Gemischten Ausschusses als eine Durchführungsmaßnahme nach Artikel 15 Absatz 2 Buchstabe b des Übereinkommens anzusehen sind, steht diese Empfehlung mit dem Übereinkommen in unmittelbarem Zusammenhang. Folglich sind die Absprachen des Gemischten Ausschusses Teil des Gemeinschaftsrechts."[46]

In einem weiteren Urteil zum Assoziationsrat EWG-Türkei bestätigte der EuGH, dass der Assoziationsrat, indem er durch den Beschluss Nr. 2/80 eine Kooperation „zur Durchführung der der Türkei [...] zur Verfügung gestellten Hilfe" geschaffen hatte, diese „in den institutionellen Rahmen der Assoziation eingefügt [hatte]."[47] Diese Argumentationen lassen darauf schließen, dass es für die Begründung des unmittelbaren Zusammenhangs darauf ankommt, ob das Gremium im Rahmen seiner im völkerrechtlichen Vertrag niedergelegten Beschlussfassungsbefugnisse und Verfahren gehandelt hat.[48] Im Umkehrschluss werden Beschlüsse nicht Teil der Unionsrechtsordnung, wenn das Gremium die im Abkommen niedergelegten Kompetenzen überschritten oder gegen die Verfahrensregeln verstoßen hat. In einem solchen Fall bricht der jeweilige Beschluss aus dem durch das Abkommen errichteten institutionellen Rahmen aus und führt das Abkommen nicht mehr durch, ein unmittelbarer Zusammenhang fehlt.

b) Einhaltung des primärrechtlichen Standpunktverfahrens

Unklar ist, ob die Eingliederung in die Unionsrechtsordnung zusätzlich zur Einhaltung der Bestimmungen des völkerrechtlichen Vertrags die Beachtung der unionsinternen Mitwirkungsverfahren,[49] die anlässlich der Beschlussfassung im Gremium durchzuführen sind, erfordert. Hintergrund dieser Überlegungen ist der Mechanismus der Eingliederung völkerrechtlicher Verträge in die Unionsrechtsordnung, der auf die unmittelbar mit diesen in Zusammenhang stehenden Beschlüsse übertragen werden könnte.

---

[46] EuGH, Rs. C-277/94, Taflan-Met, Slg. 1996, I-4085, Rn. 17.
[47] EuGH, Rs. 204/86, Griechenland/Rat, Slg. 1988, 5323, Rn. 20; EuGH, Rs. 30/88, Griechenland/Kommission, Slg. 1989, 3733, Rn. 13.
[48] Zu dieser Einschätzung bereits *Martenczuk*, in: Kronenberger (Hrsg.), The European Union and the International Legal Order, 2001, S. 141 (157).
[49] Art. 218 Abs. 7, Abs. 9 AEUV; ausführlich unten, § 3.

aa) Mechanismus bei völkerrechtlichen Verträgen

Sowohl aus der Vertragsentwicklung, als auch aus der Rechtsprechung des EuGH sind Anhaltspunkte dafür erkennbar, dass Abkommen der EU nur dann integraler Bestandteil der Unionsrechtsordnung werden, wenn sie durch die EU unter Einhaltung der entsprechenden Verfahrensvorschriften genehmigt wurden. Während Art. 216 Abs. 2 AEUV eine Bindung der Union an durch sie „geschlossene" Übereinkünfte anordnet, verwies die Vorgängervorschrift (Art. 300 Abs. 7 EGV) ausdrücklich darauf, dass die Verbindlichkeit nur bei „nach Maßgabe dieses Artikels geschlossenen Abkommen" entsteht. In der für die Bestandteilseigenschaft völkerrechtlicher Abkommen der EU grundlegenden *Haegeman*-Entscheidung des EuGH stellte sich die Frage, ob ein Abkommen eine „Handlung der Organe" der Gemeinschaft darstellte und damit durch den EuGH im Wege der Vorabentscheidung ausgelegt werden konnte. Der EuGH antwortete folgendermaßen:

„Das Athener Abkommen [wurde] vom Rat gemäß Artikel 288 des Vertrages geschlossen. Dieses Abkommen stellt somit für die Gemeinschaft die Handlung eines Gemeinschaftsorgans [dar]. Die Bestimmungen des Abkommens bilden seit dessen Inkrafttreten einen integrierenden Bestandteil der Gemeinschaftsrechtsordnung. In dem durch diese Rechtsordnung gesteckten Rahmen ist der Gerichtshof zur Vorabentscheidung über die Auslegung dieses Abkommens befugt."[50]

Auch in anderen Urteilen bekräftigt der EuGH die Bedeutsamkeit des Abschlussaktes des Rates als Akt der Union, der das Abkommen genehmigt.[51] Konkreter verwies Generalanwältin Trstenjak darauf, dass „[d]ie ordnungsgemäß, unter Beachtung der Vorgaben des Primärrechts zustande gekommenen Abkommen der Gemeinschaft [...] nach ständiger Rechtsprechung „einen integrierenden Bestandteil der Gemeinschaftsrechtsordnung" dar[stellen]".[52] Ähnlich argumentierte Generalanwältin Kokott, die als integraler Bestandteil der Unionsrechtsordnung nur solche Übereinkünfte ansah, „deren Vertragspartei die Union selbst gemäß dem in Art. 218 AEUV [...] vorgesehenen Verfahren geworden ist."[53] Diese Erwägungen des EuGH und der Generalanwälte sprechen dafür, dass die primärrechtlichen Verfahrensvorschriften eingehalten werden müssen, damit das Abkommen der Union ein integraler Bestandteil der Unionsrechtsordnung werden kann.[54] Entscheidend scheint dabei der Akt der

---
[50] EuGH, Rs. 181/73, Haegeman, Slg. 1974, 449, Rn. 2/6.
[51] EuGH, Rs. C-366/10, Air Transport Association of America, Slg. 2011, I-13755, Rn. 73.
[52] GA Trstenjak, SchlA Rs. C-308/07 P, Koldo Gorostiaga Atxalandabaso/Parlament, Slg. 2009, I-1059, Tz. 54, Fn. 9.
[53] GA Kokott, SchlA Rs. C-533/08, TNT Express Nederland, Slg. 2010, I-4107, Tz. 50 ff.
[54] So auch EuG, Rs. T-115/94, Opel Austria/Rat, Slg. 1997, II-2739, Rn. 102.

Genehmigung des Abschlusses des Abkommens durch Beschluss des Rates nach Art. 218 Abs. 2, Abs. 6 AEUV zu sein.[55] Denn erst durch das Tätigwerden der Unionsorgane im unionsrechtlich vorgesehenen Genehmigungsverfahren wird der Wille deutlich, die Bestimmung des völkerrechtlichen Abkommens (zu den eigenen Bedingungen) in die eigene Rechtsordnung aufzunehmen.[56] Erfolgt das Vertragsschlussverfahren inklusive „Genehmigung" nicht „mit rechten Dingen", wurden also beispielsweise nicht alle relevanten Akteure mit einbezogen (z. B. Zustimmung des Europäischen Parlaments), wird der völkerrechtliche Vertrag nicht in die Unionsrechtsordnung einbezogen. Nachdem ein Ratsbeschluss nach Art. 218 Abs. 2, Abs. 6 AEUV die Übereinkunft in das Unionsrecht eingliedert, ist es dieser Beschluss, der bei einem Verstoß gegen Primärrecht nichtig wird; erklärt der EuGH diesen für nichtig, entfällt rückwirkend die Inkorporationsrechtsfolge des Art. 216 Abs. 2 AEUV, während die EU völkerrechtlich weiterhin an das Abkommen gebunden ist.[57]

bb) Gleichlauf bei Beschlüssen

Ähnliches gilt auch für die Eingliederung der Beschlüsse, die auf Grundlage des völkerrechtlichen Vertrags ordnungsgemäß erlassen wurden. Auf den ersten Blick ist zwar anzudenken, dass die Unionsorgane mit dem Ratsbeschluss zum Abschluss des Abkommens gleichzeitig eine Ermächtigung dafür gegeben haben, dass die völkervertraglichen Beschlüsse, die zur Durchführung des Abkommens in den darin vorgesehenen Verfahren ergehen, in das Unionsrecht aufgenommen werden, ohne dass der internationale Beschluss selbst noch einmal Unionsprimärrecht beachten muss.[58] Diese Auslegung erscheint jedoch seit der Einfügung des Standpunktverfahrens nach Art. 218 Abs. 9 AEUV, das vor jedem verbindlichen Gremienbeschluss anzuwenden ist, wenig überzeugend.[59] Parallel zum Abschluss eines Abkommens besteht auch bei internationalen Beschlüssen ein Anknüpfungspunkt an einen Akt eines Unionsorgans, konkret der Genehmigungsakt in Form des Standpunktbeschlusses des Rates nach Art. 218 Abs. 9 AEUV. Durch diesen Beschluss bereiten die Unionsorgane den späteren völkerrechtlichen Beschluss vor. Mit dem Standpunktbeschluss erhält dann der

---

[55] EuGH, Rs. C-240/09, Lesoochranárske zoskupenie, Slg. 2011, I-1255, Rn. 30; *Giegerich*, in: Pechstein/Nowak/Häde, 2017, Art. 216 AEUV, Rn. 206 mwN. Auf Art. 218 Abs. 2 AEUV verweisend *Appel*, Das internationale Kooperationsrecht der Europäischen Union, 2016, S. 340.

[56] *Appel*, Das internationale Kooperationsrecht der Europäischen Union, 2016, S. 340.

[57] *Giegerich*, in: Pechstein/Nowak/Häde, 2017, Art. 216 AEUV, Rn. 214.

[58] So bereits *Gilsdorf*, EuZW 1991, 459 (461).

[59] Zur Vorgängervorschrift *Martenczuk*, in: Kronenberger (Hrsg.), The European Union and the International Legal Order, 2001, S. 141 (158).

spätere völkervertragliche Beschluss des Gremiums, der den gleichen Inhalt hat wie der vorhergehende Standpunktbeschluss, die Genehmigung der Union.⁶⁰ Verbindliche Beschlüsse werden nur dann integraler Bestandteil des Unionsrechts, wenn auch die unionsinternen Vorschriften für die Standpunktfassung der Union im Primärrecht eingehalten wurden und der internationale Beschluss mit dem Unionsstandpunkt im Einklang steht.⁶¹

c) Zwischenergebnis

Beschlüsse völkervertraglicher Gremien bilateraler Natur werden nur dann integraler Bestandteil der Unionsrechtsordnung, wenn (1) das Gremium im Einklang mit den im völkerrechtlichen Vertrag niedergelegten Beschlussfassungsbefugnissen und -verfahren gehandelt hat und (2) die Union unter Einhaltung des Standpunktverfahrens einen Standpunkt erlassen hat, mit dem der völkervertragliche Beschluss im Einklang steht.

II. Wirkung völkervertraglicher Beschlüsse im Unionsrecht

Die automatische Eingliederung in das Unionsrecht als integraler Bestandteil sagt noch nichts über den Rang innerhalb der Unionsrechtsordnung, das Verhältnis zum nationalen Recht sowie über mögliche Wirkungen internationaler Beschlüsse im Unionsrecht aus.

1. Rang und Vorrang

Für völkerrechtliche Abkommen ergibt sich aus der Zugehörigkeit zum Unionsrecht, dass sie Anwendungsvorrang vor dem mitgliedstaatlichem Recht genießen, soweit sie unmittelbar wirksame Bestimmungen enthalten.⁶² Dies lässt sich auch mit Art. 216 Abs. 2 AEUV begründen, wonach die Mitgliedstaaten an EU-

---

⁶⁰ So bereits *Appel*, Das internationale Kooperationsrecht der Europäischen Union, 2016, S. 340.

⁶¹ *Martenczuk*, in: Kronenberger (Hrsg.), The European Union and the International Legal Order, 2001, S. 141 (158); *Appel*, Das internationale Kooperationsrecht der Europäischen Union, 2016, S. 340 ff.; auf das wirksame Zustandekommen der Organbeschlüsse nach den Verfahrensbestimmungen der betreffenden Abkommen sowie die völkerrechtliche Bindung verweisend *Gilsdorf*, EuZW 1991, 459 (462).

⁶² *Peters*, GYIL 1997, 9 (19); *Hummer*, in: Vedder/Heintschel von Heinegg, 2. Aufl. 2018, Art. 216 AEUV, Rn. 19; *Terhechte*, in: Schwarze/Becker/Hatje/Schoo, 4. Aufl. 2019, Art. 216 AEUV, Rn. 22; *Kuijper*, in: Court of Justice of the European Union (Hrsg.), The Court of Justice and the Construction of Europe: Analyses and Perspectives on Sixty Years of Caselaw, 2013, S. 589 (599 f.)

Übereinkünfte gebunden sind.[63] Die Übereinkünfte stehen im Rang zwischen Primär- und Sekundärrecht (vgl. Art. 216 Abs. 2 AEUV iVm Art. 218 Abs. 11 AEUV), was auch aus der ständigen Rechtsprechung des EuGH hervorgeht.[64] Aufgrund dieses Zwischenrangs müssen sie sich am Unionsprimärrecht messen lassen, sind aber selbst Prüfungsmaßstab für sekundäres Unionsrecht. Nachdem Beschlüsse der Vertragsgremien keine völkerrechtlichen Verträge sind, können die Ausführungen zum Rang, insbesondere auch die Anwendung des Art. 216 Abs. 2, Art. 218 Abs. 11 AEUV, nicht ohne weiteres übertragen werden. Die enge Verbindung zwischen völkerrechtlichen Verträgen und internationalen Beschlüssen spricht jedoch für eine erneute Gleichbehandlung.[65] Beide werden im Völkerrecht erlassen, sind mit Inkrafttreten völkerrechtlich verbindlich und werden integraler Bestandteil, wenn die begleitenden unionsinternen Verfahren eingehalten wurden. Rechtsverbindliche Beschlüsse teilen damit den Rang der Übereinkunft, auf der sie beruhen, nehmen also auch den Rang zwischen Primär- und Sekundärrecht ein.[66] Als integrale Bestandteile des Unionsrechts nehmen auch bindende Beschlüsse völkervertraglicher Gremien im Kompetenzbereich der EU am Vorrang des Unionsrechts teil:[67]

„[D]ecisions of IOs enjoy the same legal status within the Community legal order as treaties […] and obtain Community law features such as supremacy over all domestic law of the Member States and direct effect if they meet the criteria established by the ECJ and CFI."[68]

---

[63] So GA Kokott, Stellungnahme zu Gutachten 2/13 (EMRK), ECLI:EU:C:2014:2475, Tz. 199, 266.

[64] Zum Vorrang vor Sekundärrecht: EuGH, Rs. C-344/04, IATA und ELFAA, Slg. 2006, I-403, Rn. 35; EuGH, Rs. C-61/94, Kommission/Deutschland (Milchersatzerzeugnisse), Slg. 1996, I-3989, Rn. 52; *Epiney*, EuZW 1999, 5 (7); zur Stellung unterhalb des primären Unionsrechts insbesondere EuGH, verb. Rs. C-402/05P und C-415/05P, Kadi I, Slg. 2008, I-6351, Rn. 308.

[65] So bereits *Wessel/Blockmans*, in: Eeckhout/López-Escudero (Hrsg.), The European Union's External Action in Times of Crisis, 2016, S. 223 (245); *Appel*, Das internationale Kooperationsrecht der Europäischen Union, 2016, S. 345.

[66] *Wessel/Blockmans*, in: Eeckhout/López-Escudero (Hrsg.), The European Union's External Action in Times of Crisis, 2016, S. 223 (247 f.); *Haratsch/Koenig/Pechstein*, Europarecht, 11. Aufl. 2018, S. 202, Rn. 465; *Lavranos*, Legal Interaction between Decisions of International Organizations and European Law, 2004, S. 63 für Assoziationsratsbeschlüsse; *Schmalenbach*, in: Calliess/Ruffert, 5. Aufl. 2016, Art. 216 AEUV, Rn. 51; *Rideau*, in: Dormoy (Hrsg.), L'Union Européenne et les organisations internationales, 1997, S. 68 (96).

[67] *Wessel/Blockmans*, in: Eeckhout/López-Escudero (Hrsg.), The European Union's External Action in Times of Crisis, 2016, S. 223 (247 f.); *Kuijper*, in: Court of Justice of the European Union (Hrsg.), The Court of Justice and the Construction of Europe: Analyses and Perspectives on Sixty Years of Case-law, 2013, S. 589 (599 f.); *Zuleeg*, CMLRev. 1996, 93 (101).

[68] *Lavranos*, Legal Interaction between Decisions of International Organizations and European Law, 2004, S. 237 f.

2. Unmittelbare Wirkung

Auch Beschlüsse völkervertraglicher Gremien können unter bestimmten Voraussetzungen unmittelbare Wirkung entfalten. Während in der Literatur zwischen der unmittelbaren objektiven Wirkung, also der Anwendungsfähigkeit im Sinne der Geeignetheit, aufgrund der Regelungsstruktur ohne weiteren Umsetzungsakt angewendet zu werden und der unmittelbaren subjektiven Wirkung, d.h. der Begründung von Rechten und Pflichten differenziert wird,[69] verwendet der EuGH den Begriff der unmittelbaren Wirkung in Bezug auf die Frage, ob sich der Einzelne vor Gericht unmittelbar auf völkerrechtliche Normen berufen kann, betont damit die subjektive Komponente und zieht die Norm nicht als „objektiven Prüfungsmaßstab" heran.[70]

Der EuGH dehnte seine Rechtsprechung zur unmittelbaren Wirkung des unionalen Primär- und (teils) Sekundärrechts zunächst auf internationale Abkommen und in der Folge auch auf Beschlüsse internationaler Gremien aus. Dies erscheint auch folgerichtig, da die Zugehörigkeit eines Aktes zur Unionsrechtsordnung dessen generelle Fähigkeit begründet, unmittelbar wirkende Bestimmungen zu enthalten.[71] Die Rechtsprechung des EuGH betraf zwar überwiegend Beschlüsse des Assoziationsrats EWG-Türkei.[72] Die herangezogenen Kriterien werden jedoch im bilateralen Verhältnis überwiegend als verallgemeinerungsfähig angesehen.[73] Mit der unmittelbaren Wirkung von Beschlüssen des Assoziationsrates beschäftigte sich der EuGH erstmals 1987 im Urteil *Demirel*, ausführlich dann im Urteil *Sevince*.[74] Dort stellte der EuGH fest, dass den Be-

---

[69] Siehe besonders *Klein, E.*, in: Ress/Will (Hrsg.), Vorträge, Reden und Bericht aus dem Europa-Institut Nr. 119, 1988, S. 16; *Herrmann/Streinz T.*, in: von Arnauld (Hrsg.), Europäische Außenbeziehungen, EnzEuR Bd. 10, 2014, § 11, Rn. 117.

[70] *Herrmann/Streinz T.*, in: von Arnauld (Hrsg.), Europäische Außenbeziehungen, EnzEuR Bd. 10, 2014, § 11 Rn. 117. Der EuGH stellte den Grundsatz auf, dass die Gültigkeit einer Gemeinschaftshandlung nur dann an einem völkerrechtlichen Vertrag geprüft werden kann, wenn sich der Einzelne vor Gericht auf die Bestimmung berufen kann, verb. Rs. 21/72, 22/72, 23/72 und 24/72, International Fruit Company, Slg. 1972, 1219, Rn. 19/20.

[71] GA Darmon, SchlA Rs. C-192/89, Sevince, Slg. 1990, I-3473, Tz. 11; *Gilsdorf*, EuZW 1991, 459 (462).

[72] Eine umfassende Auflistung der Rechtsprechung des EuGH zu Beschlüssen mit unmittelbarer Wirkung liefert *Schmalenbach*, in: Calliess/Ruffert, 5. Aufl. 2016, Art. 217 AEUV, Rn. 26 ff.

[73] *Martenzcuk*, in: Kronenberger (Hrsg.), The European Union and the International Legal Order, S. 141 (159); *Gilsdorf*, EuZW 1991, 459 (462 f.); *Wessel/Blockmans*, in: Eeckhout/Lopéz-Escudero (Hrsg.), The European Union's External Action in Times of Crisis, 2016, S. 223 (240 f.); *Schmalenbach*, in: Calliess/Ruffert, 5. Aufl. 2016, Art. 216 AEUV, Rn. 46 f. m.w.N.; deutlich zurückhaltender *Mögele*, in: Streinz, 3. Aufl. 2018, Art. 217 AEUV, Rn. 25.

[74] Anfänglich angedeutet in EuGH, Rs. 12/86, Demirel, Slg. 1987, 3747, Rn. 24 f. und EuGH, Rs. 204/86, Griechenland/Rat, Slg. 1988, 5323; genauer dann: EuGH, Rs. 30/88, Grie-

schlüssen des Assoziationsrats eine unmittelbare Wirkung zuerkannt werden könne, wenn sie „dieselben Voraussetzungen erfüllen, wie sie für die Bestimmungen des Abkommens selbst gelten."[75]

a) Prüfung der unmittelbaren Wirkung der Abkommensbestimmung

Die Prüfung der unmittelbaren Wirkung der Abkommensbestimmungen erfolgt zweistufig auf einer generellen und einer konkreten Prüfebene.[76] Für die generelle Geeignetheit wird das Abkommen dahingehend untersucht, ob Hinweise enthalten sind, die einer unmittelbaren Wirkung grundsätzlich entgegenstehen bzw. eine solche ausschließen.[77] Maßgeblich ist zunächst, ob das Abkommen selbst die Wirkungen der Bestimmungen in den Rechtsordnungen der Vertragsparteien regelt; erst nachrangig ist die Frage der unmittelbaren Wirkung durch Auslegung von den Gerichten zu bestimmen.[78] Dabei dürfen die wesentlichen Leitlinien des Abkommens keine Besonderheiten aufweisen, die die unmittelbare Anwendbarkeit ausschlössen.[79] Bei seiner Prüfung verwendet der EuGH unterschiedlichste Formulierungen, woraus jedoch kein veränderter Prüfungsmaßstab hervorgeht: Geprüft wird „im Hinblick auf Sinn und Zweck des Abkommens"[80], „Sinn, Aufbau und Wortlaut"[81] des Abkommens oder „Rechtsnatur noch Systematik"[82] des Abkommens. Anhaltspunkte für die generelle Prüfebene ergeben sich insbesondere aus „dem Ziel, der Präambel und dem Wortlaut des Übereinkommens"[83]. Inhaltlich geht es um solche Gesichtspunkte, die sich aus der allgemeinen Funktionsweise, sowie dem völkerrechtlichen Charakter der Abkommen ergeben.[84] Die unmittelbare Wirkung ist nach dem EuGH

---

chenland/Kommission, Slg. 1989, 3733; EuGH, Rs. C-192/89, Sevince, Slg. 1990, I-3461, Rn. 14; EuGH, Rs. C-237/91, Kus, 1992, I-6781.

[75] EuGH, Rs. C-192/89, Sevince, Slg. 1990, I-3461, Rn. 14.

[76] Zu dieser Unterscheidung EuGH, Rs. 104/81, Kupferberg, Slg. 1982, 3641, Rn. 17; *Mögele*, in: Streinz, 3. Aufl. 2018, Art. 216 AEUV, Rn. 56 f.; *Cheyne*, ELRev. 1994, 581 (581); *Peters*, GYIL 1997, 9 (53 f.); *Ott*, GATT und WTO im Gemeinschaftsrecht, 1997, S. 177.

[77] GA Darmon, SchlA Rs. C-192/89, Sevince, Slg. 1990, I-3473, Tz. 11.

[78] So der EuGH, Rs. 104/81, Kupferberg, Slg. 1982, 3641, Rn. 17; so auch weitergeführt in EuGH, Rs. C-149/96, Portugal/Rat, Slg. 1999, I-8425, Rn. 34; EuGH, Rs. C-120/06 P, FIAMM, Slg. 2008, I-6513, Rn. 108; EuGH, Rs. C-401/12 P, Rat/Vereinigung Milieudefenise, ECLI:EU:C:2015:4, Rn. 53.

[79] GA Darmon, SchlA Rs. C-192/89, Sevince, Slg. 1990, I-3473, Tz. 21.

[80] EuGH, verb. Rs. 21/72, 22/72, 23/72 und 24/72, International Fruit Company, Slg. 1972, 1219, Rn. 19/20; EuGH, Rs. C-469/93, Amministratione delle finanze dello Stato/Chiquita Italia, Slg. 1995, I-4533, Rn. 25; EuGH, Rs. C-277/94, Taflan-Met, Slg. 1996, I-4085, Rn. 24.

[81] Bspw. EuGH, Rs. 87/75, Bresciani, Slg. 1976, 129, Rn. 16.

[82] Bspw. EuGH, Rs. 104/81, Kupferberg, Slg. 1982, 3641, Rn. 22.

[83] EuGH, Rs. C-308/06, Intertanko, Slg. 2008, I-4057, Rn. 54.

[84] *Mögele*, in: Streinz, 3. Aufl. 2018, Art. 216 AEUV, Rn. 56.

nicht generell wegen des Vorhandenseins eines institutionellen Rahmens ausgeschlossen.[85] Insgesamt ist festzustellen, dass der EuGH bei bilateralen Abkommen der EU, besonders Assoziierungs-, Freihandels- und Partnerschaftsabkommen nicht zögert, die generelle Prüfstufe zu bejahen,[86] während die Lage bei multilateralen Abkommen gemischter ist, was auch das bekannte Beispiel des Ausschlusses der unmittelbaren Wirkung im WTO-Recht zeigt[87].

Auf der konkreten Prüfebene ist zu prüfen, ob die konkrete Norm anwendungsfähig, self-executing ist, d.h. klare und eindeutige Verpflichtungen enthält, deren Erfüllung nicht vom Erlass weiterer Rechtsakte abhängig ist.[88] Dies ist dann nicht der Fall, wenn die Norm bloßen „Programmcharakter" aufweist.[89] In der Praxis hat der EuGH die unmittelbare Wirkung sowohl von Bestimmungen aus Assoziierungsabkommen, aber auch von Bestimmungen aus Freihandelsabkommen bejaht, insbesondere bei solchen Abkommen, die Individualrechte wie beispielsweise die Warenverkehrs-, oder Niederlassungsfreiheit oder die Arbeitnehmerfreizügigkeit begründen.[90] Aktuell ist die Tendenz zu beobachten, dass in jüngst geschlossenen Freihandels- und sogar Assoziierungsabkommen die unmittelbare Wirkung der Abkommensbestimmungen ausdrücklich ausgeschlossen ist.[91]

---

[85] EuGH, Rs. C-104/81, Kupferberg, Slg. 1982, 3641, Rn. 18 ff.

[86] Siehe nur die Ausführungen bei *Mögele*, in: Streinz, 3. Aufl. 2018, Art. 216 AEUV, Rn. 62.

[87] EuGH, Rs. C-149/96, Portugal/Rat, Slg. 1999, I-8425, Rn. 42 ff.; hierzu näher *Mögele*, in: Streinz, 3. Aufl. 2018, Art. 216 AEUV, Rn. 64 f.

[88] EuGH, Rs. C-366/10, Air Transport Association of America, Slg. 2011, I-13755, Rn. 54 f.; EuGH, verb. Rs. C-300/98 und C-392/98, Dior, Slg. 2000, I-11307, Rn. 42; EuGH, Rs. C-162/96, Racke, Slg. 1998, I-3655, Rn. 31; EuGH, Rs. 12/86, Demirel, Slg. 1987, 3747, Rn. 14; EuGH, Rs. 104/81, Kupferberg, Slg. 1982, 3641, Rn. 27; EuGH, Rs. 87/75, Bresciani, Slg. 1976, 129, Rn. 16 ff.; aus der Literatur beispielsweise *Cheyne*, ELRev. 1994, 581 (591 ff.).

[89] *Schmalenbach*, in: Calliess/Ruffert, 5. Aufl. 2016, Art. 216 AEUV, Rn. 34.

[90] *Lachmayer/von Förster*, in: von der Groeben/Schwarze/Hatje, 7. Aufl. 2015, Art. 216 AEUV, Rn. 18; zu Bestimmungen in Freihandelsabkommen siehe nur EuGH, Rs. 104/81, Kupferberg, Slg. 1982, 3641, Rn. 27 und implizit in: EuGH, Rs. C-163/90, Legros, Slg. 1992, I-4625; EuGH, C-207/91, Eurim-Pharm, Slg. 1993, I-3732; EuGH, Rs. C-312/91, Metalsa, Slg. 1993, I-3751 und EuGH, verb. Rs. C-114/95 und 115/95, Texaco, Slg. 1997, I-4263; zu Bestimmungen des Assoziationsabkommens mit der Türkei siehe nur EuGH, Rs. C-37/98, Savas, Slg. 2000, I-2927, Rn. 39 ff; zu Bestimmungen des Assoziierungsabkommens mit Griechenland EuGH, Rs. 17/81, Pabst, Slg. 1982, 1331, Rn. 27; zu Bestimmungen des Partnerschafts-Abkommens mit Russland EuGH, Rs. C-265/03, Simutenkov, Slg. 2005, I-2596, Rn. 29.

[91] Beispielsweise Art. 30.6 Abs. 1 CETA. Inzwischen enthalten auch Ratsbeschlüsse nach Art. 218 Abs. 6 AEUV zum Abschluss der Abkommen routinemäßig Klauseln, die die unmittelbare Wirkung der Abkommensbestimmungen ausschließen sollen, sogar in Assoziierungsabkommen, siehe nur Artikel 5 des Beschlusses (EU) 2017/1247 (ABl. 2017 L 181/1) und Artikel 3 des Beschlusses (EU) 2017/1248 (ABl. 2017 L 181/4) für das EU-Ukraine-Assoziie-

b) Unmittelbare Wirkung der Beschlüsse

Auch für die Bestimmung der unmittelbaren Wirkung der Gremienbeschlüsse gilt die allgemeine und spezielle Prüfebene. Die Bestimmungen der Beschlüsse völkervertraglicher Gremien entfalten unmittelbare Wirkung, wenn weder Natur und Zweck des Abkommens, noch des konkreten Beschlusses entgegenstehen und die jeweilige Bestimmung hinreichend bestimmt und unbedingt ist, sodass sich der Einzelne vor Gerichten auf sie berufen kann.[92] Auf genereller Prüfebene ist sowohl der Beschluss als Ganzes, als auch das zugrundeliegende völkerrechtliche Abkommen zu berücksichtigen. Bestimmungen völkervertraglicher Beschlüsse können der unmittelbaren Wirkung auch dann zugänglich sein, wenn das zugrundeliegende Abkommen keine unmittelbar wirkenden Bestimmungen enthält, da die Beschlüsse gerade auch die Funktion haben, das Abkommen zu konkretisieren.[93] Der Verweis auf den Erlass von Durchführungsbestimmungen durch die Vertragsparteien schließt die unmittelbare Wirkung nicht per se aus.[94] Für die generelle Prüfebene reicht es demnach aus, wenn die Natur des Abkommens der unmittelbaren Wirkung nicht grundsätzlich entgegensteht.[95] Dies ist dann nicht der Fall, wenn aus den Bestimmungen des völkerrechtlichen Vertrags deutlich wird, dass alle Vertragsparteien bei Vertragsschluss einen durchführenden Rechtsakt wollten.[96] Auf spezieller Prüfebene ist entscheidend, ob die Bestimmung des Beschlusses inhaltlich hinreichend bestimmt und unbedingt ist. Anhand dieses Maßstabs bejahte[97] der EuGH in vielen Fällen, insbesondere im Bereich der EG/Türkei-Assoziierung, die unmittelbare Wirkung von Beschlüssen, verneinte[98] diese aber auch in einigen Fällen.

---

rungsabkommen. Der Ausschluss der unmittelbaren Wirkung in Freihandelsabkommen liegt wohl am materiellen Verweis auf das WTO-Recht und an den WTO-ähnlichen Streitbeilegungsmechanismen, so *Semertzi*, CMLRev. 2014, 1125 (1125 ff.).

[92] Siehe nur EuGH, Rs. C-192/89, Sevince, Slg. 1990, I-3461, Rn. 19.
[93] EuGH, Rs. C-192/89, Sevince, Slg. 1990, I-3461, Rn. 21.
[94] EuGH, Rs. C-192/89, Sevince, Slg. 1990, I-3461, Rn. 22.
[95] *Akyürek*, Das Assoziationsabkommen EWG-Türkei, 2005, S. 31; so zum primären Abkommensrecht EuGH, Rs. 104/81, Kupferberg, Slg. 1982, 3641, Rn. 18.
[96] EuGH, Rs. C-277/94, Taflan-Met, Slg. 1996, I-4085, Rn. 33, 37.
[97] Siehe nur EuGH, Rs. C-192/89, Sevince, Slg. 1990, I-3461, Rn. 26; EuGH, Rs. C-237/91, Kus, Slg. 1992, I-6781, Rn. 36; EuGH, Rs. C-434/93, Bozkurt, Slg. 1995, I-1475, Rn. 31; weitere Nachweise bei *Schmalenbach*, in: Calliess/Ruffert, 5. Aufl. 2016, Art. 217 AEUV, Rn. 28 f.
[98] Siehe nur EuGH, Rs. C-277/94, Taflan-Met, Slg. 1996, I-4085, Rn. 33.

III. Fazit

Beschlüsse bilateraler Vertragsgremien im Bereich der EU-Kompetenzen haben nach der EuGH-Rechtsprechung das Potential, nicht nur die Unionsrechtsordnung maßgeblich zu beeinflussen, sondern auch unmittelbar Rechte und Pflichten für den Einzelnen zu begründen und Unionsorgane einseitig zu verpflichten.[99] Status und Wirkung der Beschlüsse bilateraler Vertragsgremien entsprechen denen der EU-Übereinkünfte. Völkervertragliche Beschlüsse werden integraler Bestandteil der Unionsrechtsordnung, wenn (1) das Gremium im Einklang mit den im völkerrechtlichen Vertrag niedergelegten Beschlussfassungsbefugnissen und -verfahren gehandelt hat und (2) die Union unter Einhaltung des Standpunktverfahrens einen Standpunkt erlassen hat, mit dem der Beschluss im Einklang steht. Die Beschlüsse stehen im Rang zwischen EU-Primär- und Sekundärrecht, können bei Vorliegen der entsprechenden Voraussetzungen unmittelbare Wirkung entfalten und haben dann auch Vorrang vor nationalem Recht. Die völkervertraglichen Beschlüsse genießen damit die für das Unionsrecht charakteristischen Attribute, die für völkervertragliche Akte äußerst ungewöhnlich sind, da die in ihnen enthaltenen Verpflichtungen häufig als flexibel angesehen werden.[100] Dies unterstreicht die Nähe der Rechtsakte der völkervertraglichen Gremien zu den von Unionsorganen geschaffenem Recht.[101]

C. Völkerrechtliche Natur der Gremien und ihrer Beschlüsse

Anhand der soeben entwickelten Überlegungen zur institutionellen Ausgestaltung der Gremien bilateraler Natur, der Art und dem Umfang ihrer Beschlussfassungsbefugnisse, sowie dem Status und den Wirkungen ihrer Beschlüsse in der Unionsrechtsordnung versucht die Arbeit, die völkerrechtliche Natur der Gremien und ihrer Beschlüsse zu bestimmen. Hieraus ergibt sich, ob den völkervertraglichen Gremien die von ihnen erlassenen Beschlüsse zugerechnet werden oder ob es sich bei dem Beschluss um einen Akt der Vertragsparteien handelt. Die Beantwortung dieser Frage lässt Rückschlüsse darauf zu, ob Entscheidungen tatsächlich in das Völkerrecht hochgezont werden, oder aber viel-

---

[99] *von Bogdandy/Bast/Arndt*, ZaöRV 2002, 77 (146); *Wessel/Blockmans*, in: Eeckhout/López-Escudero (Hrsg.), The European Union's External Action in Times of Crisis, 2016, S. 223 (247 f.).
[100] *Zuleeg*, CMLRev. 1996, 93 (101).
[101] *Zuleeg*, CMLRev. 1996, 93 (101). Diesen Vorgang als „communitarization" der Beschlüsse beschreibend *Lavranos*, Legal Interaction between Decisions of International Organizations and European Law, 2004, S. 238.

mehr auf Ebene der EU bzw. der Vertragsparteien bleiben, die die Entscheidung nur über ein anderes Forum, über die Vertragsgremien, ausüben. Die Einordnung ist deshalb schwierig, da die Vertragsgremien mit Vertretern der Vertragsparteien besetzt sind, die an der Beschlussfassung beteiligt sind, sodass die Gremien stark mit der Ebene der Vertragsparteien verflochten sind.[102]

I. Vertragsorgan

In einem ersten Schritt ist festzulegen, unter welchen Voraussetzungen der Beschluss dem Gremium oder den Vertragsparteien zuzurechnen ist. Wird auf die Eigenschaft abgestellt, Träger von Rechten und Pflichten zu sein und völkerrechtlich haften zu können, würde eine Zurechnung an die Vertragsgremien nicht erfolgen können.[103] Überzeugender ist es jedoch, als maßgeblich anzusehen, ob die Vertragsparteien intendiert haben, ein Gremium zu errichten, das in gewissem Maße zur eigenständigen Willensbildung unabhängig von den Vertragsparteien befähigt werden sollte.[104] Während bei internationalen Organisationen die Existenz eines Organs mit der Fähigkeit zur eigenständigen Willensbildung konstitutiv ist,[105] ist die Bewertung bei völkervertraglichen Gremien, die überwiegend nicht als Organe internationaler Organisationen eingeordnet werden,[106] schwieriger.

Es sprechen die besseren Argumente dafür, dass die untersuchten bilateralen Gremien, wenn auch nur in geringem Ausmaß, zu eigenständiger Willensbil-

---

[102] Vgl. *Aston*, Sekundärgesetzgebung, 2005, S. 52.

[103] Dies liegt daran, dass in der Regel internationale Organisationen, nicht jedoch völkervertragliche Gremien mit Rechtspersönlichkeit ausgestattet sind, siehe *Grabitz*, in: Wissenschaftliche Gesellschaft für Europarecht (Hrsg.), Die Aussenbeziehungen der Europäischen Gemeinschaft, KSE Bd. 25, 1975, S. 47 (48); zu Assoziierungsabkommen *Becker*, Die Partnerschaft von Lomé, 1979, S. 133.

[104] *Lavranos*, Legal Interaction between Decisions of International Organisations and European Law, 2004, S. 61 f.; *Aston*, Sekundärgesetzgebung, S. 53; zum „independent will of the organ" *Schermers/Blokker*, International Institutional Law, 5. Aufl. 2011, § 44, S. 44.

[105] Siehe nur die Definition bei *Schermers/Blokker*, International Institutional Law, 5. Aufl. 2011, § 44, S. 37, wonach eine internationale Organisation eine Institution ist, die durch eine völkerrechtliche Willenseinigung geschaffen wird, über eigene Organe verfügt, die zu eigener Willensbildung fähig sind und dem Regime des Völkerrechts unterliegt; ähnlich auch *Schmalenbach*, International Organizations or Institutions, General Aspects, in: EPIL, Rn. 3, 7; auch *Seidl-Hohenveldern/Loibl*, Das Recht der internationalen Organisationen, 7. Aufl. 2000, S. 5 ff., Rn. 0105 ff.

[106] *Vöneky/Beylage-Haarmann*, in: Grabitz/Hilf/Nettesheim, 69. EL Februar 2020, Art. 217 AEUV, Rn. 52; *Appel*, Das internationale Kooperationsrecht der Europäischen Union, 2016, S. 325; anders *Grabitz*, in: Wissenschaftliche Gesellschaft für Europarecht (Hrsg.), Die Aussenbeziehungen der Europäischen Gemeinschaft, KSE Bd. 25, 1975, S. 47 (58 ff., 72).

dung fähig sind, ohne dabei die organisatorische Verselbstständigung einer internationalen Organisation zu erlangen. Sie stellen aufgrund der Fähigkeit zur verbindlichen Beschlussfassung besonders weit entwickelte Vertragsorgane[107] dar, die als Organe ohne Organisation verstanden werden können.[108] Zwar spricht gegen eine eigenständige Willensbildung die bilaterale Struktur der Gremien in Verbindung mit den Einvernehmlichkeitsregelungen, die eine Beschlussfassung gegen den Willen der Union verhindert.[109] Dass jedoch Einvernehmlichkeitsregelungen eine eigenständige Willensbildung nicht unmöglich machen, zeigt sich daran, dass in internationaler Organisationen, die sich durch ein Organ mit eigenständiger Willensbildung auszeichnen, häufig das Einstimmigkeitsprinzip gilt.[110] Außerdem sind die völkervertraglichen Gremien selbst und nicht die Vertragsparteien in den Beschlüssen als Autoren ausgewiesen.[111] Der die Gremien etablierende völkerrechtliche Vertrag weist zudem explizit den Gremien und nicht den Vertragsparteien Beschlussfassungsbefugnisse zuweist,[112] die sie in eigens hierfür geschaffenen Verfahren ausüben.

II. Beschluss als einseitiger Rechtsakt des Gremiums

Aufgrund der Ähnlichkeit der Gremien zu internationalen Organisationen könnten den Vertragsgremien die Beschlüsse als einseitige Handlung entsprechend dem Modell der Beschlüsse internationaler Organisationen zugerechnet werden. In Betracht kommt aufgrund der Ähnlichkeit der Beschlüsse zu Ver-

---

[107] Als „Vertragsorgane" bei *Schmalenbach*, in: Calliess/Ruffert, 3. Aufl. 2007, Art. 310 EGV, Rn. 22; als „völkerrechtliche Vertrags- oder Kollektivorgane" bei *Vedder*, EuR 1994, 202 (210); als „Vertrags- oder „Vertragsabwicklungsorgane" bei *Hilf*, Organisationsstruktur, 1982, S. 187 f.

[108] Hierzu ausführlich *Appel*, Das internationale Kooperationsrecht der Europäischen Union, 2016, S. 325 f.; *Lavranos*, Legal Interaction between Decisions of International Organizations and European Law, 2004, S. 62.

[109] Deshalb eine eigenständige Willensbildung ablehnend und die Gremien als *collegial organs* einordnend *Schmalenbach*, International Organizations or Institutions, General Aspects, in: EPIL, Rn. 7.

[110] *Lavranos*, Legal Interaction between Decisions of International Organizations and European Law, 2004, S. 61 f.; als Beispiel kann der Mercosur angeführt werden, der als internationale Organisation anerkannt ist und in dem das strikte Einvernehmlichkeitsprinzip herrscht; anders *Klabbers*, An Introduction to International Institutional Law, 2. Aufl. 2009, S. 49, der die Fähigkeit zur eigenständigen Willensbildung, solange keine Mehrheitsentscheidungen möglich sind, als Fiktion ansieht.

[111] Nach empirischer Analyse *Appel*, Das internationale Kooperationsrecht der Europäischen Union, 2016, S. 216 ff., S. 243 ff.

[112] So zum Assoziationsrecht bereits *Lavranos*, Legal Interaction between Decisions of International Organizations and European Law, 2004, S. 61.

tragsschlüssen und der fehlenden Rechtspersönlichkeit der Gremien jedoch auch eine Einordnung als völkerrechtlicher Vertrag der Vertragsparteien.

Ein völkerrechtlicher Vertrag erfordert jedenfalls das Vorliegen übereinstimmender Willenserklärungen zweier Völkerrechtssubjekte:[113] „A declaration containing a unilateral assumption of obligations would not be an international agreement at all, since an international agreement must be concluded between ‚two or more' parties."[114] Teils werden die Beschlüsse durch paritätisch besetzte Organe in bilateralen Abkommen ohne Rechtspersönlichkeit, die einvernehmlich zustande kommen, als völkerrechtliche Verträge der Vertragsparteien eingeordnet.[115] Dementsprechend wären die Beschlüsse „mit Beschlussfassung völkerrechtlich verbindlich gewordene völkerrechtliche Willenseinigungen [...], die als im vereinfachten Verfahren geschlossene völkerrechtliche Verträge zu qualifizieren sind."[116]

Jedoch ist es überzeugender, die Beschlüsse, auch wenn eine gewisse Nähe zum Vertragsschluss aufgrund der bilateralen Besetzung der Gremien und des Einvernehmlichkeitsprinzips deutlich erkennbar ist,[117] gerade nicht als Vertragsschluss der Vertragsparteien, sondern als einseitiger Beschluss der Gremien anzusehen.[118] Die Beschlüsse sind den völkervertraglichen Gremien analog zum Modell der Beschlüsse internationaler Organisationen zuzurechnen.[119]

---

[113] Dass an einem Vertragsschluss mehrere Völkerrechtssubjekte mitwirken müssen, ist bereits in Art. 1 iVm Art. 2 Abs. I lit. a WVRK angedeutet.

[114] Joint Dissenting Opinion Judges Spender and Fitzmaurice, Judgement of 21 December 1962, South West Africa cases – Ethiopia v South Africa, Liberia v South Africa, ICJ Reports 1962, S. 476.

[115] *Gilsdorf*, EuZW 1991, 459 (461); *Petersmann*, ZaöRV 1973, 226 (278); *Vedder*, EuR 1994, 202 (204); *Baumgartner*, EuR 1978, 105 (111 f.); *Schmalenbach*, in: Calliess/Ruffert, 5. Aufl. 2016, Art. 216 AEUV, Rn. 49 und Art. 217 AEUV, Rn. 32; so auch Kommission und Rat, siehe die Nachweise bei GA Mancini, SchlA Rs. 204/86, Griechenland/Rat, Slg. 1988, 5337, Tz. 10 und bei GA La Pergola, SchlA Rs. C-277/94, Taflan-Met, Slg. 1996, I-4087, Tz. 6.

[116] Zu Assoziationsratsbeschlüssen *Vedder*, EuR 1994, 202 (204) unter Verweis auch auf *Gilsdorf*, EuZW 1991, 459 (461) und *Petersmann*, ZaöRV 1973, 226 (278).

[117] Die Nähe zum Vertragsschluss betonend bereits *Tomuschat*, in: von der Groeben/Schwarze, 6. Aufl. 2003, Art. 300 EGV, Rn. 86.

[118] *Giegerich*, in: Pechstein/Nowak/Häde, 2017, Art. 216 AEUV, Rn. 68; siehe auch *von Bogdandy/Bast/Arndt*, ZaöRV 2002, 77 (147); *Appel*, Das internationale Kooperationsrecht der Europäischen Union, 2016, S. 326 ff.; *Barrón*, Der Europäische Verwaltungsverbund und die Außenbeziehungen der Europäischen Union, 2016, S. 78; *Weiß*, in: Kadelbach (Hrsg.), Die Welt und Wir. Die Außenbeziehungen der Europäischen Union, 2017, S. 151 (173 f.); *Verhoeven*, in: Dupoy (Hrsg.), Manuel sur les organisations internationales, 1998, S. 413 (422 ff.).

[119] *Appel*, Das internationale Kooperationsrecht der Europäischen Union, 2016, S. 326–331; ähnlich *Weiß*, in: Kadelbach (Hrsg.), Die Welt und Wir. Die Außenbeziehungen der Europäischen Union, 2017, S. 151 (173 f.); schon früher *von Bogdandy/Bast/Arndt*, ZaöRV 2002, 77 (147).

Dies gilt jedenfalls für solche Beschlüsse, die autonom völkerrechtlich verbindlich werden. Beschlussentwürfe, die erst nach der Annahme oder Ratifikation der Vertragsparteien verbindlich sind, sind völkerrechtlichen Verträgen deutlich näher.

Diese Ansicht teilen auch einige Generalanwälte, insbesondere Generalanwalt La Pergola:

> „Der Beschluß ist somit der Rechtsakt, in dem sich die Ausübung der Aufgabe konkretisiert, die die Vertragsparteien als Subjekte des internationalen Rechts dem Organ übertragen haben, das nach der Regelung des Assoziierungsabkommens hierfür vorgesehen ist."[120]

Dafür spricht neben den bereits genannten formalen Argumenten, dass das Element der Rechtspersönlichkeit kein Element darstellt, das nach allen Definitionen konstitutiv für das Vorliegen einer internationalen Organisation ist, die sich ja gerade durch die Fähigkeit zur eigenständigen Willensbildung auszeichnen.[121] Die fehlende Rechtspersönlichkeit hindert die Gremien jedenfalls nicht daran, einen eigenständigen Willen zu bilden und diesen durch Beschlussfassung auszudrücken. Außerdem wird die völkerrechtliche Verbindlichkeit der Beschlüsse für die Vertragsparteien in den Verträgen explizit statuiert; dies wäre bei einer Einordnung als völkerrechtlicher Vertrag gerade überflüssig.[122] Auch die Tatsache, dass der Beschluss auf Grundlage eines völkerrechtlichen Vertrags ergeht, führt nicht zwingend dazu, dass der Beschluss dessen Rechtsnatur teilt.[123] Dies wird durch einen Blick auf die EU bestätigt, in deren Rahmen Beschlüsse der Unionsorgane nicht als völkerrechtliche Verträge der Mitgliedstaaten, sondern als Sekundärrecht der EU eingeordnet werden.[124] Letzteres gilt sogar für Beschlüsse, die einstimmig erlassen werden.

III. Fazit

Die für die Vertragsparteien autonom völkerrechtlich verbindlichen Beschlüsse der Gremien bilateraler Natur sind einseitige Akte, die dem Gremium, das ein Vertragsorgan ohne Organisation darstellt, zugerechnet werden können. Es handelt sich nicht mehr um die Beschlussfassung im Rahmen von völkerrechtlichen Gremien durch die Vertragsparteien, sondern um die Beschlussfassung

---

[120] GA La Pergola, SchlA Rs. C-277/94, Taflan-Met, Slg. 1996, I-4087, Tz. 8.
[121] Siehe nur die Definition von *Schermers/Blokker*, International Institutional Law, 5. Aufl. 2011, § 44, S. 37.
[122] So bereits *Appel*, Das internationale Kooperationsrecht der Europäischen Union, 2016, S. 331.
[123] GA La Pergola, SchlA Rs. C-277/94, Taflan-Met, Slg. 1996, I-4087, Tz. 8.
[124] *Appel*, Das internationale Kooperationsrecht der Europäischen Union, 2016, S. 330 f.

völkerrechtlicher Gremien.[125] Mit der Delegation von Beschlussfassungsbefugnissen geht damit eine gewisse Hochzonung von Entscheidungen in das Völkerrecht einher, auch wenn der Einfluss der Vertragsparteien auf den Gremienbeschluss aufgrund des Einvernehmlichkeitsprinzips weiterhin besteht.

---

[125] Zur Unterscheidung von "law making by international institutions (be it formal international organizations or other international bodies) and less about law-making through international institutions" *Wessel/Blockmans*, in: Eeckhout/Lopéz-Escudero (Hrsg.), The European Union's External Action in Times of Crisis, 2016, S. 223 (226).

§ 2 Kompetenzen für die Einrichtung völkervertraglicher Gremien und die Mitwirkung an der Beschlussfassung

Das zweite Kapitel widmet sich den Kompetenzen und Kompetenzgrenzen der EU für die Einrichtung von Gremien mit Beschlussfassungsbefugnissen durch völkerrechtlichen Vertrag (A) und für die nach Abschluss des Abkommens stattfindende und der Umsetzung dienende Mitarbeit der Unionsorgane an der Beschlussfassung dieser Gremien (B).

A. Kompetenzen für die Einrichtung völkervertraglicher Gremien

I. Kompetenzrechtliche Grundlage

Die grundsätzliche Fähigkeit zum Abschluss völkerrechtlicher Verträge beruht auf der Völkerrechtssubjektivität der EU, die explizit in Art. 47 EUV niedergelegt ist. Die EU als „Staatenverbund"[1] kann im Bereich des auswärtigen Handelns[2] nach dem Prinzip der begrenzten Einzelermächtigung nur insoweit völkervertragliche Gremien einrichten und Beschlussfassungsbefugnisse delegieren, wie ihr die Unionsverträge entsprechende Kompetenzen zuweisen.[3] Die der Union nicht übertragenen Zuständigkeiten verbleiben bei den Mitgliedstaaten.[4]

1. Bestimmungen des Primärrechts

Die Unionsverträge enthalten keine spezielle materielle Kompetenznorm, die ausdrücklich zur Einrichtung völkervertraglicher Gremien mit Beschlussfassungsbefugnissen ermächtigt. Am ehesten könnte eine solche Kompetenz der Vorschrift über Assoziierungen (Art. 217 AEUV) entnommen werden, die es der EU erlaubt, in Assoziierungsabkommen ein gemeinsames Vorgehen und

---

[1] Begriff in BVerfGE 89, 155 (Ls. 2) – Maastricht und näher erläutert in BVerfGE 123, 267 (Ls. 1) – Lissabon.
[2] EuGH, Gutachten 2/94, EMRK-Beitritt, Slg. 1996, I-1783, Rn. 24.
[3] Art. 5 Abs. 1 S. 1, Art. 5 Abs. 2 EUV.
[4] Art. 4 Abs. 1, Art. 5 Abs. 2 S. 2 EUV.

besondere Verfahren festzulegen. Jedenfalls enthält das Unionsrecht in der Norm für das Vertragsschlussverfahren (Art. 218 AEUV) einen Anknüpfungspunkt für mögliche Übereinkünfte der EU, „die durch die Einführung von Zusammenarbeitsverfahren einen besonderen institutionellen Rahmen schaffen" (Art. 218 Abs. 6 UAbs. 2 lit. a Nr. iii AEUV), sowie für ein „durch eine Übereinkunft eingesetzte[s] Gremium, das „rechtswirksame Akte" erlässt (Art. 218 Abs. 9 AEUV). Diese beiden Bezugnahmen verdeutlichen, dass sowohl die Einrichtung eines institutionellen Rahmens, als auch die Zuweisung der Befugnis zum Erlass rechtswirksamer Akte an völkervertragliche Gremien von den Unionskompetenzen gedeckt sein muss, da diese Vorschriften ansonsten inhaltsleer wären. Die Verfahrensvorschriften zeigen, dass die Errichtung und Ausstattung von beschließenden Vertragsgremien durch völkerrechtlichen Vertrag in vage festgelegten Grenzen als primärrechtskonform bestätigt wird.[5] Die Möglichkeit, institutionelle Strukturen mit Beschlussfassungsbefugnissen zu schaffen, ist damit implizit von den Vertragsschließungskompetenzen erfasst.[6] Diese Befugnis geht auch über die Einrichtung von Assoziierungsabkommen hinaus, da ansonsten die im Hinblick auf die Zustimmungsbedürftigkeit völkerrechtlicher Verträge enthaltene Differenzierung zwischen Assoziierungsabkommen und Übereinkünften mit institutionellem Rahmen überflüssig wäre (vgl. 218 Abs. 6 UAbs. 2 lit. a Nr. i und Nr. iii AEUV).

2. Rechtsprechung des EuGH

Der EuGH wählte bereits früh, erstmals in der *Kramer*-Entscheidung 1976, den Ansatz, für die Feststellung der Zuständigkeit, „bei der Ausarbeitung von Entscheidungen in einem solchen Organ mitzuwirken und in diesem Rahmen völkerrechtliche Verpflichtungen einzugehen", die Vertragsschließungskompetenzen heranzuziehen.[7] Im *Binnenschifffahrtsgutachten* 1977 betonte der EuGH dann ausdrücklich die Fähigkeit der Gemeinschaft, nicht nur zu einem Drittstaat in vertragliche Beziehungen zu treten, sondern

„unter Beachtung des Vertrages gemeinsam mit diesem Staat eine internationale Einrichtung zu schaffen, sie mit angemessenen Entscheidungsbefugnissen auszustatten und in einer den

---

[5] So auch *Appel*, Das internationale Kooperationsrecht der Europäischen Union, 2016, S. 288.
[6] *Fischer*, in: Wissenschaftliche Gesellschaft für Europarecht (Hrsg.), Die Aussenbeziehungen der Europäischen Gemeinschaft, KSE Bd. 25, 1975, S. 1 (20); *Grabitz*, in: Wissenschaftliche Gesellschaft für Europarecht (Hrsg.), Die Aussenbeziehungen der Europäischen Gemeinschaft, KSE Bd. 25, 1975, S. 47 (76 f.); *Martenczuk*, in: Kronenberger (Hrsg.), The European Union and the International Legal Order, 2001, S. 141 (146).
[7] EuGH, verb. Rs. 3, 4, 6/76, Kramer, Slg. 1976, 1279, Rn. 12/14.

A. Kompetenzen für die Einrichtung völkervertraglicher Gremien

verfolgten Zielen gemässen Weise Art, Ausarbeitung, Inkraftsetzung und Wirkungen der Vorschriften zu regeln, die in diesem Rahmen zu erlassen sind."[8]

Der EuGH bestätigte dies auch für die impliziten Vertragsschließungskompetenzen.[9] Die offenen Formulierungen lassen Spielraum für die Zuweisung verschiedener Arten von Entscheidungsbefugnissen („angemessene Entscheidungsbefugnisse") an verschiedenste institutionelle Strukturen („geeignete Einrichtung"), sodass auch die Delegation von Beschlussfassungsbefugnissen an völkervertragliche Gremien darunter gefasst werden kann. Im nachfolgenden *Naturkautschuk*-Gutachten stellte der EuGH klar, dass die Vorschriften über Zusammenarbeitsverfahren keine eigene Kompetenzgrundlage benötigen, sondern von den Kompetenzen gedeckt sind, die den Schwerpunkt des Abkommens tragen, umso mehr, wenn die „Klauseln in Wahrheit einen engen Zusammenhang mit dem Gegenstand des Übereinkommens und den Aufgaben der Organe aufweisen, die im Rahmen der zu schaffenden internationalen Naturkautschuk-Organisation tätig sein werden."[10]

An diese beiden Rechtsprechungslinien ausdrücklich anknüpfend statuierte der EuGH im *Singapur*-Gutachten zum Freihandelsabkommen der EU mit Singapur, dass

„die Zuständigkeit der Union für die Eingehung internationaler Verpflichtungen die Zuständigkeit einschließt, diese Verpflichtungen mit organisatorischen Bestimmungen zu flankieren. Dass sie im Abkommen enthalten sind, wirkt sich nicht auf die Art der Zuständigkeit für dessen Abschluss aus. Diese Bestimmungen haben nämlich Hilfscharakter und fallen damit in die gleiche Zuständigkeit wie die materiell-rechtlichen Bestimmungen, denen sie zur Seite gestellt sind"[11].

Organisatorische Bestimmungen waren im konkreten Fall solche, die

„die Wirksamkeit der materiell-rechtlichen Bestimmungen des geplanten Abkommens sicherstellen [sollen], indem mit ihnen im Wesentlichen eine Organstruktur, Wege der Zusammenarbeit, Pflichten zum Informationsaustausch und bestimmte Entscheidungsbefugnisse geschaffen werden."[12]

Diese organisatorischen Bestimmungen sollten durch den durch das Abkommen geschaffenen „spezifische[n] institutionelle[n] Rahmen" erfüllt werden.[13]

---

[8] EuGH, Gutachten 1/76 (Stilllegungsfonds), Slg. 1977, 741, Rn. 5.
[9] EuGH, Gutachten 1/76 (Stilllegungsfonds), Slg. 1977, 741, Rn. 3 ff.
[10] EuGH, Gutachten 1/78 (Naturkautschuk), Slg. 1979, 2894, Rn. 56.
[11] EuGH, Gutachten 2/15 (Singapur), ECLI:EU:C:2017:376, Rn. 276 unter Verweis auf EuGH, Gutachten 1/76 (Stilllegungsfonds), Slg. 1977, 741, Rn. 5 und Gutachten 1/78 (Naturkautschuk), Slg. 1979, 2894, Rn. 56 und EuGH, Rs. C-137/12, Kommission/Rat, ECLI:EU:C: 2013:675, Rn. 70 f.
[12] EuGH, Gutachten 2/15 (Singapur), ECLI:EU:C:2017:376, Rn. 275.
[13] Das Singapur-Abkommen errichtet einen Handelsausschuss sowie vier Sonderaus-

Aus den genannten Gutachten des EuGH folgt, dass die für die materiell-rechtlichen Bestimmungen des jeweiligen Abkommens herangezogenen Vertragsschließungskompetenzen im Grundsatz auch die Einrichtung völkervertraglicher Gremien mit Beschlussfassungsbefugnissen abdecken, solange diese noch als „angemessene Entscheidungsbefugnisse" bzw. „organisatorische Bestimmungen" eingeordnet werden können. Die Frage, inwieweit die Vertragsschließungskompetenzen für die Einrichtung von Vertragsgremien ausreichen, hängt damit auch von der Art und der Reichweite der Befugnisse des Gremiums zum Erlass bindender Beschlüsse ab.[14]

II. Kompetenzrechtliche Grenzen

Die Union kann nur insoweit Beschlussfassungsbefugnisse an völkervertragliche Gremien delegieren, als ihre Vertragsschließungskompetenzen reichen. Ansonsten ergeht der Einrichtungsakt *ultra vires* (1). Die Delegation darf weiter nicht zu einer wesentlichen Berührung der Strukturprinzipien der EU und damit zu einer Verletzung der „Identität" der EU-Verfassung führen (2).

1. Einrichtungsakt ultra vires?

Die EU handelt bei der Einrichtung völkervertraglicher Gremien mit Beschlussfassungsbefugnissen dann *ultra vires*, wenn die Vertragsschließungskompetenzen in der „Breite" oder „Tiefe" überschritten werden. Die „Breite" meint dabei die Sachbereiche des jeweiligen Abkommens und bezieht sich auf die vertikale Kompetenzverteilung zwischen der EU und den Mitgliedstaaten. Decken die Kompetenzen der EU nicht alle Sachbereiche eines Abkommens ab, ist ein gemeinsames Handeln mit den Mitgliedstaaten in Form eines gemischten Abkommens erforderlich (a). Im Hinblick auf die „Tiefe" der Vertragsschließungskompetenzen ist fraglich, ob die der EU übertragenen Hoheitsrechte so weit reichen, dass die EU ihrerseits die ihr zugewiesenen Hoheitsrechte an völkervertragliche Gremien delegieren und damit in das Völkerrecht hochzonen kann. Dieses Problemfeld wird aus Perspektive der im deutschen Verfassungsrecht enthaltenen Integrationsklauseln (Art. 23 Abs. 1, Art. 24 Abs. 1 GG) beleuchtet (b).

---

schüsse (Art. 16.1 Abs. 1, Abs. 2 und Art. 16.2 Abs. 1, Abs. 2), die für die Vertragsparteien bindende Beschlüsse treffen können (Art. 16.4 Abs. 1), die einvernehmlich getroffen werden (Art. 16.4 Abs. 3).
[14] *Giegerich*, in: Pechstein/Nowak/Häde, 2017, Art. 216 AEUV, Rn. 68.

a) Vertikale Kompetenzabgrenzung und gemischte Abkommen

Kompetenzgrenzen für die EU in vertikaler Hinsicht zu den Mitgliedstaaten stellen sich nicht, wenn völkervertragliche Gremien durch völkerrechtlichen Vertrag errichtet werden, der lediglich Regelungsbereiche enthält, die in den ausschließlichen Kompetenzbereich der EU fallen. Ein alleiniges Vorgehen der EU bei der Einrichtung völkervertraglicher Gremien ist jedoch dann rechtlich nicht möglich, wenn der völkerrechtliche Vertrag wenigstens einen Regelungskomplex enthält, der in die ausschließliche Zuständigkeit der Mitgliedstaaten fällt.[15] In einem solchen Fall ist der Abschluss eines gemischten Abkommens zwingend (sog. „obligatory mixity").[16] In allen anderen Fällen, in denen das Abkommen über rein ausschließliche Unionskompetenzen hinausgeht, aber keine ausschließlichen Zuständigkeitsbereiche der Mitgliedstaaten berührt sind, ist es Sache des Rates, nach Art. 218 Abs. 3 AEUV darüber zu entscheiden, ob das Abkommen von der EU allein im Rahmen ihrer Zuständigkeiten abgeschlossen werden soll oder ob die Mitgliedstaaten neben diesen als Vertragspartei beteiligt sein sollen (sog. „facultative mixity").[17] Es hängt damit vom politischen Willen des Rates ab, ob der EU die Ausübung der geteilten Außenkompetenzen ermöglicht oder an der Praxis der Beteiligung der Mitgliedstaaten und damit der Herstellung gemischter Abkommen festgehalten wird.[18] Dabei verfügt der Rat nicht über ein unbeschränktes Ermessen:[19] Die Entscheidung muss nach Art. 296 Abs. 2 AEUV begründet werden und im Bereich geteilter Kompetenzen das in Art. 5 Abs. 3 EUV niedergelegte Subsidiaritätsprinzip wahren. Anders als im Nachgang des *Singapur*-Gutachtens angenommen macht das Vorliegen geteilter Kompetenzen den Abschluss eines gemischten Abkommens nicht zwingend erforderlich.[20] Vielmehr muss sorgfältig zwischen der Frage geteilter Kompetenzen und dem Erfordernis eines gemischten Abkommens unterschie-

---

[15] GA Szpunar, SchlA Rs. C-600/14, Deutschland/Rat (OTIF), ECLI:EU:C:2017:296, Tz. 85.

[16] Zu den Begrifflichkeiten der „mixity" anschaulich *Mögele*, in: Streinz, 3. Aufl. 2018, Art. 216 AEUV, Rn. 42 f.

[17] GA Szpunar, SchlA Rs. C-600/14, Deutschland/Rat (OTIF), ECLI:EU:C:2017:296, Tz. 86; *Eeckhout*, EU External Relations Law, 2. Aufl. 2011, S. 214; *Erlbacher*, CLEER Papers 2017/2, S. 12; *Rosas*, in: Dashwood/Hillion (Hrsg.), The General Law of E.C. External Relations, 2000, S. 200 (206).

[18] *Van der Loo*, CEPS Policy Insights 2017/17, S. 1 (7).

[19] GA Szpunar, SchlA Rs. C-600/14, Deutschland/Rat (OTIF), ECLI:EU:C:2017:296, Tz. 116 ff.

[20] Der EuGH stellte im Nachgang des Gutachtens 2/15 klar, dass sich die Aussage, die EU könne aufgrund des Vorliegens geteilter Kompetenzen das Abkommen nicht alleine genehmigen, nur auf die durch den Rat vorgetragene Unmöglichkeit bezog, die erforderliche Ratsmehrheit für eine alleinige Ausübung der geteilten Kompetenzen durch die EU zu erreichen,

den werden.[21] Dies bedeutet, dass auch geteilte Kompetenzen zu einem alleinigen Handeln der Union ermächtigen können und bei einer entsprechenden Entscheidung des Rates für die Kompetenzausübung der EU kein Raum mehr für eine Beteiligung der nationalen Parlamente verbleibt.[22] Für die Einrichtung von Gremien in Freihandelsabkommen besitzt die EU, wie der EuGH im *Singapur*-Gutachten klarstellte, eine weit verstandene ausschließliche Zuständigkeit im Bereich der Gemeinsamen Handelspolitik (Art. 207 Abs. 3 AEUV) und damit weitreichende Möglichkeiten, Freihandelsabkommen unter Ausklammerung des Investitionsschutzes als reine EU-Abkommen abzuschließen.[23] Relevante Vertragsschließungskompetenzen sind neben den impliziten Vertragsschließungskompetenzen (Art. 216 Abs. 1 Alt. 2–4 AEUV iVm Art. 3 Abs. 2 AEUV) die ausdrücklich niedergelegten Kompetenzen zum Abschluss von Assoziierungsabkommen (Art. 217 AEUV), zur Entwicklungszusammenarbeit (Art. 209 Abs. 2 AEUV) und von Abkommen im Bereich der GASP (Art. 37 EUV).[24]

b) Übertragung von Hoheitsrechten und Integrationsprogramm der EU

Besitzt die EU Vertragsschließungskompetenzen für einen bestimmten Sachbereich, stellt sich die Frage, ob die Vertragsschließungskompetenzen auch die Übertragung von Hoheitsrechten an völkervertragliche Gremien erlauben („Tiefe" der Vertragsschließungskompetenzen). Dieses Problem diskutierte bereits das BVerfG im Hinblick auf die Kompetenzausstattung der CETA-Gremien, führte es jedoch noch keiner endgültigen Lösung zu.[25] Zwar sind völkerrechtliche Abkommen der EU unionale Rechtsakte, die die EU auf Grundlage der ihr von den Mitgliedstaaten übertragenen Hoheitsrechte erlässt. Jedoch reichen die Unionskompetenzen nur so weit, als die Mitgliedstaaten Hoheitsrechte übertragen haben.[26] Vor diesem Hintergrund kann die EU Hoheitsrechte an völkerver-

---

EuGH, Rs. C-600/14, Deutschland/Rat (OTIF), ECLI:EU:C:2017:935, Rn. 68; GA Szpunar, SchlA Rs. C-600/14, Deutschland/Rat (OTIF), ECLI:EU:C:2017:296, Tz. 83 ff.

[21] GA Szpunar, SchlA Rs. C-600/14, Deutschland/Rat (OTIF), ECLI:EU:C:2017:296, Tz. 83.
[22] *Bungenberg*, in: Kadelbach (Hrsg.), Die Welt und Wir. Die Außenbeziehungen der Europäischen Union, 2017, S. 133 (140).
[23] EuGH, Gutachten 2/15 (Singapur), ECLI:EU:C:2017:376; siehe nur *Bungenberg*, in: Kadelbach (Hrsg.), Die Welt und Wir. Die Außenbeziehungen der Europäischen Union, 2017, S. 133 (150); *Streinz*, Europarecht, 11. Aufl. 2019, Rn. 1316.
[24] Ausführlich zu den verschiedenen Vertragsschließungskompetenzen der EU *Obwexer*, EuR-Beiheft 2/2012, 49 und *Mögele*, in: Streinz, 3. Aufl. 2018, Art. 216 AEUV, Rn. 16 ff.
[25] Siehe hierzu bereits oben, Einführung, B.II.
[26] Zur Grundlegung der Unionsgewalt durch die Hoheitsrechtsübertragung der Mitgliedstaaten als „Herren der Verträge" BVerfGE 123, 267 (349 f.) – Lissabon; die Hoheitsrechtsübertragung als verfassungsrechtliches Gegenstück zu den EU-Kompetenzen bezeichnend *Ohler*, in: Grabitz/Hilf/Nettesheim, 69. EL Februar 2020, Art. 48 EUV, Rn. 16.

tragliche Gremien nur übertragen, wenn die Mitgliedstaaten diesen Vorgang als Teil der Vertragsschließungskompetenzen verstehen.

aa) Übertragung von Hoheitsrechten durch den Einrichtungsvorgang

Es stellt sich die Frage, ob die Delegation von Beschlussfassungsbefugnissen an völkervertragliche Gremien als Übertragung von Hoheitsrechten an eine zwischenstaatliche Einrichtung einzuordnen ist.

(1) Begriff der „Übertragung von Hoheitsrechten"

Der Begriff der „Übertragung von Hoheitsrechten" ist in Art. 23 Abs. 1 S. 2 GG sowie in Art. 24 Abs. 1, Abs. 1a GG enthalten und wird einheitlich verstanden. „Hoheitsrechte" meint die Ausübung öffentlicher Gewalt im innerstaatlichen Bereich durch Gesetzgebung, Exekutive und Rechtsprechung.[27] Die Reichweite des Begriffs ergibt sich aus der Rechtsprechung des BVerfG. Eine Übertragung von Hoheitsrechten liegt danach klassischerweise vor, wenn der innerdeutsche Herrschaftsanspruch zugunsten einer zwischenstaatlichen Einrichtung geöffnet wird, indem der Einrichtung in gewissem Umfang die Befugnis zur unmittelbaren Berechtigung und Verpflichtung der Rechtssubjekte und staatlichen Organe der Bundesrepublik Deutschland eingeräumt wird.[28] Entscheidendes Kriterium ist dabei der Durchgriff in den staatlichen Hoheitsbereich:[29] Die Rechtsakte, die auf übertragenen Hoheitsrechten beruhen, entfalten ohne gesonderten staatlichen Umsetzungsakt und damit unmittelbar Rechtswirkungen im innerstaatlichen Bereich. Nachdem die Souveränität der Bundesrepublik nach außen nicht erfasst ist,[30] liegt in der völkerrechtlichen Verpflichtung der Bundesrepublik allein noch keine Übertragung von Hoheitsrechten.[31]

Darüber hinaus erstreckt das BVerfG die Übertragung von Hoheitsrechten sowohl für Art. 23 Abs. 1 S. 2 GG, als auch für Art. 24 Abs. 1 GG auf die Konstellation, in der keine förmliche Durchgriffswirkung gegeben ist, aber wesent-

---

[27] *Jarass*, in: Jarass/Pieroth, 16. Aufl. 2020, Art. 24 GG, Rn. 4; *Scholz*, in: Maunz/Dürig, 93. EL Oktober 2020, Art. 23 GG, Rn. 65; *Streinz*, in: Sachs, 8. Aufl. 2018, Art. 23 GG, Rn. 55 und Art. 24 GG, Rn. 12.
[28] Siehe zu Art. 24 Abs. 1 GG BVerfGE 37, 271 (279 f.) – Solange I; BVerfGE 58, 1 (28) – Eurocontrol I; BVerfGE 73, 339 (374 ff.) – Solange II; weniger deutlich BVerfGE 68, 1 (90 ff.) – Pershing und BVerfGE 129, 124 (171) – EFS; aus der Literatur vor allem *Grzeszick*, NVwZ 2016, 1753 (1755).
[29] *Streinz*, in: Sachs, 8. Aufl. 2018, Art. 23 GG, Rn. 56; *Jarass*, in: Jarass/Pieroth, 16. Aufl. 2020, Art. 23 GG, Rn. 24.
[30] *Classen*, DÖV 2018, 253 (257 ff.).
[31] *Holterhus*, EuR 2017, 234 (246).

liche Auswirkungen auf Rechtsgüter im deutschen Hoheitsgebiet einhergehen.[32] Das BVerfG ordnete „jede Zuweisung von Aufgaben und Befugnissen an die Europäische Union und/oder ihre Organe" in der Sache als Hoheitsrechtsübertragung ein.[33] In der Literatur werden diese Entwicklungen in unterschiedlicher Weise gedeutet. Teilweise wird davon ausgegangen, dass für die Annahme einer Hoheitsrechtsübertragung keine Durchgriffswirkung mehr erforderlich ist.[34] Bereits die Zuweisung von Aufgaben zur eigenständigen Wahrnehmung an Organe, die bindende Rechtsakte erlassen, stelle eine Übertragung von Hoheitsrechten dar und gehe über bloße völkerrechtliche Bindungswirkungen eines Vertrags nach Art. 59 Abs. 2 GG hinaus.[35] Die herrschende Ansicht stellt jedoch weiterhin auf das Kriterium der Durchgriffswirkung ab.[36] Am Überzeugendsten ist es, den weiten Ansatz des BVerfG im *Pershing-* und *Unterrichtungspflicht*-Urteil in eine zweite Fallgruppe zu integrieren, die Fälle erfasst, in denen durch schlicht-hoheitliches Handeln wesentliche faktische Grundrechtsbeeinträchtigungen zu befürchten sind.[37] Danach liegt eine Übertragung von Hoheitsrechten auch dann vor, wenn der Übertragungsakt zu schlicht-hoheitlichem Handeln ermächtigt, das die vorhersehbare Gefahr von faktischen Grundrechtseingriffen in sich birgt, die im innerstaatlichen Recht aufgrund der „Wesentlichkeit" einen Gesetzesvorbehalt implizieren würden.[38] Aufgrund der schweren Bestimmtheit des Wesentlichkeitskriteriums ist diese Fallgruppe jedoch restriktiv auszulegen.[39] Dadurch kann einerseits die steigende Notwendigkeit der Parlamentarisierung der auswärtigen Gewalt berücksichtigt werden, ohne gleichzeitig den Anwendungsbereich der Art. 24 Abs. 1, Art. 23 Abs. 1 S. 2 GG durch eine zu weite Auslegung zu überdehnen und die eigenständige Funktion des Art. 24 Abs. 1, Art. 23 Abs. 1 S. 2 GG gegenüber Art. 59 Abs. 2 GG, sowie zur

---

[32] Zu Art. 24 Abs. 1 GG BVerfGE 68, 1 (94) – Pershing; zu Art. 23 Abs. 1 S. 2 GG BVerfGE 131, 152 (217 f.) – Unterrichtungspflicht.
[33] BVerfGE 131, 152 (218) – Unterrichtungspflicht.
[34] *Weiß*, in: Kadelbach (Hrsg.), Die Welt und Wir. Die Außenbeziehungen der Europäischen Union, 2017, S. 151 (213 f.); *Wollenschläger*, in: Dreier, Bd. II, 3. Aufl. 2015, Art. 23 GG, Rn. 44.
[35] *Weiß*, in: Kadelbach (Hrsg.), Die Welt und Wir. Die Außenbeziehungen der Europäischen Union, 2017, S. 151 (213 f.).
[36] *Schiffbauer*, AöR 2016, 551 (588 f.), ebenso *Holterhus*, EuR 2017, 234 (246), *Classen*, DÖV 2018, 253 (257 ff.), *Grzeszick*, NVwZ 2016, 1753 (1755 ff.), *Nettesheim*, Umfassende Freihandelsabkommen und Grundgesetz, 2017, S. 116.
[37] *Rauser*, Die Übertragung von Hoheitsrechten auf ausländische Staaten, 1991, S. 108 f.; *Schorkopf*, in: Kahl/Waldhoff/Walter, EL 153/2011, Art. 23 GG, Rn. 65; *Streinz*, in: Sachs, 8. Aufl. 2018, Art. 23 GG, Rn. 56a.
[38] *Rauser*, Die Übertragung von Hoheitsrechten auf ausländische Staaten, 1991, S. 108 f.
[39] *Streinz*, in: Sachs, 8. Aufl. 2018, Art. 24 GG, Rn. 14, 16 f.

bloßen Beschränkung von Hoheitsgewalt in Art. 24 Abs. 2 GG zu überspielen.[40] Infolgedessen ist ein weiter Hoheitsbegriff, der jede Verlagerung politischer Herrschaft einbezieht,[41] abzulehnen.[42] Hierfür spricht auch, dass das BVerfG nach dem weiten Verständnis im *Pershing*-Urteil wieder zum Kriterium der Durchgriffswirkung zurückgekehrt ist.[43] Eine „Übertragung von Hoheitsrechten" liegt zusammenfassend dann vor, wenn eine Einrichtung mit Durchgriffswirkung gegenüber dem Einzelnen handelt oder durch schlicht-hoheitliches Handeln unmittelbar wesentliche faktische Grundrechtsbeeinträchtigungen zu befürchten sind. Erforderlich ist damit immer eine rechtliche oder faktisch unmittelbare Hoheitsausübung der internationalen Einrichtung, die nicht der Umsetzung bzw. des Vollzugs durch deutsche Hoheitsorgane bedarf.[44] Eine Übertragung von Hoheitsrechten durch die Einrichtung von Vertragsgremien erscheint deshalb nicht abwegig, da die Beschlüsse, wie bereits aufgezeigt wurde,[45] der unmittelbaren Wirkung fähig sein können. Inwieweit eine Hoheitsrechtsübertragung vorliegt, muss für jeden Einzelfall anhand der Bestimmungen des völkerrechtlichen Abkommens geprüft werden.

(2) Begriff der „zwischenstaatlichen Einrichtung"

Art. 24 Abs. 1 GG erlaubt Hoheitsrechtsübertragungen nur auf „zwischenstaatliche Einrichtungen". Es stellt sich die Frage, ob es sich bei völkervertraglichen Gremien, die den Organisationsgrad einer internationalen Organisation noch nicht erreicht haben, um zwischenstaatliche Einrichtungen handelt, auf die Hoheitsrechte übertragen werden. Hierfür spricht, dass der Begriff der „zwischenstaatlichen Einrichtung" i.S.d. Art. 24 Abs. 1 GG im Grundsatz weit ausgelegt und die institutionelle Verfestigung in Form der internationalen Organisation

---

[40] Vgl. *Rauser*, Die Übertragung von Hoheitsrechten auf ausländische Staaten, 1991, S. 76f., 86ff.; dem zustimmend wohl auch *Streinz*, in: Sachs, 7. Aufl. 2014, Art. 24 GG, Rn. 16.
[41] Dem funktionalen Hoheitsbegriff folgend *Schorkopf*, in BK, EL 153/2011, Art. 23 GG, Rn. 65; so auch *Weiß*, in: Kadelbach (Hrsg.), Die Welt und Wir. Die Außenbeziehungen der Europäischen Union, 2017, S. 151 (213 f.).
[42] Nur auf das Kriterium des rechtlichen Durchgriffs abstellend *Schiffbauer*, AöR 2016, 551 (588 f.), ebenso *Holterhus*, EuR 2017, 234 (246), *Classen*, DÖV 2018, 253 (257 ff.), *Grzeszick*, NVwZ 2016, 1753 (1755 ff.), *Nettesheim*, Umfassende Freihandelsabkommen und Grundgesetz, 2017, S. 116; im Ergebnis auch *Rojahn*, in v. Münch/Kunig, 6. Aufl. 2012, Art. 24 GG, Rn. 27.
[43] Zu Art. 24 Abs. 1 GG BVerfGE 73, 340 (374) – Solange II; zu Art. 23 Abs. 1 S. 2 GG BVerfGE 89, 155 (175) – Maastricht; siehe hierzu ausführlich *Calliess*, in: Maunz/Dürig, 93. EL Oktober 2020, Art. 24 GG, Rn. 44 f.
[44] *Grzeszick*, NVwZ 2016, 1753 (1755); anders *Pautsch*, NVwZ-Extra 8/2016, 1 (4).
[45] Siehe dazu bereits oben, § 1 B.II.2.

nicht als zwingendes Kriterium angesehen wird.[46] Werden die Beschlüsse durch paritätisch besetzte Organe in bilateralen Abkommen ohne Rechtspersönlichkeit, die einvernehmlich zustande kommen, als völkerrechtliche Verträge der Vertragsparteien eingeordnet, ist es folgerichtig, eine Übertragung von Hoheitsrechten erst anzunehmen, wenn sich die Gremien zu völkerrechtsfähigen Gebilden entwickeln.[47] Diese Arbeit ordnet solche Beschlüsse hingegen als einseitige Akte der Gremien ein, sodass bei Erlass von Beschlüssen mit unmittelbarer Wirkung von der Ausübung von Hoheitsgewalt auszugehen ist, die von jener der Vertragsparteien zu unterscheiden ist.[48] Danach liegt jedenfalls in der Delegation von Beschlussfassungsbefugnissen mit unmittelbarer Wirkung an völkervertragliche Gremien, auch wenn diese keine völkerrechtsfähigen Gebilde darstellen, eine (wenn auch begrenzte) Übertragung von Hoheitsrechten.

bb) Vertragsschließungskompetenzen und Übertragung von Hoheitsrechten

Zu untersuchen bleibt, ob die Delegation von Hoheitsgewalt an völkervertragliche Gremien von den bestehenden Vertragsschließungskompetenzen der EU und damit dem Integrationsprogramm gedeckt ist oder ob die Befugnisausstattung *ultra vires* erfolgt. Die Möglichkeit zur Weiterübertragung der Hoheitsrechte ist dabei nicht selbstverständlich, wenn man bedenkt, dass die EU ihre Kompetenzen nicht selbst geschaffen, sondern von den Mitgliedstaaten übertragen bekommen hat (vgl. Art. 5 Abs. 1 S. 1, Abs. 2 EUV). Die soeben entwickelten Überlegungen zeigen, dass die Übertragung von Befugnissen zum Erlass von Beschlüssen, die die Vertragsparteien völkerrechtlich binden, auf Grundlage der Vertragsschließungskompetenzen unproblematisch möglich ist. Der EuGH hatte die Frage der Hoheitsrechtsübertragung im Gutachten 1/76 ausdrücklich offengelassen.[49] Hingegen indiziert die Rechtsprechung zur unmittelbaren Wirkung von Beschlüssen vor allem von Assoziationsgremien, dass der EuGH diese Strukturen als unproblematisch ansieht, jedenfalls dann, wenn bi-

---

[46] *Calliess*, in: Maunz/Dürig, 93. EL Oktober 2020, Art. 24 GG, Rn. 32 m.w.N.; *Streinz*, in: Sachs, 8. Aufl. 2018, Art. 24 GG, Rn. 19.

[47] *Schmalenbach*, in: Calliess/Ruffert, 5. Aufl. 2016, Art. 216 AEUV, Rn. 49 und Art. 217 AEUV, Rn. 32; *Gilsdorf*, EuZW 1991, 459 (461); zu Assoziationsratsbeschlüssen *Vedder*, EuR 1994, 202 (204); *Vöneky/Beylage-Haarmann*, in: Grabitz/Hilf/Nettesheim, 69. EL Februar 2020, Art. 216 AEUV, Rn. 31.

[48] *von Bogdandy/Bast/Arn*dt, ZaöRV 2002, 77 (147); *Weiß*, in: Kadelbach (Hrsg.), Die Welt und Wir. Die Außenbeziehungen der Europäischen Union, 2017, S. 151 (274 f.) unter Verweis auf EuGH, Rs. C-73/14, Rat/Kommission (Internationaler Seegerichtshof), ECLI:EU:C:2015: 663, Rn. 65; Kooperationsgremien als Träger internationaler öffentlicher Gewalt bezeichnend *Appel*, Das internationale Kooperationsrecht der Europäischen Union, S. 378 ff.

[49] EuGH, Gutachten 1/76 (Stilllegungsfonds), Slg. 1977, 741, Rn. 15 f.

lateral strukturierte Gremien einvernehmlich Beschlüsse fassen und die EU somit nicht überstimmt werden kann. Hinzu kommt, dass Art. 217 AEUV als einzige Vertragsschließungskompetenz explizit einen Anhaltspunkt für besondere institutionelle Ausgestaltungen und Befugnisse enthält („Herstellung gemeinsamer Vorgehen und besonderer Verfahren"), was die besondere Struktur und Qualität der Assoziierungsabkommen im Vergleich zu anderen Arten von Abkommen verdeutlicht. Nach aktuellem Stand des Unionsrechts enthält damit nur die Assoziierungskompetenz diese sog. Integrationskompetenz[50], nicht aber alle sonstigen Vertragsschließungskompetenzen, für die dementsprechend jeweils ein Umsetzungsakt der Vertragsparteien erforderlich ist, bevor Wirkungen eintreten können.[51] Zwar spricht für eine generelle Integrationskompetenz, dass eine ihrerseits integrationsunfähige EU dem Zweck der Integration entgegenliefe[52] und eine solche zu einer besseren Verwirklichung des Gebots der effizienten Aufgabenerfüllung der EU führen könnte[53]. Allerdings ist zu bezweifeln, dass durch Zuweisung der Außenkompetenzen durch den Vertrag von Lissabon tatsächlich eine Öffnung der nationalen Rechtsordnung über das Recht aus der Quelle der EU auch für das Recht von völkervertraglichen Gremien er-

---

[50] *Vedder*, in: Randelzhofer/Scholz/Willke (Hrsg.), Gedächtnisschrift für Eberhard Grabitz, 1995, S. 795 (insb. 804 ff., 812 ff.), unter Modifikation des Begriffs der „Integrationsgewalt" von *Grewe*, Die Auswärtige Gewalt der Bundesrepublik, VVDStRL 12 (1954), S. 129 (143).

[51] *Giegerich*, in: Pechstein/Nowak/Häde, 2017, Art. 217 AEUV, Rn. 70; *Schmalenbach*, in: Calliess/Ruffert, 5. Aufl. 2016, Art. 217 AEUV, Rn. 32; *Vöneky/Beylage-Haarmann*, in: Grabitz/Hilf/Nettesheim, 69. EL Februar 2020, Art. 216 AEUV, Rn. 31; *Lachmayer/von Förster*, in: von der Groeben/Schwarze/Hatje, 7. Aufl. 2015, Art. 216 AEUV, Rn. 22; bereits zu Art. 238 EGV *Vedder*, in: Randelzhofer/Scholz/Willke (Hrsg.), Gedächtnisschrift für Eberhard Grabitz, 1995, S. 795 (813); die Kompetenz zur Hoheitsrechtsübertragung auch auf Grundlage des Art. 217 AEUV verneinend *Richter*, Die Assoziierung osteuropäischer Staaten durch die Europäischen Gemeinschaften, 1993, S. 174 f.; hiervon abweichend eine generelle Integrationskompetenz auf Grundlage der Vertragsschließungskompetenzen annehmend *Vedder*, in: Randelzhofer/Scholz/Willke (Hrsg.), Gedächtnisschrift für Eberhard Grabitz, 1995, S. 795 (812 ff.) und *Gilsdorf*, EuZW 1991, 459 (464); differenzierend *Holterhus*, EuR 2017, 234 (253 f.), der die begrenzte Übertragung von Hoheitsrechten durch die EU als Verwirklichung ihrer Außenkompetenzen und nicht als Erweiterung des durch den Vertrag von Lissabon vereinbarten Integrationsprogramms auffasst; von der begrenzten Zuständigkeit der EU, Hoheitsrechte an völkervertragliche Gremien weiter zu übertragen, spricht auch *Weiß*, in: Kadelbach (Hrsg.), Die Welt und Wir. Die Außenbeziehungen der Europäischen Union, 2017, S. 151 (214), der unter „Hoheitsrechte" jedoch auch konkretisierende Durchführungsbefugnisse der Gremien ohne unmittelbare Wirkung fasst und eine darüberhinausgehende Hoheitsrechtsübertragung aufgrund des Fehlens einer Ermächtigung nach Art. 23 Abs. 1 GG ablehnt.

[52] *Vedder*, in: Randelzhofer/Scholz/Willke (Hrsg.), Gedächtnisschrift für Eberhard Grabitz, 1995, S. 795 (814); *Gilsdorf*, EuZW 1991, 459 (464).

[53] *Barrón*, Der Europäische Verwaltungsverbund und die Außenbeziehungen der Europäischen Union, 2013, S. 203.

folgt ist; vielmehr zeigt ein Blick in das nationale Verfassungsrecht, dass hierfür eine spezielle Ermächtigungsgrundlage geschaffen werden müsste.[54] Die Hoheitsrechtsübertragung auf Grundlage des Art. 217 AEUV steht unter der Bedingung, wie aus dem Wortlaut („gemeinsames Vorgehen") ersichtlich ist, dass die EU sich nicht gegen ihren Willen verbindlichen Organbeschlüssen einer Assoziierung unterwirft.[55]

2. „Identität" der Unionsverfassung: Absolute Grenze der Vertragsänderung nach Art. 48 EUV

Aus der Zusammenschau der Vertragsschließungskompetenzen und der Vorschrift über Vertragsänderungen nach Art. 48 EUV ergibt sich eine weitere Grenze für Befugnisdelegationen, die in der „Identität" der EU-Verfassung liegt. Die Delegation darf nicht so weit führen, dass mit ihr eine Vertragsänderung einhergeht, die im Verfahren des Art. 48 EUV von den Mitgliedstaaten als „Herren der Verträge"[56] vorgenommen werden muss.[57] Die Grenze zur Vertragsänderung ist überschritten, wenn die Folgen einer Kompetenzverlagerung die Strukturprinzipien der Union so wesentlich berühren, dass sie eine eigenständige Legitimation durch die Übertragung weiterer Hoheitsbefugnisse durch die Mitgliedstaaten erfordern.[58] Wann dies bei der Einrichtung von Vertragsgremien der Fall sein könnte, verdeutlichte der EuGH im Gutachten zum Stilllegungsfonds. Dort stellte er fest, dass der Abschluss des gegenständlichen völkerrechtlichen Vertrags die Verträge als „innere Verfassung" nicht modifizieren und die „Handlungsfreiheit" der Gemeinschaft in ihren auswärtigen Beziehun-

---

[54] Für das deutsche Verfassungsrecht Art. 23, Art. 24 GG neben Art. 59 Abs. 2 GG; darauf verweisend auch *Schmalenbach*, in: Calliess/Ruffert, 5. Aufl. 2016, Art. 216 AEUV, Rn. 48; siehe für eine vergleichende Analyse der Integrationsklauseln im Verfassungsrecht der Mitgliedstaaten *Wendel*, Permeabilität im Europäischen Verfassungsrecht, 2011, insb. S. 144–370.

[55] Abgeleitet aus dem Kriterium des „gemeinsamen Vorgehens" *Schmalenbach*, in: Calliess/Ruffert, 5. Aufl. 2016, Art. 217 AEUV, Rn. 32.

[56] Siehe zum Postulat der Mitgliedstaaten als „Herren der Verträge" BVerfGE 123, 267 (349f., 368, 381, 398) – Lissabon und in der Literatur *Meng*, in: von der Groeben/Schwarze/Hatje, 7. Aufl. 2015, Art. 48 EUV, Rn. 21, sowie *Cremer*, in: Calliess/Ruffert, 5. Aufl. 2016, Art. 48 EUV, Rn. 19ff. m.w.N.

[57] *Remmert*, EuR 2003, 134 (138); inwieweit ein dem Art. 79 Abs. 3 GG entsprechender änderungsfester Kern besteht, der nicht im Verfahren des Art. 48 EUV geändert werden kann, ist strittig, siehe hierzu insbesondere die Ausführungen von *Pechstein*, in: Streinz, 3. Aufl. 2018, Art. 48 EUV, Rn. 6. Ein änderungsfester Kern könnte in den Werten des Art. 2 EUV gesehen werden, siehe nur *Delcourt*, CMLRev. 2001, 829 (843f.) m.w.N.

[58] Bereits *Rosas*, in: Calliess/Ruffert, 1999, Art. 308 EGV, Rn. 56.

gen nicht aufgeben dürfe.⁵⁹ Die Besonderheiten der auswärtigen Beziehungen rechtfertigten nicht die Schaffung einer gemischten Organisation, bei der die Wahrung der Interessen der Gemeinschaft nur durch Anwesenheit nationaler Vertreter gewährleistet sein würde.

Die Verteilung der Gewichte bei Zusammensetzung der Organe dürfe nicht

„zu einer institutionellen Schwächung der Gemeinschaft und zur Aufgabe der Grundlagen einer gemeinsamen Politik, sei es auch für einen besonderen und begrenzten Gegenstand, führen […]. Denn würde wiederholt in dieser Weise verfahren, so bestünde die Gefahr einer schrittweisen und – da es sich jeweils um Verpflichtungen gegenüber Drittstaaten handeln würde – unwiderruflichen Desintegration des Gemeinschaftswerks."⁶⁰

Vielmehr müsse darauf hingewirkt werden, dass eine als „sachdienlich anzusehende Verteilung der Gewichte" erhalten bleibe. Insgesamt beschränke sich das Statut nach dem EuGH damit nicht auf die Lösung der Probleme, die sich aus den Erfordernissen der auswärtigen Beziehungen ergeben, sondern führe zu einer Aufgabe der Handlungsfreiheit der Gemeinschaft in den auswärtigen Beziehungen und zu einer Modifikation der inneren Verfassung, „indem es im Hinblick sowohl auf die Vorrechte der Organe als auch auf die Rechtsstellung der Mitgliedstaaten zueinander wesentliche Strukturmerkmale der Gemeinschaft verändert."⁶¹ Diese allgemeinen Formeln, die an die Grenzen erinnern, die das BVerfG insbesondere in seinem *Maastricht*- und *Lissabon*-Urteil für die europäische Integration zur Wahrung der Identität der deutschen Verfassung aufgestellt hat,⁶² leitete der EuGH aus den Vorschriften über die Kompetenzverteilung und die Organbefugnisse (Art. 3⁶³ und 4⁶⁴ EWGV) ab. Diese Grenzen waren im konkreten Fall erreicht, da die Gemeinschaftsorgane in den völkerrechtlichen Gremien unzureichend vertreten und stimmberechtigt bzw. einzelne Mitgliedstaaten überhaupt nicht beteiligt waren und damit ihr Einfluss auf die Beschlussfassungstätigkeit der Organe des Fonds nicht gesichert war. Dadurch waren erhebliche Machtverschiebungen zwischen den Unionsorganen untereinander bzw. zwischen der Union und den Mitgliedstaaten zu befürchten.

Ähnlich statuierte der EuGH in seinem ersten EWR-Gutachten, dass durch Abschluss eines Assoziierungsabkommens auf Grundlage der Vertragsschließungskompetenzen nach Art. 238 EWGV (heute Art. 217 AEUV) eine (implizi-

---

⁵⁹ EuGH, Gutachten 1/76 (Stilllegungsfonds), Slg. 1977, 741, Rn. 12.
⁶⁰ EuGH, Gutachten 1/76 (Stilllegungsfonds), Slg. 1977, 741, Rn. 14.
⁶¹ EuGH, Gutachten 1/76 (Stilllegungsfonds), Slg. 1977, 741, Rn. 12.
⁶² Zu den erheblichen Restvorbehalten BVerfGE 123, 267 (insb. 356 ff., 363 ff.) – Lissabon; BVerfGE 89, 155 (185 ff.) – Maastricht.
⁶³ Heute Art. 2–6 AEUV, die die Arten und Bereiche der Zuständigkeiten der Unionsorgane festlegen.
⁶⁴ Heute Art. 13 EUV, der die Organe der EU nennt.

te) Änderung der „Grundlagen der Gemeinschaft" nicht möglich sei.[65] Zu den „Grundlagen der Gemeinschaft" zählte der EuGH das eigene Rechtsprechungsmonopol, das er durch das errichtete Gerichtssystem beeinträchtigt sah. Weitere interessante Ausführungen zu den Grenzen der Vertragsschließungskompetenzen entwickelte der EuGH in seinen Gutachten zu den Beitrittsverträgen zur EMRK. In seinem ersten EMRK-Gutachten erklärte er, dass der Beitritt zur Konvention als „wesentliche Änderung des gegenwärtigen Gemeinschaftssystems" des Schutzes der Menschenrechte „grundlegende institutionelle Auswirkungen sowohl auf die Gemeinschaft als auch auf die Mitgliedstaaten hätte" und als Änderung von „verfassungsrechtlicher Dimension" gerade nur im Wege der Vertragsänderung vorgenommen werden könne.[66] Ähnlich verwies der EuGH in seinem zweiten EMRK-Gutachten darauf, dass der Beitritt die „besonderen Merkmale der Union und des Unionsrechts" unberührt lassen müsse.[67] Hierzu zählt der EuGH die sich aus dem Grundsatz der begrenzten Einzelermächtigung sowie dem institutionellen Rahmen ergebende Verfassungsstruktur der EU, sowie Merkmale aus dem Wesen des Unionsrechts wie dessen Autonomie, den Vorrang vor mitgliedstaatlichem Recht und die unmittelbare Wirkung, außerdem den Grundsatz des gegenseitigen Vertrauens zwischen den Mitgliedstaaten bei der Anerkennung der Werte des Art. 2 EUV, sowie den Grundsatz der loyalen Zusammenarbeit und erneut das Gerichtssystem der EU mit dem Vorabentscheidungsverfahren der EU nach Art. 267 AEUV als zentrales Element.[68]

Die genannten Strukturelemente sind bei der Delegation von Rechtsetzungsbefugnissen an Gremien durch völkerrechtlichen Vertrag jedenfalls dann als berührt anzusehen, wenn die Aufgaben der Unionsorgane durch unbegrenzte Übertragungen völlig ausgehöhlt werden würden und damit die Verfassungsstruktur und die autonome Rechtsordnung der EU abgeschafft werden würde.[69] Eine Aufgabe der Unionszuständigkeiten ist auch anzunehmen, wenn die institutionelle Struktur der Gremien keine Einflussnahme der Unionsseite ermöglicht oder erhebliche Machtverschiebungen zwischen den Unionsorganen untereinander oder zwischen der Union und den Mitgliedstaaten eintreten.[70] Letzteres

---

[65] EuGH, Gutachten 1/91 (EWR), Slg. 1991, I-6099, Rn. 46, 71.
[66] EuGH, Gutachten 2/94 (EMRK I), Slg. 1996, I-1783, Rn. 35.
[67] Zuletzt EuGH, Gutachten 2/13 (EMRK II), ECLI:EU:C:2014:2454, Rn. 164.
[68] EuGH, Gutachten 2/13 (EMRK II), ECLI:EU:C:2014:2454, Rn. 164–177.
[69] Ähnlich bereits *Barrón*, Der Europäische Verwaltungsverbund und die Außenbeziehungen der Europäischen Union, 2013, S. 202.
[70] Vgl. die Stellungnahme der Kommission im Gutachtens des EuGH 1/76 (Stilllegungsfonds), Slg. 1977, 741 (748); auf „Gewichtsverschiebungen" und „wesentlichen Veränderungen" für den unionsinternen Bereich verweisend *Hilf*, Die Organisationsstruktur der Europäischen Gemeinschaften, 1982, S. 314.

erscheint auch möglich, wenn die EU an Mehrheitsbeschlüssen von Vertragsgremien und Organen internationaler Organisationen teilnimmt, die unmittelbare Wirkung entfalten.[71] Die genannten Befugnisdelegationen überschreiten die Grenze zur Vertragsänderung nach Art. 48 EUV. Hierbei handelt es sich um Delegationen, die das Prinzip der demokratischen Legitimation und das Prinzip des institutionellen Gleichgewichts aushöhlen.[72]

III. Fazit

Die EU kann auf Grundlage ihrer Vertragsschließungskompetenzen völkervertragliche Gremien einrichten und mit weitreichenden Befugnissen zum Erlass von Beschlüssen ausstatten, die die Vertragsparteien völkerrechtlich binden, im Falle eines Assoziierungsabkommens nach Art. 217 AEUV sogar unmittelbare Wirkung entfalten. In diesem Rahmen ist die absolute Grenze der Vertragsänderung einzuhalten, die überschritten ist, wenn die Strukturprinzipien der EU wesentlich berührt werden. Die Einrichtung der Vertragsgremien darf weder die Aufgaben der Unionsorgane völlig aushöhlen bzw. die autonome Rechtsordnung der EU abschaffen, noch institutionelle Strukturen vorsehen, die unmittelbar wirkende Beschlüsse erlassen, ohne dass eine ausreichende Einflussnahme der Unionsorgane sichergestellt ist.

B. Kompetenzen für die Mitwirkung an Beschlüssen völkervertraglicher Gremien

Auch für die dem Abschluss nachgelagerte Durchführung des Abkommens durch die Mitwirkung an Beschlüssen völkervertraglicher Gremien benötigt die Union entsprechende Kompetenzen, die in den Unionsverträgen niedergelegt sein müssen (I). Bei diesem Vorgang stellen sich ähnliche Probleme der Kompetenzabgrenzung wie schon bei Vertragsabschluss (II).

I. Kompetenzrechtliche Grundlage

Kompetenzrechtliche Grundlage für die Durchführung, Anwendung und Änderung der Übereinkunft durch die Mitwirkung an der Beschlussfassung völkervertraglicher Gremien sind wie auch schon für den vorhergehenden Einrich-

---

[71] *Schmalenbach*, in: Calliess/Ruffert, 5. Aufl. 2016, Art. 216 AEUV, Rn. 48 unter Verweis auf EuGH, Gutachten 2/94 (EMRK), Slg. 1996, I-1783, Rn. 35.
[72] Siehe näher unten, § 4 A.

tungsakt die Vertragsschließungskompetenzen. Dies ergibt sich bereits aus der Überlegung, dass die Änderung, Erweiterung oder Anwendung eines Vertragswerks die Minusmaßnahme zum viel weiter gehenderen Schritt des Abschlusses des Abkommens darstellt, sodass diese einzelnen Maßnahmen erst recht erfasst sein müssen (argumentum a maiore ad minus).[73] Die parallele Kompetenzbestimmung für völkerrechtliche Abkommen und für die auf ihrer Grundlage ergehenden Beschlüsse ist auch vor dem Hintergrund einleuchtend, dass beide zu völkerrechtlichen Bindungen der EU führen. Dementsprechend ist in der Literatur bereits früh die „treaty making power" mit der „policy making power" gleichgestellt[74] und die Mitarbeit in völkerrechtlichen Gremien als „kleine Schwester der Vertragsschließungskompetenzen"[75] bezeichnet worden. Die Wahrnehmung der Vertragsschließungskompetenzen erschöpft sich folglich nicht in der Errichtung institutioneller Strukturen, sondern setzt sich in der (aktiven) Mitwirkung in den Gremien fort,[76] sodass für die Mitwirkung aus Sicht der Union ebenso die Kompetenzgrundlage des Art. 216 Abs. 1 AEUV maßgeblich ist.[77] Das Vorliegen von Vertragsschließungskompetenzen für die Mitwirkung am konkreten Gremienbeschluss hat Auswirkungen auf das mitgliedstaatliche Handeln, da dann die Unionsorgane nach den in den Unionsverträgen niedergelegten Verfahren zur Mitwirkung berechtigt sind, während ein Handeln durch die im Rat vereinigten Vertreter der Regierungen der Mitgliedstaten (intergouvernemental) ausgeschlossen ist. Die Mitwirkung der Unionsorgane an der Beschlussfassung setzt allerdings voraus, dass dem Gremium im völkerrechtlichen Abkommen die jeweilige Beschlussfassungsbefugnis zugewiesen wurde.

II. Kompetenzabgrenzung für die Standpunktfestlegung in gemischten Abkommen

Vor allem bei gemischten Abkommen stellt sich die Frage, inwieweit die EU und/oder die Mitgliedstaaten für die Festlegung und Vertretung des Standpunktes im völkervertraglichen Gremium in Bezug auf einen Gremienbeschluss zuständig sind. Die Beantwortung der Frage ist nicht einfach, da wie schon die

---

[73] GA Kokott, SchlA Rs. C-81/13, Vereinigtes Königreich/Rat, ECLI:EU:C:2014:2114, Tz. 88 f. in Bezug auf die Assoziierungskompetenz nach Art. 217 AEUV.

[74] Damals noch zur EG *Grabitz*, in: Wissenschaftliche Gesellschaft für Europarecht (Hrsg.), Die Aussenbeziehungen der Europäischen Gemeinschaft, KSE Bd. 25, 1975, S. 47 (77).

[75] *Vedder*, in: Randelzhofer/Scholz/Willke (Hrsg.), Gedächtnisschrift für Eberhard Grabitz, 1995, S. 795 (797).

[76] *Weis*, EuR 1977, 278 (281 f.).

[77] *Mögele*, in: Streinz, 3. Aufl. 2018, Art. 216 AEUV, Rn. 10.

Aushandlung und der Abschluss gemischter Abkommen auch deren Durchführung in eine rechtliche Grauzone fällt.[78] Kompetenzfragen sind zudem Machtfragen, die von den beteiligten Akteuren in der Regel mit großer Leidenschaft vor Gericht ausgetragen werden.[79] Die in den vielen aktuellen Verfahren vorgebrachten Argumente lassen annehmen, dass sich die Fronten seit dem Vertrag von Lissabon ganz erheblich verhärtet haben.[80] Der Rat wirft der Kommission vor, sie wolle ein internationales Auftreten der Mitgliedstaaten mit allen Kräften vermeiden, während dem Rat attestiert wird, er suche zwanghaft nach Rechtsgrundlagen, die eine Mitwirkung der Mitgliedstaaten neben der Union erfordern.[81] Die Mitgliedstaaten plädieren wiederum regelmäßig für eine restriktive Auslegung der durch den Vertrag von Lissabon eingeführten Bestimmungen im Bereich der Außenbeziehungen, sodass der Eindruck entsteht, dass die Mitgliedstaaten diese nicht mehr mittragen wollen.[82] Kompetenzrechtliche Streitigkeiten dieser Art verhindern auf Unionsebene die Bündelung aller verfügbaren Ressourcen auf den substantiellen Gegenstand der Zusammenarbeit und damit die effektive Realisierung der Außenbeziehungen der EU. Standpunkte werden häufig blockiert, da man sich nicht einigen kann, ob der Standpunkt „im Namen der Union" oder „im Namen der Union und ihrer Mitgliedstaaten" im jeweiligen Gremium unterbreitet werden soll.[83] Dadurch kann bei den Vertragsparteien der Eindruck entstehen, die Union könne keinen einheitlichen Standpunkt fassen, was die Verhandlungsposition der EU erheblich schwächen und die Glaubwürdigkeit und Reputation der EU auf internationaler Ebene in Frage stellen kann. Umso wichtiger ist es, Grundregeln für die Ermittlung der jeweils zuständigen Ebene für die Standpunktfestlegung festzulegen (1) und die denkbaren Kompetenzkonstellationen für die Standpunktfestlegung in gemischten Abkommen darzustellen (2).

---

[78] Für die Aushandlung und den Abschluss explizit *Mögele*, in: Streinz, 3. Aufl. 2018, Art. 216 AEUV, Rn. 48.
[79] GA Kokott, SchlA verb. Rs. C-626/15 und C-659/16, Kommission/Rat (Antarktis), ECLI:EU:C:2018:362, Tz. 1.
[80] GA Kokott, SchlA verb. Rs. C-626/15 und C-659/16, Kommission/Rat (Antarktis), ECLI:EU:C:2018:362, Tz. 2.
[81] Siehe GA Kokott, SchlA verb. Rs. C-626/15 und C-659/16, Kommission/Rat (Antarktis), ECLI:EU:C:2018:362, Tz. 75.
[82] Siehe *From the Board*, Legal Issues of Economic Integration 2016, 1 (13 f.).
[83] Siehe nur GA Kokott, SchlA verb. Rs. C-626/15 und C-659/16, Kommission/Rat (Antarktis), ECLI:EU:C:2018:362, Tz. 1 f., Tz. 22 ff.

1. Grundregeln für die Ermittlung der Kompetenzen

Um die Zuständigkeit für die Durchführung völkerrechtlicher Abkommen zu ermitteln, sind im Grundsatz dieselben Regeln anzuwenden, die auch für den Abschluss völkerrechtlicher Verträge herangezogen werden, konkret die Regeln zur Bestimmung der materiellen Rechtsgrundlage für interne Gesetzgebungsakte.[84] Die Wahl der Rechtsgrundlage beruht auf objektiven und gerichtlich nachprüfbaren Umständen, zu denen insbesondere das Ziel und der Inhalt des Rechtsakts gehören.[85] Besteht eine Unionskompetenz in Form verschiedener materieller Rechtsgrundlagen, ist für die Wahl der Rechtsgrundlage im horizontalen Verhältnis eine Schwerpunktbetrachtung (centre of gravity test) durchzuführen:[86] Entscheidend ist, wenn ein Rechtsakt mehrere Zielsetzungen bzw. Komponenten verwirklicht, dass der Rechtsakt nur auf eine Rechtsgrundlage zu stützen ist, und zwar auf die, die die hauptsächliche oder überwiegende Zielsetzung bzw. Komponente darstellt. Nur höchst ausnahmsweise, wenn mehrere Zielsetzungen zugleich verfolgt werden sollen bzw. mehrere Komponenten untrennbar miteinander verbunden sind, ohne dass eine gegenüber der anderen nebensächlich ist, kann eine Maßnahme auf mehrere Rechtsgrundlagen gestützt werden. Aus der aktuellen Rechtsprechung des EuGH geht hervor, dass sich die Hauptsächlichkeit einer Komponente aus der Anzahl der jeweiligen Artikel, die der Komponente gewidmet sind (quantitatives Element) und der jeweiligen Bedeutung der Komponente (qualitatives Element) ergibt.[87]

Für die EU kommen dabei die verschiedenen Vertragsabschlusskompetenzen in Betracht, die in der Generalklausel des Art. 216 Abs. 1 AEUV festgelegt sind.[88] Relevant sind insbesondere die ausdrücklichen Kompetenzen für Assoziierungsabkommen (Art. 217 AEUV) und Handelsabkommen (Art. 207 AEUV), sowie implizite Vertragsschließungskompetenzen, insbesondere die zweite und

---

[84] GA Szpunar, SchlA Rs. C-600/14, Deutschland/Rat (OTIF), ECLI:EU:C:2017:296, Tz. 60 ff.; *Mögele*, in: Streinz, 3. Aufl. 2018, Art. 218 AEUV, Rn. 27; *Schmalenbach*, in: Calliess/Ruffert, 5. Aufl. 2016, Art. 216 AEUV, Rn. 7.

[85] EuGH, Rs. 45/86, Kommission/Rat, Slg. 1987, 1493, Rn. 11; EuGH, Gutachten 2/00 (Cartegna-Protokoll), Slg. 2001, I-9713, Rn. 22; EuGH, Rs. C-130/10, Parlament/Rat (GASP), ECLI:EU:C:2012:472, Rn. 42; EuGH, Rs. C-263/14, Parlament/Rat (Abkommen EU-Tansania), ECLI:EU:C:2016:435, Rn. 43.

[86] Eine lehrbuchmäßige Schwerpunktprüfung durchführend EuGH, verb. Rs. C-626/15 und C-659/16, Kommission/Rat (Antarktis), ECLI:EU:C:2018:925, Rn. 75–103; GA Kokott, SchlA Rs. C-244/17, Kommission/Rat (Kasachstan), ECLI:EU:C:2018:364, Tz. 58.

[87] Besonders ausführlich EuGH, Rs. C-244/17, Kommission/Rat (Kasachstan), ECLI:EU:C:2018:662, Rn. 42 ff.

[88] Siehe ausführlich zu den verschiedenen Vertragsabschlusskompetenzen *Lorz/Meurers*, Außenkompetenzen der EU, in: von Arnauld (Hrsg.), Europäische Außenbeziehungen, EnzEuR Bd. 10, § 2 Rn. 121 ff.

vierte Variante des Art. 216 Abs. 1 AEUV[89]. Letztere Variante verwirklicht den Grundsatz der Parallelität der Innen- und Außenkompetenzen, wonach für das auswärtige Handeln grundsätzlich der Akteur zuständig ist, der auch die interne Sachkompetenz in diesem Bereich innehat.[90]

Aus der Rechtsprechung des EuGH geht hervor, dass für die Standpunktfestlegung nicht in jedem Fall die für den Abkommensabschluss gewählte materielle Rechtsgrundlage, sondern die Materie des gegenständlichen Beschlusses des völkerrechtlichen Gremiums maßgeblich ist.[91] Nach dem Inhalt des Ratsbeschlusses sind für die Herangehensweise bei der Wahl der Rechtsgrundlage zwei Konstellationen zu unterscheiden: Betrifft der Standpunktbeschluss zur Vorbereitung des Gremienbeschlusses allgemein die Arbeitsweise des Gremiums, beispielsweise weil eine Geschäftsordnung festgelegt wird oder Unterausschüsse eingerichtet werden, muss für die Wahl der Rechtsgrundlage die Gesamtheit des zugrundeliegenden Abkommens und dessen Regelungsbereiche in den Blick genommen werden.[92] Bezieht sich der Standpunktbeschluss zur Vorbereitung des Gremienbeschlusses hingegen auf einzelne im Abkommen geregelte Materien, ist nicht die Gesamtheit des Abkommens, sondern der jeweils durch den Beschluss betroffene Bereich relevant.[93]

2. Kompetenzkonstellationen bei der Durchführung gemischter Abkommen

Für die Beantwortung der Frage, ob die EU, die Mitgliedstaaten oder beide gemeinsam für die Standpunktfestlegung in Bezug auf einen Gremienbeschluss zur Durchführung gemischter Abkommen zuständig sind, sind verschiedene Kompetenzkonstellationen zu unterscheiden. Ausgangspunkt sind die Grundsätze für vertikale Kompetenzabgrenzungen bei gemischten Abkommen auf Grundlage der allgemeinen Regeln des EU-Rechts.

---

[89] Vgl. EuGH, Rs. C-600/14, Deutschland/Rat (OTIF), ECLI:EU:C:2017:296, Rn. 53.
[90] Siehe zu diesem Grundsatz *Giegerich*, in: Pechstein/Nowak/Häde, 2017, Art. 216 AEUV, Rn. 1 f.
[91] Anders noch GA Kokott, SchlA Rs. C-81/13, Vereinigtes Königreich/Rat, ECLI:EU:C:2014:2114, Tz. 93.
[92] EuGH, Rs. C-244/17, Kommission/Rat (Kasachstan), ECLI:EU:C:2018:662, Rn. 40 unter Verweis auf GA Kokott, SchlA Rs. C-244/17, Kommission/Rat (Kasachstan), ECLI:EU:C:2018:364, Tz. 54.
[93] Siehe nur EuGH, Rs. C-81/13, Vereinigtes Königreich/Rat, ECLI:EU:C:2014:2449, Rn. 39; ebenso GA Saugmandsgaard ØE, SchlA Rs. C-687/15, Kommission/Rat (ITU), ECLI:EU:C:2017:645, Tz. 46.

a) Beschluss im ausschließlichen Kompetenzbereich der EU

Liegt der Beschluss im ausschließlichen Kompetenzbereich der EU (Art. 216 Abs. 1 AEUV iVm Art. 3 Abs. 1, Abs. 2 AEUV), muss der Standpunkt der Unionsseite durch die EU getroffen und vertreten werden.[94] Eine konkurrierende Ausübung der Kompetenzen durch die Mitgliedstaaten ist ausgeschlossen.[95] Zum ausschließlichen Kompetenzbereich der EU gehört insbesondere die die gesamte gemeinsame Handelspolitik (Art. 3 Abs. 1 lit. e AEUV), die der EuGH im *Singapur*-Gutachten weit auslegte.[96] Auch implizite Außenkompetenzen der EU können sich zu ausschließlichen Kompetenzen verstärken (Art. 216 Abs. 1 AEUV iVm Art. 3 Abs. 2 AEUV).

b) Beschluss im mitgliedstaatlichen Kompetenzbereich

Klar ist im Grundsatz auch die Kompetenzbestimmung, wenn der Gremienbeschluss in den mitgliedstaatlichen Kompetenzbereich fällt (aa). Allerdings wird bei Abkommen, die schwerpunktmäßig in die ausschließlichen Unionskompetenzen fallen, teilweise vertreten, dass die Durchführungszuständigkeit auch für den mitgliedstaatlichen Kompetenzteil auf die Union übergeht (bb).

aa) Grundlagen

Fällt der Beschluss des Vertragsgremiums (vollständig) in Bereiche mitgliedstaatlicher Zuständigkeiten, enthalten die Unionsverträge keine Kompetenz, die Position der Mitgliedstaaten festzulegen bzw. zu koordinieren.[97] Ehemals war in Art. 116 Abs. 1 EWGV geregelt, dass die Mitgliedstaaten nach Ablauf der Übergangszeit in internationalen Organisationen mit wirtschaftlichem Charakter bei allen Fragen, die für den gemeinsamen Markt von besonderem Interesse waren, nur noch gemeinsam vorgehen durften. Hierfür war ein Verfahren niedergelegt, das vorsah, dass die Kommission dem Rat Vorschläge über das Ausmaß und die Durchführung des gemeinsamen Vorgehens unterbreiten konnte, über die der Rat dann mit qualifizierter Mehrheit beschloss. Während für den Vertrag von Amsterdam noch über die Einführung einer solchen Regelung dis-

---

[94] Art. 2 Abs. 1 Hs. 1 AEUV; hierzu *Heliskoski*, in: Hillion/Koutrakos (Hrsg.), Mixed Agreements Revisited, 2010, S. 138 (159).
[95] Es sei denn die Unionsorgane haben im Einklang mit den Unionsverträgen eine Ermächtigung erteilt, vgl. Art. 2 Abs. 1 Hs. 2 AEUV; EuGH, 41/76, Donckerwolcke, Slg. 1976, 1921, Rn. 32.
[96] EuGH, Gutachten 2/15 (Singapur), ECLI:EU:C:2017:376.
[97] So auch *Giegerich*, in: Pechstein/Nowak/Häde, 2017, Art. 218 AEUV, Rn. 189; *Heliskoski*, in: Hillion/Koutrakos (Hrsg.), Mixed Agreements Revisited, 2010, S. 138 (143).

kutiert wurde,[98] ist im Vertrag von Lissabon eine ähnliche Vorschrift nur im Bereich der GASP enthalten (Art. 34 Abs. 1 UAbs. 1 EUV). Die EU ist im mitgliedstaatlichen Kompetenzbereich nicht befugt, Standpunkte zu koordinieren bzw. zu erlassen,[99] sondern muss bei der Mitwirkung an Ausschüssen, die gemischten Abkommen ändern oder ergänzen, den mitgliedstaatlichen Kompetenzbereich bzw. die Kompetenzverteilung im Allgemeinen beachten.[100] Dies ergibt sich auch aus dem Grundsatz der loyalen Zusammenarbeit nach Art. 4 Abs. 3 EUV, wonach die Union und ihre Organe allgemein verpflichtet sind, auf die berechtigten Interessen der Mitgliedstaaten Rücksicht zu nehmen.[101] Im eigenen Kompetenzbereich gemischter Abkommen steht es den Mitgliedstaaten frei, individuell oder gemeinsam im Wege informeller Verfahren Standpunkte festlegen. Eine gemeinsame Standpunktfestlegung erfolgt in der Praxis durch uneigentliche Ratsbeschlüsse,[102] für deren Erlass sich die im Rat vereinigten Vertreter der Regierungen der Mitgliedstaaten „im Schoß des Rates" treffen.[103] Aus der Kooperationsverpflichtung aus Art. 4 Abs. 3 EUV folgt jedoch, dass der Standpunkt Gegenstand einer Koordinierung mit der Kommission sein muss.[104] Über die Pflicht zur loyalen Zusammenarbeit kann wiederum eine Verpflichtung des Unionsvertreters im Gremium begründet werden, im mitgliedstaatlichen Kompetenzbereich einen etwaigen Standpunkt der im Rat vereinigten Vertreter der Mitgliedstaaten zu berücksichtigen.[105]

bb) Kein Übergang der Durchführungskompetenz auf die EU

Von diesen Grundlagen abweichend wird teilweise für von mitgliedstaatlichen Kompetenzen erfassten Vertragsteilen solcher gemischter Abkommen, die im Kern von der ausschließlichen EU-Kompetenz gedeckt sind, vertreten, dass die Durchführung des kompletten Vertrags mit Abschluss des Abkommens auf die

---

[98] Siehe ausführlicher *Heliskoski*, in: Hillion/Koutrakos (Hrsg.), Mixed Agreements Revisited, 2010, S. 138 (143).

[99] *Giegerich*, in: Pechstein/Nowak/Häde, 2017, Art. 218 AEUV, Rn. 189; *Heliskoski*, in: Hillion/Koutrakos (Hrsg.), Mixed Agreements Revisited, 2010, S. 138 (143).

[100] Zu CETA *Bäumler*, EuR 2016, 607 (627 f.).

[101] *Steinbach*, EuZW 2007, 109 (112).

[102] Vgl. *Obwexer*, in: Streinz, 3. Aufl. 2018, Art. 16 EUV, Rn. 22; vgl. *Jacqué*, in: von der Groeben/Schwarze/Hatje, 7. Aufl. 2015, Art. 16 EUV, Rn. 7; *Schwichtenberg*, Die Kooperationsverpflichtung der Mitgliedstaaten der Europäischen Union bei Abschluss und Anwendung gemischter Verträge, 2014, S. 130.

[103] *Obwexer*, in: Streinz, 3. Aufl. 2018, Art. 16 EUV, Rn. 22.

[104] EuGH, Rs. C-459/03, Kommission/Irland, Slg. 2006, I-4657, Rn. 158 ff.; *Mögele*, in: Streinz, 3. Aufl. 2018, Art. 218 AEUV, Rn. 42.

[105] Dies erscheint deshalb nötig, da die Gremien nur im Einzelfall mit mitgliedstaatlichen Vertretern besetzt sind.

EU übergeht.¹⁰⁶ Als Beleg für dieses Verständnis wird angeführt, dass solche Abkommen die EU im Rahmen der Ausschüsse verpflichten und nicht die Mitgliedstaaten.¹⁰⁷ Argumentiert wird außerdem mit der *Haegeman*-Rechtsprechung des EuGH, in der dieser scheinbar undifferenziert das komplette Abkommen – inklusive mitgliedstaatlicher Kompetenzbereiche – als integralen Bestandteil des Unionsrechts einordnete.¹⁰⁸ Dieser Ansatz missachtet jedoch die Vorgehensweise im *Dior*-Urteil, in dem der EuGH explizit zwischen Zuständigkeiten der Gemeinschaft (bzw. Union) und der Mitgliedstaaten differenzierte und für den geteilten Kompetenzbereich besondere Pflichten der Zusammenarbeit statuierte.¹⁰⁹ Dieses Vorgehen wäre gerade nicht mehr nötig, wenn alle Durchführungszuständigkeiten auf die EU übergingen, sondern ist nur dann erforderlich, wenn die EU und die Mitgliedstaaten ihre jeweiligen Zuständigkeiten auch im Rahmen der Durchführung des Abkommens behalten.¹¹⁰ Zwar hatte der EuGH im gleichen Urteil seine Auslegungskompetenz auf den in den nationalen Kompetenzbereich des Abkommens fallenden Teil ausgedehnt, soweit eine Abkommensbestimmung sowohl Sachverhalte im gemeinschaftlichen und unionalen Kompetenzbereich betraf.¹¹¹ Dies beruhte allerdings auf der besonderen Reichweite des Kompetenzbereichs der Union in dieser spezifischen Konstellation geteilter Zuständigkeit und stellt die geteilte Durchführungszuständigkeit nicht in Frage.¹¹² Unterstützend kann für den Bereich der gemeinsamen Handelspolitik der Grundgedanke der Vorschrift des Art. 207 Abs. 6 AEUV herangezogen werden, wonach die Ausübung der Zuständigkeit der gemeinsamen Handelspolitik keine Auswirkungen auf die Abgrenzung der Zuständigkeiten zwischen der Union und den Mitgliedstaaten hat und damit keine innerstaatlichen Kompetenzbereiche durch Abschluss eines Handelsabkommens auf die EU übertragen werden dürfen. Die besseren Argumente sprechen damit dafür, dass die Mitgliedstaaten auch weiterhin für die Durchführung der Abkommensbestimmungen im eigenen Kompetenzbereich zuständig bleiben. Die Besetzung der Gremien mit Unionsvertretern führt zwar dazu, dass die EU die Befugnis bekommt, im Namen der Mitgliedstaaten im Gremium zu han-

---

[106] *Pautsch*, NVwZ-Extra 8/2016, 1 (3 f.).
[107] *Pautsch*, NVwZ-Extra 8/2016, 1 (3 f.).
[108] EuGH, Rs. 181/73, Haegeman, Slg. 1974, 449, Rn. 2/6.
[109] EuGH, verb. Rs. C-300/98 und C-392/98, Dior, Slg. 2000, I-11307, Rn. 47 f.
[110] So bereits *Grzeszick*, NVwZ 2016, 1753 (1759).
[111] EuGH, verb. Rs. C-300/98 und C-392/98, *Dior*, Slg. 2000, I-11307, Rn. 34 f.
[112] *Grzeszick*, NVwZ 2016, 1753 (1759 f.).

deln,[113] nicht aber, dass die EU die Befugnis erlangt, Standpunkte im mitgliedstaatlichen Kompetenzbereich festzulegen.[114]

c) Teil des Beschlusses in ausschließlich mitgliedstaatlicher Zuständigkeit

Fällt wenigstens ein Teil des Beschlusses in den ausschließlich mitgliedstaatlichen Kompetenzbereich, andere Teile in den unionalen Kompetenzbereich, ist nach den entsprechenden Regeln für den Abschluss von Abkommen ein gemischter Beschluss zwingend (sog. „obligatory mixity").[115] Diese Konstellation der gemischten Zuständigkeit ist von der geteilten Zuständigkeit zu unterscheiden, die ein Zusammenwirken von Union und Mitgliedstaaten gerade nicht erfordert.[116] Die Standpunktfestlegung in Bezug auf einen Beschluss im gemischten Kompetenzbereich erfolgt in der Praxis unter Anwendung des Verfahrens des Art. 218 Abs. 9 AEUV, jedoch entscheidet der Rat im Konsens.[117] Unklar ist, ob bereits eine nur unwesentliche Berührung mitgliedstaatlicher Kompetenzen eine gemischte Standpunktfestlegung erfordert.

aa) Pastis-Formel

Für den Abschluss eines Abkommens wird teilweise unter Hinweis auf die neuere Judikatur und grundlegende Gutachten des EuGH der Ansatz verfolgt, auch im vertikalen Verhältnis zu den Mitgliedstaaten die Schwerpunkttheorie anzuwenden, wie dies für die Wahl der Rechtsgrundlage im Unionsrecht im horizontalen Verhältnis üblich ist.[118] Die kompetenzrechtliche Einordnung würde sich dann nach dem wesentlichen Gegenstand des Abkommens und nicht nach den Neben- und Hilfsbestimmungen richten.[119] Dies hätte zur Folge, dass nicht jede noch so marginale Berührung mitgliedstaatlicher Kompetenzen zum Abschluss

---

[113] Vgl. *Schwichtenberg*, Die Kooperationsverpflichtung der Mitgliedstaaten der Europäischen Union bei Abschluss und Anwendung gemischter Verträge, 2014, S. 204 f.

[114] Vielmehr sind die Mitgliedstaaten weiterhin zuständig, soweit die Ausschüsse den Kompetenzbereich der Mitgliedstaaten berühren, so auch *Grzeszick*, NVwZ 2016, 1753 (1759).

[115] GA Szpunar, SchlA Rs. C-600/14, Deutschland/Rat (OTIF), ECLI:EU:C:2017:296, Tz. 85 ff.

[116] GA Kokott, SchlA Rs. C-13/07, Kommission/Rat (WTO-Beitritt Vietnam), ECLI:EU:C:2009:190, Tz. 76, 88.

[117] *Schwichtenberg*, Die Kooperationsverpflichtung der Mitgliedstaaten der Europäischen Union bei Abschluss und Anwendung gemischter Verträge, 2014, S. 199.

[118] *Kerkemeyer*, KJ 2015, 264 (266); dies diskutierend, jedoch im Ergebnis ablehnend *Mayer*, Rechtsgutachten zu CETA, S. 7, abrufbar unter: www.bmwi.de, mit Verweis auf EuGH, Rs. C-137/12, Kommission/Rat, ECLI:EU:C:2013:675, Rn. 53; ähnlich auch *Mayr*, EuR 2015, 575 (582) mit Verweis auf EuGH, Gutachten 1/78 (Naturkautschuk), Slg. 1979, 2894.

[119] EuGH, Gutachten 1/78 (Naturkautschuk), Slg. 1979, 2894, Rn. 56.

eines gemischten Abkommens führen würde.[120] Ein solches Vorgehen birgt die Gefahr, dass im vertikalen Verhältnis Zuständigkeiten der Union im Verhältnis der Mitgliedstaaten ausgedehnt werden und damit das Prinzip der begrenzten Einzelermächtigung unterlaufen wird.[121] Lange wurde deshalb auf die *Pastis*-Formel abgestellt, wonach bereits der kleinste Mangel an internen Unionszuständigkeiten das Abkommen als Ganzes „infiziert" und eine Zustimmung der Mitgliedstaaten erforderlich macht.[122] Damit im Einklang stellt ein Großteil der deutschen Literatur darauf ab, dass bereits eine bloße Randberührung mitgliedstaatlicher Kompetenzen ihre Mitzuständigkeit und damit die „mixity" auslöst.[123] Dies entspricht auch der Praxis des Rates seit Inkrafttreten des Vertrags von Lissabon, der regelmäßig darauf bestand, ein gemischtes Abkommen abzuschließen, sobald mitgliedstaatliche Zuständigkeiten berührt waren.[124] Dieses Verständnis erhöht allerdings das Risiko, dass gemischte Abkommen bei einer entsprechenden politischen Motivation leicht künstlich herbeigeführt werden können, indem der Rat und damit letztlich die Mitgliedstaaten Inhalte in das Abkommen aufnehmen, die zu einer Randberührung mitgliedstaatlicher Kompetenzen führen.[125]

bb) Neueste EuGH-Rechtsprechung im Bereich der GASP

In der aktuellen EuGH-Rechtsprechung bestehen erste Anhaltspunkte dafür, dass der EuGH von einer Beurteilung nach der *Pastis*-Formel Abstand nimmt. Für die Bestimmung der Rechtsgrundlage eines Standpunktbeschlusses des Kooperationsrats im EU-Kasachstan-Partnerschaftsabkommen, der sich auf das komplette Abkommen bezog, wendete der EuGH den Schwerpunkttest im Verhältnis der Außenbeziehungen des AEUV zur GASP und damit in einer horizontalen Kompetenzfrage an. Der EuGH kam zu dem Ergebnis, dass die geringen Bestimmungen des politischen Dialogs im Verhältnis zur Anzahl und Gewichtung der Bestimmungen im Bereich der Handels- und Entwicklungspolitik

---

[120] *Rosas*, in: Koskenniemi (Hrsg.), International Law Aspects of the European Union, 1998, S. 125 (130) unter Verweis u.a. auf EuGH, Gutachten 1/94 (GATS und TRIPS), Slg. 1994, I-5267, Rn. 66 ff.

[121] GA Kokott, SchlA Rs. C-244/17, Kommission/Rat (Kasachstan), ECLI:EU:C:2018:364, Tz. 59 unter Verweis auf ihre Schlussanträge in der Rs. C-13/07, Kommission/Rat (WTO-Beitritt Vietnam), ECLI:EU:C:2009:190, Tz. 113.

[122] GA Kokott, SchlA Rs. C-13/07, Kommission/Rat (WTO-Beitritt Vietnam), ECLI:EU:C:2009:190, Tz. 113.

[123] Auf die *Pastis*-Rechtsprechung verweisend *Mayr*, EuR 2015, 575 (582f.); ebenso *Lorenzmeier*, in: Grabitz/Hilf/Nettesheim, 69. EL Februar 2020, Art. 218 AEUV, Rn. 14; *Schmalenbach*, in: Calliess/Ruffert, 5. Aufl. 2016, Art. 216 AEUV, Rn. 5.

[124] *Mögele*, in: Streinz, 3. Aufl. 2018, Art. 216 AEUV, Rn. 44 ff.

[125] *Schmalenbach*, in: Calliess/Ruffert, 5. Aufl. 2016, Art. 216 AEUV, Rn. 5.

B. Kompetenzen für die Mitwirkung an Gremienbeschlüssen   63

nebensächlich waren.[126] Für den Beschluss sei deshalb fälschlicherweise auch eine GASP-Bestimmung als Kompetenzgrundlage herangezogen worden.[127] Dem ist zu entnehmen, dass einige wenige, nicht wesentliche Bestimmungen des politischen Dialogs nicht mehr einen gemischten Beschluss bzw. ein gemischtes Abkommen begründen können. Diese Schwerpunktbetrachtung erfolgte damit zwar in einer eigentlich horizontalen Kompetenzfrage,[128] hatte jedoch im konkreten Fall offensichtlich auch Auswirkungen auf die vertikale Konstellation, besonders da ausschließliche Kompetenzen wie im Bereich der Handelspolitik vorhanden waren.[129] Die Einordnung einer Unionskompetenz als ausschließliche oder geteilte Kompetenz im Wege der Schwerpunktbetrachtung sowie die Frage, ob die Mitgliedstaaten weiterhin für parallele Maßnahmen zuständig sind, berührt definitiv das Verhältnis zu den Mitgliedstaaten.[130] Dies zeigt, dass der dogmatisch richtige Ansatz, dass die Schwerpunkttheorie im horizontalen Verhältnis keine Auswirkungen auf das vertikale Verhältnis haben darf, in der Praxis schwer durchzuhalten ist.

cc) Bewertung

Inwieweit der EuGH tatsächlich von der *Pastis*-Formel abrückt, kann nicht mit aller Klarheit prognostiziert werden. Deutlicher praktizieren die Abkehr von der *Pastis*-Formel einige Generalanwälte, explizit Generalanwalt Szpunar, der der Ansicht ist, dass das Unionsrecht einen gemischten Akt nur dann verlangt, wenn „ein Teil dieser Übereinkunft in die Zuständigkeit der Union und ein anderer Teil in die ausschließliche Zuständigkeit der Mitgliedstaaten fällt, ohne dass einer dieser Teile ein Nebenaspekt des anderen Teils wäre".[131] Nach diesem Maßstab ist ein gemischter Beschluss nur dann notwendig, wenn ausschließli-

---

[126] EuGH, Rs. C-244/17, Kommission/Rat (Kasachstan), ECLI:EU:C:2018:662, Rn. 42 ff.
[127] EuGH, Rs. C-244/17, Kommission/Rat (Kasachstan), ECLI:EU:C:2018:662, Rn. 47.
[128] Die GASP fällt nicht in die ausschließliche Zuständigkeit der EU. Die Verträge lassen die Kompetenzart der GASP offen: nach Art. 2 Abs. 4 AEUV ist die Union im Bereich der GASP „nach Maßgabe der Verträge" zuständig.
[129] Darauf hinweisend bereits *Kuijper*, Case C-244/17 – Commission v Council: the centre of gravity test revisited in the context of Article 218 (9) TFEU, veröffentlicht auf www.europeanlawblog.eu am 26.11.2018.
[130] Vgl. *Eckes*, Antarctica: Has the Court got cold feet?, veröffentlicht auf www.europeanlawblog.eu am 3.12.2018, die den Ausschluss der Schwerpunkttheorie im vertikalen Verhältnis als konzeptionell korrekt, doch praktisch unmöglich einordnet.
[131] GA Szpunar, SchlA Rs. C-600/14, Deutschland/Rat (OTIF), ECLI:EU:C:2017:296, Tz. 85 f.; zur Kompetenzbestimmung bei Abkommen GA Wahl, Stellungnahme zu Gutachten 3/15 (Vertrag von Marrakesch), ECLI:EU:C:2016:657, Rn. 122 unter Verweis auf EuGH, Gutachten 1/94 (GATS und TRIPS), Slg. 1994, I-5389, Rn. 66 ff. und EuGH, Rs. C-268/94, Portugal/Rat, Slg. 1996, I-6207, Rn. 75 ff.

che mitgliedstaatliche und unionale Kompetenzen hauptsächliche Elemente des Beschlusses abbildeten, während nebensächliche Aspekte für die Kompetenzbestimmung außenvorgelassen werden könnten. Für eine solche Betrachtung spricht, dass auf diesem Weg das Vorliegen gemischter Beschlüsse reduziert und letztlich die effektive Entscheidungsfindung im Vorfeld der völkervertraglichen Beschlussfassung vereinfacht werden kann.[132] Gleichwohl würde die Anwendung der Schwerpunkttheorie im vertikalen Verhältnis zumindest im Rahmen umfassender Freihandelsabkommen gemischter Natur, die maßgeblich von der ausschließlichen Handelskompetenz der EU gedeckt sind, dazu führen, dass zumindest Beschlüsse, die sich auf das komplette Abkommen beziehen, in der Regel von der EU allein entschieden werden würden. Für die Mitgliedstaaten blieben solche Beschlüsse, die sich auf einzelne Regelungsbereiche beziehen, die in ihren ausschließlichen Kompetenzen liegen. Vor diesem Hintergrund sollte die Bestimmung nebensächlicher Aspekte einerseits zurückhaltend erfolgen.[133] Gleichzeitig sollte auch nicht jede noch so marginale („akzessorische") Berührung mitgliedstaatlicher Kompetenzen einen gemischten Beschluss erforderlich machen.[134]

d) Der Erlass gemeinsamer Standpunkte durch einstimmigen Ratsbeschluss im Bereich gemischter Kompetenzen

Es ist möglich, dass Beschlüsse völkervertraglicher Gremien sowohl in den EU-Kompetenzbereich, als auch in den mitgliedstaatlichen Kompetenzbereich fallen. Zu prüfen ist, inwieweit in diesem gemischten Kompetenzbereich Standpunkte der EU und ihrer Mitgliedstaaten zusammen durch den Erlass einstimmiger Ratsbeschlüsse im Verfahren des Art. 218 Abs. 9 AEUV herbeigeführt werden können. Hierbei handelt es sich um einen gemischten bzw. hybriden Beschluss, d.h. einen Akt, der zur Hälfte einen Rechtsakt der Union, zur Hälfte einen Rechtsakt der Mitgliedstaaten darstellt.[135]

---

[132] Zur Problematik gemischter Beschlüsse siehe ausführlich unten, § 2 B.II.2.d).

[133] Möglich ist es, bloße Nebenbestimmungen über Konsultationsverfahren, die auch für den mitgliedstaatlichen Kompetenzbereich Anwendung finden, allein durch die EU regeln zu lassen, vgl. EuGH, Rs. C-268/94, Portugal/Rat (Abkommen mit Indien), Slg. 1996, I-6207, Rn. 75 ff.

[134] Für gemischte Abkommen siehe *Rosas*, in: Koskenniemi (Hrsg.), International Law Aspects of the European Union, 1998, S. 125 (130) unter Verweis auf EuGH, Gutachten 1/94, (GATS und TRIPS), Slg. 1994, I-5389, Rn. 66 ff. und EuGH, Rs. C-268/94, Portugal/Rat (Abkommen mit Indien), 1996, I-6207, Rn. 75 ff.; so in Bezug auf Abkommen *Mögele*, in: Streinz, 3. Aufl. 2018, Art. 216 AEUV, Rn. 43 ff.

[135] GA Saugmandsgaard ØE, SchlA Rs. C-687/15, Kommission/Rat (ITU), ECLI:EU:C:2017:645, Tz. 71.

Dieses Vorgehen wird anhand des CETA-Ausschusssystems veranschaulicht (aa) und anschließend auf seine Vereinbarkeit mit dem Unionsprimärrecht überprüft (bb). Es folgt die Darstellung etwaiger Lösungsvorschläge für die Behandlung gemischter Beschlüsse (cc).

aa) Einbettung in die Diskussionen zu CETA

Das BVerfG hat in seiner Eilentscheidung zu CETA vom 13.10.2016 zur Sicherstellung der hinreichenden demokratischen Legitimation der Beschlüsse des Gemischten CETA-Ausschusses für die Zeit der vorläufigen Anwendung als Abhilfemaßnahme vorgeschlagen, gemeinsame Standpunkte nach Art. 218 Abs. 9 AEUV im Rat einstimmig zu beschließen und diese Anforderung in einer institutionellen Vereinbarung zwischen den Organen zu kodifizieren.[136] Durch dieses Vorgehen wird erreicht, dass der nationale Vertreter im Rat eine Vetoposition innehat und damit letztlich die nationalen Parlamente, denen der Vertreter verantwortlich ist, indirekt Einfluss auf die Standpunktfestlegung nehmen können. Das BVerfG strebt die Einbeziehung der Mitgliedstaaten über das unionsinterne Standpunktverfahren an, da in der Regel keine mitgliedstaatlichen Vertreter in den völkervertraglichen Gremien sitzen und eine unmittelbare demokratische Legitimationsvermittlung über nationale Stellen nicht möglich ist.[137] Zur Begründung dieses Vorgehens verweist das BVerfG auf die Staatenpraxis der konsensualen Standpunktfestlegung im Rat, belegt diese jedoch nur mit einem einzigen Beispiel. Der angeführte Art. 3 Abs. 4 des Ratsbeschlusses zur Unterzeichnung und vorläufigen Anwendung des Protokolls zur Änderung des gemischten Luftverkehrsabkommens mit den USA legt fest, dass Standpunkte in Bezug auf Beschlüsse im mitgliedstaatlichen Zuständigkeitsbereich in der Regel einstimmig vom Rat festgelegt werden.[138] Für EU-Zuständigkeiten bleibt es nach Art. 3 Abs. 3 des genannten Ratsbeschlusses bei dem vom Unionsprimärrecht vorgegebenen Regelfall der qualifizierten Mehrheit (Art. 218

---

[136] BVerfGE 143, 65 (100) – CETA I; ebenso BVerfGE 144, 1 (4 f.) – CETA II.
[137] BVerfGE 143, 65 (97 f.) – CETA I.
[138] Art. 3 IV des Beschlusses (EU) 2010/465 des Rates zur Unterzeichnung und vorläufigen Anwendung des Protokolls zur Änderung des Luftverkehrsabkommens mit den USA, ABl. 2010 L 223/1, der lautet: „In Bezug auf Beschlüsse in Angelegenheiten, die in die Zuständigkeit der Mitgliedstaaten fallen, wird der von der Union und ihren Mitgliedstaaten im Gemeinsamen Ausschuss zu vertretende Standpunkt auf Vorschlag der Kommission oder eines Mitgliedstaats vom Rat einstimmig festgelegt, es sei denn, ein Mitgliedstaat hat das Generalsekretariat des Rates binnen eines Monats nach Festlegung dieses Standpunkts davon in Kenntnis gesetzt, dass er – insbesondere aufgrund eines Parlamentsvorbehalts – dem vom Gemeinsamen Ausschuss zu verabschiedenden Beschluss nur nach Einwilligung seiner Gesetzgebungsorgane zustimmen kann."

Abs. 8 UAbs. 1 AEUV). Nachdem die vorläufige Anwendung des CETA nur den Bereich betrifft, der ohnehin in die Unionskompetenzen fällt, hilft die dargelegte Staatspraxis, die gerade nur für Standpunkte im mitgliedstaatlichen Kompetenzbereich das Einstimmigkeitserfordernis im Rat vorsieht, für Beschlüsse im EU-Kompetenzbereich nicht weiter. In der Praxis lassen sich weitere Beispiele aufführen, die die einstimmige Standpunktfestlegung im Rat im Bereich mitgliedstaatlicher Kompetenzen stützen, beispielsweise Art. 1 des Internen Abkommens der im Rat vereinigten Vertreter der Mitgliedstaaten bezüglich der Durchführung des AKP-EG-Partnerschaftsabkommens.[139] Der Rat und die Mitgliedstaaten hatten in einer Erklärung für das Ratsprotokoll ausdrücklich darauf verwiesen, dass der im Gemischten CETA-Ausschuss von der Union und den Mitgliedstaaten einzunehmende Standpunkt zu einem Beschluss des Gemischten CETA-Ausschusses, „der in die Zuständigkeit der Mitgliedstaaten fällt", einvernehmlich erlassen wird.[140] Das BVerfG hat diese Erklärung entgegen ihrem Wortlaut so ausgelegt, dass der Standpunkt im Gemischten CETA-Ausschuss „immer", d.h. auch im Kompetenzbereich der EU, einvernehmlich festgelegt werden muss.[141]

bb) Analyse vor dem Hintergrund des Unionsprimärrechts

Die konsensuale Standpunktfestlegung im Rat ist für Beschlüsse, die in den mitgliedstaatlichen Kompetenzbereich fallen, unproblematisch. In ihrem Kompetenzbereich steht es den Mitgliedstaaten frei, eigenständig zu handeln oder einen gemeinsamen Standpunkt festzulegen und hierfür entsprechend dem Standpunktverfahren nach Art. 218 Abs. 9 AEUV durch konsensuale Beschlussfassung zu handeln.[142] Es erscheint legitim, dass im Bereich der mitgliedstaatlichen Kompetenzen auch auf das Verfahren zurückgegriffen wird, das für die Standpunktfestlegung im unionalen Kompetenzbereich gilt, da anderweitige Verfahren nicht zur Verfügung stehen.[143] In Abgrenzung dazu berei-

---

[139] ABl. 2000 L 317/376 i.d.F. ABl. 2006 L 247/48; bei Beschlüssen in gemischter Zuständigkeit und im Zuständigkeitsbereich der Mitgliedstaaten unter Berücksichtigung der Vertragspraxis vom Erfordernis der Standpunktfestlegung des Rates im Konsens ausgehend *Schwichtenberg*, Die Kooperationsverpflichtung der Mitgliedstaaten der Europäischen Union bei Abschluss und Anwendung gemischter Verträge, 2014, S. 162; für den gemischten Kompetenzbereich *Frid*, The Relations between the EC and International Organizations, 1995, S. 192.

[140] 19. Erklärung des Rates und der Mitgliedstaaten zu Beschlüssen des Gemischten CETA-Ausschusses, Erklärungen für das Ratsprotokoll (ABl. 2017, L 11/9).

[141] BVerfGE 144, 1 (16f.) – CETA II. Siehe hierzu bereits oben, Einführung, B.

[142] Zu dieser Praxis *Schwichtenberg*, Die Kooperationsverpflichtung der Mitgliedstaaten der Europäischen Union bei Abschluss und Anwendung gemischter Verträge, 2014, S. 162.

[143] Vgl. *Heliskoski*, Mixed Agreements as a Technique for Organizing the International Relations of the European Community and its Member States, 2001, S. 114f.

tet das Vorgehen dann Probleme, wenn es um Standpunktfestlegungen im Bereich der Unionskompetenzen oder im gemischten Kompetenzbereich geht.

(1) Mehrheitserfordernis des Unionsprimärrechts

Ausgangspunkt ist, dass das Unionsprimärrecht für die Festlegung von Standpunkten im Verfahren des Art. 218 Abs. 9 AEUV im Kompetenzbereich der EU im Regelfall die qualifizierte Mehrheit genügen lässt (Art. 218 Abs. 8 UAbs. 1 AEUV). Das qualifizierte Mehrheitserfordernis schließt an sich nicht aus, dass der jeweilige Standpunkt einstimmig zustande kommt. Wird einstimmig entschieden, ist auch das qualifizierte Mehrheitserfordernis erfüllt. Gleichwohl ist zu beachten, dass sich ein politisch vereinbartes Einstimmigkeitserfordernis auf den Inhalt des Beschlusses auswirken kann. Ein Beschluss, für den eine qualifizierte Mehrheit erzielt werden kann, ist möglicherweise inhaltlich abzuschwächen, um eine einstimmige Beschlussfassung zu realisieren.[144] Dennoch ist der Rat nicht daran gehindert, aus politischen Gründen einen Standpunkt in einer Form zu erlassen, die es ermöglicht, dass er von allen Ratsmitgliedern getragen werden kann. Die Grenze ist jedenfalls dann erreicht, wenn der Rat im Anwendungsbereich des Art. 218 Abs. 8 AEUV, d.h. auch für die Festlegung von Standpunkten im Verfahren des Art. 218 Abs. 9 AEUV, eine Konstruktion wählt, die ihn zum Erlass eines einstimmigen Beschlusses zwingen würde, da in einem solchen Fall die qualifizierte Mehrheit einzelnen Vetospielern ausgeliefert wäre und letztlich ausgehebelt werden würde.[145]

(2) Hybride Beschlüsse als Missbrauch des Mehrheitserfordernisses?

Eine solche Grenzüberschreitung bestätigte der EuGH für einen Fall, in dem der Rat den Beschluss des Rates und den Beschluss der im Rat vereinigten Vertreter der Mitgliedstaaten zur Unterzeichnung und vorläufigen Anwendung des Luftverkehrsabkommens zwischen den Vereinigten Staaten von Amerika, der EU und ihren Mitgliedstaaten, Island und Norwegen[146] in einem Verfahren zusammengeführt und einstimmig als hybriden Beschluss erlassen hatte. Dabei stellte der EuGH einen Verstoß gegen die Vorschriften der Art. 218 Abs. 2, Abs. 5,

---

[144] GA Sharpston, SchlA Rs. C-114/12, Kommission/Rat, ECLI:EU:C:2014, 224, Tz. 189.
[145] *Giegerich*, in: Pechstein/Nowak/Häde, 2017, Art. 218 AEUV, Rn. 140.
[146] Beschluss (EU) 2011/708 des Rates vom 16. Juni 2011 über die Unterzeichnung und vorläufige Anwendung des Luftverkehrsabkommens zwischen den USA, der EU und ihren Mitgliedstaaten, Island und Norwegen (ABl. 2011 L 283/1); der Beschluss ist nicht mit dem Ratsbeschluss zur Unterzeichnung des Protokolls zur Änderung des Luftverkehrsabkommens mit den USA zu verwechseln, auf den das BVerfG explizit verwiesen hatte.

Abs. 8 AEUV iVm Art. 13 Abs. 2 EUV fest.[147] Der EuGH begründete die Entscheidung erstens damit, dass durch die Verschmelzung zweier Rechtsakte – des Rechtsakts betreffend die Unterzeichnung des Abkommens im Namen der Union und die vorläufige Anwendung mit dem Rechtsakt betreffend die vorläufige Anwendung des Abkommens durch die Mitgliedstaaten – nicht mehr ersichtlich sei, welcher Rechtsakt den Willen des Rates und welcher den Willen der Mitgliedstaaten wiederspiegle. Mitgliedstaaten würden damit am Erlass eines Rechtsakts beteiligt, der allein durch den Rat erlassen werden müsse, der Rat an einem intergouvernementalen Akt, der in das innerstaatliche Recht der Mitgliedstaaten falle. Der zweite Begründungsstrang bezog sich darauf, dass es dem Rat verwehrt ist, das qualifizierte Mehrheitserfordernis durch ein Zusammenführen seines Beschlusses zur Unterzeichnung des Abkommens mit dem Beschluss der im Rat vereinigten Mitgliedstaaten in Verbindung mit einer Entscheidung auf Basis des völkerrechtlichen Konsensprinzips zu umgehen.

(3) Anwendung auf hybride Standpunktbeschlüsse

Auch der Erlass von hybriden Standpunktbeschlüssen könnte auf Grundlage dieses Begründungsmusters einen Verstoß gegen das Unionsprimärrecht darstellen. Für eine gleiche Handhabung der beiden Fälle spricht, dass es sich bei beiden Beschlüssen um solche handelt, die sich im Umfeld des Vertragsschlusses befinden, auch wenn ein Beschluss im Vorfeld des Abschlusses, der Standpunktbeschluss nach dem Abschluss der Übereinkunft zur Anwendung kommt. Nachdem auch der Standpunktbeschluss im Regelfall mit qualifizierter Mehrheit erlassen wird, kommt auch in dieser Konstellation eine Umgehung des in Art. 218 Abs. 8 AEUV als Regelfall angeordneten Mehrheitserfordernisses in Betracht. Durch den Standpunktbeschluss im Konsens verschmilzt der Rechtsakt über den Standpunkterlass durch den Rat seitens der Union (Art. 218 Abs. 9 AEUV) mit dem Rechtsakt betreffend die Standpunktfestlegung der Mitgliedstaaten. Es entsteht die problematische Situation, dass die Mitgliedstaaten am Ratsbeschluss im unionalen Kompetenzbereich, der Rat am Beschluss der im Rat vereinigten Vertreter der Mitgliedstaaten im nationalen Kompetenzbereich mitwirken. Unionsorgane können jedoch nach Art. 13 Abs. 2 S. 1 EUV gerade nicht über die vertraglich niedergelegten Kompetenzen verfügen. Damit müssen der Unionsstandpunkt im Verfahren nach Art. 218 Abs. 9 AEUV mit qualifizierter Mehrheit und der intergouvernementale Beschluss der im Rat vereinig-

---

[147] EuGH, Rs. C-28/12, Kommission/Rat (Luftverkehrsabkommen USA), ECLI:EU:2015:282, Rn. 49 ff.; siehe auch *Wouters/Ramopoulos*, Revisiting the Lisbon Treaty's Constitutional Design of EU External Relations, S. 12 f.; siehe außerdem *Mögele*, in: Streinz, 3. Aufl. 2018, Art. 218 AEUV, Rn. 38.

ten Vertreter der Mitgliedstaaten im Konsens verfahrensrechtlich voneinander getrennt werden. Etwas Anderes ergibt sich auch nicht vor dem Hintergrund der Verpflichtung zur engen Zusammenarbeit bei der Erfüllung der Verpflichtungen gemischter Abkommen und dem Erfordernis der effektiven völkerrechtlichen Zusammenarbeit,[148] im Gegenteil. Die Zusammenarbeit durch gemischte Beschlüsse führt aufgrund des Konsensprinzips dazu, dass ein effektives Auftreten der EU in den auswärtigen Beziehungen erschwert wird, da nationale und ggf. sogar regionale Parlamente in den Mitgliedstaaten über eine etwaige Rückkopplung des jeweiligen Ratsvertreters die Standpunktfestlegung blockieren können. Auch die Intention des BVerfG, die demokratische Legitimation der Beschlüsse durch einvernehmliche Beschlussfassungen sicherzustellen, zieht nur vordergründig. Ein Veto-Recht für alle führt nicht zwingend zu mehr Demokratie,[149] insbesondere, wenn durch die Blockade von Entscheidungsprozessen die völkervertragliche Zusammenarbeit zum Erliegen kommt und kein „Output" mehr erzielt wird. Hinzu kommt, dass die Rückkopplung der Entscheidungsfindung an legitimierte Entscheidungsträger (Teil des sog. „Input") dadurch erschwert wird, dass nicht mehr klar ersichtlich ist, ob die EU oder die Mitgliedstaaten für den jeweiligen Standpunkt politisch verantwortlich sind.[150] Dies führt zu einer Diffusion von Verantwortung.[151] Ein „Mehr" an demokratischer Legitimation erfordert jedoch gerade die Klarstellung von Verantwortung für den jeweiligen Standpunkt. Aus alledem folgt, dass Standpunkte der Union nach Art. 218 Abs. 9 AEUV nicht mit den entsprechenden Entscheidungen der Mitgliedstaaten formal und prozedural verbunden werden dürfen. Dies bedeutet, dass der Rat zunächst als „Rat" den Unionsstandpunkt, in der Regel mit qualifizierter Mehrheit, beschließt und im Anschluss als im Rat vereinigte Vertreter der Mitgliedstaaten den Standpunkt der Mitgliedstaaten einvernehmlich die mitgliedstaatlichen Standpunkte durch uneigentliche Ratsbeschlüsse erlässt. Es ist nicht möglich, dass der Rat mitgliedstaatliche und unionale Standpunkte in einem Verfahren kombiniert, da die Einbeziehung mitgliedstaatlicher Bereiche den Rat zu einer einvernehmlichen Beschlussfassung zwingt, die das qualifizierte Mehrheitserfordernis des Art. 218 Abs. 8 AEUV aushebelt.

---

[148] Darauf verwies der Rat zur Rechtfertigung des Erlasses hybrider Beschlüsse bei der Unterzeichnung des Luftverkehrsabkommens mit den USA, wiedergegeben durch den EuGH, Rs. C-28/12, Kommission/Rat (Luftverkehrsabkommen USA), ECLI:EU:2015:282, Rn. 36 f., 54 f.
[149] Ähnlich bereits zum Abkommensabschluss *Giegerich*, ZEuS 2017, 397 (415 f.).
[150] Siehe ausführlich zum Legitimationskonzept der EU § 4 A.I.2.
[151] So bereits *Eckes*, Antarctica: Has the Court got cold feet?, veröffentlicht auf www.europeanlawblog.eu am 3.12.2018. Zu Legitimationsproblemen bei gemischten Abkommen allgemein *Eckes*, EU Powers Under External Pressure, 2019, S. 170 ff.

(4) Relevanz einer politischen Absichtserklärung

Erklärt der Rat in einer politischen Absichtserklärung, Standpunktbeschlüsse in bestimmten Fällen nur noch einvernehmlich festzulegen, handelt es sich hierbei zunächst noch nicht um eine Konstruktion, in der die einvernehmliche Beschlussfassung für den Rat unumgänglich wird, solange die Grenze der Trennung der Verfahren für den Standpunkt der EU und der Mitgliedstaaten beachtet wird. Denn das qualifizierte Mehrheitserfordernis des Unionsprimärrechts kann rechtlich durch interinstitutionelle Vereinbarungen oder sonstige politische Absichtserklärungen nicht überspielt werden.[152] Es ist durchaus nicht unüblich, dass informelle Vereinbarungen zwischen den Unionsorganen bzw. der Union und den Mitgliedstaaten als zusätzliche Kontrollebene eingesetzt werden, wenn die bestehenden formalen Verfahrensregeln des Unionsprimärrechts nicht für alle beteiligten Institutionen akzeptabel sind.[153] Eine solche Vereinbarung kann jedoch nicht verhindern, dass der Standpunkt zustande kommt, wenn ein Mitgliedstaat sich nicht an die Vereinbarung hält und widerspricht.

cc) Bewertung der „Trennungslösung" und Ausblick

Wie soeben festgestellt, muss bei Vorliegen eines Gremienbeschlusses, der in den gemischten Kompetenzbereich fällt, der Standpunkt der Union und der der Mitgliedstaaten in getrennten Verfahren und im Kompetenzbereich der EU unter Berücksichtigung der Entscheidungsregeln des Unionsprimärrechts erlassen werden. Dem Zwang des Erlasses gemischter Beschlüsse kann bereits auf erster Stufe dadurch vorgebeugt werden, dass politisch erwünschte, aber rechtlich nicht erforderliche gemischte Abkommen vermieden werden. Hier spielt die neue Strategie[154] der EU hinein, in umfassende Handelsabkommen lediglich die

---

[152] Ähnlich *Weiß*, in: Kadelbach (Hrsg.), Die Welt und Wir. Die Außenbeziehungen der Europäischen Union, 2017, S. 151 (218).

[153] Zur informellen Regelgebung im Bereich der abgeleiteten Rechtsetzung *Christiansen/Dobbels*, ELJ 2013, 42 (56).

[154] Die Europäische Kommission hält sich in ihrem Bericht an das Europäische Parlament, den Rat, den Europäischen Wirtschafts- und Sozialausschuss und den Ausschuss der Regionen über die Umsetzung der handelspolitischen Strategie „Handel für alle" bedeckt und spricht von Freihandelsabkommen als auch vom Abschluss „eigenständiger Investitionsschutzabkommen", COM (2017) 491 final, S. 9. Die Praxis zeigt jedoch klar die Anwendung der Abspaltungslösung, zuerst im Rahmen des Freihandelsabkommens der EU mit Japan (Jefta, ABl. 2018 L 330/3, in Kraft seit 1.2.2019) und nachfolgend auf das EU-Vietnam-Freihandelsabkommen, das am 12.2.2020 die Zustimmung des Europäischen Parlaments erlangte, siehe die Pressemitteilung der Kommission, abrufbar unter: https://trade.ec.europa.eu/doclib/press/index.cfm?id=2114. Siehe zur Aufspaltungslösung *Streinz*, Europarecht, 11. Aufl. 2019, Rn. 1317 und ausführlich *Brauneck*, EuZW 2018, 796 (796 ff.). Der Rat nahm die veränderte

B. Kompetenzen für die Mitwirkung an Gremienbeschlüssen

Sachbereiche zu integrieren, die in den ausschließlichen Kompetenzbereich der Union fallen, sodass das Abkommen von der EU alleine abgeschlossen („EU-only") und anschließend auch durchgeführt werden kann. Sollte sich diese Praxis wieder ändern, was bisher nicht beobachtet werden kann, ist darauf zu achten, die Gremien, wenn sie über Bereiche mitgliedstaatlicher Kompetenzen entscheiden, auch mit mitgliedstaatlichen Vertretern zu besetzen.

Bei bestehenden gemischten Abkommen führt die Trennungslösung, die zur Durchführung paralleler Standpunktverfahren zwingt, dazu, dass die Gefahr von inhaltlichen Divergenzen zwischen den Standpunkten der EU und der Mitgliedstaaten erhöht wird,[155] was schwerwiegende Folgen für die einheitliche Außenvertretung der EU und der Mitgliedstaaten haben kann. Deshalb ist anzudenken, hybride Beschlüsse zwar in einem Verfahren, aber mit qualifizierter Mehrheit zu erlassen.[156] Gegen eine solche Zulässigkeit spricht, dass der EuGH in Bezug auf hybride Beschlüsse bei Unterzeichnung völkerrechtlicher Abkommen zwischen dem in der Verschmelzung der Rechtsakte liegenden Verstoß und dem Verstoß wegen der Verwendung unterschiedlicher Mehrheitserfordernisse differenzierte,[157] sodass die Vermutung naheliegt, dass es sich um zwei voneinander getrennte Verstöße handelt.[158] Wird der Verstoß gegen das qualifizierte Mehrheitserfordernis abgestellt, bliebe die Vermischung als solche bestehen. Dies wäre jedoch vor dem Hintergrund zu verschmerzen, dass gleichzeitig eine einheitliche Außenvertretung ermöglicht und damit die Handlungsfähigkeit der EU auf internationaler Bühne sichergestellt werden könnte. Jedoch ist es sehr unwahrscheinlich, dass sich die Mitgliedstaaten auf die Standpunktfestlegung durch qualifizierte Mehrheit (auch) im mitgliedstaatlichen Kompetenzbereich einlassen würden, da sie in der Regel in diesem Bereich auf dem Konsenserfordernis beharren.[159] Alternativ könnte darauf hingewirkt werden, durch Primärrechtsänderung für gemischte Beschlüsse eine eigene primärrechtliche Verfah-

---

Strategie der Europäischen Kommission zur Kenntnis, siehe Draft Council conclusions on the negotiation and conclusion of EU trade agreements vom 8.5.2018, 8622/18.

[155] Darauf verwies bereits der Rat zur Rechtfertigung des Erlasses hybrider Beschlüsse bei Unterzeichnung des Luftverkehrsabkommens mit den USA, wiedergegeben durch den EuGH, Rs. C-28/12, Kommission/Rat (Luftverkehrsabkommen USA), ECLI:EU:2015:282, Rn. 37.

[156] *Gatti/Manzini*, CMLRev. 2012, 1703 (1714) halten hybride Beschlüsse für zulässig, wenn sie mit qualifizierter Mehrheit gefasst werden.

[157] EuGH, Rs. C-28/12, Kommission/Rat (Luftverkehrsabkommen USA), ECLI:EU:2015: 282, Rn. 49 f., 51 f.

[158] Dies ist deshalb unklar, da der EuGH im Ergebnis den Verstoß unter Zusammenschau aller Umstände bejaht und nicht explizit zwischen den einzelnen Verstößen trennt, EuGH, Rs. C-28/12, Kommission/Rat (Luftverkehrsabkommen USA), ECLI:EU:2015:282, Rn. 53.

[159] Siehe bereits *Gatti/Manzini*, CMLRev. 2012, 1703 (1714).

rensbestimmung aufzunehmen, die die Standpunktfestlegung in gemischten Abkommen generell oder speziell für gemischte Beschlüsse regelt. Hier kann auf die bereits in der Literatur formulierten Verfahrensbestimmungen zur Standpunktfestlegung in gemischten Abkommen zurückgegriffen werden.[160] In diesem Rahmen wird allerdings ebenso vorgeschlagen, die Standpunktfestlegung im Rat für alle Durchführungsbeschlüsse in gemischten Abkommen mit qualifizierter Mehrheit zu ermöglichen, wenn auch für internes Handeln die qualifizierte Mehrheit vorgesehen ist.[161] Es ist noch unwahrscheinlicher, dass die Mitgliedstaaten den beschwerlichen Weg der Primärrechtsänderung auf sich nehmen, um eine Verfahrensvorschrift zu schaffen, die das qualifizierte Mehrheitserfordernis für Standpunktfestlegungen im Rahmen gemischter Abkommen verankert. Es wird damit aller Voraussicht nach bei den genannten Versuchen nationaler Stellen bleiben, ihren Einfluss über informelle Vereinbarungen ausdehnen bzw. sichern zu wollen.

e) Beschluss im Bereich geteilter Kompetenzen (Antarktis-Urteil)

Wie auch schon bei Abschluss gemischter Abkommen bereitet die Kompetenzbestimmung auch bei dessen Umsetzung besondere Probleme, wenn der Beschluss vollständig oder teilweise in den Bereich geteilter Kompetenzen fällt. Sind ausschließlich mitgliedstaatliche Kompetenzen nicht betroffen, ist es nicht zwingend, dass der Standpunkt durch einen hybriden Beschluss festgelegt wird. Dies könnte jedoch von den Mitgliedstaaten im geteilten Kompetenzbereich aus politischen Gründen bei der Standpunktfestlegung ebenso gewollt sein wie die „facultative mixity" bei dem Abschluss gemischter Abkommen. Zu untersuchen ist, ob auch für die Standpunktfestlegung im geteilten Kompetenzbereich gemischter Abkommen die politische Entscheidung möglich ist, die Standpunkte als gemischten Beschluss festzulegen, ohne dass dies rechtlich notwendig ist und ohne zu bestimmen, wer für welchen Teil des Standpunktes zuständig ist. Die Problemkreise der geteilten Kompetenzen und fakultativen Gemischtheit des Standpunktes waren Gegenstand des *Antarktis*-Falls[162] des EuGH, der im Folgenden umfänglich dargestellt werden soll.

---

[160] Siehe nur *Schwichtenberg*, Die Kooperationsverpflichtung der Mitgliedstaaten der Europäischen Union bei Abschluss und Anwendung gemischter Verträge, 2014, S. 202 ff.; *Torrent*, in: Dashwood/Hillion (Hrsg.), The General Law of E.C. External Relations, 2000, S. 221 (232 f.).

[161] *Schwichtenberg*, Die Kooperationsverpflichtung der Mitgliedstaaten der Europäischen Union bei Abschluss und Anwendung gemischter Verträge, 2014, S. 204 f.; *Heliskoski*, Mixed Agreements as a Technique for Organizing the International Relations of the European Community and its Member States, 2001, S. 115 (117).

[162] EuGH, verb. Rs. C-626/15 und C-659/16, Kommission/Rat (Antarktis), ECLI:EU:C: 2018:925.

aa) Inhalt und Gang des Verfahrens

Dort entschied der EuGH über zwei Nichtigkeitsklagen der Kommission gegen die Entscheidung des Rates zur Genehmigung der Vorlage eines Reflexionspapiers über einen künftigen Vorschlag für ein geschütztes Meeresgebiet im Weddell-Meer[163] und zur Festlegung eines gemeinsamen Standpunkts zu vier Vorschlägen[164] über Meeresschutzzonen bei der Kommission zur Erhaltung der lebenden Meeresschätze der Antarktis („CCAMLR"). Die Kommission wurde durch das Abkommen von Canberra geschaffen, dem die EU und 12 ihrer Mitgliedstaaten angehören. Der Streitpunkt in diesen Verfahren war nicht die inhaltliche Position im Standpunkt, sondern die Frage, in wessen Namen das Papier und die fraglichen Positionen vorgelegt werden mussten: im Namen der Union allein oder zusammen mit ihren Mitgliedstaaten. Die Standpunkte betrafen Anpassungen des mehrjährigen Rahmenstandpunkts, die im vereinfachten Verfahren ergehen.[165] Die Dienststellen der Kommission legen dem Rat oder seinen Vorbereitungsgremien, in der Regel der Arbeitsgruppe „Fischerei", ein informelles Dokument, sog. „Non-Paper" mit den Einzelheiten des Standpunktvorschlags der Union vor. Einigen sich die Dienststellen nicht, wird die Angelegenheit an den Rat oder den AStV verwiesen.[166] Konkret ordnete der Rat die Standpunkte bzw. Dokumente der geteilten Kompetenz der Umweltpolitik (Art. 191 Abs. 4 iVm Art. 4 Abs. 2 lit. e AEUV) zu und legte diese im Namen der Union und der Mitgliedstaaten vor („hybrider Akt"). Die Kommission behielt sich bereits zu diesem Zeitpunkt ausdrücklich vor, gegen die Vorgabe „im Namen der Union und der Mitgliedstaaten" rechtlich vorzugehen, da sie die

---

[163] Beschluss von 2015 (nicht öffentlich zugänglich). Der Inhalt dieses Beschlusses ist in der Kurzniederschrift der 2554. Sitzung des Ausschusses der Ständigen Vertreter vom 23. September 2015 wiedergegeben (Ratsdok. 11837/15, Rn. 65, S. 19f., sowie Ratsdok. 11644/1/15/REV).

[164] Beschluss von 2016 (nicht öffentlich zugänglich). Dieser Beschluss wurde auf der Grundlage eines „I/A-Punkt-Vermerks" gefasst (Ratsdok. 12523/16). Der eigentliche Inhalt des von der Union zu vertretenden Standpunkts geht aus dem Ratsdok. 12445/16 hervor.

[165] So ausdrücklich bezeichnet in Ratsdok. 12523/16; der mehrjährige Standpunkt enthält keine Verpflichtung, gemeinsam mit den Mitgliedstaaten zu handeln; er bezieht sich allerdings nach seinem Art. 1 nur auf die Festlegung von Standpunkten in Bezug auf Angelegenheiten der Gemeinsamen Fischereipolitik und entscheidet damit nicht darüber, ob im Bereich der Umweltpolitik der Standpunkt allein von der Union oder im Zusammenwirken mit den Mitgliedstaaten erlassen werden muss, siehe Ausführungen des EuGH, verb. Rs. C-626/15 und C-659/16, Kommission/Rat (Antarktis), ECLI:EU:C:2018:925, Rn. 122.

[166] Beschluss des Rates vom 11. Juni 2014 über den im Namen der Europäischen Union in der Kommission zur Erhaltung der lebenden Meeresschätze der Antarktis (CCAMLR) einzunehmenden Standpunkt (Ratsdok. 10840/14). Das „vereinfachte Verfahren" ist im Anhang II zu diesem Beschluss niedergelegt. Es existiert bereits ein neuer Beschluss für die Jahre 2019–2023, Beschluss (EU) 2019/867 des Rates vom 14. Mai 2019 (ABl. 2019 L 140/72).

Maßnahmen der ausschließlichen EU-Kompetenz der Gemeinsamen Fischereipolitik (Art. 38, Art. 43 iVm Art. 3 Abs. 1 lit. d AEUV) zuordnete und durch den hybriden Akt die alleinige Handlungsbefugnis der Union auf internationaler Bühne als verletzt ansah. Letztlich beschloss die CCAMLR, zwei von der Union unterstützte Vorschläge aufzugreifen und über die anderen Vorschläge weiter zu beraten.

Die Generalanwältin und der EuGH waren sich einig, dass für die konkreten Maßnahmen der Umweltbezug gegenüber dem Fischereiaspekt überwog[167] und ordneten die Standpunktfestlegung in den zwischen der Union und den Mitgliedstaaten geteilten Kompetenzbereich der Umweltpolitik ein.[168] Die Kompetenz war nicht nach Art. 3 Abs. 2 AEUV zu einer ausschließlichen Unionskompetenz erstarkt.[169] Beide zogen jedoch völlig unterschiedliche Konsequenzen aus dieser Feststellung. Während die Generalanwältin empfahl, beide Ratsbeschlüsse aufzuheben, soweit darin bestimmt wird, dass die Union die in Rede stehenden Diskussionspapiere bzw. Standpunkte „im Namen der Union und ihrer Mitgliedstaaten" und nicht alleine zu vertreten hat,[170] hielt der Gerichtshof die Beteiligung der Mitgliedstaaten im konkreten Fall für zwingend erforderlich.

bb) Ansicht der Generalanwältin: kein facultative mixity

Die Generalanwältin verhinderte im konkreten Fall die rechtlich nicht notwendige Annahme von gemischten bzw. hybriden Akten der EU und der Mitgliedstaaten im geteilten Kompetenzbereich.[171] Im Ausgangspunkt stellte die Generalanwältin klar, dass keine rechtliche Notwendigkeit für die Mitgliedstaaten bestand, am Standpunkt teilzunehmen, da geteilte Kompetenzen nicht zwingend ein gemischtes Auftreten bedeuteten.[172] Angesichts des Rückgriffs auf die

---

[167] EuGH, verb. Rs. C-626/15 und C-659/16, Kommission/Rat (Antarktis), ECLI:EU:C:2018:925, Rn. 87–94; GA Kokott, SchlA verb. Rs. C-626/15 und C-659/16, Kommission/Rat (Antarktis), ECLI:EU:C:2018:362, Tz. 88–96.

[168] EuGH, verb. Rs. C-626/15 und C-659/16, Kommission/Rat (Antarktis), ECLI:EU:C:2018:925, Rn. 100; GA Kokott, SchlA verb. Rs. C-626/15 und C-659/16, Kommission/Rat (Antarktis), ECLI:EU:C:2018:362, Tz. 100.

[169] EuGH, verb. Rs. C-626/15 und C-659/16, Kommission/Rat (Antarktis), ECLI:EU:C:2018:925, Rn. 124; GA Kokott, SchlA verb. Rs. C-626/15 und C-659/16, Kommission/Rat (Antarktis), ECLI:EU:C:2018:362, Tz. 132 f.

[170] GA Kokott, SchlA verb. Rs. C-626/15 und C-659/16, Kommission/Rat (Antarktis), ECLI:EU:C:2018:362, Tz. 124, 139.

[171] Dies verallgemeinernd *Eckes*, Antarctica: Has the Court got cold feet?, veröffentlicht auf www.europeanlawblog.eu am 3.12.2018.

[172] Zur Unterscheidung zwischen der Frage der geteilten Zuständigkeit und dem Abschluss einer gemischten Übereinkunft GA Szpunar, SchlA Rs. C-600/14, Deutschland/Rat (OTIF), ECLI:EU:C:2017:296, Tz. 83.

B. Kompetenzen für die Mitwirkung an Gremienbeschlüssen   75

umweltpolitischen Befugnisse und die Ausübung der Befugnisse durch die EU sah die Generalanwältin keinen Raum für ein freiwilliges, d.h. rechtlich nicht notwendiges, aber politisch erwünschtes Auftreten der Mitgliedstaaten an der Seite der Union.[173] Sie argumentierte, dass mangels objektiver Anhaltspunkte davon auszugehen war, dass die Union ihre Zuständigkeiten auf dem Gebiet der Umweltpolitik vollständig ausübte und gerade nicht in der Verantwortung der Mitgliedstaaten belassen hatte. Die Annahme einer vollständigen Kompetenzausübung der EU wurde im konkreten Fall auch nicht dadurch gestört, dass der Rat den Standpunkt, der im unionsinternen Verfahren nach Art. 218 Abs. 9 AEUV erlassen wurde, im Namen der Union und ihrer Mitgliedstaaten vorgelegt hatte.[174] Dies führte dazu, dass die Mitgliedstaaten in ihrer eigenen Kompetenzausübung – sei es auch nur in ihrem Auftreten an der Seite der EU im Rahmen der CCAMLR – gesperrt waren (Art. 2 Abs. 2 AEUV).

cc) Ansicht des EuGH

Der EuGH folgte der Generalanwältin nicht, sondern entschied, dass im konkreten Fall ein gemeinsames Vorgehen der EU und der Mitgliedstaaten rechtlich zwingend war.

(1) Möglichkeit der facultative mixity

Zuerst bestätigte der EuGH, dass für Standpunktfestlegungen im geteilten Kompetenzbereich, die in ihrer Fallgestaltung nach ständiger Rechtsprechung dem Verfahren des Art. 218 Abs. 9 AEUV unterfallen,[175] ein gemeinsames Vorgehen in Form von gemischten Maßnahmen nicht zwingend erforderlich, aber gleichwohl möglich ist. Der EuGH stellte klar, dass die EU im geteilten Kompetenzbereich auch alleine handeln könne, wenn die entsprechende Mehrheit im

---

[173] GA Kokott, SchlA verb. Rs. C-626/15 und C-659/16, Kommission/Rat (Antarktis), ECLI:EU:C:2018:362, Tz. 111–123.
[174] Nach GA Kokott war dies darauf zurückzuführen, dass der Rat geteilte Kompetenzen und gemischtes Vorgehen verwechselt hatte, SchlA verb. Rs. C-626/15 und C-659/16, Kommission/Rat (Antarktis), ECLI:EU:C:2018:362, Tz. 116.
[175] Die Generalanwältin hatte den Anwendungsbereich des Art. 218 Abs. 9 AEUV explizit bejaht, siehe GA Kokott, SchlA verb. Rs. C-626/15 und C-659/16, Kommission/Rat (Antarktis), ECLI:EU:C:2018:362, Rn. 62 ff., während der EuGH die Vorschrift überhaupt nicht erwähnte. Auf Grundlage der im Urteil zur OIV (EuGH, Rs. C-399/12, Deutschland/Rat, ECLI:EU:C:2014:2258) getätigten weiten Auslegung ist jedoch von einer Anwendung des Standpunktverfahrens auf den konkreten Fall auszugehen.

Rat erreicht werde[176] und bestätigte damit erneut[177], dass die unklar formulierte Passage im *Singapur*-Gutachten[178] ein alleiniges Handeln der EU im geteilten Kompetenzbereich gerade nicht ausschließen wollte. Gleichzeitig verdeutlichte der EuGH, dass selbst in den Bereichen, in denen die EU allein Standpunkte festlegen könnte, weil der geteilte Kompetenzbereich berührt ist, aus politischen Erwägungen ein Einbezug der Mitgliedstaaten möglich ist. Der EuGH bestätigte damit, dass bei Standpunktfestlegungen im Verfahren des Art. 218 Abs. 9 AEUV hybride Akte erlassen werden können und dies auch dann möglich ist, wenn der hybride Akt nur politisch gewollt ist.[179]

(2) Obligatory mixity durch Völkerrecht

Im Ergebnis entschied der EuGH, dass ein alleiniges Handeln der Union im Bereich der geteilten Außenzuständigkeit unter Ausschluss der Mitgliedstaaten im speziellen Rahmen des Systems des *Antarktis*-Übereinkommens, in dem die Canberra-Übereinkunft eine besondere Bedeutung hat, mit dem Völkerrecht unvereinbar ist. Dass die EU ihre Kompetenzen unter Beachtung des Völkerrechts ausüben muss, geht bereits aus der *Kadi*-Rechtsprechung[180] des EuGH hervor. Den Verstoß gegen Völkerrecht begründet der EuGH einerseits mit dem im formellen Sinn niedrigeren Status der Union im Vergleich zu den Mitgliedstaaten im speziellen Rahmen des Systems der Übereinkommen über die Antarktis,[181] andererseits mit der ausdrücklichen Verpflichtung der EU im Abkommen, die Befugnisse der Mitgliedstaaten als beratende Parteien anzuerkennen[182]. Ein alleiniges Handeln der EU in der CCAMLR-Kommission in einem Bereich geteilter Zuständigkeit könne nach dem EuGH die Verantwortlichkeiten und Vorrechte der Beratenden Vertragsparteien des Antarktis-Vertrags und damit die Kohärenz des gesamten Antarktis-Schutzsystems beeinträchtigen. Hinter diesen Erwägungen des EuGH scheint die Vermutung zu stehen, dass die EU wegen des fehlenden Status als Beratende Vertragspartei des Antarktis-Ver-

---

[176] EuGH, verb. Rs. C-626/15 und C-659/16, Kommission/Rat (Antarktis), ECLI:EU:C: 2018:925, Rn. 126.
[177] Bereits EuGH, Rs. C-600/14, Deutschland/Rat (OTIF), ECLI:EU:C:2017:935, Rn. 68.
[178] EuGH, Gutachten 2/15 (Singapur), ECLI:EU:C:2017:376, insb. Rn. 243 f.
[179] Zu dieser Schlussfolgerung bereits *Eckes*, Antarctica: Has the Court got cold feet?, veröffentlicht auf www.europeanlawblog.eu am 3.12.2018.
[180] EuGH, verb. Rs. C-402/05P und C-415/05P, Kadi I, Slg. 2008, I-6351, Rn. 291 mwN.
[181] Die Union ist wie einige ihrer Mitgliedstaaten (20) Mitglied des Canberra-Übereinkommens, hat jedoch anders als 12 ihrer Mitgliedstaaten nicht den Status einer Beratenden Vertragspartei des Antarktis-Vertrags inne, den sie wegen der Regelungen im Abkommen als internationale Organisation auch nicht erlangen kann, vgl. Art. VII Abs. 2 lit. c iVm Art. XXIX Abs. 2 des Übereinkommens von Canberra.
[182] Art. V Abs. 1, 2 Übereinkommen von Canberra.

trags die Interessen der Unionsseite nicht ebenso effektiv vertreten kann wie die Mitgliedstaaten, denen besondere Verantwortlichkeiten und Vorrechte gewährt werden und über die Miteinbeziehung der Mitgliedstaaten die Verhandlungsposition der Unionsseite gestärkt werden kann.[183]

dd) Bewertung der Rechtsprechung

Wie für den Abkommensabschluss ist auch bei der Kompetenzbestimmung für die Standpunktfestlegung darauf zu achten, das Vorliegen geteilter Kompetenzen und die Frage des gemischten Vorgehens sorgfältig voneinander zu unterscheiden. Geteilte Kompetenzen verlangen nicht zwingend ein gemischtes Vorgehen von Union und Mitgliedstaaten. Entscheidet sich die EU dafür, Änderungen im geteilten Kompetenzbereich vornehmen zu wollen, liegt die Entscheidung nicht mehr bei den Mitgliedstaaten.[184]

Die „mixity" führt bereits im Rahmen des Abkommensabschlusses zu unerträglichen Verzögerungen, da die Ratifikationsprozesse in den Mitgliedstaaten häufig ins Stocken geraten.[185] Parallel dazu führt der Erlass gemischter Beschlüsse aufgrund des Konsenserfordernisses zu einer Veto-Position nationaler Stellen über den Vertreter im Rat, sodass ähnliche Verzögerungen oder gar Vereitelungen wie bei Abkommensabschluss entstehen können. Gerade bei der Durchführung völkerrechtlicher Verträge ist jedoch ein schnelles und effektives Handeln der EU in völkerrechtlichen Gremien essentiell. Aufgrund dieses besonderen Bedürfnisses ist mehr als noch für den Abschluss von Abkommen entscheidend, dass gemischte Beschlüsse möglichst vermieden werden. Gemischte Beschlüsse sind daher nur zu erlassen, wenn dies unvermeidlich, d. h. rechtlich zwingend erforderlich ist, insbesondere, wenn der ausschließliche Kompetenzbereich der Mitgliedstaaten betroffen ist oder im geteilten Kompetenzbereich rechtliche Kriterien wie das Subsidiaritätsprinzip oder die Grundsätze des Völkerrechts einem alleinigen Handeln der EU entgegenstehen. Der Erlass muss dann aber durch zwei Beschlüsse in getrennten Verfahren geschehen.

---

[183] Ähnlich bereits *Eckes*, Antarctica: Has the Court got cold feet?, veröffentlicht auf www.europeanlawblog.eu am 3.12.2018.
[184] GA Szpunar, SchlA Rs. C-600/14, Deutschland/Rat (OTIF), ECLI:EU:C:2017:296, Tz. 86.
[185] Beispielsweise verzögerte ein niederländisches Referendum die Ratifizierung des Assoziierungsabkommens der EU und ihrer Mitgliedstaaten mit der Ukraine. Das vermutlich bekannteste Beispiel ist die Blockade des wallonischen Regionalparlaments, durch die das belgische Parlament daran gehindert wurde, CETA zu unterzeichnen und zu ratifizieren. In beiden Fällen drohte das Scheitern der Ratifizierung des kompletten Abkommens nach vielen Jahren von Verhandlungen, weil die internen Entscheidungsprozesse der Mitgliedstaaten die Ratifizierung nicht in effektiver Weise ermöglichten.

Inwieweit die durch den EuGH vorgebrachte stärkere Stellung der Mitgliedstaaten gegenüber der EU in internationalen Organisationen ein relevantes (völker-)rechtliches Kriterium ist, das die Mitgliedstaaten zum Handeln berechtigt, ist höchst fraglich. Würde der EuGH in jedem Fall, in dem die EU die stärkere Stellung der Mitgliedstaten in internationalen Organisationen im Gründungsvertrag anerkennt, so entscheiden wie im *Antarktis*-Fall, könnte die Fähigkeit der EU, ihre Außenbefugnisse alleine wahrnehmen zu können, in maßgeblicher Weise eingeschränkt und insgesamt die Autonomie der Union als internationaler Akteur beeinträchtigt werden.[186] Es wird zu beobachten sein, ob der EuGH das Kriterium über den speziellen Fall des Antarktis-Regimes hinaus anwendet.

III. Fazit

Die Vertragsschließungskompetenzen der EU sind auch Grundlage für die Umsetzung der Abkommen durch Mitwirkung an Gremienbeschlüssen durch die Festlegung von Standpunkten. Die Zuständigkeit für die Mitwirkung an Gremienbeschlüssen ergibt sich aus denselben Regeln, die für die Kompetenzbestimmung bei dem Abschluss völkerrechtlicher Verträge herangezogen werden. Maßgeblich ist die Materie des gegenständlichen Gremienbeschlusses. Betrifft dieser allgemein die Arbeitsweise des Gremiums, muss für die Wahl der Rechtsgrundlage die Gesamtheit des zugrundeliegenden Abkommens in den Blick genommen werden.

Für die Umsetzung gemischter Abkommen durch Gremienbeschlüsse sind unterschiedliche Kompetenzkonstellationen zu beachten. Liegt der Beschluss im ausschließlichen Kompetenzbereich der EU, ist der Standpunkt von den Unionsorganen festzulegen. Fällt der Beschluss vollständig in Bereiche mitgliedstaatlicher Zuständigkeiten, sind es die Mitgliedstaaten, die einzeln handeln oder nach Abstimmung im Rat unter Beteiligung der Kommission einen gemeinsamen Standpunkt festlegen können. Fällt ein Teil des Beschlusses in die ausschließlich mitgliedstaatliche Zuständigkeit, ist die Beteiligung der Mitgliedstaaten im Grundsatz zwingend, solange es nicht um nebensächliche Bestimmungen geht.

Betrifft der Beschluss des Vertragsgremiums, für den ein Standpunkt festgelegt werden soll, sowohl Kompetenzbereiche der EU, als auch der Mitgliedstaaten, ist der Erlass hybrider Beschlüsse, also solcher Beschlüsse, die zur Hälfte einen Akt der Union und einen Akt der Mitgliedstaaten darstellen, im Stand-

---

[186] *Eckes*, Antarctica: Has the Court got cold feet?, veröffentlicht auf www.europeanlawblog.eu am 3.12.2018.

punktverfahren des Art. 218 Abs. 9 AEUV durch einvernehmliche Beschlussfassung zu vermeiden. Vielmehr sind nach dem jetzigen Stand des Unionsprimärrechts zwei verfahrensrechtlich voneinander getrennte Beschlüsse erforderlich, die jeweils den Bereich der EU-Kompetenzen und der mitgliedstaatlichen Kompetenzen abdecken. Dies bedeutet, dass der Rat zunächst als „Rat" den Unionstandpunkt, in der Regel mit qualifizierter Mehrheit, beschließt und im Anschluss als im Rat vereinigte Vertreter der Mitgliedstaaten den Standpunkt der Mitgliedstaaten einvernehmlich die mitgliedstaatlichen Standpunkte durch uneigentliche Ratsbeschlüsse erlässt. Diese Lösung steht im Einklang mit dem qualifizierten Mehrheitserfordernis des Art. 218 Abs. 8 UAbs. 1 AEUV und sorgt vor dem Hintergrund demokratischer Legitimationserwägungen dafür, dass die Verantwortlichkeit für den jeweiligen Teil des Standpunktes klargestellt wird.

Aufgrund der genannten Probleme, die der Erlass hybrider Beschlüsse mit sich bringt, und dem besonderen Erfordernis, Standpunkte schnell und flexibel erlassen zu können, ist die Frage der Hinzuziehung der Mitgliedstaaten für die Standpunktfestlegung anlässlich der Beschlussfassung völkervertraglicher Gremien allein anhand rechtlicher Kriterien zu beantworten. Die Beteiligung der Mitgliedstaaten ist damit nur dann erforderlich, wenn der Beschluss den ausschließlichen Kompetenzbereich der Mitgliedstaaten betrifft oder im geteilten Kompetenzbereich rechtliche Kriterien wie das Subsidiaritätsprinzip oder die Grundsätze des Völkerrechts einem alleinigen Handeln der EU entgegenstehen. Die politisch gewollte, aber rechtlich nicht erforderliche Beteiligung der Mitgliedstaaten am Standpunkterlass wird damit im Grundsatz ausgeschlossen.

§ 3 Die Verfahren zur Mitwirkung der Unionsorgane an Beschlüssen völkervertraglicher Gremien durch Standpunktfestlegung

Auf Unionsebene gibt es regelmäßig Konflikte darüber, wie umfangreich unionsinterne Entscheidungsprozesse in Bezug auf die Beschlussfassung völkervertraglicher Gremien auszugestalten sind.[1] Das folgende Kapitel stellt die verschiedenen in den Unionsverträgen zur Verfügung stehenden Verfahren zur Mitwirkung der Unionsorgane an Beschlüssen völkervertraglicher Gremien dar. Aus den Anwendungsvoraussetzungen dieser Verfahren ergeben sich Anforderungen und Grenzen für die Einrichtung völkervertraglicher Gremien. Die Analyse der Rolle der Unionsorgane in diesen Verfahren verdeutlicht außerdem das besondere institutionelle Gleichgewicht[2] und das durch die Unionsorgane vermittelte Niveau demokratischer Legitimation in Bezug auf die Beschlussfassung völkervertraglicher Gremien.[3]

Bevor die Arbeit die Verfahrensschritte der unionsinternen Mitwirkungsverfahren detailliert darstellt und abschließend gegenüberstellt (B.), bettet sie die Mitwirkungsverfahren in den Rahmen der Außenvertretung ein und zeichnet ihre historische Entwicklung nach (A). Es folgt eine ausführliche Analyse der Anwendungsvoraussetzungen der unionsinternen Mitwirkungsverfahren (C). Aus alledem ergeben sich weitere Möglichkeiten und Grenzen für die Einrichtung völkervertraglicher Gremien, die die Untersuchung im letzten Abschnitt zusammenstellt (D).

---

[1] GA Kokott, SchlA verb. Rs. C-626/15 und C-659/16, Kommission/Rat (Antarktis), ECLI:EU:C:2018:362, Tz. 1 f.

[2] Der Begriff des institutionellen Gleichgewichts ist eine Erfindung des EuGH aus den späten 1980er Jahren, siehe EuGH, Rs. C-70/88, Parlament/Rat (Lebensmittelkontamination), Slg. 1990, I-2041, Rn. 21 f.; EuGH, Rs. C-316/91, Parlament/Rat (Abkommen von Lomé), Slg. 1994, I-625, Rn. 11 und hierzu *Huber*, EuR 2003, 574 (576 ff.). Zuvor wurde in *Meroni* bereits der Begriff „Gleichgewicht der Gewalten" verwendet, EuGH, Rs. 9/56, Meroni, Slg. 1958, 11, Ls. 8, der aber anders verstanden wurde als das heutige institutionelle Gleichgewicht, hierzu *Chiti*, CMLRev. 2009, 1395 (1423). Siehe umfassend zum institutionellen Gleichgewicht *Jaqué*, CMLRev. 2004, 383 (383 ff.).

[3] *Eeckhout*, EU External Relations Law, 2. Aufl. 2011, S. 193.

A. Grundlagen zu den unionsinternen Mitwirkungsverfahren

Die Durchführung der unionsinternen Mitwirkungsverfahren gewährleistet eine nach Abschluss des Abkommens und vor jedem Beschluss des Vertragsgremiums wiederkehrende Einflussmöglichkeit für die beteiligten Unionsorgane. In Kombination mit dem Einvernehmlichkeitsprinzip auf völkerrechtlicher Ebene stellen die Verfahren sicher, dass die Gremienbeschlüsse im Interesse der Union vorbereitet werden und legitimieren das Handeln des Unionsvertreters im Gremium.[4]

I. Einordnung der Standpunktfestlegung in den Rahmen der Außenvertretung

Die Mitwirkung der EU an Beschlüssen völkervertraglicher Gremien ist ein Vorgang des auswärtigen Handelns, der von der Aushandlung und dem Abschluss völkerrechtlicher Verträge zu unterscheiden ist.[5] Die Mitwirkung findet einerseits unionsintern, andererseits auf der völkerrechtlichen Ebene statt. Dem unionsinternen Bereich zuzuordnen ist die Festlegung des Standpunktes im Wege der unionsinternen Verfahren, dem unionsexternen Bereich die Vertretung des Standpunktes im völkerrechtlichen Gremium. Diese beiden Vorgänge müssen einerseits voneinander unterschieden werden, hängen jedoch andererseits logisch miteinander zusammen. Auch wenn sich die Arbeit maßgeblich mit den Verfahren im unionsinternen Bereich auseinandersetzt, ist deshalb ein kleiner Einblick in die Grundstrukturen der EU-Außenvertretung notwendig.

Die Außenvertretung bezeichnet den Vorgang, mit dem der Standpunkt der Union bzw. der Union und ihrer Mitgliedstaaten zu bestimmten Fragen auf der internationalen Bühne zum Ausdruck gebracht wird.[6] Der Standpunkt der Union ist das Ergebnis der institutionellen Willensbildung in Bezug auf eine im

---

[4] Zum Assoziationsrat GA Kokott, SchlA Rs. C-81/13, Vereinigtes Königreich/Rat, ECLI:EU:C:2014:2114, Tz. 90: „Unionsrechtlich gesehen schöpft das Handeln dieses Assoziationsrats seine Legitimation allein aus der Assoziierungskompetenz des Art. 217 AEUV. […] Nichts anderes darf für den angefochtenen Beschluss gelten, mit dem unser Rat im Vorfeld eines Tätigwerdens des Assoziationsrats den Standpunkt der Union festlegt und damit letztlich das Handeln der Union auf der internationalen Ebene sowie die beabsichtigten Anpassungen der auf der Ebene der Assoziation geltenden Vorschriften vorbereitet."

[5] Vgl. dazu auch GA Kokott, SchlA Rs. C-13/07, Kommission/Rat (WTO-Beitritt Vietnam), ECLI:EU:C:2009:190, Tz. 130; Europäische Kommission, Vademecum on the External Action of the European Union, SEC(2011)881/3, S. 18; *Giegerich*, in: Pechstein/Nowak/Häde, 2017, Art. 216 AEUV, Rn. 68.

[6] Europäische Kommission, Vademecum on the External Action of the European Union, SEC(2011)881/3, S. 18.

internationalen Gremium relevante Fragestellung. Der Standpunkt legt nicht nur die inhaltliche Haltung der Union fest, sondern auch, in wessen Namen der Standpunkt im Gremium zu vertreten ist (im Namen der Union oder im Namen der Union und ihren Mitgliedstaaten). Standpunkte sind grundsätzlich alle Formen der (mündlichen oder schriftlichen) Meinungsäußerung einer Position – sei es in der Öffentlichkeit oder in geschlossenen Sitzungen – in internationalen Organisationen, auf internationalen Konferenzen, bei (bilateralen oder multilateralen) Treffen mit Vertretern von Drittländern oder durch einseitige Erklärungen.[7] Ist die EU zur Außenvertretung befugt, dürfen ihre Vertreter am Verhandlungstisch Platz nehmen und sich an den Debatten der Beschlussfassung beteiligen. Dazu gehört auch der Vorschlag von Beschlussentwürfen, sowie die Ausübung des Stimmrechts durch Annahme eines Beschlusses im völkervertraglichen Gremium.

Die Außenvertretung durch die EU im Gremium kommt nur in Betracht, wenn die Union zuständig ist und im Einklang mit den einschlägigen Vertragsbestimmungen ein Standpunkt festgelegt wurde.[8] Für die Standpunktfestlegung und die Standpunktvertretung ist damit im Grundsatz dieselbe Ebene zuständig (EU und/oder Mitgliedstaaten). Aufgrund der völkerrechtlichen Ausgestaltung einzelner Gremien kann es jedoch dazu kommen, dass mitgliedstaatliche Vertreter im Gremium im Namen der Union handeln und den Standpunkt der Union vertreten. Bei der Vertretung des Unionsstandpunktes haben die vertretungsbefugten Organe die Position der EU und nicht ihre eigene Position zu vertreten, sodass vor der Wahrnehmung der Aufgabe der Außenvertretung ein Standpunkt der Union bestehen muss, der die spezifische Thematik, die im Gremium ansteht, abdeckt; ggf. hat der zur Außenvertretung ermächtigte Unionsakteur aktiv die erforderlichen Schritte zu ergreifen, um inhaltliche Vorgaben zu erwirken.[9] Die inhaltlichen Vorgaben sind das Ergebnis interner Entscheidungsprozesse der Unionsorgane nach den hierfür vorgesehenen Verfahren der Art. 218 Abs. 7, Abs. 9 AEUV, die in diesem Kapitel ausführlich untersucht werden. Das Organ, das den Unionsstandpunkt im Gremium äußern darf, ist dabei nicht

---

[7] Europäische Kommission, Vademecum on the External Action of the European Union, SEC(2011)881/3, S. 18.

[8] Allgemeine Regelung zu Erklärungen der EU in multilateralen Organisationen, Ratsdok. 15901/11 vom 24.10.2011. Diese Erklärung ergänzt die spezifischen Arrangements und Kooperationsvereinbarungen für die Vertretung in verschiedenen internationalen Institutionen, da diese nicht verallgemeinerungsfähig sind, siehe hierzu *Heliskoski*, in: Hillion/Koutrakos (Hrsg.), Mixed Agreements Revisited, 2010, S. 138 (144ff.); *Hoffmeister*, in: Hillion/Koutrakos (Hrsg.), Mixed Agreements Revisited, 2010, S. 249 (260ff.).

[9] Europäische Kommission, Vademecum on the External Action of the European Union, SEC(2011)881/3, S. 24.

zwangsläufig dasselbe Organ, das für die interne Entscheidung über den Standpunkt zuständig ist.[10]

II. Entstehungsgeschichte des Verfahrens nach Art. 218 Abs. 9 AEUV

Das vereinfachte Verfahren nach Art. 218 Abs. 7 AEUV unterlag keinen großen Veränderungen und entspricht abgesehen von redaktionellen Änderungen dem damaligen Art. 300 Abs. 4 EGV (Maastricht).[11] Im Gegensatz dazu durchlief das Standpunktverfahren nach Art. 218 Abs. 9 AEUV einen intensiven Veränderungsprozess, der für die Bestimmung des jetzigen Anwendungsbereichs von entscheidender Bedeutung ist.

1. Rückgriff auf das Vertragsschlussverfahren (EWGV bis EGV-Maastricht)

Das erste an ein Standpunktverfahren erinnernde Koordinierungsverfahren enthielt Art. 116 EWGV, wonach die Mitgliedstaaten in internationalen Organisationen mit wirtschaftlichem Charakter verpflichtet waren, bei allen Fragen, die für den Gemeinsamen Markt von besonderem Interesse waren, nur noch gemeinsam vorzugehen. Die Vorschrift ermächtigte den Rat, die notwendigen Beschlüsse auf Vorschlag der Kommission mit qualifizierter Mehrheit zu erlassen. Diese wenig transparente[12] Vorschrift wurde durch den Vertrag von Maastricht ersatzlos gestrichen.[13] Es blieb lediglich die Pflicht zum Eintreten für gemeinsame Standpunkte im GASP-Bereich.[14] Das Fehlen entsprechender Mitwirkungsverfahren für Akte völkervertraglicher Gremien stand im Widerspruch zu den immer breiter werdenden Kompetenzen der Gemeinschaft, gerade im Bereich der Außenbeziehungen[15] und der zunehmenden Zahl völkervertrag-

---

[10] GA Sharpston, SchlA Rs. C-73/14, Rat/Kommission (Internationaler Seegerichtshof), ECLI:EU:C:2015:490, Tz. 54.

[11] Siehe hierzu *Dehousse/Ghemar*, EJIL 1994, 151 (161).

[12] Redaktionelle Kommentare zum Gutachten 1/94 des EuGH (GATS und TRIPS) in CMLRev. 1995, 385 (387); zum nicht ausschließlichen Kompetenzbereich der EU *Dashwood*, Reviewing Maastricht – Issues for the 1996 IGC seminar, 1995, S. 259; zur Auslegung EuGH, Gutachten 1/78 (Naturkautschuk), Slg. 1979, 2894, Rn. 50.

[13] Der Grund hierfür war, dass die Mitgliedstaaten ihre mitgliedstaatlichen Kompetenzen dadurch bedroht sahen, dass die Gemeinschaft nationale Kompetenzen mit qualifizierter Mehrheit ausüben konnte, selbst in solchen Bereichen, in denen unionsintern Einstimmigkeit vorgesehen war, siehe redaktionelle Kommentare zum Gutachten 1/94 des EuGH (GATS und TRIPS) in CMLRev. 1995, 385 (387); zum ursprünglichen Vorschlag, der Einstimmigkeit im Rat vorsah, siehe *Heliskoski*, Mixed Agreements as a Technique for Organizing the International Relations of the European Community and its Member States, 2001, S. 117.

[14] Art. J.2 Abs. 3 EUV, heute Art. 34 Abs. 1 EUV.

[15] GA Cruz Villalón, SchlA Rs. C-399/12, Deutschland/Rat (OIV), ECLI:EU:C:2014:289, Tz. 43.

licher Gremien, die zum Erlass von Entscheidungen mit bindenden Rechtswirkungen für die Vertragsparteien ermächtigt wurden[16]. Die Gemeinschaft behalf sich mit ad-hoc-Regelungen, meistens jedoch mit der Anwendung der Verfahren zum Abschluss von Übereinkünften.[17] Konkret wurde für die Beteiligung an völkervertraglichen Beschlüssen die damalige Verfahrensvorschrift für den Vertragsabschluss Art. 228 EGV-Maastricht (in der Regel in Verbindung mit der materiellen Kompetenz für die gemeinsame Handelspolitik aus Art. 113 EGV-Maastricht) angewandt,[18] was sich anbot, da der EuGH internationale Beschlüsse als völkerrechtliche Verträge einordnete.[19] Diese Situation, die für die Mitwirkung an Beschlüssen die vorheriger Zustimmung oder Anhörung des Parlaments voraussetze, wurde aufgrund des hohen Aufwands der Parlamentsbeteiligung als unbefriedigend angesehen.[20] Vorgebracht wurde, dass dieses Vorgehen den Bedürfnissen der Gemeinschaft in ihren Außenbeziehungen nicht gerecht werde und ihre Verhandlungsposition schwäche.[21] Um eine effektivere Beteiligung in internationalen Vertragsgremien zu ermöglichen, strebte die Europäische Kommission für den Vertrag von Amsterdam ein vereinfachtes Verfahren unter Ausschluss der Beteiligung des Parlaments an.[22]

---

[16] Vgl. auch GA Sharpston, SchlA Rs. C-73/14, Rat/Kommission (Internationaler Seegerichtshof), ECLI:EU:C:2015:490, Tz. 70.

[17] GA Sharpston, SchlA Rs. C-73/14, Rat/Kommission (Internationaler Seegerichtshof), ECLI:EU:C:2015:490, Tz. 70; GA Cruz Villalón, SchlA Rs. C-399/12, Deutschland/Rat (OIV), Tz. 44; *Sack*, CMLRev. 1995, 1227 (1252); *Schmalenbach*, in: Calliess/Ruffert, 1999, Art. 300 EGV, Rn. 49.

[18] GA Cruz Villalón, SchlA Rs. C-399/12, Deutschland/Rat (OIV), Tz. 44; *Sack*, CMLRev. 1995, 1227 (1252).

[19] So auch GA Cruz Villalón, SchlA Rs. C-399/12, Deutschland/Rat (OIV), Tz. 44; EuGH, Gutachten 1/75 (Lokale Kosten), Slg. 1975, 1355 (1360); die Anwendung der Bestimmungen über den Vertragsschluss bestätigend EuGH, Gutachten 1/78 (Naturkautschuk), Slg. 1979, 2894, Rn. 51; der EuGH behandelte die Beschlüsse als geplante Übereinkunft und ermöglichte eine Überprüfung im Gutachtenverfahren, Gutachten 2/92 (OECD), Slg. 1995, I-521, Rn. II-8.

[20] GA Sharpston, SchlA Rs. C-73/14, Rat/Kommission (Internationaler Seegerichtshof), ECLI:EU:C:2015:490, Tz. 72.

[21] Die Kommission schlug daher „die Aufnahme eindeutiger Bestimmungen in den Vertrag vor, die ausdrücklich gewährleisten, dass die mit einer Stimme sprechende Union ihre jeweiligen Interessen vertreten kann", Stellungnahme der Kommission v. 28. Februar 1996 (KOM[96] 90 endg.) zur Abhaltung der Regierungskonferenz von 1996, Rn. 26, zitiert nach GA Sharpston, SchlA Rs. C-73/14, Rat/Kommission (Internationaler Seegerichtshof), ECLI: EU:C:2015:490, Tz. 72, Fn. 22.

[22] So auch GA Cruz Villalón, SchlA Rs. C-399/12, Deutschland/Rat (OIV), ECLI:EU:C: 2014:289, Tz. 46; vgl. hierzu die Ausführungen von GA Sharpston, SchlA Rs. C-73/14, Rat/Kommission (Internationaler Seegerichtshof), ECLI:EU:C:2015:490, Tz. 72.

2. Erstmalige Kodifikation des vereinfachten Verfahrens (EGV-Amsterdam)

Der Vertrag von Amsterdam schuf mit Art. 300 Abs. 2 UAbs. 2 EGV-Amsterdam eine Bestimmung, die ausdrücklich die Anwendung der Bestimmungen über den Vertragsabschluss in modifizierter Weise auch für verbindliche Gremienbeschlüsse vorschrieb.[23] Die neue Vorschrift befand sich gemeinsam mit dem Verfahren über die Unterzeichnung und den Abschluss von Übereinkünften in Absatz 2 des Art. 300 EGV-Amsterdam und lautete:

„Abweichend von Absatz 3 gelten diese Verfahren auch für Beschlüsse zur Aussetzung der Anwendung eines Abkommens oder zur Festlegung von Standpunkten, die im Namen der Gemeinschaft in einem durch ein Abkommen nach Artikel 238 eingesetzten Gremium zu vertreten sind, sobald dieses Gremium rechtswirksame Beschlüsse – mit Ausnahme von Beschlüssen zur Ergänzung oder Änderung des institutionellen Rahmens des betreffenden Abkommens – zu fassen hat."

Der Verweis auf „diese Verfahren" bezog sich (nur) auf den im selben Absatz 2 geregelten Art. 300 Abs. 2 UAbs. 1 EGV-Amsterdam[24], der die Regelungen über den Vertragsschluss beinhaltete, sodass die komplizierten Verhandlungsverfahren für die Mitwirkung an Gremienbeschlüssen nicht angewendet werden mussten.[25] Die entscheidende Veränderung lag allerdings in der reduzierten Parlamentsbeteiligung. Die Standpunktfestlegung erfolgte nun auf Vorschlag der Kommission durch den Rat in der Regel mit qualifizierter Mehrheit ohne Anhörung des Parlaments, das lediglich unverzüglich und umfassend zu unterrichten war[26]. Dieses Verfahren stützte sich auf die bereits teilweise ohne rechtliche Grundlage stattfindende Organpraxis, die darin bestand, dass die Kommission

---

[23] *Schmalenbach*, in: Calliess/Ruffert, 1999, Art. 300 EGV, Rn. 45.

[24] Die Vorschrift lautete: „Vorbehaltlich der Zuständigkeiten, welche die Kommission auf diesem Gebiet besitzt, werden die Unterzeichnung, mit der ein Beschluss über die vorläufige Anwendung vor dem Inkrafttreten einhergehen kann, sowie der Abschluß der Abkommen vom Rat mit qualifizierter Mehrheit auf Vorschlag der Kommission beschlossen. Der Rat beschließt einstimmig, wenn das Abkommen einen Bereich betrifft, in dem für die Annahme interner Vorschriften Einstimmigkeit vorgesehen ist, sowie im Fall der in Artikel 310 genannten Abkommen.".

[25] So auch *Martenczuk*, in: Kronenberger (Hrsg.), The European Union and the International Legal Order, 2001, S. 141 (150).

[26] Statt der in Art. 300 Abs. 3 EGV-Amsterdam vorgesehenen Einbeziehung des Europäischen Parlaments erfolgte lediglich eine unverzügliche und umfassende Unterrichtung nach Art. 300 Abs. 2 UAbs. 3 EGV-Amsterdam; das Europäische Parlament kritisierte diesen faktischen Ausschluss von der Beschlussfassung, siehe Stellungnahme des Koordinators der Arbeitsgruppe des Generalsekretariats Task-Force „Regierungskonferenz" zu den Prioritäten des Europäischen Parlaments im Zusammenhang mit der Regierungskonferenz und dem neuen Vertrag von Amsterdam, Punkt 3.1.2., abrufbar unter: http://www.europarl.europa.eu/topics/treaty/report/part3_de.htm (zuletzt abgerufen am 26.6.2021).

ein Arbeitsdokument an den Rat weiterreichte, der über die Gemeinschaftsposition beschloss.[27] Die Ausgestaltung des Standpunktverfahrens als ein dem Gremienbeschluss vorgelagertes Verfahren hat auch der Rechtsprechung des EuGH Rechnung getragen, in der der Gerichtshof Gremienbeschlüsse als grundsätzlich geeignet klassifiziert hatte, unmittelbar ohne einen dem Beschluss nachgelagerten Umsetzungs- bzw. Transformationsakt in der Unionsrechtsordnung Wirksamkeit zu entfalten.[28] Dementsprechend hatte die Prägung des Gremienbeschlusses durch die Unionsorgane vor der jeweiligen Beschlussfassung im Gremium zu erfolgen. In diesem vorgelagerten Verfahren wurde die Beteiligung des Europäischen Parlaments – trotz der potentiell weitreichenden Wirkungen völkervertraglicher Gremienbeschlüsse – als zu aufwendig erachtet.[29] Allerdings wurde die Anwendung des vereinfachten Verfahrens für Beschlüsse, die den institutionellen Rahmen der Übereinkunft ändern oder ergänzen, ausdrücklich ausgeschlossen und damit die Parlamentsbeteiligung weiterhin als erforderlich erachtet. Das Standpunktverfahren fand außerdem nur für die Mitwirkung der EU an solchen Gremien Anwendung, die in Assoziierungsabkommen errichtet wurden. Letztere Beschränkung sorgte in der Literatur aufgrund der hieraus resultierenden ungewöhnlichen Ergebnisse für Befremden:[30] Für die Mitwirkung an Gremienbeschlüssen außerhalb von Assoziationsabkommen war mangels abweichender Regelung weiterhin das normale Vertragsschlussverfahren nach Art. 300 EGV-Amsterdam inklusive der Parlamentsbeteiligung anzuwenden, während eine Beteiligung des Europäischen Parlaments für die meisten Assoziationsbeschlüsse nun ausdrücklich ausgeschlossen war.

3. Öffnung des Anwendungsbereichs (EGV-Nizza)

Mit dem Vertrag von Nizza wurde diese Begrenzung auf Assoziationsratsbeschlüsse aufgehoben und damit der sachliche Anwendungsbereich des Art. 300 Abs. 2 UAbs. 2 EGV-Nizza[31] auf Beschlüsse erweitert, die in allen Arten inter-

---

[27] *Sack*, CMLRev. 1995, 1227 (1252).
[28] Siehe nur *Heliskoski*, CMLRev. 2011, 555 (557 f.); siehe auch *Dashwood*, CMLRev. 1998, 1019 (1026); siehe zur unmittelbaren Wirkung allgemein bereits oben, § 1 B.II.2.
[29] Vgl. GA Sharpston, SchlA Rs. C-73/14, Rat/Kommission (Internationaler Seegerichtshof), ECLI:EU:C:2015:490, Tz. 72.
[30] *Martenczuk*, in: Kronenberger (Hrsg.), The European Union and the International Legal Order, 2001, S. 141 (153 f.); *Dashwood*, CMLRev. 1998, 1019 (1026).
[31] Die Vorschrift lautet: „Abweichend von Absatz 3 gelten diese Verfahren auch für Beschlüsse zur Aussetzung der Anwendung eines Abkommens oder zur Festlegung von Standpunkten, die im Namen der Gemeinschaft in einem durch ein Abkommen eingesetzten Gremium zu vertreten sind, sobald dieses Gremium rechtwirksame Beschlüsse – mit Ausnahme von Beschlüssen zur Ergänzung oder Änderung des institutionellen Rahmens des betreffenden Abkommens – zu fassen hat."

nationaler Abkommen durch in diesen Abkommen errichtete Organe getroffen wurden.[32] Art. 300 Abs. 2 UAbs. 2 EGV-Nizza behielt ansonsten aber die Formulierung aus dem Vertrag von Amsterdam bei. Der Grund für die ursprüngliche Einschränkung auf Assoziationsratsbeschlüsse mag darin gelegen haben, dass institutionelle Strukturen primär in Assoziierungsabkommen vorkamen und den Assoziationsratsbeschlüssen eine besondere Stellung in der Unionsrechtsordnung als integrierender Bestandteil dieser Ordnung eingeräumt wurde.[33] Die Unterscheidung verlor an Plausibilität, als sich die institutionellen Strukturen in anderen Abkommen an die der Assoziierungsabkommen annäherten und der EuGH die Rechtsprechung zur Bestandteilseigenschaft vereinzelt auf andere Arten von Beschlüssen übertragen hatte.[34]

4. *(Teilweise) Loslösung des Standpunktverfahrens (mit Vertrag von Lissabon)*

Mit dem Vertrag von Lissabon wurde das Standpunktverfahren in Art. 218 Abs. 9 AEUV niedergelegt. Es erfolgten keine wesentlichen inhaltlichen, sondern lediglich redaktionelle Änderungen in der Form, dass der Verweis auf „dieses Verfahren" und die Abweichung von Abs. 3 gelöscht und durch eine Beschreibung des jeweils anzuwendenden Verfahrens ersetzt wurde. Diese Änderung war bereits in Art. III-325 Abs. 9 EVV niedergelegt gewesen, dem Art. 218 Abs. 9 AEUV vom Wortlaut her weitgehend entspricht, abgesehen davon, dass im Verfassungsvertrag vom Außenminister der Union die Rede war und der Beschluss als „Europäischer Beschluss" zur Festlegung von Standpunkten bezeichnet wurde. Außerdem wurde der Ausdruck „rechtswirksame Beschlüsse" zu „rechtswirksame Akte" geändert. Die Verfahrensvereinfachung findet bis heute keine Anwendung auf solche Akte, die den institutionellen Rahmen der Übereinkunft ändern oder ergänzen.

5. *Entstehungsgeschichte als Spiegel verschiedener Interessen*

Aus der Entwicklung des Standpunktverfahrens ist abzulesen, dass das Verfahren eine effektive Mitwirkung der EU in Vertragsgremien ermöglichen sollte, die mit der Beteiligung des Europäischen Parlaments so nicht zu erzielen war. Die Veränderungen zielten darauf ab, bestimmte Entscheidungen möglichst

---

[32] So auch *Vedder*, in: Hummer/Obwexer (Hrsg.), Der Vertrag von Lissabon, 2009, S. 267 (295).

[33] So GA Cruz Villalón, SchlA Rs. C-399/12, Deutschland/Rat (OIV), ECLI:EU:C:2014:289, Tz. 49.

[34] *von Bogdandy/Bast/Arndt*, ZaöRV 2002, 77 (145). Siehe zur Bestandteilseigenschaft bereits oben, § 1 B.I.

schnell treffen und abändern zu können.[35] Das Vertragsschlussverfahren diente als Grundlage, wobei der Vertrag von Lissabon eine teilweise Loslösung von diesem erreichte. Die Öffnung des Anwendungsbereichs auf Beschlüsse aus allen Arten von Abkommen ist als Reaktion auf die veränderten institutionellen Strukturen im Völkerrecht zu deuten. Aus der Entstehungsgeschichte geht auch deutlich hervor, dass Beschlüsse, die den institutionellen Rahmen der Übereinkunft ändern oder ergänzen, von jeher aus dem vereinfachten Verfahren ausgenommen waren. Die dadurch erzielte Ausdifferenzierung von Standpunkten zu „normalen" Gremienbeschlüssen ohne Parlamentsbeteiligung und „besonderen" institutionellen Beschlüssen mit Parlamentsbeteiligung könnte darauf hindeuten, dass bei der Erstellung des Standpunktverfahrens bereits Erwägungen des institutionellen Gleichgewichts und der demokratischen Legitimation eine Rolle gespielt haben.

B. Unionsinterne Verfahren der Standpunktfestlegung anlässlich des Erlasses völkervertraglicher Gremienbeschlüsse

Für den internen Entscheidungsfindungsprozess anlässlich einer Beschlussfassung in völkervertraglichen Gremien stehen im Unionsprimärrecht in Abgrenzung zum klassischen Vertragsabschlussverfahren (Art. 218 Abs. 6 AEUV) zwei vereinfachte Verfahren zur Verfügung, die in Art. 218 Abs. 7 und Art. 218 Abs. 9 Alt. 2 AEUV niedergelegt sind. Die beiden Mitwirkungsverfahren werden im Folgenden dargestellt, miteinander verglichen und vom Vertragsabschlussverfahren abgegrenzt.

I. Das Verfahren nach Art. 218 Abs. 9 AEUV

Im Zentrum der Mitwirkungsverfahren steht das Verfahren nach Art. 218 Abs. 9 Alt. 2 AEUV. Hiernach erlässt der Rat auf Vorschlag der Kommission oder des Hohen Vertreters der Union für Außen- und Sicherheitspolitik einen Beschluss zur Festlegung der Standpunkte, die im Namen der Union in einem durch eine Übereinkunft eingesetzten Gremium zu vertreten sind, sofern dieses Gremium rechtswirksame Akte, mit Ausnahme von Rechtsakten zur Ergänzung oder Änderung des institutionellen Rahmens der betreffenden Übereinkunft, zu erlassen hat. Dieses Verfahren verläuft im Grundsatz in drei Stufen: Auf der ersten Stufe erarbeiten die Europäische Kommission oder der Hohe Vertreter einen Entwurf für einen Standpunkt der Union anlässlich eines anstehenden völker-

---
[35] *Giegerich*, in: Pechstein/Nowak/Häde, 2017, Art. 218 AEUV, Rn. 153.

rechtlichen Beschlusses. Dieser Entwurf wird dem Rat vorgeschlagen. In einem zweiten Schritt befasst sich der Rat mit dem Vorschlag und kann den Standpunkt der Union durch Beschluss festlegen. Nachdem der Rat durch Beschluss das unionsinterne Verfahren beendet hat, vertritt ein Unionsvertreter in einem dritten Schritt den festgelegten Unionsstandpunkt im jeweiligen Gremium.

1. Vorschlag durch die Kommission oder den Hohen Vertreter

Für die Erarbeitung des Standpunktvorschlags ist die Europäische Kommission oder der Hohe Vertreter für Außen- und Sicherheitspolitik zuständig.

a) Vorbereitungsphase

Aus den Verträgen und ihrer Textstufenentwicklung ist abzuleiten, dass für den Start der Verhandlungen durch die Kommission oder den Hohen Vertreter kein förmliches Verhandlungsmandat des Rates erforderlich ist.[36] Dies schließt allerdings nicht aus, dass die Kommission in speziellen Fällen frühzeitig Leitlinien vom Rat verlangt.[37] Wie genau der Standpunktvorschlag erarbeitet wird, kann aus der Organpraxis abgeleitet werden. Maßgeblich ist in diesem Rahmen die Koordinierung mit den anderen im Gremium vertretenen Vertragsparteien. Bei Gremien im bilateralen Bereich wird zumeist auf Dienststellenebene ein Beschlussentwurf („Entwurf eines Rechtsakts") erarbeitet, auf den sich die Dienststellen der Kommission (oder der EAD) und die der Vertragsparteien einigen, bevor das Verfahren nach Art. 218 Abs. 9 AEUV eingeleitet wird.[38] Die inhaltliche Ausrichtung, die die EU durchzusetzen versucht, ergibt sich zumeist entweder aus bestehenden EU-Rechtsvorschriften oder anderen Akten, mit denen die EU-Politik festgelegt wird (wie allgemeine Leitlinien, Schlussfolgerungen des Europäischen Rates oder des Rates, Gemeinsame Standpunkte, EU-Strategien oder abgestimmte Aktionen der EU).[39] Allerdings kann es für eine Einigung mit den Vertretern der jeweiligen Vertragspartei erforderlich sein, den Standpunkt der EU an den des Drittlandes anzupassen.

---

[36] Siehe hierzu bereits oben, § 3 A.II.2.

[37] *Martenczuk*, in: Kronenberger (Hrsg.), The European Union and the International Legal Order, 2001, S. 141 (150).

[38] Europäische Kommission, Vademecum on the External Action of the European Union, SEC(2011)881/3, S. 20; siehe auch *Schwichtenberg*, Die Kooperationsverpflichtung der Mitgliedstaaten der Europäischen Union bei Abschluss und Anwendung gemischter Verträge, 2014, S. 161.

[39] Europäische Kommission, Vademecum on the External Action of the European Union, SEC(2011)881/3, S. 24.

b) Vorschlagsberechtigung

Das Initiativmonopol für den Vorschlag eines Unionsstandpunktes haben die Kommission oder der Hohe Vertreter für Außen- und Sicherheitspolitik inne, die in Art. 218 Abs. 9 AEUV explizit als Vorschlagsberechtigte genannt sind. Der Hohe Vertreter ist gleichzeitig Vorsitzender im Rat „Auswärtige Angelegenheiten" und einer der Vizepräsidenten der Europäischen Kommission (Art. 18 Abs. 3, Abs. 4 S. 1 EUV, sog. „Doppelhut"). Die Unionsverträge legen nicht genau fest, nach welchen Kriterien der Vorschlagsberechtigte ausgewählt wird. Auffällig ist, dass die Vorschrift nicht auf die Regelungen zur Vorbereitung sonstiger Ratsbeschlüsse im Umfeld des Vertragsschlussverfahrens (Art. 218 Abs. 3, Abs. 5, Abs. 6 AEUV) verweist, wonach der Verhandlungsführer nach dem Gegenstand der Übereinkunft ausgewählt wird und in der Folge auch bei Unterzeichnung und Abschluss der Übereinkunft initiativberechtigt ist. Die fehlende Bezugnahme auf die genannten Regelungen und die erneute Nennung der Vorschlagsberechtigten in Art. 218 Abs. 9 AEUV sprechen dafür, dass sich die Vorschlagsberechtigung nicht zwingend nach dem ursprünglichen Verhandlungsmandat richten soll, sondern gesondert zu bestimmen ist.[40] Dementsprechend ist es sinnvoll, die Vorschlagsberechtigung nicht am Gegenstand des Abkommens, sondern am Gegenstand des einzelnen Beschlusses bzw. Standpunktes auszurichten. Der Hohe Vertreter ist damit vorschlagsberechtigt, wenn der Gremienbeschluss in den Bereich der GASP fällt (vgl. auch Art. 18 Abs. 2 EUV). Sind keine GASP-Elemente vorhanden, ist die Europäische Kommission vorschlagsberechtigt (vgl. Art. 17 Abs. 1 S. 2 EUV). Schwieriger wird es, wenn der Beschluss sowohl Elemente aus dem Bereich der GASP, als auch aus anderen Politikbereichen erfasst. Der Wortlaut der Vorschrift, der alternativ vom Vorschlagsrecht der Kommission „oder" von dem des Hohen Vertreters spricht, deutet darauf hin, dass gerade keine kumulative Vorschlagsberechtigung zu ermöglichen ist, sondern dass es auf die Schwerpunkttheorie ankommt.[41] Hierfür spricht auch, dass der Konventsentwurf des gescheiterten Verfassungsvertrags gerade keine kumulative Empfehlungsmöglichkeit vorsah.[42] Die Europäische Kommission ist damit vorschlagsberechtigt, wenn der Standpunkt nicht überwiegend in den GASP-Bereich fällt.

---

[40] So auch *Giegerich*, in: Pechstein/Nowak/Häde, 2017, Art. 218 AEUV, Rn. 177.
[41] *Giegerich*, in: Pechstein/Nowak/Häde, 2017, Art. 218 AEUV, Rn. 179.
[42] Art. 33 Abs. 3 CONV 685/03 v. 23.4.2003, S. 66; zur Unzulässigkeit kumulativer Empfehlungen im Rahmen des Art. 218 Abs. 3 AEUV siehe *Koutrakos*, in: Cannizzaro/Palchetti/Wessel (Hrsg.), International Law as Law of the European Union, 2012, S. 164.

c) Änderung oder Rücknahme des Kommissionsvorschlags

Im Anschluss stellt sich die Frage, ob die Kommission einen bereits erlassenen Vorschlag auf Grundlage des Art. 293 Abs. 2 AEUV ändern oder zurücknehmen kann. Die Kommission könnte dann beispielsweise Änderungen aus der Sphäre des Vertragspartners bereits im frühen Verhandlungsstadium berücksichtigen. Die systematische Stellung des Art. 293 AEUV im Kapitel über Rechtsakte und Rechtsetzung spricht dafür, dass sie auf alle Rechtsetzungsverfahren der Union, die durch einen Vorschlag der Kommission eingeleitet werden, Anwendung findet,[43] und damit auch auf Art. 218 Abs. 9 AEUV. Nach den allgemeinen Grundsätzen kann die Kommission nach Art. 293 Abs. 2 AEUV ihren Vorschlag ändern bzw. nach entsprechender Begründung zurückzuziehen, solange noch kein Ratsbeschluss ergangen ist. Die Kommission kann ihren Standpunktvorschlag auch dann zurückziehen, wenn der Rat beabsichtigt, eine Änderung vorzunehmen, die den Kommissionsvorschlag grundlegend verfälscht und ihm damit seine Daseinsberechtigung nimmt.[44] Eine solche Verfälschung könnte in Betracht kommen, wenn der Rat dem Standpunkt mitgliedstaatliche Kompetenzbereiche hinzuzufügen versucht und in der Folge einstimmig abstimmen will.[45] Anders als für die Kommission bestehen für Initiativen des Hohen Vertreters keine entsprechenden Vorschriften, auf deren Grundlage dessen Vorschlag geändert oder zurückgenommen werden kann.

2. Festlegung des Standpunktes durch Ratsbeschluss

Der Entwurf des Standpunkts des Hohen Vertreters oder der Kommission in Bezug auf den Gremienbeschluss wird anschließend dem Rat vorgelegt.

a) Inhaltliche Änderungsmöglichkeit des Standpunktvorschlags

Der Rat hat mehrere Optionen: Er kann den Entwurf durch Erlass eines[46] Beschlusses annehmen, ablehnen oder in veränderter Gestalt beschließen. Etwaige Änderungen des Beschlussvorschlags müssen allerdings mit den Dienststellen

---

[43] *Krajewski/Rösslein*, in: Grabitz/Hilf/Nettesheim, 69. EL Februar 2020, Art. 293 AEUV, Rn. 2; *Schoo*, in: von der Groeben/Schwarze/Hatje, 7. Aufl. 2015, Art. 293 AEUV, Rn. 4.
[44] EuGH, Rs. C-409/13, Rat/Kommission, ECLI:EU:C:2015:217, Rn. 85–93.
[45] Vgl. zur parallelen Diskussion für die von der Kommission erlassenen Empfehlungen über die Ermächtigung zur Aufnahme von Verhandlungen nach Art. 218 Abs. 3 AEUV, denen der Rat in der Praxis häufig gemischte Kompetenzbereiche hinzufügt *Kuijper*, RTDEur 2017, 181 (186).
[46] Im Unterschied zum Erlass eines völkerrechtlichen Vertrags bedarf es für den Standpunkterlass keines zusätzlichen Ratsbeschlusses zur Ermächtigung der Aufnahme der Verhandlungen und zur Genehmigung der Unterzeichnung (vgl. Art. 218 Abs. 3, Abs. 5 AEUV).

des Drittlandes abgesprochen werden, um sicherzustellen, dass das Drittland in der Lage sein wird, dem im Rat geänderten Beschlussentwurf im Gremium zuzustimmen.[47]

Will der Rat einen Kommissionsentwurf ändern, stellt sich die Frage, ob die Änderung einstimmig zu erfolgen hat, wie es Art. 293 Abs. 1 AEUV vorsieht. Dafür spricht, dass dadurch das institutionelle Gleichgewicht zwischen Kommission und Rat beim Erlass von Rechtsakten gesichert wird. Könnte der Rat mit Mehrheitsentscheidung den Standpunktvorschlag übergehen und eine eigene Version des Standpunktes annehmen, bestünde die Gefahr, dass das Initiativrecht und das dahinterstehende Prinzip des institutionellen Gleichgewichts leerlaufen. Im Bereich der bilateralen Gremienbeschlüsse wird diese Gefahr der ausufernden Änderungen bereits dadurch abgemildert, dass etwaige Änderungen in der Praxis erneut mit dem Vertragspartner abgesprochen werden müssten und deshalb recht aufwendig sind. Der Rat wird sich deshalb gut überlegen, ob es sich rentiert, den Beschlussvorschlag nachträglich abzuändern oder ob nicht eher versucht wird, bereits in einem früheren Verhandlungsstadium, beispielsweise über den Erlass von Leitlinien, auf den Vorschlag Einfluss zu nehmen. Hinzu kommt, dass bei einer Anwendung der Vorschrift des Art. 293 Abs. 1 AEUV das eigenartige Ergebnis einträte, dass der Rat einen Kommissionsvorschlag nur einstimmig abändern könnte, während eine Änderung des Standpunktvorschlags des Hohen Vertreters mit qualifizierter Mehrheit möglich wäre. Damit wäre der Rat letztlich an den Kommissionsvorschlag stärker gebunden als an den des Hohen Vertreters.[48] Entscheidend spricht jedoch das Letztentscheidungsrecht des Rates im Bereich der Außenbeziehungen[49] dafür, dem Rat ein Maximum an Handlungsfreiheit zuzugestehen und damit Änderungen des Standpunktvorschlags mit qualifizierter Mehrheit zuzulassen. Dieses Ergebnis ist auch vor dem Hintergrund der Achtung der Initiativrechte der Kommission sachgerecht, da der Rat – mangels Initiativrecht – ohnehin nicht die Befugnis hat, das Wesen des Vorschlags zu verändern. In einem solchen Fall wäre die Kommission zum Rückzug ihres Vorschlags berechtigt, mit der Folge, dass der Standpunkt mangels Vorschlags nicht zustandekommen würde.[50]

---

[47] Europäische Kommission, Vademecum on the External Action of the European Union, SEC(2011)881/3, S. 20.

[48] Diese Argumentation bei Art. 218 Abs. 3 AEUV anwendend *Giegerich*, in: Pechstein/Nowak/Häde, 2017, Art. 218 AEUV, Rn. 19.

[49] Vgl. *Lorenzmeier*, in: Grabitz/Hilf/Nettesheim, 69. EL Februar 2020, Art. 218 AEUV, Rn. 68.

[50] Siehe bereits oben, § 3 B.I.1.c).

b) Rechtsform des Beschlusses und Rechtmäßigkeitsanforderungen

Will der Rat den Standpunktentwurf annehmen, ist er verpflichtet, sich der Rechtsform des Beschlusses zu bedienen, da eine andere Rechtsform zu Unsicherheiten über die Natur und die rechtliche Tragweite der angefochtenen Handlung, sowie des zu befolgenden Verfahrens führt und daher geeignet ist, die Union bei der Vertretung ihres Standpunktes zu schwächen.[51] Nach ständiger Rechtsprechung des EuGH ist ein Beschluss nach Art. 218 Abs. 9 AEUV eine Handlung, die verbindliche Rechtswirkungen erzeugt, indem der Unionsstandpunkt für die Kommission und für die Mitgliedstaaten festgelegt wird und diese verpflichtet werden, den Standpunkt zu vertreten.[52] Der Ratsbeschluss legt Ziele fest, um deren Verfolgung die Vertreter der Unionsseite im internationalen Gremium ersucht werden[53] und beendet endgültig den unionsinternen Meinungsbildungsprozess.[54] Die verbindlichen Rechtswirkungen der Beschlüsse sind auch daran erkennbar, dass ihre Inhalte zwingend formuliert sind und sie in der Reihe L des Amtsblatts der Europäischen Union als verbindliche Rechtsakte veröffentlicht werden.[55] Der EuGH hat mittlerweile auch ausdrücklich entschieden, dass der Standpunktbeschluss des Rates kein Beschluss *sui generis*, sondern ein Beschluss i. S. d. Art. 288 Abs. 4 AEUV ist.[56]

Teilweise wird der Ratsbeschluss direkt an die Stelle adressiert, die die Union im internationalen Gremium vertritt, ist also an die Kommission oder an den Hohen Vertreter gerichtet, die als Adressaten des Beschlusses nach Art. 288 Abs. 4 S. 2 AEUV an die Vorgaben des Beschlusses gebunden sind.[57] Die Unionsvertreter im völkervertraglichen Gremium können damit nicht nach eigenem

---

[51] EuGH, Rs. C-687/15, Kommission/Rat (ITU), ECLI:EU:C:2017:803.

[52] EuGH, Rs. C-370/07, Kommission/Rat (CITES), ECLI:C:2009:590, Rn. 44; EuGH, Rs. C-687/15, Kommission/Rat (ITU), ECLI:EU:C:2017:803, Rn. 54; EuGH, Rs. C-620/16, Kommission/Deutschland (OTIF), ECLI:EU:C:2019:256, Rn. 82.

[53] EuGH, Rs. C-687/15, Kommission/Rat (ITU), ECLI:EU:C:2017:803, Rn. 54.

[54] GA Kokott, SchlA Rs. C-13/07, Kommission/Rat (WTO-Beitritt Vietnam), ECLI:EU:C: 2009:190, Tz. 34 f.

[55] EuGH, Rs. C-620/16, Kommission/Deutschland (OTIF), ECLI:EU:C:2019:256, Rn. 79 f.

[56] EuGH, Rs. C-620/16, Kommission/Deutschland (OTIF), ECLI:EU:C:2019:256, Rn. 78. Ehemals war umstritten, ob Ratsstandpunkte als Rechtsakt i. S. d. 249 EGV oder vielmehr als Rechtsakt sui generis einzuordnen waren. Diese Problematik gründete auf der unterschiedlichen Verwendung der Begriffe „Entscheidung" (Art. 249 EGV-Nizza, heute Art. 288 AEUV) und „Beschluss" (Art. 300 Abs. 2 UAbs. 2 EGV-Nizza, heute Art. 218 Abs. 9 AEUV) in der deutschen Sprachfassung des EGV-Nizza. Allerdings enthielten insbesondere die französische („décision") und die englische Sprachfassung („decision") diese Unterscheidung nicht. Auch die heutige Sprachfassung im Vertrag von Lissabon spricht einheitlich von „Beschluss".

[57] So auch *Giegerich*, in: Pechstein/Nowak/Häde, 2017, Art. 218 AEUV, Rn. 175.

Gutdünken eigenmächtig handeln.⁵⁸ Der Ratsbeschluss wird durch Bekanntgabe an den Adressaten wirksam, während eine Veröffentlichung im Amtsblatt nur dann erfolgen muss, wenn der Beschluss adressatenlos ist (Art. 297 Abs. 2 UAbs. 2 und 3 AEUV).

Auch die Mitgliedstaaten sind an Standpunktbeschlüsse des Rates gebunden und aufgrund der Verpflichtung zur loyalen Zusammenarbeit (Art. 4 Abs. 3 EUV) und der Notwendigkeit einer einheitlichen Außenvertretung der EU verpflichtet, den Beschluss zu beachten und durchzuführen.⁵⁹ Stimmen Mitgliedstaaten entgegen dem beschlossenen Standpunkt ab und widersprechen den getroffenen Festlegungen öffentlich, birgt dies nach dem EuGH „die Gefahr einer Schwächung der Verhandlungsposition der Union" und beeinträchtigt „die Wirksamkeit des völkerrechtlichen Handelns der Union sowie die Glaubwürdigkeit und Reputation der Union auf internationaler Ebene".⁶⁰ Ein solcher Verstoß der Mitgliedstaaten gegen den Standpunkt kann in Vertragsverletzungsverfahren sanktioniert werden.⁶¹ Der Ratsbeschluss kann als bindender Rechtsakt auch im Wege der Nichtigkeitsklage angefochten werden.⁶²

Als Beschluss i. S. d. Art. 288 Abs. 4 S. 2 AEUV muss der Rechtsakt alle erforderlichen formalen Anforderungen eines Rechtsakts der Union erfüllen. Insbesondere sind die Gründe darzulegen, die das Organ zum Erlass der jeweiligen Handlung veranlasst haben (Begründungspflicht, Art. 296 Abs. 2 AEUV) und eine Rechtsgrundlage anzugeben. Vor dem Hintergrund der Notwendigkeit flexibler Handlungsmittel scheint der EuGH den Unionsorganen zwar eine gewisse Flexibilität bei der Detailliertheit der Begründung, nicht jedoch bei der Angabe der Rechtsgrundlage zuzubilligen.⁶³ Letztere könne den Unionsorganen auch im Bereich der völkerrechtlichen Verhandlungen zugemutet werden, da eine nicht angegebene Rechtsgrundlage die Gefahr beinhalte, dass die (effektiven) Vertretung des Unionsstandpunktes geschwächt werde.⁶⁴

---

⁵⁸ Vgl. GA Kokott, SchlA Rs. C-13/07, Kommission/Rat (WTO-Beitritt Vietnam), ECLI: EU:C:2009:190, Tz. 34 f.; *Lorenzmeier*, in: Grabitz/Hilf/Nettesheim, 69. EL Februar 2020, Art. 218 AEUV, Rn. 63c.
⁵⁹ EuGH, Rs. C-620/16, Kommission/Deutschland (OTIF), ECLI:EU:C:2019:256, Rn. 85, 94.
⁶⁰ EuGH, Rs. C-620/16, Kommission/Deutschland (OTIF), ECLI:EU:C:2019:256, Rn. 95, 98.
⁶¹ Siehe nur EuGH, Rs. C-620/16, Kommission/Deutschland (OTIF), ECLI:EU:C:2019:256, insb. Rn. 100.
⁶² So ausdrücklich GA Kokott, SchlA Rs. C-370/07, Kommission/Rat (CITES), ECLI:EU: C:2009:249, Tz. 22.
⁶³ EuGH, Rs. C-370/07, Kommission/Rat (CITES), ECLI:C:2009:590, Rn. 338 mwN; EuGH, Rs. C-687/15, Kommission/Rat (ITU), ECLI:EU:C:2017:803, Rn. 52 sowie EuGH, Rs. C-600/14, Deutschland/Rat (OTIF), ECLI:EU:C:2017:935, Rn. 82.
⁶⁴ Vgl. EuGH, Rs. C-370/07, Kommission/Rat (CITES), ECLI:EU:C:2009:590, Rn. 49; EuGH,

c) Rolle des Europäischen Parlaments

Anders als der Rat ist das Europäische Parlament am Standpunktverfahren nicht aktiv beteiligt. Die beteiligten Akteure, d. h. der Hohe Vertreter oder die Kommission und der Rat sind nach Art. 218 Abs. 10 AEUV lediglich dazu verpflichtet, das Europäische Parlament in allen Phasen des Verfahrens unverzüglich und umfassend zu unterrichten. Zwar hat der EuGH dieses Informationserfordernis als Ausdruck des grundlegenden demokratischen Prinzips bezeichnet, wonach die Völker durch eine Versammlung ihrer Vertreter an der Ausübung hoheitlicher Gewalt beteiligt sind.[65] Gleichwohl ist der Einfluss des Parlaments begrenzt. Die vorgesehene regelmäßige Unterrichtung kann zwar eine Kontrolle des unionalen Handelns durch das Parlament ermöglichen.[66] Das Parlament kann jedoch das Zustandekommen eines Unionsstandpunktes mangels darüber hinausgehender Beteiligungsrechte nicht verhindern. Allerdings wird die vertraglich niedergelegte Unterrichtungspflicht durch Mechanismen in der Geschäftsordnung des Europäischen Parlaments über das nach den Verträgen geforderte Maß gestärkt.[67] Beispielsweise ist in Art. 115 GeschO-EP vorgesehen, dass das Europäische Parlament den Rat oder den Initiativberechtigten auffordern kann, eine begründete Erklärung für den Vorschlag eines Unionsstandpunktes abzugeben und eine Aussprache in Form einer Plenardebatte einleiten. Das Parlament kann Empfehlungen abgeben und den Rat ersuchen, den Standpunkt nicht zu beschließen, bis es seine Zustimmung erteilt hat. Auch die Rahmenvereinbarung über die Beziehungen zwischen dem Europäischen Parlament und der Europäischen Kommission legt die Absicht der Kommission fest, das Parlament gleichzeitig mit dem Rat über die Absicht zu unterrichten, einen Vorschlag für einen im Namen der Union festzulegenden Standpunkt in einem internationalen Gremium abzugeben.[68] Außerdem verpflichtet sich die Kommission, dem Parlament Gelegenheit

---

Rs. C130/10, Parlament/Rat, ECLI:EU:C:2012:472, Rn. 81; EuGH, Rs. C-687/15, Kommission/Rat (ITU), ECLI:EU:C:2017:803, Rn. 58.

[65] EuGH, Rs. 138/79, Roquette Frères/Rat, Slg. 1980, 3333, Rn. 33; EuGH, Rs. C-300/89, Titandioxid, Slg. 1981, I-2867, Rn. 20; EuGH, Rs. C-263/14, Parlament/Rat (Abkommen EU-Tansania), ECLI:EU:C:2016:435, Rn. 70.

[66] EuGH, Rs. C-658/11, Parlament/Rat (Abkommen EU-Mauritius), ECLI:EU:C:2014:2025, Rn. 79; GA Kokott, SchlA Rs. C-263/14, Parlament/Rat (Abkommen EU-Tansania), ECLI:EU:C:2015:729, Tz. 83 ff.

[67] *Giegerich*, in: Pechstein/Nowak/Häde, 2017, Art. 218 AEUV, Rn. 200; die Bestimmungen der Rahmenvereinbarungen kritisierte der Rat, da sie das vertraglich festgelegte institutionelle Gleichgewicht zwischen den Unionsorganen zugunsten des Parlaments verschöben, siehe undatierte Erklärung des Rates (ABl. 2010 C 287/1).

[68] Ziffer 8 des Anhangs III der Rahmenvereinbarung über die Beziehungen zwischen Europäischem Parlament und der Europäischen Kommission vom 20.10.2010 (ABl. 2010 L 304/47).

zu gegeben, seinen Standpunkt in Form von Empfehlungen so frühzeitig zum Ausdruck zu bringen, dass die Kommission diesen „im Rahmen des Möglichen" Rechnung tragen kann.[69] Trotz dieser verstärkten Unterrichtungspflichten handelt es sich um eine relativ schwache, unterentwickelte Form parlamentarischer Mitwirkung, die keine wesentliche inhaltliche Beeinflussungsmöglichkeit, geschweige denn die Ablehnung des Standpunktes durch das Europäische Parlament vorsieht. Damit ist der Einfluss des Europäischen Parlaments auf Gremienbeschlüsse deutlich niedriger als bei Abschluss von Abkommen mit institutionellen Strukturen (Art. 218 Abs. 6 UAbs. 1 lit. a Nr. iii AEUV) oder bei besonderen Gremienbeschlüssen, die den institutionellen Rahmen ändern oder ergänzen (Art. 218 Abs. 9 Alt. 2 AEUV a. E.).

d) Abstimmungsregeln im Rat

Das umstrittenste Element im Verfahrens des Art. 218 Abs. 9 AEUV betrifft die Frage der anzuwendenden Abstimmungsregeln im Rat. Die Literatur ist sich in dieser Frage uneins und stellt teils auf Art. 218 Abs. 8 AEUV,[70] teils auf Art. 16 Abs. 3 EUV,[71] und teils auf die nach den Verträgen für die interne Rechtsetzung erforderlichen Mehrheiten ab[72]. Die Wahl der Abstimmungsmodalitäten im Rat ist von großer Bedeutung, da sie sich auf den Inhalt des Ratsbeschlusses auswirken kann:[73]

---

[69] Ziffer 24 des Anhangs III der Rahmenvereinbarung über die Beziehungen zwischen Europäischem Parlament und der Europäischen Kommission vom 20.10.2010 (ABl. 2010 L 304/47).

[70] Vgl. *Cremona*, Member States Agreements as Union Law, S. 314, Fn. 74: „The Council normally acts (…) by qualified majority but unanimously where the agreement covers a field for which unanimity is required for the adoption of a Union act, for association agreements and agreements with candidate states."; *Giegerich*, in: Pechstein/Nowak/Häde, 2017, Art. 218 AEUV, Rn. 181; ursprünglich *Mögele*, in: Streinz, 2. Aufl. 2011, Art. 218 AEUV, Rn. 29 sowie *Schmalenbach*, in: Calliess/Ruffert, 4. Aufl. 2011, Art. 218 AEUV, Rn. 26.

[71] *Hummer*, in: Vedder/Heintschel von Heinegg, Europäisches Unionsrecht, 2. Aufl. 2018, Artikel 218 AEUV, Rn. 29.

[72] *Schwichtenberg*, Die Kooperationsverpflichtung der Mitgliedstaaten der Europäischen Union bei Abschluss und Anwendung gemischter Verträge, 2014, S. 161; *Boysen*, in: Pechstein/Nowak/Häde, 2017, Art. 217 AEUV, Rn. 45; *Schmalenbach*, in: Calliess/Ruffert, 5. Aufl. 2016, Art. 218 AEUV, Rn. 32 unter Verweis auf den Beschluss des Rates zur Vertretung eines Standpunktes bei der Beschlussfassung im OIV, Ratsdok. 11436/12, nicht öffentlich zugänglich, siehe aber Auszug aus dem Wortlaut in EuGH, Rs. C-399/12, Deutschland/Rat (OIV), ECLI:EU:C:2014:2258, Rn. 20; zu Assoziationsratsbeschlüssen *Schmalenbach*, in: von Arnauld (Hrsg.), Europäische Außenbeziehungen, EnzEuR Bd. 10, 2014, § 6 Rn. 19; bereits zu Art. 300 Abs. 2 UAbs. 2 EGV (Amsterdam) *Martenczuk*, in: Kronenberger (Hrsg.), The European Union and the International Legal Order, 2001, S. 141 (150).

[73] Hierauf verweisend GA Saugmandsgaard ØE, SchlA Rs. C-687/15, Kommission/Rat

„Ein Beschluss, auf den sich alle einigen können bzw. dem niemand widerspricht, ist nicht zwangsläufig dasselbe wie ein Beschluss, auf den sich eine qualifizierte Mehrheit einigen kann. So muss z. B. ein Beschluss, für den eine qualifizierte Mehrheit erreicht werden kann, möglicherweise inhaltlich abgeschwächt werden, um eine einstimmige Zustimmung bzw. eine Zustimmung ohne Widerspruch zu erlangen."[74]

Die Wahl der Abstimmungsmodalität ist auch vor dem Hintergrund der effektiven Entscheidungsfindung relevant, da es deutlich zeitintensiver ist, einen Konsens aller im Rat zu erwirken als eine qualifizierte Mehrheit herbeizuführen. Von Bedeutung ist die Frage der Abstimmungsmodalitäten auch für den Legitimationsbeitrag der nationalen Parlamente über den Rat, da nur eine einstimmige Beschlussfassung im Rat Entscheidungsvorbehalte nationaler Parlamente sicherstellen kann.

aa) Standpunktverfahren und allgemeines Vertragsschlussverfahren

Für die Beantwortung der Frage, ob die Abstimmungsregeln des Art. 218 Abs. 8 AEUV auch auf das Standpunktverfahren in Art. 218 Abs. 9 AEUV Anwendung finden, ist entscheidend, in welches Verhältnis das Standpunktverfahren zum allgemeinen Vertragsschlussverfahren gesetzt wird. Strittig ist, ob das Standpunktverfahren (Bestand-)Teil des Verfahrens zur Aushandlung und zum Abschluss internationaler Übereinkünfte ist oder eine eigenständige Bestimmung mit gesonderten Verfahren und eigenen Gesetzmäßigkeiten darstellt. Erstere Ansicht sieht Art. 218 Abs. 9 AEUV als *lex-specialis*-Regel zum Verfahren zur Aushandlung, Unterzeichnung und Abschluss internationaler Übereinkünfte an,[75] letztere als ein aliud[76].

Sowohl die systematische Stellung des Standpunktverfahrens innerhalb der Vorschrift über das Vertragsschlussverfahren, als auch ihre enge Verbindung durch die direkte Verweisung auf das Abschlussverfahren haben sich durch den Vertrag von Lissabon geändert.[77] Es stellt sich nun die Frage, inwieweit dadurch eine bewusste Neueinordnung des Standpunktverfahrens vollzogen werden

---

(ITU), ECLI:EU:C:2017:645, Tz. 94 unter Bezugnahme auf die Rechtsprechung des EuGH zur Wahl der Rechtsgrundlage, EuGH, Rs. 45/86, Kommission/Rat (ZollpräferenzenVO), Slg. 1987, 1493, Rn. 12 und Rs. 68/86, Vereinigtes Königreich/Rat (HormonRL), Slg. 1988, 855, Rn. 6.

[74] GA Kokott, SchlA Rs. C-114/12, Kommission/Rat, ECLI:EU:C:2014:224, Tz. 189.

[75] GA Cruz Villalón, SchlA Rs. C-399/12, Deutschland/Rat (OIV), ECLI:EU:C:2014:289, Tz. 52, 75, 92; GA Sharpston, SchlA Rs. C-73/14, Rat/Kommission (Internationaler Seegerichtshof), ECLI:EU:C:2015:490, Tz. 74.

[76] GA Kokott, SchlA Rs. C-244/17, Kommission/Rat (Kasachstan), ECLI:EU:C:2018:364, Tz. 43 und GA Kokott, SchlA Rs. C-81/13, Vereinigtes Königreich/Rat, ECLI:EU:C:2014:2114, Tz. 97, Fn. 63.

[77] Siehe hierzu ausführlich oben § 3 A.II.

sollte. Nach Ansicht des Generalanwalts Cruz Villalón im *OIV*-Verfahren habe sich der Zweck der Vorschrift seit dem Vertrag von Lissabon nicht geändert, da sie bis heute Bestandteil des Artikels über das Vertragsabschlussverfahren und damit weiter eine „lex specialis im Rahmen des Vertragsschlussverfahrens" sei.[78] Hingegen hatte Generalanwältin Kokott im Verfahren zum Internationalen Seegerichtshof die durch den Vertrag von Lissabon veränderte systematische Stellung des Art. 218 Abs. 9 AEUV hinter den Regeln über das Vertragsschlussverfahren (Art. 218 Abs. 1–8 AEUV) zum Anlass genommen, zu betonen, dass die Vorschrift gerade die Umsetzung praktisch bedeutsamer Aspekte bereits geschlossener Übereinkünfte in Form der Mitwirkung der Union an Beschlüssen der in Übereinkünften eingesetzten Gremien betreffe und zu diesem Zweck ein „gesondertes, vereinfachtes Verfahren" vorsehe, das „eigenen Gesetzmäßigkeiten" gehorche und vom klassischen Vertragsabschlussverfahren abweiche.[79] Die konzeptionelle Einordnung begründet die Generalanwältin einerseits mit den ausdrücklich und gesondert in Art. 218 Abs. 9 AEUV geregelten Vorschlagsrechten der Kommission bzw. des Hohen Vertreters, die sie ansonsten als überflüssig ansieht, sowie mit der systematischen Anordnung hinter Abs. 8. Die Anforderung, dass der Rat „während des gesamten Verfahrens mit qualifizierter Mehrheit" beschließe, könne nicht die Umsetzung einer bereits geschlossenen Übereinkunft meinen, da in Zusammenschau mit dem Wortlaut in UAbs. 2 nur die Etappen bis zum Abschluss internationaler Übereinkünfte erfasst seien.

bb) Rückgriff auf die allgemeinen Mehrheitsregeln der Verträge

Folgerichtig griff Generalanwältin Kokott, die das Standpunktverfahren als *aliud* zum Vertragsschlussverfahren einordnet, nicht auf die Mehrheitsregeln des Vertragsabschlussverfahrens, sondern auf die allgemeinen Mehrheitsregeln der Verträge zurück.[80] Danach ist für Beschlüsse in vergemeinschafteten Politikbereichen normalerweise die qualifizierte Mehrheit maßgeblich (Art. 16 Abs. 3 EUV), im GASP-Bereich die Einstimmigkeit (Art. 31 EUV).[81]

---

[78] GA Cruz Villalón, SchlA Rs. C-399/12, Deutschland/Rat (OIV), ECLI:EU:C:2014:289, Tz. 81.
[79] GA Kokott, SchlA Rs. C-244/17, Kommission/Rat (Kasachstan), ECLI:EU:C:2018:364, Tz. 43; vgl. bereits GA Kokott, SchlA Rs. C-81/13, Vereinigtes Königreich/Rat, ECLI:EU:C: 2014:2114, Tz. 97, Fn. 63.
[80] GA Kokott, SchlA Rs. C-244/17, Kommission/Rat (Kasachstan), ECLI:EU:C:2018:364, Tz. 37–45; GA Kokott, SchlA Rs. C-81/13, Vereinigtes Königreich/Rat, ECLI:EU:C:2014:2114, Tz. 97, Fn. 63.
[81] So verstanden auch GA Saugmandsgaard ØE, SchlA Rs. C-687/15, Kommission/Rat (ITU), ECLI:EU:C:2017:645, Tz. 81.

cc) Rückgriff auf Art. 218 Abs. 8 AEUV

Von dieser Ansicht fundamental abweichend griff der EuGH zur Bestimmung der Mehrheitserfordernisse im Standpunktverfahren des Art. 218 Abs. 9 AEUV in drei Urteilen auf die Mehrheitsregeln des Art. 218 Abs. 8 AEUV zurück.

(1) Urteil Vereinigtes Königreich/Rat

Das erste Urteil betraf einen Standpunktbeschluss zur Anpassung der Vorschriften des Beschlusses Nr. 3/80 der Assoziation mit der Türkei über die Anwendung der Systeme der sozialen Sicherheit, den der Rat auf Vorschlag der Kommission, gestützt auf Art. 48 AEUV iVm Art. 218 Abs. 9 AEUV, annahm. Das Vereinigte Königreich griff den Ratsbeschluss im Wege der Nichtigkeitsklage an. Im Urteil zitierte der EuGH die Vorschrift des Art. 218 Abs. 8 UAbs. 1 AEUV, ohne den Rückgriff auf das in der Vorschrift geregelte qualifizierte Mehrheitserfordernis in irgendeiner Weise zu begründen.[82] Unklar war deshalb, ob der EuGH die Fallgruppen einstimmiger Beschlussfassung nach Art. 218 Abs. 8 UAbs. 2 AEUV per se als für das Standpunktverfahren nicht einschlägig erachtete und damit alle Standpunkte mit qualifizierter Mehrheit zu erlassen waren.[83]

(2) Urteil Kommission/Rat (ITU)

Gegenstand des zweiten Urteils war die Nichtigerklärung einer Schlussfolgerung zur Weltfunkkonferenz 2015 der Internationalen Fernmeldeunion, die der Rat einstimmig erlassen hatte. Die Kommission war der Ansicht, dass die Mehrheitsregel nach Art. 16 Abs. 3 EUV hätte angewendet werden müssen und rügte einen Verstoß gegen Art. 218 Abs. 9 AEUV. Der EuGH urteilte erneut, dass der Rat die angefochtene Handlung gem. Art. 218 Abs. 8 UAbs. 1 iVm Abs. 9 mit qualifizierter Mehrheit annehmen müsse, da die angefochtene Handlung „keinem der in Art. 218 Abs. 8 UAbs. 2 AEUV genannten Fälle" entspreche.[84] Diese Aussage lässt anklingen, dass der EuGH von der Existenz mehrerer Einstimmigkeitsvarianten ausgeht, die – anders als das erste Urteil annehmen ließ – für jeden Standpunktbeschluss geprüft werden müssen, sodass die pauschale Anwendung des qualifizierten Mehrheitserfordernisses für alle Standpunktbeschlüsse ausscheidet.

---

[82] EuGH, Rs. C-81/13, Vereinigtes Königreich/Rat, ECLI:EU:C:2014:2449, Rn. 66.
[83] Siehe das Vorbringen der Kommission, aufgenommen durch den EuGH in den Entscheidungsgründen zur Rs. C-81/13, Vereinigtes Königreich/Rat, ECLI:EU:C:2014:2449, Rn. 66; so auch *Mögele*, in: Streinz, 3. Aufl. 2018, Art. 217 AEUV, Rn. 33.
[84] EuGH, Rs. C-687/15, Kommission/Rat (ITU), ECLI:EU:C:2017:803, Rn. 51.

(3) Urteil Kommission/Rat (Kasachstan)

Auch in einem weiteren Urteil, diesmal aus dem Jahre 2018, ging es um die anzuwendenden Mehrheitsregeln bei der Standpunktfestlegung und erneut standen sich die Europäische Kommission und der Rat in dieser Rechtssache mit kontroversen Auffassungen gegenüber. Diesmal begehrte die Europäische Kommission die Nichtigerklärung des Ratsbeschlusses (EU) 2017/477, der den Standpunkt zu einem Beschluss des Kooperationsrates über eine Arbeitsvereinbarung der Gremien im Partnerschaftsabkommen der EU und der Republik Kasachstan festlegte. Anders als in den beiden anderen Verfahren kam aufgrund des GASP-Bezugs die Einstimmigkeitsregel des Art. 31 Abs. 1 S. 1 EUV ins Spiel. Die Kommission beanstandete mit ihrem einzigen Nichtigkeitsgrund, dass der Rat diese GASP-Vorschrift zur Rechtsgrundlage hinzugefügt und aus diesem Grund den Standpunkt einstimmig gefasst hatte. Im Ergebnis entschied der EuGH im Einklang mit den Ausführungen der Generalanwältin, dass der Schwerpunkt der betroffenen Sachmaterie nicht in den Bereich der GASP fiel und erklärte deshalb den Standpunktbeschluss zum gegenständlichen Kooperationsbeschluss wegen der Anwendung der Einstimmigkeitsregel des Art. 31 Abs. 1 EUV für nichtig.[85]

(a) Betonung der Nähe zum Vertragsschlussverfahren

Der EuGH klassifizierte das Verfahren des Art. 218 AEUV als „einheitliches Verfahren von allgemeiner Geltung insbesondere für die Aushandlung und den Abschluss internationaler Übereinkünfte", das gleichzeitig die Besonderheiten der Tätigkeitsbereiche berücksichtige und damit das institutionelle Gleichgewicht wiederspiegele.[86] Dazu gehört auch das vereinfachte Verfahren nach Art. 218 Abs. 9 AEUV, das der EuGH als anwendbar erachtet, „wenn die Union innerhalb des durch die betreffende Übereinkunft eingesetzten Entscheidungsgremiums am Erlass von Akten teilnimmt, die zur Anwendung oder Durchführung der Übereinkunft ergehen"[87]. Auf Grundlage einer Gesamtschau der Verfahrensbestimmungen der Art. 218 Abs. 6, Abs. 9 und Abs. 10 AEUV leitete der EuGH ab, dass die Verfahrensvereinfachung erstens nicht für Beschlüsse institutionellen Charakters gelte und zweitens nur in der beschränkten Mitwirkung des Parlaments bestehe.[88] Ohne weiteren Zwischenschritt folgert der EuGH, dass mangels Abstimmungsregeln in Art. 218 Abs. 9 AEUV die „anzuwenden-

---

[85] EuGH, Rs. C-244/17, Kommission/Rat (Kasachstan), ECLI:EU:C:2018:662, Rn. 28 ff., 38 ff., Rn. 47.
[86] EuGH, Rs. C-244/17, Kommission/Rat (Kasachstan), ECLI:EU:C:2018:662, Rn. 21 ff.
[87] EuGH, Rs. C-244/17, Kommission/Rat (Kasachstan), ECLI:EU:C:2018:662, Rn. 25.
[88] EuGH, Rs. C-244/17, Kommission/Rat (Kasachstan), ECLI:EU:C:2018:662, Rn. 26.

de Abstimmungsregel in jedem Einzelfall ausgehend von Art. 218 Abs. 8 AEUV bestimmt werden" müsse.[89] Diese pragmatische Schlussfolgerung ermöglicht es dem EuGH, gleichzeitig die Lösung innerhalb des einheitlichen Verfahrens des Art. 218 AEUV herbeizuführen und dabei die Besonderheiten der jeweiligen Tätigkeitsbereiche zu berücksichtigen.

(b) Fallgruppen der einstimmigen Beschlussfassung

Im Rahmen der Einzelfallprüfung der anzuwendenden Mehrheitsregeln erkennt der EuGH in Art. 218 Abs. 8 UAbs. 2 AEUV zwei Einstimmigkeitskonstellationen „ganz anderer Natur"[90]: Erstens den Fall, dass der Inhalt des Rechtsakts einen Bereich betrifft, in dem für den Erlass des Rechtsakts unionsintern die Einstimmigkeit erforderlich ist (Alt. 1) und zweitens den Fall, dass spezifische Kategorien von Übereinkünften mit besonderer Tragweite namentlich Assoziierungsabkommen, Abkommen nach Art. 212 AEUV und Abkommen über den Beitritt zur EMRK, die vom Rat einstimmig erlassen werden müssen, betroffen sind (Alt. 2–4 AEUV). Durch die erste Konstellation werde eine Verbindung zwischen der materiellen Rechtsgrundlage des Beschlusses und den für den Erlass erforderlichen Abstimmungsregeln hergestellt, die zur Wahrung der Symmetrie zwischen den Verfahren für das interne und externe Handeln und damit zur Beachtung des institutionellen Gleichgewichts beitrage.[91] Als Beispiel nennt der EuGH Art. 31 Abs. 1 UAbs. 1 EUV im Bereich der GASP, der für den Erlass interner Rechtsakte Einstimmigkeit vorschreibt. Abgrenzend zu dieser ersten Kategorie führt der EuGH für die zweite Konstellation, in der es um die spezifische Kategorie internationaler Übereinkünfte geht, aus:

„Ein Beschluss, der zur Durchführung eines Assoziierungsabkommens dient, kann aber nicht allgemein als einem solchen Abkommen ähnlich und daher der genannten Kategorie unterfallend angesehen werden. Nur wenn ein zur Durchführung des Assoziierungsabkommens dienender Beschluss zum Gegenstand hat, den institutionellen Rahmen dieses Abkommens zu ergänzen oder zu ändern, weist er eine derartige Tragweite auf, dass er mit einem Beschluss über den Abschluss einer Übereinkunft zur Änderung des Assoziierungsabkommens gleichzusetzen ist. Dies rechtfertigt es, dass ein solcher Beschluss gemäß der in Art. 218 Abs. 9 a. E. AEUV vorgesehenen Ausnahme demselben Verfahren unterworfen wird wie das für den Abschluss eines Assoziierungsabkommens vorgesehene, was bedeutet, dass der Rat einstimmig entscheidet und dass nach Art. 218 Abs. 6 UnterAbs. 2 Buchst. a Ziff. i AEUV die Zustimmung des Parlaments erforderlich ist."[92]

---

[89] EuGH, Rs. C-244/17, Kommission/Rat (Kasachstan), ECLI:EU:C:2018:662, Rn. 27.
[90] EuGH, Rs. C-244/17, Kommission/Rat (Kasachstan), ECLI:EU:C:2018:662, Rn. 34.
[91] EuGH, Rs. C-244/17, Kommission/Rat (Kasachstan), ECLI:EU:C:2018:662, Rn. 30.
[92] EuGH, Rs. C-244/17, Kommission/Rat (Kasachstan), ECLI:EU:C:2018:662, Rn. 33.

Aus diesen Ausführungen geht hervor, dass der EuGH die Tragweite des Gremienbeschlusses bzw. des vorbereitenden Ratsbeschlusses mit der des Beschlusses über den Abschluss einer Übereinkunft vergleicht und eine Entsprechung nur dann als gegeben ansieht, wenn der Beschluss den institutionellen Rahmen der Übereinkunft ändert oder ergänzt. Nur solche Beschlüsse werden mit dem förmlichen Abschluss einer neuen Übereinkunft gleichgesetzt. Die zweite Konstellation der Einstimmigkeit läuft demnach außerhalb des Art. 218 Abs. 9 AEUV a. E. und damit für klassische Ratsbeschlüsse im Rahmen des Art. 218 Abs. 9 AEUV ins Leere. Für klassische Standpunktbeschlüsse kommt jedoch das Einvernehmlichkeitserfordernis der ersten Konstellation, die sich auf den Bereich des Rechtsakts bezieht, in Betracht. Aus alldem folgt, dass ein Ratsbeschluss nach Art. 218 Abs. 9 AEUV in der Regel mit qualifizierter Mehrheit zustande kommt (Art. 218 Abs. 8 UAbs. 1 AEUV), es sei denn der Beschluss (1) betrifft einen Bereich, in dem für den Erlass eines Rechtsakts der Union intern Einstimmigkeit erforderlich ist oder (2) ändert oder ergänzt den institutionellen Rahmen einer der in Art. 218 Abs. 8 UAbs. 2 AEUV genannten Übereinkünfte, d.h. vor allem von Assoziierungsabkommen oder Abkommen nach Art. 212 AEUV.

dd) Bewertung

Die beschriebenen unterschiedlichen Herangehensweisen des EuGH und der Generalanwältin kommen in der konkreten Fallgestaltung, d.h. für die Standpunktfestlegung im Grenzbereich zwischen der GASP und den vergemeinschafteten Politiken, zu vergleichbaren Ergebnissen. Insbesondere gelingt es beiden Lösungen, die Besonderheiten der Tätigkeitsbereiche (konkret der GASP) zu berücksichtigen. Die Anwendung der unmittelbar auf das Vertragsschlussverfahren abgestimmten Mehrheitserfordernisse ist naheliegend, da die das Abkommen umsetzenden Ratsbeschlüsse eng mit dem Abkommen selbst zusammenhängen und die Entscheidungsregeln auch auf die in Art. 218 Abs. 3, Abs. 4, Abs. 5 und Abs. 7 AEUV geregelten Vorentscheidungen Anwendung finden.[93] Bereits die Entstehungsgeschichte der Vorschrift hat gezeigt, dass das Standpunktverfahren an das Vertragsschlussverfahren angelehnt ist. Der enge Regelungszusammenhang geht bereits daraus hervor, dass beide in einem Artikel niedergelegt sind. Zudem führen beide Verfahren zu völkerrechtlichen Bindungen. Gleichzeitig ist der Abschluss bzw. die Änderung der Übereinkunft durch völkerrechtlichen Vertrag von der Umsetzung bzw. wirksamen Durchführung der Übereinkunft durch Gremienbeschluss zu unterscheiden, bei der völkerrechtliche Bindungen durch die Mitwirkung an Entscheidungsprozessen

---

[93] So auch *Giegerich*, Pechstein/Nowak/Häde, 2017, Art. 218 AEUV, Rn. 181.

eines internationalen Gremiums, das einseitige Akte erlässt, hergestellt werden. Es ist damit sachgerecht, gleichzeitig von einer gewissen Eigenständigkeit des Standpunktverfahrens auszugehen und dennoch aufgrund der Sachnähe und dem Erfordernis der Berücksichtigung der Besonderheiten der Tätigkeitsbereiche der Union auf die Entscheidungsregel des Art. 218 Abs. 8 AEUV zurückzugreifen.

Die Abgrenzungskriterien, die der EuGH zur Bestimmung der Abstimmungsmodalitäten anwendet, sind sachgerecht, gerade weil sie maßgeblich von teleologischen Erwägungen geprägt sind. Die erste Konstellation, die auf den Sachbereich des Beschlusses abstellt, dient offenkundig der Wahrung des institutionellen Gleichgewichts. Die zweite Konstellation, die auf die Tragweite des Beschlusses Bezug nimmt, erinnert an die Terminologie, die das BVerfG im Zusammenhang mit der Wesentlichkeitstheorie verwendet.[94] Die die Übereinkunft umsetzenden Beschlüsse ordnet der EuGH vor dem Hintergrund demokratischer Erwägungen als weniger gravierend ein als den Abschluss der Übereinkunft selbst, auf der die Beschlüsse beruhen und begnügt sich daher mit dem qualifizierten Mehrheitserfordernis. Daraus kann abgeleitet werden, dass sich der EuGH bei der Auswahl der Abstimmungsregeln im Rat von Erwägungen des Prinzips des institutionellen Gleichgewichts und des Prinzips demokratischer Legitimation leiten lässt. Dass Standpunktbeschlüsse im Grundsatz mit qualifizierter Mehrheit erlassen werden können, ist sachgerecht, da Beschlüsse in der Regel bereits aufgrund ihrer geringeren Komplexität in ihrer Reichweite und Bedeutsamkeit einem Vertragsschluss nicht gleichkommen,[95] auch wenn sie wie Abkommen in der Unionsrechtsordnung wirken können. Teilweise wird die Unterscheidung nach bestimmten Kategorien von Abkommen als überholt angesehen.[96] Jedenfalls spricht für das Fortbestehen einer Andersbehandlung

---

[94] Nach ständiger Rechtsprechung des BVerfG ist der Gesetzgeber verpflichtet, alle wesentlichen Entscheidungen selbst zu treffen. Wesentlich sind dabei „Entscheidungen von besonderer Tragweite". Dies sind nicht nur Fragen, die „wesentlich für die Verwirklichung der Grundrechte" sind, sondern auch solche, die für Staat und Gesellschaft von erheblicher Bedeutung sind. Siehe nur BVerfGE 49, 89 (126) – Kalkar I m.w.N und aktueller BVerfGE 150, 1 (96 f.) – Volkszählung 2011. Die stark grundrechtsbezogene Stoßrichtung der verfassungsrechtlichen Wesentlichkeitstheorie ist dabei im Grundsatz eine andere als die demokratisch-politische des EuGH, vgl. hierzu *Ruffert*, in: Calliess/Ruffert, 5. Aufl. 2016, Art. 290 AEUV, Rn. 10 m.w.N. Siehe zur unionsrechtlichen Wesentlichkeitstheorie unten, § 4 A. III.2.c)cc) und § 4 A.III.3.b).

[95] *Mögele*, in: Streinz, 2. Aufl. 2012, Art. 218 AEUV, Rn. 29; ähnlich auch *Giegerich*, in: Pechstein/Nowak/Häde, 2017, Art. 218 AEUV, Rn. 180.

[96] Hierzu auch *Appel*, Das internationale Kooperationsrecht der Europäischen Union, 2016, S. 152 ff.

von Assoziierungsabkommen die besondere Nähe der Assoziierungsabkommen zum Unionsrecht.[97]

3. Vertretung des Standpunktes im Gremium

Hat der Rat den Standpunkt durch Beschluss unter Beachtung der entsprechenden Verfahrens- und Entscheidungsregeln festgelegt, ist der Standpunkt in einem letzten Schritt im Namen der Union im entsprechenden Gremium zu vertreten. Dabei stellt sich die Frage, wer auf Unionsebene die Vertretung im Gremium wahrnimmt und inwieweit dem Vertreter im Gremium trotz der Bindung an den Standpunkt ein gewisser Entscheidungsspielraum zukommt.

a) Durch den Unionsvertreter

Sinnvoll erscheint auf den ersten Blick die Heranziehung eines Vertreters der an der Standpunktfestlegung bereits beteiligten Unionsorgane, d.h. des jeweils Vorschlagsberechtigten (Europäische Kommission oder Hoher Vertreter) oder des den Standpunkt festlegenden Organs (Rat). Dabei sind nicht immer Vertreter aller im Standpunktverfahren einbezogenen Organe in den Gremien vorgesehen, wie die völkerrechtliche Vertragspraxis zeigt.[98] Normalerweise[99] bestimmt der Rat in seinem Beschluss über den Abschluss der jeweiligen Übereinkunft (Art. 218 Abs. 6 AEUV), teilweise bereits im Beschluss über die vorläufige Anwendung und Unterzeichnung der Übereinkunft (Art. 218 Abs. 5 AEUV)[100] das zur Standpunktvertretung befugte Organ.[101] Dies gilt zum Teil auch für Ratsbeschlüsse zu gemischten Abkommen, in denen vereinzelt die Vertretung durch die Kommission *und* die Mitgliedstaaten festgelegt wird.[102] Dabei ist zu berücksichtigen, dass die Festlegungen der Vertretungsberechti-

---

[97] Das Argument im Ergebnis ablehnend *Wessel/Blockmans*, in: Eeckhout/López-Escudero (Hrsg.), The European Union's External Action in Times of Crisis, 2016, S. 223 (240).
[98] Siehe hierzu bereits oben, § 1 A.I.
[99] *Giegerich*, in: Pechstein/Nowak/Häde, 2017, Art. 218 AEUV, Rn. 173.
[100] Vgl. z.B. Art. 4 Beschluss (EU) 2013/36 des Rates vom 29.10.2012 über die Unterzeichnung und vorläufige Anwendung der Vereinbarung zur Schaffung eines allgemeinen Rahmens für eine verstärkte Zusammenarbeit zwischen der EU und der Europäischen Organisation zur Sicherung der Luftfahrt (ABl. 2013 L 16/1): Die Union wird im Gemeinsamen Ausschuss durch die Europäische Kommission vertreten und legt nach Konsultation des vom Rat eingesetzten Sonderausschusses den Standpunkt fest.
[101] Europäische Kommission, Vademecum on the External Action of the European Union, SEC(2011)881/3, S. 21.
[102] Vgl. z.B. Art. 6 Beschluss (EU) 2011/265 des Rates vom 16.9.2010 über die Unterzeichnung des Freihandelsabkommens zwischen der EU, ihren Mitgliedstaaten und der Republik Korea (ABl. 2011 L 127/1).

gung im völkerrechtlichen Vertrag oder im Ratsbeschluss die in den Verträgen niedergelegten Regeln zur Außenvertretung nicht überspielen können,[103] sodass die Zuständigkeitsverteilung, die das Unionsprimärrecht vorgibt, maßgeblich ist. In Bereichen außerhalb der GASP, d.h. im Bereich der supranationalen Außenbeziehungen, ist die Europäische Kommission für die Außenvertretung zuständig (Art. 17 Abs. 1 S. 6 EUV). In der Praxis erfolgt die Vertretung je nach Aufgabenebene durch den Präsidenten der Europäischen Kommission (mit dem Präsidenten des Europäischen Rats) auf der Ebene der Staats- und Regierungschefs, durch die Mitglieder der Kommission in ihren spezifischen Ressorts auf Ministerebene und durch die Dienststellen der Kommission (DGs) auf den verschiedenen Expertenebenen.[104] Der Hohe Vertreter vertritt den Standpunkt der Union im GASP-Bereich (Art. 27 Abs. 2 S. 2 EUV). Danach ist in der Regel das Organ, das die Vorschlagsberechtigung für den Standpunkt innehat, auch vertretungsbefugt.[105] In der Praxis kommt – wie bereits dargestellt – zusätzlich zum Vertreter der Kommission oder des Hohen Vertreters häufig noch ein Ratsvertreter hinzu. Sind im Gremium nur mitgliedstaatliche Vertreter vorgesehen, sind diese verpflichtet, im Interesse der Union den von der EU gefassten Standpunkt vortragen, wenn ein Gremienbeschluss im EU-Kompetenzbereich ansteht.[106]

b) Entscheidungsspielraum des Unionsvertreters

Der Ratsbeschluss bindet den Unionsvertreter im Gremium, der deshalb daran gehindert ist, eigenmächtig über den Inhalt des Beschlusses zu entscheiden.[107] Ändert sich nach der Standpunktfassung der Inhalt des Beschlusses und ist der Vorschlag unvereinbar mit der Unionsposition, darf der Unionsvertreter den Beschlussvorschlag im Gremium nicht annehmen.[108] Schwierigkeiten bereitet die Tatsache, dass das Unionsrecht nicht festlegt, wie detailliert ein Unionsstandpunkt festzulegen ist. Die Praxis zeigt ein differenziertes Bild: Teilweise

---

[103] Diese gehen als unionales Primärrecht dem Ratsbeschluss, der Sekundärrecht darstellt, und dem völkerrechtlichen Vertrag, der im Rang zwischen Primär- und Sekundärrecht steht und daher auch anhand des Primärrechts überprüft werden kann (vgl. Art. 218 Abs. 11 AEUV), vor.

[104] Europäische Kommission, Vademecum on the External Action of the European Union, SEC(2011)881/3, S. 15.

[105] *Giegerich*, in: Pechstein/Nowak/Häde, 2017, Art. 218 AEUV, Rn. 179.

[106] Vgl. GA Cruz Villalón, SchlA Rs. C-399/12, Deutschland/Rat (OIV), ECLI:EU:C:2014: 289, Tz. 69.

[107] Siehe hierzu bereits oben, § 3 B.I.2.b).

[108] *Martenczuk*, in: Kronenberger (Hrsg.), The European Union and the International Legal Order, 2001, S. 141 (150).

B. Unionsinterne Verfahren der Standpunktfestlegung

enthalten die Standpunkte bereits konkrete Beschlussentwürfe, die der Unionsvertreter im Gremium nur noch annehmen oder ablehnen muss,[109] teilweise nur allgemeine Verhandlungspositionen, die der Unionsvertreter bei den Verhandlungen im Gremium zu befolgen hat[110]. Letztere Variante wird in der Regel häufiger bei multilateralen Gremien bzw. in Organen internationaler Organisationen zur Anwendung kommen, da eine vorherige Festlegung des Beschlussentwurfs aufgrund der Vielzahl von Verhandlungspartnern nicht praktikabel ist,[111] während in der bilateralen Konstellation häufig bereits ein Beschlussentwurf mit der anderen Vertragspartei vorbereitet wird[112]. Für die Frage der Detailliertheit des Standpunktes ist einerseits das Interesse an einer gewissen Flexibilität bei Verhandlungen im Gremium zu gewichten, andererseits der Gefahr eigenmächtiger, wesentlicher Änderungen des Beschlussentwurfs durch den Unionsvertreter vorzubeugen. Im Hinblick auf das Ziel, eine effektive Entscheidungsfindung im Gremium zu ermöglichen, erschiene es nicht praktikabel, den Rat bei jeder noch so geringfügigen Abweichung vom Ratsbeschluss erneut beschließen zu lassen. Dementsprechend lautet eine Standardklausel in Standpunktbeschlüssen des Assoziationsrats EU-Türkei, dass „[g]eringfügige Änderungen des Entwurfs des Beschlusses [...] von den Vertretern der Union im Assoziationsrat EU-Türkei ohne weiteren Beschluss des Rates vereinbart werden [können]."[113] Dies ermöglicht es dem Assoziationsrat, unbedeutende Änderungen am Entwurf vorzunehmen, ohne dass der Rat erneut Beschluss fassen muss. Hingegen ist bei substantiellen inhaltlichen Änderungen im Laufe der Verhandlungen durch die andere Vertragspartei erneut ein Unionsstandpunkt festzulegen.[114] Daraus folgt, dass die Willensbildung durch die Unionsorgane erfolgen muss, ohne dass der Unionsvertreter im Gremium in maßgeblicher

---

[109] Siehe beispielsweise Beschluss (EU) 2013/756 des Rates vom 2.12.2013 zur Festlegung des von der EU im Ausschuss für das öffentliche Beschaffungswesen zu vertretenden Standpunkts in Bezug auf Beschlüsse zur Änderung des Übereinkommens über öffentliches Beschaffungswesen (ABl. L 2013 335/32).

[110] Siehe beispielsweise Beschluss (EU) 2011/810 des Rates vom 30.11.2011 zur Festlegung des Standpunkts der EU im Allgemeinen Rat der WHO betreffend Anträge auf Gewährung und/oder Verlängerung bestimmter WTO-Ausnahmegenehmigungen (ABl. L 2011 324/29).

[111] Für multilaterale Umweltabkommen siehe Commission Staff Working Document, Proposal and adoption of decisions having legal effects in the context of Multilateral Environmental Agreements, 10707/06 ENV 369, S. 5.

[112] Siehe hierzu bereits oben, § 3 B.I.1.a).

[113] Siehe nur Art. 1 Abs. 2 Beschluss (EU) 2015/709 des Rates vom 21.4.2015 (ABl. 2015 L 113/48); ebenso Art. 1 Abs. 2 Beschluss (EU) 2015/710 des Rates vom 21.4.2015 (ABl. 2015 L 113/53).

[114] Siehe auch Europäische Kommission, Vademecum on the External Action of the European Union, SEC(2011)881/3, S. 20.

Weise von dieser Festlegung abweichen kann. Jedenfalls geringfügige Änderungen können dem Unionsvertreter überlassen werden, dem hierfür ein gewisses Maß an Flexibilität zuzubilligen ist.

4. Bewertung des Einflusses der Unionsorgane auf den Gremienbeschluss

Über das Standpunktverfahren nach Art. 218 Abs. 9 AEUV können der Rat und die initiativ- und meist zugleich vertretungsberechtigte Kommission oder der Hohe Vertreter einen maßgeblichen Einfluss auf den Gremienbeschluss ausüben. Das Letztentscheidungsrecht des Rates in den auswärtigen Beziehungen wird in diesem Verfahren voll verwirklicht. Gleichzeitig setzt sich die gesetzgeberische Prärogative des Europäischen Parlaments für den externen Bereich nicht fort. Das Europäische Parlament wird bei der Entscheidung nicht einmal angehört, sondern lediglich über das Ergebnis des Standpunktes unterrichtet (Art. 218 Abs. 10 AEUV). Diese marginale Beteiligung des Europäischen Parlaments resultiert aus dem Bedürfnis der Union, sich in effektiver Weise an der Beschlussfassung in internationalen Gremien beteiligen zu können. Dem Europäischen Parlament eine Stellung als gleichberechtigter „Mitgesetzgeber" einzuräumen, würde diesem Bedürfnis nicht gerecht werden, ebenso wenig eine Konsultationspflicht im Vorfeld eines jeden Gremienbeschlusses.[115] Dem jeweiligen Unionsvertreter der Exekutive kommt ein gewisser (wenn auch geringer) Entscheidungsspielraum für geringfügige Änderungen zu, die im Rahmen der Verhandlungen vorgeschlagen werden. Letztlich übt der Rat den größten Einfluss aus und kann die grundlegende inhaltliche Ausgestaltung des Standpunktes bestimmen. Der Einfluss auf den Standpunkt der Union weitet sich über die Bindung des Exekutivvertreters im Gremium direkt auf den Gremienbeschluss selbst aus, da im Gremium mit Einstimmigkeit entschieden wird. Der Rat kann damit die wesentlichen Aspekte eines Gremienbeschlusses vorab kontrollieren. Diese „Ursprungskontrolle" grundlegender Inhalte des Gremienbeschlusses verhindert, dass die EU durch Gremienbeschluss völkerrechtlich gebunden wird, ohne vorweg Einfluss auf die Grundelemente des Beschlusses genommen zu haben. Die Ursprungskontrolle ist umso intensiver, je genauer der Standpunkt bereits den vorab mit der Vertragspartei ausgehandelten detaillierten Beschlussentwurf niederlegt, dem der Unionsvertreter nur noch zustimmen muss. Sie ist abgeschwächt, wenn der Standpunkt lediglich allgemeine Verhandlungsleitlinien festlegt, die den Unionsvertreter in Grundzügen leiten sollen.

---

[115] Vgl. *Dashwood*, CMLRev. 1998, 1019 (1026).

II. Das Verfahren nach Art. 218 Abs. 7 AEUV

Neben dem Standpunktverfahren nach Art. 218 Abs. 9 AEUV ist in Art. 218 Abs. 7 AEUV ein weiteres Verfahren niedergelegt, das sich mit Akten internationaler Gremien befasst. Relevant im Hinblick auf Gremienakte ist nicht die Variante 1, die sich mit vereinfachten Änderungsverfahren (der Vertragsparteien) befasst,[116] sondern die zweite Variante, die die Annahme von Änderungen von einem durch die Übereinkunft eingesetzten Gremium vorsieht. Bereits der Verweis des Art. 218 Abs. 7 AEUV auf die Verfahren in Art. 218 Abs. 5, Abs. 6 und Abs. 9 AEUV lässt erahnen, dass die Verfahren in einem Regelungszusammenhang zueinander stehen, während der Wortlaut die Abweichung zu diesen Verfahren verdeutlicht.

1. Genereller Ablauf

Sieht die Übereinkunft die Annahme von Änderungen durch ein in einer Übereinkunft eingesetztes Gremiums vor, kann der Rat den Verhandlungsführer bei Abschluss der Übereinkunft ermächtigen, diese Änderungen der Übereinkunft zu billigen.

a) Ermächtigung durch den Rat

Der erste Schritt im Verfahren des Art. 218 Abs. 7 AEUV liegt in der Ermächtigung des Rates an den Verhandlungsführer (Kommission oder Hoher Vertreter), Vertragsänderungen im Gremium zu billigen. Diese Ermächtigung kann im Ratsbeschluss zum Abschluss (Art. 218 Abs. 6 AEUV)[117] oder zur Unterzeichnung und vorläufigen Anwendung (Art. 218 Abs. 5 AEUV)[118] erteilt werden. Erfolgt die Ermächtigung im Beschluss zur Unterzeichnung und vorläufigen Anwendung des Abkommens, kann die Aufgabenerfüllung der Gremien bereits während der Dauer der vorläufigen Anwendung durch den Verhandlungsführer begleitet werden. Ist die Ermächtigung im Beschluss zum Abschluss von Übereinkünften mit Beschlussgremien enthalten, unterliegt die

---

[116] Art. 218 Abs. 7 Alt. 1 AEUV ist beispielsweise dann einschlägig, wenn Änderungen nur von einer bestimmten Anzahl der Vertragsparteien herbeigeführt werden können, so *MacLeod/Hendry/Hyett*, The External Relations of the European Communities, 1996, S. 104.
[117] Siehe nur Erwägungsgrund 5 und Art. 3 des Vorschlags der Kommission für einen Ratsbeschluss über den Abschluss des CETA vom 5.7.2016, KOM(2016) 443 final.
[118] Siehe nur Begründungserwägung 6 des Beschlusses (EU) 2011/265 des Rates vom 16.9.2010 über die Unterzeichnung des Freihandelsabkommens der EU, ihrer Mitgliedstaaten und Korea (ABl. 2011 L 127/1); Erwägungsgrund 5 und Art. 2 des Beschlusses (EU) 2017/38 des Rates über die vorläufige Anwendung des CETA vom 28.10.2016 (ABl. 2017 L 11/1080).

Ermächtigung auch der Zustimmung des Europäischen Parlaments.[119] Ohne eine vorherige Ermächtigung ist der Kommission die Annahme von Änderungen im Gremium nicht gestattet. Solche Ermächtigungen wurden früher nicht ausgesprochen,[120] sind heute jedoch in einigen Ratsbeschlüssen zur Unterzeichnung oder zum Abschluss von Freihandelsabkommen enthalten[121].

Auch wenn nach dem Wortlaut des Art. 218 Abs. 7 AEUV die Befugnisübertragung nicht nach Abschluss einer Übereinkunft geschehen kann, ist die Ermächtigung nach Abschluss durchaus üblich.[122] Problematisch an einer solchen Lösung ist, dass die Befugnisübertragung an die Kommission dann nicht mehr mit Zustimmung des Europäischen Parlaments erfolgt. Allerdings wird auch bei einer Befugnisübertragung durch einen Ratsbeschluss nach Art. 218 Abs. 5 AEUV das Parlament nicht beteiligt. Dagegen bestehen keine Bedenken, solange die vorgezogene Befugnisübertragung für die ordnungsgemäße Durchführung des Abkommens erforderlich ist.[123]

Der Rat kann die Ermächtigung mit besonderen Bedingungen versehen (Art. 218 Abs. 7 S. 2 AEUV). Dadurch soll eine effektive Willensbildung ermöglicht und gleichzeitig sichergestellt werden, dass der Rat als „primär zuständiges Organ für verbindliche Sachentscheidungen im auswärtigen Bereich"[124] einen gewissen Einfluss auf den Standpunkt behält. Welche Bedingungen möglich sind, insbesondere ob sie neben inhaltlicher (auch) verfahrensrechtlicher Natur sein können, ist aus dem Wortlaut nicht klar ableitbar.[125] Nachdem dahingehend Auslegungsspielräume bestehen, kann die Organpraxis Anhaltspunkte für das richtige Verständnis der „besonderen Bedingungen" liefern. In der Praxis legte der Rat beispielsweise im Beschluss zum Abschluss des neuen Protokolls zur Festlegung der Fangmöglichkeiten[126] je nach Art bzw. Inhalt der Än-

---

[119] Art. 218 Abs. 6 UAbs. 1 lit. a Nr. i oder Nr. iii AEUV.
[120] *Tomuschat*, in: von der Groeben/Schwarze, 6. Aufl. 2003, Art. 300 EGV, Rn. 60.
[121] Siehe nur Begründungserwägung 6 des Beschlusses (EU) 2011/265 des Rates vom 16.9.2010 über die Unterzeichnung des Freihandelsabkommens der EU, ihrer Mitgliedstaaten und Korea (ABl. 2011 L 127/1); Erwägungsgrund 5 und Art. 2 des Beschlusses (EU) 2017/38 des Rates über die vorläufige Anwendung des CETA vom 28.10.2016 (ABl. 2017 L 11/1080); jedenfalls bereits in Erwägungsgrund 5 und Art. 3 des Vorschlags der Kommission für einen Ratsbeschluss über den Abschluss des CETA vom 5.7.2016, KOM(2016) 443 final.
[122] Siehe beispielsweise Beschluss (EG) 2009/832 des Rates vom 10.11.2009 über das Verfahren für Ausnahmeregelungen zu den Ursprungsregeln der Ursprungsprotokolle im Anhang zu den Wirtschaftspartnerschaftsabkommen mit AKP-Staaten (ABl. L 2009 297/12).
[123] Vgl. *Giegerich*, in: Pechstein/Nowak/Häde, 2017, Art. 218 AEUV, Rn. 138.
[124] *Schmalenbach*, in: Calliess/Ruffert, 1999, Art. 300 EGV, Rn. 42.
[125] *Erlbacher*, in: Jaeger/Stöger, 214. Lfg. 2018, Art. 218 AEUV, Rn. 46.
[126] Beschluss (EU) 2013/785 des Rates über den Abschluss des Protokolls zur Festlegung der Fangmöglichkeiten zwischen der EU und dem Königreich Marokko vom 16.12.2013 (ABl. L 2013 349/1).

derungsbefugnis Verfahrensvorschriften für die Zusammenarbeit mit der Kommission nieder, die stark an das im internen Bereich der delegierten Rechtsetzung angewendete Komitologieverfahren[127] erinnern. In einigen Beschlüssen wird sogar ausdrücklich auf die Komitologie-Verordnung, die allgemeine Regeln und Grundsätze für die Kontrolle der Wahrnehmung der Durchführungsbefugnisse der Kommission durch die Mitgliedstaaten niederlegt, verwiesen.[128]

b) Annahme der Änderung im Gremium durch den Verhandlungsführer

Hat der Rat eine entsprechende Ermächtigung erlassen, kann der Verhandlungsführer in einem zweiten Schritt die Änderung im Gremium annehmen. Der zu treffende Standpunkt ist dabei direkt von der Kommission bzw. dem Hohen Vertreter anzunehmen, ohne dass hierfür ein vorhergehender förmlicher Ratsbeschluss erforderlich ist.[129] Das Europäische Parlament ist von der Vertragsänderung zu unterrichten.[130]

2. Zeitpunkt der Standpunktfestlegung

Es stellt sich die Frage, ob es sich auch bei der Annahme der Änderung durch den Verhandlungsführer um einen Vorgang handelt, der eine Mitwirkung an der verbindlichen Beschlussfassung im Gremium ähnlich wie im Verfahren des Art. 218 Abs. 9 AEUV darstellt oder ob eine bereits durch das Gremium beschlossene Änderung nachträglich angenommen und erst durch diese Annahme wirksam wird. Der Wortlaut der Vorschrift ist dabei nicht eindeutig. Die Verwendung der Terminologie der „Billigung" könnte auf einen nachträglichen Akt hindeuten. Allerdings legt die Vorschrift fest, dass Änderungen gebilligt werden, die durch das Gremium anzunehmen sind. Letzteres spricht eher dafür, dass der Änderungsakt dem Gremium zuzurechnen ist und die Billigung im Gremium selbst und nicht nachgelagert stattfindet. Das Verfahren nach Art. 218 Abs. 7 AEUV autorisiert damit Rechtsakte von völkervertraglichen Gremien.[131]

---

[127] Vgl. Art. 291 Abs. 3 AEUV iVm VO (EU) Nr. 182/2011 (Komitologie-VO).
[128] Erwägungsgrund 5 und Art. 2 des Beschlusses (EU) 2017/38 des Rates über die vorläufige Anwendung des CETA vom 28.10.2016 (ABl. 2017 L 11/1080); Art. 57 Abs. 2 VO (EU) Nr. 1151/2012 verweist direkt auf Art. 5 VO (EU) Nr. 182/2011.
[129] *Erlbacher*, in: Jäger/Stöger, 214. Lfg. 2018, Art. 218 AEUV, Rn. 47.
[130] *Bungenberg*, in: von der Groeben/Schwarze/Hatje, 7. Aufl. 2015, Art. 218 AEUV, Rn. 82; *Schmalenbach*, in: Calliess/Ruffert, 5. Aufl. 2016, Art. 218 AEUV, Rn. 26; anders wohl *Giegerich*, in: Pechstein/Nowak/Häde, 2017, Art. 218 AEUV, Rn. 138; zur näheren Ausgestaltung siehe Anhang III Nr. 9 der Rahmenvereinbarung über die Beziehungen zwischen dem Europäischen Parlament und der Europäischen Kommission vom 20.10.2010 (ABl. L 2010 304/47).
[131] *MacLeod/Hendry/Hyett*, The External Relations of the European Communities, 1996,

Die Kommission oder der Hohe Vertreter können *in* den Entscheidungsgremien für die Union Änderungen des Abkommens billigen.[132] Für dieses Verständnis spricht auch die zweite Variante des Art. 218 Abs. 7 AEUV, die in Abgrenzung dazu Änderungen durch vereinfachte Verfahren der Vertragsparteien erfasst. Die Billigung bringt damit auch im Rahmen des Art. 218 Abs. 7 AEUV den Standpunkt der Union im Gremium zum Ausdruck.[133]

Auf ein solches Verständnis deuten auch die Ausführungen der Kommission hinsichtlich der Befugnis des Gemischten CETA-Ausschusses hin, Protokolle und Anhänge des CETA durch Beschluss zu ändern (Art. 30.2 Abs. 2 CETA). Der Rat ermächtigt im Beschluss zur Unterzeichnung des CETA die Kommission dazu, Änderungen des Anhangs 20-A zu billigen.[134] Die Änderungsbefugnis des Gemischten Ausschusses wird von der Kommission so verstanden, dass die EU entscheidet, und zwar unter Einhaltung ihrer im EU-Vertrag festgelegten internen Verfahren, ob sie einem Beschluss des Gemischten Ausschusses zustimmt. Dies bedeute, dass „der Gemischte CETA-Ausschuss [...] somit nicht ohne einen Beschluss der EU-Organe handeln [kann], der gemäß dem internen rechtlichen Verfahren der EU gefasst wurde."[135]

Damit im Einklang wurde im Rahmen von Ratsbeschlüssen, gestützt auf Art. 300 Abs. 4 EGV, niedergelegt, dass der Standpunkt der Gemeinschaft ausreichend früh festzulegen ist, so dass der einschlägige Beschluss durch den zuständigen Ausschuss vor Ablauf der Frist gefasst werden kann.[136] Auch das Verfahren nach Art. 218 Abs. 7 AEUV regelt damit ein Verfahren der Mitwirkung in einem Gremium am Erlass von Gremienbeschlüssen und nicht die nachträgliche Annahme von Beschlussentwürfen.[137]

S. 105.
[132] *Mögele*, in: Streinz, 3. Aufl. 2018, Art. 218 AEUV, Rn. 17.
[133] Vgl. *Martenczuk*, in: Kronenberger (Hrsg.), The European Union and the International Legal Order, 2001, S. 141 (151 f.); *Erlbacher*, in: Jäger/Stöger, 214. Lfg. 2018, Art. 218 AEUV, Rn. 46; so auch Europäische Kommission, Vademecum on the External Action of the European Union, SEC(2011)881/3, S. 20.
[134] Erwägungsgrund 5 und Art. 2 des Beschlusses (EU) 2017/38 des Rates über die vorläufige Anwendung des CETA vom 28.10.2016 (ABl. 2017 L 11/1080).
[135] KOM(2016) 470 final, S. 8.
[136] Siehe beispielsweise Erwägungsgrund 5 des Beschlusses (EG) 2009/832 des Rates über das Verfahren für Ausnahmeregelungen zu den Ursprungsregeln der Ursprungsprotokolle im Anhang zu den Wirtschaftspartnerschaftsabkommen mit AKP-Staaten vom 10.11.2009 (ABl. 2009 L 297/12).
[137] Vgl. Europäische Kommission, Vademecum on the External Action of the European Union, SEC(2011)881/3, S. 23.

3. Bewertung des Einflusses der Unionsorgane auf den Gremienbeschluss

Im Billigungsverfahren nach Art. 218 Abs. 7 AEUV delegiert der Rat die Entscheidung über die Billigung einer Änderung in einem internationalen Gremium an die Europäische Kommission, die damit den größten Einfluss auf den Unionsstandpunkt ausübt. Der Rat gibt die Entscheidung jedoch nicht völlig aus der Hand, sondern hat das Recht, über die Ermächtigung bei Unterzeichnung oder Abschluss der Übereinkunft generell über die Reichweite der Änderungsbefugnis zu entscheiden und diese von bestimmten Bedingungen abhängig zu machen. Damit sind die Rechte des Rates nicht in einer Weise eingeschränkt wie die des Europäischen Parlaments,[138] das wie bereits im Verfahren des Art. 218 Abs. 9 AEUV eine marginale Rolle innehat. Aufgrund der einvernehmlichen Beschlussfassung im Gremium hat der jeweilige Unionsvertreter ein Veto-Recht, sodass der Verhandlungsführer mit dem Rat die inhaltliche Änderung des völkerrechtlichen Vertrags maßgeblich mitprägen kann.

III. Gegenüberstellung der Verfahren im Umfeld völkervertraglicher Beschlüsse

Die soeben analysierten unionsinternen Mitwirkungsverfahren anlässlich der Beschlussfassung völkervertraglicher Gremien werden abschließend mit dem Vertragsschlussverfahren verglichen.

1. Organbeteiligung im Vertragsschlussverfahren

Die Verhandlung völkerrechtlicher Übereinkünfte wird maßgeblich durch das Zusammenwirken von Kommission und Rat geprägt (Art. 218 Abs. 3, Abs. 4 AEUV). Das Parlament wird über Unterrichtungs- und Informationsrechte einbezogen (Art. 218 Abs. 10 AEUV; im Bereich Handel Art. 207 Abs. 3 UAbs. 3 S. 2 AEUV). Aus dem allgemeinen Selbstbefassungsrecht des Parlaments ergibt sich außerdem die Befugnis, Handlungen des Rates zu kontrollieren, Anfragen an andere Organe zu richten und unverbindliche Stellungnahmen zu übermitteln.[139] Das Europäische Parlament kann nach Art. 114 GeschO-EP Stellungnahmen zum Verhandlungsmandat abgeben und den Rat ersuchen, die Aufnahme der Verhandlungen solange nicht zu genehmigen, bis das Parlament Stellung hierzu genommen hat, sowie zu jedem Zeitpunkt bis zum Abschluss des Abkommens Stellungnahmen an den Rat richten.[140] Dazu gehört auch der Erlass

---

[138] So auch *Tomuschat*, in: von der Groeben/Schwarze, 6. Aufl. 2003, Art. 300 EGV, Rn. 60.
[139] *Hilf/Schorkopf*, EuR 1999, 185 (197 f.).
[140] Art. 114 Abs. 3, Abs. 4 GeschO-EP.

von Anmerkungen, denen die Kommission „gebührend Rechnung tragen" und ein Nichtaufgreifen erläutern muss.[141]

Der Abschluss von Assoziierungsabkommen und von völkerrechtlichen Verträgen mit institutionellen Strukturen (Art. 218 Abs. 6 UAbs. 2 lit. a Nr. i, iii AEUV), als auch von Handelsabkommen (Art. 218 Abs. 6 UAbs. 2 lit. a Nr. v iVm Art. 207 Abs. 2 AEUV) erfolgt auf Vorschlag der Kommission und des Hohen Vertreters durch Beschluss des Rates nach Zustimmung des Europäischen Parlaments. Das Zustimmungserfordernis des Europäischen Parlaments bei institutionellen Strukturen berücksichtigt die Besonderheiten, die sich aus der Ausstattung von Gremien mit Entscheidungsbefugnissen ergeben.[142]

Die Organbeteiligung am Vertragsabschluss ist bezüglich der Initiativrechte, der Mehrheitsregeln im Rat und der Einbeziehung des Europäischen Parlaments weitgehend parallel zur Organbeteiligung in unionsinternen Angelegenheiten ausgestaltet.[143] Von einer gleichberechtigten Teilhabe des Europäischen Parlaments wird man jedoch (noch) nicht sprechen können.[144] Dies liegt daran, dass die politische Kontrolle des Europäischen Parlaments im Vergleich zu internen Gesetzgebungstätigkeiten abgeschwächt ist, da das Europäische Parlament einem textlich bereits fixierten Abkommen zustimmen oder die Zustimmung verweigern kann, politische Alternativen in diesem Stadium aber nicht mehr berücksichtigt werden.[145] Inwieweit sich der parlamentarische Einfluss des Europäischen Parlaments auf das Abkommen auswirkt, hängt davon ab, ob und in welchem Maße es dem Parlament gelingt, seine inhaltlichen Vorstellungen in einem möglichst frühen Verhandlungsstadium einzubringen.[146] Insbesondere kann das Europäische Parlament Zusagen für seine später erforderliche Zustimmung fordern.[147] Damit gewinnt die Pflicht zur unverzüglichen und umfassenden Unterrichtung des Europäischen Parlaments bereits in der Verhandlungs-

---

[141] Anhang III Ziff. 3 bzw. 4 der Rahmenvereinbarung über die Beziehungen zwischen dem Europäischen Parlament und der Kommission (ABl. 2010 L 304/47).

[142] Zur Vorgängervorschrift des Art. 228 Abs. 3 UAbs. 2 EGV-Maastricht *Vedder*, in: Randelzhofer/Scholz/Willke (Hrsg.), Gedächtnisschrift für Eberhard Grabitz, 1995, S. 795 (815 f.).

[143] So auch *Giegerich*, in: Pechstein/Nowak/Häde, 2017, Art. 218 AEUV, Rn. 14.

[144] *Schroeder*, EuR 2018, 119 (121, 136 f.); die Rolle des Europäischen Parlaments als abgeschwächt ansehend *Thym*, in: von Bogdandy/Bast (Hrsg.), Europäisches Verfassungsrecht, 2009, S. 460 und die Unterschiede einer unionsinternen und unionsexternen parlamentarischen Mitwirkung betonend *Thym*, in: Cremona/de Witte (Hrsg.), EU Foreign Relations Law, 2008, S. 201 (204 f.).

[145] Ausführlich *Krajewski*, in: von Arnauld (Hrsg.), Europäische Außenbeziehungen, EnzEuR Bd. 10, 2014, § 3, Rn. 159.

[146] *Ott*, MJ 2016, 1009 (1019 ff.).

[147] *Brok*, integration 2010, 209 (220).

phase erheblich an Bedeutung (Art. 218 Abs. 10 AEUV). Mithilfe dieser Unterrichtungspflicht kann das Europäische Parlament in der Regel einen größeren Einfluss auf den Inhalt des Vertragstextes zustimmungsbedürftiger Verträge ausüben, als es nationalen Parlamenten möglich ist.[148] Dies liegt daran, dass in der EU mit wechselnden Mehrheiten regiert wird, sodass es schwieriger ist, eine parlamentarische Mehrheit zur Zustimmung der Übereinkunft zu erlangen.[149] Rat und Kommission sind damit gut beraten, bereits im Verhandlungsstadium die parlamentarische Position in die eigenen Verhandlungsziele aufzunehmen und gegenüber dem/n Vertragspartner/n durchzusetzen.[150] Für eine effektive Verwirklichung dieses Einflusses ist unbedingt auf eine vorzeitige und permanente Unterrichtung des Europäischen Parlaments, beginnend mit den Empfehlungen der Kommission zur Aufnahme der Verhandlungen (Art. 218 Abs. 3 AEUV) zu achten.[151] Zusammenfassend kann konstatiert werden, dass durch die im Laufe der Zeit erfolgte kontinuierliche Ausweitung der Beteiligungsrechte des Europäischen Parlaments am Vertragsabschluss[152] das Parlamentsdefizit mit dem Vertrag von Lissabon nochmals deutlich reduziert werden konnte.[153]

2. Vergleich mit unionsinternen Mitwirkungsverfahren

Bei einem Vergleich des Vertragsschlussverfahrens mit den unionsinternen Mitwirkungsverfahren in Bezug auf Gremienbeschlüsse wird deutlich, dass letztere deutlich vereinfacht sind, da weder ein förmliches Verhandlungsmandat des Rats, noch ein zweistufiges Verfahren in Form von Unterzeichnung (Art. 218 Abs. 5 AEUV) und Abschluss (Art. 218 Abs. 6 AEUV) erforderlich ist, sondern lediglich der Erlass eines Ratsbeschlusses bzw. die Billigung durch die Kommission. Die entscheidende Vereinfachung liegt in der reduzierten Beteiligung des Europäischen Parlaments, das lediglich unterrichtet wird (Art. 218 Abs. 10 AEUV). Innerhalb der unionsinternen Mitwirkungsverfahren ist der wesentliche Unterschied das über den Standpunkt der EU im Gremium entscheidende Uni-

---

[148] *Giegerich*, in: Pechstein/Nowak/Häde, 2017, Art. 218 AEUV, Rn. 199.
[149] *Krajewski*, in: Bungenberg/Herrmann (Hrsg.), Common Commercial Policy after Lisbon, 2013, S. 67 (82).
[150] *Monar*, EFAR 2010, 143 (147 f.).
[151] *Tamm/Tonner*, EWS 2016, 198 (201).
[152] *Khan*, in: Geiger/Khan/Kotzur, 6. Aufl. 2017, Art. 218 AEUV, Rn. 2; zum Vertrag von Lissabon im Bereich der Gemeinsamen Handelspolitik *Weiß*, in: Grabitz/Hilf/Nettesheim, 69. EL Februar 2020, Art. 207 AEUV, Rn. 19.
[153] Für den Bereich der gemeinsamen Handelspolitik *Krajewski*, in: Bungenberg/Herrmann (Hrsg.), Common Commercial Policy after Lisbon, 2013, S. 67 (81); *Martenczuk*, in: Hummer/Obwexer (Hrsg.), Der Vertrag über eine Verfassung für Europa, 2007, S. 177 (199); *Schroeder*, EuR 2018, 119 (121 ff.); allgemein zum demokratischen Defizit der EU *Hatje/Schwarze*, EuR 2019, 153 (167).

onsorgan.[154] Das Verfahren in Art. 218 Abs. 7 AEUV ist gegenüber dem Verfahren in Art. 218 Abs. 9 AEUV erneut vereinfacht, da für die Mitwirkung kein förmlicher Ratsbeschluss erforderlich ist.[155] Fehlt ein förmlicher Beschluss, ist die politische Kontrolle durch das Europäische Parlament erschwert, insbesondere im Hinblick auf die anzuwendende Rechtsgrundlage. Das Vertragsschlussverfahren in Art. 218 Abs. 6 AEUV enthält zusammenfassend das aufwendigste Verfahren, bei dem Rat und Parlament ihre Zustimmung erteilen müssen. Während die entscheidende Rolle von Rat und Kommission in den vereinfachten Verfahren bestehen bleibt, wird der Einfluss des Parlaments marginalisiert.

Vor dem Hintergrund des Prinzips des institutionellen Gleichgewichts lassen sich aus der Rolle der Organe bereits erste Anhaltspunkte über den Anwendungsbereich der einzelnen Verfahren anlässlich der Beschlussfassung völkervertraglicher Gremien ableiten. Man kann bereits jetzt grob feststellen, dass die Änderungen oder Ergänzungen des völkerrechtlichen Vertrags umso weitreichender sein können, je komplexer das Verfahren unionsintern ausgestaltet ist. Dies bedeutet, dass das Verfahren in Art. 218 Abs. 7 AEUV nicht für weitreichendere Änderungen und Ergänzungen herangezogen werden kann als das Verfahren nach Art. 218 Abs. 9 AEUV, durch das wiederum keine weitreichenderen Änderungen und Ergänzungen herbeigeführt werden können als die, die im Vertragsschlussverfahren des Art. 218 Abs. 6 AEUV möglich sind.

	Art. 218 Abs. 6 AEUV	*Art. 218 Abs. 9 AEUV*	*Art. 218 Abs. 7 AEUV*
Kommission/ Hoher Vertreter	Vorschlagsrecht	Vorschlagsrecht	Billigung
Rat	Beschluss	Beschluss	Ermächtigung mit möglicher Steuerung
Parlament	(i. d. R.) Zustimmung	Unterrichtung	Unterrichtung

Tabelle I: Rolle der Unionsakteure anlässlich der Beschlussfassung völkervertraglicher Gremien

3. Exkurs: Informelle Verfahren für nicht rechtswirksame Akte

Eine nochmals stärkere Verfahrensvereinfachung für Standpunktfestlegungen ist möglich, wenn die EU am Erlass nicht rechtswirksamer Akte mitwirkt. In diesem Fall ist vor der Annahme des Aktes auf völkerrechtlicher Ebene kein förmlicher Ratsbeschluss erforderlich.[156] Für die Standpunktfestlegung in Be-

---

[154] So auch *Erlbacher*, in: Jäger/Stöger, 214. Lfg. 2018, Art. 218 AEUV, Rn. 46.
[155] GA Sharpston, SchlA Rs. C-73/14, Rat/Kommission (Internationaler Seegerichtshof), ECLI:EU:C:2015:490, Tz. 67.
[156] Siehe *Hoffmeister*, in: Cremona, Developments in EU External Relations Law, 2008,

zug auf nicht rechtswirksame Akte haben sich mangels expliziter Regelung in den Unionsverträgen in der Praxis informelle Verfahren herausgebildet, die den allgemeinen Grundsätzen der Europäischen Kommission in den Außenbeziehungen zu entnehmen sind,[157] die wiederum die Grundlage für den nachfolgenden Abschnitt bilden. Die informellen Verfahren sind an die vertraglich geregelten Mitwirkungsverfahren angelehnt und zeichnen sich durch eine gewisse Form der Koordinierung zwischen dem Unterbau von Rat und Kommission bzw. Hohem Vertreter aus. Weitreichenden Einfluss auf den (inhaltlichen) Unionsstandpunkt hat diejenige Stelle, die die Union im entsprechenden Gremium vertritt, d. h. in der Regel die Kommission bzw. der Hohe Vertreter.[158] Die Komplexität der anzuwendenden unionsinternen Verfahren richtet sich nach der politischen Bedeutsamkeit der Entscheidung:[159] Bei Sitzungen, die nicht als politisch wichtig erachtet werden, legt der zuständige Dienst der Kommission (oder ggf. der EAD) den Standpunkt fest. Die zuständige Ratsarbeitsgruppe wird rechtzeitig über den Ort und die geplante Agenda unterrichtet. Ein Meinungsaustausch mit dem Ratsunterbau ist nicht verpflichtend, findet in der Praxis aber regelmäßig statt.[160] Die Ratsarbeitsgruppe wird nach der Sitzung über die dort getroffenen Ergebnisse informiert. In politisch sensiblen Bereichen stimmt sich das handelnde Organ mit dem Ratsvorsitz ab. Dabei übermittelt das handelnde Organ nach Konsultation mit den zuständigen Dienststellen einschließlich des EAD der zuständigen Ratsarbeitsgruppe eine „annotated agenda", in der für jeden Punkt der beabsichtigte Standpunkt der EU präzise angegeben ist. Änderungen des Standpunktes der Union können im Einvernehmen zwischen dem handelnden Organ und dem Ratsvorsitz angepasst werden. Treten größere Meinungsverschiedenheiten auf, wird die Angelegenheit an den AStV zur Erörterung und Entscheidung über den Standpunkt der EU überwiesen. Der Unionsstandpunkt zu Sitzungen von substanzieller politischer Bedeutung wird vom Rat in der Regel in Form von Schlussfolgerungen festgelegt. Die Kommission legt rechtzeitig vor dem Termin der Standpunktdarlegung nach eingehender dienststellenübergreifender Kooperation einen Entwurf von Schlussfolgerun-

S. 37 (48); siehe beispielsweise Art. 4 Abs. 2 und Abs. 4 des gemischten Beschlusses (EU) 2013/298 vom 20.12.2012 (ABl. 2013 L 208/1).

[157] Europäische Kommission, Vademecum on the External Action of the European Union, SEC(2011)881/3; siehe dazu auch *Schwichtenberg*, Die Kooperationsverpflichtung der Mitgliedstaaten der Europäischen Union bei Abschluss und Anwendung gemischter Verträge, 2014, S. 161; dessen Erkenntnisse beruhen teils auf geführten Interviews mit Beamten der deutschen und österreichischen Bundesregierungen, vgl. zum Vorgehen S. 3 f.

[158] Art. 17 Abs. 1 S. 6 bzw. Art. 27 Abs. 2 S. 1 EUV.

[159] Europäische Kommission, Vademecum on the External Action of the European Union, SEC(2011)881/3, S. 24.

[160] *Heliskoski*, CMLRev. 2011, 555 (557).

gen in einer Mitteilung an den Rat oder zumindest in einem Arbeitspapier der Kommissionsdienststellen vor. Je bedeutsamer die festzulegende EU-Position, desto mehr wird der Rat, verglichen zum die EU vertretenden Akteur (Kommission oder Hoher Vertreter), bestimmender Akteur im informellen Verfahren der Standpunktfestlegung.

Dem entspricht auch die Rechtsprechung des EuGH, wonach die Kommission nach Art. 17 EUV die Befugnis zur Außenvertretung und damit auch zum Abschluss rechtlich unverbindlicher Elemente innehat, aber eine vorherige Ratszustimmung einholen muss, wenn mit dem Abschluss eine (neuerliche) politische Bewertung verbunden ist.[161]

Nach der Analyse dieser aus den allgemeinen Grundsätzen der Europäischen Kommission in den Außenbeziehungen zu entnehmenden informellen Verfahren kann folgendes abgeleitet werden: Je bedeutender die Sitzung ist, desto höher ist die mitarbeitende Ebene im Unionsorgan (z.B. Ratsvorsitz statt Arbeitsgruppe) und desto formalisierter (z.B. Schlussfolgerungen statt mündlicher Meinungsaustausch) ist die Koordinierung. Unzweifelhaft ist es in der Praxis schwierig, politisch sensible von politisch unsensiblen Bereichen und Bereiche mit substanzieller politischer Bedeutung zu unterscheiden. Jedenfalls nennt die Kommission einzelne Elemente, die bei der Bestimmung der politischen Bedeutsamkeit berücksichtigt werden können: die Art der behandelten Themen, die Art der Beziehungen zum Drittland oder die gängige Praxis in einem bestimmten Sektor.[162]

C. Anwendungsbereich der unionsinternen Mitwirkungsverfahren

Vertragsänderungen oder -ergänzungen durch völkervertraglich errichtete Gremien sind seit jeher in den Vertragstexten vorgesehen.[163] Das Unionsprimärrecht erlaubt eine Mitwirkung an völkervertraglichen Gremienbeschlüssen über die soeben analysierten Verfahren der Art. 218 Abs. 7, Abs. 9 AEUV jedenfalls dann, wenn der Anwendungsbereich der Vorschriften erfüllt ist. Liegen die Voraussetzungen für die Anwendung der unionsinternen Verfahren vor, sind die Verfahren verpflichtend durchzuführen.[164] Damit werden letztlich auch die vom

---

[161] EuGH, Rs. C-660/13, *Rat/Kommission*, ECLI:EU:C:2016:616, Rn. 30–43.
[162] Europäische Kommission, Vademecum on the External Action of the European Union, SEC(2011)881/3, S. 24.
[163] Bereits zu Art. 300 Abs. 4 EG *Tomuschat*, in: von der Groeben/Schwarze, 6. Aufl. 2003, Art. 300 Abs. 4 EGV, Rn. 60.
[164] Europäische Kommission, Vademecum on the External Action of the European Union, SEC(2011)881/3, S. 18f.

Anwendungsbereich der Verfahren abgedeckten völkerrechtlichen Konstellationen implizit gebilligt. Die Mitwirkungsverfahren sind für bestimmte Fälle der Vertragsänderung anwendbar und verhindern, dass für jede noch so kleine Änderung oder Ergänzung das komplette Vertragsschlussverfahren durchgeführt werden muss.[165] Bei der nötigen Konkretisierung der Anwendungsvoraussetzungen der Mitwirkungsverfahren wird intensiv auf die neueste Rechtsprechung des Gerichtshofs der Europäischen Union eingegangen, der für die Auslegung und Anwendung der Verträge zuständig ist (Art. 19 Abs. 1 S. 2 EUV). Eine Herausforderung bei der Auslegung der Vorschriften ist die Stellung der Mitwirkungsverfahren in der Schnittstelle zwischen Völker- und Europarecht. Die Reichweite der unionsinternen Verfahren ist auch für das Verhältnis von mitgliedstaatlichem und unionalem Handeln relevant: Je weiter der Anwendungsbereich der formalisierten unionsinternen Verfahren in Bezug auf verbindliche Beschlüsse völkervertraglicher Gremien reicht, desto mehr werden mitgliedstaatliche Handlungsspielräume zurückgedrängt.[166]

Die völkerrechtliche Konstellation, für die die unionsinternen Mitwirkungsverfahren gelten, ergibt sich bereits aus dem Wortlaut der Vorschriften der Art. 218 Abs. 7, Abs. 9 AEUV: Es muss sich um ein durch eine Übereinkunft eingesetztes Gremium handeln (explizit in Art. 218 Abs. 7, Abs. 9 AEUV) (I), das mit Vertretern der Unionsseite besetzt ist, die im Kompetenzbereich der EU an der Beschlussfassung mitwirken (II). Letzteres ergibt sich aus dem Wortlaut der Vorschriften, wonach der Standpunkt „im Namen der Union vertreten" (Art. 218 Abs. 9 AEUV) bzw. durch die Kommission gebilligt werden muss (Art. 218 Abs. 7 AEUV). Das Gremium muss rechtswirksame Akte erlassen (Art. 218 Abs. 9 AEUV), die nicht den institutionellen Rahmen der Übereinkunft ändern oder ergänzen, bzw. Änderungen der Übereinkunft herbeiführen können (Art. 218 Abs. 7 AEUV) (III). Die Arbeit analysiert diese Anwendungsvoraussetzungen der beiden Mitwirkungsverfahren und stellt sie abschließend vergleichend gegenüber (IV).

I. Durch eine Übereinkunft eingesetztes Gremium

Für die Anwendung der unionsinternen Mitwirkungsverfahren muss ein Gremium durch eine Übereinkunft eingesetzt worden sein. Dies geschieht im Regelfall durch eine Übereinkunft, an der die EU als Vertragspartei beteiligt ist, während als Sonderkonstellation Übereinkünfte der Mitgliedstaaten im Kompetenzbereich der EU untersucht werden.

---

[165] *MacLeod/Henry/Hyett*, The External Relations of the European Communities, 1996, S. 105.
[166] So bereits *Ruffert*, in: JuS 2015, 84 (86).

1. Grundkonstellation: Übereinkunft der EU

Das Verfahren nach Art. 218 Abs. 9 AEUV gilt für Akte von Gremien, die durch ein von der Union (oder der Union und den Mitgliedstaaten) und einem oder mehreren Drittstaaten und/oder einer oder mehreren internationalen Organisationen abgeschlossenen Abkommen eingerichtet wurden. Die Abkommen müssen eine auf gewisse Dauer angelegte institutionelle Struktur schaffen, d. h. Gremien oder Organe einsetzen, die mit gewissen Befugnissen ausgestattet sind, um das Abkommen umzusetzen und durchzuführen. Aus dem Wortlaut des Art. 218 Abs. 9 AEUV kann abgeleitet werden, dass das Gremium selbst zur Vornahme rechtswirksamer Akte berufen sein muss. Der offene Wortlaut der Vorschrift („in einem durch eine Übereinkunft eingesetzten Gremium") unterscheidet nicht nach besonderen Arten von Gremien und umfasst daher Gremien, die durch internationale Übereinkünfte aller Art eingesetzt werden.[167] Darunter fallen neben den in dieser Arbeit relevanten bilateral strukturierten Assoziierungsräten und (Gemischten) Ausschüssen in Handels-, Kooperations- und Partnerschaftsabkommen auch Ausschüsse multilateraler Abkommen und Beschlussorgane internationaler Organisationen.[168]

2. Sonderkonstellation: Übereinkunft der Mitgliedstaaten

Zu untersuchen bleibt, ob auch solche Gremien erfasst sind, die durch Übereinkünfte der Mitgliedstaaten im Kompetenzbereich der EU errichtet werden oder ob der Anwendungsbereich auf die Fälle beschränkt ist, in denen die EU selbst der Übereinkunft bzw. dem Vertragsgremium (und ggf. der sie errichteten internationalen Organisation) angehört. Diese Fragestellung ist deshalb relevant, da die EU als internationale Organisation in der Praxis anderen internationalen Organisationen häufig nicht beitreten kann, weil das jeweilige Statut der Organisation einen Beitritt ausschließt[169] oder ein Beitritt aufgrund des Widerstands der anderen Vertragsstaaten oder der EU-Mitgliedstaaten versperrt ist. Die Beantwortung der Frage entscheidet darüber, ob in solchen Fällen die Unionsorgane über formalisierte Verfahren an Gremienbeschlüssen mitwirken können oder ob die Standpunktfestlegung weitgehend – unter Berücksichtigung des Grund-

---

[167] Vgl. insb. GA Sharpston, SchlA Rs. C-73/14, Rat/Kommission (Internationaler Seegerichtshof), ECLI:EU:C:2015:490, Tz. 73.

[168] *Schmalenbach*, in: Calliess/Ruffert, 5. Aufl. 2016, Art. 218 AEUV, Rn. 30; *Giegerich*, in: Pechstein/Nowak/Häde, 2017, Art. 218 AEUV, Rn. 161; *Mögele*, in: Streinz, 3. Aufl. 2018, Art. 216 AEUV, Rn. 10; siehe auch Europäische Kommission, Vademecum on the External Action of the European Union, SEC(2011)881/3, S. 25.

[169] Ein Beispiel hierfür ist die Internationale Organisation für Rebe und Wein (OIV), siehe sogleich.

satzes der loyalen Zusammenarbeit (Art. 4 Abs. 3 EUV) – den Mitgliedstaaten überlassen bleibt. Der Problemkreis war lange Zeit umstritten, wurde jedoch durch den EuGH in seinem wegweisenden Urteil in der Rechtssache *Deutschland/Rat (OIV)*[170] aus dem Jahre 2014 entschieden. Dort sprach sich der EuGH für die Anwendung des Verfahrens des Art. 218 Abs. 9 AEUV anlässlich der Standpunktfestlegung für Empfehlungen der Internationalen Organisation für Rebe und Wein (OIV) aus, der nicht die EU, aber 21 ihrer Mitgliedstaaten angehörten[171].

a) Urteil Deutschland/Rat (OIV)

Die OIV erlässt einmal jährlich auf ihrer Generalversammlung im Konsens Empfehlungen für den Weinsektor, die durch Sekundärrecht in das Unionsrecht übernommen werden. Die Entscheidung für die Anwendbarkeit des Art. 218 Abs. 9 AEUV auf Gremienakte in Übereinkünften der Mitgliedstaaten bestätigte die Praxis der Kommission, die seit dem Jahre 2011 anlässlich der Annahme einiger Resolutionsbeschlüsse informelle Koordinierungen der Mitgliedstaaten durch die Anwendung des formalisierten Verfahrens des Art. 218 Abs. 9 AEUV zurückzudrängen versuchte. Die Mitgliedstaaten legten ursprünglich ihre Haltung im Rahmen der OIV in der Arbeitsgruppe „Wein und Alkohol", einem Vorbereitungsgremium des Rats, aus eigener Initiative und in informeller Weise fest und beteiligten die Kommission vor dem Hintergrund der Pflicht zur loyalen Zusammenarbeit (Art. 4 Abs. 3 EUV). Dabei äußerten die Mitgliedstaaten und die Kommission ihre Auffassungen, während die Präsidentschaft versuchte, eine gemeinsame Lösung zu finden. Die ersten Vorstöße der Kommission, einen Standpunktvorschlag nach Art. 218 Abs. 9 AEUV in diesem Bereich zu erlassen, wurden von den Mitgliedstaaten übergangen, die die Resolutionen der OIV wie bisher üblich nach informeller Koordinierung untereinander annahmen. Dies hatte Vertragsverletzungsverfahren der Kommission gegen Deutschland und eine Reihe von weiteren Mitgliedstaaten zur Folge. Nach Ansicht der Kommission stellte die Koordination der Mitgliedstaaten außerhalb der Unionsorgane im Bereich ausschließlicher Unionskompetenzen eine Ver-

---

[170] EuGH, Rs. C-399/12, Deutschland/Rat (OIV), ECLI:EU:C:2014:2258.
[171] Von den 46 Mitgliedstaaten der OIV sind 21 Staaten Mitglieder der Europäischen Union, darunter Deutschland. Die EU ist selbst nicht Mitglied, da der für den Beitritt der EU erforderliche Ratsbeschluss im Jahre 2008 nicht zustande kam, da die Mitgliedstaaten eine Störung des Gleichgewichts der OIV und die Aufgabe ihrer autonomen Stellung befürchteten, siehe hierzu KOM(2008) 577 endg. und die Ausführungen der Europäischen Kommission in der mündlichen Verhandlung, aufgenommen durch GA Cruz Villalón, SchlA Rs. C-399/12, Deutschland/Rat (OIV), ECLI:EU:C:2014:289, Tz. 34.

tragsverletzung dar.¹⁷² Die Kommission blieb ihrer Linie treu und schlug im Hinblick auf die Generalversammlung der OIV im Jahre 2012 erneut einen Beschluss des Rates zur Festlegung eines einheitlichen Standpunkts in Bezug auf bestimmte Resolutionen, gestützt auf Art. 218 Abs. 9 AEUV, vor. Der Beschluss wurde unter dem Druck des Vertragsverletzungsverfahrens im Juni 2012 durch den Rat (in der Formation „Landwirtschaft und Fischerei") mit qualifizierter Mehrheit gegen die Stimmen einiger Mitgliedstaaten angenommen.¹⁷³ Die Bundesrepublik Deutschland erhob daraufhin Nichtigkeitsklage und argumentierte unter anderem damit, dass das Verfahren nach Art. 218 Abs. 9 AEUV im vorliegenden Fall nicht anwendbar sei.

Sehr knapp und unter Außerachtlassung der detaillierten Auslegung der Vorschrift durch den Generalanwalt, der die Mitgliedschaft der EU in der jeweiligen internationalen Organisation gefordert hatte,¹⁷⁴ stellte der EuGH fest, dass der Wortlaut („eine Übereinkunft"; „im Namen der Union") nicht voraussetze, dass die Union Vertragspartei einer solchen Übereinkunft sei.¹⁷⁵ In systematischer Hinsicht erwähnt der EuGH lediglich flüchtig, dass Art. 218 Abs. 9 AEUV im Gegensatz zu den anderen Absätzen der Norm gerade nicht die Aushandlung und den Abschluss von Übereinkünften durch die Union zum Gegenstand habe. Art. 218 Abs. 9 AEUV beträfe vielmehr

„die Festlegung von Standpunkten, die im Namen der Union in einem durch eine Übereinkunft eingesetzten Gremium zu vertreten sind; solche Beschlüsse können, anders als ein Beschluss der Union über die Aussetzung der Anwendung einer Übereinkunft (…) auch im Zusammenhang mit einer Übereinkunft erlassen werden, der die Union nicht beigetreten ist"¹⁷⁶.

Der EuGH begründete die Anwendung des Verfahrens Art. 218 Abs. 9 AEUV damit, dass die EU ihre Binnenzuständigkeit im einschlägigen Bereich der Agrarpolitik nach Art. 43 AEUV ausgeübt habe, auch wenn sie keine Vertragspartei der Übereinkunft sei.¹⁷⁷ Der so getroffene Standpunkt müsse über die Mitgliedstaaten, die Vertragspartei der Übereinkunft sind und im Interesse der

---

¹⁷² Vertragsverletzungsverfahren 2011/2121, das am 16.12.2014 abgeschlossen wurde.

¹⁷³ Deutschland und die Tschechische Republik behaupteten, die Kommission habe in Aussicht gestellt, im Fall der Zustimmung der Mitgliedstaaten zu dem Beschluss die Vertragsverletzungsverfahren nicht weiterzuverfolgen. Die Kommission gestand dann in der mündlichen Verhandlung, dass die qualifizierte Mehrheit unter dem Druck des Vertragsverletzungsverfahrens zustande kam, siehe hierzu die Ausführungen von GA Cruz Villalón, SchlA Rs. C-399/12, Deutschland/Rat (OIV), ECLI:EU:C:2014:289, Tz. 36, Fn. 29.

¹⁷⁴ GA Cruz Villalón, SchlA Rs. C-399/12, Deutschland/Rat (OIV), ECLI:EU:C:2014:289, Tz. 62 ff., 83.

¹⁷⁵ EuGH, Rs. C-399/12, Deutschland/Rat (OIV), ECLI:EU:C:2014:2258, Rn. 49 f.

¹⁷⁶ EuGH, Rs. C-399/12, Deutschland/Rat (OIV), ECLI:EU:C:2014:2258, Rn. 54.

¹⁷⁷ EuGH, Rs. C-399/12, Deutschland/Rat (OIV), ECLI:EU:C:2014:2258, Rn. 51.

Union gemeinsam handeln, in deren Namen im Gremium der Übereinkunft vertreten werden.[178] Dabei spielte für den EuGH die Differenzierung des Generalanwalts keine Rolle, der danach unterschieden hatte, ob die Union nicht am Abkommen beteiligt ist, weil dieses den Beitritt einer Regionalorganisation ausschließt[179], oder weil wie im Falle der OIV die nach Art. 218 Abs. 8 AEUV erforderliche Ratsmehrheit für ein Beitrittsabkommen nicht erfüllt war.[180]

b) Kritische Bewertung

Im Folgenden wird die Argumentation des EuGH kritisch hinterfragt und eine mögliche direkte oder analoge Anwendung des Standpunktverfahrens des Art. 218 Abs. 9 AEUV auf Übereinkünfte der Mitgliedstaaten im Kompetenzbereich der EU diskutiert.

aa) Keine direkte Anwendung auf Übereinkünfte der Mitgliedstaaten

(1) Wortlaut

Der Wortlaut spricht eher gegen eine Anwendung des Verfahrens nach Art. 218 Abs. 9 AEUV auf Gremienbeschlüsse, die auf Grundlage von Übereinkünften der Mitgliedstaaten im Kompetenzbereich der Union erlassen werden. Zwar ist dem EuGH dahingehend zuzustimmen, dass Art. 218 Abs. 9 AEUV von einer „Übereinkunft" spricht, ohne genauer zu spezifizieren, wer Vertragspartei der Übereinkunft ist, sodass die Anwendung auf Übereinkünfte der Mitgliedstaaten nicht per se ausgeschlossen erscheint. Jedoch wird der Begriff der „Übereinkünfte" in den beiden Fallkonstellationen des Art. 218 Abs. 9 AEUV, sowie in Art. 218 Abs. 1 AEUV verwendet. Für die erste Fallvariante des Art. 218 Abs. 9 AEUV, in der es um die Aussetzung und Anwendung einer Übereinkunft geht, ist es offenkundig, dass es sich nur um Übereinkünfte der Union handeln kann und nicht um solche der Mitgliedstaaten. Es ist mithin überzeugender, den Begriff in der zweiten Fallvariante des Art. 218 Abs. 9 AEUV ebenso zu verstehen.[181] Die Formulierung „im Namen der Union" kann diese Auslegung nicht maßgeblich unterstützen, da damit nicht ein echtes Handeln im fremden Na-

---

[178] EuGH, Rs. C-399/12, Deutschland/Rat (OIV), ECLI:EU:C:2014:2258, Rn. 51 f. m. w. N.
[179] So z. B. die ILO-Übereinkommen und das IMO-Abkommen, siehe hierzu die Urteile EuGH, Rs. C-45/07, Kommission/Griechenland (IMO), Slg. 2009, I-701 und EuGH, Gutachten 2/91 (ILO), Slg. 1996, I-1061.
[180] GA Cruz Villalón, SchlA Rs. C-399/12, Deutschland/Rat (OIV), ECLI:EU:C:2014:289, Tz. 105 ff.
[181] So auch GA Cruz Villalón, SchlA Rs. C-399/12, Deutschland/Rat (OIV), ECLI:EU:C: 2014:289, Tz. 67; im Ergebnis auch *Lorenzmeier*, in: Grabitz/Hilf/Nettesheim, 69. EL Februar 2020, Art. 218 AEUV, Rn. 64.

men, sondern durch einen organschaftlichen Vertreter gemeint ist, welches auch erfüllt sein kann, wenn ein mitgliedschaftlicher Vertreter im Interesse der Union handelt.[182]

(2) Aktivierung des Art. 218 Abs. 9 AEUV über Art. 43 AEUV

Zudem überzeugt die versuchte Begründung einer Kompetenz für die Beschlussfassung nach Art. 218 Abs. 9 AEUV durch eine Anbindung an die Kompetenznorm des Art. 43 AEUV, die der EuGH angeführt hatte, nicht. Der Rückgriff auf Art. 43 iVm Art. 218 Abs. 9 AEUV als Rechtsgrundlage des Ratsbeschlusses zur Festlegung eines Unionsstandpunktes für Gremienbeschlüsse in Übereinkünften, an denen die EU nicht beteiligt ist, irritiert aus mehreren Gründen:[183] Durch die Heranziehung der internen Kompetenznorm im Zusammenhang mit dem externen Handeln vermischt der EuGH die interne und externe Zuständigkeitsverteilung der Verträge. Art. 43 AEUV ist eine interne vertragliche Kompetenznorm für die Schaffung einer gemeinsamen Agrarmarktordnung. Durch die Heranziehung von Art. 43 AEUV wird zunächst allenfalls geklärt, ob die Union in einem bestimmten Bereich intern handeln darf. Dies lässt jedoch nicht zwangsläufig den Schluss zu, dass die EU in diesem Bereich auch extern zum Handeln berechtigt ist. An dieser Stelle hätte der EuGH vielmehr das Vorliegen von Außenkompetenzen nach Art. 216 Abs. 1 AEUV prüfen müssen, für die Art. 43 AEUV, sowie die in weiten Teilen tatsächlich erfolgte Regelung der gemeinsamen Marktorganisation für Wein eine Rolle gespielt hätte.[184] Selbst wenn der EuGH mustergültig eine materiell-rechtliche Rechtsgrundlage für den Ratsbeschluss nach Art. 218 Abs. 9 AEUV gefunden hätte, folgt daraus nicht zwangsläufig, dass die Union nicht Vertragspartei der entsprechenden internationalen Übereinkunft sein muss. Vielmehr müssen zusätzlich die jeweiligen Voraussetzungen für den Erlass eines Beschlusses nach der Verfahrensregel des Art. 218 Abs. 9 Alt. 2 AEUV erfüllt sein. Die Feststellung einer Außenkompetenz ist eine vorgelagerte Aufgabe und ersetzt nicht die Prüfung der Voraussetzungen des Art. 218 Abs. 9 Alt. 2 AEUV.[185] An dieser Stelle vermischt der EuGH die Prüfung der Voraussetzungen der Verfahrensvorschrift des Art. 218 Abs. 9 AEUV mit den materiellen Zuständigkeitsregeln der Verträ-

---

[182] Siehe die ausführliche Argumentation bei GA Cruz Villalón, SchlA Rs. C-399/12, Deutschland/Rat (OIV), ECLI:EU:C:2014:289, Tz. 68 ff.

[183] Siehe hierzu bereits ausführlich *Jung*, EuR 2015, 735 (739–743).

[184] In Bereichen, die der Unionsgesetzgeber in sehr weiten Teilen geregelt hat, kann er sich für die Ausübung seiner auswärtigen Kompetenzen in der Regel auf die Beeinträchtigungsvariante nach Art. 216 Abs. 1 Alt. 4 AEUV iVm. Art. 3 Abs. 2 Alt. 3 AEUV berufen, die bei ihrem Vorliegen immer eine ausschließliche auswärtige Kompetenz darstellt.

[185] So auch *Jung*, EuR 2015, 735 (741).

ge, indem er zur Begründung der Anwendbarkeit des Art. 218 Abs. 9 AEUV die materielle Kompetenznorm des Art. 43 AEUV heranzieht. Eine solche Vermengung von materiellen und prozeduralen Kompetenzgrundlagen ist systemwidrig.

(3) Systematik, Telos, Entstehungsgeschichte des Art. 218 Abs. 9 AEUV

Gegen eine direkte Anwendung des Standpunktverfahrens nach Art. 218 Abs. 9 AEUV für die Mitwirkung an Beschlüssen von Gremien in Übereinkünften der Mitgliedstaaten sprechen weiterhin systematische, teleologische und entstehungsgeschichtliche Argumente.

In systematischer Hinsicht verdeutlicht die Einbindung des Art. 218 Abs. 9 AEUV in den Titel V des Fünften Teils des AEUV über „Internationale Übereinkünfte", sowie die einführende Vorschrift des Art. 216 Abs. 1 AEUV und sonstige im selben Titel enthaltenen Bestimmungen, dass der Titel Übereinkünfte *der Union* regelt. Diese systematische Auslegung wird auch im Binnengefüge des Art. 218 AEUV bestätigt. Nachdem Art. 218 Abs. 1 AEUV die Anwendbarkeit ausdrücklich auf Übereinkünfte „zwischen der Union und Drittländern oder internationalen Organisationen" beschränkt, ist kein Raum mehr für die Anwendung des Verfahrens nach Abs. 9 auf Abkommen der Mitgliedstaaten.

Für diese einschränkende Auslegung spricht auch das Verhältnis zwischen Standpunkt- und Vertragsschlussverfahren.[186] Das Standpunktverfahren nach Art. 218 Abs. 9 AEUV wird nicht auf solche Rechtsakte angewendet, die den institutionellen Rahmen der betreffenden Übereinkunft ändern oder ergänzen.[187] Diese Einschränkung des Anwendungsbereichs zeigt, dass das Standpunktverfahren *lex specialis* zum Vertragsschlussverfahren für die Festlegung von Standpunkten in internationalen Gremien ist. Als *lex specialis*-Vorschrift kann Art. 218 Abs. 9 AEUV jedoch nur auf solche Verträge Anwendung finden, auf die das Vertragsschlussverfahren der Union auch Anwendung findet. Nachdem das Vertragsschlussverfahren nur für Verträge der Union gilt, kann auch das Verfahren nach Art. 218 Abs. 9 AEUV nur auf Unionsverträge angewendet werden.[188]

Eng mit der systematischen Auslegung verflochten ist die Auslegung nach dem Telos der Norm, in deren Rahmen auch entstehungsgeschichtliche Erwä-

---

[186] Siehe hierzu bereits oben, § 3 B.I.2.d)aa).
[187] Siehe hierzu eingehend unten, § 3 C.III.2.
[188] So GA Cruz Villalón, SchlA Rs. C-399/12, Deutschland/Rat (OIV), ECLI:EU:C:2014: 289, Tz. 75; zuletzt auch GA Sharpston, SchlA Rs. C-73/14, Rat/Kommission (Internationaler Seegerichtshof), ECLI:EU:C:2015:490, Tz. 74.

gungen zu berücksichtigen sind.[189] Die Verfahrensvereinfachung des Art. 218 Abs. 9 AEUV sollte eine rasche unionsinterne Willensbildung zur Vorbereitung internationaler Gremienbeschlüsse ermöglichen. Eine Verfahrensvereinfachung kann nur für solche Gremienbeschlüsse bezweckt worden sein, die bereits Gegenstand des allgemeinen Vertragsschlussverfahrens waren. Zwar wurde der Anwendungsbereich der Norm durch den Vertrag von Nizza ausgeweitet und durch den Vertrag von Lissabon der Verweis auf das Vertragsschlussverfahren gelöscht. Diese Änderungen lassen jedoch nicht darauf schließen, dass eine Ausweitung auf Verträge der Mitgliedstaaten intendiert war. Nach alledem sprechen die besseren Argumente gegen eine direkte Anwendung des Verfahrens nach Art. 218 Abs. 9 AEUV auf Übereinkünfte der Mitgliedstaaten.

bb) Analoge Anwendung auf Übereinkünfte der Mitgliedstaaten

Zu prüfen ist daher die analoge Anwendung des Standpunktverfahrens nach Art. 218 Abs. 9 AEUV auf Übereinkünfte der Mitgliedstaaten. Die Analogie gehört zu dem methodischen Instrumentarium des Unionsrechts,[190] setzt neben einer planwidrigen Regelungslücke eine vergleichbare Interessenlage voraus und erfordert insbesondere im Bereich der prozeduralen Rechtsgrundlagen eine sorgfältige Abwägung der Gründe, die ihre Anwendung rechtfertigen.[191] Zwar ist für die Konstellation der Übereinkünfte der Mitgliedstaaten in den Unionsverträgen kein Standpunktverfahren vorgesehen. Unklar ist jedoch, ob diese Regelungslücke auch planwidrig ist. Dagegen spricht, dass die Mitgliedstaaten sich bewusst dafür entschieden haben, die Vorgängerregelung des Art. 116 EWGV a. F. abzuschaffen und nicht wiedereinzuführen, in deren Rahmen ein gemeinsames Vorgehen der Mitgliedstaaten auch für die Fälle ermöglicht wurde, in denen die EU nicht Mitglied der internationalen Organisation war.[192] Durch eine zu weite Auslegung des Art. 218 Abs. 9 AEUV könnte dieser bewusste Wille der Autoren der Verträge umgangen werden.[193] Allerdings ist es überzeugender, die analoge Anwendung des Art. 218 Abs. 9 AEUV nicht bereits

---

[189] Siehe hierzu bereits oben, § 3 A.II.
[190] Siehe nur EuGH, Rs. C-456/12, O./Minister foor Immigratie, ECLI:EU:C:2014:135, Rn. 50.
[191] GA Cruz Villalón, SchlA Rs. C-399/12, Deutschland/Rat (OIV), ECLI:EU:C:2014:289, Tz. 103 f.
[192] Vgl. EuGH, Gutachten 1/78 (Naturkautschuk), Slg. 1979, 2894, Rn. 50. Die Vorschrift wurde von den Mitgliedstaaten als Bedrohung ihrer Kompetenzen angesehen, besonders, weil sie Mehrheitsbeschlüsse ermöglichte und die Mitgliedstaaten den exklusiven Kompetenzbereich der Mitgliedstaaten bedroht sahen, siehe GA Cruz Villalón, SchlA Rs. C-399/12, Deutschland/Rat (OIV), ECLI:EU:C:2014:289, Tz. 41.
[193] So *Jung*, EuR 2015, 735 (743).

als Rückkehr zu Art. 116 EWGV zu denken,[194] insbesondere da aufgrund der oben genannten Interpretationsschwierigkeiten und der beliebigen Anwendung des Art. 116 EWGV die Nähe zu Art. 218 Abs. 9 AEUV zweifelhaft ist.[195] Dafür spricht auch, dass für die Mitwirkung an von der EU anzunehmenden Beschlüssen in der Praxis auch bei Organisationen, in denen die EU nicht Mitglied war, auf die Vertragsschließungskompetenzen und nicht auf Art. 116 EWGV zurückgegriffen wurde.[196]

Um die analoge Anwendung bejahen zu können, müsste außerdem die Interessenlage des Mitgliedschaftsfalls mit der Konstellation der Nicht-EU-Mitgliedschaft vergleichbar sein. Die Interessenlage des Standard-Anwendungsfalls des Verfahrens nach Art. 218 Abs. 9 AEUV ist es, die effektive Mitwirkung der EU in internationalen Gremien, an denen die EU beteiligt ist, in den Bereichen sicherzustellen, in denen die EU nach außen zum Handeln berechtigt ist. Die Notwendigkeit einer analogen Anwendung könnte sich daraus ergeben, dass die EU auch im Falle einer Nicht-EU-Mitgliedschaft in effizienter Weise ihre Außenkompetenzen ausüben können muss und ihr dafür aber keine (alternativen) Verfahren zur Verfügung stehen. In diesem Rahmen stellt sich die Frage, ob die EU-Außenkompetenz in effektiver Weise nicht auch (1) auf Grundlage einer Koordinierungskompetenz nach Art. 4 Abs. 3 EUV und/oder (2) durch einen EU-Beitritt realisiert werden kann und damit unter Abwägung aller Gründe eine analoge Anwendung des Verfahrens nach Art. 218 Abs. 9 AEUV ungerechtfertigt ist. Dabei ist auch danach zu differenzieren, ob die Teilnahme der EU am völkerrechtlichen Vertrag politisch nicht gewollt ist oder aber nach dem Völkerrecht ausgeschlossen ist.

(1) Verhältnis zum Loyalitätsgebot aus Art. 4 Abs. 3 EUV

Gegen eine analoge Anwendung des Standpunktverfahrens nach Art. 218 Abs. 9 AEUV könnte sprechen, dass die Mitgliedstaaten auch ohne dessen Anwendung nicht völlig frei und ohne Beachtung der Interessen der Union schalten und walten könnten, sondern dem Loyalitätsgebot unterliegen (Art. 4 Abs. 3 EUV), aus dem gewisse Verpflichtungen abgeleitet werden können. Dazu gehört, dass nach ständiger Rechtsprechung des EuGH die Mitgliedstaaten bei

---

[194] *Lorenzmeier*, in: Grabitz/Hilf/Nettesheim, 69. EL Februar 2020, Art. 218 AEUV, Rn. 66a.

[195] Unklar war, ob das Verfahren in Art. 116 EWG überhaupt im ausschließlichen Kompetenzbereich der Union Anwendung fand, oder aber lediglich mitgliedstaatliche Kompetenzen koordiniert werden konnten, auch wenn die EU nicht Mitglied der internationalen Organisation war, siehe hierzu bereits oben, § 3 A.II.1.

[196] *Vedder*, Auswärtige Gewalt des Europa der Neun, 1980, S. 155 ff.; vgl. GA Cruz Villalón, SchlA Rs. C-399/12, Deutschland/Rat (OIV), ECLI:EU:C:2014:289, Tz. 43 ff.

fehlender EU-Mitgliedschaft verpflichtet sind, im Interesse der Union gemeinsam die Unionskompetenzen auszuüben.[197] Da die Union die auswärtige Zuständigkeit in einem solchen Fall nicht selbst wahrnehmen kann, handeln die Mitgliedstaaten als „Sachwalter des gemeinsamen Interesses"[198]. In dieser Funktion sind die Mitgliedstaaten unabhängig davon, ob ausschließliche oder geteilte Unionskompetenzen betroffen sind, verpflichtet, eng mit den Unionsorganen zusammenzuarbeiten.[199] Dazu gehört die Verpflichtung, in Bereichen, die nach Art. 3 Abs. 2 Alt. 3 AEUV in die ausschließliche Unionszuständigkeit fallen, keine einseitigen Initiativen zu ergreifen, die in (auch) für die Union verbindlichen völkerrechtlichen Akten münden können und damit letztlich einen Modifikationsbedarf des EU-Sekundärrechts auslösen.[200] Nationale Alleingänge sind damit nicht möglich. Stattdessen müssen die in einer internationalen Organisation vertretenen Standpunkte zunächst Gegenstand einer gemeinschaftlichen (bzw. unionalen) Koordinierung sein.[201] Darunter wird jedenfalls eine enge Zusammenarbeit mit den Unionsorganen[202] – bzw. teils konkreter eine Abstimmung mit der Kommission[203] – verstanden. Die Mitgliedstaaten sind zu verstärkter Kooperation verpflichtet, sodass eine Koordinierung der Mitgliedstaaten untereinander ohne eine Absprache mit den Unionsorganen nicht ausreicht.[204] Zudem existieren bereits ab dem Beginn eines abgestimmten unionalen Vorgehens Handlungs- und Unterlassungspflichten auch im geteilten Kompetenzbereich, d. h. zu einem Zeitpunkt, zu dem der Rat die Vorschläge der Kommission zur Festlegung eines Standpunktes noch nicht angenommen haben muss.[205] Diese Grundsätze, die aus der Rechtsprechung des EuGH abgeleitet werden, gelten zumindest für den Fall, in der die EU aus *völkerrechtlichen* Gründen, insbesondere aufgrund ihrer fehlenden Staatlichkeit, nicht am inter-

---

[197] EuGH, Rs. C-45/07, Kommission/Griechenland (IMO), Slg. 2009, I-701, Rn. 30, 31; EuGH, Gutachten 2/91 (ILO), Slg. 1996, I-1061, Rn. 5.

[198] Vgl. EuGH, Rs. C-804/79, Kommission/Vereinigtes Königreich, Slg. 1981, 1045, Rn. 30; zu dieser Rechtsfigur umfassend *Pechstein*, Die Mitgliedstaaten der EG als „Sachwalter des gemeinsamen Interesses" – Gesetzgebungsnotstand im Gemeinschaftsrecht, 1987 und speziell für den auswärtigen Bereich S. 219 f.

[199] EuGH, Gutachten 2/91 (ILO), Slg. 1996, I-1061, Rn. 36 ff.; so bereits früh zur Zusammenarbeit im Rahmen der Fischereikommission EuGH, verb. Rs. 3, 4, 6/76, Kramer, Slg. 1976, 1279, Rn. 44/45.

[200] EuGH, Rs. C-45/07, Kommission/Griechenland (IMO), Slg. 2009, I-701.

[201] Vgl. EuGH, Rs. C-45/07, Kommission/Griechenland (IMO), Slg. 2009, I-701, Rn. 28.

[202] *Obwexer*, EuR-Beiheft 2/2012, 49 (71 f.).

[203] *Giegerich*, in: Pechstein/Nowak/Häde, 2017, Art. 216 AEUV, Rn. 43.

[204] *Giegerich*, in: Pechstein/Nowak/Häde, 2017, Art. 216 AEUV, Rn. 42.

[205] EuGH, Rs. C-804/79, Kommission/Vereinigtes Königreich, Slg. 1981, 1045, Rn. 28; EuGH, Rs. C-246/07, Kommission/Schweden, Slg. 2010, I-3317, Rn. 74, 103.

C. Anwendungsbereich der unionsinternen Mitwirkungsverfahren

nationalen Gremium (konkret: der IMO und ILO) teilnehmen kann,[206] werden aber auf die Konstellation der *politischen* Nicht-Mitgliedschaft übertragen.[207] Auch der EuGH hat für letztere Konstellation vergleichend auf diese Rechtsprechung zur ILO und IMO verwiesen.[208]

Möglicherweise sind die aus Art. 4 Abs. 3 EUV abgeleiteten Koordinierungspflichten ausreichend, um die effektive und einheitliche Vertretung der Nichtvertragspartei EU und die Wahrung ihrer Interessen durch die Mitgliedstaaten zu realisieren. Für die Konstellation, in der der Beitritt der EU zur internationalen Organisation aus völkerrechtlichen Gründen versperrt ist, hat der Generalanwalt eine analoge Anwendung des Art. 218 Abs. 9 AEUV offengelassen.[209] Auch die Literatur ist sich uneins. Teils wird dem Verfahren des Art. 218 Abs. 9 AEUV der Vorzug vor einer etwaigen Koordinierungskompetenz aus Art. 4 Abs. 3 EUV gegeben, da es in den Verträgen geregelt ist und insgesamt geeignet erscheint,[210] teils wird der Rückgriff auf die sich aus Art. 4 Abs. 3 EUV ergebenden Unterlassungs- und Koordinierungspflichten als ausreichend angesehen[211]. Letztlich unterscheidet sich das Verfahren nach Art. 218 Abs. 9 AEUV von den aus Art. 4 Abs. 3 EUV abgeleiteten Unterlassungs- und Koordinierungspflichten dahingehend, dass es sich um ein formalisiertes Verfahren handelt, in dem die Rolle der Unionsorgane genau bestimmt ist und immer eine Rechtsgrundlage angegeben werden muss. Dies schafft mehr Rechtssicherheit und ermöglicht eine stärkere Kontrolle durch das Europäische Parlament. Hingegen legt das Loyalitätsgebot keinen genauen Koordinierungsmechanismus fest, sodass gewisse Freiheiten bei der Ausgestaltung des Verfahrens, insbesondere bei der Art und Weise des Einbezugs der Unionsorgane, bestehen. Gleichwohl ist zu beachten, dass aus der Entstehungsgeschichte des Art. 218 Abs. 9 AEUV und insbesondere der Streichung des Art. 116 EWGV hervorgeht, dass den Mitgliedstaaten der Erhalt der eigenen Handlungsspielräume in internationalen Organisatio-

---

[206] So ausdrücklich EuGH, Gutachten 2/91 (ILO), Slg. 1996, I-1061, Rn. 5.
[207] *Obwexer*, EuR-Beiheft 2/2012, 49 (72); Giegerich in: Pechstein/Nowak/Häde, 2017, Art. 218 AEUV, Rn. 171, unter Verweis auf EuGH, Gutachten 2/91 (ILO), Slg. 1993, I-1061, Rn. 36 f.; siehe auch *Hoffmeister*, CMLRev. 2007, 41 (65 f.); anders wohl GA Cruz Villalón, SchlA Rs. C-399/12, Deutschland/Rat (OIV), ECLI:EU:C:2014:289, Tz. 106 f., der nicht auf die Rechtsprechung des EuGH zur ILO und IMO verweist.
[208] EuGH, Rs. C-399/12, Deutschland/Rat (OIV), ECLI:EU:C:2014:2258, Rn. 51 f.
[209] GA *Kokott* hat sich in ihren Schlussanträgen zur Rechtssache CITES aus teleologischen Gründen für eine (direkte) Anwendung des Art. 300 Abs. 2 UAbs. 2 EG auf Abkommen der Mitgliedstaaten im Zuständigkeitsbereich der Gemeinschaft ausgesprochen, bei denen die Gemeinschaft wegen der völkerrechtlichen Ausgestaltung des Abkommens (noch) nicht Mitglied sein kann, siehe SchlA Rs. C-370/07, CITES, ECLI:EU:C:2009:249, Tz. 76.
[210] So *Giegerich*, in: Pechstein/Nowak/Häde, 2017, Art. 218 AEUV, Rn. 170.
[211] Besonders *Jung*, EuR 2015, 735 (739 ff.).

nen besonders wichtig war[212] und eben diese durch eine analoge Anwendung des Art. 218 Abs. 9 AEUV wieder deutlich eingeschränkt werden würden. Auf der anderen Seite besteht aus unionsrechtlicher Perspektive ein überragendes Interesse, besonders ausschließliche Unionskompetenzen einheitlich und effektiv auf internationaler Ebene ausüben zu können. Unter Berücksichtigung aller vorgebrachten Argumente ist es etwas überzeugender, von einer analogen Anwendung des Art. 218 Abs. 9 AEUV im Kompetenzbereich der EU bei einer Nicht-EU-Mitgliedschaft auszugehen. Ein solches Vorgehen bezieht sich lediglich auf die interne Standpunktfestlegung, nicht auf die Vertretung des Standpunktes nach außen, die weiterhin sachwalterisch durch die Mitgliedstaaten wahrgenommen wird. Die ausdrückliche Akzeptanz eines solchen Vorgehens durch die anderen am völkerrechtlichen Vertrag beteiligten Vertragsparteien erscheint daher nicht erforderlich.[213]

(2) Verhältnis zu einem Beitritt der EU

Allerdings könnte eine analoge Anwendung dann ausgeschlossen sein, wenn die EU nicht aus völkerrechtlichen, sondern aus unionsinternen Gründen an einem Beitritt gehindert ist, da in einem solchen Fall der Beitritt der „natürlichste Weg" zur effektiven Ausübung der Unionskompetenzen ist.[214] Es ergibt sich aus der Logik der Verträge, dass Unionkompetenzen durch die Unionsorgane wahrgenommen werden.[215] Bei einer analogen Anwendung des Standpunktverfahrens nach Art. 218 Abs. 9 AEUV bestünde kein Anreiz mehr für einen Beitritt der EU, da die EU dann Standpunkte in gleicher Weise festlegen könnte wie im Falle eines Beitritts.[216] Eine solche Situation würde zudem die Beteiligungsrechte des Europäischen Parlaments aushöhlen, da an die Stelle der Zustimmung zum Beitrittsvertrag (Art. 218 Abs. 6 AEUV) die bloße Unterrichtung im Rahmen der Standpunktfestlegung nach Art. 218 Abs. 9 AEUV treten würde.[217] Zum Schutz der Beteiligungsrechte des Europäischen Parlaments ist

---

[212] *Ruffert*, JuS 2015, 84 (86).

[213] Die Akzeptanz der anderen Vertragsparteien ist dann gefragt, wenn etwaige Beitrittshindernisse für die EU im völkerrechtlichen Vertrag beseitigt werden müssen, wie dies etwa im Vorfeld des (gescheiterten) Beitritts der EU zur EMRK der Fall war; siehe zur Änderung des Art. 59 EMRK *Streinz/Michl*, in: Streinz, 3. Aufl. 2018, Art. 6 EUV, Rn. 15.

[214] GA Cruz Villalón, SchlA Rs. C-399/12, Deutschland/Rat (OIV), ECLI:EU:C:2014:289, Tz. 107.

[215] GA Cruz Villalón, SchlA Rs. C-399/12, Deutschland/Rat (OIV), ECLI:EU:C:2014:289, Tz. 105; vgl. *Schmalenbach*, in: Calliess/Ruffert, 5. Aufl. 2016, Art. 216 AEUV, Rn. 48.

[216] GA Cruz Villalón, SchlA Rs. C-399/12, Deutschland/Rat (OIV), ECLI:EU:C:2014:289, Tz. 75; GA Sharpston, SchlA Rs. C-73/14, Rat/Kommission (Internationaler Seegerichtshof), ECLI:EU:C:2015:490, Tz. 112.

[217] GA Cruz Villalón, SchlA Rs. C-399/12, Deutschland/Rat (OIV), ECLI:EU:C:2014:289,

der Realisierung des Beitritts der EU Vorzug zu geben. Gleichwohl muss berücksichtigt werden, dass die Mitgliedstaaten in der Zwischenzeit im Rat durch ihre Beitrittsblockade Standpunkte weiterhin über informelle mitgliedstaatliche Koordinierungsverfahren festlegen könnten, obwohl eigentlich die Union in dem Bereich zuständig wäre. Um die Beitrittsverhinderung zu sanktionieren, bietet sich die (analoge) Anwendung des Art. 218 Abs. 9 AEUV auch in dieser Konstellation an.[218] Schließlich sind die Mitgliedstaaten nach Art. 4 Abs. 3 EUV verpflichtet, alle ihnen zur Verfügung stehenden rechtlichen und politischen Mittel einzusetzen, um die Teilnahme der EU an einem völkerrechtlichen Vertrag zu realisieren, wenn die Unionkompetenz eine ausschließliche ist bzw. die Unionskompetenz zu einer ausschließlichen Kompetenz erstarkt ist.[219] Dies gilt insbesondere dann, wenn ein Beitritt völkerrechtlich sogar möglich ist. Diese Verpflichtung hatte der Rat im konkreten Fall verletzt, da er es im Jahre 2008 ablehnte, die Kommission zur Aushandlung des Beitritts der EG zur OIV zu ermächtigen.[220] Unter Berücksichtigung der vorgebrachten Argumente ist es bei einem völkerrechtlich möglichen Beitritt der EU sachgerecht, als längerfristiges Ziel den Beitritt der EU zur internationalen Organisation zu erwirken, insbesondere um auch die Rechte des Parlaments zu schützen, und jedenfalls für die Zeit bis zum Beitritt das Standpunktverfahren analog anzuwenden, um die Pflichtverletzung der Mitgliedstaaten, die Nichtherbeiführung des Beitritts, letztlich nicht zu prämieren.[221]

cc) Zwischenergebnis

Insgesamt sprechen gute Gründe dafür, das Verfahren nach Art. 218 Abs. 9 AEUV analog auf völkerrechtliche Übereinkünfte der Mitgliedstaaten im Kompetenzbereich der EU anzuwenden. Ein solches Vorgehen stärkt die Kohärenz zwischen der Aufgabenwahrnehmung im unionsinternen und unionsexternen Bereich. Die direkte Anwendung der Vorschrift durch den EuGH überdehnt die Reichweite der Vorschrift, war jedoch eine pragmatische Lösung, um die Blockade der Mitgliedstaaten gegen einen EU-Beitritt zumindest temporär übergehen zu können.

Tz. 75; GA Sharpston, SchlA Rs. C-73/14, Rat/Kommission (Internationaler Seegerichtshof), ECLI:EU:C:2015:490, Tz. 113.

[218] *Giegerich*, in: Pechstein/Nowak/Häde, 2017, Art. 218 AEUV, Rn. 170f.; allgemeiner auch *Lorenzmeier*, in: Grabitz/Hilf/Nettesheim, 69. EL Februar 2020, Art. 218 AEUV, Rn. 64f.

[219] EuGH, verb. Rs. 3, 4, 6/76, Kramer, Slg. 1976, 1279, Rn. 44/45; näher hierzu *Giegerich*, in: Pechstein/Nowak/Häde, 2017, Art. 216 AEUV, Rn. 41 ff.

[220] Vgl. GA Cruz Villalón, SchlA Rs. C-399/12, Deutschland/Rat (OIV), ECLI:EU:C:2014:289, Tz. 34.

[221] *Giegerich*, in: Pechstein/Nowak/Häde, 2017, Art. 218 AEUV, Rn. 171.

c) Übereinkünfte im Bereich der GASP

Das Standpunktverfahren nach Art. 218 Abs. 9 AEUV findet auch in Bezug auf Beschlüsse Anwendung, die auf Grundlage von Übereinkünften im Bereich der GASP ergehen, was der EuGH explizit in seinem Urteil *Kommission/Rat (Kasachstan)* klarstellte. Der EuGH betonte, dass das Verfahren nach Art. 218 AEUV aus Gründen der Klarheit, Kohärenz und Rationalisierung ein „einheitliches Verfahren von allgemeiner Geltung insbesondere für die Aushandlung und den Abschluss internationaler Übereinkünfte" für alle Tätigkeitsbereiche, in denen die Union zuständig ist, enthalte.[222] Die sachübergreifende Geltung der Vorschrift ist mit der Abschaffung der Säulenstruktur seit dem Vertrag von Lissabon erklärbar. Art. 37 EUV enthält anders als die Vorgängervorschrift (Art. 24 EUV-Nizza) keine Verfahrensregeln über die Verhandlung und den Abschluss internationaler Übereinkünfte, sondern bildet nur noch die materielle Rechtsgrundlage für den Abschluss völkerrechtlicher Abkommen der EU im Bereich der GASP.[223] Der EuGH begründet die Anwendung des Art. 218 AEUV im Bereich der GASP damit, dass das Verfahren die Besonderheiten der Tätigkeitsbereiche berücksichtigen kann und damit sichergestellt wird, dass Parlament und Rat bei Handlungen nach innen und nach außen die gleichen Befugnisse haben.[224] Dies gelingt, da das Verfahren verschiedene spezielle Regeln für den GASP-Bereich enthält. Dazu gehört, dass das Initiativrecht dem Hohen Vertreter zugewiesen und für die Beschlussfassung im Rat ein Einstimmigkeitserfordernis niedergelegt ist.

3. Übertragung der Überlegungen auf Art. 218 Abs. 7 AEUV

Auch für die Anwendung des nochmals vereinfachten Mitwirkungsverfahrens nach Art. 218 Abs. 7 AEUV muss nach dem Wortlaut ein Gremium vorliegen, das durch eine Übereinkunft eingesetzt wurde. Das Gremium kann auch in diesem Fall sowohl Vertragsorgan, als auch Organ einer internationalen Organisation sein.[225] Ursprünglich hatten die Verfasser der Vorschrift Assoziationsräte im Sinn.[226] Die Befugnis zur Vertragsänderung muss dem Gremium in der zu ändernden Übereinkunft zugewiesen sein. Aufgrund des engen Regelungszusammenhangs zum Mitwirkungsverfahren nach Art. 218 Abs. 9 AEUV, der be-

---

[222] EuGH, Rs. C-244/17, Kommission/Rat (Kasachstan), ECLI:EU:C:2018:662, Rn. 21.
[223] Vgl. *Marquardt/Gaedtke*, in: von der Groeben/Schwarze/Hatje, 7. Aufl. 2015, Art. 37 EUV, Rn. 1 f.
[224] EuGH, Rs. C-244/17, Kommission/Rat (Kasachstan), ECLI:EU:C:2018:662, Rn. 22 ff.
[225] *Schmalenbach*, in: Calliess/Ruffert, 5. Aufl. 2016, Art. 218 AEUV, Rn. 26.
[226] *McLeod/Hendry/Hyett*, The External Relations of the European Communities, 1996, S. 104 f.

reits aus dem Wortlaut der Vorschrift hervorgeht, ist davon auszugehen, dass der Begriff der Übereinkunft im selben Sinn zu verstehen ist, d. h. dass eine direkte Anwendung nur in Betracht kommt, wenn die EU selbst Vertragspartei der Übereinkunft ist und eine entsprechende Anwendung möglich ist, wenn das Gremium durch eine Übereinkunft der Mitgliedstaaten im Kompetenzbereich der Union errichtet wurde.[227] Die Vorschrift würde damit beispielsweise auch Anwendung finden, wenn der Rat die Mitgliedstaaten zum Erlass eines Abkommens im unionalen Kompetenzbereich ermächtigt, die Befugnis zur Standpunktfestlegung aber der Kommission zuweist. Eine Entscheidung des EuGH zur Frage der Anwendbarkeit des Verfahrens nach Art. 218 Abs. 7 AEUV auf Übereinkünfte der Mitgliedstaaten steht jedoch noch aus.

II. Teilnahme der EU am Erlass rechtswirksamer Akte

Neben der Einrichtung eines Gremiums durch eine Übereinkunft fordern die unionsinternen Mitwirkungsverfahren, dass der jeweilige Standpunkt im Gremium auch vertreten werden kann (Art. 218 Abs. 9 AEUV), bzw. die Kommission die Änderung billigen kann (Art. 218 Abs. 7 AEUV).

1. Standpunktverfahren des Art. 218 Abs. 9 AEUV

Die Verfahrensregel des Art. 218 Abs. 9 AEUV statuiert explizit, dass der Standpunkt der Union „in" einem Gremium zu vertreten ist. Hierfür muss eine gewisse Beteiligung in bzw. Einflussnahmemöglichkeit der Union auf die Tätigkeit im Gremium vorliegen. Diese Sichtweise unterstützen auch teleologische Gesichtspunkte. Die Festlegung eines unionalen Standpunkts im formalisierten Verfahren nach Art. 218 Abs. 9 AEUV wäre zwecklos, könnte der Standpunkt nicht in irgendeiner Weise die Entscheidungsfindung im Gremium beeinflussen. Im Urteil zum Internationalen Seegerichtshof lehnte der EuGH die Anwendung des Standpunktverfahrens des Art. 218 Abs. 9 AEUV in Bezug auf eine Stellungnahme im Gutachtenverfahren des Internationalen Seegerichtshofs (ISGH) ab, da der Standpunkt nicht „in", sondern „vor" einem internationalen Gremium vorzutragen war.[228] Der EuGH wies explizit darauf hin, dass das Verfahren des Art. 218 Abs. 9 AEUV nur dann anwendbar sei, „wenn die Union innerhalb des betreffenden internationalen Gremiums am Erlass solcher Akte durch ihre Organe oder gegebenenfalls vermittels ihrer gemeinsam im Unionsinteresse han-

---

[227] *Erlbacher*, in: Jaeger/Stöger, 214. Lfg. 2018, Art. 218 AEUV, Rn. 47.
[228] EuGH, Rs. C-73/14, Rat/Kommission (Internationaler Seegerichtshof), ECLI:EU:C: 2015:663, Rn. 63; GA Sharpston, SchlA Rs. C-73/14, Rat/Kommission (Internationaler Seegerichtshof), ECLI:EU:C:2015:490, Tz. 60 ff.

delnden Mitgliedstaaten teilnimmt."[229] Diese Argumentation stützt der EuGH auf Wortlaut, Zusammenhang und Zweck der Vorschrift als Verfahrensvereinfachung zum gewöhnlichen Vertragsschlussverfahren für die Teilnahme der EU am Erlass von Gremienakten zur Anwendung oder Durchführung der Übereinkunft. Die Anwendbarkeit des Standpunktverfahrens sei im konkreten Fall nicht gegeben, da die von den Parteien völlig unabhängigen Mitglieder des ISGH allein für die Abgabe der Stellungnahme zuständig und verantwortlich seien.[230] Bereits die zuständige Generalanwältin störte sich daran, dass die Unionsorgane weder Teil des beratenden Kollegiums, noch in anderer Weise am Erlass der gerichtlichen Entscheidung beteiligt waren, sondern lediglich durch die Stellungnahme „vor" dem Gremium Einfluss auf den Ausgang des Verfahrens nehmen konnten.[231] Diese Konstellation grenzte die Generalanwältin von der Situation im Streitbeilegungsgremium der WTO (DSB) ab, in der alle Mitglieder der WTO und damit auch die EU beteiligt und in den Entscheidungsprozessen vertreten seien, beispielsweise dann, wenn verbindliche Berichte der Panels oder des Berufungsgremiums angenommen werden.[232]

Aus alledem ist abzuleiten, dass das Standpunktverfahren des Art. 218 Abs. 9 AEUV nicht anwendbar ist, wenn die EU nicht am Gremium teilnimmt und die Entscheidung nur indirekt beeinflussen kann, da unabhängige Mitglieder für die Entscheidung zuständig und verantwortlich sind. Die Wahrnehmung der Interessen der EU vor einem internationalen Gericht erfolgt stattdessen nach Art. 335 AEUV durch die Kommission.[233] Das Standpunktverfahren ist anwendbar, wenn die EU selbst oder, im Falle der Nicht-EU-Mitgliedschaft[234] vermittels ihrer Mitgliedstaaten, an der Entscheidungsfindung im Gremium mitwirkt, was gegeben ist, wenn zumindest ein Vertreter im Gremium beteiligt ist, der nicht unabhängig von der Union entscheidet, sondern an den Standpunkt der Unionsorgane rückgebunden werden kann.

---

[229] EuGH, Rs. C-73/14, Rat/Kommission (Internationaler Seegerichtshof), ECLI:EU:C:2015:663, Rn. 63.

[230] EuGH, Rs. C-73/14, Rat/Kommission (Internationaler Seegerichtshof), ECLI:EU:C:2015:663, Rn. 66.

[231] GA Sharpston, SchlA Rs. C-73/14, Rat/Kommission (Internationaler Seegerichtshof), ECLI:EU:C:2015:490, Tz. 61 f.

[232] Anders als beispielsweise bei der Ausübung der Zuständigkeit der Panels und des Berufungsorgans der WTO, GA Sharpston, SchlA Rs. C-73/14, Rat/Kommission (Internationaler Seegerichtshof), ECLI:EU:C:2015:490, Tz. 63.

[233] EuGH, Rs. C-73/14, Rat/Kommission (Internationaler Seegerichtshof), ECLI:EU:C:2015:663, Rn. 55 ff.

[234] Dann kommt nach der hier vertretenen Ansicht eine analoge Anwendung des Art. 218 Abs. 9 AEUV in Betracht, siehe hierzu bereits oben, § 3 C.I.2.

2. Anwendung auf das Verfahren nach Art. 218 Abs. 7 AEUV

Auch für die Anwendung der Verfahrensregel des Art. 218 Abs. 7 AEUV ist nach dem Wortlaut, dem systematischen Zusammenhang zum Verfahren des Art. 218 Abs. 9 AEUV und dem Telos der Vorschrift erforderlich, dass ein Vertreter der Unionsseite im Gremium an der Änderung des Abkommens mitwirkt, da der Europäischen Kommission die Gelegenheit einzuräumen ist, die Änderungen, die das Gremium anzunehmen hat, zu billigen und damit Einfluss auf die Entscheidungsfindung zu nehmen.

III. Gremientätigkeit

Die entscheidende Anwendungsvoraussetzung der unionsinternen Mitwirkungsverfahren, welche die Delegation bestimmter Beschlussfassungsbefugnisse ausschließen könnte, ist die Frage nach der erlaubten Gremientätigkeit: Das Verfahren nach Art. 218 Abs. 9 AEUV betrifft den Erlass rechtswirksamer Akte, die nicht den institutionellen Rahmen der Übereinkunft ändern oder ergänzen, während das Verfahren nach Art. 218 Abs. 7 AEUV in abweichender Terminologie die Annahme von Änderungen der Übereinkunft durch eben diese Gremien regelt.

1. Der Erlass rechtswirksamer Akte im Sinne von Art. 218 Abs. 9 AEUV

Nachdem sich das Verfahren nach Art. 218 Abs. 9 AEUV nur auf rechtswirksame Akte[235] von Vertragsgremien bezieht, sind im Umkehrschluss nicht rechtswirksame Akte nicht erfasst. Letztere können im Wege informeller Verfahren vorbereitet werden.[236] Einigkeit besteht darin, dass rechtswirksame Akte nach dem Verständnis des Art. 218 Abs. 9 AEUV jedenfalls völkerrechtlich verbindliche Akte sind. Dies zeigen auch die Vorgängervorschriften des Art. 218 Abs. 9 AEUV, die ursprünglich den Begriff des – im Regelfall als verbindlich verstandenen – Beschlusses statt dem des offeneren Begriffs des Aktes verwendeten.[237] Dem Verfahren des Art. 218 Abs. 9 AEUV unterfallen damit jedenfalls Beschlüsse von Vertragsorganen im oben definierten Sinn, d. h. aus sich heraus völkerrechtlich verbindliche Beschlüsse, die keiner weiteren Annahme durch die Vertragsparteien benötigen. Daraus folgt einerseits, dass die Mitwirkung an solchen Beschlüssen grundsätzlich im Verfahren des Art. 218 Abs. 9 AEUV zu erfolgen hat. Andererseits zeigt die Niederlegung des speziellen Verfahrens,

---

[235] Englische Sprachfassung: „decisions having legal effect"; französische Sprachfassung: „actes ayant des effects juridiques".
[236] Siehe hierzu bereits oben, § 3 B.III.3.
[237] Siehe hierzu bereits oben, § 3 A.II.

dass das Unionsprimärrecht, jedenfalls in verfahrensrechtlicher Hinsicht, von der Zulässigkeit der Delegation von Beschlussfassungsbefugnissen an Vertragsgremien ausgeht, die die Vertragsparteien mit ihrem Erlass völkerrechtlich binden können. Hoch umstritten war, ob das Verfahren auch auf völkerrechtlich unverbindliche Akte angewendet werden muss.

a) Ausdehnung auf völkerrechtlich unverbindliche Akte (OIV-Urteil)

Für die Entscheidung dieser Frage kommt es maßgeblich auf die anzulegende Perspektive an: Aus einer völkerrechtlichen Perspektive meint der Begriff des rechtswirksamen Aktes die völkerrechtliche Wirksamkeit eines Aktes,[238] die nur für völkerrechtlich verbindliche Akte anerkannt wird[239]. Gemeint ist der Kanon verbindlicher Sekundärrechtssetzung als eine der Handlungsformen internationaler Organisationen.[240] Völkerrechtlich unverbindliche Akte wie Empfehlungen und Resolutionen wären damit nicht im Verfahren des Art. 218 Abs. 9 AEUV vorzubereiten, sondern im Wege informeller Verfahren. Der EuGH nahm hingegen in seinem Grundsatzurteil *Deutschland/Rat (OIV)* aus dem Jahre 2014 eine europarechtliche Perspektive ein und dehnte den Anwendungsbereich des Art. 218 Abs. 9 AEUV auch auf völkerrechtlich unverbindliche Akte aus, die durch dynamische Verweise im Sekundärrecht in das Unionsrecht übernommen werden.[241] Gegenständlich waren Empfehlungen für den Weinsektor der Internationalen Organisation für Rebe und Wein (OIV), die einmal jährlich auf der Generalversammlung im Konsens verabschiedet werden. Die Verweise im Sekundärrecht sahen entweder die Übernahme der Empfehlungen in das sekundäre Unionsrecht vor, oder legten die Verpflichtung der Unionsorgane

---

[238] *Appel*, Das internationale Kooperationsrecht der Europäischen Union, 2016, S. 349 f.; *Schmalenbach*, in: Calliess/Ruffert, 5. Aufl. 2016, Art. 218 AEUV, Rn. 31; *Schroeder/Woitecki*, JA 2010, 520 (522 ff.); *Martenczuk*, in: Kronenberger (Hrsg.), The European Union and the International Legal Order, 2001, S. 141 (149); zudem die Rechtsprechung des EuGH besonders scharf kritisierend *Ruffert*, JuS 2015, 84; auch *Jung*, EuR 2015, 735 (743 f.); unter Verwendung des Begriffs der „rechtsändernden Beschlüsse" wohl auch *Müller-Ibold*, in: Lenz/Borchardt, 6. Aufl. 2012, Art. 218 AEUV, Rn. 18; auf die Rechtsprechung des EuGH rekurrierend, ohne dazu Stellung zu nehmen *Mögele*, in: Streinz, 3. Aufl. 2018, Art. 218 AEUV, Rn. 30; *Erlbacher*, in: Jaeger/Stöger, 214. Lfg. 2018, Art. 218 AEUV, Rn. 50; a. A. *Lorenzmeier*, in: Grabitz/Hilf/Nettesheim, 69. EL Februar 2020, Art. 218 AEUV, Rn. 63c.

[239] So in Abgrenzung zur Kategorie des „soft law" GA Cruz Villalón, SchlA Rs. C-399/12, Deutschland/Rat (OIV), ECLI:EU:C:2014:289, Tz. 97 f.; *Schroeder/Woitecki*, JA 2010, 520 (522); *Ruffert*, JuS 2015, 84 (86).

[240] *Ruffert*, JuS 2015, 84 (86); zur völkerrechtlichen Unverbindlichkeit von Empfehlungen *Klein/Schmahl*, in: Vitzthum/Proelß (Hrsg.), Völkerrecht, 6. Aufl. 2013, S. 237 (322, Rn. 200).

[241] EuGH, Rs. C-399/12, Deutschland/Rat (OIV), ECLI:EU:C:2014:2258, insb. Rn. 56 ff., 66; siehe zu diesem Urteil bereits oben, § 3 C.I.2.

fest, bei der Regelung der jeweiligen Unionspolitik die Empfehlungen der OIV zu berücksichtigen.[242] Der EuGH urteilte, dass die betreffenden Empfehlungen

„insbesondere aufgrund ihrer Übernahme in das Unionsrecht [...] in dem genannten Bereich Rechtswirkungen im Sinne von Art. 218 Abs. 9 AEUV entfalten und dass die Union [...] unter Berücksichtigung der unmittelbaren Auswirkungen der Empfehlungen auf den Besitzstand der Union in diesem Bereich zur Festlegung eines in ihrem Namen zu vertretenden Standpunkts in Bezug auf die Empfehlungen befugt ist."[243]

Nach diesem Verständnis reicht damit die in mittelbarer Weise über (dynamische) Verweise oder Berücksichtigungspflichten im unionalen Sekundärrecht erzeugte Rechtswirksamkeit in der Unionsrechtsordnung aus, um das Vorliegen eines rechtswirksamen Aktes i. S. d. Art. 218 Abs. 9 AEUV zu begründen.[244] Dahinter steht der Gedanke, dass die EU auch in dieser Konstellation gezwungen sein kann, ihr Sekundärrecht und damit einen Teil ihres Besitzstandes anzupassen.

b) Eigene Auslegung und Suche nach dem Zweck des Standpunktverfahrens

Die Beantwortung der Frage, ob das Standpunktverfahren nur auf völkerrechtlich verbindliche Akte Anwendung findet, ist zwar nicht unmittelbar für die Delegation von Beschlussfassungsbefugnissen an völkervertragliche Gremien relevant, da die Beschlüsse bereits aufgrund ihrer völkerrechtlichen Verbindlichkeit dem Standpunktverfahren unterfallen. Gleichwohl dienen die Ausführungen dazu, einerseits den Anwendungsbereich des Art. 218 Abs. 9 AEUV in vollständiger Weise darzustellen und andererseits den *raison d'être* des Standpunktverfahrens zu ermitteln, der auch für die weitere Auslegung der Vorschrift entscheidend ist. Die angelegte europarechtliche Perspektive des EuGH verwundert, da dieser insbesondere im *Antarktis*-Urteil für die Feststellung der Kompetenzen für den Standpunkterlass stark auf die im völkerrechtlichen Abkommen enthaltenen Klauseln abgestellt und damit eine völkerrechtliche Einordnung vorgenommen hat. Der Perspektivwechsel ist damit auch vor dem Hintergrund der anzustrebenden Kohärenz des auswärtigen Handelns (vgl. Art. 21 Abs. 3 UAbs. 2 EUV) problematisch.

---

[242] Die Kommission „stützt" sich auf die von der OIV empfohlenen Verfahren (Art. 120f VO (EG) Nr. 1234/2007), als Analysemethoden sind die von der OIV empfohlenen vorgeschrieben (Art. 120g VO (EG) Nr. 1234/2007) und die von der OIV empfohlenen önologischen Verfahren sind für die Einfuhr von Wein „von Bedeutung" (Art. 158a Abs. 2 VO (EG) Nr. 1234/2007).
[243] EuGH, Rs. C-399/12, Deutschland/Rat (OIV), ECLI:EU:C:2014:2258, Rn. 57 ff., insb. Rn. 64.
[244] EuGH, Rs. C-399/12, Deutschland/Rat (OIV), ECLI:EU:C:2014:2258, Rn. 59 ff.

Für eine Entscheidung der Perspektivfrage ist die Vorschrift nach den bekannten Auslegungsmethoden auszulegen. Der Wortlaut „rechtswirksam" ist nicht eindeutig. Vom Wortsinn könnten damit nur rechtsverbindliche Akte gemeint sein, wobei teilweise auch unverbindlichen Akten Rechtswirkungen zugesprochen werden[245]. Die englische und französische Sprachfassung verweist eher auf Auswirkungen (engl.: „legal effects"; franz.: „actes ayant des effets juridiques") in der Unionsrechtsordnung, die gerade auch völkerrechtlich unverbindliche Akte haben können, und spricht daher für eine europarechtliche Perspektive.[246] Die Formulierung der Vorschrift (rechtswirksame Akte, die ein durch eine Übereinkunft eingesetztes Gremium „zu erlassen hat") ist allerdings ein deutlicher Anhaltspunkt dafür, dass die Akte bereits mit ihrem Erlass rechtswirksam sein müssen, d. h. völkerrechtlich diese Eigenschaft aufweisen müssen, ohne dass die Rechtswirksamkeit erst durch das interne Recht der Vertragsparteien herbeigeführt wird.[247] Systematische Erwägungen sind auf den ersten Blick nicht besonders ergiebig. Die Einbindung der Vorschrift des Art. 218 Abs. 9 Alt. 2 AEUV in den Titel V unter der Überschrift „Internationale Übereinkünfte" sowie der Zusammenhang zu Art. 216 AEUV und Art. 218 Abs. 1 AEUV verdeutlicht, dass sich die Vorschrift auf Übereinkünfte und damit unmittelbar völkerrechtlich verbindliche Akte beziehen muss. Demnach ist es in systematischer Hinsicht nur konsequent, dass auch Art. 218 Abs. 9 AEUV die Begründung völkerrechtlicher Bindungen der Union betrifft, die durch völkervertragliche Gremien erzeugt werden. Auch die Entstehungsgeschichte der Norm zeigt, dass nur für völkerrechtlich verbindliche Beschlüsse auf das Vertragsschlussverfahren zurückgegriffen werden musste[248] und für sie im Anschluss das Standpunktverfahren bereitgestellt wurde. Eine entscheidende Rolle spielt wieder der Zweck des Standpunktverfahrens.

aa) Anknüpfen an die integrale Bestandteilseigenschaft

Ein Ansatzpunkt für die Einführung des Standpunktverfahrens mag die in der Rechtsprechung des EuGH zur integralen Bestandteilseigenschaft gezeigte Offenheit für die Aufnahme internationaler Akte in die Unionsrechtsordnung gewesen sein. Diesen Gedanken nimmt auch Generalanwalt Cruz Villalón auf, indem er argumentiert, dass die Begrenzung des Standpunktverfahrens ehe-

---

[245] *Appel*, Das internationale Kooperationsrecht der Europäischen Union, 2016, S. 349; *Bast*, Grundbegriffe der Handlungsformen der EU, 2006, S. 181.
[246] So bereits *Schroeder/Woitecki*, JA 2010, 520 (522).
[247] GA Cruz Villalón, SchlA Rs. C-399/12, Deutschland/Rat (OIV), ECLI:EU:C:2014:289, Tz. 90.
[248] Zur Zeit des Vertrags von Maastricht GA Cruz Villalón, SchlA Rs. C-399/12, Deutschland/Rat (OIV), ECLI:EU:C:2014:289, Tz. 94.

mals auf Assoziationsratsbeschlüsse mit der besonderen Stellung dieser Beschlüsse in der Unionsrechtsordnung, als integrierender Bestandteil dieser Ordnung, zu erklären sei.[249] Wird der Begriff des rechtswirksamen Aktes anhand der Zuordnung als integraler Bestandteil und damit als Teil des Unionsrechts bestimmt, ergibt sich unter Berücksichtigung der *Shell*-Entscheidung des EuGH ein mögliches Argument für die europarechtliche Auslegung. Dort ordnete der EuGH auch unverbindliche Gremienakte als integrale Bestandteile der Unionsrechtsordnung ein, die als solche zwar keine Rechte und Pflichten für den Einzelnen begründen, aber innerhalb der Union durch nationale Gerichte zu berücksichtigen sind.[250] Die integrale Bestandteilseigenschaft wird damit unabhängig von der völkerrechtlichen Verbindlichkeit verliehen und europarechtlich bestimmt. Gilt dasselbe nun auch für die Auslegung des Begriffs des rechtswirksamen Aktes i. S. d. Art. 218 Abs. 9 AEUV? Erfordert das Unionsrecht also eine Gleichschaltung in der Form, dass *alle* Akte, die integraler Bestandteil der Unionsrechtsordnung werden, im Verfahren des Art. 218 Abs. 9 AEUV vorbereitet werden müssen und damit als rechtswirksame Akte zu qualifizieren sind?

Eine solche Gleichschaltung erscheint nicht zwingend, insbesondere, weil die Vorschrift des Art. 218 AEUV eine verfahrensrechtliche Bestimmung ist, die sich nicht zur Rechtsqualität der Übereinkünfte und auf ihrer Grundlage erlassenen Akte äußert. Die Frage, welche Akte in die Unionsrechtsordnung eingegliedert werden und welche Akte dem Verfahren nach Art. 218 Abs. 9 AEUV unterliegen, könnten zwei voneinander unabhängige Fragen darstellen. Gleichwohl scheinen die Verfahrensregelungen und die Frage, welchen Status der Beschluss in der Unionsrechtsordnung hat, nicht gänzlich getrennt voneinander zu beantworten zu sein, jedenfalls, wenn man wie in der zugrundeliegenden Arbeit davon ausgeht, dass die integrale Bestandteilseigenschaft unter die Bedingung der Einhaltung der primärrechtlich geregelten Verfahren zur Standpunktfassung nach Art. 218 Abs. 9 AEUV gestellt wird. Daraus und aus der Tatsache, dass die integrale Bestandteilseigenschaft unabhängig von der Verbindlichkeit der Akte eintritt, kann aber noch nicht gefolgert werden, dass rechtswirksame Akte auch nicht völkerrechtlich verbindliche Akte sind. Diese Argumentationslinie rührt von der ursprünglichen Formulierung in den Vorschriften über die Rechtswirkungen völkerrechtlich bindender Übereinkünfte her (Art. 300 Abs. 7 EGV, heute Art. 216 Abs. 2 AEUV). Das Verfahren muss nicht deshalb auch auf völkerrechtlich unverbindliche Akte angewendet werden, weil auch sie integraler Bestandteil des Unionsrechts werden. Es könnte vielmehr argumentiert wer-

---

[249] GA Cruz Villalón, SchlA Rs. C-399/12, Deutschland/Rat (OIV), ECLI:EU:C:2014:289, Tz. 49.
[250] EuGH, Rs. C-188/91, Deutsche Shell, Slg. 1993, I-363, Rn. 16 ff.

den, dass für den Einlass völkerrechtlich unverbindlicher Akte ein solches Verfahren gerade nicht erforderlich ist. Jedenfalls erfordert es die Systematik des Art. 218 AEUV nicht zwingend, dass die Frage der Rechtswirksamkeit mit der Zuordnung des Aktes zum Unionsrecht zu beantworten ist.[251] Die alleinige automatische Inkorporierung internationaler Akte in die Unionsrechtsordnung scheint nicht der alles entscheidende Hintergedanke für die Einführung des Standpunktverfahrens gewesen zu sein.

bb) Gleichstellung der Wirkungen mit denen völkerrechtlicher Abkommen

Als Ausgangspunkt ist wieder auf die Einordnung des Standpunktverfahrens als Spezialvorschrift zum allgemeinen Vertragsschlussverfahren abzustellen. Eine *lex specialis* des Vertragsschlussverfahrens, das sich nur auf völkerrechtlich verbindliche Übereinkünfte bezieht, kann selbst nur völkerrechtlich verbindliche Akte erfassen. Da die Vorschriften des Art. 218 AEUV nur für bindende Akte Regelungen gelten und die Bindungswirkung von Übereinkünften und internationalen Gremienbeschlüssen durch das Völkerrecht bestimmt wird, kann Art. 218 Abs. 9 AEUV nur völkerrechtlich verbindliche Akte erfassen.[252] Es geht um abschließende völkerrechtlich bindende Akte, die sonst dem Verfahren nach Art. 218 Abs. 6 AEUV unterfallen.[253] Dementsprechend wird die Daseinsberechtigung für das Standpunktverfahren darin gesehen, dass „vom Standpunkt des Organs aus eine juristische Bindung der Union geschaffen wird."[254] Danach zeichneten sich Akte unter Art. 218 Abs. 9 AEUV dadurch aus, dass ihre Rechtswirksamkeit sofort im Zeitpunkt des Erlasses durch das Gremium oder nach einem bestimmten Zeitraum eintritt, ohne dass eine zusätzliche Annahme oder Zustimmungserklärung im Wege der Ratifikation abgegeben werden müsse.[255] Dementsprechend fehlt es in den Worten von Generalanwalt Cruz Villalón an der (absoluten) Notwendigkeit der Durchführung eines formalisierten Standpunktverfahrens nach Art. 218 Abs. 9 AEUV, wenn die rechtlichen Wirkungen auf „dem freien Willen der Union" basieren und dem Akt nicht von Anfang an innewohnen.[256]

---

[251] *Schroeder/Woitecki*, JA 2010, 520 (523).
[252] So bereits *Schroeder/Woitecki*, JA 2010, 520 (524).
[253] *Müller-Ibold*, in: Lenz/Borchardt, 6. Aufl. 2012, Art. 218 AEUV, Rn. 18.
[254] GA Cruz Villalón, SchlA Rs. C-399/12, Deutschland/Rat (OIV), ECLI:EU:C:2014:289, Tz. 90.
[255] Zu Art. 300 Abs. 2 UAbs. 2 EGV bereits SEC (2006) 782, S. 4.
[256] So bereits GA Cruz Villalón, SchlA Rs. C-399/12, Deutschland/Rat (OIV), ECLI:EU:C:2014:289, Tz. 90, 93.

Hinzu kommt, dass wegen der potentiell unmittelbaren Wirkung der Beschlüsse innerhalb der Unionsrechtsordnung ohne einen nachfolgenden Rechtsakt der Unionsorgane und ihres Vorrangs vor dem EU-Sekundärrecht ein Verfahren geschaffen werden musste, das die Einbindung der Unionsorgane bereits im Vorfeld solcher Beschlüsse gewährleistet.[257] Vor diesem Hintergrund spielen für die Frage, ob ein rechtswirksamer Akt i. S. d. Art. 218 Abs. 9 AEUV vorliegt und damit das formalisierte Standpunktverfahren durchgeführt werden muss, die genannten Rechtwirkungen und die besondere Natur der Gremienbeschlüsse eine entscheidende Rolle.[258] Während unverbindliche Gremienakte zwar Einfluss auf die Entscheidungsfindung der Union nehmen können, kann nur bindenden Gremienakten der Anwendungsvorrang und die unmittelbare Wirkung zukommen.[259] Daraus folgt, dass nur solche Akte einen wirklichen Einfluss auf die Unionsrechtsordnung ausüben können, die die EU völkerrechtlich binden,[260] sodass nur für solche Akte das formalisierte Standpunktverfahren anzuwenden ist.

cc) Zwischenergebnis

Der *raison d'être* des Standpunktverfahrens ist darin zu sehen, den Unionsorganen die Mitwirkung an Akten mit unmittelbar völkerrechtlich verbindlichen Rechtswirkungen zu ermöglichen, bevor sie in die Unionsrechtsordnung eingelassen werden und dort potentiell wie Normen der Unionsrechtsordnung wirken können. Das Kriterium der völkerrechtlichen Verbindlichkeit ermöglicht eine rechtssichere Unterscheidung von rechtswirksamen und nicht rechtswirksamen Akten und verhindert, dass die Unionsorgane willkürlich durch die Einführung dynamischer Verweise die Voraussetzungen der Anwendung des Art. 218 Abs. 9 AEUV selbst herbeiführen können.[261]

c) Sonderproblem: „rechtswirksamer Akt" bei Vorbereitungshandlungen

Umstritten ist, ob eine Standpunktfestlegung nach Art. 218 Abs. 9 AEUV nur dann nötig ist, wenn eine förmliche Beschlussfassung im internationalen Gremium ansteht, oder ob auch die Festlegung vorbereitender Akte erfasst ist. Da-

---

[257] *Heliskoski*, CMLRev. 2011, 555 (557 f.).
[258] *Heliskoski*, CMLRev. 2011, 555 (564).
[259] *Wessel/Blockmans*, in: Eeckhout/López-Escudero (Hrsg.), The European Union's External Action in Times of Crisis, 2016, S. 223 (248).
[260] *Wessel/Blockmans*, in: Eeckhout/López-Escudero (Hrsg.), The European Union's External Action in Times of Crisis, 2016, S. 223 (248).
[261] GA Cruz Villalón, SchlA Rs. C-399/12, Deutschland/Rat (OIV), ECLI:EU:C:2014:289, Tz. 95 f., 98.

bei geht es um die Frage, wie weit das Standpunktverfahren nach Art. 218 Abs. 9 AEUV in zeitlicher Hinsicht in den vorbereitenden Bereich hinein vorzuverlagern ist. Unstrittig findet das Standpunktverfahren Anwendung, wenn bekannt ist, dass im völkervertraglichen Gremium über einen rechtswirksamen Akt Beschluss gefasst werden soll. Müssen jedoch auch alle vorbereitenden Akte, die möglicherweise zum Erlass eines rechtswirksamen Aktes führen können, im förmlichen Verfahren des Art. 218 Abs. 9 AEUV erlassen werden oder reichen, insbesondere im Hinblick auf beginnende Debatten, Standpunktfestlegungen auf freiwilliger Basis?

Bereits in der Rechtssache *Deutschland/Rat* (OIV) machte das Königreich der Niederlande geltend, das Verfahren nach Art. 218 Abs. 9 AEUV sei deshalb nicht anwendbar, da zum Zeitpunkt des Erlasses des Standpunktbeschlusses „nicht mit absoluter Sicherheit" feststand, welche Empfehlungen tatsächlich auf der Generalversammlung der OIV zur Verabschiedung vorgelegt werden würden. Der EuGH wandte sich in seinem Urteil explizit gegen dieses Vorbringen, da der Wortlaut (rechtswirksame Akte „zu erlassen hat") und das Ziel des Art. 218 Abs. 9 AEUV dafür sprächen, dass die Unionsorgane in einem internationalen Gremium einen zuvor festgelegten Standpunkt vortragen können, „unabhängig davon, ob die von dem in dieser Weise festgelegten Standpunkt betroffenen Akte letztlich dem zuständigen Gremium tatsächlich zur Verabschiedung vorgelegt werden."[262] Einige Mitgliedstaaten und der Rat ließen jedoch im *Antarktis*-Verfahren nicht locker und warfen wiederum ein, dass ein Standpunkt i.S.d. Art. 218 Abs. 9 AEUV gerade nicht erforderlich sei, wenn das Gremium noch nicht „im Begriff" gewesen sei, einen rechtswirksamen Akt zu erlassen, sondern lediglich ein Diskussionspapier „zur Vorbereitung einer etwaigen künftigen Beschlussfassung" eingebracht werden sollte.[263]

Der EuGH hat das im Urteil *Deutschland/Rat* (OIV) gezeigte weite Verständnis der zeitlichen Anwendung des Art. 218 Abs. 9 AEUV im späteren *Antarktis*-Urteil weder bestätigt, noch revidiert. Stattdessen nannte dieser die Vorschrift kein einziges Mal und begnügte sich damit, festzustellen, dass mit dem Beschluss der Standpunkt des Rates und damit der Union endgültig festgelegt werden sollte, die Kommission nicht von diesem Standpunkt abrücken durfte und der Beschluss des AStV damit Rechtswirkungen entfaltete.[264] Diese Merk-

---

[262] EuGH, Rs. C-399/12, Deutschland/Rat (OIV), ECLI:EU:C:2014:2258, Rn. 63 ff.

[263] So das Vorbringen der Parteien, aufgenommen im Urteil des EuGH, verb. Rs. C-626/15 und C-659/16, Kommission/Rat (Antarktis), ECLI:EU:C:2018:925, Rn. 57; anders die Kommission, die den Beschluss von 2015 als „Stellungnahme im Sinne von Art. 218 Abs. 9 AEUV" einordnete, ebenda, Rn. 58.

[264] Vgl. EuGH, verb. Rs. C-626/15 und C-659/16, Kommission/Rat (Antarktis), ECLI:EU:C:2018:925, Rn. 63 ff.

male kommen jedoch auch einem freiwilligen Ratsbeschluss zu (s. o.), sodass daraus nicht zwingend die Anwendung des Verfahrens nach Art. 218 Abs. 9 AEUV gefolgert werden kann. In Abgrenzung zu diesen vagen Ausführungen plädierte Generalanwältin Kokott ausdrücklich für eine weite Auslegung des Art. 218 Abs. 9 AEUV und verwies auf das Ziel, sicherzustellen, dass die Union „im gesamten Entscheidungsfindungsprozess des betreffenden Gremiums mit einer Stimme spricht und ihre Beiträge im Rahmen dieses Prozesses von ihren zuständigen Organen autorisiert sind"; deshalb sei ein Standpunkt der Union nicht nur dann festzulegen, wenn im internationalen Gremium der Erlass eines Aktes unmittelbar bevorstehe, sondern auch dann, wenn die Union eine Debatte initiieren oder sich an einer solchen beteiligen wolle, die potentiell zur Annahme eines rechtswirksamen Aktes führen könnte.[265]

Für die Beantwortung der Frage, ob das Verfahren des Art. 218 Abs. 9 AEUV auf Vorbereitungsakte Anwendung findet, ist einerseits das Element der fehlenden Vorhersehbarkeit der endgültigen Beschlussfassung im Gremium in Rechnung zu stellen, andererseits jedoch die Gefahr zu berücksichtigen, dass eine zu frühe Standpunktfestlegung eine erneute Standpunktfassung erforderlich machen könnte, sollten aus dem Verhandlungsprozess wesentliche Änderungen hervorgehen. Eine Standpunktfestlegung für jeden einzelnen vorbereitenden Akt könnte im schlimmsten Fall die Handlungsfähigkeit der EU beeinträchtigen. Deshalb erscheint es vorzugswürdig, den formalen Standpunkt erst bei Abschluss der Verhandlungen zu fassen,[266] d. h. dann, wenn aus Sicht der beteiligten Unionsorgane die Beschlussfassung im Gremium bevorsteht oder zumindest ein Ende der Verhandlungen absehbar ist. Bei der jeweiligen Bewertung ist den Unionsorganen ein gewisser Ermessensspielraum zuzugestehen. Gleichzeitig sollten Handlungen im gesamten Entscheidungs- und Verhandlungsprozess, d. h. auch vorbereitende Verhandlungen, immer in Absprache zwischen Rat und Kommission auf Grundlage informeller Verfahren erarbeitet werden.

2. Rückausnahme rechtswirksamer Akte zur Änderung oder Ergänzung des institutionellen Rahmens der Übereinkunft (Art. 218 Abs. 9 AEUV a. E.)

Das dem Gremienbeschluss vorgelagerte Verfahren nach Art. 218 Abs. 9 AEUV wird angewendet, wenn ein in einer Übereinkunft eingesetztes Gremium rechtswirksame Akte „mit Ausnahme von Rechtsakten zur Ergänzung oder Änderung des institutionellen Rahmens der betreffenden Übereinkunft" zu erlas-

---

[265] GA Kokott, SchlA verb. Rs. C-626/15 und C-659/16, Kommission/Rat (Antarktis), ECLI:EU:C:2018:362, Rn. 64.
[266] So auch *Martenczuk*, in: Kronenberger (Hrsg.), The European Union and the International Legal Order, 2001, S. 141 (150).

sen hat. Das Verfahren gilt damit nicht für Rechtsakte, die den institutionellen Rahmen der betreffenden Übereinkunft ändern oder ergänzen. Daran anschließend stellt sich die Frage, was aus dem Anwendungsausschluss für Rechtsakte institutionellen Charakters folgt (a), wie der Begriff des rechtswirksamen Aktes institutionellen Charakters zu verstehen ist (b).

a) Folgen des Anwendungsausschlusses

Nachdem für rechtswirksame Akte institutionellen Charakters das Standpunktverfahren nach Art. 218 Abs. 9 AEUV unanwendbar ist und auf kein alternatives Verfahren verwiesen wird, ist nach anderen Verfahren zu suchen, die diese Konstellation abdecken.

aa) Anwendung des Verfahrens nach Art. 218 Abs. 6 AEUV

Entscheidend ist auch an dieser Stelle die sich aus der Entstehungsgeschichte der Vorschrift des Art. 218 Abs. 9 AEUV und dessen Vorgängervorschriften, der Rechtsprechung des EuGH, sowie der Organpraxis ableitbare besondere Nähe zum Vertragsschlussverfahren (heute: Art. 218 Abs. 6 AEUV).[267] Die Vorschrift sollte eine *lex specialis* zu dem im Normalfall anwendbaren Vertrags-(ab)schlussverfahren für die unionsinterne Willensbildung bei der Annahme von rechtswirksamen Beschlüssen in internationalen Gremien schaffen.[268] Dieses vereinfachte Verfahren gilt für die Beteiligung an allen Entscheidungsprozessen völkervertraglich eingesetzter Gremien, die rechtswirksame Akte zu erlassen haben, es sei denn die betreffenden Akte ergänzen oder ändern den institutionellen Rahmen des betreffenden Abkommens. Nachdem solche Beschlüsse vom Standpunktverfahren ausgenommen sind (Art. 218 Abs. 9 AEUV a. E.), kommt für sie (nur) ein Rückgriff auf die *leges generales*, das Vertrags(ab)schlussverfahren in Betracht. Auch aus der Zusammenschau der Art. 218 Abs. 6, Abs. 7 und Abs. 9 AEUV folgt, dass institutionelle Änderungen und Ergänzungen der Übereinkunft dem umständlicheren Verfahren des Art. 218 Abs. 6 AEUV vorbehalten sind.[269] Konkret bedeutet die Anwendung des Verfahrens nach Art. 218 Abs. 6 AEUV auf institutionelle Beschlüsse, dass wie bei der Genehmigung eines Abkommens (Ratifikation) der Rat auf Vorschlag der Kommission oder des Hohen Vertreters mit Beteiligung des Europäischen Parlaments (Zustimmung oder Anhörung) den institutionellen Beschluss genehmi-

---

[267] Siehe insbesondere oben, § 3 A.II.
[268] Siehe hierzu bereits oben, § 3 A.II. und § 3 B.I.2.d)aa).
[269] *Giegerich*, in: Pechstein/Nowak/Häde, 2017, Art. 218 AEUV, Rn. 136.

gen bzw. annehmen muss, *bevor* dieser völkerrechtlich verbindlich werden kann.[270] Dies entspricht dann weitgehend dem normalen Vertragsschluss.[271]

Die Anwendung des Verfahrens nach Art. 218 Abs. 6 AEUV auf Beschlüsse, die den institutionellen Rahmen der Übereinkunft ändern oder ergänzen, betont neben der wohl herrschenden Ansicht in der Literatur[272] auch der EuGH. In seinem *Kasachstan*-Urteil begründete der EuGH die Anwendung des Verfahrens nach Art. 218 Abs. 6 AEUV für institutionelle Beschlüsse damit, dass sie eine „derartige Tragweite" aufweisen, die mit dem Beschluss über den Abschluss einer Übereinkunft gleichzusetzen ist.[273] Aufgrund der besonderen Tragweite der Beschlüsse, die den institutionellen Rahmen des Abkommens ändern oder ergänzen, die dem des Vertragsabschlusses gleichkommt, ist auch das Verfahren der Mitwirkung an solchen Beschlüssen in gleicher Weise ausgestaltet wie der Abschluss eines völkerrechtlichen Vertrags. Sonstige Beschlüsse, die den institutionellen Rahmen der Übereinkunft weder ändern, noch ergänzen, sind in ihrer Tragweite nicht mit dem Abschluss einer Übereinkunft vergleichbar und können daher ohne Parlamentsbeteiligung im vereinfachten Verfahren des Art. 218 Abs. 9 AEUV vorbereitet werden. Ob ein institutioneller Beschluss gegeben ist oder nicht, ist damit eine wichtige Weichenstellung, da sie über die Anwendung des Verfahrens nach Art. 218 Abs. 6 AEUV und damit darüber entscheidet, ob die EU letztlich einen weitgehend normalen Vertragsschluss unter Parlamentsbeteiligung durchführt oder aber über das Verfahren nach Art. 218 Abs. 9 AEUV an Gremienbeschlüssen mitwirkt[274].

Die durch den EuGH angestellte Argumentation der vergleichbaren Tragweite des Beschlusses kann durchaus auch auf Beschlüsse übertragen werden, die ihre Grundlage nicht in einem Assoziierungsabkommen, sondern in einer ande-

---

[270] GA Sharpston, SchlA Rs. C-73/14, Rat/Kommission (Internationaler Seegerichtshof), ECLI:EU:C:2015:490, Tz. 74; vgl. *Schmalenbach*, in: Calliess/Ruffert, 5. Aufl. 2016, Art. 218 AEUV, Rn. 31.

[271] Siehe zu dieser Art von Beschluss *Vedder*, Die Auswärtige Gewalt des Europa der Neun, 1980, S. 156; die Ähnlichkeit zum Vertragsschluss hervorhebend bereits *Schmalenbach*, in: Calliess/Ruffert, 3. Aufl. 2007, Art. 300 EGV, Rn. 53.

[272] *Giegerich*, in: Pechstein/Nowak/Häde, 2017, Art. 216 AEUV, Rn. 69; *Schmalenbach*, in: Calliess/Ruffert, 5. Aufl. 2016, Art. 218 AEUV, Rn. 31 unter ausdrücklichem Verweis auf das parlamentarische Mitwirkungsverfahren nach Art. 218 Abs. 6 AEUV; *Mögele* in: Streinz, 3. Aufl. 2018, Art. 218 AEUV, Rn. 28 und *Geiger*, in: Geiger/Khan/Kotzur, European Union Treaties, A Commentary, Art. 218 TFEU, Rn. 19 verweisen auf die allgemeinen Regeln über den Abschluss internationaler Übereinkünfte.

[273] EuGH, Rs. C-244/17, Kommission/Rat (Kasachstan), ECLI:EU:C:2018:662, Rn. 33. Siehe zu diesem Urteil bereits im Zusammenhang mit den anwendbaren Mehrheitserfordernissen für die Standpunktfestlegung im Rat oben, § 3 B.I.2.d)cc).

[274] GA Kokott, SchlA Rs. C-13/07, Kommission/Rat (WTO-Beitritt Vietnam), ECLI:EU:C:2009:190, Tz. 130.

ren Übereinkunft haben, die einen besonderen institutionellen Rahmen i. S. d. Art. 218 Abs. 6 UAbs. 2 lit. a Nr. iii AEUV schafft. Zwar ist in systematischer Hinsicht die Bedeutung der Assoziierungsabkommen zusätzlich durch die Einstimmigkeitsentscheidung im Rat hervorgehoben (Art. 218 Abs. 8 UAbs. 2 Alt. 2 AEUV). Jedoch steht die Bedeutung und Tragweite institutioneller Beschlüsse aus anderen Abkommen als Assoziierungsabkommen diesen in nichts nach. Auch sie verändern institutionelle Strukturen, die dem eines Assoziierungsabkommens sehr nahekommen und das Abkommen bei dessen Abschluss zustimmungsbedürftig machen. Damit ist es nur folgerichtig, sie wie institutionelle Beschlüsse in Assoziierungsabkommen zu behandeln.

bb) Beteiligungsform des Europäischen Parlaments

Im Rahmen der Anwendung des Verfahrens nach Art. 218 Abs. 6 AEUV auf Rechtsakte, die den institutionellen Rahmen der Übereinkunft ändern oder ergänzen, war umstritten, ob das Europäische Parlament ein Zustimmungs- oder Anhörungserfordernis innehat. Diese Unterscheidung ist maßgeblich, da das Parlament im Falle eines Zustimmungsrechts den Erlass des Beschlusses verhindern kann, während der Einfluss des Parlaments im Rahmen der Anhörung deutlich reduziert ist, da der Rat nicht an die Stellungnahme des Parlaments gebunden ist. Einerseits kann argumentiert werden, dass das Zustimmungserfordernis nach Art. 218 Abs. 6 UAbs. 2 lit. a AEUV nur für die erstmalige Errichtung des institutionellen Rahmens, nicht jedoch für dessen Änderung oder Ergänzung gilt.[275] Jedoch stellte der EuGH für Assoziierungsabkommen in seinem Urteil *Kommission/Rat (Kasachstan)* nicht nur die Anwendbarkeit des Vertragsabschlussverfahrens auf Beschlüsse klar, die den institutionellen Rahmen der Übereinkunft ändern oder ergänzen, sondern bestätigte auch, dass in einem solchen Fall nicht nur der Rat einstimmig beschließt, sondern auch das Europäische Parlament zustimmen muss.[276] Dem entspricht auch der Grundsatz, dass Änderungsabkommen zustimmungspflichtig sind, wenn sie ihrerseits Merkmale aufweisen, die das Zustimmungserfordernis auslösen.[277] Aus alledem folgt, dass sich das Zustimmungsrecht des Europäischen Parlaments zum Abschluss von Assoziierungsabkommen und sonstigen Übereinkünften, die einen besonderen institutionellen Rahmen errichten, in dieser Art von Beschlüssen fort-

---

[275] Daher von einer Anhörung ausgehend *Martenczuk*, in: Kronenberger (Hrsg.), The European Union and the International Legal Order, 2001, S. 141 (151); a. A. *Appel*, Das internationale Kooperationsrecht der Europäischen Union, 2016, S. 309 sowie *von Bogdandy/Arndt/Bast*, ZaöRV 2002, 77 (149).

[276] EuGH, Rs. C-244/17, Kommission/Rat (Kasachstan), ECLI:EU:C:2018:662, Rn. 33.

[277] *Bungenberg*, in: von der Groeben/Schwarze/Hatje, 7. Aufl. 2015, Art. 218 AEUV, Rn. 72. Dies kann aus Art. 39 ff. WVRK I und II sowie Art. 218 AEUV abgeleitet werden.

setzt, sodass dem Europäischen Parlament der durch seine Zustimmung festgelegte institutionelle Rahmen nicht völlig entgleiten kann.

cc) Folgen für den Umfang delegierbarer Beschlussfassungsbefugnisse

Zu prüfen ist, welche Auswirkungen der Anwendungsausschluss (Art. 218 Abs. 9 AEUV a. E.) und die verpflichtende Durchführung des Vertragsschlussverfahrens nach Art. 218 Abs. 6 AEUV auf die Ausstattung völkervertraglicher Gremien hat. Hieraus könnte abzuleiten sein, dass die EU Befugnisse zur Änderung oder Ergänzung des institutionellen Rahmens nicht an Vertragsgremien delegieren darf. Der Wortlaut des Art. 218 Abs. 9 AEUV a. E. spricht zwar dafür, dass Rechtsakte zur Ergänzung oder Änderung des institutionellen Rahmens der Übereinkunft zum Repertoire der Vertragsgremien gehören.[278] Die herrschende Meinung folgert jedoch aus dem Anwendungsausschluss, dass die EU völkervertraglich errichteten Gremien keine Befugnisse zur verbindlichen Änderung oder Ergänzung des institutionellen Rahmens der Übereinkunft übertragen darf.[279] Dies ergibt sich ebenso aus einer systematischen Zusammenschau der Abs. 6, Abs. 7 und Abs. 9 des Art. 218 AEUV, wonach Abs. 6 das Verfahren für den Abschluss und die förmliche Änderung einer Übereinkunft und nicht das Handeln durch Gremienbeschluss betrifft, das nur in Abs. 7 und Abs. 9 vorgesehen ist. Dementsprechend ist es der EU nicht möglich, sich an einem Vertragsregime zu beteiligen, „in dem ein Vertragsgremium Änderungseingriffe in die institutionelle Struktur dieses Regimes selbständig vornehmen kann."[280] Eine solche Selbstständigkeit kann dann angenommen werden, wenn das Gremium unmittelbar verbindliche Beschlüsse erlassen kann, ohne dass es einer weiteren Annahme durch die Vertragsparteien bedarf.[281] Dies ist nicht der Fall, wenn das Gremium die Änderung institutioneller Strukturen vorschlägt, die Verbindlichkeit aber von der Annahme bzw. Zustimmung der Vertragsparteien abhängt, die dann von der Unionsseite unter Einhaltung des Vertragsschlussverfahrens nach Art. 218 Abs. 6 AEUV zu erfolgen hat. In einem solchen Fall handelt es sich um die Ratifikation eines zunächst unverbindlichen Be-

---

[278] Von Rechtsakten institutionellen Charakters sprechend *Appel*, Das internationale Kooperationsrecht der Europäischen Union, 2016, S. 309; ähnlich auch *von Bogdandy/Bast/Arndt*, ZaöRV 2002, 77 (149).
[279] *Giegerich*, in: Pechstein/Nowak/Häde, 2017, Art. 218 AEUV, Rn. 165; *Schroeder*, EuR 2018, 119 (136); *Weiß*, in: Kadelbach (Hrsg.), Die Welt und Wir. Die Außenbeziehungen der Europäischen Union, 2017, S. 151 (178); *Martenczuk*, in: Kronenberger (Hrsg.), The European Union and the International Legal Order, 2001, S. 141 (151).
[280] *Giegerich*, in: Pechstein/Nowak/Häde, 2017, Art. 218 AEUV, Rn. 165.
[281] Auf das Kriterium der autonomen völkerrechtlichen Verbindlichkeit abstellend *Weiß*, in: Kadelbach (Hrsg.), Die Welt und Wir. Die Außenbeziehungen der Europäischen Union, 2017, S. 151 (168 ff.).

schlussentwurfs, der erst mit der Zustimmung der Vertragsparteien wirksam wird und damit um den förmlichen Abschluss eines Änderungsvertrags der Vertragsparteien. Das Gremium erlässt dann nicht selbstständig verbindliche Beschlüsse zur Änderung oder Ergänzung des institutionellen Rahmens der Übereinkunft, sondern die Vertragsparteien einigen sich über die institutionelle Änderung oder Ergänzung.

Zusammenfassend folgt aus dem Anwendungsausschluss, dass sich die EU an keinem Vertragsregime beteiligen darf, in dem das Gremium selbstständig durch verbindlichen Beschluss die institutionelle Struktur der Übereinkunft ändert oder ergänzt. Um zu verhindern, dass unmittelbar völkerrechtlich verbindliche Beschlüsse institutionellen Charakters durch Vertragsgremien erlassen werden, muss bei Befugnissen, die institutionellen Charakter haben, das Erfordernis der Zustimmung bzw. Annahme des Beschlussentwurfs durch die Vertragsparteien klar im völkerrechtlichen Vertrag niedergelegt sein.

b) Reichweite des Anwendungsausschlusses

Aufgrund der besonderen Bedeutung des Anwendungsausschlusses für das auszuwählende unionsinterne Verfahren im Allgemeinen, die Beteiligungsrechte des Europäischen Parlaments im Besonderen und den Ausschluss der Delegation dieser Befugnisse an Vertragsgremien ist die Reichweite des Anwendungsausschlusses des Art. 218 Abs. 9 AEUV a. E. sorgfältig zu konturieren. Die genaue Reichweite der Rückausnahme wird nicht näher in den Verträgen vorgegeben. Im Folgenden soll eine eigene Auslegung vor dem Hintergrund des Prinzips des institutionellen Gleichgewichts und der demokratischen Legitimation unter Berücksichtigung der Rechtsprechung des EuGH Klarheit darüber verschaffen, in welchen Fällen ein Gremienbeschluss den institutionellen Rahmen der Übereinkunft ändert oder ergänzt und deshalb nicht an Vertragsgremien delegiert werden darf.

aa) Institutioneller Rahmen der Übereinkunft

In einem ersten Schritt ist der institutionelle Rahmen der Übereinkunft genauer zu konkretisieren. Dabei geht es bereits nach dem Wortlaut um institutionelle Strukturen, auf die in verschiedene Weise durch Änderung oder Ergänzung durch einen Gremienbeschluss eingewirkt werden kann. In systematischer Hinsicht verwenden die Unionsverträge den Begriff des institutionellen Rahmens bereits in Art. 13 EUV, der die Organe der Union und ihre Befugnisse beschreibt. Art. 218 Abs. 6 UAbs. 2 lit. a Nr. iii AEUV enthält im Zusammenhang mit der Begründung von Zustimmungsrechten für den Abschluss völkerrechtlicher Verträge eine ähnliche Begrifflichkeit („besonderen institutionellen Rahmen"), die in der Praxis eng ausgelegt wird[282]. Vor dem Hintergrund der zusätzlich niedergelegten Zustimmungskategorie für Assoziierungsabkommen wäre es widersinnig, wenn der besondere institutionelle Rahmen nur dann vorläge, wenn der Grad der institutionellen Verfestigung dem der Assoziierungsabkommen exakt entsprechen müsste. Gleichzeitig ist auch ein zu weites Verständnis nicht sachgerecht, da völkerrechtliche Verträge durchweg neben materiell-rechtlichen Regelungen organisatorische Vorschriften enthalten und damit alle Verträge ausnahmslos der Zustimmung des Europäischen Parlaments unterliegen würden. Dem institutionellen Rahmen unterfallen damit zumindest den Assoziierungsabkommen ähnliche institutionelle Strukturen. Davon ist jedenfalls dann auszugehen, wenn ein Abkommen Gremien errichtet, die verbindliche Beschlüsse erlassen können.[283] Der ähnliche Wortlaut des Art. 218 Abs. 6 und Abs. 9 AEUV und der systematische Zusammenhang der beiden Absätze zueinander sprechen dafür, dass der institutionelle Rahmen der Übereinkunft auch im Verfahren des Art. 218 Abs. 9 AEUV die Gremien des Abkommens und deren Beschlussfassungsbefugnisse beschreibt.

Dieser Einordnung entsprechen die Ausführungen des EuGH im Gutachten 2/15 betreffend die Kompetenzverteilung für das Freihandelsabkommen mit Singapur (EUSFTA)[284]. Dort konstatiert der EuGH, dass das Singapur-Abkommen verschiedene Verpflichtungen und Verfahren für den Informationsaustausch, die Notifikation, die Überprüfung, die Zusammenarbeit, den Vermittlungsmechanismus und die Entscheidungsbefugnisse festlegt und „dafür einen spezifischen institutionellen Rahmen [errichtet], der aus einem Handelsausschuss und vier Sonderausschüssen besteht, die diesem beigeordnet sind".[285] In der Folge führt der EuGH die Bestimmungen an, durch die die Ausschüsse eingerichtet werden (Art. 16.1 und Art. 16.2)[286]. Der (spezifische) institutionelle Rahmen der Übereinkunft besteht damit unter anderem[287] aus Gremien und den ihnen zugeordneten Entscheidungsbefugnissen sowie den Zusammenarbeitsverfahren. Aus den Ausführungen des EuGH kann das Verhältnis der Bestimmungen, die den institutionellen Rahmen schaffen, zu den sonstigen Bestim-

---

[282] *Schmalenbach*, in: Calliess/Ruffert, 5. Aufl. 2016, Art. 218 AEUV, Rn. 23.
[283] *Müller-Ibold*, in: Lenz/Borchardt, 6. Aufl. 2012, Art. 218 AEUV, Rn. 13; auf die Errichtung von Organstrukturen unabhängig von der Befugnis verbindlicher Beschlussfassung abstellend *Schmalenbach*, in: Calliess/Ruffert, 5. Aufl. 2016, Art. 218 AEUV, Rn. 23.
[284] ABl. 2019 L 294/3.
[285] EuGH, Gutachten 2/15 (Singapur), ECLI:EU:C:2017:376, Rn. 257.
[286] Art. 16.1 Singapur-Abkommen errichtet einen Handelsausschuss, der sich aus Vertretern der Vertragsparteien zusammensetzt (Abs. 1), Art. 16.2 Abs. 1 Singapur-Abkommen vier spezialisierte Ausschüsse unter der Schirmherrschaft des Handelsausschusses.
[287] Zum institutionellen Rahmen gehört zudem die Streitbeilegung, EuGH, Gutachten 2/15 (Singapur), ECLI:EU:C:2017:376, Rn. 303.

mungen des Abkommens entnommen werden: Der EuGH spricht vom „institutionellen Rahme[n] der materiell-rechtlichen Bestimmungen des geplanten Abkommens"[288]. Die zum institutionellen Rahmen gehörenden Bestimmungen und Mechanismen

„sollen die Wirksamkeit der materiell-rechtlichen Bestimmungen des geplanten Abkommens sicherstellen, indem mit ihnen im Wesentlichen eine Organstruktur, Wege der Zusammenarbeit, Pflichten zum Informationsaustausch und bestimmte Entscheidungsbefugnisse geschaffen werden."[289]

Damit zusammenhängend klassifiziert der EuGH die institutionellen Bestimmungen als „organisatorische Bestimmungen", die die internationalen Verpflichtungen „flankieren", „Hilfscharakter" haben und damit in die gleiche Zuständigkeit fallen wie die materiell-rechtlichen Bestimmungen, „denen sie zur Seite gestellt sind".[290]

Aus alledem kann abgeleitet werden, dass der institutionelle Rahmen von den materiell-rechtlichen Abkommensbestimmungen zu unterscheiden ist und die organisatorische Ausgestaltung des Abkommens regelt, konkret die Errichtung von Organen, die Festlegung von (verbindlichen) Entscheidungsbefugnissen sowie sonstige Mechanismen der Zusammenarbeit (Streitbeilegung, Informationsaustausch, Zusammenarbeit, Vermittlung).

bb) Änderung oder Ergänzung des institutionellen Rahmens

In einem zweiten Schritt ist zu untersuchen, wann der soeben definierte institutionelle Rahmen der Übereinkunft geändert oder ergänzt wird. Dabei ist im Hinterkopf zu behalten, dass eine Änderung oder Ergänzung des institutionellen Rahmens ein Zustimmungserfordernis des Europäischen Parlaments auslöst und die autonome Wahrnehmung dieser Befugnis durch völkervertragliche Gremien ausgeschlossen ist.

Die Begriffe „Ergänzung" oder „Änderung" sind nicht gerade aussagekräftig. Ihre Auslegung gestaltet sich auch bei der Delegation von Befugnissen auf die Kommission nach Art. 290 Abs. 1 AEUV schwierig. In diesem Rahmen bedeutet für den EuGH der Begriff der „Änderung" die Abänderung oder Aufhebung einzelner Elemente eines Rechtsakts, der der „Ergänzung" die Konkretisierung eines Rechtsakts.[291] Die Änderungsbefugnis wird als weitergehende Befugnis verstanden, da durch sie eine ursprüngliche Regelung durch eine mit

---

[288] EuGH, Gutachten 2/15 (Singapur), ECLI:EU:C:2017:376, Rn. 303.
[289] EuGH, Gutachten 2/15 (Singapur), ECLI:EU:C:2017:376, Rn. 275.
[290] EuGH, Gutachten 2/15 (Singapur), ECLI:EU:C:2017:376, Rn. 276 mwN.
[291] EuGH, Rs. C-286/14, Parlament/Kommission, ECLI:EU:C:2016:183, Rn. 41 f.; ähnlich *Gellermann*, in: Streinz, 3. Aufl. 2018, Art. 290 AEUV, Rn. 6.

anderem Inhalt ersetzt werden kann, während durch die Ergänzung bereits enthaltene Elemente eines Rechtsakts weiter ausgearbeitet und konkretisiert werden können, beispielsweise durch die Präzisierung unbestimmter Rechtsbegriffe.[292] Nachdem nahezu jeder Beschluss eines Gremiums institutionelle Strukturen in irgendeiner Weise konkretisieren oder ausfüllen und damit unter den weit verstandenen Begriff der Ergänzung subsumiert werden kann, sei es der Erlass einer Geschäftsordnung, die Errichtung weiterer Untergremien oder die Festlegung eines Verhaltenskodex für Richter,[293] ist eine restriktivere Auslegung angebracht. Ein zu weites Verständnis der Rückausnahme erweitert zwar die Mitwirkungsmöglichkeiten des Parlaments, führt aber dazu, dass die vereinfachte Entscheidungsfindung im Verfahren des Art. 218 Abs. 9 AEUV verdrängt und eine effektive Mitwirkung in internationalen Gremien deutlich eingeschränkt wird. Vor dem Hintergrund des Zwecks der Verfahrensvereinfachung, eine effektive Mitwirkung an Gremienbeschlüssen zu ermöglichen, ist es zumindest nicht praktikabel, alle Beschlüsse, die Gremien und ihre Befugnisse berühren, mit Zustimmung des Parlaments vorbereiten zu lassen.[294]

Es ist vielmehr davon auszugehen, dass nur bestimmte Beschlüsse das im Gesamtgefüge der Art. 218 Abs. 6, Abs. 7, Abs. 9 AEUV komplexeste Verfahren benötigen.[295] Beschlüsse, die den institutionellen Rahmen ändern oder ergänzen sind nach dem EuGH gerade solche, die eine besondere Tragweite aufweisen.[296] Ebenso weisen einige Generalanwälte und Stimmen in der Literatur den Beschlüssen die Attribute „besonders wichtige"[297] bzw. „verfassungsrechtlich relevante"[298] Beschlüsse zu, die zu „strukturellen Änderungen"[299] bzw. „strukturellen Eingriffen"[300] führen.

Aufgrund des engen Regelungszusammenhangs der Vorschriften der Art. 218 Abs. 6 und Abs. 9 AEUV sind Beschlüsse, die den institutionellen Rahmen än-

---

[292] *Gellermann*, in: Streinz, 3. Aufl. 2018, Art. 290 AEUV, Rn. 6.
[293] *Appel*, Das internationale Kooperationsrecht der Europäischen Union, 2016, Fn. 1378; siehe dazu auch *Craig*, ELRev. 2011, 671 (673).
[294] Vgl. *von Bogdandy/Bast/Arndt*, ZaöRV 2002, 77 (149); *Martenczuk*, in: Kronenberger (Hrsg.), The European Union and the International Legal Order, 2001, S. 141 (151).
[295] Sicher kann es nicht zielführend sein, das nochmals gegenüber Art. 218 Abs. 9 AEUV vereinfachte Verfahren nach Art. 218 Abs. 7 AEUV anzuwenden; so aber *Vedder*, in: Hummer/Obwexer (Hrsg.), Der Vertrag von Lissabon, 2009, S. 267 (295).
[296] EuGH, Rs. C-244/17, Kommission/Rat (Kasachstan), ECLI:EU:C:2018:662, Rn. 33; siehe hierzu bereits oben, § 3 C.III.2.a)aa).
[297] GA Cruz Villalón, SchlA Rs. C-399/12, Deutschland/Rat (OIV), ECLI:EU:C:2014:289, Tz. 75.
[298] *Giegerich*, in: Pechstein/Nowak/Häde, 2017, Art. 218 AEUV, Rn. 165.
[299] GA Kokott, SchlA Rs. C-81/13, Vereinigtes Königreich/Rat, ECLI:EU:C:2014:2114, Tz. 97.
[300] *Giegerich*, in: Pechstein/Nowak/Häde, 2017, Art. 218 AEUV, Rn. 136.

dern oder ergänzen, von solchen zu unterscheiden, die in den unionsinternen Verfahren der Art. 218 Abs. 7, Abs. 9 AEUV vorbereitet werden können, d.h. von solchen Vertragsänderungen bzw. -ergänzungen, die das Abkommen durchführen oder umsetzen.[301] Diese Kriterien sind selbst wenig aussagekräftig.[302] Der Begriff der „Durchführung" umfasst die Anwendung bestehender Regelungen im Einzelfall, womit keine politischen Gestaltungsmöglichkeiten verbunden sind.[303] Diesbezüglich verdeutlichte der EuGH lediglich, dass es sich bei dem Akt der Umsetzung um einen dem Abschluss der Übereinkunft nachgeordneten Vorgang handelt.[304]

Durchführungsbeschlüsse liegen jedenfalls im Erlass einer Geschäftsordnung und in der Einsetzung von Fachunterausschüssen, da diese beabsichtigen, den institutionellen Rahmen des Abkommens „mit Leben zu erfüllen", so wie es im Abkommen selbst „ausdrücklich vorgesehen ist".[305] Diese ausdrückliche Niederlegung der zu treffenden Entscheidung ist der Grund, wieso keine erneute Beteiligung des Parlaments erforderlich wird, da das Parlament durch den Abschluss des Abkommens die Gremienbefugnisse billigte und von einer Fortwirkung dieser erteilten Zustimmung auszugehen ist.[306] Damit die Ausschüsse in den Abkommen ihre Befugnisse effektiv ausüben können, ist der Erlass einer Geschäftsordnung erforderlich, der die Art und Weise des Tätigwerdens der Gremien regelt. Die genannten Durchführungsbeschlüsse stellen sicher, dass ein funktionierender institutioneller Rahmen vorliegt, der die wirksame Durchführung des Abkommens gewährleistet. Dass es sich bei der Annahme einer Geschäftsordnung um einen Durchführungsbeschluss handelt, bestätigt auch die Praxis des Rats, der für die Mitwirkung am Erlass einer Geschäftsordnung die Verfahrensvorschrift des Art. 218 Abs. 9 AEUV als Rechtsgrundlage heranzieht[307] und die Annahme der Geschäftsordnung als Beitrag zur wirksamen

---

[301] EuGH, Rs. C-81/13, Vereinigtes Königreich/Rat, ECLI:EU:C:2014:2449, Rn. 66; EuGH, Rs. C-244/17, Kommission/Rat (Kasachstan), ECLI:EU:C:2018:662, Rn. 32.

[302] So im Rahmen des Art. 291 AEUV *Nettesheim*, in: Grabitz/Hilf/Nettesheim, 69. EL Februar 2020, Art. 291 AEUV, Rn. 12; für die schwierige Abgrenzung zwischen „implementation" und „legislation" im Komitologiebereich *Lenaerts/Verhoeven*, CMLRev. 2000, 645 (650ff.).

[303] Jedenfalls zu Art. 207 Abs. 2 AEUV *Nettesheim*, in: Streinz, 3. Aufl. 2018, Art. 207 AEUV, Rn. 38.

[304] Vgl. EuGH, verb. Rs. C-626/15 und C-659/16, Kommission/Rat (Antarktis), ECLI:EU:C:2018:925, Rn. 112.

[305] GA Kokott, SchlA Rs. C-244/17, Kommission/Rat (Kasachstan), ECLI:EU:C:2018:364, Tz. 35.

[306] Siehe nur *Martenczuk*, in: Kronenberger (Hrsg.), The European Union and the International Legal Order, 2001, S. 141 (150).

[307] Siehe beispielsweise zuletzt Beschluss (EU) 2018/1062 des Rates vom 16.7.2018 im Hinblick auf die Annahme einer Geschäftsordnung des Gemischten CETA-Ausschusses (ABl. 2018 L 190/13).

C. Anwendungsbereich der unionsinternen Mitwirkungsverfahren   153

Durchführung des Abkommens bezeichnet,[308] durch die der institutionelle Rahmen des Abkommens vervollständigt werde[309]. Gleiches gilt für die Einsetzung von Fachunterausschüssen.[310] Standardmäßig vom Verfahren des Art. 218 Abs. 9 AEUV erfasst sind daneben Beschlüsse, die „geringfügige und eher technische Änderungen" beispielsweise an Anhängen des Abkommens herbeiführen.[311]

Aus alledem folgt, dass eine Rückausnahme aus dem Verfahren des Art. 218 Abs. 9 AEUV und damit einhergehend die Zustimmung des Europäischen Parlaments dann erforderlich ist, wenn Beschlüsse von besonderer Relevanz sind, da sie strukturelle Änderungen der Übereinkunft vornehmen, die nicht mehr von der Zustimmung des Europäischen Parlaments bei Vertragsabschluss gedeckt sind. Solche Beschlüsse brechen aus dem bestehenden institutionellen Rahmen aus, indem sie den bestehenden Rahmen ändern oder ergänzen. Sonstige Beschlüsse, die geringfügige oder eher technische Änderungen beinhalten, die bereits ausdrücklich im Abkommen niedergelegt sind, können hingegen im verkürzten Verfahren des Art. 218 Abs. 9 AEUV ohne Parlamentsbeteiligung vorbereitet werden. Diese Änderungen sind bei Vertragsabschluss vorhersehbar, sodass die Zustimmung des Europäischen Parlaments fortwirkt. Dazu gehören beispielsweise Beschlüsse, mit denen Gremien ihre Geschäftsordnung festlegen oder Unterausschüsse errichten. Sie konkretisieren den bereits durch das Abkommen errichteten institutionellen Rahmen. Die Unterscheidung zwischen bedeutsamen Änderungen, die eine Beteiligung des Europäischen Parlaments erfordern und geringfügigen Änderungen, die in vereinfachten Verfahren ohne Parlamentsbeteiligung vorbereitet werden können, erinnert jedenfalls im Ansatz an die vom BVerfG entwickelte Wesentlichkeitstheorie.[312]

cc) Anwendungsbeispiele

Anhand des soeben festgelegten Maßstabs wird für zwei weitere Gremienbefugnisse untersucht, ob sie einen Standardfall des Verfahrens nach Art. 218

---

[308] Siehe nur Erwägungsgrund 5 des Beschlusses (EU) 2017/2261 des Rates vom 30.11.2017 im Hinblick auf die Annahme einer Geschäftsordnung des Gemeinsamen Kooperationsausschusses im Abkommen über eine strategische Partnerschaft der EU, ihrer Mitgliedstaaten und Kanada (ABl. 2017 L 324/41).

[309] Siehe nur Erwägungsgrund 2 des Beschlusses (EU) 2016/845 des Rates vom 23.5.2016 zur Annahme der Geschäftsordnung des Gemischten Ausschusses im Rahmenabkommen der EU, ihren Mitgliedstaaten und der Republik Korea (ABl. 2016 L 141/66).

[310] Siehe nur ebenda, Erwägungsgrund 5.

[311] GA Szpunar, SchlA Rs. C-600/14, Deutschland/Rat (OTIF), ECLI:EU:C:2017:296, Tz. 58, Fn. 30 und Tz. 59.

[312] Siehe hierzu bereits oben, § 3 B.I.2.d)dd); zur Entwicklung einer unionsrechtlichen Wesentlichkeitstheorie siehe unten, § 4 A.III.2.c) und § 4 A.III.3.b).

Abs. 9 AEUV darstellen oder aber aus dem institutionellen Rahmen ausbrechen und daher der parlamentarischen Zustimmung bedürfen. Nachdem der institutionelle Rahmen der Übereinkunft die Gremien und die Befugnisse der Gremien betrifft, widmet sich je ein Beispiel einem der beiden Elemente. Die Abgrenzung zwischen Durchführungsbeschlüssen und Beschlüssen zur Änderung oder Ergänzung des institutionellen Rahmens der Übereinkunft ist in der Praxis jedoch nicht immer leicht.[313]

(1) Hauptausschüsse und Unterausschüsse

Bei der Einrichtung von Fachunterausschüssen handelt es sich um einen Durchführungsbeschluss, der im Verfahren des Art. 218 Abs. 9 AEUV vorbereitet werden kann. Die Einrichtung von Fachunterausschüssen füllt den institutionellen Rahmen der Übereinkunft mit Leben. Etwas Anderes könnte für die Errichtung gleichrangiger Haupt- oder Sonderausschüsse gelten. Während sich Fachunterausschüsse dadurch auszeichnen, dass sie den Haupt- und Sonderausschüssen unterstellt sind und den bereits eingerichteten Hauptorganen zuarbeiten, stehen Hauptorgane auf derselben Stufe wie das Gremium, das sie einsetzt.[314] Mit der Befugnis, ein weiteres Hauptorgan einzusetzen, würde ein neues Element zum bereits bestehenden institutionellen Rahmen hinzugefügt werden, da der die Gremienstruktur umfassende institutionelle Rahmen durch die Hinzufügung eines neuen, gleichgeordneten Organs erweitert wird. Mit der Wahrnehmung der Befugnis, gleichrangige Vertragsgremien zu errichten, gehen weitreichende Gestaltungsmöglichkeiten hinsichtlich der Besetzung und der Art und Reichweite der Befugnisse des neu geschaffenen Gremiums einher, die schwerlich bereits bei Vertragsabschluss vorprogrammiert werden können. Auch für Unionsorgane ist es im Unionsprimärrecht ausgeschlossen, gleichgeordnete Organe hinzuzufügen,[315] sodass eine Zuweisung solcher Befugnisse durch die Unionsorgane an völkervertragliche Gremien nicht in Betracht kommt. Die Einrichtung gleichgeordneter Hauptorgane, d.h. bestimmter Fach- und Sonderausschüsse durch Beschluss ergänzt den institutionellen Rahmen der Übereinkunft und kann nicht zur eigenständigen Wahrnehmung an Vertragsgremien delegiert werden. Diese Aufgabe muss unter Beteiligung des Europäischen Parlaments im Vertragsänderungsverfahren des Art. 218 Abs. 6 AEUV wahrgenommen werden.

---

[313] Zu den Schwierigkeiten der Abgrenzung des Art. 290 AEUV von Art. 291 AEUV siehe *Nettesheim*, in: Grabitz/Hilf/Nettesheim, 69. EL Februar 2020, Art. 290 AEUV, Rn. 20 ff.
[314] *Schmalenbach*, in: Calliess/Ruffert, 5. Aufl. 2016, Art. 218 AEUV, Rn. 31.
[315] So auch *Chiti*, CMLRev. 2009, 1395 (1438).

(2) Erweiterung oder Verschiebung von Entscheidungsbefugnissen

Zum institutionellen Rahmen gehören nach der obigen Definition nicht nur die Organe, sondern auch die dazugehörigen Entscheidungsbefugnisse, sodass sich die Frage stellt, inwieweit völkervertraglichen Gremien die Befugnis zugewiesen werden kann, die Entscheidungsbefugnisse der Gremien zu erweitern oder zu verschieben.

Die Zuweisung neuer Entscheidungsbefugnisse durch völkervertragliche Gremien an völkervertragliche Gremien hat nicht nur geringfügige Auswirkungen, sondern verändert das Funktionieren des institutionellen Rahmens in struktureller Weise. Neue Entscheidungsbefugnisse haben auch Auswirkungen auf die effektive Umsetzung der materiell-rechtlichen Verpflichtungen des Abkommens. Da auch Unionsorgane keine Kompetenz-Kompetenz besitzen, dürfen diese ebenso wenig völkervertragliche Gremien mit dieser Kompetenz ausstatten. Für die Ausweitung der Kompetenzen der Haupt- und Sonderausschüsse muss demnach der völkerrechtliche Vertrag, der die Organe errichtet, durch die Vertragsparteien geändert werden (Art. 218 Abs. 6 AEUV).[316]

Die Situation könnte anders gelagert sein, wenn Hauptausschüsse bereits im Abkommen bestehende verbindliche Beschlussfassungsbefugnisse an Sonder- oder Unterausschüsse übertragen und daher nur an ein anderes bereits bestehendes Organ verlagern. Beispielsweise kann der Gemischte CETA-Ausschuss gewisse Zuständigkeiten an Sonderausschüsse delegieren[317] oder ihre Zuständigkeiten ändern[318]. Auch an dieser Stelle kommt es maßgeblich darauf an, ob die Art der Befugnisse der jeweiligen Gremienstruktur und den bisher im Abkommen zugewiesenen Befugnissen entspricht. Unterausschüsse, die den Hauptausschüssen untergeordnet sind, nehmen in der Regel nur vorbereitende Aufgaben wahr. Ihnen kann daher nicht die Befugnis zur Letztentscheidung über verbindliche Beschlussfassungsbefugnisse übertragen werden. Die Zuweisung von verbindlichen Beschlussfassungsbefugnissen an Sonderausschüsse, die strukturell für solche Aufgaben ausgelegt sind, erscheint dahingehend weitgehend unproblematisch. Diese Differenzierung kann auch aus der Vertragspraxis abgeleitet werden.[319] Werden Beschlussfassungsbefugnisse vom Hauptausschuss an den Sonderausschuss verlagert und ist dies im Abkommen bei Abschluss so vorgesehen, hat das Parlament diese Möglichkeit bereits gebilligt. Damit liegt keine Änderung

---

[316] *Schmalenbach*, in: Calliess/Ruffert, 5. Aufl. 2016, Art. 218 AEUV, Rn. 31.
[317] Art. 26.1 Abs. 5 lit. a CETA.
[318] Art. 26.1 Abs. 5 lit. g CETA.
[319] Nach Art. 268 Abs. 4 CETA kann der Kooperationsrat seine Befugnisse, inklusive der Befugnis zur verbindlichen Beschlussfassung (vgl. Art. 269 Abs. 4 CETA) an den Kooperationsausschuss übertragen, nicht aber an Fachunterausschüsse.

oder Ergänzung des institutionellen Rahmens der Übereinkunft vor, wenn der Hauptausschuss gewisse Zuständigkeiten an Sonderausschüsse delegiert, jedoch schon, wenn verbindliche Beschlussfassungsbefugnisse an Gremien delegiert werden, die eigentlich nach dem institutionellen Rahmen der Übereinkunft lediglich vorbereitende Tätigkeiten wahrnehmen. Ein ähnliches Vorgehen erscheint für die Befugnis des Hauptausschusses, die Zuständigkeiten der Sonderausschüsse zu ändern, angebracht. Liegen die Änderungen in der Erwartungszone der Vertragsparteien, erscheint eine erneute Zustimmung des EP nicht erforderlich. Werden die Befugnisse allerdings in einer Weise ausgeweitet, die von den Vertragsparteien so nicht vorhersehbar war und sind Befugnisse enthalten, die der institutionelle Rahmen in dieser Weise für Sonderausschüsse generell nicht vorgibt, ist dies als Änderung oder Ergänzung des institutionellen Rahmens einzuordnen und durch das Verfahren des Art. 218 Abs. 6 AEUV abzusichern.

3. Reichweite der Gremientätigkeit in Art. 218 Abs. 7 AEUV

Im Unterschied zum Verfahren des Art. 218 Abs. 9 AEUV, das rechtswirksame Akte mit Ausnahme von Akten, die den institutionellen Rahmen der Übereinkunft ändern oder ergänzen, erfasst, ist in Art. 218 Abs. 7 AEUV terminologisch von der Annahme von Änderungen die Rede. Auf den ersten Blick scheint der Tätigkeitsbereich der Gremien im Verfahren des Art. 218 Abs. 7 AEUV einerseits enger zu sein, da nur Änderungen angenommen werden können, während rechtswirksame Akte auch sonstige Ergänzungen der Übereinkunft betreffen, jedoch andererseits weiter zu sein, da die Rückausnahme der Änderung oder Ergänzung des institutionellen Rahmens der Übereinkunft nicht enthalten ist.

a) Die Annahme von Änderungen der Übereinkunft

Der explizite Verweis des Art. 218 Abs. 7 AEUV auch auf das Verfahren nach Art. 218 Abs. 9 AEUV legt nahe, dass beide Verfahren ähnliche Anwendungsbereiche haben. Dies zeigt auch die Praxis, wonach die Kommission das Verfahren nach Art. 218 Abs. 7 AEUV für die Standpunktfassung in Bezug auf rechtswirksame Akte anwendet.[320] Auch die Literatur sieht den Anwendungsbereich der Vorschrift für bestimmte Assoziationsratsbeschlüsse als eröffnet an.[321] Für die Änderung der Übereinkunft durch Gremienbeschluss stehen damit zwei Mitwirkungsverfahren zur Verfügung, die sich in ihrem Anwendungsbereich

---

[320] Europäische Kommission, Vademecum on the External Action of the European Union, SEC(2011)881/3, S. 20.
[321] *Martenczuk*, in: Kronenberger (Hrsg.), The European Union and the International Legal Order, 2001, S. 141 (151); auch *Hummer*, in: Vedder/Heintschel von Heinegg, 2. Aufl. 2018, Art. 218 AEUV, Rn. 24.

überschneiden. Möglicherweise könnte der Begriff der Änderung jedoch bestimmte Akte ausschließen, die im Verfahren des Art. 218 Abs. 9 AEUV möglich sind. Die Vorschrift wird als Ausnahmevorschrift eher strikt ausgelegt.[322] Gegen einen gegenüber Art. 218 Abs. 9 AEUV eingeschränkten Anwendungsbereich spricht, dass der Begriff der Änderung im Vergleich zur Ergänzung als weitergehendere Befugnis angesehen wird und auch der Anwendungsbereich des Art. 218 Abs. 9 AEUV nicht mit dem Begriff der Ergänzung, sondern mit dem Begriff des rechtswirksamen Aktes arbeitet. Dementsprechend erscheint es möglich, jeden rechtswirksamen Akt eines vertraglich eingerichteten Gremiums als (wenn auch noch so marginale) Änderung der Übereinkunft anzusehen.[323] Hierfür spricht auch, dass der Begriff der Ergänzung wenig Erklärungspotential bietet.[324] Die exklusive Begrenzung von Ergänzungen der Übereinkunft auf das Verfahren des Art. 218 Abs. 9 AEUV ist auch deshalb zweifelhaft, da das Verfahren des Art. 218 Abs. 7 AEUV in der Praxis auch auf solche Akte internationaler Gremien angewendet wird, die schwer als reine Änderung der Übereinkunft eingeordnet werden können. Dies betrifft beispielsweise Beschlüsse des Gemischten EWR-Ausschusses, mit denen Unionsrechtsakte auf die EWG ausgedehnt werden sollten. Diesen Fall erkennt auch die Kommission als Beispiels-Anwendungsfall des Verfahrens des Art. 218 Abs. 7 AEUV an.[325] Aufgrund dieser Praxis wird in der Literatur vorgeschlagen, das Verfahren nach Abs. 7 auch auf solche Akte auszudehnen, die die Übereinkunft nicht ändern.[326] Beide Verfahren beträfen dann den Erlass abgeleiteter Rechtsetzung.[327] Unter Berücksichtigung aller vorgebrachten Gründe ist es überzeugender, in einem ersten Schritt von einem generellen Gleichlauf der Anwendungsbereiche der unionsinternen Mitwirkungsverfahren auszugehen[328]. Gleichwohl darf nicht außer Acht gelassen werden, dass entscheidendes Organ im Verfahren nach Art. 218 Abs. 9 AEUV der Rat, im Verfahren des Art. 218 Abs. 7 AEUV die Kommission bzw. der Hohe Vertreter ist und die von der Kommission wahr-

---

[322] Zur Vorgängervorschrift des Art. 228 Abs. 4 EGV *MacLeod/Henry/Hyett*, The External Relations of the European Communities, 1996, S. 104; ebenso GA Tesauro, SchlA Rs. C-327/91, Frankreich/Kommission, Slg. 1994, I-3643, Tz. 24.

[323] So wohl *Erlbacher*, in: Jaeger/Stöger, 214. Lfg. 2018, Art. 218 AEUV, Rn. 50.

[324] Zum Begriff der Ergänzung in Art. 290 Abs. 1 AEUV so *Craig*, ELRev. 2011, 671 (673).

[325] Europäische Kommission, Vademecum on the External Action of the European Union, SEC(2011)881/3, S. 20; ebenso und mit weiteren Beispielen *Martenczuk*, in: Kronenberger (Hrsg.), The European Union and the International Legal Order, 2001, S. 141 (151 f.), insb. Fn. 58.

[326] Siehe nur *Martenczuk*, in: Kronenberger (Hrsg.), The European Union and the International Legal Order, 2001, S. 141 (151 f.).

[327] *Müller-Ibold*, in: Lenz/Borchardt, 6. Aufl. 2012, Art. 218 AEUV, Rn. 18.

[328] *Erlbacher*, in: Jaeger/Stöger, 214. Lfg. 2018, Art. 218 AEUV, Rn. 50 legt die Bestimmungen identisch aus.

nehmbaren Befugnisse vor dem Hintergrund der demokratischen Legitimation und des institutionellen Gleichgewichts tendenziell in ihrer Tragweite hinter denen des Rates zurückbleiben dürften.

b) Anwendbarkeit der Rückausnahme des Art. 218 Abs. 9 AEUV a. E.

Anders als im Verfahren des Art. 218 Abs. 9 AEUV enthält das Verfahren nach Art. 218 Abs. 7 AEUV keine Ausnahme im Hinblick auf die Änderung und Ergänzung des institutionellen Rahmens der Übereinkunft, sodass eine Mitwirkung an solchen Befugnissen zunächst möglich erscheint. Der Wortlaut, der sich gerade zum Verfahren des Art. 218 Abs. 9 AEUV abzugrenzen versucht („Abweichend von"), steht auf den ersten Blick unterschiedlichen Anwendungsvoraussetzungen nicht entgegen. Werden jedoch systematische Erwägungen mit einbezogen, erscheint es naheliegender, den Verweis auf Abs. 5, Abs. 6 und Abs. 9 nur als Verweis auf das Entscheidungsverfahren, nicht aber auf abweichende Anwendungsvoraussetzungen zu verstehen.[329] Dafür spricht auch, dass der Anwendungsbereich der Verfahren trotz unterschiedlicher Terminologien parallel verstanden wurde, sodass dann konsequenterweise auch die Ausnahme aus dem Anwendungsbereich übertragen werden muss. Maßgeblich für eine Anwendung der Ausnahme auch auf das Verfahren nach Art. 218 Abs. 7 AEUV sprechen jedoch Erwägungen des institutionellen Gleichgewichts, die bei der Auslegung der Vorschrift berücksichtigt werden müssen.[330] Das Parlament muss wie auch im Verfahren des Art. 218 Abs. 9 AEUV die Möglichkeit haben, den institutionellen Rahmen der Übereinkunft selbst festzulegen. Durch eine weitreichende Übertragung dieser Befugnisse an völkervertragliche Gremien unter Mitwirkung der Kommission im Verfahren des Art. 218 Abs. 7 AEUV würde das Zustimmungserfordernis des Parlaments für den institutionellen Bereich ausgehebelt werden. Durch das Verfahren des Art. 218 Abs. 7 AEUV sollten keine weitreichenderen Änderungen ermöglicht werden wie im komplexeren Verfahren des Art. 218 Abs. 9 AEUV.[331] Es bleibt damit bei der bereits zum Verfahren des Art. 218 Abs. 9 AEUV getätigten Feststellung, dass schwerwiegende Änderungen im Verfahren nach Art. 218 Abs. 6 AEUV unter Einbeziehung des Europäischen Parlaments und „weniger bedeutsame Änderungen" im vereinfachten Verfahren des Art. 218 Abs. 7 AEUV durchgeführt werden können.[332]

---

[329] Vgl. *Giegerich*, in: Pechstein/Nowak/Häde, 2017, Art. 218 AEUV, Rn. 136 f.
[330] *Erlbacher*, in: Jaeger/Stöger, 214. Lfg. 2018, Art. 218 AEUV, Rn. 49.
[331] *Giegerich*, in: Pechstein/Nowak/Häde, 2017, Art. 218 AEUV, Rn. 136 f.
[332] *Giegerich*, in: Pechstein/Nowak/Häde, 2017, Art. 218 AEUV, Rn. 134, 137.

IV. Zusammenfassende Übersicht der Verfahren im Umfeld der völkervertraglichen Beschlussfassung

Die Gesamtschau der anlässlich der völkervertraglichen Beschlussfassung relevanten Verfahren der Art. 218 Abs. 6, Abs. 7 und Abs. 9 AEUV zeigt, dass das unionale Primärrecht für die Mitwirkung der Union an Beschlüssen völkervertraglicher Gremien ein teilweise ausdifferenziertes System niederlegt, das sich aus drei verschiedenen Verfahren zusammensetzt, die in unterschiedlichen Konstellationen zur Anwendung kommen.

Die Zustimmung zu einem Beschlussentwurf unter Einhaltung des normalen Vertragsschlussverfahrens (Art. 218 Abs. 6 AEUV) ist für solche Beschlüsse vorgesehen, die zu einer Änderung oder Ergänzung des institutionellen Rahmens führen und damit strukturelle Veränderungen im institutionellen Bereich betreffen. Diese Ratifikation von Beschlussentwürfen, die aus sich heraus nicht völkerrechtlich bindend sind, entspricht weitgehend dem normalen Vertragsschluss, da es die Vertragsparteien selbst in der Hand haben, den völkerrechtlich verpflichtenden Akt herbeizuführen. Der selbstständige Erlass völkerrechtlich verbindlicher Beschlüsse durch das Gremium, der eine vorherige Befugnisdelegation an das Gremium voraussetzt, ist nur in Kombination mit den Verfahren der Art. 218 Abs. 7 und Abs. 9 AEUV möglich, die die Standpunktfestlegung einmal durch Ratsbeschluss (Art. 218 Abs. 9 AEUV) und einmal durch die Kommission (Art. 218 Abs. 7 AEUV) vorsehen. In diesem Fall führen die Gremien den völkerrechtlich verpflichtenden Akt herbei, während die Vertragsparteien indirekt über ihre Vertreter im Gremium Einfluss ausüben können.

anzuwendendes Verfahren	Wirksamkeit	Einfluss der Unionsorgane auf die völkerrechtliche Bindung
Art. 218 Abs. 6 AEUV	wirksam mit Zustimmung der Vertragsparteien	direkt
Art. 218 Abs. 9 AEUV	unmittelbar wirksam mit Erlass oder zum vereinbarten Zeitpunkt	indirekt über Bindung des Exekutivvertreters im Gremium durch Rat
Art. 218 Abs. 7 AEUV	unmittelbar wirksam mit Erlass oder zu vereinbartem Zeitpunkt	indirekt über Bindung des Exekutivvertreters im Gremium durch Kommission

Tabelle II: Wirksamkeit der Gremienakte und Einfluss der Unionsorgane je nach Unionsverfahren

Für die Abgrenzung der genannten Verfahren von etwaigen informellen Verfahren ist das Kriterium der Rechtswirksamkeit der Gremienakte maßgeblich. Die Abgrenzung der Verfahren untereinander orientiert sich maßgeblich am

(Nicht-)Vorliegen eines Aktes zur Änderung oder Ergänzung des institutionellen Rahmens der Übereinkunft. Ein solcher liegt vor, wenn ein Beschluss strukturelle Änderungen an den Gremien und ihren Befugnissen durchführt und aufgrund der besonderen Relevanz die Beteiligung des Europäischen Parlaments erfordert. Solche Akte können nicht an ein Vertragsgremium zur selbstständigen Wahrnehmung delegiert, sondern nur durch ein Gremium vorbereitet und von den Vertragsparteien entsprechend dem Verfahren des Art. 218 Abs. 6 AEUV angenommen werden.

Alle sonstigen Änderungen und Ergänzungen der Übereinkunft, auch betreffend den materiellen Abkommensbereich, können jedenfalls auf Grundlage der Analyse der Verfahrensbestimmungen an Vertragsgremien delegiert werden. Dies erfasst insbesondere geringfügigere Änderungen, die in vereinfachten Verfahren ohne Parlamentsbeteiligung vorbereitet werden. Das Unionsrecht stellt zur Begleitung der Ausübung solcher Gremienbefugnisse standardmäßig das Standpunktverfahren nach Art. 218 Abs. 9 AEUV bereit, das grundsätzlich auf alle rechtswirksamen Akte der Gremien angewendet werden kann, durch die die Übereinkunft angewendet, geändert, ergänzt oder umgesetzt wird. Im gleichen Anwendungsbereich kommt zudem das nochmals vereinfachte Verfahren nach Art. 218 Abs. 7 AEUV in Betracht. Für eine weitere Ausdifferenzierung der Anwendungsbereiche ist wiederum das Kriterium der Bedeutsamkeit der jeweiligen Änderung relevant, das als solches nicht ausdrücklich in den Verfahrensvorschriften niedergelegt ist, jedoch auch schon für die Unterscheidung der Verfahren der Art. 218 Abs. 6 und Abs. 9 AEUV jedenfalls für institutionelle Änderungen und Ergänzungen herangezogen wurde.

Inhalt/Art des Aktes	anzuwendendes Verfahren	Wesentliche Rolle
Akte zur Änderung oder Ergänzung des institutionellen Rahmens	Art. 218 Abs. 6 AEUV	EP & Rat
Rechtswirksame Akte aller Art ausgenommen Akte institutionellen Charakters	Art. 218 Abs. 9 AEUV	Rat & Kommission oder Hoher Vertreter
Akte zur Änderung der Übereinkunft ausgenommen Akte institutionellen Charakters	Art. 218 Abs. 7 AEUV	Kommission oder Hoher Vertreter

Tabelle III: Anzuwendende Unionsverfahren und wesentliche Rolle je nach Inhalt des Gremienaktes

Die drei Verfahren sind unterschiedlich komplex ausgestaltet. In jedem Verfahren spielen unterschiedliche Unionsorgane eine wesentliche Rolle. Das Europäische Parlament ist nur im Verfahren des Art. 218 Abs. 6 AEUV beteiligt, während in den vereinfachten Änderungsverfahren die Exekutive dominiert. Dessen Zustimmungsrecht bei Abschluss von Abkommen mit institutionellen Strukturen bleibt diesem nur bei Änderungen und Ergänzungen des institutionellen Rahmens der Übereinkunft erhalten. Schon jetzt ist erkennbar, dass weitreichende Befugnisdelegationen die Verantwortung für den Inhalt des Beschlusses mehr und mehr Weg vom Europäischen Parlament hin zur Exekutive verlagern. Das Verfahren nach Art. 218 Abs. 9 AEUV ist aufgrund seiner Formalisierung, die sich im Erlass eines Ratsbeschlusses ausdrückt, der Rechtsgrundlage und Begründung enthalten muss, leichter durch das Europäische Parlament kontrollierbar wie der Billigungsakt des Verhandlungsführers im Verfahren des Art. 218 Abs. 7 AEUV.

Es liegt nahe, dass hinter der Ausdifferenzierung in unterschiedlich komplexe Verfahren und unterschiedlich intensive Beteiligungen der Unionsorgane ähnliche Erwägungen stehen, wie sie den Änderungsverfahren des Unionsprimärrechts selbst zugrunde liegen. In diesem Rahmen wird davon ausgegangen, dass die verfahrensrechtlichen Anforderungen anhand der verfassungsrechtlichen und politischen Bedeutung der jeweiligen Änderung abgestuft werden können und umso höhere Verfahrensanforderungen gelten, je bedeutender die jeweilige Vertragsänderung ist, während für geringfügigere Änderungen einfachere Verfahren angewendet werden können.[333] Entscheidend ist daneben, inwiefern Bereiche von der Änderung betroffen sind, die stärker einer politischen Veränderung unterliegen.[334] Diese Begründungserwägungen können auch für eine weitere Abgrenzung der Anwendungsbereiche der Verfahren hilfreich sein.

D. Rückschlüsse für die Einrichtung völkervertraglicher Gremien

Aus den Anwendungsvoraussetzungen der jeweiligen Verfahren ergeben sich einige absolute Grenzen für die Einrichtung völkervertraglicher Gremien mit Beschlussfassungsbefugnissen.

I. Teilnahme von Vertretern der EU und Rückbindung an die Unionsorgane

Die Anwendungsbereiche der vereinfachten unionsinternen Mitwirkungsverfahren nach Art. 218 Abs. 7 und Abs. 9 AEUV haben gezeigt, dass die EU am

---

[333] Zu den Änderungsverfahren des Unionsprimärrechts *Streinz/Ohler/Herrmann*, Der Vertrag von Lissabon zur Reform der EU, 3. Aufl. 2010, S. 52.
[334] *Streinz/Ohler/Herrmann*, Der Vertrag von Lissabon zur Reform der EU, 3. Aufl. 2010, S. 54 f.

Erlass des Gremienaktes durch ihre Organe oder vermittelt durch die Vertreter der Mitgliedstaaten teilnehmen muss. Daraus folgt einerseits, dass die völkervertraglichen Gremien so ausgestaltet sein müssen, dass sie mit Gremienvertretern der EU oder zumindest mit Vertretern der Mitgliedstaaten, die im Interesse der EU handeln, besetzt sind. Eine Beschlussfassung völkervertraglicher Gremien, die zu völkerrechtlichen Bindungen der EU führt, ohne dass ein Vertreter der Unionsseite an der Beschlussfassung beteiligt ist, ist nicht gewollt. Damit ist die Mitwirkung an Gremien, die mit unabhängigen Vertretern besetzt sind, über diese Verfahren nicht möglich. Dies reicht jedoch noch nicht aus. Wie die explizit im Unionsprimärrecht niedergelegten unionsinternen Mitwirkungsverfahren zeigen, müssen die Unionsorgane aktiv an der Beschlussfassung mitwirken, indem sie den Unionsvertreter rückbinden und damit dessen eigenmächtiges Handeln unterbinden. Die unterschiedlich ausdifferenzierten Mitwirkungsverfahren zeigen, dass je nach Inhalt und Qualität der Änderung oder Ergänzung zusätzlich zur bereits getätigten Zustimmung zur Befugnisdelegation durch Abschluss des völkerrechtlichen Vertrags unterschiedliche Unionsorgane in unterschiedlicher Intensität erneut Einfluss auf den Inhalt des Beschlusses nehmen können müssen. Die unionsinterne Willensbildung muss sich damit im Handeln des Unionsvertreters wiederspiegeln.[335] Will die EU Befugnisse zum Erlass autonom völkerrechtlich verbindlicher Beschlüsse an völkervertragliche Gremien delegieren, muss sichergestellt sein, dass ein Unionsvertreter an der Beschlussfassung beteiligt ist und über die Standpunktverfahren an die Willensbildung der Unionsorgane rückgebunden wird. Eine Art „carte blanche",[336] d. h. die völlig blinde Übertragung von Befugnissen an völkervertragliche Gremien ohne eine entsprechende Mitwirkung und Einflussnahme der Unionsorgane ist damit ausgeschlossen. Diese Anforderung in Verbindung mit dem im bilateralen Bereich vorherrschenden Einvernehmlichkeitsprinzip führt zu einer Veto-Position der Unionsorgane im Hinblick auf den jeweiligen Gremienbeschluss und damit zu einer weitreichenden Einflussnahme- und Blockademöglichkeit.

II. Befugnisse im institutionellen Bereich

Der Anwendungsausschluss der unionsinternen Mitwirkungsverfahren, der im Verfahren des Art. 218 Abs. 9 AEUV ausdrücklich niedergelegt und auf das Verfahren des Art. 218 Abs. 7 AEUV übertagen wurde, ist die einzige Grenze, die die Art der delegierbaren Befugnisse einschränkt. Die EU ist nicht befugt, autonom verbindliche Beschlussfassungsbefugnisse an völkervertragliche Gre-

---

[335] *Mögele*, in: Streinz, 3. Aufl. 2018, Art. 218 AEUV, Rn. 28.
[336] *Lenaerts*, ELRev. 1993, 23 (38 f.).

mien zu delegieren, die den institutionellen Rahmen der Übereinkunft ändern oder ergänzen. Der Ausschluss der Delegation dieser Befugnisse verdeutlicht aber auch, dass Beschlüsse, die institutionelle Inhalte haben, ohne den institutionellen Rahmen der Übereinkunft zu ändern oder zu ergänzen, an Vertragsgremien delegiert werden dürfen. Darunter fallen Beschlüsse, die den bestehenden institutionellen Rahmen mit Leben füllen und vervollständigen. Eine erneute Parlamentszustimmung zum jeweiligen Beschluss erscheint nicht mehr erforderlich, wenn es sich um die Anwendung, Durchführung oder Umsetzung eines bereits errichteten institutionellen Rahmens aufgrund einer ausdrücklich niedergelegten Befugnis handelt. Dazu gehören Beschlüsse, durch die Geschäftsordnungen festgelegt oder Unterausschüsse errichtet werden. Die Wahrnehmung von Befugnissen mit besonderer Tragweite im institutionellen Bereich erfordern hingegen eine erneute Zustimmung des Europäischen Parlaments nach Art. 218 Abs. 6 AEUV und kann nicht zur selbstständigen Wahrnehmung an völkervertragliche Gremien delegiert werden.

III. Offenheit für weitreichende Befugnisse im materiellen Bereich

Abgesehen von diesen Vorgaben enthalten die Verfahrensvorschriften der Art. 218 Abs. 7 und Abs. 9 AEUV keine weiteren Anforderungen an und Grenzen für Befugnisdelegationen an völkervertragliche Gremien. Speziell der Begriff des rechtswirksamen Aktes begrenzt die delegierbaren Befugnisse nicht wesentlich, da er sich nur auf die Wirkung des Aktes, nicht hingegen auf dessen Inhalt und Reichweite bezieht. Anders als im institutionellen Bereich begrenzen die Anwendungsvoraussetzungen der unionsinternen Mitwirkungsverfahren die Delegation von Gremienbefugnissen, die den materiellen Rahmen der Übereinkunft betreffen, nicht beispielsweise wie im unionsinternen Bereich auf Befugnisse, die der delegierten bzw. durchführenden Rechtsetzung entsprechen.[337] Die offen formulierten Anwendungsvoraussetzungen der unionsinternen Mitwirkungsverfahren sind zwar eine grobe Grenze für die Ausstattung völkervertraglicher Gremien mit Beschlussfassungsbefugnissen, stehen jedoch weitreichenden Befugnisdelegationen nicht entgegen.

---

[337] So auch *Weiß*, in: Kadelbach (Hrsg.), Die Welt und Wir. Die Außenbeziehungen der Europäischen Union, 2017, S. 151 (181). *Schroeder*, EuR 2018, 119 (136) verweist aber darauf, dass die Gremien in der Praxis „begrenzte Regelungsbefugnisse" aufwiesen, die nicht über das hinausgingen, was unionsintern als delegierte bzw. durchführende Rechtsetzung bezeichnet werde.

§ 4 Feinjustierung des unionsrechtlichen Maßstabs und Verknüpfung mit den Anforderungen des Grundgesetzes

Im Grundsatz geht das Unionsprimärrecht von der Prämisse aus, dass die EU-Kompetenzen durch Unionsorgane im Wege der dafür vorgesehenen Verfahren wahrgenommen werden,[1] erlaubt jedoch auf Grundlage der Vertragsschließungskompetenzen und unter Einhaltung der speziellen Verfahrensbestimmungen weitreichende Befugnisdelegationen. Für den Bereich der auswärtigen Beziehungen verzichtet der EuGH darüber hinausgehend auf die Entwicklung klarer konzeptioneller Grenzen für die Übertragung von rechtlicher und politischer Verantwortung, solange die geschaffenen Gremien seiner Judikatur unterworfen sind.[2] Sowohl die Beschlussfassungspraxis, als auch das bereits aufgezeigte Potential der Wirkweise von Gremienbeschlüssen in der Unionsrechtsordnung werfen jedoch Fragen nach der Verträglichkeit solcher Delegationen in demokratischer, institutioneller und rechtsstaatlicher Hinsicht auf.[3] Auch für die Vorgängervorschrift des Art. 218 Abs. 9 AEUV (Art. 300 EG) ist bereits vorgeschlagen worden, eine Klausel einzufügen, die weitreichende Befugnisübertragungen begrenzt.[4] Eine weitere Feinjustierung des unionsrechtlichen Maßstabs für die Einrichtung völkervertraglicher Gremien (A.) ergibt sich aus den unionsverfassungsrechtlichen Prinzipien der demokratischen Legitimation (I.) und des institutionellen Gleichgewichts (II.), sowie aus der Rechtsprechung des EuGH zu Befugnisdelegationen im Allgemeinen (III.). Am Ende dieser Analyse steht der unionsrechtliche Maßstab für die Einrichtung völkervertraglicher Gremien fest. Auf dieser Grundlage ist zu prüfen, ob die Mechanismen der Unionsebene im Umfeld der Einrichtung völkervertraglicher Gremien den Anforderungen des Grundgesetzes an die europäische Integration standhalten oder ob zusätzliche Mitwirkungsakte nationaler Stellen, insbesondere der Parlamente, eingefordert werden müssen (B.).

---

[1] *Schmalenbach*, in: Calliess/Ruffert, 5. Aufl. 2016, Art. 216 AEUV, Rn. 48.
[2] Dies zeigen die Gutachten des EuGH zu übergeordneten Rechtsprechungsorganen, die nicht der Judikatur des EuGH unterworfen waren, siehe nur Gutachten 1/91 (EWR), Slg. 1991, I-6099 und EuGH, Gutachten 2/94 (EMRK), Slg. 1996, I-1783, Rn. 30.
[3] So bereits *von Bogdandy/Bast/Arndt*, ZaöRV 2002, 77 (147).
[4] Siehe *von Bogdandy/Bast/Arndt*, ZaöRV 2002, 77 (158).

A. Feinjustierung auf Grundlage unionsverfassungsrechtlicher Prinzipien

Im Folgenden ist zu prüfen, ob sich aus dem Prinzip der demokratischen Legitimation und dem eng damit zusammenhängenden Prinzip des institutionellen Gleichgewichts, sowie aus der diese Prinzipien für Befugnisdelegationen konkretisierenden Rechtsprechung des EuGH weitere Grenzen für die Delegation von Beschlussfassungsbefugnissen an völkervertragliche Gremien ergeben.

I. Prinzip der demokratischen Legitimation

Aus dem Prinzip demokratischer Legitimation ergibt sich, dass die Einrichtung völkervertraglicher Gremien mit Beschlussfassungsbefugnissen durch völkerrechtlichen Vertrag nur solange zulässig ist, wie die auf dieser Grundlage erlassenen Gremienbeschlüsse ausreichend demokratisch legitimiert sind. Hierfür ermittelt diese Arbeit in einem ersten Schritt den Legitimationsbedarf für die Einrichtung völkervertraglicher Gremien und ihre Beschlüsse (1), bevor sie in einem zweiten Schritt die Mechanismen der Legitimationsvermittlung im Unionsrecht für den EU-Kompetenzbereich darstellt (2). Abschließend analysiert die Arbeit, ob die im Unionsrecht zur Verfügung stehenden Mechanismen zur Vermittlung eines ausreichenden Legitimationsniveaus an den jeweiligen Gremienbeschluss fähig sind (3).

1. Legitimationsbedarf und Legitimationsniveau

a) Grundlagen

Die Ausübung staatlicher und europäischer Hoheitsgewalt bedarf der demokratischen Legitimität. Als Handlung der Unionsorgane ist die Einrichtung völkervertraglicher Gremien und die Zuweisung von Beschlussfassungsbefugnissen demnach legitimationsbedürftig (b). Schwieriger ist die Bestimmung des Legitimationsbedürfnisses der durch die völkervertraglichen Gremien erlassenen Beschlüsse (c). Die völkervertraglichen Gremien sind weder Staat, noch internationale Organisation, sondern handeln als besonders weit entwickeltes Vertragsorgan im internationalen Kontext (d). Die Kehrseite eines etwaigen Legitimationsbedürfnisses ist das durch das BVerfG in dessen Rechtsprechung im Zusammenhang mit staatlicher Hoheitsgewalt entwickelte Legitimationsniveau, das auch für die Unionsebene fruchtbar gemacht werden soll. Besteht ein geringes Legitimationsbedürfnis für völkervertragliche Beschlüsse bzw. den Akt der Einrichtung völkervertraglicher Gremien, kann auch das durch die Unionsorgane vermittelte Legitimationsniveau geringer sein.⁵ Das sog. Legitimationsniveau meint nach dem BVerfG einen hinreichend effektiven Gehalt demokratischer Legitimation.⁶ Der Begriff des Legitimationsniveaus kann insoweit verallgemeinert und auf die Unionsebene übertragen werden, als es um die Idee geht, einen hinreichend wirksamen Zurechnungszusammenhang zwischen Legitimationssubjekt und -objekt zu verwirklichen.⁷ Dieser kann je nach Legitimationskonzept durch verschiedene Formen der institutionellen, funktionellen, sachlich-inhaltlichen und der personellen Legitimation realisiert werden.⁸ Das Legitimationsniveau fasst die verschiedenen Legitimationsformen, die das Legitimationskonzept erlaubt, zusammen.⁹ Legitimationsobjekt sind vorliegend die Beschlüsse des völkervertraglichen Gremiums, die es auf Grundlage der ihm delegierten Befugnisse erlassen kann. Die nachfolgende Analyse beschränkt sich auf die Legitimationsvermittlung durch die Unionsseite, d. h. auf die Europäische Union und ihre Organe sowie die Mitgliedstaaten. Als Legitimationssubjekte kommen die Unionsbürger selbst in Betracht (vgl. Art. 10 Abs. 2 EUV).

Für die Bestimmung des Legitimationsniveaus sind die bereits analysierten Gremienstrukturen und Mitwirkungsverfahren der Unionsorgane an der völkervertraglichen Beschlussfassung grundlegend. Zur Festlegung des jeweils erforderlichen Legitimationsniveaus entwickelte das BVerfG einige Kriterien, die sich teilweise auch im völkerrechtlichen Rahmen wiederfinden. Danach ist die Legitimation umso stärker erforderlich, je umfangreicher die Befugnisse und je weitreichender die Gestaltungsspielräume der übertragenen Stelle sind, während einzelne Legitimationselemente zurücktreten können, wenn die Aufgabe einen geringen Entscheidungsgehalt hat, d. h. die Kompetenzen gegenständlich und ihrem Umfang nach eng begrenzt sind und inhaltlich so stark

---

⁵ Vgl. nur BVerfGE 83, 60 (72) – Ausländerwahlrecht; BVerfGE 91, 228 (244) – Gleichstellungsbeauftragte; BVerfGE 93, 37 (66 f.) – Mitbestimmungsgesetz Schleswig-Holstein.

⁶ BVerfGE 89, 155 (182) – Maastricht; bereits BVerfGE 83, 60 (72) – Ausländerwahlrecht.

⁷ So bereits für den speziellen Bereich der Unionsagenturen *Orator*, Möglichkeiten und Grenzen der Einrichtung von Unionsagenturen, 2017, S. 337.

⁸ Siehe nur BVerfGE 83, 60 (72) – Ausländerwahlrecht; BVerfGE 93, 37 (66 f.) – Mitbestimmungsgesetz Schleswig-Holstein.

⁹ *Trute*, in: Hoffmann-Riem/Schmidt-Aßmann/Voßkuhle (Hrsg.), Grundlagen des Verwaltungsrechts, Bd. I 2006, § 6, Rn. 14, 56 f.; auch BVerfGE 83, 60 (72) – Ausländerwahlrecht II: „Für die Beurteilung, ob dabei ein hinreichender Gehalt an demokratischer Legitimation erreicht wird, haben die [...] unterschiedenen Formen der institutionellen, funktionellen, sachlich-inhaltlichen und der personellen Legitimation Bedeutung nicht je für sich, sondern nur in ihrem Zusammenwirken. Aus verfassungsrechtlicher Sicht entscheidend ist nicht die Form der demokratischen Legitimation staatlichen Handelns, sondern deren Effektivität; notwendig ist ein bestimmtes Legitimationsniveau. Dieses kann bei den verschiedenen Erscheinungsformen von Staatsgewalt im allgemeinen und der vollziehenden Gewalt im besonderen unterschiedlich ausgestaltet sein".

vorstrukturiert sind, dass es nur noch um Durchführung geht.[10] Institutionen, die rein technische Aufgaben wahrnehmen oder lediglich ein Forum für die Koordinierung oder Konsultation der Mitglieder schaffen, bedürfen weniger Legitimation.[11] Je mehr sich internationale Gremien jedoch mit Politikgestaltung statt mit reiner Koordinierung und Beratung befassen, desto eher müssen bestimmte Legitimationsstandards erfüllt sein.[12] Für das Niveau an demokratischer Legitimation kommt es maßgeblich darauf an, wie bedeutsam die Befugnisse für das Verhalten Einzelner sind und wie umfangreich die übertragenen Befugnisse sind.[13] Das erforderliche Legitimationsniveau für den einzelnen Beschluss hängt entscheidend auch davon ab, wie sehr die Entscheidung selbst bereits durch den völkerrechtlichen Vertrag vorgeprägt ist und damit von der fortdauernden Zustimmung des Europäischen Parlaments lebt.[14] Je umfangreicher die übertragenen Befugnisse und je stärker diese verselbstständigt ausgeübt werden können, desto höher sind die Anforderungen, die das Demokratieprinzip an die Organisationsstruktur und Entscheidungsverfahren einer internationalen Organisation stellt.[15]

b) Legitimationsbedarf bei der Einrichtung völkervertraglicher Gremien

Aus der Unionsverfassung, insbesondere aus dem Grundsatz der repräsentativen Demokratie (Art. 10 Abs. 1 EUV), ergibt sich, dass Tätigkeiten der Union und ihrer Organe der Legitimation bedürfen.[16] Legitimation erfasst dabei den Prozess der Rechtfertigung der Ausübung hoheitlicher Befugnisse durch niedergelegte Verfahren.[17] Die Beschlüsse völkervertraglicher Gremien sind dem Legitimationsgebot des Unionsprimärrechts jedoch nicht unterworfen, da es sich nur auf die Tätigkeit von Unionsorganen bezieht,[18] während die Beschlüsse

---

[10] BVerfGE 83, 60 (74) – Ausländerwahlrecht.
[11] *Krajewski*, International Organizations or Institutions, Democratic Legitimacy, in: EPIL, Rn. 11.
[12] *Krajewski*, International Organizations or Institutions, Democratic Legitimacy, in: EPIL, Rn. 1 f. mwN.
[13] Ähnlich bereits *Weiß*, in: Kadelbach (Hrsg.), Die Welt und Wir. Die Außenbeziehungen der Europäischen Union, 2017, S. 151 (185).
[14] Diesen Zusammenhang allgemein für Unionsagenturen feststellend *Craig*, EU Administrative Law, 2. Aufl. 2012, S. 161; dies für völkerrechtliche Gremien übernehmend *Weiß*, in: Kadelbach (Hrsg.), Die Welt und Wir. Die Außenbeziehungen der Europäischen Union, 2017, S. 151 (185).
[15] Für Befugnisdelegationen an die EU bereits BVerfGE 123, 267 (364) – Lissabon.
[16] *Huber*, in: Streinz, 3. Aufl. 2018, Art. 10 EUV, Rn. 22, 24.
[17] Zum Begriff der Legitimation etwa *Möllers*, Gewaltengliederung, 2005, S. 34.
[18] Vgl. ähnlich für Akte zwischenstaatlicher Einrichtungen im Rahmen des Art. 20 Abs. 2 GG *Schmidt-Assmann*, AöR 1991, 329 (339 f.)

den im Völkerrecht agierenden Gremien zugerechnet werden können. Allerdings verpflichten sich die Unionsorgane über die Querschnittsklausel des Art. 21 Abs. 1, Abs. 2 lit. b EUV iVm Art. 205 AEUV, auch in den auswärtigen Beziehungen und damit auch bei der Einrichtung völkervertraglicher Gremien demokratische Prinzipien zu verwirklichen und zu fördern. Hieraus kann das Bekenntnis abgeleitet werden, völkervertragliche Gremien und ihre Beschlussverfahren so auszugestalten, dass die durch sie ausgeübte Tätigkeit demokratischen Grundsätzen entspricht, sofern Herrschaft an diese abgegeben wird.[19] Dahinter steht auch der Gedanke, dass es widersprüchlich wäre, wenn sich die EU für ihre Rechtsordnung zur Legitimation aller ihrer Akte bekennt, ihre Unionsorgane dann aber durch die Delegation von Befugnissen an völkervertragliche Gremien dieses Gebot aushöhlen könnten, indem sie sich an Entscheidungsstrukturen beteiligen, die nicht legitimierte Herrschaft ausüben.[20] Den Unionsorganen darf es nicht gestattet sein, durch die „Flucht ins Völkerrecht"[21] das Prinzip der demokratischen Legitimation zu umgehen. Das Prinzip demokratischer Legitimation könnte – wenn überhaupt[22] – nur durch die Mitgliedstaaten als „Herren der Verträge" außer Kraft gesetzt werden. Denn die Übertragung von Hoheitsrechten ist nur solange erlaubt, wie die demokratische Struktur der EU eingehalten wird („Struktursicherungsklausel"[23] des Art. 23 Abs. 1 S. 1 GG), sowie die Verfassungsidentität nach Art. 23 Abs. 1 S. 3 iVm Art. 79 Abs. 3 GG gewahrt wird („Verfassungsbestandsklausel"[24]). Daraus folgt wiederum, dass die Akte der Unionsorgane in ausreichendem Maße demokratisch legitimiert sein müssen.[25] Dabei hat die demokratische Struktur nicht der der Staaten zu entsprechen, sondern muss dem Status und der Funktion der

---

[19] Ähnlich bereits *von Ungern-Sternberg*, Demokratie und Völkerrecht – Zur demokratischen Legitimation nationaler und internationaler Rechtserzeugung, Habilitationsschrift [bisher unveröffentlicht], S. 256 f.; siehe zur Maßgeblichkeit des (das Demokratieprinzip im Auswärtigen niederlegenden) Art. 21 EUV in aktueller Rechtsprechung GA Kokott, SchlA Rs. C-244/17, Kommission/Rat (Kasachstan), ECLI:EU:C:2018:364, Tz. 77.
[20] So zu internationalen Organisationen *von Ungern-Sternberg*, Demokratie und Völkerrecht – Zur demokratischen Legitimation nationaler und internationaler Rechtserzeugung, Habilitationsschrift [bisher unveröffentlicht], S. 256 f.
[21] *Appel*, Das internationale Kooperationsrecht der Europäischen Union, 2016, S. 311.
[22] Teilweise werden die in Art. 2 EUV genannten Werte als änderungsfester Kern der EU-Verfassung gesehen, siehe bereits oben, § 2 A.II.2.
[23] Gemeinsame Verfassungskommission, BT-Drucks. 12/6000, S. 20 f.
[24] Zwischen der „Struktur(sicherungs)klausel" des Art. 23 Abs. 1 S. 1 GG, die bei der „Offensive der Europäisierung" ansetzt, und der „Verfassungsbindungsklausel", die die „Defensive des Grundgesetzes" zum Ausdruck bringt, differenzierend *Breuer*, NVwZ 1992, 421 f.
[25] *Weiß*, in: Kadelbach (Hrsg.), Die Welt und Wir. Die Außenbeziehungen der Europäischen Union, 2017, S. 151 (204).

Union angemessen sein.²⁶ Die Vorgaben des Unionsverfassungsrechts geben vor, dass die EU nur Beschlussfassungsbefugnisse an völkervertragliche Gremien übertragen kann, wenn eine hinreichende demokratische Legitimation der durch den völkerrechtlichen Vertrag weitergegebenen Befugnisse bzw. Gremienentscheidungen gesichert ist. Nachdem der Beitrag parlamentarischer Gremien nicht von wesentlicher Bedeutung ist,²⁷ haben die Unionsorgane die wesentliche legitimationsvermittelnde Rolle inne.

c) Legitimationsbedarf völkervertraglicher Beschlüsse

Bedürfen alle Entscheidungen der Unionsorgane der demokratischen Legitimation, ist es nur folgerichtig, dass das Gebot auch für solche Akte völkervertraglicher Gremien gilt, die wie Akte der Unionsorgane unmittelbar in der Unionsrechtsordnung gelten.²⁸ Es sei daran erinnert, dass Beschlüsse völkervertraglicher Gremien, die in unmittelbarem Zusammenhang mit dem Abkommen stehen, integraler Bestandteil des Unionsrechts werden, ohne dass es hierfür einen nachträglichen Rezeptionsakt der Unionsorgane bedarf. Daraus folgt, dass die Beschlüsse von den Unionsorganen unverändert beachtet und angewendet werden müssen.²⁹ Genau wie alle anderen Akte, die in der Unionsrechtsordnung Beachtung verlangen, bedürfen damit auch völkerrechtliche Beschlüsse in gewissem Ausmaß der demokratischen Legitimation. Ähnlich stellt Appel darauf ab, dass es sich bei Beschlüssen völkervertraglicher Gremien bilateraler Natur um die Ausübung unionsgeprägter internationaler öffentlicher Gewalt handelt, die der demokratischen Legitimation bedarf.³⁰ Die Ausübung internationaler öffentlicher Gewalt liegt vor, wenn im internationalen Kontext die Freiheit anderer Akteure nicht nur unwesentlich tangiert wird, indem ihre rechtliche oder tatsächliche Situation einer einseitigen Beeinflussung unterzogen wird.³¹ Dies ist jedenfalls dann der Fall, wenn durch völkerrechtlichen Vertrag einer zwischenstaatlichen Einrichtung das Recht eingeräumt wird, gegenüber ande-

---

²⁶ BVerfGE 123, 267 (365, 368) – Lissabon.

²⁷ Siehe hierzu bereits oben, § 1 A.I.2.

²⁸ *Barrón*, Der Europäische Verwaltungsverbund und die Außenbeziehungen der Europäischen Union, 2016, S. 204.

²⁹ Siehe zu dieser Problematik aus Sicht des Grundgesetzes *Claßen*, Demokratische Legitimation im offenen Rechtsstaat, 2009, S. 118 f.

³⁰ *Appel*, Das internationale Kooperationsrecht der Europäischen Union, S. 381 f.; allgemeiner *von Bogdandy/Goldmann*, ZaöRV 2009, 5 (92); vgl. auch *Lenaerts*, ELRev. 1993, 23 (49).

³¹ *von Bogdandy*, in: Isensee/Kirchhof (Hrsg.), Handbuch des Staatsrechts der Bundesrepublik Deutschland, Band XI: Internationale Bezüge, 3. Aufl. 2013, S. 275 (282); *von Bogdandy/Dann/Goldmann*, GLJ 2008, 1375 (1381 f.).

ren Akteuren verbindliche Maßnahmen zu erlassen,[32] wobei als Akteure der Einzelne, aber auch private Verbände, Unternehmen, Staaten oder andere öffentliche Einrichtungen genannt werden.[33] Die Beschlüsse völkervertraglicher Gremien beeinflussen zwar nicht immer unmittelbar die rechtliche Situation des Einzelnen, können jedoch verbindliche Änderungen des geltenden Rechts herbeiführen und damit als Rechtsetzungsakte qualifiziert werden, wenn mit ihnen das Abkommen, Protokolle und Anhänge geändert oder ergänzt werden.[34] Entfalten die Beschlüsse unmittelbare Wirkung, kann dies das Legitimationsbedürfnis verstärken.[35] Insgesamt ist die Tendenz zu beobachten, den Legitimationsbedarf von Völkerrecht nicht mehr nur am Kriterium der unmittelbaren Wirkung von Rechtsetzung festzumachen.[36] Gleichwohl muss für den Legitimationsbedarf berücksichtigt werden, inwieweit sich die konkreten Beschlüsse auf Rechtspositionen des Individuums auswirken, da das Demokratieprinzip gerade auf die Herrschaft gegenüber Individuen abstellt.[37]

d) Legitimation im internationalen Kontext

Bei der Festlegung von Legitimationsanforderungen an die Einrichtung beschließender Vertragsgremien und die Mitwirkung an ihren Beschlüssen ist zu berücksichtigen, dass die Unionsorgane im Bereich der Außenbeziehungen agieren, einem Bereich, in dem generell auch in den gemeinsamen Verfassungstraditionen der Mitgliedstaaten aufgrund der Prärogative der Exekutive gerin-

---

[32] *Klein, K.*, Die Übertragung von Hoheitsrechten, 1952, S. 27 f.
[33] *von Bogdandy/Dann/Goldmann*, GLJ 2008, 1375 (1376).
[34] *Appel*, Das internationale Kooperationsrecht der Europäischen Union, S. 378, 381.
[35] Siehe *Appel*, Das internationale Kooperationsrecht der Europäischen Union, 2016, S. 383.
[36] Siehe zur Diskussion im Rahmen der Art. 23, 24 Abs. 1 GG *Nettesheim*, Umfassende Freihandelsabkommen und Grundgesetz, 2017, S. 111 f. m.w.N. insb. unter Bezugnahme auf BVerfGE 131, 152 (218) – Unterrichtungspflicht; *Weiß*, in: Kadelbach (Hrsg.), Die Welt und Wir. Die Außenbeziehungen der Europäischen Union, 2017, S. 151 (184); *Weiß*, EuZW 2016, 286 (287 ff.); die Durchgriffswirkung als hinreichende, aber nicht notwendige Bedingung ansehend *Streinz*, in: Sachs, 8. Aufl. 2017, Art. 23 GG, Rn. 56a; die Durchgriffswirkung nicht als notwendige Bedingung ansehend *Wollenschläger*, in: Dreier, Bd. 2, 3. Aufl. 2015, Art. 23 GG, Rn. 44; sich gegen die Abkehr vom Kriterium der Durchgriffswirkung aussprechend *Classen*, DÖV 2018, 253 (253 ff.); *von Ungern-Sternberg*, Demokratie und Völkerrecht – Zur demokratischen Legitimation nationaler und internationaler Rechtserzeugung, Habilitationsschrift [bisher unveröffentlicht], S. 360, fordert auf Grundlage einer rechtsvergleichenden Analyse eine Legitimation des Völkerrechts, „wenn es Rechte und Pflichten des Individuums festlegt oder unmittelbar berührt, das heißt, wenn es Staaten zu einer solchen Festlegung verpflichtet oder berechtigt".
[37] Vgl. *von Ungern-Sternberg*, Demokratie und Völkerrecht – Zur demokratischen Legitimation nationaler und internationaler Rechtserzeugung, Habilitationsschrift [bisher unveröffentlicht], S. 225 f.

gere Legitimationsanforderungen gestellt werden als für interne Politiken.[38] Diesen Ansatz, wonach eine inhärente Unvereinbarkeit der Erfordernisse der Außenpolitik und der Ideale der Rechtsstaatlichkeit mit der demokratischen Entscheidungsfindung besteht, verfolgten die Anhänger der liberalen Demokratie (bspw. Locke).[39] Aufgrund der besonderen Natur der Außenbeziehungen, insbesondere ihrer Komplexität und Unvorhersehbarkeit, wird eine umfassende parlamentarische Beteiligung und gerichtliche Kontrolle als unmöglich angesehen.[40] Entscheidungen sind immer auch von der Drittstaatsseite abhängig; die nötige Rücksicht auf den Vertragspartner erfordert einen größeren Handlungsspielraum der EU.[41]

Die unzulängliche Beteiligung der Parlamente in den Außenbeziehungen wird im modernen „Integrationszeitalter" mehr und mehr als Verfassungsproblem wahrgenommen, da das aus der völkervertraglichen Zusammenarbeit resultierende Recht für die Bürger zunehmend ebenso wichtig ist wie nationale Gesetzgebung, besonders wenn individuelle Rechte betroffen sind.[42] Beschlüsse völkervertraglicher Gremien sind in der Lage, in der Unionsrechtsordnung geltendes Recht zu schaffen,[43] das mehr und mehr auch für die privaten Bedürfnisse der Bürger von Relevanz ist[44]. Gleichzeitig nimmt die Distanz zu den Unionsbürgern durch die Hochzonung von Entscheidungsbefugnissen auf die völkervertragliche Ebene noch weiter zu, als dies bei Erlass unionsinternen Rechts der Fall ist, da die Rolle der Exekutive deutlich zunimmt, während die der Parlamente abnimmt. Dadurch drängt sich die Legitimationsfrage in diesem Bereich geradezu auf.[45] Hinzu kommt, dass die EU die Befugnisse, die sie durch völkerrechtlichen Vertrag delegiert, nicht mehr ohne weiteres zurückholen kann, da sich die EU völkerrechtlich bindet,[46] sodass die Reversibilität der Hochzonung in Frage gestellt wird.

---

[38] *Krajewski*, in: von Arnauld (Hrsg.), Europäische Außenbeziehungen, EnzEuR Bd. 10, 2014, § 3, Rn. 150.

[39] Siehe nur *Locke*, Two Treatises of Civil Government, 1690, II, Kapitel 12.

[40] *Hailbronner*, VVDStRL 56 (1997), S. 7 (13 f.).

[41] Siehe bereits *Hilf*, Die Organisationsstruktur der Europäischen Gemeinschaften, 1982, S. 198.

[42] *Petersmann*, EJIL 1992, 1 (3).

[43] Vgl. zum Legitimationsbedürfnis von Völkerrecht aus Sicht des innerstaatlichen Rechts *von Ungern-Sternberg*, Demokratie und Völkerrecht – Zur demokratischen Legitimation nationaler und internationaler Rechtserzeugung, Habilitationsschrift [bisher unveröffentlicht], S. 291.

[44] Allgemein zur Außenpolitik der EU *Krajewski*, in: von Arnauld (Hrsg.), Europäische Außenbeziehungen, EnzEuR Bd. 10, 2014, § 3, Rn. 152.

[45] Vgl. *Eeckhout*, EU External Relations Law, 2. Aufl. 2011, S. 193 ff.

[46] Vgl. *Hilf*, Die Organisationsstruktur der Europäischen Gemeinschaften, 1982, S. 319.

Auf der anderen Seite ermöglicht die völkervertragliche Zusammenarbeit gerade auch Gewinne, die darin liegen, dass die eigenen Interessen auf internationaler Ebene effektiver vertreten werden können[47] und durch den Einbezug der Interessen anderer Vertragsparteien die Legitimität der Entscheidung erhöht werden kann.[48] Gleichzeitig könnten zu hohe Anforderungen an die Legitimation die Funktionsfähigkeit der Gremien aushöhlen. Eine schnelle und flexible Aktualisierung des Vertragswerks ist gerade die Daseinsberechtigung der Gremien und von besonderer Bedeutung für die Entwicklung von völkerrechtlichen Abkommen.[49] Völkerrechtliche Verträge, die Gremien mit Beschlussfassungsbefugnissen etablieren, sind darauf angelegt, eine eigene Dynamik zu entwickeln und sich weiterzuentwickeln,[50] sodass die Beschlussfassungsbefugnisse zumeist eher allgemein festgelegt sind.

Aufgrund der soeben dargestellten Besonderheiten der auswärtigen Beziehungen können demokratische Legitimationsanforderungen im internationalen Kontext nicht mit derselben Intensität eingefordert werden wie bei innerstaatlichen Vorgängen.[51] Dies gilt insbesondere für die Beteiligung der Parlamente an der Willensbildung internationaler Verhandlungsprozesse, die nur schwer zu realisieren ist.[52] Gleichwohl muss, zumindest in reduziertem Maße, demokratische Legitimation über die Unionsorgane an den völkervertraglichen Beschluss vermittelt werden können.[53] Die Beschlussfassung völkerrechtlicher Gremien darf damit nicht völlig von den wesentlichen legitimationsvermittelnden Unionsorganen abgeschnitten sein; eine gewisse Aufsicht bzw. Steuerung muss er-

---

[47] Vgl. *Frenzel*, Sekundärrechtsetzung, 2011, S. 279.
[48] *Weiß*, in: Kadelbach (Hrsg.), Die Welt und Wir. Die Außenbeziehungen der Europäischen Union, 2017, S. 151 (159).
[49] *Hillion*, EFAR 2007, 169 (179 f.); *Mayhew/Hillion*, An Overview of the Enhanced Agreement and the FTA+, SIPU report for the Swedish International Development Agency (SIDA) under contract 'Advisory Services for EU – Ukraine, 2008, S. 2.
[50] So bereits *Gilsdorf*, EuZW 1991, 459 (460).
[51] BVerfGE 123, 267 (368) – Lissabon; unter Verweis auf BVerfGE 63, 343 (370) – Rechtshilfevertrag für die deutsche Staatsgewalt *Weiß*, in: Kadelbach (Hrsg.), Die Welt und Wir. Die Außenbeziehungen der Europäischen Union, 2017, S. 151 (161); nach a. A. darf die Übertragung von Befugnissen in das Völkerrecht nicht zu einem „lowering overall level of democratic legitimacy of public authority" führen, siehe zum Streitstand *Krajewski*, International Organizations or Institutions, Democratic Legitimacy, in: EPIL, Rn. 3.
[52] Siehe nur *von Bogdandy/Bast/Arndt*, ZaöRV 2002, 77 (149).
[53] So bereits *Barrón*, Der Europäische Verwaltungsverbund und die Außenbeziehungen der Europäischen Union, 2016, S. 205 unter Verweis auf die nationale Perspektive bei *Schmidt-Assmann*, AöR 1991, 329 (340 f.); von gewissen Mindestanforderungen sprechend *Weiß*, in: Kadelbach (Hrsg.), Die Welt und Wir. Die Außenbeziehungen der Europäischen Union, 2017, S. 151 (161).

möglicht werden.[54] Daraus folgt, dass Befugnisdelegationen nur solange erlaubt sind, wie ein gewisses – wenn auch abgesenktes – Niveau demokratischer Legitimation gewahrt werden kann.

2. Mechanismen der Legitimationsvermittlung

Im Folgenden werden die Wege der Legitimationsvermittlung der Unionsebene an völkerrechtliche Gremien und die durch sie erlassenen Beschlüsse analysiert.

a) Grundlagen unter Berücksichtigung politikwissenschaftlicher Ansätze

Für die Vermittlung von demokratischer Legitimation werden in den Politikwissenschaften verschiedene Ansätze ins Spiel gebracht: Mechanismen der direkten und indirekten Einflussmöglichkeit der Bürger (sog. „Input"), die Art und Weise der Ausgestaltung von Verhandlungs- und Entscheidungsverfahren im institutionellen Willensbildungsprozess (sog. „Throughput") und die Erzielung effektiver und effizienter Ergebnisse (sog. „Output").[55] Das Konzept der Input-Legitimation knüpft an die Beteiligung aller Bürger an politischen Entscheidungsprozessen an.[56] Danach müssen legitimationsbedürftige Handlungen der Union auf einen generalisierbaren Mehrheitswillen der Unionsbürger bzw. Bürger der Mitgliedstaaten zurückgeführt werden können, indem durch Wahlen, Abstimmungen und Ernennungen ein Begründungszusammenhang zwischen Legitimationssubjekt und Legitimationsobjekt hergestellt wird.[57] Die Input-Legitimation beinhaltet verschiedene mögliche Legitimationsformen mit unterschiedlicher Ausrichtung:[58] die sachlich-inhaltliche Legitimationskomponente, die auf die inhaltliche Steuerung der Entscheidung abzielt, die organisatorisch-personelle Komponente, die auf eine ununterbrochene „Legitimationskette" vom Legitimationssubjekt bis zum jeweiligen Gremienvertreter abstellt

---

[54] Ähnlich im Hinblick auf Unionsagenturen *Remmert*, EuR 2003, 134 (140 f.).

[55] Zwischen Output- und Input-Legitimation erstmals unterscheidend *Scharpf*, Demokratietheorie zwischen Utopie und Anpassung, 1970, S. 21 ff.; diese Konzepte für das Europarecht rezipierend *Peters*, Elemente einer Theorie der Verfassung Europas, 2001, S. 648 f.; *Tietje*, DVBl. 2003, 1081 (1095) sowie umfassend *Schliesky*, Souveränität und Legitimität von Herrschaftsgewalt, 2004, S. 659 ff.; auch zum „Throughput" *Trute*, in: Hoffmann-Riem/Schmidt-Aßmann/Voßkuhle (Hrsg.), Grundlagen des Verwaltungsrechts, Bd. I 2006, § 6, Rn. 4; *Wimmel*, integration 2008, 48 (57 ff.).

[56] *Scharpf*, Demokratietheorie zwischen Utopie und Anpassung, 1970, S. 25 f.

[57] *Orator*, Möglichkeiten und Grenzen der Einrichtung von Unionsagenturen, 2017, S. 339.

[58] In Anlehnung an *Böckenförde*, in: Isensee/Kirchhof (Hrsg.), Handbuch des Staatsrechts der Bundesrepublik Deutschland, Band II, 3. Aufl. 2004, S. 429, Rn. 14 ff.; vgl. *Trute*, in: Hoffmann-Riem/Schmidt-Aßmann/Voßkuhle (Hrsg.), Grundlagen des Verwaltungsrechts, Bd. I 2006, § 6, Rn. 7 ff.

A. Feinjustierung auf Grundlage unionsverfassungsrechtlicher Prinzipien 175

und die institutionell-funktionelle Komponente, die Besonderheiten der Funktion und institutionellen Stellung einer Einrichtung wiederspiegelt. Nachdem völkervertraglichen Gremien eine Vielzahl verschiedener Aufgaben und Befugnisse zukommen, die keiner speziellen Funktion zuzuordnen sind, sind besonders die ersten beiden Komponenten relevant. Output-orientierte Legitimationsmechanismen beinhalten eine Rechtfertigung über die Qualität politischer Leistungen.[59] Wesentlicher Inhalt der Output-orientierten Modelle ist, „für das Volk" zu regieren, um möglichst gemeinwohlorientierte Leistungen zu erzielen.[60] Dabei orientieren sich die technokratischen Ansätze an Effektivität und Effizienz: Entscheidend ist daher nicht, inwieweit der Bürger an der Entscheidung beteiligt ist oder wie der institutionelle Entscheidungsprozess abläuft, sondern welche Erträge am Ende herauskommen.[61] Die Throughput-Legitimation bezieht sich auf die Mechanismen der Entscheidungsfindung. Für die EU ist insbesondere entscheidend, auf welcher Ebene die Entscheidungsprozesse ablaufen, wie intensiv Parlamente beteiligt werden und welche Verfahren anzuwenden sind.[62]

b) Legitimationskonzept der EU

Das Legitimationskonzept des Unionsrechts ist für die Bestimmung der zur Verfügung stehenden Legitimationsmechanismen maßgeblich.

aa) Legitimationsvermittlung durch den Rat und das Europäische Parlament

Art. 10 EUV legt die Eckpunkte der demokratischen Legitimationsvermittlung der EU fest,[63] die auch für das auswärtige Handeln der EU gelten[64]. Nach dem in Art. 10 Abs. 1 EUV enthaltenen Grundsatz der repräsentativen Demokratie erfolgt die Legitimationsvermittlung nicht unmittelbar über die Unionsbürger,

---

[59] *Wimmel*, integration 2008, 48 (58 f.); *Scharpf*, Demokratietheorie zwischen Utopie und Anpassung, 1970, S. 21 ff.; *Peters*, Elemente einer Theorie der Verfassung Europas, 2001, S. 648 f.; *Tietje*, DVBl. 2003, 1081 (1095); *Schliesky*, Souveränität und Legitimität von Herrschaftsgewalt, 2004, S. 659 ff.
[60] *Rumler-Korinek*, EuR 2003, 327 (328).
[61] *Wimmel*, integration 2008, 48 (58 f.).
[62] Vgl. *Trute*, in: Hoffmann-Riem/Schmidt-Aßmann/Voßkuhle (Hrsg.), Grundlagen des Verwaltungsrechts, Bd. I 2006, § 6, Rn. 4; *Wimmel*, integration 2008, 48 (58).
[63] *Heselhaus*, in: Pechstein/Nowak/Häde, 2017, Art. 10 EUV, Rn. 2.
[64] Dies ist mit der systematischen Stellung des Art. 10 EUV vor den einzelnen Tätigkeitsbereichen im EUV und AEUV erklärbar; darauf verweisend beispielsweise *Heselhaus*, in: Pechstein/Nowak/Häde, 2017, Art. 10 EUV, Rn. 17; vgl. allgemeiner auch *Huber*, in: Streinz, 3. Aufl. 2018, Art. 10 EUV, Rn. 7 und *Nettesheim*, in: Grabitz/Hilf/Nettesheim, 69. EL Februar 2020, Art. 10 EUV, Rn. 42.

sondern über gewählte und politisch verantwortliche Repräsentanten.[65] Dieses Konzept, das die Verfassungen der Mitgliedstaaten allesamt aber mit erheblichen Unterschieden prägt, kann nicht unabgewandelt auf die supranationale EU übertragen werden, sondern bedarf strukturangepasster Modifikationen, die die Besonderheiten politischer Herrschaft im Mehrebenensystem berücksichtigen.[66] Dementsprechend verweist das BVerfG in seinem *Maastricht*-Urteil darauf, dass bei einer Staatengemeinschaft mit Hoheitsbefugnissen „insoweit die demokratische Legitimation nicht in gleicher Form hergestellt werden [kann] wie innerhalb einer durch eine Staatsverfassung einheitlich und abschließend geregelten Staatsordnung."[67]

In der EU erfolgt die demokratische Legitimationsvermittlung über zwei Legitimationsstränge, die beide den Einzelnen als Bezugspunkt haben[68]: den unionalen Legitimationsstrang über das Europäische Parlament, in dem die Bürgerinnen und Bürger der Union unmittelbar vertreten sind (Art. 10 Abs. 2 UAbs. 1 EUV) und den mitgliedstaatlichen Legitimationsstrang, der dadurch realisiert wird, dass die Vertreter der Mitgliedstaaten im Europäischen Rat, namentlich die Staats- und Regierungschefs (Art. 16 Abs. 2 EUV) und die Vertreter der Mitgliedstaaten im Rat, genauer die jeweiligen Minister „ihrerseits in demokratischer Weise gegenüber ihrem nationalen Parlament oder gegenüber ihren Bürgerinnen und Bürgern Rechenschaft ablegen müssen" (Art. 10 Abs. 2 UAbs. 2 EUV). Im Hinblick auf den mitgliedstaatlichen Legitimationsstrang fordert das Unionsrecht die Einbeziehung nationaler Parlamente in den EU-Gesetzgebungsprozess, wie Art. 12 EUV ausdrücklich betont („tragen aktiv zur guten Arbeitsweise der Union bei"). Die verfassungsrechtliche Pflicht zur „Integrationsverantwortung" wird damit in ihrer unionsrechtlichen Bedeutung erfasst.[69] Das Unionsrecht verlangt eine in demokratischer Weise ausgestaltete Rechenschaftspflicht der nationalen Vertreter im Rat gegenüber den nationalen Parlamenten, wodurch die nationalen Parlamente eine indirekte Beteiligungsmöglichkeit an den Entscheidungsprozessen der EU erhalten. Die Mitgliedstaaten können die parlamentarische Rechenschaftspflicht ihrer Vertreter im Rat regeln.[70]

---

[65] *Huber*, in: Streinz, 3. Aufl. 2018, Art. 10 EUV, Rn. 21.

[66] Vgl. *Ruffert*, in: Calliess/Ruffert, 5. Aufl. 2016, Art. 10 EUV, Rn. 5 ff; *Huber*, in: Streinz, 3. Aufl. 2018, Art. 10 EUV, Rn. 25 ff.

[67] BVerfGE 89, 155 (182) – Maastricht.

[68] Dies ergibt sich für den Legitimationsstrang über das Europäische Parlament aus Art. 10 Abs. 2 UAbs. 1 EUV iVm. Art. 9 EUV, für den Legitimationsstrang über den Europäischen Rat und Rat aus Art. 10 Abs. 2 UAbs. 2 EUV.

[69] *Streinz*, in: Gamper et al. (Hrsg.), Föderale Kompetenzverteilung in Europa, 2016, S. 663 (667).

[70] Die Bindung des deutschen Vertreters im Rat und im Europäischen Rat an einen Be-

bb) Gewichtung der Legitimationsstränge

Die Unionsverträge heben anders als die Höchstgerichte im Mehrebenensystem keinen der beiden Legitimationsstränge besonders hervor. Das BVerfG bekräftigte für die Erhaltung einer „lebendige[n] Demokratie" in seinem *Maastricht*-Urteil die besondere Bedeutung der Staatsvölker der Mitgliedstaaten, die die Ausübung hoheitlicher Aufgaben und Befugnisse „über die nationalen Parlamente demokratisch zu legitimieren haben", während dem Europäischen Parlament zunächst nur eine „stützende Funktion" zugewiesen wurde.[71] Im Urteil zum Europäischen Haftbefehl bezeichnete das BVerfG die Beteiligung des Europäischen Parlaments als „eigenständige Legitimationsquelle des europäischen Rechts"[72] und im *Lissabon*-Urteil wieder etwas abgeschwächt als „zusätzliche Legitimationsquelle"[73]. Für den EGMR ist hingegen das Europäische Parlament das wesentliche Element der demokratischen Legitimation in der EU:

„As to the context in which the European Parliament operates, the Court is of the view that the European Parliament represents the principal form of democratic, political accountability in the Community system. The Court considers that whatever its limitations, the European Parliament, which derives democratic legitimation from the direct elections by universal suffrage, must be seen as that part of the European Community structure which best reflects concerns as to ‚effective political democracy'."[74]

Die entscheidende Rolle des Europäischen Parlaments betonte implizit auch der EuGH, indem er feststellte, dass das Prinzip demokratischer Legitimation durch eine intensivere Beteiligung gerade des Europäischen Parlaments stärker verwirklicht wird, ohne dabei die Rolle nationaler Parlamente zu erwähnen.[75]

---

schluss des Bundestags oder ein Gesetz von Bundestag und Bundesrat bei Änderungen des Unionsprimärrechts und bei der Begleitung der Ausübung grundlegender Befugnisse ist im IntVG geregelt, sog. Gesetz über die Wahrnehmung der Integrationsverantwortung des Bundestags und des Bundesrates in Angelegenheiten der Europäischen Union vom 22.9.2009 (BGBl. 2009 I, S. 3022), zuletzt geändert am 1.12.2009 (BGBl. 2009 I, S. 3822). Eine Bindung des deutschen Vertreters im Rat oder im Europäischen Rat ist beispielsweise im Bereich von Vertragsänderungsverfahren nach Art. 218 Abs. 8 UAbs. 2 S. 2 AEUV (§ 3 Abs. 1 IntVG) und bei der Aktivierung der Brückenklausel nach Art. 48 Abs. 7 UAbs. 1 S. 1 oder 2 EUV (§ 4 Abs. 1 IntVG), der Kompetenzerweiterungsklauseln der Art. 83 Abs. 1 UAbs. 3, 86 Abs. 4 AEUV (§ 7 Abs. 1 IntVG) und der Flexibilitätsklausel des Art. 352 AEUV (§ 8 IntVG) vorgesehen.

[71] BVerfGE 89, 155 (Ls. 3a, 184, 186) – Maastricht.
[72] BVerfGE 113, 273 (301) – Europäischer Haftbefehl.
[73] BVerfGE 123, 267 (368) – Lissabon.
[74] Urteil des EGMR vom 18.2.1999, 24833/94 (Matthews/Vereinigtes Königreich), Rn. 52 – HUDOC.
[75] So *Orator*, Möglichkeiten und Grenzen der Einrichtung von Unionsagenturen, 2017, S. 196.

Die Verträge zeigen jedoch, dass es gerade auf beide Legitimationsstränge in maßgeblicher Weise ankommt, ohne dass ein Legitimationsstrang gegenüber dem anderen überwiegt (vgl. Art. 10 Abs. 2 EUV). Diese duale Legitimationsbasis hebt besonders auch Generalanwalt Poiares Maduro hervor:

„Die direkte demokratische Vertretung ist eindeutig ein maßgeblicher Gradmesser für die Demokratie in Europa, sie ist jedoch nicht der einzige. In der europäischen Gemeinschaft beinhaltet Demokratie insbesondere auch ein empfindliches Gleichgewicht zwischen der Demokratie auf nationaler Ebene und auf europäischer Ebene, ohne dass Letztere notwendigerweise Vorrang vor Ersterer haben."[76]

Gerade aufgrund der zweispurigen Legitimationsvermittlung besitzt das Europäische Parlament keine höherwertige demokratische Legitimation und damit auch keine Vorrangstellung gegenüber der Legitimation durch den Rat.[77] Beide Legitimationsstränge ergänzen sich wechselseitig, d. h. dass das Legitimationsniveau für eine Unionsmaßnahme auch dann ausreichend sein kann, wenn das unionsrechtlich vermittelte Legitimationsniveau entfällt oder nur schwach gegeben ist, beispielsweise wenn das Parlament lediglich unterrichtet oder angehört wird, dafür jedoch der Legitimationsbeitrag über den (Europäischen) Rat und damit über die nationalen Parlamente höher ausfällt.[78] Inwieweit der eine oder der andere Legitimationsstrang betont wird, hängt maßgeblich von den verfahrensrechtlichen Anordnungen in den jeweiligen Politikbereichen ab.[79]

cc) Alternative Formen der Legitimationsvermittlung

Die Entscheidung für die repräsentative Demokratie zeigt, dass die Legitimation unionalen Handelns primär Input-basiert erfolgt. Dies bedeutet, dass eine primär direkte oder deliberative Demokratie für die EU nicht möglich ist.[80] Gleichwohl folgt daraus nicht, dass alternative Formen der Legitimationsvermittlung in der EU ausgeschlossen sind. Insbesondere legen die Verträge in Art. 10 Abs. 3, Art. 11 EUV partizipative Elemente nieder, die ergänzend, nicht nur als Ausnahme, Legitimationsbeiträge liefern.[81] Dazu gehört insbesondere

---

[76] SchlA GA Poiares Maduro, Rs. C-411/06, Kommission/Parlament und Rat, Slg. 2009, I-7585, Tz. 6, Fn. 5.

[77] So bereits zu Art. 6 Abs. 1 EU *Görisch*, Demokratische Verwaltung durch Unionsagenturen, 2009, S. 347, 350.

[78] *Huber*, in: Streinz, 3. Aufl. 2018, Art. 10 EUV, Rn. 35 f.

[79] So bereits *Görisch*, Demokratische Verwaltung durch Unionsagenturen, 2009, S. 346; siehe zu den für die Einrichtung völkervertraglicher Gremien relevanten Verfahren ausführlich oben, § 3 B.

[80] *Ruffert*, in: Calliess/Ruffert, 5. Aufl. 2016, Art. 10 EUV, Rn. 2.

[81] BVerfGE 123, 267 (369) – Lissabon; *Heselhaus*, in: Pechstein/Nowak/Häde, 2017, Art. 10 EUV, Rn. 1; *Huber*, in: Streinz, 3. Aufl. 2018, Art. 10 EUV spricht einerseits von direkt-

der Grundsatz der Transparenz (Art. 10 Abs. 3 S. 3 EUV), der auf die bessere Beteiligung der Bürger an Entscheidungsprozessen zielt und damit unter anderem eine bessere Legitimität gegenüber dem Bürger in einem demokratischen System gewährleistet.[82] Selbst das im Grunde nach für eine Input-orientierte demokratische Legitimation vor allem durch die nationalen Parlamente eintretende BVerfG hat anerkannt, dass das unionale Demokratieprinzip „offen für andere, insbesondere vom Erfordernis lückenloser personeller demokratischer Legitimation aller Entscheidungsbefugten abweichende Formen der Organisation und Ausübung von Staatsgewalt"[83] sei. Dabei sei die Europäische Union frei, „mit zusätzlichen neueren Formen transparenter oder partizipativ angelegter politischer Entscheidungsverfahren nach eigenen Wegen demokratischer Ergänzung zu suchen."[84] Strittig ist, welche Rolle dabei die in den Politik- und Sozialwissenschaften entwickelten Output-orientierten Legitimationsmechanismen für die demokratische Legitimation der EU spielen. Ihnen wird im unionalen Kontext teils eine größere Rolle zugemessen.[85] Eine Analyse der Verträge und der Rechtsprechung des Gerichtshofs zeigt jedoch, dass eine Legitimation, die nur auf Expertise beruht, nicht mit dem Primärrecht vereinbar wäre,[86] sodass auch die Output-Legitimation nur ergänzende Legitimationsbeiträge liefern kann[87].

---

demokratischen Elementen als eng begrenzte Ausnahme (Rn. 23), andererseits qualifiziert er diese als wichtige Ergänzung (Rn. 50); vgl. auch *Nettesheim*, in: Grabitz/Hilf/Nettesheim, 69. EL Februar 2020, Art. 10 EUV, Rn. 66.

[82] EuGH, verb. Rs. C-92/09 und C-93/09, Schecke, Slg. 2010, I-11063, Rn. 68; der Grundsatz der Transparenz gehört zum „Throughput", also zur Ausgestaltung von Verhandlungs- und Entscheidungsmechanismen im institutionellen Willensbildungsprozess, siehe hierzu *Wimmel*, integration 2008, 48 (58).

[83] BVerfGE 107, 59 (91) – Lippeverband.

[84] BVerfGE 123, 267 (369) – Lissabon.

[85] *Barrón*, Der Europäische Verwaltungsverbund und die Außenbeziehungen der Europäischen Union, 2016, S. 206 m.w.N; der Output-Legitimation für die EU zentrale Bedeutung zumessend *Heselhaus*, in: Pechstein/Nowak/Häde, 2017, Art. 10 EUV, Rn. 16. Die Effizienz und die Ergebnisse („Output") des Handelns der Unionsorgane werden aber in der Praxis mehr und mehr hinterfragt, so *Hatje/Schwarze*, EuR 2019, 153 (168 f.).

[86] EuG, Rs. T-13/99, Pfizer Animal Health/Rat, Slg. 2002, II-3305, Rn. 201; ähnlich GA Alber, SchlA Rs. C-248/99 P, Monsanto, Slg. 2002, I-46, Tz. 134.

[87] So auch *Weiß*, in: Kadelbach (Hrsg.), Die Welt und Wir. Die Außenbeziehungen der Europäischen Union, 2017, S. 151 (184); in Bezug auf Unionsagenturen *Orator*, Möglichkeiten und Grenzen der Einrichtung von Unionsagenturen, 2017, S. 360; *Ruffert*, in: Müller-Graff/Schmahl/Skouris (Hrsg.), Europäisches Recht zwischen Bewährung und Wandel, 2011, S. 399 (410); anders *Scharpf*, Economic Integration, Democracy and the Welfare State, Max-Planck-Institut für Gesellschaftsforschung Working Paper 1996, S. 1 ff.: „input-oriented authenticity, and output-oriented effectiveness are equally essential elements of democratic self-determination." Jedenfalls für eine starke Rolle der Output-Legitimation im Kontext der

dd) Zwischenergebnis

Die zentrale Legitimationsvermittlung erfolgt in der EU Input-basiert durch die im Grundsatz gleichberechtigten Quellen Europäisches Parlament und Rat, während alternative Legitimationsmechanismen mittels Expertise, Partizipation, Transparenz und Deliberation diesen Legitimationsbetrag ergänzen.[88] Aufgrund der Anerkennung wichtiger Legitimationsleistungen auch anderer Legitimationsmechanismen wird auch jenseits einer ununterbrochenen Legitimationskette ein aus einzelnen Elementen bestehendes Legitimationssystem möglich.[89]

c) Delegations- und Mitwirkungsakte der Unionsebene

Die Legitimationsvermittlung der Unionsebene an den Gremienbeschluss erfolgt durch den Akt, mit dem die Unionsorgane Beschlussfassungsbefugnisse auf völkervertragliche Gremien delegieren und durch den jeweiligen Mitwirkungsakt an der konkreten Beschlussfassung insbesondere durch Standpunktfestlegung.[90] Ein Rezeptionsakt für die Beschlüsse in der Unionsrechtsordnung entfällt, da die Beschlüsse automatisch mit ihrem Inkrafttreten integraler Bestandteil der Unionsrechtsordnung werden.

EU plädierend *Barrón*, Der Europäische Verwaltungsverbund und die Außenbeziehungen der Europäischen Union, 2016, S. 206 m.w.N; der Output-Legitimation für die EU eine zentrale Bedeutung zumessend *Heselhaus*, in: Pechstein/Nowak/Häde, 2017, Art. 10 EUV, Rn. 16.

[88] So wohl die überwiegende Ansicht, siehe nur *Heselhaus*, in: Pechstein/Nowak/Häde, 2017, Art. 10 EUV, Rn. 29; *Nettesheim*, in: Grabitz/Hilf/Nettesheim, 69. EL Februar 2020, Art. 10 EUV, Rn. 44 ff.; *Haag*, in: von der Groeben/Schwarze/Hatje, 7. Aufl. 2015, Art. 10 EUV, Rn. 8; *Hermes*, in: Bauer/Huber/Sommermann (Hrsg.), Demokratie in Europa, 2005, S. 457 (471 ff.); speziell zum Element der Partizipation *Sommermann*, DÖV 2003, 1009 (1017); zu Legitimationsergänzungen bereits früh *Pache*, VVDStRL 66 (2007), S. 106 (139 ff.); *Groß*, VVDStRL 66 (2007), S. 152 (172 ff.); *Hermes*, in: Bauer/Huber/Sommermann (Hrsg.), Demokratie in Europa, 2005, S. 457 (473); *Trute*, in: Hoffmann-Riem/Schmidt-Aßmann/Voßkuhle (Hrsg.), Grundlagen des Verwaltungsrechts, Bd. I 2006, § 6, Rn. 53.

[89] Das Konzept einer ununterbrochenen Legitimationskette wirkt überholt, so auch *Orator*, Möglichkeiten und Grenzen der Einrichtung von Unionsagenturen, 2017, S. 369; den Abschied der Legitimationsketten befürwortend und als Alternative auf die effektive Selbstbestimmung und öffentliche Kontrolle der Regierenden verweisend *Peters*, Elemente einer Theorie der Verfassung Europas, 2001, S. 645 ff.

[90] *von Ungern-Sternberg*, Demokratie und Völkerrecht – Zur demokratischen Legitimation nationaler und internationaler Rechtserzeugung, Habilitationsschrift [bisher unveröffentlicht], S. 291 f.

aa) Vorüberlegungen: Gemischtes Abkommen oder EU-only-Abkommen

Inwieweit neben diese Legitimationsmechanismen auf Unionsebene mitgliedstaatliche Legitimationsmechanismen treten, hängt davon ab, ob die Befugnisdelegation und die Mitwirkung an Gremienbeschlüssen auf Grundlage eines EU-only-Abkommens oder eines gemischten Abkommens erfolgt. Bei einem EU-only-Abkommen vermittelt nur die Unionsebene, im Falle eines gemischten Abkommens sowohl die Ebene der Union, als auch die mitgliedstaatliche Ebene Legitimation.[91] Die duale demokratische Legitimationsstruktur der EU sorgt jedoch dafür, dass sich die Legitimationsvermittlung auf der Unionsebene von der mitgliedstaatlichen Ebene speist. Die zweifache Hochzonung der Beschlüsse völkervertraglicher Gremien führt lediglich dazu, dass die Anknüpfungspunkte mitgliedstaatlicher Delegation für den unionalen Kompetenzteil zweifach vermittelt sind.[92] Im Ausgangspunkt ist von einer grundsätzlichen Trennung der Kompetenzräume der EU und der Mitgliedstaaten auszugehen, auch wenn gemischte Abkommen in der Praxis überschießend ratifiziert werden, um Kompetenzabgrenzungen nicht vornehmen zu müssen.[93] Für den Kompetenzbereich der Union gemischter Abkommen gelten im Ausgangspunkt die gleichen Mitwirkungs- und Delegationsakte wie bei EU-only-Abkommen.[94] Bei gemischten Abkommen kommen anders als bei EU-only-Abkommen noch nationale Mitwirkungs- und Delegationsakte hinzu. Für die Legitimation des nationalen Kompetenzbereichs gemischter Abkommen sind die nationalen Parlamente zuständig.[95] Insbesondere ist der mitgliedstaatliche Teil gemischter Ab-

---

[91] *Jaag*, EuR 2012, 309 (317).
[92] So zum WTO-Recht *von Ungern-Sternberg*, Demokratie und Völkerrecht – Zur demokratischen Legitimation nationaler und internationaler Rechtserzeugung, Habilitationsschrift [bisher unveröffentlicht], S. 291 f.
[93] *Schroeder*, EuR 2018, 119 (128 ff.); zumindest im Ausgangspunkt vom Trennungsgedanken ausgehend *von Arnauld*, AöR 2016, 268 (269 f.).
[94] Schließlich gelten das Abschlussverfahren nach Art. 218 Abs. 6 AEUV und die Rechtswirkungen des Art. 216 Abs. 2 AEUV auch für den unionalen Kompetenzbereich gemischter Abkommen: EuGH, Rs. C-28/12, Kommission/Rat (Luftverkehrsabkommen USA), ECLI: EU:C:2015:282, Rn. 47 ff.; GA Sharpston, SchlA im Gutachtenverfahren 2/15 (Singapur), Tz. 74 ff.; *Mögele*, in: Streinz, 3. Aufl. 2018, Art. 216 AEUV, Rn. 74 ff., Art. 218 AEUV, Rn. 34; *Schroeder*, EuR 2018, 119 (129); nur zum Verfahren *Schmalenbach*, in: Calliess/Ruffert, 5. Aufl. 2016, Art. 218 AEUV, Rn. 32; vgl. für die Wirkung der Ratifikation *van der Loo/Wessel*, CMLRev. 2017, 735 (743); anders von einer Bindungswirkung nach Art. 216 Abs. 2 AEUV für das gesamte gemischte Abkommen ausgehend *Streinz*, in: Herrmann/Simma/Streinz (Hrsg.), EYIEL Special Issue, Trade Policy between Law, Diplomacy and Scholarship, Liber amicorum in memoriam Krenzler, 2015, S. 271 (288) unter Verweis auf EuGH, Rs. 12/86, Demirel, Slg. 1987, I-3719, Rn. 7.
[95] Siehe hierzu ausführlich unten, § 4 B.II.

kommen nach den verfassungsrechtlichen Vorgaben des nationalen Rechts zu ratifizieren.[96]

bb) Anforderungen an den Delegationsakt („Integrationsprogramm")

Die Legitimation von Beschlüssen völkervertraglicher Gremien erfolgt in entscheidender Weise durch die Mitwirkung der Unionsorgane am völkerrechtlichen Vertrag, der die Gremien und die zu delegierenden Befugnisse festlegt. Mitwirkende Beiträge der Unionsorgane finden in unterschiedlichem Ausmaß in der Verhandlungs- aber auch in der Abschlussphase des völkerrechtlichen Vertrags statt.[97] Dazu gehört der abschließende Ratsbeschluss zum Abschluss der Übereinkunft (Art. 218 Abs. 6 AEUV) und die vorherige Zustimmung des Europäischen Parlaments zum Vertragsabschluss (Art. 218 Abs. 6 lit. a Nr. i und Nr. iii AEUV). Durch ihre Mitwirkung am Abschluss des völkerrechtlichen Vertrags billigen Parlament und Rat die Einrichtung der Gremien und die delegierten Befugnisse. Inwieweit die bei Vertragsabschluss abgegebene Billigung auch auf die Ausübung der Befugnisse und damit auf die einzelnen Gremienbeschlüsse fortwirkt, hängt davon ab, wie konkret die Beschlussfassungsbefugnisse im Delegationsakt niedergelegt und daher für Parlament und Rat bei Vertragsabschluss vorhersehbar sind. Die Legitimation durch den Vertragsabschluss für den späteren konkreten Beschluss ist umso stärker, je präziser die Befugnisse niedergelegt und je mehr der Inhalt der Entscheidung vorprogrammiert ist, je weniger damit weite Befugnisse übertragen werden, für deren Ausübung weitreichende Entscheidungsspielräume bestehen.[98]

cc) Mitwirkungsakt der Unionsebene

Aus der ausdrücklichen Niederlegung der Mitwirkungsverfahren anlässlich der völkervertraglichen Beschlussfassung ergibt sich, dass das Unionsprimärrecht eine wiederkehrende Einflussmöglichkeit auf den Inhalt des Gremienbeschlusses verlangt, die über die reine Mitwirkung am Delegationsakt hinausgeht.[99]

---

[96] *Schroeder*, EuR 2018, 119 (129 f.).

[97] Zur Organbeteiligung im Vertragsschlussverfahren siehe bereits oben, § 3 B.III.1.

[98] Vgl. auch *Weiß*, in: Kadelbach (Hrsg.), Die Welt und Wir. Die Außenbeziehungen der Europäischen Union, 2017, S. 151 (182 ff.).

[99] Die demokratische Legitimation völkerrechtlicher Rechtserzeugung mit Individualbezug allein über staatliche Delegations- und Rezeptionsakte nicht als ausreichend ansehend *von Ungern-Sternberg*, Demokratie und Völkerrecht – Zur demokratischen Legitimation nationaler und internationaler Rechtserzeugung, Habilitationsschrift [bisher unveröffentlicht], S. 439. Das zwingende Mitwirkungserfordernis an der konkreten Beschlussfassung kann dann aufgeweicht werden, wenn in der Zukunft eigenständige Legitimationsmechanismen auf völkerrechtlicher Ebene hinzutreten.

Der über das Europäische Parlament verlaufende Legitimationsstrang vermittelt im Gegensatz zur starken Beteiligung am Delegationsakt selbst im Stadium des konkreten Beschlusserlasses nur eine sehr schwache Legitimation, da das Parlament von der Standpunktfestlegung lediglich unterrichtet wird (Art. 218 Abs. 10 AEUV).[100] Den maßgeblich legitimationsvermittelnden Akt liefern je nachdem, welches unionsinterne Mitwirkungsverfahren (Art. 218 Abs. 7 oder Abs. 9 AEUV) anwendbar ist, die den Unionsstandpunkt festlegenden Organe, d. h. teils die Europäische Kommission, in der Regel aber der Rat. Die in den völkervertraglichen Gremien sitzenden Kommissions- und/oder Ratsvertreter verfügen aufgrund des Einvernehmlichkeitsprinzips über eine Vetoposition hinsichtlich des konkreten Gremienbeschlusses. Diese können jedoch nicht eigenmächtig handeln, sondern werden durch verbindliche Standpunkte an die Willensbildung des Rates oder der Kommission rückgebunden. Der Einfluss auf den Inhalt des konkreten Gremienbeschlusses hängt davon ab, wie konkret die Ausübung der Beschlussfassungsbefugnis bereits im völkerrechtlichen Vertrag vorgeprägt ist bzw. wie viel Spielraum für die den Standpunkt festlegenden Unionsorgane bei der Begleitung der Befugnisausübung besteht. Entscheidend ist außerdem, wie detailliert der Standpunkt durch die Unionsorgane formuliert ist und wie groß die verbleibende Entscheidungsfreiheit des Gremienvertreters ist. Im Vergleich der Mitwirkungsverfahren der Art. 218 Abs. 7 und Abs. 9 AEUV zueinander ist der Beitrag in Form der Input-Legitimation bei der Standpunktfestlegung durch den Rat höher einzuschätzen, da die mitgliedstaatliche Säule über den Rat verläuft, während die Europäische Kommission selbst kein primär legitimationsvermittelndes Organ darstellt, jedenfalls aber in ihrer Zusammensetzung vom Europäischen Parlament gebilligt wird (vgl. Art. 17 Abs. 7 EUV). Die besondere Expertise der Europäischen Kommission ist jedenfalls als Output-Legitimation in Rechnung zu stellen.

dd) Output-Legitimation und ergänzende Legitimationsformen

Die Delegation von Beschlussfassungsbefugnissen an völkervertragliche Gremien kann in eingeschränktem Ausmaß auch als eigenständige Legitimationsressource der Gremienbeschlüsse verstanden werden,[101] die die Input-Legitimation ergänzt[102]. Die Delegation soll schnelles und flexibles Handeln ermöglichen.[103]

---

[100] Vgl. auch *Krajewski*, in: von Arnauld (Hrsg.), Europäische Außenbeziehungen, EnzEuR Bd. 10, 2014, § 3, Rn. 166.
[101] So zur unionsinternen Delegation von Rechtsetzung *Möllers/von Achenbach*, EuR 2011, 39 (52 f.).
[102] Siehe hierzu bereits oben, § 4 A.I.2.b)cc).
[103] *Giegerich*, in: Pechstein/Nowak/Häde, 2017, Art. 218 AEUV, Rn. 153.

Sie soll vermeiden, dass die Vertragsparteien Änderungen und Ergänzungen der Verträge im Wege des umständlichen und langwierigen Vertragsabschlussverfahrens unter Beteiligung des Europäischen Parlaments herbeiführen müssen.[104] Die Möglichkeit zur effektiven Weiterentwicklung des Abkommens begründet die sog. Output-Legitimation und liefert einen ergänzenden Legitimationsbeitrag. Die gleichzeitige Entlastung des europäischen Parlaments stellt die Handlungsfähigkeit des Mitgesetzgebers auf anderer Ebene sicher.[105] Außerdem liefert die Diskussion von Beschlussentwürfen mit Exekutivvertretern der anderen Vertragsparteien in den völkervertraglichen Gremien und die dadurch erfolgte koordinative Willensbildung unter dem Aspekt der Deliberation einen ergänzenden Legitimationsbeitrag.

ee) Verhältnis der Legitimationsmechanismen zueinander

Die Funktion der Delegation, schnell und flexibel Änderungen am Vertragswerk vornehmen zu können und in effektiver Weise Ergebnisse zu erzielen, steht in einem Spannungsverhältnis zur legitimationsstiftenden Einbindung der Parlamente am Delegations- und Mitwirkungsakt („Input"). Ziel kann es nur sein, einen angemessenen Ausgleich zwischen der genauen Konturierung der Beschlussfassungsbefugnisse und der nötigen Flexibilität bei der Ausübung der Befugnisse zu suchen, da die Gremien gerade aufgrund der sie konstituierenden Flexibilität und Schnelligkeit eingesetzt werden.[106] Ein hohes Bedürfnis an Flexibilität kann insbesondere in den Bereichen bestehen, die von hoher technischer Komplexität geprägt sind, da diese Vorschriften einem schnellen Wandel unterworfen sein könnten, der auf neuen wissenschaftlichen Daten oder Erkenntnissen beruht.[107] Auf eine präzise Festlegung der Aufgaben der Gremien und konkreter Kriterien für die Ausübung ist insbesondere dann zu achten, wenn dem Gremium Ermessensspielraum bei Regelsetzung und individuellen Entscheidungen zusteht.[108]

Auch die unterschiedlichen Akte der Input-Legitimation der Unionsorgane stehen in Wechselwirkung zueinander. Kann die Befugnis des Gremiums ohnehin nur noch in eine Richtung ausgeübt werden, geht die Bedeutung des Unionsstandpunktes verloren. Werden den Gremien durch den völkerrechtlichen Ver-

---

[104] Vgl. auch GA Cruz Villalón, SchlA Rs. C-399/12, Deutschland/Rat (OIV), ECLI:EU:C:2014:289, Tz. 80.
[105] Zur Aufrechterhaltung der Handlungsfähigkeit des Gesetzgebers für die unionsinterne abgeleitete Rechtsetzung siehe *Möllers/von Achenbach*, EuR 2011, 39 (53).
[106] So bereits *Appel*, Das internationale Kooperationsrecht der Europäischen Union, 2016, S. 303.
[107] *Klabbers*, Treaties, Amendment and Revision, in: EPIL, Rn. 17.
[108] Vgl. zum Agenturhandeln *Craig*, Administrative Law, 2. Aufl. 2012, S. 161 f.

A. Feinjustierung auf Grundlage unionsverfassungsrechtlicher Prinzipien 185

trag hingegen weite Beschlussfassungsbefugnisse übertragen, die nur vage andeuten, welche Befugnisse das Gremium innehat und deren Ausübung in inhaltlicher Hinsicht nicht vorgeprägt ist, sinkt die Legitimationsleistung der am Vertragsschluss beteiligten Unionsorgane, während Rat bzw. Kommission den weiten Spielraum für die Ausübung der Befugnisse ausnutzen können und damit mehr Einfluss auf den Inhalt des Gremienbeschlusses genießen.[109]

3. Hinreichendes Legitimationsniveau bei Einhaltung der besonderen Verfahrensbestimmungen des Unionsrechts?

Aus dem Prinzip demokratischer Legitimation wurde abgeleitet, dass die EU Beschlussfassungsbefugnisse nur soweit delegieren darf, als ein hinreichendes Legitimationsniveau erzielt werden kann. In der Folge wird geprüft, ob ein solches für Gremienbeschlüsse bereits dann erreicht wird, wenn die unionsinternen Verfahren eingehalten werden (a), oder ob das allgemeine Legitimationsprinzip zusätzliche Anforderungen an und Grenzen für Befugnisdelegationen setzt (b).

a) Besondere Verfahrensbestimmungen als Ausdruck des Prinzips der demokratischen Legitimation

Es spricht vieles dafür, dass die primärrechtlichen Verfahrensvorschriften der Art. 218 Abs. 6, Abs. 7 und Abs. 9 AEUV selbst bereits Ausdruck des Prinzips der demokratischen Legitimation sind und damit das Prinzip demokratischer Legitimation im Ausgangspunkt gesichert ist, wenn die speziellen Verfahrensbestimmungen eingehalten werden.

Aus der Rechtsprechung des EuGH geht hervor, dass die Verfahrensvorschrift des Art. 218 AEUV eine „allgemeine Bestimmung von verfassungsmäßiger Bedeutung"[110] darstellt. Für EU-Übereinkünfte legt die Vorschrift den erforderlichen Grad demokratischer Legitimation fest.[111] Insbesondere die systematische Stellung der Verfahren zur Durchführung völkerrechtlicher Übereinkünfte und der unmittelbare Zusammenhang der Beschlüsse zur Übereinkunft sprechen dafür, dass dies auch für die auf Grundlage der Übereinkünfte erlassenen Gremienbeschlüsse gilt. Bereits bei der Abgrenzung der Anwendungsbereiche der unterschiedlichen Mitwirkungsverfahren ist ersichtlich ge-

---
[109] Vgl. zum Agenturhandeln *Craig*, EU Administrative Law, 2. Aufl. 2012, S. 161.
[110] EuGH, Rs. C-425/13, Kommission/Rat, ECLI:EU:C:2015:483, Rn. 62; Art. 218 AEUV als konstitutionelle Verfahren zur Übernahme völkerrechtlicher Verpflichtungen bezeichnend GA Sharpston, SchlA verb. Rs. C-103/12 und C-165/12, Parlament und Kommission/Rat, ECLI:EU:C:2014:334, Tz. 115.
[111] *Giegerich*, in: Pechstein/Nowak/Häde, 2017, Art. 218 AEUV, Rn. 3; *Eeckhout*, EU External Relations Law, 2. Aufl. 2011, S. 193 f.

worden, dass bei der Entwicklung der Verfahrensvorschriften demokratische Erwägungen einbezogen wurden.[112] Dies wird insbesondere auch daran sichtbar, dass besonders wichtige Beschlüsse, die den institutionellen Rahmen der Übereinkunft ändern oder ergänzen, der Zustimmung des Parlaments bedürfen, während für geringfügige Änderungen eine Standpunktfestlegung durch die Kommission nach Art. 218 Abs. 7 AEUV vorgesehen ist. Da diese speziellen Verfahrensbestimmungen die Art und Weise der Beteiligung legitimationsstiftender Unionsorgane wie des Rates und des Europäischen Parlaments festlegen, steht hinter ihnen das allgemeine Legitimationsprinzip mit der Folge, dass das allgemeine Legitimationsprinzip den primärrechtlich geregelten Verfahrensablauf gerade nicht überspielen kann.[113] Die besonderen Verfahrensbestimmungen genießen als speziellere Bestimmungen für die Legitimation von völkerrechtlichen Verträgen und auf deren Grundlage erlassenen Beschlüssen Anwendungsvorrang vor dem allgemeineren Demokratieprinzip.[114] Aus der fehlenden Beteiligung des Europäischen Parlaments in den vereinfachten Mitwirkungsverfahren kann im Grundsatz geschlossen werden, dass eine solche unionsverfassungsrechtlich gerade nicht geboten ist. Im Grundsatz ist damit eine weitere Parlamentarisierung des Unionsprimärrechts auf Grundlage des allgemeinen Legitimationsprinzips ausgeschlossen.

b) Verbleibende Relevanz des allgemeinen Legitimationsprinzips

Allerdings tritt der Anwendungsvorrang des speziellen Verfahrensrechts zurück, wenn die Anwendung der Verfahrensregeln dazu geeignet ist, die Legitimation der Unionsordnung auszuhöhlen.[115] Den Unionsorganen steht es in kompetenzrechtlicher Hinsicht nicht zu, das allgemeine Prinzip demokratischer Legitimation auszuhebeln. Dies ist den Mitgliedstaaten als „Herren der Verträge" unter Beachtung der verfahrensrechtlichen Bedingungen für Vertragsänderungen nach Art. 48 EUV vorbehalten.[116] Eine solche Aushöhlung der Legitimationsordnung läge vor, wenn Kerngehalte des allgemeinen Legitimationsprinzips nicht mehr gewahrt werden würden.[117] Dieser Gefahr kann dadurch vorgebeugt werden, dass gewisse Anforderungen und materielle Grenzen der

---

[112] Siehe hierzu bereits oben, § 3 C.IV.
[113] So zur Beteiligung des Europäischen Parlaments bei der abgeleiteten Rechtsetzung *Möllers/von Achenbach*, EuR 2011, 39 (55 f.).
[114] Vgl. zur abgeleiteten Rechtsetzung *Möllers/von Achenbach*, EuR 2011, 39 (55).
[115] Vgl. zur abgeleiteten Rechtsetzung *Möllers/von Achenbach*, EuR 2011, 39 (55).
[116] Siehe allgemein zu den Mitgliedstaaten als „Herren der Verträge" *Meng*, in: von der Groeben/Schwarze/Hatje, 7. Aufl. 2015, Art. 48 EUV, Rn. 21; *Cremer*, in: Calliess/Ruffert, 5. Aufl. 2016, Art. 48 EUV, Rn. 19 ff. m.w.N; siehe hierzu bereits oben, § 2 A.II.2.
[117] *Möllers/von Achenbach*, EuR 2011, 39 (55).

Delegation festgelegt werden, die das unionsrechtliche Demokratieprinzip schützen.[118] Diese das unionsrechtliche Demokratieprinzip schützenden Anforderungen und Grenzen der Delegation fehlen im Hinblick auf die Delegation von Beschlussfassungsbefugnissen an völkervertragliche Gremien in den Verfahrensregeln der Art. 218 Abs. 6, Abs. 7 und Abs. 9 AEUV. Wie bereits festgestellt besteht eine große Offenheit im Hinblick auf das an Vertragsgremien Übertragbare.[119] Diese Offenheit der Regelungen nutzte der EuGH, um den Anwendungsbereich des Standpunktverfahrens immer weiter auszudehnen und auch auf Akte bilateraler Gremien in Abkommen der Mitgliedstaaten und auf Akte multilateraler Gremien zu erstrecken. Gleichzeitig wurden jedoch keine genauen Anforderungen an den Delegationsakt oder Grenzen der Delegation entwickelt, die mit diesen Öffnungen des Anwendungsbereichs Schritt halten. Dementsprechend erscheint es durchaus möglich, dass unter Anwendung der Verfahrensbestimmungen unbestimmte Befugnisübertragungen oder weitreichende Befugnisdelegationen zugelassen werden, die Bereiche betreffen, die unionsintern eigentlich eine Parlamentsbeteiligung erfordern.

II. Prinzip des institutionellen Gleichgewichts

In engem Zusammenhang zum demokratischen Prinzip steht das Prinzip des institutionellen Gleichgewichts, das bei Befugnisdelegationen ebenfalls von Relevanz ist.

1. Herleitung

Das Prinzip des institutionellen Gleichgewichts ist nicht explizit im Primärrecht verankert.[120] Ein konkreter Anhaltspunkt für das Prinzip findet sich in Art. 13 Abs. 2 EUV, wonach die Organe nach Maßgabe der ihnen in den Verträgen zugewiesenen Befugnisse nach den jeweils einschlägigen Verfahren, Bedingungen und Zielen handeln.[121] Bereits zuvor wurde das institutionelle Gleichge-

---

[118] *Möllers/von Achenbach*, EuR 2011, 39 (55); vgl. zum Schutz staatlicher Demokratie durch Delegationsschranken *von Ungern-Sternberg*, Demokratie und Völkerrecht – Zur demokratischen Legitimation nationaler und internationaler Rechtserzeugung, Habilitationsschrift [bisher unveröffentlicht], S. 322 ff.

[119] *Weiß*, in: Kadelbach (Hrsg.), Die Welt und Wir. Die Außenbeziehungen der Europäischen Union, 2017, S. 151 (181). Siehe hierzu bereits oben, § 3 C.III. und § 3 D.

[120] Eine Ausnahme bildet das Subsidiaritätsprotokoll zum Vertrag von Amsterdam, das den Begriff explizit verwendet, siehe Ziffer 2 des Protokolls (Nr. 30) zum Vertrag von Amsterdam (ABl. 1997 C 340/1). Der Begriff ist nicht in das Subsidiaritätsprotokoll zum Vertrag von Lissabon übernommen worden.

[121] EuGH, Rs. C-409/13, Rat/Kommission, ECLI:EU:C:2015:217, Rn. 64 mwN; EuGH,

wicht durch den EuGH ausgehend von seinen Urteilen in der Rechtssache *Meroni* in ständiger Rechtsprechung auch aus einer Gesamtschau der Organisationsprinzipien und Kompetenznormen der Verträge abgeleitet.[122] Es speist sich aus dem Zuständigkeitssystem der Verträge, das jedem Organ eine bestimmte Funktion im institutionellen Gefüge der Union zuweist[123] und ist sowohl den speziellen Bestimmungen des jeweiligen Organs, als auch aus den verfahrensrechtlichen Vorgaben der jeweiligen Kompetenznorm, sowie dem Prinzip der begrenzten Einzelermächtigung zu entnehmen.[124] Das Prinzip des institutionellen Gleichgewichts wird zudem von den primärrechtlichen Grundprinzipien der Demokratie und Rechtsstaatlichkeit (Art. 2 EUV) geprägt.[125] Dies geht auch aus der Rechtsprechung des EuGH hervor, der im Zusammenhang mit dem institutionellen Gleichgewicht einerseits die demokratische Legitimation des Europäischen Parlaments, insbesondere im Gesetzgebungsprozess, hervorhebt, andererseits die gerichtliche Kontrolle intensiviert, wenn die Beteiligung des Parlaments nicht ausreichend erscheint.[126] In dieser Hinsicht betonte der EuGH, dass die „wirksame Beteiligung des Parlaments am Gesetzgebungsverfahren der Gemeinschaft gemäß den im Vertrag vorgesehenen Verfahren (…) ein wesentliches Element des vom Vertrag gewollten institutionellen Gleichgewichts dar[stellt]"[127]. Der Einfluss des demokratischen Prinzips auf das institutionelle Gleichgewicht führt dazu, dass das Europäische Parlament in dessen Rahmen

---

Rs. C-73/14, Rat/Kommission (Internationaler Seegerichtshof), ECLI:EU:C:2015:663, Rn. 61; EuGH, Rs. C-660/13, Rat/Kommission, ECLI:EU:C:2016:616, Rn. 32; die Literatur hatte die Verknüpfung schon lange angenommen, siehe nur *Calliess*, in: Calliess/Ruffert, 5. Aufl. 2016, Art. 13 EUV, Rn. 15; *Hilf*, Die Organisationsstruktur der Europäischen Gemeinschaften, 1982, S. 312 ff.

[122] Erstmals EuGH, Rs. 9/56, Meroni I, Slg. 1958, 11 (44); weiter in Rs. 10/56, Meroni II, Slg. 1958, 53 (53); vgl. auch EuGH, Rs. C-25/70, Köster, Slg. 1970, 1161, Rn. 9 und EuGH, Rs. C-65/93, Parlament/Rat (Anhörung des EP – Pflicht zu redlicher Zusammenarbeit), Slg. 1995, I-643, Rn. 21.

[123] EuGH, Rs. C-70/88, Parlament/Rat (Lebensmittelkontamination), Slg. 1990, I-2041, Rn. 21 f.

[124] *Calliess*, in: Calliess/Ruffert, 5. Aufl. 2016, Art. 13 EUV, Rn. 15; *Orator*, Möglichkeiten und Grenzen der Einrichtung von Unionsagenturen, 2017, S. 220.

[125] Von einer Konkretisierung durch das Demokratie- und Rechtsstaatsprinzip sprechend *Calliess*, in: Calliess/Ruffert, 5. Aufl. 2016, Art. 13 EUV, Rn. 15.; von einer „Schnittmenge" ausgehend *Dutzler*, Der Staat 2002, 495 (505); die rechtsstaatliche und demokratische Komponente des Prinzips des institutionellen Gleichgewichts betonend *Görisch*, Demokratische Verwaltung durch Unionsagenturen, 2009, S. 370.

[126] Zum demokratischen Prinzip EuGH, Rs. C-65/93, Parlament/Rat (Anhörung des EP – Pflicht zu redlicher Zusammenarbeit), Slg. 1995, I-643, Rn. 91; in der Literatur bereits *Möllers*, Gewaltengliederung, 2005, S. 260.

[127] EuGH, Rs. C-21/94, Parlament/Rat (Erneute Anhörung des EP – bei Textänderung), Slg. 1995, I-1827, Rn. 17.

einen besonderen Schutz genießt.[128] Im Hinblick auf das Element der Rechtsstaatlichkeit begründet der EuGH mit der Figur des institutionellen Gleichgewichts vertraglich nicht vorgesehene Klagerechte.[129] Der EuGH hat die Aufrechterhaltung des institutionellen Gleichgewichts und damit die richterliche Kontrolle der Beachtung der Befugnisse der Unionsorgane sicherzustellen und kann eventuelle Verstöße ahnden.[130] Als normatives und justiziables Gestaltungsprinzip kann es kompetenzielle Verschiebungen im institutionellen Gefüge der EU begrenzen.[131] In diesem Rahmen ergeben sich zwangsläufig Überschneidungspunkte mit dem Prinzip demokratischer Legitimation.

2. Inhalte

Das Prinzip des institutionellen Gleichgewichts stellt das unionale Äquivalent zur Gewaltenteilung in einem demokratischen Rechtsstaat dar.[132]

Es lässt sich nicht vollständig in staatsrechtlichen Konzepten abbilden, sondern beruht

„auf einem Prinzip der Funktionsteilung, nach dem die Funktionen der Gemeinschaft von denjenigen Organen wahrgenommen werden sollen, die dazu vertraglich am besten ausgestattet worden sind. Anders als das Prinzip der Gewaltenteilung, das u. a. der Sicherung des Schutzes des Individuums durch eine Mäßigung der Staatsgewalt dient, bezweckt das Prinzip der Funktionsteilung eine effektive Erreichung der Gemeinschaftsziele."[133]

---

[128] Vgl. *Möllers*, Gewaltengliederung, 2005, S. 260.

[129] Besonders deutlich EuGH, Rs. C-70/88, Parlament/Rat (Lebensmittelkontamination), Slg. 1990, I-2041, Rn. 21 ff.

[130] EuGH, Rs. C-70/88, Parlament/Rat (Lebensmittelkontamination), Slg. 1990, I-2041, Rn. 21 f.

[131] EuGH, Rs. C-70/88, Parlament/Rat (Lebensmittelkontamination), Slg. 1990, I-2041, Rn. 22 f.; *Nettesheim*, in: Grabitz/Hilf/Nettesheim, 69. EL Februar 2020, Art. 13 EUV, Rn. 30 f.; vgl. in diesem Sinne *Möllers*, Gewaltengliederung, 2005, S. 259; *Streinz*, in: Streinz, 3. Aufl. 2018, Art. 13 EUV, Rn. 23; *Calliess*, in: Calliess/Ruffert, 5. Aufl. 2016, Art. 13 EUV, Rn. 10, 16; anders *Görisch*, Demokratische Verwaltung durch Unionsagenturen, 2009, S. 403, der dem Prinzip keine eigenständige Bedeutung zumisst, sondern es als „begriffliches Dach" für demokratische und rechtsstaatliche Erwägungen ansieht.

[132] *Streinz*, Europarecht, 11. Aufl. 2019, Rn. 276; *Nettesheim*, in: Grabitz/Hilf/Nettesheim, 69. EL Februar 2020, Art. 13 EUV, Rn. 1; *Calliess*, in: Calliess/Ruffert, 5. Aufl. 2016, Art. 13 EUV, Rn. 18; allgemein zum Ursprung des Prinzips in den Verfassungstraditionen der Mitgliedstaaten GA Saggio, SchlA Rs. C-159/96, Portugal/Kommission, Slg. 1998, I-7379, Tz. 72; *Lenaerts*, CMLRev. 1991, 11 (11 ff.); *Jacobs*, CMLRev. 2004, 303 (311); *Georgopoulos*, ELJ 2003, 530 (530–548); *Möllers*, Gewaltengliederung, 2005, S. 22, 67 ff., 253 ff., der auf eine „spezifisch EG-rechtliche Gewaltengliederung" verweist.

[133] GA Trstenjak, SchlA Rs. C-101/08, Audiolux, Slg. 2009, I-9823, Tz. 104.

Es dient letztlich dazu, ein freiheitssicherndes und legitimationsbewahrendes System der „checks and balances" zu kreieren.[134] Dies wird durch ein speziell der Integration der EU angepasstes System mehrerer Mittel erreicht, zu dem die begrenzte Aufgabenzuweisung an die Unionsorgane, das Ineinandergreifen der Willensbildungs- und Entscheidungsprozesse zwischen den Organen, die Besetzung, Struktur und Stellung der Unionsorgane, sowie die Kontrolle durch eine unabhängige Gerichtsbarkeit gezählt werden können.[135] Das institutionelle Gleichgewicht schützt in dreierlei Hinsicht:[136] Es gewährleistet die notwendige Unabhängigkeit der Unionsorgane bei der Ausübung ihrer Befugnisse und schützt die Kernbefugnisse der Organe vor Übertragungen an vertragsfremde Einrichtungen (Trennungsgedanke). Gleichzeitig schützt das institutionelle Gleichgewicht Vertragsorgane vor Eingriffen anderer Vertragsorgane, insbesondere in Konstellationen, in denen Befugnisse eines Organs auf ein anderes Unionsorgan delegiert werden (Usurpationsverbot). Es garantiert zudem die Befugnisse eines Vertragsorgans, indem die Delegation von Befugnissen auf vertragsfremde Einrichtungen begrenzt wird (Balancegedanke)[137].

3. Verstoß gegen das institutionelle Gleichgewicht durch die Einrichtung völkervertraglicher Gremien?

Unter Zugrundelegung dieser Inhalte könnte das institutionelle Gleichgewicht der Einrichtung von völkervertraglichen Gremien mit Beschlussfassungsbefugnissen entgegenstehen, wenn sie vertragsfremde Einrichtungen darstellen, an die Kernbefugnisse der Unionsorgane oder sonstige nach dem Balancegedanken unübertragbare Befugnisse delegiert werden. Die Unionsverträge ordnen völkervertragliche Gremien nicht als Unionsorgane ein (vgl. Art. 13 Abs. 1 EUV) und definieren auch nicht ihre exakte Rolle im institutionellen Gleichgewicht. Die Verfahrensvorschriften der Art. 218 Abs. 6, Abs. 7 und Abs. 9 AEUV nennen die völkervertraglichen Gremien jedoch explizit. Die Gremien sind damit nicht vertragsfremd. Aus diesen Verfahrensvorschriften des Unionsprimärrechts geht hervor, dass die Einrichtung und Befugnisausstattung völkervertraglicher Gremien möglich ist. Die Befugnisschaffung für diese Gremien durch

---

[134] *Calliess*, in: Calliess/Ruffert, 5. Aufl. 2016, Art. 13 EUV, Rn. 18; *Huber*, EuR 2003, 574 (576).

[135] *Calliess*, in: Calliess/Ruffert, 5. Aufl. 2016, Art. 13 EUV, Rn. 18.

[136] Zur Dreiteilung in Trennungsgedanke, Usurpationsverbot und Balancegedanke *Möllers*, Gewaltengliederung, 2005, S. 258 ff.; inhaltlich bereits *Lenaerts/Verhoeven*, in: Joerges/Dehousse (Hrsg.), Good Governance in Europe's Integrated Market 2002, S. 35 (44 ff.)

[137] Zum Balancegedanken im Hinblick auf die Einrichtung von Unionsagenturen *Orator*, Möglichkeiten und Grenzen der Einrichtung von Unionsagenturen, 2017, S. 225 f.

Unionsorgane in primärrechtlich festgelegten Verfahren ist damit gerade Teil des institutionellen Gleichgewichts.[138]

Jedenfalls könnte die Übertragung von Befugnissen an völkervertragliche Gremien indirekt dazu führen, dass Befugnisse des Europäischen Parlaments, das an der Mitwirkung an Gremienbeschlüssen nicht mehr beteiligt ist, durch die Mitwirkung der Kommission bzw. des Rates an der Entscheidungsfindung entzogen bzw. nicht ausreichend geschützt werden.

Allerdings beinhaltet die Vorschrift des Art. 218 AEUV bereits selbst ein in besonderer Weise austariertes institutionelles Gleichgewicht zwischen Kommission, Rat und Parlament für die Aushandlung, den Abschluss und die Durchführung völkerrechtlicher Verträge.[139] Die Einhaltung dieser Verfahrensbestimmungen ist dabei wesentlich für die Einhaltung der Kräfteverhältnisse bzw. der Machtverteilung zwischen den Unionsorganen und mittelbar auch zwischen der Union (vertreten durch die Kommission und das Parlament) und den Mitgliedstaaten (vertreten durch den Rat).[140] Die Rechtsetzung durch völkerrechtliche Verträge der EU zeichnet sich durch ein „komplexes interinstitutionelles System gegenseitiger Kontrolle und Einflussnahme (,checks and balances')" aus.[141] Im Rahmen des Vertragsschlussverfahrens übernimmt die Kommission bzw. der Hohe Vertreter die Initiative und die Verhandlungsführung, während der Rat „Hauptentscheidungsträger"[142] bleibt und für die Beschlüsse u. a. zur Unterzeichnung und zum Abschluss der Übereinkunft zuständig ist. Durch das Zustimmungsrecht des Europäischen Parlaments, insbesondere bei Assoziierungs-, Handels- und sonstigen Abkommen, die Gremien mit Beschlussfassungsbefugnissen schaffen, ist das Europäische Parlament (weitgehend) gleichberechtigter Akteur.[143]

---

[138] *Appel*, Das internationale Kooperationsrecht der Europäischen Union, 2016, S. 299.
[139] Vgl. GA Sharpston, SchlA verb. Rs. C-103/12 und C-165/12, Parlament und Kommission/Rat, ECLI:EU:C:2014:334, Tz. 116.
[140] *Bäumler*, EuR 2016, 607 (608); *Giegerich*, in: Pechstein/Nowak/Häde, 2017, Art. 218 AEUV, Rn. 3.
[141] *Krajewski*, in: von Arnauld (Hrsg.), Europäische Außenbeziehungen, EnzEuR Bd. 10, 2014, § 3, Rn. 116.
[142] Zu den Außenwirtschaftsbeziehungen *Pietzsch*, Die Kompetenzverteilung zwischen Rat, Kommission und Parlament in den EG-Außenwirtschaftsbeziehungen, 2009, S. 319 ff.
[143] So zum Bereich der vertraglichen Handelspolitik *Herrmann/Streinz T.*, in: von Arnauld (Hrsg.), Europäische Außenbeziehungen, EnzEuR Bd. 10, 2014, § 11, Rn. 159; die Organbeteiligung an der Vertragsschließung in Art. 218 AEUV als „weitgehend (wenn auch nicht vollständig) parallel zur Organbeteiligung an der Beschlussfassung in unionsinternen Angelegenheiten ausgestaltet" ansehend *Giegerich*, in: Pechstein/Nowak/Häde, 2017, Art. 218 AEUV, Rn. 14.

Solange die Unionsorgane am Vertragsschluss und bei der Mitwirkung an Beschlüssen völkervertraglicher Gremien entsprechend den soeben dargestellten primärrechtlich vorgegebenen Verfahren agieren, verstößt die Einrichtung völkervertraglicher Gremien mit Beschlussfassungsbefugnissen nicht gegen das in besonderer Weise für die Aushandlung, den Abschluss und die Umsetzung völkerrechtliche Verträge festgelegte institutionelle Gleichgewicht. Dies ist dann nicht der Fall, wenn durch Anwendung der Verfahrensvorschriften das Prinzip des institutionellen Gleichgewichts und damit die Funktionsverteilung im Unionsrecht ausgehöhlt wird. Eine solche Aushöhlung des institutionellen Gefüges durch Befugnisdelegationen kommt in Betracht, wenn durch fehlende Anforderungen und Grenzen an die Delegation Befugnisse auf völkervertragliche Gremien und die mitwirkende Exekutive übertragen werden können, die unionsintern eigentlich der Mitwirkung des Europäischen Parlaments bedürfen. Eine solche Aushöhlung der institutionellen Ordnung durch erhebliche Machtverschiebung vom Parlament hin zur Exekutive würde gleichzeitig die vertraglich zugewiesenen Kompetenzen (Art. 216 Abs. 1 AEUV iVm Art. 48 EUV) überdehnen.

III. Befugnisdelegationen in der Rechtsprechung des EuGH

Im Folgenden ist herauszuarbeiten, inwiefern sich aus der Rechtsprechung des EuGH zu verschiedensten Befugnisdelegationen Anforderungen und materielle Grenzen an Delegationen ergeben, die auch bei dem Vorgang der Einrichtung völkervertraglicher Gremien die Prinzipien der demokratischen Legitimation und des institutionellen Gleichgewichts vor einer Aushöhlung schützen können. Als Maßstab[144] kommen einerseits die Grundsätze der *Meroni*-Rechtsprechung (1), andererseits die Erwägungen der nun in Art. 290 und Art. 291 AEUV niedergelegten Anforderungen und Grenzen an die unionsinterne Delegation von Rechtsetzungsbefugnissen an die Europäische Kommission in Betracht (2). Nach einer ausführlichen Herausarbeitung beider Maßstäbe ist zu klären, inwieweit sie auch für die vorliegende Delegationskonstellation fruchtbar gemacht werden können (3). Die dahinterstehende Grundüberlegung ist, dass der EuGH die Maßstäbe für Befugnisdelegationen vor dem Hintergrund des Prinzips des institutionellen Gleichgewichts und des Prinzips der demokratischen Legitimation entwickelte und diese allgemeinen Prinzipien des Unionsverfassungsrechts gerade auch bei der Delegation an völkervertragliche Gremien durch die Unionsorgane zu beachten sind.

---

[144] Bereits zu Art. 300 EGV *von Bogdandy/Bast/Arndt*, ZaöRV 2002, 77 (158); für Kooperationsgremien *Appel*, Das internationale Kooperationsrecht der Europäischen Union, 2016, S. 292 ff.; für beschließende Vertragsorgane in Freihandelsabkommen *Weiß*, in: EuR 2020, 407 (419 ff.).

A. Feinjustierung auf Grundlage unionsverfassungsrechtlicher Prinzipien 193

1. Meroni-Kriterien

Orientierung könnte zunächst die *Meroni*-Rechtsprechung des EuGH aus dem Jahre 1958 bieten, die im Kontext allgemeiner verfassungsrechtlicher Prinzipien des institutionellen Gleichgewichts, des demokratischen Prinzips und des effektiven gerichtlichen Rechtsschutzes zu lesen ist. Die Arbeit stellt die *Meroni*-Kriterien zunächst abstrakt dar, um im weiteren Fortgang klären zu können, ob sie als Kriterium für die Einrichtung völkervertraglicher Gremien in Frage kommen.

a) Meroni-Konstellation

Die in *Meroni* gegenständliche Delegationskonstellation betraf die Übertragung von Befugnissen an privatrechtliche Gremien durch die Hohe Behörde. Diese Delegationsform beruhte auf der damaligen Vorschrift des Art. 53 Abs. 1 lit. b EGKSV, die die Hohe Behörde zur Schaffung vertragsfremder, finanzieller Einrichtungen ermächtigte, ohne die Übertragungsmodalitäten oder die übertragbaren Befugnisse explizit zu nennen. Auf dieser Grundlage schuf die Hohe Behörde ein verbindliches Schrottausgleichssystem für betroffene Unternehmen, das von den „Brüsseler Organen", zwei „sociétés coopératives" nach belgischem Privatrecht, namentlich dem Gemeinsamen Büro der Schrottverbraucher und der Ausgleichskasse für eingeführten Schrott, „unter der Verantwortlichkeit der Hohen Behörde" verwaltet werden sollte. Das Schrottausgleichssystem diente dazu, die Schrottpreise im Gemeinsamen Schrottmarkt der EGKS gering zu halten. Unternehmen konnten durch die Hohe Behörde verpflichtet werden, eine bestimmte Summe in die Schrottausgleichskasse einzuzahlen. Gegen zwei solcher Entscheidungen legte ein hiervon betroffenes italienisches Stahlunternehmen mit dem Namen *Meroni* Nichtigkeitsklage ein und begehrte ihre Nichtigerklärung. Daraufhin erließ der EuGH zwei nahezu inhaltsgleiche Urteile,[145] in denen er die Übertragung von Befugnissen an die Brüsseler Organe bestätigte und Anforderungen an sowie Grenzen für die Befugnisdelegation aufstellte.

b) Anforderungen und Grenzen aus der Meroni-Rechtsprechung

Diesen Urteilen werden in der Regel vier Kriterien entnommen:[146] (a) der allgemeine Grundsatz, dass niemand weitreichendere Befugnisse übertragen könne, als er selbst besitzt, (b) dass eine Delegation ausdrücklich geschehen müsse, (c)

---

[145] EuGH, Rs. 9/56, Meroni I, Slg. 1958, 11; EuGH, Rs. 10/56, Meroni II, Slg. 1958, 53.
[146] Vereinzelt ist auch von fünf Kriterien die Rede. Als fünftes Kriterium das Verbleiben der Verantwortung und Kontrolle der Hohen Behörde anführend *Hummer*, in: Miehsler/Mock/Tammelo (Hrsg.), Ius humanitatis. Festschrift zum 90. Geburtstag von Alfred Verdross, 1980, S. 459 (469).

dass nur klar umgrenzte Ausführungsbefugnisse übertragen werden könnten und (d) dass insgesamt das Gleichgewicht der Gewalten des Vertrags gewahrt werden müsse.

aa) Übertragung eigener Rechte

Das erste *Meroni*-Kriterium beinhaltet den allgemeinen Grundsatz, dass niemand weitreichendere Befugnisse übertragen kann, wie die, die er selbst besitzt (Grundsatz *nemo plus iuris transferre potest quam ipse habet*).[147] Für die Delegation bedeutet dies konkret, dass das delegierende Organ nur die Rechte übertragen kann, die diesem nach dem Vertrag selbst zustehen. Auch die Bedingungen für die Ausübung der Rechte wie etwaige Begründungs- und Publikationspflichten gehen mit der Delegation über.[148] Im konkreten Fall hatte die Hohe Behörde die Brüsseler Organe nicht dazu verpflichtet, ihre Entscheidungen zu begründen und zu veröffentlichen. Dementsprechend war für den EuGH die Befugnisdelegation unzulässig.[149]

bb) Ausdrücklichkeit der Befugnisübertragung

Das zweite Erfordernis betraf die Ausdrücklichkeit der Befugnisdelegation.[150] Die Delegation der Befugnisse kann nicht vermutet, sondern muss ausdrücklich angeordnet werden.[151] Hierfür müssen Inhalt, Art und Ausmaß des Delegationsakts in einer Weise bestimmt sein, dass für Außenstehende erkennbar ist, welche Kompetenzen delegiert wurden. Dieses Kriterium war im konkreten Fall nicht erfüllt, da aus keiner Entscheidung der übertragenden Behörde die Befugnisübertragung hervorging.[152]

cc) Anforderungen an den Inhalt der Delegation

Der Kern der *Meroni*-Doktrin betrifft neben der Prüfung der Delegation vor dem Hintergrund des institutionellen Gleichgewichts die Unterscheidung zwi-

---

[147] EuGH, Rs. 9/56, Meroni I, Slg. 1958, 11 (40); EuGH, Rs. 10/56, Meroni II, Slg. 1958, 53 (75 ff). Zur Verankerung dieses Grundsatzes im Recht der internationalen Organisationen *Seidl-Hohenveldern/Loibl*, Das Recht der internationalen Organisationen, 7. Aufl. 2000, S. 209, Rn. 1405 ff.

[148] Vgl. EuGH, Rs. 9/56, Meroni I, Slg. 1958, 11 (40); den darin zum Ausdruck kommenden Aspekt der Wahrung vollen Rechtsschutzes betonend *Lenaerts*, ELRev. 1993, 23 (44 ff.).

[149] EuGH, Rs. 9/56, Meroni I, Slg. 1958, 11 (40).

[150] EuGH, Rs. 10/56, Meroni II, Slg. 1958, 53 (Ls. 7); später EuGH, Rs. C-301/02 P, Tralli/EZB, Slg. 2005, I-4071, Rn. 43.

[151] EuGH, Rs. 9/56, Meroni I, Slg. 1958, 11 (42).

[152] EuGH, Rs. 9/56, Meroni I, Slg. 1958, 11 (42).

schen der grundsätzlich zulässigen Übertragung von „genau umgrenzte[n] Ausführungsbefugnisse[n]" und der unzulässigen Delegation von „Befugnisse[n], die nach freiem Ermessen auszuüben sind und die einen weiten Ermessensspielraum voraussetzen" und somit „je nach Art ihrer Ausübung, die Verwirklichung einer ausgesprochenen Wirtschaftspolitik" ermöglichen.[153] Genau umgrenzte Ausführungsbefugnisse sind nach dem EuGH deshalb delegierbar, da sie sich auf „objektive, von der Hohen Behörde festgesetzte Tatbestandsmerkmale" stützten, sodass die „Ausübung einer strengen Kontrolle im Hinblick auf die Beachtung objektiver Tatbestandsmerkmale" unterworfen werde.[154] Darunter fallen technische Hilfs- und Rechentätigkeiten[155] bzw. Vorbereitungs- oder reine Durchführungsrechtsakte[156]. Die genaue Festlegung der Befugnisse durch den Deleganten soll gewährleisten, dass es zu keiner umfänglichen Verantwortungsverlagerung kommt.[157] Die delegierbaren Ausführungsbefugnisse sind von solchen Befugnissen abzugrenzen, die delegiert werden können, ohne dass es zu einer Verantwortungsübertragung kommt, bei denen gerade die Letztverantwortung bei den legitimierenden Unionsorganen verbleibt. Dies ist nach dem EuGH dann der Fall, wenn die jeweiligen Organe „lediglich ermächtigt wurden, Beschlüsse zu fassen, deren Durchführung der Hohen Behörde vorbehalten bleibt und für welche diese die Verantwortung trägt",[158] was insbesondere bei lediglich intern wirkenden Entscheidungsvorbereitungsmaßnahmen anderer Stellen anzunehmen ist. Ausführungsbefugnisse sind außerdem von Ermessensbefugnissen zu unterscheiden, bei deren Ausübung „wirtschaftspolitische Beurteilungen und Überlegungen angestellt werden" müssten.[159] Um eine solche Befugnis handelte es sich im konkreten *Meroni*-Fall bei der Aufgabe, „nicht weniger als acht verschiedene sehr allgemein umschriebene Ziele" möglichst gleichzeitig zu verfolgen und miteinander abzuwägen; dieser wahlweise Ausgleich der allgemein gehaltenen Ziele setze gerade einen wirklichen Ermessensspielraum voraus.[160] Unter Anwendung der genannten Kriterien ging der EuGH im konkreten Fall von einem solch weiten Ermessen aus und erklärte die Delegation dieser Ermessensbefugnisse politischen Charakters auch deshalb als un-

---

[153] EuGH, Rs. 9/56, Meroni I, Slg. 1958, 11 (43 f.).
[154] EuGH, Rs. 9/56, Meroni I, Slg. 1958, 11 (43 f.).
[155] GA Roemer, verb. SchlA Rs. 9/56, Meroni I, und Rs. 10/56, Meroni II, Slg. 1958, 87 (121).
[156] GA Roemer, verb. SchlA Rs. 9/56, Meroni I, und Rs. 10/56, Meroni II, Slg. 1958, 87 (116).
[157] Vgl. EuGH, Rs. 9/56, Meroni I, Slg. 1958, 11 (44).
[158] EuGH, Rs. 9/56, Meroni I, Slg. 1958, 11 (36 f.).
[159] GA Roemer, verb. SchlA Rs. 9/56, Meroni I, und Rs. 10/56, Meroni II, Slg. 1958, 87 (121).
[160] EuGH, Rs. 9/56, Meroni I, Slg. 1958, 11 (43).

zulässig.¹⁶¹ Aus den Argumentationslinien des EuGH können vier verschiedene Arten von Befugnissen abgeleitet werden:¹⁶² (1) Befugnisse ohne Außenwirksamkeit, d. h. solche Befugnisse, die rein intern wirkende Vorbereitungsmaßnahmen darstellen; in einem solchen Fall liegt schon keine Verantwortungsübertragung vor. (2) Außenwirksame Befugnisse, die genau umschriebene Ausführungsbefugnisse darstellen und keinen Ermessensspielraum beinhalten; durch sie kommt es zu keiner umfassenden, jedenfalls aber teilweisen Verantwortungsverlagerung, die kontrollierbar ist. (3) Befugnisse, die Ermessensbefugnisse darstellen, jedoch keine Politikgestaltung ermöglichen und (4) politisches Ermessen umfassende Befugnisse, die nicht übertragen werden dürfen. Die Abgrenzung der Befugniskategorien anhand der vom EuGH entwickelten Kriterien bereitet jedoch in ihrer Anwendung Probleme, da unter Umständen auch Durchführungsbefugnisse einen (weiten) Ermessensspielraum beinhalten, der grundlegende Entscheidungen ermöglicht.¹⁶³

dd) Wahrung des institutionellen Gleichgewichts

In engem Zusammenhang mit dem dritten *Meroni*-Kriterium, das sich auf den Inhalt der Delegation bezieht, prüft der EuGH die erfolgte Delegation am „Gleichgewicht der Gewalten". Hierauf baut der später entwickelte Grundsatz des institutionellen Gleichgewichts auf, auch wenn dieser heute etwas Anderes darstellt als das damalige Gleichgewicht der Gewalten.¹⁶⁴

Damals statuierte der EuGH, dass

„das für den organisatorischen Aufbau der Gemeinschaft kennzeichnende Gleichgewicht der Gewalten eine grundlegende Garantie darstellt, insbesondere zugunsten der Unternehmen und Unternehmensverbände, auf welche der Vertrag Anwendung findet. Die Übertragung von Befugnissen mit Ermessensspielraum auf andere Einrichtungen als solche, die im Vertrag zur Ausübung und Kontrolle dieser Befugnisse im Rahmen ihrer jeweiligen Zuständigkeiten vorgesehen sind, würde diese Garantie jedoch verletzen."¹⁶⁵

Ein entscheidendes Element der Kontrolle liefern zudem die vertraglich verankerten Rechtsschutzgarantien, die eine Anfechtung der delegierten Entscheidungen insbesondere dann sicherstellen müssen, wenn die Befugnisse über rei-

---

¹⁶¹ EuGH, Rs. 9/56, Meroni I, Slg. 1958, 11 (43).
¹⁶² Diese Einteilung im Bereich der Unionsagenturen vornehmend *Orator*, Möglichkeiten und Grenzen der Einrichtung von Unionsagenturen, 2017, S. 275.
¹⁶³ So bereits *Berger*, Vertraglich nicht vorgesehene Einrichtungen des Gemeinschaftsrechts mit eigener Rechtspersönlichkeit, 1999, S. 90.
¹⁶⁴ Zum abweichenden Inhalt und der unterschiedlichen Stoßrichtung der beiden „Gleichgewichte" *Jaqué*, CMLRev. 2004, 383 (383, 387); *Chiti*, CMLRev. 2009, 1395 (1423).
¹⁶⁵ EuGH, Rs. 9/56, Meroni I, Slg. 1958, 11 (43).

ne Ausführungsbefugnisse hinausgehen.[166] Zur Sicherstellung der richterlichen Nachprüfung durch den Gerichtshof stellt dieser eine Pflicht zur Begründung und Veröffentlichung der Entscheidungen auf.[167] Die Relevanz der Rechtsschutzmöglichkeiten bestätigte der EuGH in der die *Meroni*-Doktrin bezüglich des Rechtsschutzes konkretisierenden *Romano*-Entscheidung, in der der EuGH die Delegation von verbindlichen Rechtsetzungsbefugnissen auf vertragsfremde Einrichtungen mangels Rechtsschutzmöglichkeiten für unzulässig erklärte.[168] Die gestiegenen Anforderungen des EuGH an den Rechtsschutz zeigen, dass Befugnisübertragungen nicht aus Angst vor Rechtsschutzlücken verboten, sondern mithilfe eines angemessenes Rechtsschutzregimes kontrolliert werden sollten.[169]

2. Kriterien für die unionsinterne Delegation von Rechtsetzung an die Europäische Kommission

Neben den soeben dargestellten *Meroni*-Kriterien kommen auch die Anforderungen und Grenzen in Betracht, die der EuGH in seiner *Komitologie*-Rechtsprechung zu unionsinternen Befugnisdelegationen der Legislative an die Kommission entwickelt hat. Die Anforderungen an solche Befugnisdelegationen sind heute in Art. 290, Art. 291 AEUV niedergelegt. Beide Vorschriften beziehen sich offensichtlich nicht auf die Befugnisausstattung völkervertraglicher Gremien, sondern auf die Übertragung exekutiver Rechtsetzung vom Unionsgesetzgeber vor allem an die Kommission, die im Falle des Art. 290 AEUV zum Erlass delegierter Rechtsakte, auf Grundlage des Art. 291 AEUV zum Erlass von Durchführungsrechtsakten ermächtigt werden kann. Hinter den Anforderungen der Art. 290, Art. 291 AEUV stehen demokratisch-rechtsstaatliche und institutionen-balancierende Wertungen, die möglicherweise auch für die Befugnisausstattung völkervertraglicher Gremien tragfähig sind.[170] Aufgrund der detaillierteren Ausgestaltung der Modalitäten der delegierten Rechtsetzung soll vor allem auf diese Form der Befugnisdelegation intensiv eingegangen werden.

---

[166] GA Roemer, verb. SchlA Rs. 9/56, Meroni I, und Rs. 10/56, Meroni II, Slg. 1958, 87 (115).
[167] EuGH, Rs. 9/56, Meroni I, Slg. 1958, 11 (29 f.).
[168] EuGH, Rs. 98/80, Romano, Slg. 1981, 1241, insb. Rn. 20. Im *Leerverkäufe*-Urteil stellte der EuGH klar, dass der *Romano*-Rechtsprechung kein über die *Meroni*-Kriterien hinausgehender Gehalt entnommen werden könne, so EuGH, Rs. C-270/12, Vereinigtes Königreich/Parlament und Rat (Leerverkäufe), ECLI:EU:C:2014:18, Rn. 66.
[169] So bereits *Appel*, Das internationale Kooperationsrecht der Europäischen Union, 2016, S. 301; siehe zu den gestiegenen Rechtsschutzanforderungen *Lenaerts*, ELRev. 1993, 23 (39).
[170] Vgl. GA Jääskinen, SchlA Rs. C-270/12, Tz. 83 ff., 93 und *Orator*, Möglichkeiten und Grenzen der Einrichtung von Unionsagenturen, 2017, S. 249.

Die primärrechtliche Vorschrift des Art. 290 AEUV regeln eine vertraglich explizit vorgesehene Übertragungsform von Rechtsetzung zwischen zwei Vertragsorganen, konkret dem Unionsgesetzgeber Rat und Europäischem Parlament und auf der anderen Seite der Kommission. Für diese Form der Befugnisdelegation sind der Vorschrift des Art. 290 AEUV und der Komitologie-Rechtsprechung des EuGH Anforderungen an den Delegationsakt (a), Kontrollmechanismen (b) und Delegationsschranken (c) zu entnehmen.

a) Anforderungen an den Delegationsakt

Die Befugnisdelegation hat durch Gesetzgebungsakt zu erfolgen. Adressat der Delegation ist die Europäische Kommission. Im Gesetzgebungsakt (Art. 289 Abs. 3 AEUV) muss der Unionsgesetzgeber Ziel, Inhalt, Geltungsbereich und Dauer der Befugnisübertragung festlegen (Art. 290 Abs. 1 UAbs. 2 AEUV).[171] Dabei erfasst der Inhalt der Befugnisübertragung das, was die Kommission regeln soll, nicht dagegen den Inhalt der späteren Regelung,[172] sodass der Kommission dahingehend ein substantieller Gestaltungsspielraum verbleibt.[173] Die Anforderungen an die Ermächtigung setzt der EuGH nicht allzu hoch, besonders wenn bestimmte Bereiche schnelle und flexible Problemlösungen durch die Kommission erfordern.[174] Fehlen die genannten Vorgaben im Gesetzgebungsakt oder sind diese zu unbestimmt, führt dies dagegen zur Nichtigkeit des Gesetzgebungsaktes.[175] Bricht die Kommission aus diesem Delegationsrahmen aus, ist der delegierte Rechtsakt wegen Verstoßes gegen die Ermächtigung unwirksam.[176]

b) Mechanismen zur Kontrolle der Ausübung der Delegation

Des Weiteren bestehen Kontrollmechanismen für den Unionsgesetzgeber in Bezug auf die delegierte Rechtsetzung. Der Unionsgesetzgeber kann die Delegation widerrufen oder Einspruch gegen den delegierten Rechtsakt einlegen (Art. 290 Abs. 2 AEUV).[177] Daraus wird auch abgeleitet, dass der Unionsgesetz-

---

[171] Sogar „bloße" Durchführungsrechtsetzung durch die Kommission muss in einem Basisrechtsakt übertragen werden, der den Gegenstand und den Umfang der Durchführung festlegt (Art. 291 AEUV).
[172] *Ruffert*, in: Calliess/Ruffert, 5. Aufl. 2016, Art. 290 AEUV, Rn. 13.
[173] *Gellermann*, in: Streinz, 3. Aufl. 2018, Art. 290 AEUV, Rn. 9.
[174] Grundlegend EuGH, Rs. 23/75, Rey Soda, Slg. 1975, 1279, Rn. 11.
[175] *Ruffert*, in: Calliess/Ruffert, 5. Aufl. 2016, Art. 290 AEUV, Rn. 11.
[176] *Schmidt*, in: von der Groeben/Schwarze/Hatje, 7. Aufl. 2015, Art. 290 AEUV, Rn. 29.
[177] Dies gilt nicht für die Durchführungsrechtsetzung, die von den Mitgliedstaaten kontrolliert wird (Art. 290 Abs. 2, 3 AEUV iVm. VO 182/2011 [Komitologie-VO]).

geber delegierte Rechtsakte zurückweisen kann, wenn sie nicht von der übertragenen Ermächtigung gedeckt sind.[178]

c) Grenze: Ergänzung oder Änderung nicht wesentlicher Vorschriften

Art. 290 Abs. 1 AEUV enthält zudem eine materielle Delegationsgrenze, die das Verhältnis zwischen dem Unionsgesetzgeber und der Europäischen Kommission betrifft. Wesentliche Vorschriften eines Gesetzgebungsaktes sind vom Unionsgesetzgeber im Gesetzgebungsverfahren zu regeln, während nicht wesentliche Vorschriften von der Europäischen Kommission geändert oder ergänzt werden können. Die wesentlichen Aspekte eines Bereichs sind dem Gesetzgebungsakt vorbehalten und können nicht an die Kommission übertragen werden (Art. 290 Abs. 1 UAbs. 2 S. 2 AEUV). Damit bedarf die Grundregel der Zustimmung des Europäischen Parlaments, die Ausübung des abgeleiteten Rechts dagegen nicht mehr.[179] Eine Analyse der Rechtsprechung des EuGH soll Klarheit darüber schaffen, in welcher Weise der Wesentlichkeitsgrundsatz verstanden wird und ob es sich um ein handhabbares Kriterium handelt, das es ermöglicht, an die Exekutive delegierbare und dem Unionsgesetzgeber vorbehaltene Befugnissen zu unterscheiden.

aa) Komitologie-Urteile: Primär funktionales Verständnis

Das Wesentlichkeitskriterium entwickelte vor dessen Kodifizierung in Art. 290 AEUV der EuGH in dessen *Komitologie*-Urteilen. Darin untersuchte der EuGH die Zulässigkeit der Delegation von Durchführungsbefugnissen an die Kommission auf Grundlage des ehemaligen Art. 155 Sp. 4 EWG, der dem Rat gestattete, die Modalitäten der Ausübung der der Kommission übertragenen Durchführungsbefugnisse zu regeln, wozu das sog. Verwaltungsausschussverfahren gehörte. In diesem Rahmen wurde dem Verwaltungsausschuss die Aufgabe übertragen, Stellungnahmen zu den Entwürfen der Kommission abzugeben und eine ständige Konsultation zu gewährleisten, ohne selbst anstelle der Kommission oder des Rates entscheiden zu können. Über die Rechtmäßigkeit eines solchen Verwaltungsausschussverfahrens auf Grundlage einer Agrarverordnung urteilte der EuGH erstmals im Urteil *Köster* aus den 1970er Jahren.

---

[178] *Möllers/von Achenbach*, EuR 2011, 39 (52).
[179] *Müller-Ibold*, in: Lenz/Borchardt, 6. Aufl. 2012, Art. 218 AEUV, Rn. 18: „Der Ausschluss entspricht jedoch einer gewissen Logik, die auch sonst für Formen der abgeleiteten Rechtssetzung gilt und nach der die Grundregelung der Zustimmung des EP bedarf, die Ausübung und der Erlass des abgeleiteten Rechts dagegen nicht mehr (s. a. Art. 207 Abs. 2)." Ähnlich *Gellermann*, in: Streinz, 3. Aufl. 2018, Art. 290 AEUV, Rn. 7.

(1) Wesentliche Grundzüge der zu regelnden Materie

Dort entschied der EuGH, dass der Gesetzgeber „die wesentlichen Grundzüge der zu regelnden Materie" festzulegen hat, während „Durchführungsbestimmungen" auch von der Kommission erlassen werden dürfen.[180] Nachdem diese Anforderung nicht bedeute, dass der Rat alle Einzelheiten der Verordnung regeln müsse, gab das Verwaltungsausschussverfahren dem Rat die Möglichkeit, „der Kommission beträchtliche Durchführungsbefugnisse unter dem Vorbehalt zu übertragen, daß er gegebenenfalls die Entscheidung an sich ziehen kann", ohne dabei die Struktur der Gemeinschaft und das institutionelle Gleichgewicht zu verfälschen.[181]

(2) Anhaltspunkte für bereichsspezifischen Wesentlichkeitsgrundsatz

Beginnend mit dem Urteil *Rey Soda*[182] vertrat und vertritt der EuGH bis heute[183] für den Bereich der Agrarmärkte ein weites Verständnis des Begriffs der Durchführung und gesteht dem Unionsgesetzgeber ein weites Ermessen zu. Als Begründung für die Möglichkeit, der Kommission in Bereichen wie der Gemeinsamen Agrarpolitik eine „weitgehende Beurteilungs- und Handlungsbefugnis" übertragen zu können, führte der EuGH an, dass nur die Kommission in der Lage sei, „die internationale Marktentwicklung ständig und aufmerksam zu verfolgen und mit der durch die Situation gebotenen Schnelligkeit zu handeln".[184] Die Grenzen der Befugnisse ergäben sich aus den allgemeinen Hauptzielen der fraglichen Regelung.[185] Damit im Einklang gestattete der EuGH der Kommission auch in späteren Urteilen, „alle für die Durchführung der Grundverordnung erforderlichen oder zweckmäßigen Maßnahmen zu ergreifen, soweit diese nicht gegen die Grundverordnung oder die Anwendungsregeln des Rates verstoßen"[186]. Diese weite Auslegung des Begriffs der Durchführung im Bereich der Gemeinsamen Agrarpolitik bestätigte der EuGH in weiteren Urteilen,[187] stellte hingegen im Urteil *Vreugdenhil* zum gemeinsamen Zolltarif zugleich klar, dass dieses Verständnis nicht einfach außerhalb des Agrarsektors

---

[180] EuGH, Rs. 25/70, Köster, Slg. 1970, 1161, Rn. 6.
[181] EuGH, Rs. 25/70, Köster, Slg. 1970, 1161, Rn. 6, 9.
[182] EuGH, Rs. 23/75, Rey Soda, Slg. 1975, 1279, Rn. 10/14.
[183] EuGH, Rs. C-134/15, Lidl, ECLI:EU:C:2016:498, Rn. 47 m.w.N.; siehe hierzu die Entscheidungsbesprechung von *Streinz*, JuS 2017, 798 (798 ff.).
[184] EuGH, Rs. 23/75, Rey Soda, Slg. 1975, 1279, Rn. 10/14.
[185] EuGH, Rs. 23/75, Rey Soda, Slg. 1975, 1279, Rn. 10/14.
[186] EuGH, Rs. C-121/83, Zuckerfabrik Franken, Slg. 1984, 2039, Rn. 13; später auch EuGH, Rs. C-159/96, Portugal/Kommission, Slg. 1998, I-7379, Rn. 41.
[187] Siehe nur EuGH, verb. Rs. C-9/95, C-23/95 und C-156/95, Belgien und Deutschland/Kommission, Slg. 1997, I-645, Rn. 36.

A. Feinjustierung auf Grundlage unionsverfassungsrechtlicher Prinzipien   201

übernommen werden könne.[188] Eine ähnlich weite Auslegung bestätigte der EuGH unter sinnvoller Heranziehung der Erwägungen aus dem Urteil *Rey Soda* auch für den Außenhandelsbereich.[189] Damit deutet der EuGH an, dass der Wesentlichkeitsgrundsatz bereichsspezifisch zu verstehen ist,[190] ohne diesen näher auszuformen, wie es Generalanwältin Kokott vorgeschlagen hatte. Nach ihrem Ansatz soll eine weite Auslegung des Begriffs der Durchführung und damit eine enge Auslegung des Wesentlichkeitsbegriffs möglich sein, wenn die einschlägige Gemeinschaftspolitik von Schnelllebigkeit und intensiven Interventionen der Gemeinschaft (heute: Union) geprägt ist, was insbesondere technisch geprägte Sektoren betreffe; strengere Maßstäbe gelten nur in den Bereichen, in denen eine sorgfältige Abwägung erforderlich sei.[191] Für den Agrarbereich konkretisierte der EuGH im Urteil *Deutschland/Kommission* den Begriff der wesentlichen Elemente einer Rechtsvorschrift. Als „wesentlich" im Bereich der Landwirtschaft könnten „nur solche Bestimmungen angesehen werden, durch die die grundsätzlichen Ausrichtungen der Gemeinschaftspolitik umgesetzt werden", was nicht der Fall sei, wenn es um Maßnahmen der ordnungsgemäßen Verwaltung gehe.[192] Um die wesentlichen Grundzüge zu konturieren, reicht es aus, die grundsätzliche Ausrichtung zu bestimmen, während Durchführungs- und Umsetzungsaufgaben an die Kommission delegiert werden können.[193] Um wiederum als Durchführungsakt gelten zu können, muss sich die jeweilige Entscheidung der Kommission auf die Ziele des Basisrechtsakts stützen bzw. zumindest eine unmittelbare Verbindung mit diesen aufweisen.[194]

(3) Zwischenergebnis

Aus den *Komitologie*-Urteilen geht hervor, dass jedenfalls die wesentlichen Grundzüge der zu regelnden Materie durch den Gesetzgeber festgelegt werden müssen. Welche Befugnisse in den Bereich der an die Exekutive delegierbaren

---

[188] EuGH, Rs. 22/88, Vreugdenhil, Slg. 1989, 2049, Rn. 17.
[189] EuGH, Rs. C-159/96, Portugal/Kommission, Slg. 1998, I-7379, Rn. 40 f.; EuGH, verb. Rs. C-37/02 und C-38/02, Di Lenardo und Dilexport, Slg. 2004, I-6911, Rn. 55.
[190] *Fischer-Appelt*, Agenturen der Europäischen Gemeinschaft, 1999, S. 114; vorsichtiger *Nettesheim*, in: Grabitz/Hilf/Nettesheim, 69. EL Februar 2020, Art. 290 AEUV, Rn. 38.
[191] Vgl. GA Kokott, SchlA Rs. C-66/04, Vereinigtes Königreich/Parlament und Rat, Slg. 2005, I-10553, Tz. 55 ff.
[192] EuGH, Rs. C-240/90, Deutschland/Kommission, Slg. 1992, I-5383, Rn. 36 f.; EuGH, C-356/97, Molkereigenossenschaft Wiedergeltingen, Slg. 2000, I-5461, Rn. 21; EuGH, C-66/04, Vereinigtes Königreich/Parlament und Rat, Slg. 2005, I-10552, Rn. 48, 53 ff.
[193] Vgl. auch *Nettesheim*, in: Grabitz/Hilf/Nettesheim, 69. EL Februar 2020, Art. 290 AEUV, Rn. 41.
[194] Außerhalb des Agrarbereichs EuGH, Rs. C-403/05, Parlament/Kommission, Slg. 2007, I-9045, insb. Rn. 55, 66 ff.

Durchführungsbefugnisse fallen und welche dem Unionsgesetzgeber als wesentliche Befugnisse vorbehalten bleiben, hängt auch von den Besonderheiten des jeweiligen Sachbereichs ab. Im Agrar- und im Außenhandelsbereich wird der Europäischen Kommission eine weitgehende Beurteilungs- und Handlungsbefugnis zugestanden.

bb) Inhaltliche Ausdifferenzierung nach Lissabon

Insbesondere das nach dem Inkrafttreten des Vertrags von Lissabon ergangene Urteil zum *Schengener Grenzkodex* deutet darauf hin, dass der EuGH bestrebt ist, den Begriff der Wesentlichkeit stärker zu konturieren und auszuformen. Das Urteil bezog sich zwar noch auf das Komitologieverfahren vor dem Vertrag von Lissabon, konkret auf das Regelungsverfahren mit Kontrolle und betraf eine Befugnisübertragung an den Rat, ist indessen auch für das jetzige System delegierter Rechtsakte im Sinne des Art. 290 AEUV von entscheidender Bedeutung, auch wenn es dort um Befugnisdelegationen an die Europäische Kommission geht.[195] In diesem Urteil hatte der EuGH erstmals eine Befugnisdelegation wegen Verletzung des Wesentlichkeitsvorbehalts für nichtig erklärt.

Zur Beantwortung der Frage, ob der Rat die gegenständliche Durchführungsregelung des Schengener Grenzkodex (SGK) erlassen durfte, prüfte der EuGH ausführlich den Inhalt der Ermächtigungsgrundlage, wonach „[a]lle zusätzlichen Überwachungsmodalitäten" erlassen werden dürfen, „die durch Ergänzungen eine Änderung nicht wesentlicher Bestimmungen [des SGK] bewirken".[196] Für die Festlegung des Wesentlichkeitsbegriffs verwies der EuGH zunächst unter Bezugnahme auf seine ständige Rechtsprechung auf das Kriterium der wesentlichen Vorschriften der zu regelnden Materie.[197] Die Bestimmung wesentlicher Aspekte müsse sich dabei nach objektiven Gesichtspunkten richten, die gerichtlich kontrollierbar sind und die „Merkmale und die Besonderheiten des betreffenden Sachgebiets" berücksichtigen.[198] Unter wesentliche Vorschriften der zu regelnden Materie fasste der EuGH solche Bestimmungen, „deren Erlass politische Entscheidungen erfordert, die in die eigene Zuständigkeit des Unionsgesetzgebers fallen, da sie eine Abwägung der widerstreitenden Interessen auf der Grundlage einer Beurteilung zahlreicher Gesichtspunkte einschließen."[199] Unter Anwendung dieses festgelegten Maßstabs ordnete der

---

[195] *Epiney*, NVwZ 2013, 614 (617); ausführlicher zur Frage der Übertragbarkeit der Erkenntnisse auf die Befugnisübertragung auf die Europäische Kommission *Schmidt*, in: von der Groeben/Schwarze/Hatje, 7. Aufl. 2015, Art. 290 AEUV, Rn. 28.
[196] EuGH, Rs. C-355/10, Parlament/Rat (SGK), ECLI:EU:C:2012:516, Rn. 72.
[197] EuGH, Rs. C-355/10, Parlament/Rat (SGK), ECLI:EU:C:2012:516, Rn. 64.
[198] EuGH, Rs. C-355/10, Parlament/Rat (SGK), ECLI:EU:C:2012:516, Rn. 67f.
[199] EuGH, Rs. C-355/10, Parlament/Rat (SGK), ECLI:EU:C:2012:516, Rn. 65.

EuGH die Festlegung der Zwangsbefugnisse für Grenzschutzbeamte als wesentliche Elemente ein und begründete dies mit dem Spielraum hinsichtlich der Art und Reichweite der festzulegenden Befugnisse sowie der mit der Festlegung der Befugnisse einhergehenden bedeutenden Entwicklung innerhalb des Systems des SGK, die insbesondere auch darin begründet lag, dass die Gefahr der Beeinträchtigung der souveränen Rechte von Drittländern je nach Flaggenstaat des Schiffes bestand.[200] Andererseits hob der EuGH hervor, dass die Befugnisverleihungen an Grenzschutzbeamte „Eingriffe in die Grundrechte der betroffenen Personen in einem Umfang erlauben, der das Tätigwerden des Unionsgesetzgebers erforderlich macht."[201] Der Gerichtshof kam auf Grundlage dieser beiden Argumentationsstränge zu dem Schluss, dass die angefochtene Entscheidung als politische Entscheidung, die über den SGK hinausging, durch den Unionsgesetzgeber festzusetzen war.[202] Nach dieser Feststellung, dass durch die angefochtene Entscheidung dem SGK tatsächlich neue wesentliche Elemente hinzugefügt wurden, wurde die Nichtigerklärung der Entscheidung unvermeidlich.

cc) Konturierung eines unionsrechtlichen Wesentlichkeitsmaßstabs

Das Urteil des EuGH zum *Schengener Grenzkodex* ist in vielerlei Hinsicht ein Novum. Der EuGH erklärte das erste Mal eine Befugnisdelegation wegen Verstoßes gegen den Wesentlichkeitsgrundsatz für nichtig. Hierfür stützte er sich soweit ersichtlich erstmals auf das Kriterium der politischen Entscheidung. Neu ist auch, dass der EuGH für die Bestimmung der Wesentlichkeit mit etwaigen Grundrechtsbeeinträchtigungen argumentierte. Insbesondere diese neuen Entwicklungen sollen die Grundlage für die Konturierung eines Wesentlichkeitsmaßstabs bilden, mit dessen Hilfe delegierbare Befugnisse von den dem Unionsgesetzgeber vorbehaltenen Befugnissen unterschieden werden können.

(1) Kriterium der politischen Entscheidung

Das Kriterium der „politischen Entscheidung" allein bietet keine über den Wortlaut des Gesetzes hinausgehende nützliche Orientierung.[203] Auch die weitere Ausdifferenzierung von politischen Entscheidungen zu Regelungen, die Aspekte „mit technischer und politischer Dimension" enthalten,[204] bietet keinen richtigen Mehrwert, da eine genaue Trennung von „technical issues and policy

---

[200] EuGH, Rs. C-355/10, Parlament/Rat (SGK), ECLI:EU:C:2012:516, Rn. 76.
[201] EuGH, Rs. C-355/10, Parlament/Rat (SGK), ECLI:EU:C:2012:516, Rn. 77.
[202] EuGH, Rs. C-355/10, Parlament/Rat (SGK), ECLI:EU:C:2012:516, Rn. 77 f.
[203] So bereits *Chamon*, CMLRev. 2013, 849 (858 f.).
[204] EuGH, Rs. C-363/14, Parlament/Rat (Europol), ECLI:EU:C:2015:579, Rn. 51.

choices" schwerlich möglich ist,[205] wie auch die folgenden Ausführungen zeigen. Entscheidend sind damit die Elemente, mit denen der EuGH das Vorliegen einer politischen Entscheidung begründet. Dies erfolgt „einerseits" mithilfe des Erfordernisses der Interessenabwägung und „andererseits" mithilfe der Grundrechtsbeeinträchtigung erheblichen Umfangs, was den Schluss nahelegt, dass die Interessenabwägung und die Grundrechtsbeeinträchtigung zwei selbstständige Anforderungen sind, die jede für sich ausreichen, um die Wesentlichkeit bejahen zu können.[206]

(2) Kriterium der Grundrechtsbezogenheit

Auch in der Literatur wird seit dem Erlass des SGK-Urteils vermehrt die Relevanz des Grundrechtsbezugs im Rahmen der Wesentlichkeitstheorie anerkannt.[207] Teilweise wird der Gesetzesvorbehalt nach Art. 52 Abs. 1 S. 1 GRC entsprechend dem deutschen Parlamentsvorbehalt verstanden und daraus gefolgert, dass Grundrechtseingriffe im Basisrechtsakt angeordnet sein müssen.[208] Dem kann entgegengehalten werden, dass das System der Rechtsetzungskompetenzen der Unionsverträge auch in bestimmten grundrechtsrelevanten Bereichen keine Parlamentsbeteiligung vorschreibt und daher für Grundrechtseinschränkungen eine unter Beteiligung des Parlaments erlassene Eingriffsgrundlage nicht zwingend erforderlich ist.[209] Dementsprechend wird von einem anderen Teil der Literatur das grundrechtsbezogene Verständnis des Wesentlichkeitsvorbehalts des Art. 290 AEUV abgelehnt.[210] Mit letzterer Ansicht ist anzuerkennen, dass der unionsrechtliche Wesentlichkeitsgrundsatz im Ausgangspunkt eine unterschiedliche Stoßrichtung hatte als nach dem nationalen Verständnis. Gleichwohl erscheint es vor dem Hintergrund der hohen Bedeutung des Grundrechtsschutzes in der EU nicht mehr zeitgemäß, den Grundrechten keinerlei Bedeutung bei der Bestimmung der Wesentlichkeit beizumessen. Insbesondere die Heranziehung des Kriteriums der Grundrechtsbezogenheit für die Bestimmung der Wesentlichkeit durch den EuGH zeigt, dass das Kriterium von gewisser Relevanz ist. Dieses Kriterium wurde auch in weiteren Schlussanträgen[211] und in

---

[205] Im Bereich der Agenturen beispielsweise *Wittinger*, EuR 2018, 609 (619) und *Chamon*, CMLRev. 2011, 1055 (1070).
[206] *Epiney*, NVwZ 2013, 614 (617).
[207] Vgl. *Classen/Nettesheim*, in: Oppermann/Classen/Nettesheim (Hrsg.), EuropaR, 8. Aufl. 2018, § 11, Rn. 35.
[208] *Ruffert*, in: Calliess/Ruffert, 5. Aufl. 2016, Art. 290 AEUV, Rn. 10; *Nettesheim*, in: Grabitz/Hilf/Nettesheim, 69. EL Februar 2020, Art. 290 AEUV, Rn. 42.
[209] *Streinz/Michl*, in: Streinz, 3. Aufl. 2018, Art. 52 GRC, Rn. 13.
[210] *Kotzur*, in: Geiger/Khan/Kotzur, 6. Aufl. 2017, Art. 290 AEUV, Rn. 4.
[211] Siehe nur GA Kokott, SchlA Rs. C-547/14, Philip Morris, ECLI:EU:C:2015:853, Tz. 245 ff.

einem Urteil des EuGH zu Europol wieder aufgenommen. Hierbei stellte der EuGH erneut auf das Element der erheblichen Grundrechtseinwirkungen ab, verneinte allerdings die Wesentlichkeit wegen Grundrechtsbeeinträchtigung, da der Unionsgesetzgeber im konkreten Fall durch die Festlegung des Grundsatzes der Übermittlung personenbezogener Daten und des dazugehörigen Rahmens, die politische Grundsatzentscheidung, personenbezogene Daten an Drittstaaten zu übermitteln, bereits im Europol-Beschluss getroffen hatte.[212] Nach alledem erscheint es sachgerecht, dass jedenfalls Regelungen, die zu erheblichen Grundrechtseingriffen führen, vom Unionsgesetzgeber erlassen werden müssen.[213] Delegierbare Rechtsakte dürfen Grundrechte des Einzelnen beeinträchtigen, wenn der Grundrechtseingriff bereits im Basisrechtsakt angelegt ist[214] oder die Grundrechtsbeeinträchtigung geringfügig ist[215].

(3) Kriterium der Interessenabwägung

Der EuGH begründete das Vorliegen einer politischen Entscheidung außerdem mit dem Erfordernis der „Abwägung der widerstreitenden Interessen auf der Grundlage einer Beurteilung zahlreicher Gesichtspunkte". Für eine Berücksichtigung des Kriteriums der politischen Entscheidung durch Interessenabwägung spricht, dass es an die Definition politischer Ermessensbefugnisse nach *Meroni* erinnert, worunter die nicht delegierbare Aufgabe fiel, „nicht weniger als acht verschiedene sehr allgemein umschriebene Ziele" möglichst gleichzeitig zu verfolgen und miteinander abzuwägen.

(4) Prüfung der Wesentlichkeit

Auf Grundlage insbesondere der Rechtsprechung des EuGH, als auch unter Berücksichtigung der Ansätze in der Literatur und der Generalanwälte ist die Wesentlichkeit im Licht aller zur Verfügung stehenden Erwägungen,[216] insbesondere unter Berücksichtigung des Sektors und der Ziele der Hauptregelung

---

[212] EuGH, Rs. C-363/14, Parlament/Rat (Europol), ECLI:EU:C:2015:579, Rn. 53 ff.
[213] Auf den Umfang des Grundrechtseingriffs abstellend EuGH, Rs. C-355/10, Parlament/Rat (SGK), ECLI:EU:C:2012:516, Rn. 77 sowie EuGH, Rs. C-363/14, Parlament/Rat (Europol), ECLI:EU:C:2015:579, Rn. 53; diesen Gedanken im Bereich der Agenturen aufnehmend *Weiß*, EuR 2016, 631 (644); auf Maßnahmen mit unmittelbarem oder direkten Grundrechtsbezug verweisend *Schmidt*, in: von der Groeben/Schwarze/Hatje, 7. Aufl. 2015, Art. 290 AEUV, Rn. 28.
[214] Vgl. EuGH, Rs. C-363/14, Parlament/Rat (Europol), ECLI:EU:C:2015:579, Rn. 54 f.; *Schmidt*, in: von der Groeben/Schwarze/Hatje, 7. Aufl. 2015, Art. 290 AEUV, Rn. 28.
[215] *Chamon*, CMLRev. 2013, 849 (859).
[216] So bereits GA Mengozzi, Schl∧ Rs. C-355/10, Parlament/Rat (SGK), ECLI:EU:C:2012: 207, Tz. 46.

vorzunehmen.[217] Dabei sind gewisse Unschärfen und Abgrenzungsprobleme unvermeidbar,[218] aber durch eine möglichst klar strukturierte Prüfung soweit wie möglich zu reduzieren. Ausgangspunkt ist, dass wesentliche Vorschriften der zu regelnden Materie vom Unionsgesetzgeber festgelegt werden müssen, da nur er politische Entscheidungen erlassen kann. Darunter fallen einerseits Interessenabwägungen von gewisser Relevanz, bei der widerstreitende Interessen zur Debatte stehen, die gegeneinander abzuwägen sind und andererseits erhebliche Grundrechtseingriffe.

Die Interessenabwägung muss von gewisser Relevanz sein, da nicht jede Interessenabwägung zwangsläufig eine politische Entscheidung beinhaltet und ohne dieses einschränkende Kriterium die Möglichkeit, Befugnisse an die Exekutive zu delegieren, weitreichend eingeschränkt wäre, da Interessenabwägungen häufig nötig sind.[219] Bei der Prüfung, ob Interessenabwägungen von gewisser Relevanz vorliegen, spielt insbesondere der Sachbereich, in den der Rechtsakt fällt, eine entscheidende Rolle. Für sensible oder hochpolitische Bereiche, wie beispielsweise den Bereich der Kontrolle der Außengrenzen, sind die Durchführungsbefugnisse stärker in eher technisch ausgerichtete Sektoren einzuordnen und die Handlungsspielräume der Kommission einzuschränken.[220] Bei der Festlegung sollte auch eine Rolle spielen, ob der Gegenstand der Entscheidung eine grundlegende Komponente des Basisrechtsakts und der durch letzteren verwirklichten Politik darstellt:[221] Hängt der Gegenstand der angefochtenen Entscheidung nicht mit dem Kern des Basisrechtsakts zusammen, ist der Anwendungsbereich für delegierte Rechtsakte größer, während er im Kernbereich verringert wird. In diesem Rahmen sind sowohl der Gegenstand und der Umfang der Ermächtigung, als auch die Zielrichtung und das allgemeine System der Grundregelung näher in den Blick zu nehmen.[222] Außerhalb des Kernbereichs sind Interessenabwägungen damit eher möglich als im Kernbereich des Basisrechtsakts.

Erhebliche Grundrechtseingriffe sind vom Unionsgesetzgeber vorzunehmen. Dabei ist genau zu untersuchen, ob der erhebliche Grundrechtseingriff bereits im Basisrechtsakt angelegt ist und der delegierte Rechtsakt lediglich Konkretisierungen vornimmt, oder ob der Eingriff ohne Vorprägung im delegierten Rechtsakt getroffen wird. Die delegierende Maßnahme ist auf die Herbeiführung von Grundrechtsbeeinträchtigungen geringen Umfangs zu begrenzen.

---

[217] GA Mengozzi, SchlA Rs. C-355/10, Parlament/Rat (SGK), ECLI:EU:C:2012:207, Tz. 61.
[218] *Streinz*, JuS 2006, 445 (448); *Epiney*, NVwZ 2013, 614 (617).
[219] *Epiney*, NVwZ 2013, 614 (617).
[220] GA Mengozzi, SchlA Rs. C-355/10, Parlament/Rat (SGK), ECLI:EU:C:2012:207, Tz. 31 f.
[221] GA Mengozzi, SchlA Rs. C-355/10, Parlament/Rat (SGK), ECLI:EU:C:2012:207, Tz. 61 f.
[222] GA Mengozzi, SchlA Rs. C-355/10, Parlament/Rat (SGK), ECLI:EU:C:2012:207, Tz. 33 ff., 37 ff.

(5) Maßstab bei einem Handeln der Kommission

Der soeben dargestellte und maßgeblich auch aus dem Urteil zum *Schengener Grenzkodex* abgeleitete Maßstab zur Festlegung, welche Entscheidungen vom Unionsgesetzgeber und welche vom Delegatar getroffen werden müssen, betraf die Delegation von Befugnissen an den Rat. Dieser Maßstab könnte bei einer Befugnisdelegation an die Europäische Kommission zu modifizieren sein. Die zur Festlegung des Maßstabs durch den EuGH angeführten Verweise auf Urteile, die Befugnisdelegationen an die Kommission erfassten, deuten zunächst nicht auf eine abweichende Bewertung hin. Jedoch hatte der EuGH in anderen Urteilen gegenüber dem Rat eine strengere Linie gefahren als gegenüber der Europäischen Kommission.[223] Gleichwohl dürften ähnliche Maßstäbe wie die im *Schengener Grenzkodex* abgeleiteten auch für die Befugnisdelegation an die Europäische Kommission gelten.[224] Es wäre nicht sachgerecht, wenn die Kommission erhebliche Grundrechtseingriffe herbeiführen oder Interessenabwägungen durchführen könnte, die von gewisser Bedeutung sind.

3. Anwendung der Kriterien auf die Delegation an völkervertragliche Gremien

Im Folgenden wird der Frage nachgegangen, ob die *Meroni*-Kriterien oder die Kriterien für die unionsinterne Delegation von Rechtsetzung an die Europäische Kommission auch zur Begrenzung der Einrichtung völkervertraglicher Gremien herangezogen werden können.[225]

a) Keine direkte Anwendung

Eine direkte Anwendung scheidet aufgrund der Andersartigkeit der Delegationskonstellation aus.

---

[223] *Schmidt*, in: von der Groeben/Schwarze/Hatje, 7. Aufl. 2015, Art. 290 AEUV, Rn. 28; *Rieckhoff*, Der Vorbehalt des Gesetzes im Europarecht, 2007, S. 178 f.; siehe allgemein zum der Kommission entgegengebrachten größeren Vertrauen innerhalb der Unionsorgane *Möllers*, Gewaltengliederung, 2005, S. 283, 332 ff.

[224] Dafür auch *Schmidt*, in: von der Groeben/Schwarze/Hatje, 7. Aufl. 2015, Art. 290 AEUV, Rn. 28.

[225] Diese Frage im Zusammenhang mit CETA bejahend *Weiß*, EuR 2020, 407 (419 ff.). In der Literatur werden Zweifel an der Anwendung der *Meroni*-Kriterien im Zusammenhang mit Assoziations- und sonstigen Kooperationsbeschlüssen geäußert, siehe beispielsweise *Weber*, in: von der Groeben/Schwarze, 6. Aufl. 2003, Art. 300 EGV, Rn. 50; *von Bogdandy/Bast/Arndt*, ZaöRV 2002, 77 (147); die Anwendung der *Meroni*-Kriterien ablehnend *Vedder*, in: Randelzhofer/Scholz/Willke (Hrsg.), Gedächtnisschrift für Eberhard Grabitz, 1995, S. 795 (806 f.).

aa) Fehlende Ähnlichkeit der institutionellen Strukturen

Die Gremien, für die die *Meroni*-Kriterien entwickelt wurden, sind privatrechtlichen Charakters, vertragsfremd und dienen mangels Drittstaatsbeteiligung rein der Verwirklichung von Unionsinteressen. Art. 290 AEUV regelt die Delegation von Befugnissen von Unionsorganen (Parlament und Rat) an ein anderes Unionsorgan (Europäische Kommission) innerhalb der Verträge durch Gesetzgebungsakt. Die im Rahmen dieser Arbeit untersuchten Gremien werden im Primärrecht zumindest abstrakt erwähnt (Art. 218 Abs. 7, Abs. 9 AEUV), sind jedoch völkerrechtlichen Charakters und werden durch völkerrechtlichen Vertrag der EU mit einem oder mehreren Drittstaaten oder internationalen Organisationen errichtet. In ihnen werden aufgrund des Einbezugs auch von Vertretern der Drittstaatsseite nicht nur bloße Unionsinteressen vertreten. Diese andersartige institutionelle Struktur steht einer direkten Anwendung der Anforderungen und Grenzen entgegen.

bb) Keine vollständige Ähnlichkeit der Befugnisübertragungen

Während es sich sowohl bei der *Meroni*-Konstellation, als auch bei der unionsinternen Befugnisdelegation nach Art. 290 AEUV um eine Befugnisübertragung (Delegation) handelt, ist dies bei der Einrichtung völkervertraglicher Gremien nicht offensichtlich. Die Unionsverträge enthalten keinen einheitlichen Delegationsbegriff.[226] Der EuGH scheint in seiner Rechtsprechung von einem weiten Delegationsbegriff auszugehen.[227] Konkret grenzt der EuGH im Urteil *Meroni* eine Befugnisübertragung von der reinen Ermächtigung ab, „Beschlüsse zu fassen, deren Durchführung der Hohen Behörde vorbehalten bleibt und für welche diese die Verantwortung trägt".[228] Im konkreten Fall sei eine Befugnisübertragung gegeben, da sich die Hohe Behörde die von den „Brüsseler Organen" geschaffenen Rechtsakte nicht zu eigen mache, weil sie die Angaben der Brüsseler Organe übernehme, ohne diese nachträglich abzuändern. Wendet man diese Prüfkriterien auf den Fall der völkervertraglichen Gremien an, so ist ersichtlich, dass sich auch hier die Unionsorgane die Entscheidungen der Gre-

---

[226] Bereits in Bezug auf Agenturen *Berger*, Vertraglich nicht vorgesehene Einrichtungen des Gemeinschaftsrechts mit eigener Rechtspersönlichkeit, 1999, S. 73.

[227] Zur Entwicklung eines weiten Delegationsbegriffs *Berger*, Vertraglich nicht vorgesehene Einrichtungen des Gemeinschaftsrechts mit eigener Rechtspersönlichkeit, 1999, S. 73 ff.; für einen weiten Delegationsbegriff plädierend *Lenaerts*, ELRev. 1993, 23 (24 f.), der auf folgende Definition des Begriffs „delegation" aus dem Black's Law Dictionary abstellt: „Transfer of authority by one branch of government in which such authority is vested to some other branch or administrative agency.".

[228] EuGH, Rs. 9/56, Meroni I, Slg. 1958, 11 (36 ff.).

mien nicht zu eigen machen. Gremienbeschlüsse können nicht mehr nachträglich von den Unionsorganen abgeändert, sondern nur im Voraus vorgeprägt werden.[229] Die Beschlüsse werden unter dem Namen des Gremiums, nicht der Unionsorgane veröffentlicht. Hinzu kommt, dass die Beschlüsse auch nach der Rechtsprechung des EuGH keine Rechtsakte der Unionsorgane darstellen.[230] Damit kann auch für die Ausstattung völkervertraglicher Gremien mit Beschlussfassungsbefugnissen im Grundsatz von einer Verantwortungsübertragung gesprochen werden.

Im Anschluss ist fraglich, ob es sich hierbei um eine Weiterübertragung oder eine Neuzuweisung von Befugnissen an völkervertragliche Gremien handelt. Dabei ist zu berücksichtigen, dass die Befugnisse völkervertraglicher Gremien eine andere Qualität aufweisen als in den anderen beiden Delegationskonstellationen, bei denen genau bestimmte Befugnisse eines Organs auf ein anderes Organ bzw. Gremium verschoben wurden. Insbesondere die Drittstaatsbeteiligung sorgt dafür, dass die geographische Reichweite der Entscheidungsbefugnisse nicht wie zuvor auf das Unionsgebiet begrenzt ist, sondern sich auf das Gebiet des Drittstaats ausdehnt. Außerdem sind die zur Verfügung stehenden Mittel zur Ausübung der Befugnisse durch den Erlass verbindlicher Beschlüsse den Unionsorganen zuvor noch nicht zur Verfügung gestanden. Hinzu kommt, dass die übertragene Befugnis der völkerrechtlichen Gremien schwerlich einem Organ oder gar einer Gewalt zugeordnet werden kann, sondern als eine Gemengelage einer Vielzahl verschiedener Kompetenzen der Unionsorgane anzusehen ist.[231] Allerdings spricht gegen eine Neuzuweisung von Befugnissen, dass die Unionsorgane aufgrund des Prinzips der begrenzten Einzelermächtigung keine umfassenderen Befugnisse übertragen können, wie die, die sie selbst bereits von den Mitgliedstaaten zugewiesen bekommen haben. Die Kompetenz zur Änderung und Ergänzung völkerrechtlicher Verträge bestand vor der Delegation an völkervertragliche Gremien damit bereits dem Grunde nach bei den Unionsorganen. In diesem Zusammenhang kann unterstützend angeführt werden, dass die Tatsache, dass die EU Rechtsakte erlassen kann, die in dieser Form und Reichweite auf mitgliedstaatlicher Ebene nicht vorgesehen sind (Verordnung mit unmittelbarer Wirkung in jetzt 27 Mitgliedstaaten), die Einordnung als Befugnisübertragung bestehender mitgliedstaatlicher Befugnisse nicht hindert, sodass gleiches auch für die Ausstattung völkervertraglicher Gremien gelten

---

[229] Siehe zu Status und Wirkungen der Gremienbeschlüsse bereits oben, § 1 B und zum Ablauf der unionsinternen Mitwirkungsverfahren ausführlich oben, § 3 B.
[230] EuGH, Rs. C-192/89, Sevince, Slg. 1990, I-3461, Rn. 10; siehe hierzu ausführlich unten, § 5 A.IV.2.b) und c).
[231] Siehe zu diesen Elementen bereits *Appel*, Das internationale Kooperationsrecht der Europäischen Union, 2016, S. 294 f.

sollte. Damit sprechen die besseren Argumente dafür, auch die Ausstattung von völkerrechtlichen Gremien unter den ohnehin weiten Delegationsbegriff zu fassen.[232]

b) Modifizierte Anwendung der Kriterien auf völkervertragliche Gremien

Aufgrund der dennoch bestehenden Unterschiede in der Delegationskonstellation kommt eine modifizierte Anwendung der Kriterien auf völkervertragliche Gremien in Betracht.

aa) Interne Kriterien und auswärtiges Handeln

Anforderungen und Grenzen könnten erst recht nötig sein, wenn es nicht um die Übertragung von Rechtsetzungsbefugnissen an ein anderes Organ innerhalb der Union, sondern auf völkerrechtliche Institutionen geht.[233] Die einmal an völkervertragliche Gremien delegierten Befugnisse sind aufgrund der völkerrechtlichen Bindungen an den Delegationsakt nur schwer rückholbar und unterliegen der Disposition auch der Drittstaatsseite.[234]

(1) Meroni-Kriterien im Gutachten zum Stilllegungsfonds

Für eine generelle Übertragbarkeit speziell der *Meroni*-Kriterien auf völkervertragliche Gremien spricht, dass die *Meroni*-Doktrin von 1958 im Grundsatz bis heute Delegationsbegrenzung zur Beurteilung verschiedenster Delegationssituationen ist,[235] insbesondere auch in Bezug auf öffentlich-rechtliche Einrichtungen,[236] diese also als allgemeine Regelung für die Übertragung von Befug-

---

[232] *Lenaerts*, ELRev. 1993, 23 (24 f.); siehe auch *Orator*, Möglichkeiten und Grenzen der Einrichtung von Unionsagenturen, 2017, S. 236; anders *Appel*, Das internationale Kooperationsrecht der Europäischen Union, 2016, S. 294 f., die keine Befugnisweiterübertragung, sondern eine Befugnisneuzuweisung annimmt.
[233] So *Weiß*, EuZW 2016, 286 (288).
[234] Siehe nur *Hilf*, Die Organisationsstruktur der Europäischen Gemeinschaften, 1982, S. 198, 319.
[235] Die *Meroni*-Kriterien auf Kooperationsgremien anwendend *Appel*, Das internationale Kooperationsrecht der Europäischen Union, 2016, S. 292 ff; im Bereich der Agenturen *Craig*, EU Administrative Law, 2. Aufl. 2012, S. 183; siehe zur Übertragbarkeit von Befugnissen des UN-Sicherheitsrats Urteil des EGMR vom 31.5.2007, 71412/01 (Behrami/Frankreich) und 78166/01, (Saramati/Frankreich, Deutschland und Norwegen), Rn. 132 – HUDOC sowie *Blokker*, EJIL 2000, 541 (552 ff.); für verschiedenen Delegationssituationen im Unionsrecht siehe *Lenaerts*, ELRev. 1993, 23 (23 ff.); für eine ausführliche Begründung des Fortbestandes der *Meroni*-Doktrin siehe *Orator*, Möglichkeiten und Grenzen der Einrichtung von Unionsagenturen, 2017, S. 235 ff.
[236] So für die (unionsinterne) Befugnisübertragung im Rahmen der EZB EuG, Rs. T-333/99,

nissen im Unionsrecht verstanden werden kann[237]. Auch der EuGH verwendete in seinem Gutachten 1/76 hinsichtlich der Delegation von Entscheidungsbefugnissen auf Einrichtungen des Völkerrechts ein Argumentationsmuster, das sehr an die *Meroni*-Doktrin erinnert, indem er feststellte, dass das Statut über die Errichtung des Stilllegungsfonds die Befugnisse der Organe so deutlich und genau bestimme und umschreibe, dass es sich „um bloße Durchführungsbefugnisse" handelt.[238] Gleichwohl führen die strukturellen Besonderheiten der EU-Außenbeziehungen und die jeweiligen Realitätsfaktoren in Form des Interessen- und Machtgefüges zwischen autonomen Rechtssubjekten zu dem Bedürfnis, ein höheres Maß an Eigenständigkeit zu erlauben als das bei unionsinternen Befugnisübertragungen der Fall wäre.[239]

Vor diesem Hintergrund kommt die Anwendung der *Meroni*-Kriterien nur in modifizierter Weise in Betracht, da in diesem Rahmen gebührend berücksichtigt werden muss,

„welche Schwierigkeiten bei der Suche nach einer praktischen Lösung der Probleme auftreten können, die sich bei der Schaffung einer von der Gemeinschaft und nur einem Drittstaat getragenen internationalen öffentlich-rechtlichen Anstalt unter Wahrung der gegenseitigen Unabhängigkeit beider Partner ergeben."[240]

Der EuGH prüft im Wege einer Gesamtabwägung, inwiefern bei der konkreten Ausgestaltung institutioneller Strukturen völkerrechtlicher Verträge diese Erfordernisse auswärtiger Beziehungen in Einklang mit den Unionsverträgen, insbesondere den Strukturmerkmalen der Gemeinschaft gebracht werden können.[241] Im Rahmen der Gesamtabwägung zeigt der EuGH wiederholt Verständnis und Offenheit gegenüber den Organisationsproblemen im Inneren der Gemeinschaft und im Rahmen der Außenbeziehungen. Gleichzeitig ist das Bestreben erkennbar, die Substanz der Gemeinschaftsorgane,[242] ihre Vorrechte sowie das Verhältnis zueinander und zu den Mitgliedstaaten zu wahren. Gewisse Abstriche sind im Rahmen der Außenbeziehungen hinzunehmen, jedoch kei-

---

X/EZB, Slg. 2001, II-3021, Rn. 101 ff. und EuGH, Rs. C-301/02 P, Tralli/EZB, Slg. 2005, I-4071, Rn. 42 ff.

[237] GA Léger, SchlA Rs. C-301/02 P, Tralli/EZB, Slg. 2005 I-4071, Tz. 31.

[238] EuGH, Gutachten 1/76 (Stilllegungsfonds), Slg. 1977, 741, Rn. 16.

[239] Siehe bereits *Grabitz*, in: Wissenschaftliche Gesellschaft für Europarecht (Hrsg.), Die Aussenbeziehungen der Europäischen Gemeinschaft, KSE Bd. 25, 1975, S. 47 (71); *von Bogdandy/Bast/Arndt*, ZaöRV 2002, 77 (147).

[240] EuGH, Gutachten 1/76 (Stilllegungsfonds), Slg. 1977, 741, Rn. 14.

[241] Eine Angleichung an die Vorschriften der Verträge durch eine nachträgliche Verordnung, die die Arbeitsweise des Aufsichtsrats festlegt, reicht nicht aus, so EuGH, Gutachten 1/76 (Stilllegungsfonds), Slg. 1977, 741, Rn. 13.

[242] So bereits *Hilf*, Die Organisationsstruktur der Europäischen Gemeinschaften, 1982, S. 201.

ne erheblichen Machtverschiebungen[243] zwischen den Unionsorganen untereinander oder zwischen der Union und den Mitgliedstaaten[244].

(2) Gemeinsame allgemeine Grundsätze des Unionsrechts

Für eine Anwendung der *Meroni*-Kriterien und der Anforderungen an interne Rechtsetzungsdelegationen an die Kommission auch auf völkervertragliche Gremien spricht außerdem, dass die einschränkenden Kriterien auf allgemeinen Grundsätzen des Unionsrechts basieren, die auch für Befugnisdelegationen an völkervertragliche Gremien herangezogen werden können. Ein Indiz hierfür ist, dass sich die Anforderungen und Grenzen der Delegation in den unterschiedlichen Delegationskonstellationen ähneln. Die Delegation muss ausdrücklich angeordnet und hinreichend bestimmt sein. Befugnisdelegationen sind zum Schutz der Befugnisse des Unionsgesetzgebers, besonders des Europäischen Parlaments, auf genau umgrenzte Ausführungsbefugnisse bzw. nicht wesentliche Befugnisse zu begrenzen. Auch wenn die *Meroni*-Kriterien im Grundsatz strengere Anforderungen stellen als Art. 290 AEUV, bestehen Überlappungen. Dies geht besonders aus den Erwägungen des Generalanwalts Jääskinen hervor, der für die Frage der Unionsrechtskonformität der Ausstattung von Unionsagenturen auf den Wesentlichkeitsgrundsatz des Art. 290 AEUV abstellte und diesen mit der *Meroni*-Terminologie kombinierte.[245] Außerdem arbeitet der EuGH bei der Konkretisierung wesentlicher Aspekte mit dem Kriterium der Interessenabwägung, das auch im *Meroni*-Urteil zu finden ist.[246] In allen Delegationskonstellationen muss ein demokratisch-rechtsstaatlicher Verantwortungszusammenhang gewahrt bleiben,[247] zu dem neben der Sicherung rechtsstaatlicher Garantien die Einbeziehung demokratietheoretischer Erwägungen gehört.[248] Befugnisdelegationen können dabei „nur auf Grund einer Gesamtschau aller Vorkehrungen"[249] beurteilt werden. Inwieweit Art und Umfang der

---

[243] Von „Gewichtsverschiebungen" und „wesentlichen Veränderungen" für den unionsinternen Bereich ausgehend *Hilf*, Die Organisationsstruktur der Europäischen Gemeinschaften, 1982, S. 314.

[244] Vgl. EuGH, Gutachten 1/76 (Stilllegungsfonds), Slg. 1977, 741, Rn. 5; *Schroeder*, EuR 2018, 119 (137).

[245] GA Jääskinen, SchlA Rs. C-270/12, Vereinigtes Königreich/Parlament und Rat (Leerverkäufe), ECLI:EU:C:2013:562, Tz. 85 f., 88.

[246] Siehe zum Kriterium der Interessenabwägung bereits oben, § 4 A.III.2.c)cc).

[247] Für die Delegation an Unionsagenturen *Orator*, Möglichkeiten und Grenzen der Einrichtung von Unionsagenturen, 2017, S. 282 f.

[248] Zu Unionsagenturen *Görisch*, Demokratische Verwaltung durch Unionsagenturen, 2009, S. 370; zu völkervertraglichen Gremien bereits *von Bogdandy/Bast/Arndt*, ZaöRV 2002, 77 (148).

[249] So bereits *Hilf*, Die Organisationsstruktur der Europäischen Gemeinschaften, 1982, S. 321.

Befugnisse mit dem institutionellen Gleichgewicht im Einklang steht, hängt von einer Vielzahl von Kriterien ab, insbesondere von den jeweilgen Steuerungs- und Kontrollstrukturen.[250] Diese Grundgedanken bleiben auch für Befugnis- delegationen an völkervertragliche Gremien maßgeblich.[251]

(3) Einheitliches institutionelles Gleichgewicht intern und extern

Maßgeblich ist jedoch, dass der EuGH von einem einheitlichen institutionellen Gleichgewicht für die unionsinterne Rechtsetzung und das unionsexterne Handeln ausgeht. Erreicht werden soll eine

„Symmetrie zwischen dem internen Rechtsetzungsverfahren bei Unionsmaßnahmen und dem Verfahren zum Erlass internationaler Übereinkünfte [...], um zu gewährleisten, dass das Parlament und der Rat im Zusammenhang mit einem bestimmten Bereich unter Wahrung des durch die Verträge vorgesehenen institutionellen Gleichgewichts die gleichen Befugnisse haben."[252]

Dies wird beispielsweise dadurch realisiert, dass für Bereiche, für die unions- intern das ordentliche Gesetzgebungsverfahren Anwendung findet, auch unions- extern ein Zustimmungserfordernis des Europäischen Parlaments zum völker- rechtlichen Vertrag vorgesehen ist (Art. 218 Abs. 6 lit. a Nr. v AEUV), sodass die Übereinkunft „das Äquivalent auf internationaler Ebene eines Gesetzge- bungsakts im internen Rechtsetzungsverfahren" bildet.[253] Die Befugnisse der Unionsorgane sollen damit für den unionsinternen und unionsexternen Bereich gleichgeschaltet werden.[254] Dementsprechend würde es gerade dem Wortlaut und Geist der Vorschrift widersprechen,

„wenn dem Parlament beim Erlass eines die Unterzeichnung und den Abschluss einer völker- rechtlichen Übereinkunft betreffenden Beschlusses mehr Befugnisse verliehen würden als diejenigen, über die es beim Erlass eines internen Rechtsakts verfügt, der keinen solchen Gegenstand hat."[255]

---

[250] Zu Agenturen bereits *Berger*, Vertraglich nicht vorgesehene Einrichtungen des Ge- meinschaftsrechts mit eigener Rechtspersönlichkeit, 1999, S. 90 f. und *Orator*, Möglichkeiten und Grenzen der Einrichtung von Unionsagenturen, 2017, S. 282 f., 394 ff.

[251] *Appel*, Das internationale Kooperationsrecht der Europäischen Union, 2016, S. 300 ff.; *von Bogdandy/Bast/Arndt*, ZaöRV 2002, 77 (147).

[252] EuGH, Gutachten 1/15 (Fluggastdaten), ECLI:EU:C:2017:592, Rn. 146 unter Verweis auf EuGH, Rs. C-658/11, Parlament/Rat (Abkommen EU-Mauritius), ECLI:EU:C:2014:2025, Rn. 56.

[253] EuGH, Gutachten 1/15 (Fluggastdaten), ECLI:EU:C:2017:592, Rn. 146 unter Verweis auf EuGH, Rs. C-658/11, Parlament/Rat (Abkommen EU-Mauritius), ECLI:EU:C:2014:2025, Rn. 56.

[254] GA Bot, SchlA Rs. C-658/11, Parlament/Rat (Abkommen EU-Mauritius), ECLI:EU:C: 2014:41, Tz. 30, 32.

[255] GA Bot, SchlA Rs. C-658/11, Parlament/Rat (Abkommen EU-Mauritius), ECLI:EU:C: 2014:41, Tz. 30

Die unionsinterne Funktionsverteilung muss damit dem Grundsatz nach auch in den auswärtigen Beziehungen gewahrt werden, wobei die Besonderheiten der auswärtigen Beziehungen zu gewissen Modifikationen bei der Art und Intensität der Beteiligung führen können. Dies gilt auch für die Funktionsverteilung bei den unionsinternen Mitwirkungsverfahren zur Umsetzung der Übereinkunft. Die Mitwirkung an Gremienbeschlüssen ist damit vor dem Hintergrund des einheitlichen institutionellen Gleichgewichts ihrem Gegenstand bzw. Bereich nach auf das jeweilige unionsinterne Äquivalent zu begrenzen, das sich durch dieselbe Organbeteiligung auszeichnet.

Daraus folgt, dass die Gremien in Verbindung mit den jeweils mitwirkenden Unionsorganen in den genannten Verfahren keinen Beschluss in einem Bereich erlassen können, der unionsintern in einem Gesetzgebungsakt (Art. 289 Abs. 3 AEUV) durch Parlament und Rat (Art. 14 Abs. 1 S. 2, Art. 16 Abs. 1 S. 2 EUV) festgelegt wird,[256] da unionsextern eine Mitwirkung des Europäischen Parlaments gerade nicht vorgesehen ist. Den völkervertraglichen Gremien, die auf der Unionsseite durch den Rat und die Europäische Kommission besetzt und gesteuert werden, können daher nur solche Befugnisse zukommen, die auch unionsintern ohne Parlamentsbeteiligung wahrgenommen werden können. Rat und Kommission können beide als Teile der Exekutive bezeichnet werden (Europäischer Rat und Rat als Gubernative, Europäische Kommission als Teil der Administrative).[257] Die Exekutive kann unter bestimmten Bedingungen und unter Einhaltung ausdrücklich festgelegter Grenzen Rechtsetzungsbefugnisse durch Gesetzgebungsakt übertragen bekommen (Art. 290, Art. 291 AEUV). Vor dem Hintergrund des einheitlichen institutionellen Gleichgewichts können völkervertragliche Gremien unter Mitwirkung des Rates und der Europäischen Kommission daher abgeleitete Rechtsetzungsbefugnisse wahrnehmen, wie sie unionsintern an die Europäische Kommission (Art. 290, Art. 291 AEUV) bzw. an den Rat (Art. 291 AEUV) übertragen werden können. Die Grundregelung muss indessen durch das Parlament und den Rat im völkerrechtlichen Vertrag, das das Pendant zum Gesetzgebungsakt darstellt, festgelegt werden. Unionsintern steht es beispielsweise dem Rat zu, den Zollsatz nach Art. 31 AEUV selbst und ohne Beteiligung des Europäischen Parlaments festzulegen, sodass es im Hinblick auf das institutionelle Gleichgewicht nicht problematisch erscheint, wenn ein Gremium diese Befugnis übertragen bekommt und der Rat

---

[256] Ähnlich *Eeckhout*, EU External Relations Law, 2. Aufl. 2011, S. 210 f.

[257] Am ehesten können Europäischer Rat und Rat die Gubernative bilden, während die Administrative im Europäischen Verwaltungsverbund auf mehrere Schultern verteilt ist, unter anderem auf den Verwaltungsapparat der Kommission (Art. 17 Abs. 1 S. 5 EUV), aber auch auf die Mitgliedstaaten, die grundsätzlich für die Durchführung des Unionsrechts zuständig sind (Art. 291 Abs. 1 AEUV).

die Beschlussfassung über Art. 218 Abs. 9 AEUV vorbereitet. Ein weiteres Beispiel ist der Rahmen der gemeinsamen Handelspolitik nach Art. 207 Abs. 2 AEUV, der durch Parlament und Rat im ordentlichen Gesetzgebungsverfahren festgelegt wird, während die Detaillierung und Durchführung dann durch exekutive Rechtsetzung erfolgen kann (Art. 290, Art. 291 AEUV). Könnten die Kommission oder der Rat diesen durch die Unionsgesetzgeber festgelegten Rahmen der gemeinsamen Handelspolitik durch Beschlussfassung im völkervertraglichen Gremium überspielen, bestünde die Gefahr, dass die grundsätzliche Funktionszuweisung der Unionsorgane, insbesondere die Befugnisse des Europäischen Parlaments, ausgehöhlt werden würden.

bb) Auswahl tauglicher Anforderungen und Grenzen

Um dieses einheitliche institutionelle Gleichgewicht sowie die ausreichende Verwirklichung des Prinzips der demokratischen Legitimation auch in den auswärtigen Beziehungen sichern zu können, ist es erforderlich, die Anforderungen an den Delegationsakt, sowie die Grenzen der Befugnisdelegation im internen Bereich in angepasster Weise auch auf völkervertragliche Gremien zu übertragen. Hierfür gilt es, taugliche Mechanismen auszuwählen, die einerseits den Schutz der Prinzipien des institutionellen Gleichgewichts und der demokratischen Legitimation sicherstellen, andererseits die besondere Natur der Außenbeziehungen berücksichtigen und der EU eine effektive Mitwirkung in völkervertraglichen Gremien erlauben.

(1) Kein nachträgliches Einspruchs- oder Widerrufsrecht

Nachdem sowohl die delegierten Befugnisse, als auch der konkrete Beschluss der Disposition mehrerer im Gremium vertretener Vertragsparteien unterliegt, kommen nachträgliche Einspruchs- oder Widerrufsrechte analog zu den in Art. 290 Abs. 2 AEUV vorgesehenen nicht in Betracht. Für den wirksamen Widerruf des Gremienbeschlusses wäre die Mitwirkung der anderen Vertragspartei im Gremium erforderlich. Möglich wäre eine Art Interpellationsrecht des Europäischen Parlaments an den Unionsvertreter im Gremium *vor* der jeweiligen Beschlussfassung,[258] wenn es davon überzeugt ist, dass das Gremium die ihm völkervertraglich zugewiesenen Befugnisse in offensichtlicher Weise überschreitet.

---

[258] *Appel*, Das internationale Kooperationsrecht der Europäischen Union, 2016, S. 310.

(2) Anforderungen an den Delegationsakt

Um einer Aushöhlung des Legitimationsprinzips vorzubeugen, ist darauf zu achten, dass die primärrechtliche Beteiligung des Europäischen Parlaments, die in Art. 218 Abs. 6 AEUV vorgesehen ist, so ausgestaltet ist, dass die zu erbringende Legitimationsleistung durch das Europäische Parlament tatsächlich erbracht werden kann.[259] Aus dem allgemeinen Legitimationsprinzip ergeben sich daher gewisse Anforderungen an die Bestimmtheit der Niederlegung der Befugnisse im Delegationsakt. Entsprechend den Ausführungen des BVerfG zum vorhersehbaren Integrationsprogramm haben die Unionsorgane darauf zu achten, dass die Gremienbefugnisse in einer Weise im völkerrechtlichen Vertrag niedergelegt sind, die es ermöglicht, dass Rat und Parlament bei Vertragsabschluss die Reichweite der Befugnisse hinreichend vorhersehen können.[260] Enthält der völkerrechtliche Vertrag nur unbestimmte, dynamische Befugnisse, besteht die Gefahr, dass die völkervertraglichen Gremien die ihnen zugewiesenen Befugnisse überschreiten und damit außerhalb des Programms des völkerrechtlichen Vertrags handeln.[261] Dabei ist ein Ausgleich zwischen der genauen Konturierung der Beschlussfassungsbefugnisse und der flexiblen Beschlussfassung nötig, da die völkerrechtlichen Gremien gerade wegen letzterer eingesetzt werden.[262] Zu hohe Anforderungen an die Ausdrücklichkeit und Bestimmtheit der Befugnisse beeinträchtigen die Flexibilität der Gremien und ihre Anpassungsfähigkeit, die aufgrund der Beteiligung eines oder mehrerer Drittstaaten allerdings gerade nötig ist. Insgesamt ist ein gewisses Maß an Genauigkeit bei der Beschreibung der Befugnisse der völkerrechtlichen Gremien geboten, damit das Europäische Parlament bei Vertragsschluss die Befugnisse ausreichend vorhersehen kann. Der völkerrechtliche Vertrag muss die Befugnisse entweder zu jedem Bereich ausdrücklich niederlegen (enumerativer Ansatz[263]) oder eine generelle Beschlussfassungsbefugnis niederlegen, die dann mit den jeweiligen materiellen Normen kombiniert wird, sodass die Befugnisse zumindest durch Auslegung aus dem Vertragswerk entnommen werden können.[264] Ausgeschlossen sind Klauseln, die den völkervertraglichen Gremien weite Befugnisse zur Lückenfüllung zusprechen. In einem solchen Fall findet eine Umgehung der am Abschlussverfahren beteiligten Akteure statt. Vielmehr haben die Vertragspar-

---

[259] Vgl. *Möllers/von Achenbach*, EuR 2011, 39 (55).
[260] Vgl. für die europäische Integration BVerfGE 123, 267 (351 f.) – Lissabon.
[261] Vgl. für die europäische Integration BVerfGE 123, 267 (352 f.) – Lissabon.
[262] *Appel*, Das internationale Kooperationsrecht der Europäischen Union, 2016, S. 310.
[263] *Martenczuk*, in: Kronenberger (Hrsg.), The European Union and the International Legal Order, 2001, S. 141 (144).
[264] *Appel*, Das internationale Kooperationsrecht der Europäischen Union, 2016, S. 291, 307.

teien bei Vertragsabschluss eine ausreichend differenzierte Vorstellung darüber zu erlangen, welche Beschlüsse das völkervertragliche Gremium potentiell erlassen kann. Die Situation ist solange unproblematisch, wie sich die Beschlüsse in den vorgeformten Bahnen des Abkommens halten, da sie dann in die Erwartungszone der Vertragsparteien fallen und nicht überraschend sind.[265] Inhalt und Grenzen der Befugnisdelegation sind hinreichend bestimmt festzulegen, nicht jedoch der Inhalt der späteren Entscheidung. Die hinreichend genaue Festlegung der Gremienbefugnisse dient gleichzeitig dazu, kontrollieren zu können, ob das einheitliche institutionelle Gleichgewicht verwirklicht wird.

(3) Entscheidung für das Wesentlichkeitskriterium

Vor dem Hintergrund des einheitlichen institutionellen Gleichgewichts und zum Schutz des Prinzips demokratischer Legitimation vor einer Aushöhlung stellt sich die Frage, ob die Delegationsgrenze der Wesentlichkeit auch für die Befugnisdelegation an völkervertragliche Gremien heranzuziehen ist. Gegen dessen Anwendung spricht jedenfalls in formaler Hinsicht, dass es anders als in der Vorschrift zur delegierten Rechtsetzung (Art. 290 AEUV) in den Vorschriften über vereinfachte Mitwirkungsverfahren an Gremienbeschlüssen (Art. 218 Abs. 7 und Abs. 9 AEUV) nicht explizit niedergelegt ist. Dieses Argument kann allerdings dadurch entkräftet werden, dass ursprünglich auch für unionsinterne Befugnisdelegationen Delegationsgrenzen nicht vorgesehen waren, sondern erst durch den EuGH aus dem allgemeinen Demokratieprinzip und dem institutionellen Gleichgewicht entwickelt werden mussten.[266] Eine solche Entwicklung ist gerade auch bei den vereinfachten Verfahren nicht abwegig, da insbesondere dem Verfahren nach Art. 218 Abs. 9 AEUV bereits die Wesentlichkeitstheorie zugrunde liegt, indem es Beschlüsse, die den institutionellen Rahmen der Übereinkunft ändern oder ergänzen, aus dem Anwendungsbereich ausnimmt und zwischen offensichtlich relevanten rechtswirksamen und weniger relevanten nicht rechtswirksamen Akten unterscheidet[267].

Zwar enthält das Völkerrecht noch keinen allgemeinen Wesentlichkeitsgrundsatz, im Unionsrecht finden sich immerhin einige Ansatzpunkte für einen

---

[265] Für Vertragsgremien ausdrücklich *Appel*, Das internationale Kooperationsrecht der Europäischen Union, 2016, S. 307; ähnliche Grenzen bereits im Rahmen der Vertragsänderung unter Verwendung des Amendment-Verfahrens *Frowein*, in: Hafner et al. (Hrsg.), Liber amicorum 1998, S. 201 (217 f.).
[266] EuGH, Rs. 25/70, Köster, Slg. 1970, 1161, Rn. 6, 8 ff; darauf verweisend bereits *Schroeder*, EuR 2018, 119 (136); *Gellermann*, in: Streinz, 3. Aufl. 2018, Art. 290 AEUV, Rn. 7; *Gundel*, in: Pechstein/Nowak/Häde, Art. 290 AEUV, Rn. 8.
[267] Vgl. GA Cruz Villalón, SchlA Rs. C-399/12, Deutschland/Rat (OIV), ECLI:EU:C:2014: 289, Tz. 93.

solchen,²⁶⁸ was insbesondere die explizite Niederlegung auch in Art. 290 AEUV zeigt. Der Wesentlichkeitsgrundsatz ergibt auch ohne ausdrückliche Regelung unmittelbar aus dem Demokratieprinzip (Art. 2, 10 EUV) und stellt einen tragenden Verfassungsgrundsatz dar.²⁶⁹ Dies ergibt sich daraus, dass der allgemeine Grundsatz des Vorrangs des demokratischen Gesetzgebers, der bedingt, dass wesentliche politische Entscheidungen oder Wertentscheidungen nicht erst auf Ebene der Durchführung zu treffen sind, auch in einer Reihe der Verfassungen der Mitgliedstaaten anerkannt ist.²⁷⁰ Das Wesentlichkeitskriterium ist eine äußere Grenze, die unabhängig von der Art der Befugnisübertragung zu beachten ist.²⁷¹ Das Wesentlichkeitskriterium ist den unterschiedlichen Ermessenskategorien der *Meroni*-Doktrin vorzuziehen, da es ausdrücklich im EU-Verfassungsrecht verankert ist. Hinzu kommt, dass das Kriterium der reinen Ausführungsbefugnisse für die Delegation an völkervertragliche Gremien zu restriktiv ist, da die Delegation von in Art. 290 AEUV niedergelegten quasi-legislativen Befugnissen gerade ausgeschlossen wäre, sodass nur die Delegation von Durchführungsbefugnissen nach Art. 291 AEUV in Betracht käme²⁷². Die Kategorien des Ermessens in *Meroni* sind außerdem weniger operabel als das Wesentlichkeitskriterium.²⁷³ Das Wesentlichkeitskriterium ist insgesamt vorzugswürdig, da hierdurch gleichzeitig sowohl das unionsrechtliche Demokratieprinzip, als auch das institutionelle Gleichgewicht vor einer Aushöhlung durch Befugnisdelegationen an völkervertragliche Gremien geschützt werden können.²⁷⁴

---

[268] Für den Bereich der Durchführungsrechtsetzung *Bueren*, EuZW 2012, 167 (167).

[269] GA Jääskinen, SchlA Rs. C-270/12, Vereinigtes Königreich/Parlament und Rat (Leerverkäufe), ECLI:EU:C:2013:562, Tz. 85, 89; *Schmidt*, in: von der Groeben/Schwarze/Hatje, 7. Aufl. 2015, Art. 290 AEUV, Rn. 25.

[270] GA Jääskinen, SchlA Rs. C-270/12, Vereinigtes Königreich/Parlament und Rat (Leerverkäufe), ECLI:EU:C:2013:562, Tz. 93.

[271] GA Jääskinen, SchlA Rs. C-270/12, Vereinigtes Königreich/Parlament und Rat (Leerverkäufe), ECLI:EU:C:2013:562, Tz. 85, 89.

[272] GA Jääskinen, SchlA Rs. C-270/12, Vereinigtes Königreich/Parlament und Rat (Leerverkäufe), ECLI:EU:C:2013:562, Tz. 84 f., 88 unter Verweis auf EuGH, Rs. C-301/02 P, Tralli/EZB, Slg. 2005, I-4071, Rn. 43, dort wiederum unter Verweis auf Rs. 9/56, Meroni I, stellte klar, dass genau umgrenzte Aus- und Durchführungsbefugnisse nach *Meroni* Durchführungsbefugnissen i. S. d. Art. 291 AEUV entsprechen.

[273] Für den Bereich der Agenturen *Fischer-Appelt*, Agenturen der Europäischen Gemeinschaft, 1999, S. 114 ff.

[274] Vgl. *Schmidt*, in: von der Groeben/Schwarze/Hatje, 7. Aufl. 2015, Art. 290 AEUV, Rn. 25; den Wesentlichkeitsgrundsatz als Ausdruck der Gewaltenteilung und des institutionellen Gleichgewichts bezeichnend GA Kokott, SchlA Rs. C-547/14, Philip Morris, ECLI:EU:C:2015:853, Tz. 249; vgl. zum Demokratieprinzip *Ruffert*, in: Calliess/Ruffert, 5. Aufl. 2016, Art. 290 AEUV, Rn. 7 und Möllers/von Achenbach, EuR 2011, 39 (52).

cc) Anwendung des Wesentlichkeitskriteriums

Der EuGH konturierte das Wesentlichkeitskriterium in seiner Rechtsprechung im Rahmen von Befugnisdelegationen im Sinne des heutigen Art. 290 AEUV immer weiter.[275] An diese bereits erfolgte Grundkonturierung wird nun ebenso für die Befugnisdelegation an völkervertragliche Gremien angeknüpft. Auch für diese Delegationskonstellation ist die Prüfung der Wesentlichkeit unter Berücksichtigung aller zur Verfügung stehenden Erwägungen, unter Berücksichtigung des Sektors und der Ziele des völkerrechtlichen Vertrags, im jeweiligen Einzelfall vorzunehmen. Selbstredend ist die Grenze zwischen wesentlichen Befugnissen, die vom Unionsgesetzgeber Europäisches Parlament und Rat ausgeübt werden müssen und nicht an Vertragsgremien zur eigenständigen Wahrnehmung übertragen werden dürfen (Art. 218 Abs. 6 AEUV), und delegierbaren Befugnissen, die unter Einhaltung der vereinfachten Verfahren (Art. 218 Abs. 7, Abs. 9 AEUV) von Rat und Kommission begleitet werden, fließend. Gleichwohl wird im Folgenden versucht, klar wesentliche und klar delegierbare Befugnisse herauszuarbeiten. Ausgangspunkt ist, dass wesentliche Vorschriften der zu regelnden Materie vom Unionsgesetzgeber im völkerrechtlichen Vertrag festgelegt oder nachträglich unter Anwendung des Art. 218 Abs. 6 AEUV mit dessen Annahme oder Ratifikation herbeigeführt werden müssen, da dieser für den Erlass politischer Entscheidungen zuständig ist.

(1) Wesensänderung und grundlegende Regelungsentscheidungen

Zu den wesentlichen Vorschriften im völkerrechtlichen Vertrag gehören jedenfalls solche, die die Grundausrichtung des Abkommens an sich und die grundlegenden Regelungsentscheidungen niederlegen. Diese roten Linien müssen vom Unionsgesetzgeber bei Vertragsabschluss festgesetzt werden und dürfen von den Vertragsgremien nicht angetastet werden. Diese Grenze wäre definitiv überschritten, wenn die Gremien das Wesen des Abkommens ändern könnten. Eine solche Wesensänderung ist im primärrechtlich vorgeschriebenen Verfahren nach Art. 218 Abs. 6 AEUV vorzunehmen und kann nicht an völkervertragliche Gremien zur autonomen Wahrnehmung übertragen werden.[276] Eine solche Wesensänderung läge vor, wenn das Gremium die Natur oder die Zielsetzung des Abkommens ändern könnte.[277] Vertragsgremien darf es beispielsweise nicht erlaubt werden, im Rahmen von Handelsabkommen vom Ziel der schrittweisen

---

[275] Siehe hierzu bereits oben, § 4 A.III.2.c).
[276] Siehe nur *Appel*, Das internationale Kooperationsrecht der Europäischen Union, 2016, S. 307f.
[277] Siehe nur *Appel*, Das internationale Kooperationsrecht der Europäischen Union, 2016, S. 308.

Liberalisierung des Warenhandels abzurücken. Eine Änderung des Gepräges des Abkommens kann auch dann eintreten, wenn das Gremium die grundsätzliche Festlegung der relevanten Regelungsbereiche des Abkommens antasten könnte.[278] Gremien dürfen daher weder neue Regelungsbereiche hinzufügen, noch entfernen.[279] Auch die grundlegenden Regelungsentscheidungen innerhalb der jeweiligen Regelungsbereiche müssen vom Unionsgesetzgeber im völkerrechtlichen Vertrag getroffen werden. Die Festlegung dieser grundlegenden Komponenten beinhaltet in der Regel Interessenabwägungen von gewisser Relevanz, bei der es zu einer Abwägung widerstreitender Interessen auf der Grundlage einer Beurteilung zahlreicher Gesichtspunkte kommt. Bei der Prüfung, ob es sich um wesentliche Vorschriften der zu regelnden Materie handelt, ist insbesondere der betroffene Sachbereich entscheidend. Geht es um sensible oder hochpolitische Bereiche, sind die delegierbaren Befugnisse auf rein technische Befugnisse zu beschränken und die Spielräume der Befugnisausübung stärker einzuschränken,[280] während in klassischen Bereichen der Außenhandelspolitik, beispielsweise beim Abbau von tarifären und nicht tarifären Handelshemmnissen, größere Spielräume möglich sind.[281] Als wesentliche Aspekte im Bereich des Außenhandels sind beispielsweise die grundlegenden Gewährleistungen bzw. Prinzipien wie der Grundsatz der Inländerbehandlung und Meistbegünstigung zu nennen, die von den Gremien nicht angetastet werden dürfen. Ein Indiz für etwaige wesentliche Elemente können auch besonders umstrittene Inhalte sein, die zu kontroversen Diskussionen in der europäischen Öffentlichkeit geführt haben.[282]

(2) Genau umgrenzte Durchführungsbefugnisse

In Betracht kommen hingegen Konkretisierungstätigkeiten, die sich innerhalb der im Abkommen durch das Parlament und den Rat gesetzten roten Linien halten. Klar delegierbare Befugnisse sind solche, die im völkerrechtlichen Vertrag genau bestimmt und umgrenzt sind und von den völkervertraglichen Gre-

---

[278] Vgl. *Grzeszick*, NVwZ 2016, 1753 (1761).

[279] Dies jedenfalls als grenzwertig bezeichnend *Appel*, Das internationale Kooperationsrecht der Europäischen Union, 2016, S. 307.

[280] GA Mengozzi, SchlA Rs. C-355/10, Parlament/Rat (SGK), ECLI:EU:C:2012:207, Tz. 31 f.

[281] Zu den Gefahren des „competence creep" durch handelspolitische Steuerung der Verhältnisse „hinter der Grenze" *Nettesheim*, Umfassende Freihandelsabkommen und Grundgesetz, 2017, insb. S. 84 ff.

[282] Ein Anhaltspunkt, den *von Arnauld* für die Wesentlichkeit völkerrechtlicher Verträge im Gesamten vorbringt, siehe dessen schriftliche Stellungnahme zur Anhörung im Ausschuss für Recht und Verbraucherschutz des Deutschen Bundestags vom 13.1.2016, S. 3.

mien nur noch umgesetzt werden brauchen (sog. Ausführungs- bzw. Durchführungsbefugnisse,).[283] Ihre Ausübung beruht auf objektiven Tatbestandsmerkmalen, deren Einhaltung sowohl durch die Unionsorgane kontrolliert, als auch durch den EuGH gerichtlich überprüft werden kann. Letztlich vollziehen die Gremien nur eine Entscheidung, die im völkerrechtlichen Vertrag bereits angelegt und vom Unionsgesetzgeber im Voraus gebilligt worden ist. Reine Vollzugsakte sind naturgemäß nicht in der Lage, die wesentlichen Aspekte eines Basisrechtsakts, konkret des völkerrechtlichen Vertrags, zu beeinflussen.[284] Bei der Ausübung vorprogrammierter Befugnisse kommt den Gremien kein maßgeblicher Ermessensspielraum zu. Die Festlegung neuer Rechte und Pflichten für die Vertragsparteien, die im völkerrechtlichen Vertrag so noch nicht enthalten sind, geht über bloße Durchführungsbefugnisse hinaus und kann den Vertragsgremien nicht überantwortet werden.[285] Die Ausübung genau umgrenzter Durchführungsbefugnisse ist eine exekutive Tätigkeit, die funktional auch unionsintern ohne weiteres durch Kommission und Rat ausgeübt werden kann (vgl. Art. 291 AEUV), sodass auch vor dem Hintergrund des einheitlichen institutionellen Gleichgewichts keine Probleme bestehen, wenn solche Tätigkeiten an völkervertragliche Gremien delegiert werden und Rat bzw. Kommission über die vereinfachten unionsinternen Mitwirkungsverfahren (Art. 218 Abs. 7, Abs. 9 AEUV) die Richtung der Entscheidung maßgeblich mitprägen. Durchführungsbefugnisse ermöglichen eine detaillierte Regelung des normativen Inhalts des durchgeführten Rechtsakts, sodass für die Vertragsgremien auch die Präzisierung wesentlicher Regelungsentscheidungen anhand klar niedergelegter Kriterien möglich wird.[286]

(3) Begrenztes Ermessen bzw. delegierte Rechtsetzung

Zwar dürfen Vertragsgremien keine Befugnisse delegiert bekommen, die Interessenabwägungen von gewissem Gewicht ermöglichen, jedoch schließt dies Interessenabwägungen nicht aus, die dieses Maß an Relevanz nicht aufweisen. Die Delegation von Befugnissen, die technische und politische Aspekte beinhalten und damit einen gewissen Ermessensspielraum erfordern, ist nicht generell ausgeschlossen. Ein gewisser Entscheidungsspielraum ist gerade nötig, um

---

[283] Vgl. nur EuGH, Gutachten 1/76 (Stilllegungsfonds), Slg. 1977, 741, Ls. 6 und Rn. 16.
[284] So zur Durchführungsrechtsetzung *Schmidt*, in: von der Groeben/Schwarze/Hatje, 7. Aufl. 2015, Art. 291 AEUV, Rn. 14.
[285] Vgl. zur Komplexität von Vertragsänderungsverfahren im Amendment-Verfahren *Klabbers*, Treaties, Amendment and Revision, in: EPIL, Rn. 17 f.; zur abgeleiteten Rechtsetzung *Schmidt*, in: von der Groeben/Schwarze/Hatje, 7. Aufl. 2015, Art. 290 AEUV, Rn. 14.
[286] Für die abgeleitete Rechtsetzung EuGH, Rs. C-427/12, Kommission/Parlament und Rat, ECLI:EU:C:2014:170, Rn. 40.

die den Gremien inhärente Flexibilität und Schnelligkeit bei der Entscheidungsfindung sicherzustellen. Die Größe des Entscheidungsspielraums hängt dabei wiederum vom jeweiligen Sachbereich und der Relevanz der Entscheidung im Gefüge des völkerrechtlichen Vertrags ab. In sensiblen oder hochpolitischen Bereichen sind die Handlungsspielräume der Gremien einzuschränken. Dies gilt auch für Entscheidungen, die den Wesenskern des völkerrechtlichen Vertrags betreffen, während für nebensächliche Aspekte und technische Regelungen der Handlungsspielraum vergrößert werden kann. Die Gremien können damit nicht nur Teilaspekte konkretisieren,[287] sondern haben – besonders in Randbereichen und weniger sensiblen Sachbereichen – sogar einen gewissen Spielraum zur Weiterentwicklung[288].

Ein anderes Ergebnis ergibt sich auch nicht vor dem Hintergrund des einheitlichen institutionellen Gleichgewichts unter gleichzeitiger Berücksichtigung der Besonderheiten der auswärtigen Beziehungen. Es spricht vieles dafür, dass völkervertragliche Gremien neben den bereits genannten Durchführungsbefugnissen auch solche Befugnisse wahrnehmen können, die delegierten Rechtsakten entsprechen (Art. 290 AEUV).[289] Völkervertragliche Gremien sind jedoch nicht befugt, selbstständig und ohne jegliche Parlamentsbeteiligung solche Entscheidungen treffen, die unionsintern in einem Gesetzgebungsakt (Art. 289 Abs. 3 AEUV) festgelegt werden. Delegierte Rechtsakte erlauben es der Europäischen Kommission, den normativen Inhalt nicht wesentlicher Vorschriften des Gesetzgebungsaktes zu verändern. Dies wird im Unionsrecht aus demokratischen und institutionellen Gesichtspunkten erlaubt, weil die Europäische Kommission an einem System der institutionellen „checks and balances" beteiligt ist und dem Europäischen Parlament rechenschaftspflichtig ist (vgl. Art. 17 Abs. 8 EUV).[290] Zwar unterliegt das völkervertragliche Gremium nicht der demokratischen Rechenschaftspflicht gegenüber dem Europäischen Parlament; gleichwohl üben Rat und/oder Kommission einen erheblichen Einfluss auf den Gremienbeschluss aus und sind ihrerseits – der Rat zwar nur in sehr begrenzter Weise – dem Europäischen Parlament verantwortlich (Art. 17 Abs. 8 EUV) bzw. müssen zumindest eine Kontrolle des Europäischen Parlaments für die Mitwirkungsakte an völkervertraglichen Gremien ermöglichen (vgl. Art. 218 Abs. 10 AEUV iVm Art. 115 GeschO-EP). Diese Mechanismen ermöglichen zwar eine nicht ganz so weitreichende Kontrollmöglichkeit des Europäischen Parlaments

---

[287] *Grzeszick*, NVwZ 2016, 1753 (1761).
[288] Von deutlichen Spielräumen der Gremien sogar zur Weiterentwicklung ausgehend *Appel*, Das internationale Kooperationsrecht der Europäischen Union, 2016, S. 308 f.
[289] Vgl. auch *Schroeder*, EuR 2018, 119 (136).
[290] GA Jääskinen, SchlA Rs. C-270/12, Vereinigtes Königreich/Parlament und Rat (Leerverkäufe), ECLI:EU:C:2013:562, Tz. 83 ff.

als die, die unionsintern insbesondere auch in Art. 290 Abs. 2 AEUV vorgesehen ist. Eine „minutiöse" Kontrolle der Union würde hingegen die Flexibilität und Effektivität der Gremien beeinträchtigen.[291] Gewisse Abstriche hinsichtlich der Qualität der parlamentarischen Kontrolle sind angebracht, sodass dem völkervertraglichen Gremium ein höheres Maß an Eigenständigkeit bei der Befugnisausübung zuzugestehen ist[292]. Zur Stärkung der Kontrollmöglichkeit des Parlaments ist zu erwägen, das Europäische Parlament im Vorfeld politisch sensibler Beschlüsse angesichts der Erfahrungen im Komitologiebereich stärker einzubinden[293] und diesem beispielsweise befristete Einspruchsrechte bezüglich des Standpunktvorschlags der Unionsorgane zu gewähren.

(4) Keine erheblichen Grundrechtseingriffe

Neben Befugnissen, die eine Interessenabwägung von gewisser Relevanz beinhalten, dürfen völkervertraglichen Gremien auch solche Befugnisse nicht übertragen werden, die zu erheblichen Grundrechtseingriffen führen, da solche Festlegungen dem Unionsgesetzgeber vorbehalten bleiben. Delegierbar ist jedoch die Befugnis, Konkretisierungen an einem bereits im völkerrechtlichen Vertrag angelegten Grundrechtseingriff vorzunehmen oder durch die Ausübung Grundrechtsbeeinträchtigung in geringem Umfang herbeizuführen.

dd) Anwendung der Anforderungen auch auf Art. 218 Abs. 7 AEUV

Die Anforderung an die Bestimmtheit der Befugnisdelegation und das Wesentlichkeitskriterium als Grenze der Befugnisdelegation sind auch auf Befugnisdelegationen im Rahmen des vereinfachten Vertragsänderungsverfahren nach Art. 218 Abs. 7 AEUV zu übertragen. Das Verfahren nach Art. 218 Abs. 7 AEUV lebt ebenfalls von der Rechtfertigungswirkung der Zustimmung des Europäischen Parlaments zum völkerrechtlichen Vertrag,[294] welches die Grundzüge des Inhalts und der Entscheidungsverfahren billigt.[295] Um diesen Legitimationsakt effektiv nutzen zu können, müssen die Änderungsmöglichkeiten durch Gremienentscheidung bereits in der Übereinkunft angelegt sein. Der Wesentlichkeitsgrundsatz ist ein tragender Verfassungsgrundsatz und damit auch im Verfahren des Art. 218 Abs. 7 AEUV zu berücksichtigen. Außerdem würde

---

[291] *Appel*, Das internationale Kooperationsrecht der Europäischen Union, 2016, S. 310.
[292] Siehe in dieser Hinsicht *Grabitz*, in: Wissenschaftliche Gesellschaft für Europarecht (Hrsg.), Die Aussenbeziehungen der Europäischen Gemeinschaft, KSE Bd. 25, 1975, S. 47 (71).
[293] *Schroeder*, EuR 2018, 119 (137).
[294] *Bungenberg*, in: von der Groeben/Schwarze/Hatje, 7. Aufl. 2015, Art. 218 AEUV, Rn. 82.
[295] *Giegerich*, in: Pechstein/Nowak/Häde, 2017, Art. 218 AEUV, Rn. 134.

es dem Gesamtgefüge des Art. 218 AEUV widersprechen, könnten über das nochmals vereinfachte Verfahren weitreichendere Vertragsänderungen realisiert werden wie im Verfahren des Art. 218 Abs. 9 AEUV.[296] Würden wesentliche Änderungen im verkürzten Änderungsverfahren nach Art. 218 Abs. 7 AEUV erlassen, die unionsintern der Zustimmung des Parlaments bedürften, wäre die demokratische Legitimation der Vertragsänderung allein durch die Zustimmung zur Befugnisübertragung nicht mehr ausreichend und das einheitliche institutionelle Gleichgewicht beeinträchtigt.[297] Um die damit einhergehende Aushöhlung der Legitimationsordnung und des institutionellen Gleichgewichts zu verhindern, ist auch Art. 218 Abs. 7 AEUV in Anlehnung an Art. 290 Abs. 1 AEUV dahingehend auszulegen, dass einem Vertragsgremium nur nicht wesentliche Änderungen übertragen werden dürfen.[298]

IV. Zusammenfassung des verfeinerten unionsrechtlichen Maßstabs

Aus den Prinzipien der demokratischen Legitimation und des institutionellen Gleichgewichts sind unter Bezugnahme auf die Rechtsprechung des EuGH zu internen Befugnisdelegationen Anforderungen an den Delegationsakt und Grenzen für die Einrichtung völkervertraglicher Gremien entwickelt worden, die den unionsinternen Maßstab, der aus den Kompetenz- und Verfahrensbestimmungen gewonnen wurde, komplettieren. Dazu gehört erstens das Erfordernis, Inhalt und Grenzen der Befugnisdelegation so hinreichend bestimmt festzulegen, dass das Europäische Parlament die im Primärrecht festgelegte Legitimationsleistung bei Abschluss des die Gremien errichtenden völkerrechtlichen Vertrags (Art. 218 Abs. 6 AEUV) tatsächlich erbringen kann. Zweitens ist das Wesentlichkeitskriterium auch bei der Befugnisdelegation an völkervertragliche Gremien als Grenze heranzuziehen, um einer Aushöhlung der Prinzipien demokratischer Legitimation und des institutionellen Gleichgewichts bei der Einrichtung völkervertraglicher Gremien vorzubeugen. Dies kann realisiert werden, indem die Verfahrensvorschriften für die Mitwirkung an Gremienbeschlüssen völkervertraglicher Gremien (Art. 218 Abs. 7, Abs. 9 AEUV) vor dem Hintergrund der Prinzipien der demokratischen Legitimation und des

---

[296] Anders wohl *Vedder*, in: Hummer/Obwexer (Hrsg.), Der Vertrag von Lissabon, 2009, S. 267 (295), der für institutionelle Änderungen auf das vereinfachte Verfahren nach Art. 218 Abs. 7 AEUV zurückgreifen will, wenn der Anwendungsausschluss des Art. 218 Abs. 9 AEUV a. E. eintritt.

[297] Vgl. zur Ausnahme vom Verbot der Kommission, völkerrechtliche Bindungen herzustellen *Schmalenbach*, in: Calliess/Ruffert, 3. Aufl. 2007, Art. 300 EGV, Rn. 38.

[298] *Weiß*, EuZW 2016, 286 (287); *Giegerich*, in: Pechstein/Nowak/Häde, 2017, Art. 218 AEUV, Rn. 165.

institutionellen Gleichgewichts einschränkend dahingehend ausgelegt werden, dass Beschlussfassungsbefugnisse, mit denen wesentliche Änderungen oder Ergänzungen des völkerrechtlichen Vertrags einhergehen, nicht an völkervertragliche Gremien delegiert werden dürfen. Wesentliche Befugnisse im materiellen Abkommensbereich sind ebenso wie Befugnisse, die den institutionellen Rahmen der Übereinkunft betreffen, Aufgabe des Unionsgesetzgebers. Für solche Befugnisse muss die Annahme bzw. Zustimmung der Vertragsparteien vorgesehen sein, die aus Unionsperspektive wie der Abschluss einer Übereinkunft nach Art. 218 Abs. 6 AEUV erfolgt. Der im Unionsrecht gefundene Maßstab schafft eine angemessene Balance zwischen dem Erfordernis, in effektiver Weise an der Beschlussfassung völkervertraglicher Gremien mitzuwirken und der Wahrung der essentiellen Strukturprinzipien des Unionsrechts.

B. Verknüpfung mit den Anforderungen des Grundgesetzes: Mitwirkungsakte des Bundestags und Integrationsverantwortung

Es geht im Folgenden darum, den aus dem Unionsrecht entwickelten Maßstab für die Einrichtung völkervertraglicher Gremien mit den Anforderungen des Grundgesetzes an die Mitwirkung des Bundestags bei der Ausübung von Unionskompetenzen zu verknüpfen und ergänzend auf den nationalen Kompetenzbereich gemischter Abkommen einzugehen. Zu untersuchen bleibt, ob und welche Delegations- und Mitwirkungsakte des Bundestags bei der Einrichtung völkervertraglicher Gremien durch einen gemischten Vertrag oder ein EU-only-Abkommen zu den bereits dargestellten Akten der Unionsorgane hinzutreten.

I. Unterscheidung zwischen Kompetenzbereichen der EU und der Mitgliedstaaten

Für die zur Verfügung stehenden Mitwirkungsakte des Bundestags ist zwischen dem nationalen Kompetenzbereich und dem Kompetenzbereich der Union zu unterscheiden.

1. Anknüpfungspunkt für den nationalen Kompetenzbereich

Nachdem die EU Abkommen häufig gemeinsam mit den Mitgliedstaaten als gemischte Abkommen abschließt, stellt diese Arbeit die Delegations- und Mitwirkungsakte mitgliedstaatlicher Stellen im nationalen Kompetenzbereich gemischter Abkommen dar. Denn ein gemischtes Abkommen erfordert den Abschluss nicht nur durch die EU, sondern auch durch alle 27 Mitgliedstaaten.

2. Anknüpfungspunkt für den EU-Kompetenzbereich: Integrationsverantwortung

Für den unionalen Kompetenzbereich stellt sich die Frage, inwieweit die bereits dargestellten Rückbindungsmechanismen der Unionsebene[299] aus Sicht des Grundgesetzes durch eine ausnahmsweise Bindung des Ratsvertreters an den Bundestag zu verstärken sind. Die mitgliedstaatlichen Verfassungen im Allgemeinen[300] und Art. 23 GG für das deutsche Recht regeln nicht nur Anforderungen und Schranken für Hoheitsrechtsübertragungen, sondern auch die erforderliche Rückbindung an die nationalen Organe bei der Ausübung von Hoheitsrechten durch die Unionsorgane. Die politische Verantwortung der Verfassungsorgane für die Übertragung von Hoheitsrechten und die Beteiligung an der Ausübung durch die Unionsorgane über die Kontrolle der mitwirkenden Bundesregierung wird als *Integrationsverantwortung*[301] bezeichnet[302] und ist vom BVerfG bereits im *Maastricht*-Urteil[303] angedeutet und im *Lissabon*-Urteil[304] konkret entwickelt worden. Die Integrationsverantwortung kommt zwar allen Verfassungsorganen zu, soll aber besonders die Rolle des Bundestags stärken und diesen für die sich aus der Hoheitsrechtsübertragung ergebende Kompetenzverlagerung von den nationalen Parlamenten hin zu den Regierungen, die im Rat vertreten sind, kompensieren.[305] Gleichzeitig soll mit der Übernahme von Verantwortung für die Entwicklung der Europäischen Integration das Spannungsverhältnis zwischen der Wahrung der nationalen Selbstbestimmung und dem Verfassungsauftrag zur Förderung der Europäischen Integration aufgelöst werden.[306] Die Integrationsverantwortung zielt auf die Sicherstellung des demokratischen Legitimationszusammenhangs der übertragenen Hoheitsgewalt, indem dem Bundestag Einfluss- und damit auch Steuerungsmöglichkeiten eingeräumt werden.[307] Dies dient einerseits der Wahrung der

---

[299] Siehe hierzu bereits ausführlich oben, § 4 A.I.2.c).

[300] Vgl. dazu *Huber*, in: von Bogdandy/Cruz Villalón/Huber (Hrsg.), Handbuch Ius Publicum Europaeum, Bd. II, 2008, S. 403 (405 ff.) und die vorhergehenden Länderberichte.

[301] Zu den unterschiedlichen Ausprägungen der Integrationsverantwortung siehe *Pechstein* (Hrsg.), Integrationsverantwortung, 2012.

[302] *Streinz*, in: Gamper et al. (Hrsg.), Föderale Kompetenzverteilung in Europa, 2016, S. 663 (671).

[303] BVerfGE 89, 155 (185 ff.) – Maastricht.

[304] BVerfGE 123, 267 (Ls. 2a, 351 ff., 420) – Lissabon.

[305] *Nettesheim*, NJW 2010, 177 (177 f.); *Streinz*, in: Gamper et al. (Hrsg.), Föderale Kompetenzverteilung in Europa, 2016, S. 663 (666 ff.); *Weiß*, JuS 2018, 1046 (1047); zum Funktionsverlust nationaler Parlamente *Huber*, in: von Bogdandy/Cruz Villalón/Huber (Hrsg.), Handbuch Ius Publicum Europaeum, Bd. II, 2008, S. 403 (425 ff.).

[306] *Nettesheim*, NJW 2010, 177 (177 f.); *Voßkuhle*, JZ 2016, 161 (165 f.).

[307] Siehe nur BVerfGE 142, 123 (209) – OMT.

Verfassungsidentität der Bundesrepublik (Schutzfunktion), andererseits der demokratischen Legitimation der Entscheidungen auf Unionsebene (Legitimationsfunktion).[308] Die Integrationsverantwortung zielt auf die Beachtung der verfassungsrechtlichen Voraussetzungen der europäischen Integration, d.h. auf die Einhaltung des Integrationsprogramms, wozu die Sicherstellung des demokratischen Legitimationsniveaus der EU gehört.[309] Die deutschen Verfassungsorgane haben dafür Sorge zu tragen, dass bei der Ausgestaltung der Entscheidungsmechanismen der EU in einer Gesamtbetrachtung sowohl das politische System der Bundesrepublik Deutschland als auch das der Europäischen Union demokratischen Grundsätzen im Sinne des Art. 20 Abs. 1 und Abs. 2 iVm Art. 79 Abs. 3 GG entspricht.[310] Die europäische Integration darf dabei nicht zu einer Aushöhlung des demokratischen Herrschaftssystems in Deutschland führen, d.h. es ist darauf zu achten, dass dem Deutschen Bundestag eigene Aufgaben und Befugnisse von substantiellem politischem Gewicht verbleiben und die ihm verantwortliche Bundesregierung maßgeblichen Einfluss auf europäische Entscheidungsverfahren ausübt.[311] Diese Pflichten gelten auch bei der Einrichtung völkervertraglicher Gremien durch völkerrechtlichen Vertrag der EU und bei der Mitwirkung der Unionsorgane an Gremienbeschlüssen durch den Erlass von Standpunkten. Anknüpfungspunkt für die kompensatorische Rückbindung ist der Regierungsvertreter im Rat, der den nationalen Parlamenten gegenüber rechenschaftspflichtig ist.[312] Die Integrationsverantwortung führt dazu, dass der Bundestag und die Bundesregierung darauf zu achten haben, dass der deutsche Vertreter im Rat an Beschlüssen zum Abschluss völkerrechtlicher Verträge bzw. zur Festlegung von Standpunkten nicht mitwirkt, wenn dabei ein Mindestmaß demokratischer Legitimation nicht gesichert werden kann.

II. Bundestagsbeteiligung im nationalen Kompetenzbereich gemischter Abkommen

Bei dem Vorgang der Einrichtung völkervertraglicher Gremien im nationalen Kompetenzbereich gemischter Abkommen sind verschiedene Delegations-, Mitwirkungs- und Rezeptionsakte des Bundestags zu berücksichtigen.

---

[308] *Weiß*, JuS 2018, 1046 (1050).
[309] BVerfGE 123, 267 (351 ff., 363 ff.) – Lissabon.
[310] BVerfGE 123, 267 (356 ff.) – Lissabon.
[311] BVerfGE 123, 267 (356 ff.) – Lissabon.
[312] Art. 10 Abs. 2 UAbs. 2 EUV.

1. Anwendbares Zustimmungserfordernis für die völkerrechtliche Ratifikation

Für die völkerrechtliche Ratifikation der in mitgliedstaatlicher Kompetenz verbliebenen Regelungsbereiche gemischter Verträge durch den deutschen Bundespräsidenten (Art. 59 Abs. 1 S. 2 GG) bedarf es möglicherweise der Zustimmung des Bundestages als Gesetzgebungsorgan. Hierfür kommen das Verfahren für den Abschluss völkerrechtlicher Verträge (Art. 59 Abs. 2 GG) oder die Verfahren bei Hoheitsrechtsübertragungen an die Europäische Union (Art. 23 Abs. 1 S. 2 GG) oder an sonstige zwischenstaatliche Einrichtungen (Art. 24 Abs. 1 GG) in Betracht.

a) Einrichtung völkervertraglicher Gremien ohne Hoheitsrechtsübertragung

Art. 59 Abs. 2 GG verlangt für den Abschluss völkerrechtlicher Verträge ein Zustimmungsgesetz des Bundes (Vertragsgesetz), wenn der Vertrag entweder die politischen Beziehungen des Bundes regelt (Art. 59 Abs. 2 S. 1 Alt. 1 GG) oder sich auf Gegenstände der Bundesgesetzgebung bezieht (Art. 59 Abs. 2 S. 1 Alt. 2 GG). Bei Vorliegen einer der beiden Fallgruppen hängt die deutsche Ratifikation von der Zustimmung des Bundestags unter entsprechender Beteiligung des Bundesrats in Gesetzesform ab. Für umfassende Freihandelsabkommen dürften beide Fallgruppen das Zustimmungserfordernis des Bundestags auslösen, jedenfalls wenigstens die zweite Variante, da für die Durchführung von Handelsabkommen ein Parlamentsgesetz erforderlich ist.[313] Auch der Bundesrat wirkt am Gesetzgebungsverfahren mit, kann allerdings vom Bundestag bei Vorliegen der entsprechenden Mehrheit überstimmt werden (Art. 77 Abs. 3 und 4 GG). Erfordert die innerstaatliche Durchführung des völkerrechtlichen Vertrags ein Gesetz mit Zustimmung des Bundesrats, benötigt auch das Zustimmungsgesetz zum völkerrechtlichen Vertrag die Zustimmung des Bundesrats.[314]

b) Einrichtung völkervertraglicher Gremien mit Hoheitsrechtsübertragung

Die Anforderungen an die Beteiligung des Bundestags ändern sich grundlegend, wenn mit dem Vertragsabschluss nicht nur völkerrechtliche Bindungen entstehen, sondern eine Übertragung von Hoheitsrechten einhergeht. Eine solche liegt vor, wenn eine Einrichtung mit Durchgriffswirkung gegenüber dem Einzelnen handelt oder durch schlicht-hoheitliches Handeln unmittelbar wesentliche faktische Grundrechtsbeeinträchtigungen zu befürchten sind.[315]

---

[313] *Streinz*, in: Bungenberg/Herrmann (Hrsg.), Die gemeinsame Handelspolitik der Europäischen Union, 2016, S. 71 (86).

[314] *Streinz*, in: Bungenberg/Herrmann (Hrsg.), Die gemeinsame Handelspolitik der Europäischen Union, 2016, S. 71 (87).

[315] Siehe hierzu bereits oben, § 2 A.II.1.b)aa).

aa) Durchgriffswirkung der Beschlüsse ohne Umsetzungsakt

Ob die Beschlüsse völkervertraglicher Gremien Durchgriffswirkung aufweisen, hängt davon ab, welche Wirkweise die Vertragsparteien im völkerrechtlichen Vertrag vereinbart haben. Hierfür sind die Bestimmungen über die Wirkung der Gremienbeschlüsse im spezifischen völkerrechtlichen Vertrag zu analysieren. Zu prüfen ist, ob das Abkommen für den völkerrechtlich verbindlichen Beschluss einen Umsetzungsakt erfordert oder nicht. Greift der Beschluss der völkervertraglichen Gremien in die deutsche Rechtsordnung durch, muss der Bundestag dem Abschluss des völkerrechtlichen Vertrags durch ein Gesetz mit Doppelfunktion (Vertrags- und Integrationsgesetz)[316] gem. Art. 24 Abs. 1 GG zustimmen.

bb) Keine Anwendung des Art. 23 GG

Jedenfalls für umfassende Handelsabkommen wird sogar für die völkerrechtliche Ratifikation der in mitgliedstaatlicher Kompetenz verbliebenen Regelungsbereiche[317] ein Zustimmungserfordernis von Bundestag und Bundesrat aus Art. 23 Abs. 1 S. 2 GG in Form eines Gesetzes mit Doppelfunktion (Vertrags- und Integrationsgesetz)[318] abgeleitet[319], sowie aufgrund der Hybridität gemischter Handelsabkommen eine Bundestagsbeteiligung nach Art. 23 Abs. 2 GG gefordert[320]. Anders als Art. 24 Abs. 1 GG schreibt Art. 23 Abs. 1 S. 2 GG die Zustimmung des Bundesrats zwingend vor.

(1) Kein Übergang nationaler Hoheitsrechte auf die EU

Die Anwendung des Art. 23 Abs. 1 S. 2 GG wird damit begründet, dass durch den Abschluss gemischter Abkommen eine implizite Übertragung nationaler Hoheitsrechte auf die EU stattfindet, sodass das Zustimmungsgesetz zum völkerrechtlichen Vertrag im Unionskontext eine Rechtswirkung impliziert, die

---

[316] Siehe nur *Rojahn*, in: von Münch/Kunig, 6. Aufl. 2012, Art. 24 GG, Rn. 38 mwN; *Streinz*, in: Sachs, 8. Aufl. 2018, Art. 24 GG, Rn. 24.

[317] Dies betrifft insbesondere den Bereich des Investitionsschutzes ausgenommen ausländische Direktinvestitionen (vgl. Art. 207 Abs. 1 S. 1 AEUV *e contrario*), siehe hierzu die Kompetenzabgrenzung des EuGH im Gutachten 2/15 (Singapur), ECLI:EU:C:2017:376, insb. Rn. 109, 305.

[318] Insoweit allgemeine Meinung, siehe nur *Streinz*, in: Sachs, 8. Aufl. 2018, Art. 23 GG, Rn. 63 mwN; *Calliess*, in: Maunz/Dürig, 93. EL Oktober 2020, Art. 24 GG, Rn. 58; *Jarass*, in: Jarass/Pieroth, 16. Aufl. 2020, Art. 23 GG, Rn. 28.

[319] *Pautsch*, NVwZ-Extra 8/2016, 1 (3 ff.).

[320] *von Arnauld*, AöR 2016, 268 (272).

einer unmittelbaren Durchgriffswirkung ähnelt.[321] Gegen einen Übergang nationaler Hoheitsrechte auf die EU durch den Abschluss gemischter Abkommen spricht freilich, dass gemischte Abkommen nicht insgesamt Bestandteil des Unionsrechts werden, sondern nur die Bereiche, die in die Zuständigkeit der EU fallen.[322] Berührt die Ausschusstätigkeit mitgliedstaatliche Kompetenzbereiche, bleiben die Mitgliedstaaten weiterhin für deren Umsetzung zuständig.[323] Diese mitgliedstaatlichen Sachbereiche sind von den Mitgliedstaaten bewusst nicht in den Kontext der Europäischen Integration einbezogen worden.[324]

(2) Kein Übergang auf Einrichtungen im Näheverhältnis der EU

Durch den Abschluss gemischter Abkommen werden in der Regel auch keine nationalen Hoheitsrechte auf Einrichtungen übertragen, die im Näheverhältnis zum Unionsrecht stehen. Völkervertragliche Gremien der beschriebenen Art sind zunächst einmal nicht Teil der Union, sondern Einrichtungen des Völkerrechts, die auf Grundlage eines völkerrechtlichen Vertrags mit einem oder mehreren Drittstaaten in einem völkerrechtlichen Rahmen tätig werden.[325] Eine Anwendung des Art. 23 GG wird auch für die Fälle vorgeschlagen, in denen ein völkerrechtlicher Vertrag zwar nicht auf Grundlage des Unionsrechts abgeschlossen wird, jedoch in einem besonderen Näheverhältnis zum Unionsrecht steht, insbesondere dann, wenn der jeweilige völkerrechtliche Vertrag in Zusammenhang mit unionalen Politikbereichen geschlossen wird.[326] Das BVerfG hat nun ausdrücklich bestätigt, dass neben Art. 23 Abs. 2 GG[327] auch Art. 23 Abs. 1 GG von einem weiten Verständnis des Begriffs der Europäischen Union ausgeht, sodass nicht nur ihre gesamte Organisation und ihr Integrationsprogramm umfasst ist, sondern unter bestimmten Voraussetzungen auch von ihr zu unterscheidende zwischenstaatliche Einrichtungen und internationale Organisationen.[328] Er setzt nicht voraus, dass der Union, ihren Einrichtungen oder sonstigen Stellen unmittelbar Hoheitsrechte übertragen werden, sondern gilt für

---

[321] *Pautsch*, NVwZ-Extra 8/2016, 1 (3 ff.).
[322] *Schmalenbach*, in: Calliess/Ruffert, 5. Aufl. 2016, Art. 216 AEUV, Rn. 43; *Vöneky/Beylage-Haarmann*, in: Grabitz/Hilf/Nettesheim, 69. EL Februar 2020, Art. 216 AEUV, Rn. 32; differenzierend im geteilten Kompetenzbereich *Mögele*, in: Streinz, 3. Aufl. 2018, Art. 216 AEUV, Rn. 74 ff.; siehe hierzu bereits oben, § 1 B.I.1.
[323] So bereits *Grzeszick*, NVwZ 2016, 1753 (1759); dies gilt auch für Gremienaufgaben im geteilten Kompetenzbereich, siehe oben, § 2 B.II.2.b).
[324] *Holterhus*, EuR 2017, 234 (239).
[325] Hierzu eingehend *Grzeszick*, NVwZ 2016, 1753 (1760).
[326] Siehe nur *Wollenschläger*, NVwZ 2012, 713 (715).
[327] BVerfGE 131, 152, Ls. 1 – Unterrichtungspflicht.
[328] BVerfG, Beschl. v. 13.2.2020, 2 BvR 739/17, Patentgericht, EuZW 2020, 324 (327, Rn. 122).

sämtliche Rechtsakte, die die Mitgliedschaft der Bundesrepublik Deutschland in der Europäischen Union regeln, näher ausgestalten, absichern oder ergänzen.[329] Bei der Übertragung von Hoheitsrechten auf eine zwischenstaatliche Einrichtung ist Art. 23 Abs. 1 GG auch dann anwendbar, wenn dies faktisch einer Vertragsänderung gleichkommt, d. h. „Ersatzunionsrecht" erlassen wird, das dazu führt, dass eine Vertragsänderung funktional ersetzt wird.[330] Hierfür ist ein Ergänzungs- oder sonstiges besonderes Näheverhältnis zum Unionsrecht erforderlich. Ob ein solches Näheverhältnis gegeben ist, ist im Wege einer Gesamtbetrachtung aller Umstände, einschließlich der Regelungsinhalte, -ziele und -wirkungen, zu beurteilen, wofür das BVerfG einige Kriterien entwickelt hat:[331] Für ein Näheverhältnis spricht, wenn die geplante völkerrechtliche Koordination im Primärrecht verankert oder die Umsetzung des Vorhabens in Vorschriften des Sekundär- oder Tertiärrechts vorgesehen ist oder ein sonstiger qualifizierter inhaltlicher Zusammenhang mit einem in den Verträgen niedergelegten Politikbereich, d. h. mit dem Integrationsprogramm der EU besteht. Weiter ist zu berücksichtigen, ob das Vorhaben von Organen der Union vorangetrieben wird oder deren Einschaltung im Wege der Organleihe vorgesehen ist. Ein qualifizierter inhaltlicher Zusammenhang mit den Politikbereichen der EU liegt insbesondere dann vor, wenn der Sinn eines Vertragsvorhabens gerade im wechselseitigen Zusammenspiel mit einem dieser Politikbereiche liegt und erst recht dann, wenn der Weg der völkerrechtlichen Koordination gewählt wird, weil gleichgerichtete Bemühungen um eine Verankerung im Primärrecht der Union nicht die notwendigen Mehrheiten gefunden haben.

Die in ausschließlich nationale Kompetenzen fallenden Teile gemischter Abkommen müssen nach diesen Kriterien den vom BVerfG geforderten qualifizierte inhaltliche Zusammenhang mit dem Integrationsprogramm der EU aufweisen, damit eine Anwendung des Art. 23 GG in Betracht kommt. Inwieweit dies der Fall ist, ist für jedes gemischte Abkommen gesondert zu beurteilen. Jedenfalls ist bei der Anwendung der genannten Kriterien auf gemischte Verträge Zurückhaltung angebracht.[332] Zwar verfolgen die Mitgliedstaaten und die Union in gemischten Abkommen gemeinsame Ziele und koordinieren ihr Vorgehen, jedoch werden letztlich die jeweils eigenen Kompetenzbereiche selbst-

---

[329] BVerfG, Beschl. v. 13.2.2020, 2 BvR 739/17, Patentgericht, EuZW 2020, 324 (327, Rn. 122).

[330] BVerfG, Beschl. v. 13.2.2020, 2 BvR 739/17, Patentgericht, EuZW 2020, 324 (327, Rn. 122) m. w. N.

[331] Dazu sowie zum Folgenden für Art. 23 Abs. 2 GG BVerfGE 131, 152 (199 f.) – Unterrichtungspflicht; für Art. 23 Abs. 1 GG BVerfG, Beschl. v. 13.2.2020, 2 BvR 739/17, Patentgericht, EuZW 2020, 324 (327, Rn. 124 ff.).

[332] So auch *Grzeszick/Hettche*, AöR 2016, 225 (245); *Grzeszick*, NVwZ 2016, 1753 (1760).

ständig wahrgenommen. Die Unionsorgane werden in die Ausübung der mitgliedstaatlichen Kompetenzbereiche nicht in einer Weise eingebunden, die dazu führt, dass letztlich eine Angelegenheit der Union vorliegt. Ein qualifizierter inhaltlicher Zusammenhang liegt allerdings nicht schon dann vor, wenn die Unionsorgane lediglich in die Funktion der Vertragsorgane einbezogen sind.[333] Vielmehr ist zu fordern, dass die Organe der EU neue Zuständigkeiten zugewiesen bekommen oder spezifisch zur Verwirklichung der Ziele des Vertrags eingesetzt werden. Eine derart intensive Verflechtung des Völkervertragsrechts mit den Unionsorganen, wie sie beim ESM und teils auch beim Euro-Plus-Pakt angenommen wurde, wird bei umfassenden Handelsabkommen schwerlich gegeben sein.[334] Wie die Beispiele insbesondere des ESM zeigen, muss die angestrebte Kooperation deutlich über die in der Kompetenzverteilung zwischen Union und Mitgliedstaaten ohnehin stets angelegte Koordination und Kooperation hinausgehen.[335] Dies ist nicht schon dann der Fall, wenn die Abkommen zentrale Unionskompetenzen erfassen und von grundlegender Bedeutung für die Außenwirtschaftsbeziehungen sind.[336] Die Konstellation unterscheidet sich zudem auch von der Errichtung des Einheitlichen Patentgerichts, für das das BVerfG erst kürzlich ein Näheverhältnis zum Integrationsprogramm der EU angenommen hatte.[337] Das Einheitliche Patentgericht stellt ein funktionales Äquivalent zu einer „richtigen" unionalen Patentgerichtsbarkeit dar, dessen Errichtung am in Art. 262 AEUV vorgesehenen Einstimmigkeitserfordernis im Rat scheiterte. Es ist zudem eng mit dem Unionssekundärrecht verflochten, welches das Europäische Patent schafft und schützt. Beides ist bei gemischten Freihandelsabkommen in der Regel nicht der Fall. Insbesondere werden gemischte Freihandelsabkommen selten so ausgerichtet sein, dass sie mit entsprechender Intensität Primär- und Sekundärrecht der Union umsetzen bzw. ändern.[338]

Die Anwendung der Informations- und Stellungnahmerechte des Bundestags aus Art. 23 Abs. 2–7 GG auf den in die Kompetenzen der Mitgliedstaaten fallenden Teil des Abkommens ist nicht erforderlich. Zwar ist eine intensive Beteiligung des Bundestags vor Vertragsabschluss durchaus sinnvoll, um einer späteren Zustimmungsverweigerung bei Abkommensabschluss vorzubeugen, al-

---

[333] So jedoch *Weiß*, in: Kadelbach (Hrsg.), Die Welt und Wir. Die Außenbeziehungen der Europäischen Union, 2017, S. 151 (211).
[334] So bereits *Grzeszick/Hettche*, AöR 2016, 225 (245).
[335] Ausführlich hierzu *Grzeszick/Hettche*, AöR 2016, 225 (245).
[336] So jedoch *Weiß*, in: Kadelbach (Hrsg.), Die Welt und Wir. Die Außenbeziehungen der Europäischen Union, 2017, S. 151 (211).
[337] BVerfG, Beschl. v. 13.2.2020, 2 BvR 739/17, Patentgericht, EuZW 2020, 324 (330, Rn. 144 ff.).
[338] *Grzeszick/Hettche*, AöR 2016, 225 (245).

lerdings überdehnt dies den Anwendungsbereich des Art. 23 GG und die durch das BVerfG festgelegten Zurechnungskriterien. Es wird deshalb vorgeschlagen, für Informations- und Stellungnahmerechte des Bundestags für Verträge völkerrechtsnahen Charakters, die bisher mühsam aus den an Art. 59 Abs. 1 GG anknüpfenden „Aspekten der Organtreue und des Interorganrespekts" hergeleitet werden müssen, eine explizite rechtliche Grundlage zu schaffen, um eine intensive Beteiligung des Bundestags außerhalb des Art. 23 GG sicherzustellen.

c) Zwischenergebnis

Für die völkerrechtliche Ratifikation der in mitgliedstaatlicher Kompetenz verbliebenen Regelungsbereiche gemischter Verträge ist in der Regel ein Vertragsgesetz in Form eines Zustimmungsgesetzes des Bundes im Verfahren des Art. 59 Abs. 2 S. 1 GG erforderlich, bei Vorliegen einer Hoheitsrechtsübertragung ein Gesetz mit Doppelfunktion (Vertrags- und Integrationsgesetz) nach Art. 24 Abs. 1 GG.[339] Die Beteiligung des Bundestags erfolgt nur dann durch ein Gesetz mit Doppelfunktion nach den gesteigerten Anforderungen des Art. 23 Abs. 1 GG mit Zustimmung des Bundesrats, wenn die gemischten Abkommen in einem Ergänzungs- oder sonstigen besonderen Näheverhältnis zum Recht der Union stehen. Hierfür ist ein qualifizierter inhaltlicher Zusammenhang mit dem Integrationsprogramm der EU erforderlich, der bei gemischten Abkommen in der Regel nicht gegeben sein wird.

2. Rückbindung der Gremienbeschlüsse an den Bundestag

Möglicherweise fordert das deutsche Verfassungsrecht neben der Legitimation des gemischten Abkommens durch die Ratifikation des völkerrechtlichen Vertrags zusätzlich auch die Rückbindung der auf Grundlage des Abkommens im nationalen Kompetenzbereich erlassenen Ausschussbeschlüsse an den Bundestag. Einer etwaigen direkten Rückkopplung ähnlich wie über das Standpunktverfahren im Unionsrecht steht auf den ersten Blick entgegen, dass völkervertragliche Gremien bilateraler Art in gemischten Abkommen selten mit mitgliedstaatlichen Vertretern besetzt sind.[340] Daraus folgt, dass zunächst kein unmittelbarer Einfluss deutscher Stellen, insbesondere der Bundesregierung und des Bundestags, auf die Beschlussfassung ausgeübt werden kann, selbst wenn der Gremienbeschluss in den nationalen Kompetenzbereich fällt. Aufgrund dessen wird eine ausreichende Einflussnahme deutscher Stellen und da-

---

[339] Zu CETA *Mayer*, ZEuS 2016, 391 (397); zu TTIP *Streinz*, in: Herrmann/Simma/Streinz (Hrsg.), EYIEL Special Issue, Trade Policy between Law, Diplomacy and Scholarship, Liber amicorum in memoriam Krenzler, 2015, S. 271 (288).
[340] Siehe hierzu bereits oben, § 1 A.I.2.

mit eine hinreichende personelle und sachliche Legitimation der Ausschussbeschlüsse bezweifelt.[341] Das BVerfG hatte zu CETA festgestellt, dass die demokratische Legitimation und Kontrolle der Beschlüsse nur dann ausreichend sichergestellt sei, wenn „mitgliedstaatliche Zuständigkeiten oder die Reichweite des Integrationsprogramms berührende Beschlüsse nur mit der Zustimmung Deutschlands gefasst werden."[342] Konkret verweist das BVerfG auf Beschlüsse zur verbindlichen Auslegung oder Änderung des CETA.[343] Diskutiert wird, eine solche Zustimmung der Bundesrepublik über ein etwaiges Ratifikationserfordernis oder über eine einstimmigen Beschlussfassung im Rat im Standpunktverfahren des Art. 218 Abs. 9 AEUV zu realisieren.

a) Kein unmittelbarer Durchgriff in die nationale Rechtsordnung

Dabei ist zu beachten, dass die Beschlüsse, selbst wenn sie ab Erlass für die Vertragsparteien völkerrechtlich verbindlich sein mögen, in der Regel nicht unmittelbar in die Rechtsordnungen der Mitgliedstaaten durchgreifen, sodass ein nationaler Umsetzungsakt der Exekutive oder der Parlamente, nach Art. 59 Abs. 2 GG in direkter oder analoger Anwendung,[344] erforderlich ist, damit Wirkungen in den nationalen Rechtsordnungen eintreten.[345] Die Beschlüsse erfordern in der Regel einen parlamentarisch sanktionierten Umsetzungsakt, sodass zweifelhaft ist, ob zusätzliche Mechanismen zur Sicherung nationaler Interessen und der Rechte des Bundestags erforderlich sind.[346]

b) Zustimmung durch Ratifikationserfordernis

Ein Ratifikationserfordernis wird von Weiß für weitreichende Befugnisse des CETA-Ausschusses, namentlich für wenig bestimmte Ausschusstätigkeiten in nationaler Zuständigkeit, sowie für verbindliche Auslegungen gefordert.[347] Allerdings ist für Vertragsänderungen von Entscheidungsgremien internationaler Organisationen und für die Schaffung von sekundärem Völkervertragsrecht in vereinfachten Beschlussverfahren vor Eintritt der völkerrechtlichen Bindung eine Mitwirkung des nationalen Gesetzgebers im Regelfall nicht erforderlich, da der Gesetzgeber durch die Zustimmung zum Gesetz zum völkerrechtlichen

---

[341] So durch das BVerfG bei CETA, siehe hierzu bereits oben, Einführung, B.
[342] BVerfGE 143, 65 (98) – CETA I.
[343] BVerfGE 143, 65 (97 f., insb. Rn. 64 f.) – CETA I.
[344] Dazu *Rojahn*, in: von Münch/Kunig, 6. Aufl. 2012, Art. 59 GG, Rn. 67 f.
[345] *Grzeszick*, NVwZ 2016, 1753 (1757); zum Ausschluss der unmittelbaren Wirkung in aktuellen Freihandelsabkommen *Semertzi*, CMLRev. 2014, 1125 (1125 ff.).
[346] Ähnlich bereits *Schroeder*, EuR 2018, 119 (136).
[347] *Weiß*, in: Kadelbach (Hrsg.), Die Welt und Wir. Die Außenbeziehungen der Europäischen Union, 2017, S. 151 (217 f.).

Grundvertrag die Vertragsänderungen und die Sekundärrechtsetzung bereits gebilligt hat.[348] Ausnahmsweise ist ein Zustimmungsgesetz nach Art. 59 Abs. 2 GG nötig, wenn die Beschlussverfahren des völkerrechtlichen Vertrags für die Verbindlichkeit des Beschlusses explizit ein Zustimmungserfordernis niederlegen[349] oder Rechte und Pflichten des Einzelnen begründet werden[350]. Ob dies der Fall ist, hängt wiederrum von den Bestimmungen des jeweiligen völkerrechtlichen Vertrags ab. Liegt keine dieser Ausnahmen vor, erfordert das Grundgesetz gerade keine Ratifikation des Gremienbeschlusses.

c) Rückkopplung des mitgliedstaatlichen Vertreters an den Bundestag

Gleichwohl muss auch dann sichergestellt werden, dass nationale Stellen Einfluss auf den Inhalt und die Reichweite der Beschlüsse völkervertraglicher Gremien haben können.

aa) Ausübung mitgliedstaatlicher Zuständigkeiten

Die Mitgliedstaaten sind für die Standpunktfestlegung in Bezug auf Gremienbeschlüsse im nationalen Kompetenzbereich zuständig und können Standpunkte einzeln oder gemeinsam festlegen. Es ist deshalb auf erster Ebene anzuraten, völkervertragliche Gremien in gemischten Verträgen auch mit mitgliedstaatlichen Vertretern zu besetzen.[351] Um diesen Einfluss auch bei Vertragsgremien zu sichern, die lediglich mit Vertretern der EU, allerdings nicht mit mitgliedstaatlichen Vertretern besetzt sind, wird vorgeschlagen, für die Standpunktfestlegung anlässlich der völkervertraglichen Beschlussfassung das unionsrechtliche Verfahren des Art. 218 Abs. 9 AEUV anzuwenden, jedoch für die Abstimmung im Rat eine einstimmige Beschlussfassung vorzusehen, sodass die nationalen Ratsvertreter den Standpunktbeschluss blockieren und dadurch nationale Interessen durchsetzen können. Das BVerfG schlug jedenfalls für den Zeitraum der vorläufigen Anwendung des CETA vor, durch institutionelle Vereinbarung sicherzustellen, dass Beschlüsse des Gemischten CETA-Ausschusses nur auf Grundlage eines gemeinsamen Standpunktes nach Art. 218 Abs. 9 AEUV gefasst werden, der im Rat einstimmig anzunehmen ist.[352] Die kon-

---

[348] *Rojahn*, in: von Münch/Kunig, 6. Aufl. 2012, Art. 59 GG, Rn. 67 f.
[349] *Heun*, in: Dreier, 3. Aufl. 2015, Art. 59 GG, Rn. 40.
[350] *Classen*, VVDStRL 67 (2008), 365 (378 f.).
[351] So ausdrücklich festgelegt bspw. in Art. 6 des Beschlusses (EU) 2011/265 des Rates vom 16.9.2010 über die Unterzeichnung des Freihandelsabkommens zwischen der EU, ihren Mitgliedstaaten und der Republik Korea (ABl. 2011 L 127/1); siehe zur Besetzung völkerrechtlicher Gremien bilateraler Natur näher oben § 1 A.I.2.
[352] BVerfGE 143, 65 (100, insb. Rn. 71) – CETA I.

sensuale Standpunktfestlegung im Rat ist sachgerecht, wenn der Gremienbeschluss ausschließlich in den mitgliedstaatlichen Kompetenzbereich fällt.[353] Der Vorteil einer solchen Lösung im Vergleich zum generellen Ratifikationserfordernis ist deren größere Praktikabilität, da langwierige Ratifikationsverfahren vermieden werden können. Zudem erschiene es übertrieben, im Bereich der mitgliedstaatlichen Kompetenzen für jeden Beschluss des Gremiums ein Ratifikationserfordernis zu verlangen, während ein solches im Unionsrecht im Ergebnis nur für wesentliche Beschlüsse und Beschlüsse, die den institutionellen Rahmen der Übereinkunft ändern oder ergänzen, vorgesehen ist.

bb) Reichweite des Integrationsprogramms

Für Beschlüsse, die die Reichweite des Integrationsprogramms berühren, ist keine einstimmige Beschlussfassung im Rat erforderlich. Der Bundestag kann die Einhaltung des Integrationsprogramms durch die Unionsorgane überprüfen, indem er nach einer umfassenden Unterrichtung über die Beschlussgegenstände im Gremium und über den Standpunktvorschlag im Verfahren des Art. 218 Abs. 9 AEUV in einer Stellungnahme (insb. § 6, 8 EUZBBG[354]) auf die Berührung nationaler Kompetenzen hinweist und ggf. zu dem Ergebnis kommt, dass der Beschluss eines Zustimmungsgesetzes nach Art. 59 Abs. 2 GG bedarf[355] oder im Rat einstimmig zu erlassen ist. Es ist außerdem anzudenken, die Informationsrechte des COSAC mit denen des Europäischen Parlaments gleichzuschalten.[356]

III. Beteiligung des Bundestags im Kompetenzbereich der EU

Die Frage, inwieweit der Bundestag als nationales Parlament bei der Einrichtung völkervertraglicher Gremien auf Grundlage von EU-Kompetenzen zu beteiligen ist, scheint auf den ersten Blick einfach zu beantworten zu sein. Im Kompetenzbereich der EU vermitteln die beteiligten Unionsorgane demokratische Legitimation,[357] insbesondere das Europäische Parlament durch dessen Zustimmung zum Ratsbeschluss über den Abschluss des Abkommens (Art. 218 Abs. 6 AEUV). Die Vertragsschließungskompetenzen und -verfahren sind von den nationalen Parlamenten durch die Zustimmungsgesetze zum Vertrag von

---

[353] Das Konsenserfordernis im Rat ist im mitgliedstaatlichen Kompetenzbereich unproblematisch, siehe dazu bereits § 2 B.II.2.c)bb).
[354] Gesetz über die Zusammenarbeit von Bundesregierung und Deutschem Bundestag in Angelegenheiten der Europäischen Union vom 4.7.2013 (BGBl. 2013 I, S. 2170).
[355] Hierzu ausführlich *Mayer*, ZEuS 2016, 391 (398).
[356] *Eckes*, EU Powers Under External Pressure, 2019, S. 172 f.
[357] *Grzeszick*, NVwZ 2016, 1753 (1760).

Lissabon gebilligt worden.[358] Die Beantwortung der Frage ist indessen komplizierter. Dies liegt sowohl an der sich aus der überschießenden Ratifizierung gemischter Abkommen ergebenden Blockademöglichkeit des gesamten gemischten Abkommens durch den Bundestag (1), als auch an der supranationalen Verflechtung mit den Mitgliedstaaten, die auch bei der Ausübung von Kompetenzen durch die EU ihrer Integrationsverantwortung gerecht werden müssen. Daran anknüpfend stellt sich die Frage, ob der Deutsche Bundestag zur Wahrung seiner Integrationsverantwortung über die in Art. 10 Abs. 2 UAbs. 2 EUV vorgesehene Kontrolle des deutschen Vertreters der Bundesregierung im Rat in verstärkter Weise Einfluss auf den Ratsbeschluss zum Abschluss des Abkommens (2) und/oder den Ratsbeschluss zur Standpunktfestlegung (3) nehmen können soll.

1. Überschießende Ratifikation bei gemischten Abkommen

Die Beteiligungsmöglichkeiten des Bundestags bei der Einrichtung völkervertraglicher Gremien hängen maßgeblich davon ab, ob die Einrichtung durch ein gemischtes Abkommen oder ein EU-only-Abkommen erfolgt.

a) Blockademöglichkeit des gemischten Abkommens in der Praxis

Aus einem rechtlichen Blickwinkel kann sich die Beteiligung des Bundestags in Form eines Gesetzes nur auf den in die nationale Kompetenz fallenden Teil eines Abkommens beziehen.[359] Allerdings sind die Folgen einer verweigerten Billigung gemischter Abkommen durch nationale Parlamente bisher ungeklärt.[360] Es wird aber angenommen, dass dem Bundestag eine echte Blockadeposition im Hinblick auf das gesamte Vertragswerk zukommt, sodass ein gemischter völkerrechtlicher Vertrag ohne die Ratifizierung aller Vertragsparteien nicht (endgültig) in Kraft treten kann.[361] Dies wird mit der Praxis der überschießenden Ratifikation gemischter Abkommen durch die nationalen Parlamente be-

---

[358] *Mayer*, ZEuS 2016, 391 (391).
[359] Aufgrund dessen die Zustimmung durch den Bundestag nur auf die nationalen Sachbereiche beziehend *Tietje*, Ganz, aber doch nur teilweise – die Beteiligung des Deutschen Bundestages an gemischten völkerrechtlichen Abkommen der EU, Policy Papers on Transnational Economic Law No. 45, Februar 2016, S. 6; ebenso *Grzeszick/Hettche*, AöR 2016, 225 (249 ff.).
[360] *Streinz*, in: Bungenberg/Herrmann (Hrsg.), Die gemeinsame Handelspolitik der Europäischen Union, 2016, S. 71 (88); *Hillion*, in: Hillion/Koutrakos (Hrsg.), Mixed Agreements Revisited, 2010, S. 87 (87 ff.).
[361] *Holterhus*, EuR 2017, 234 (250); *Mayer*, ZEuS 2016, 391 (397); *Bäumler*, EuR 2016, 607 (623); *Van der Loo/Wessel*, CMLRev. 2017, 735 (746 ff.); *Schroeder*, EuR 2018, 119 (126, 132).

gründet.³⁶² Dieses Vorgehen ist politisch nachvollziehbar, da mitgliedstaatliche und unionsrechtliche Regelungsbereiche häufig in einem engen systematischen Zusammenhang miteinander stehen und ihre Trennung häufig schwierig ist.³⁶³ Nach dieser Praxis kann die komplette Blockade eines gemischten Abkommens durch einen Mitgliedstaat nur dann verhindert werden, wenn sich der Vertrag im Einzelfall nach Kompetenzbereichen aufspalten lässt und der Teil, der in die EU-Kompetenzen fällt, in ein EU-only-Abkommen ausgegliedert werden kann.³⁶⁴ Blockiert ein Mitgliedstaat die Ratifikation des Abkommens, ist jedenfalls die vorläufige Anwendung der Bereiche des Abkommens, die in die ausschließliche Unionskompetenz fallen, möglich.³⁶⁵

b) Keine Blockademöglichkeit des EU-only-Abkommens

Diese aus dem Ratifikationserfordernis stammende Blockademöglichkeit des gesamten völkerrechtlichen Vertrags entfällt, wenn ein Abkommen in alleiniger EU-Kompetenz geschlossen wird. In einem solchen Fall verbleibt die sich aus der supranationalen Verflechtung ergebende Einflussnahme auf den mitgliedstaatlichen Vertreter im Rat durch die nationalen Parlamente.

2. Verstärkte Rückbindung des Delegationsakts an den Bundestag

Im Rahmen von regelungsintensiven Handelsverträgen wird auf Grundlage der Integrationsverantwortung zur Erhöhung der demokratischen Legitimation die ausnahmsweise Rückbindung des deutschen Vertreters im Rat an einen Beschluss bzw. an ein Gesetz des Bundestags gefordert, um dessen Einfluss auch auf den Abschluss (bzw. die Unterzeichnung) des völkerrechtlichen Vertrags im Bereich der EU-Kompetenzen auszudehnen.³⁶⁶

---

³⁶² So auch *von Arnauld*, AöR 2016, 268 (280) unter Verweis auf das Gesetz zu dem Handelsübereinkommen vom 26.6.2012 zwischen der Europäischen Union und ihren Mitgliedstaaten einerseits sowie Kolumbien und Peru andererseits vom 22.5.2013, BGBl. 2013 II, S. 434/435 ff.

³⁶³ *von Arnauld*, AöR 2016, 268 (269); *Schroeder*, EuR 2018, 119 (130). Für die Prüfung, ob ein zu ratifizierendes Abkommen ein politischer Vertrag i.S.v. Art. 59 Abs. 2 S. 1 Alt. 1 GG ist, kommt es in Deutschland auf den Charakter des gesamten Abkommens und nicht bloß auf den Bereich mitgliedstaatlicher Kompetenzen an, so *Grzeszick/Hettche*, AöR 2016, 225 (249 ff.); *Mayer*, ZEuS 2016, 391 (397); *Holterhus*, EuR 2017, 234 (244 f.).

³⁶⁴ Siehe für Lösungen mitgliedstaatlicher Blockaden ausführlich *Bäumler*, EuR 2016, 607 (623 f.).

³⁶⁵ Siehe hierzu nur *Streinz*, in: Herrmann/Simma/Streinz (Hrsg.), EYIEL Special Issue, Trade Policy between Law, Diplomacy and Scholarship, Liber amicorum in memoriam Krenzler, 2015, S. 271 (288).

³⁶⁶ *Holterhus*, EuR 2017, 234 (insb. 251 ff.); die Beteiligung des Bundestags betrifft die

a) Relevanz bei gemischten und EU-only-Abkommen

Diese Rückbindungsmöglichkeit wird sowohl für Verträge in alleiniger EU-Kompetenz, als auch auf den in die Kompetenz der EU fallenden Teil eines gemischten Vertrags diskutiert.[367] Bei EU-only-Verträgen wäre eine solche auf Grundlage der Integrationsverantwortung ausgelöste Rückkopplungsmöglichkeit neben den Unterrichtungs- und Stellungnahmerechten die einzige wirkliche Einflussmöglichkeit für den Bundestag, während bei gemischten Verträgen die sich aus dem Ratifikationserfordernis ergebende umfassende Blockademöglichkeit des Vertragswerks hinzutritt.

b) Bestehender Einfluss des Bundestags auf den Ratsvertreter

Die Möglichkeit der ausdrücklichen Bindung des Stimmverhaltens des deutschen Ratsvertreters durch den Bundestag ist weder im Grundgesetz, noch in den jeweiligen Begleitgesetzen vorgesehen. Der Abschluss des in den Zuständigkeitsbereich der EU fallenden Teils eines gemischten Abkommens zählt zu den „Angelegenheiten der Europäischen Union", sodass für den Bundestag die Art. 23 Abs. 2, Abs. 3 GG in der Ausgestaltung des EUZBBG und für den Bundesrat die Art. 23 Abs. 4–6 GG in der Ausgestaltung durch das EUZBLG Anwendung finden.[368] Für den Bundestag gehören dazu umfassende Unterrichtungspflichten während des gesamten Prozesses der Vertragsverhandlungen und des Vertragsabschlusses,[369] die förmliche Zuleitung jedes EU-Vorhabens und die Erstellung von Berichten,[370] die umfassende Weiterleitung von Doku-

---

demokratische Legitimation und den Verlauf der Gewaltenteilung zwischen Exekutive und Legislative, siehe hierzu *Grzeszick/Hettche*, AöR 2016, 225 (228).

[367] *Holterhus*, EuR 2017, 234 (258).

[368] Die besonderen Beteiligungsmechanismen gelten nicht für den nationalen Kompetenzteil gemischter Abkommen, auf den die aus Art. 59 GG abgeleiteten Informations- und Stellungnahmerechte Anwendung finden, so auch *Grzeszick/Hettche*, AöR 2016, 225 (241 ff., 246 ff.); *Schroeder*, EuR 2018, 119 (130, Fn. 69); a. A. *von Arnauld*, AöR 2016, 268 (272), der unter Verweis auf BVerfGE 131, 152 – Unterrichtungspflicht – bei gemischten Abkommen das Vorliegen eines Ergänzungs- bzw. Näheverhältnisses bejaht; zur generellen Anwendung des Art. 59 GG für die Ratifikation des nationalen Kompetenzteils gemischter Abkommen *Streinz*, in: Herrmann/Simma/Streinz (Hrsg.), EYIEL Special Issue, Trade Policy between Law, Diplomacy and Scholarship, Liber amicorum in memoriam Krenzler, 2015, S. 271 (288); *Mayer/Ermes*, ZRP 2014, 237 (240); siehe ausführlich zu den parlamentarischen Beteiligungsrechten von Bundestag (Art. 23 Abs. 2 und 3 GG und EUZBBG) und Bundesrat (Art. 23 Abs. 4–6 GG und EUZBLG) *Streinz*, in: Sachs, 8. Aufl. 2018, Art. 23 GG, Rn. 103 ff., 116 ff.; zur Rolle nationaler Parlamente bei dem Abschluss des CETA siehe *Mayer*, ZEuS 2016, 391 (392 ff.).

[369] Art. 23 Abs. 2 S. 2 GG, § 1 Abs. 1 S. 2, § 3 EUZBBG.

[370] § 6 Abs. 1–3 EUZBBG.

menten und Sitzungsberichten,[371] insbesondere des Verhandlungsmandats der Kommission, zur Aufnahme der Verhandlungen und zu weiteren Verhandlungsschritten (vgl. § 5 Abs. 1 Nr. 4, 5, 6 EUZBBG), sowie Stellungnahmerechte[372], mit denen in differenzierter Weise auch am Inhalt des Abkommens mitgewirkt werden kann. Die Bundesregierung hat die Stellungnahmen des Bundestags ihren Verhandlungen im Rat zugrunde zu legen (§ 8 Abs. 2 EUZBBG). Ist der Beschluss des Bundestags in einem seiner wesentlichen Belange nicht durchsetzbar, muss die Bundesregierung im Rat einen Parlamentsvorbehalt einlegen (§ 8 Abs. 4 S. 1 EUZGGB), wobei sich die Bundesregierung um Einvernehmen bemüht (§ 8 Abs. 4 S. 4 EUZBBG). Jedoch darf der Vertreter im Rat aus wichtigen außen- oder integrationspolitischen Gründen von der Stellungnahme des Bundestags abweichen, muss hierfür allerdings Gründe benennen, falls von einem Viertel der Mitglieder des Bundestags verlangt sogar im Rahmen einer Plenardebatte (§ 8 Abs. 4 S. 5, Abs. 5 EUZBBG).

c) Gesetz/Beschluss wegen Art. 23 Abs. 1 GG und Integrationsverantwortung

Eine Bindungsmöglichkeit des Ratsvertreters ist für bestimmte Fälle, die der Vertragsänderung oder Vertragserweiterung gleichgestellt werden, im IntVG[373] enthalten. Hierbei geht es darum, dass die Anwendung bestimmter EU-Kompetenzen durch einen Bundestagsbeschluss oder gar ein Gesetz des Bundestags zu begleiten ist, da es sich verfassungsrechtlich um eine Vertragsänderung oder einen gleichgestellten Fall handelt. In diesen Fällen fordert das BVerfG eine Beteiligung von Bundestag und Bundesrat, die deren „Integrationsverantwortung" genügt. Ein Beschluss[374] reicht dann, wenn die betroffenen Materien nach dem BVerfG im Vertrag von Lissabon hinreichend bestimmt sind. Ansonsten[375] bedarf es zur Wahrung der Integrationsverantwortung eines Gesetzes nach Art. 23 Abs. 1 S. 2 GG, ggf. mit Zwei-Drittel-Mehrheit in den gesetzgebenden Körperschaften (Art. 23 Abs. 1 S. 3 GG iVm Art. 79 Abs. 2 GG), soweit das

---

[371] § 4 Abs. 1 EUZBBG.

[372] Art. 23 Abs. 3 GG iVm § 8 EUZBBG.

[373] Gesetz über die Wahrnehmung der Integrationsverantwortung des Bundestags und des Bundesrates in Angelegenheiten der Europäischen Union vom 22.9.2009 (BGBl. 2009 I, S. 3022), zuletzt geändert am 1.12.2009 (BGBl. 2009 I, S. 3822), betreffend Änderungen des Unionsprimärrechts und die Begleitung der Ausübung grundlegender Befugnisse.

[374] Für besondere Brückenklauseln (§ 5, § 6 IntVG) und die Kompetenzerweiterungsklauseln (§ 7 IntVG).

[375] Für das vereinfachte (§ 2 IntVG) und das besondere Vertragsänderungsverfahren (§ 3 IntVG), für die „Brückenklauseln" („Passerelle") der Art. 48 Abs. 7 UAbs. 1 S. 1 EUV und Art. 81 Abs. 3 UAbs. 2 EUV (§ 4 IntVG), die einen Übergang von der Einstimmigkeit zur qualifizierten Mehrheit erlauben und für die „Flexibilitätsklausel" des Art. 352 AEUV (§ 8 IntVG).

Grundgesetz seinem Inhalt nach geändert oder ergänzt wird oder solche Änderungen oder Ergänzungen ermöglicht werden. Zu prüfen ist, ob der Vorgang der Einrichtung völkervertraglicher Gremien durch die EU überhaupt in den Anwendungsbereich des Art. 23 Abs. 1 GG fällt, da ansonsten die Integrationsverantwortung nicht einschlägig ist.[376] Dies ist nach dessen Wortlaut der Fall für „die Begründung der Europäischen Union sowie für Änderungen ihrer vertraglichen Grundlagen und vergleichbare Regelungen, durch die dieses Grundgesetz seinem Inhalt nach geändert oder ergänzt wird oder solche Änderungen oder Ergänzungen ermöglicht werden". Die Übertragung von Hoheitsrechten im Kompetenzbereich der EU an völkervertragliche Gremien könnte verfassungsrechtlich eine Vertragsänderung bzw. eine „funktional äquivalente Regelung" zur Änderung der EU-Verträge darstellen, die der Bundestag durch ein Zustimmungsgesetz des Bundestags nach Art. 23 Abs. 1 GG iVm Integrationsverantwortungsgesetz[377] zu begleiten hat.

aa) Bestehende Fallgruppen des Art. 23 Abs. 1 GG

Die bereits bestehenden Fallgruppen der Vertragsänderung, für die eine verstärkte Beteiligung des Bundestags vorgesehen ist, sind jedoch im Fall der Einrichtung völkervertraglicher Gremien mit Beschlussfassungsbefugnissen in der Regel nicht einschlägig.

(1) Von Verfassungs wegen gebotene Wahrnehmung

Für die Ausübung einiger EU-Kompetenzen ist von Verfassungs wegen die Wahrnehmung der Integrationsverantwortung vorgesehen. Dies betrifft beispielsweise den Erlass von Vorschriften auf Grundlage der Flexibilitätsklausel des Art. 352 AEUV (iVm § 8 IntVG), nicht aber für Befugnisdelegationen an Vertragsgremien auf Grundlage des Art. 218 Abs. 9 AEUV, für die Weiß einen vergleichbaren Fall annimmt und daher eine Erweiterung des IntVG fordert.[378] Jedoch kann der Anwendungsbereich des Art. 218 Abs. 9 AEUV durch entsprechende Auslegung vor dem Hintergrund des Prinzips demokratischer Legitimation und des institutionellen Gleichgewichts hinreichend eingegrenzt werden, sodass jedenfalls schon keine direkte Parallele zur Flexibilitätsklausel des Art. 352 AEUV gegeben ist. Die Anwendungsfälle des Art. 218 Abs. 9 AEUV

---

[376] *Weiß*, EuZW 2016, 268 (290); auch *Grzeszick*, NVwZ 2016, 1753 (1761).
[377] BVerfGE 123, 267 (433 ff.) – Lissabon; *Mayer*, Stellt das geplante Freihandelsabkommen der EU mit Kanada (CETA) ein gemischtes Abkommen dar?, S. 26; *Grzeszick/Hettche*, AöR 2016, 225 (241).
[378] *Weiß*, EuZW 2016, 286 (289).

sind gerade nicht so unbestimmt, dass es in jedem Fall der Einrichtung völkervertraglicher Gremien eines Gesetzes durch den Bundestag bedarf.

(2) Haftungsmechanismen und Haushaltsverantwortung

Eine weitere Fallgruppe, in der der bestehende Integrationsrahmen zu überschreiten drohte und für den unionalen Teil eines gemischten Abkommens daher ein Zustimmungsgesetz durch den Bundestag nach Art. 23 Abs. 1 GG iVm dem Integrationsverantwortungsgesetz verlangt wurde, sind die Fälle, in denen Haftungsmechanismen die Haushaltsverantwortung des Gesetzgebers berühren. Dies betraf die Konstellation des Euro-Rettungsschirms,[379] des Stabilitätsmechanismusgesetzes[380] sowie die Beteiligung am Europäischen Stabilitätsmechanismus, in dessen Rahmen die Entscheidung über die Haftung Deutschlands in der Finanzkrise ohne Beteiligung des Bundestags möglich gewesen wäre (ESM)[381]. Bei gemischten völkerrechtlichen Verträgen der EU sind die Haftungsmechanismen in der Regel nicht derartig relevant, dass die Haushaltsverantwortung des Bundestags betroffen ist.[382]

(3) „Weiterübertragung" von Hoheitsrechten in Abkommen der EU

Nach neuester Rechtsprechung des BVerfG ist der Anwendungsbereich des Art. 23 Abs. 1 GG jedenfalls dann eröffnet, wenn Hoheitsrechte durch die EU auf eine Einrichtung übertragen werden, die in einem „Ergänzungs- oder sonstigem besonderen Näheverhältnis zum Integrationsprogramm der Europäischen Union" steht.[383] Inwieweit die Einrichtung völkervertraglicher Gremien durch die EU eine solche „Weiterübertragung"[384] von Hoheitsrechten darstellt, ist für jedes Abkommen im Einzelfall zu prüfen. In den meisten umfassenden Handelsabkommen ist die unmittelbare Wirkung der Gremienbeschlüsse implizit ausgeschlossen, sodass gerade keine klassische Hoheitsrechtsübertragung gegeben ist. Daneben ist die Fallgruppe der faktischen Hoheitsrechtsübertragung zu beachten, die aber restriktiv zu handhaben ist und nur einschlägig ist, wenn wesentliche Grundrechtsbeeinträchtigungen zu befürchten sind.[385] Dies wird bei der Einrichtung völkervertraglicher Gremien wohl nur in absoluten Ausnah-

---

[379] BVerfGE 129, 124 (177 ff.) – EFS.
[380] BVerfGE 130, 318 (344 ff.) – Stabilisierungsmechanismusgesetz.
[381] BVerfGE 135, 317 (399 ff.) – ESM.
[382] Siehe nur zu CETA *Grzeszick*, NVwZ 2016, 1753 (1758).
[383] BVerfG, Beschl. v. 13.2.2020, 2 BvR 739/17, Patentgericht, EuZW 2020, 324 (326 ff.).
[384] Ausführlich zur Konstellation der „Weiterübertragung" von Hoheitsrechten *Schiffbauer*, AöR 2016, 551 (581 ff.).
[385] Siehe hierzu bereits oben, § 2 A.II.1.b).

mefällen gegeben sein. Ebenso scheidet eine Zurechnung der Tätigkeit völkervertraglicher Gremien zur EU auf Grundlage eines Näheverhältnisses aus.[386] Eine etwaige Überschreitung des Integrationsprogramms kommt erst bei einer Hoheitsrechtsübertragung in Betracht, die nicht auf Art. 217 AEUV gestützt ist. Überträgt die EU Hoheitsrechte an völkervertragliche Gremien in einem Assoziierungsabkommen, ist dies eine Maßnahme, die das bestehende Integrationsprogramm realisiert, solange die Voraussetzungen des Art. 217 iVm Art. 218 AEUV eingehalten werden.[387] Außerhalb des Abschlusses von Assoziierungsabkommen erfolgende Hoheitsrechtsübertragungen ergehen *ultra vires* und erfordern die Neuschaffung dahingehender Außenkompetenzen durch die förmliche Änderung der Verträge.[388]

bb) Neue Fallgruppe wesentlicher gemischter Vertragsschlüsse?

Auf Grundlage der Integrationsverantwortung wird allgemein ein verfassungsrechtlicher Wesentlichkeitsmaßstab abgeleitet, der beinhaltet, dass besonders wesentliche Entscheidungen auf Unionsebene auch nach einer Kompetenzübertragung nach Art. 23 Abs. 1 S. 2, 3 GG auf die EU an eine legitimierende Entscheidung des Bundestags rückgekoppelt werden müssen.[389] Dieser allgemeine Wesentlichkeitsmaßstab wird auf völkerrechtliche Vertragsschlüsse übertragen. Wesentliche Vertragsschlüsse sollen dann vorliegen, wenn grundlegende Fragen der Mitgliedschaft in internationalen Organisationen bzw. der Beziehungen zu Drittstaaten betroffen sind, es um die spürbare Verengung von Handlungsspielräumen der Mitgliedstaaten oder die intensive Berührung von Individualrechten geht bzw. besonders kontroverse Diskussionen in der europäischen Öffentlichkeit geführt werden.[390] Auf dieser Grundlage wird für regulierungsintensive völkerrechtliche Handelsverträge, die sich durch ihre besondere Relevanz, Breite und Tiefe der Regelungsmaterien und ihrer institutionellen Ausgestaltung mit beschließenden Vertragsgremien, die mitunter völkerrechtlich ver-

---

[386] Siehe hierzu bereits oben, § 4 B.II.1.b)bb).

[387] Sogar über Assoziierungsabkommen hinausgehend begrenzte Hoheitsrechtsübertragungen auf Grundlage der Vertragsschließungskompetenzen zulassend *Holterhus*, EuR 2017, 234 (254).

[388] Vgl. zur Unterscheidung zwischen der Anwendung des Art. 23 Abs. 1 S. 2, 3 GG zur Ermöglichung der parlamentarischen Rückkopplung des deutschen Vertreters im EU-Ministerrat bei Beschlüssen zu einzelnen völkerrechtlichen Verträgen und der Frage nach der Notwendigkeit der Neuschaffung von Außenkompetenzen durch eine ausdrückliche Änderung des Primärrechts *Holterhus*, EuR 2017, 234 (254).

[389] *Holterhus*, EuR 2017, 234 (insb. 256 f.); zur Bestimmung der Wesentlichkeit siehe die Kriterien von *von Arnauld*, schriftliche Stellungnahme zur Anhörung im Ausschuss für Recht und Verbraucherschutz des Deutschen Bundestags am 13.1.2016, S. 3.

[390] *von Arnauld*, AöR 2016, 269 (279 f.).

bindliche Entscheidungen treffen können, auszeichnen, vorgeschlagen, den deutschen Vertreter im Rat ausnahmsweise an einen vorausgehenden Beschluss des Bundestags zu binden, um ein hinreichendes demokratisches Legitimationsniveau sicherstellen zu können und eine Verschiebung der Kompetenzen an den Parlamenten vorbei zu verhindern.[391]

(1) Rückkopplung europäischer Entscheidungsmechanismen

Hintergrund dieser Argumentation ist, dass das BVerfG das Erfordernis der legitimationsvermittelnden Rückkopplung europäischer Entscheidungsmechanismen in mehreren Urteilen betont hat und im Bereich des Außenhandels von einem hohen Legitimationsbedarf ausgeht. Im grundlegenden *Lissabon*-Urteil verwies das BVerfG darauf, dass die Mitgliedschaft der Mitgliedstaaten in der WTO und damit auch unmittelbare Einflussmöglichkeiten der mitgliedstaatlichen Stellen innerhalb der WTO erhalten bleiben müssen, um die Staatlichkeit und das Prinzip der Volkssouveränität nicht durch einen Verlust der Handlungsfähigkeit im internationalen Staatenverkehr unzulässig einzuschränken.[392] Auch in seiner ersten Entscheidung im einstweiligen Rechtsschutz in Sachen CETA betonte das BVerfG die Relevanz der Mitwirkung nationaler Stellen an der Entscheidungsfindung in völkervertraglichen Gremien. Die fehlende unmittelbare Einwirkung auf die Entscheidungsfindung mangels mitgliedstaatlicher Vertreter in den CETA-Ausschüssen sei prekär und führe möglicherweise zu einer Verletzung der Integrationsverantwortung des Bundestags.[393]

(2) Auswirkungen auf die effektive Entscheidungsfindung im Rat

Die Bindung des nationalen Ratsvertreters an eine Entscheidung des Bundestags hat Auswirkungen auf die effektive Standpunktfestlegung im Rat. Das Unionsrecht verlangt für die demokratische Legitimation der Unionsebene die in demokratischer Weise ausgestaltete Rechenschaftspflicht der nationalen Vertreter im Rat gegenüber den nationalen Parlamenten, nicht hingegen die Bindung an einen Beschluss bzw. ein Gesetz nationaler Parlamente.[394] Bei der Ausgestal-

---

[391] *Weiß*, in: Kadelbach (Hrsg.), Die Welt und Wir. Die Außenbeziehungen der Europäischen Union, 2017, S. 151 (206); angedeutet von *Möllers/Bethge*, Stellungnahme zur Anhörung des Ausschusses für Recht und Verbraucherschutz des Deutschen Bundestags vom 13.1.2016, S. 17; ausführlicher *von Arnauld*, schriftliche Stellungnahme zur Anhörung im Ausschuss für Recht und Verbraucherschutz des Deutschen Bundestags am 13.1.2016, S. 3.

[392] BVerfGE 123, 267 (418 ff.) – Lissabon; diese Argumentation des BVerfG deutlich kritisierend *Herrmann*, EuR-Beiheft 1/2010, 193 (197 ff.).

[393] BVerfGE 143, 65 (97 f.) – CETA I.

[394] Vgl. Art. 10 Abs. 2 UAbs. 2 EUV; siehe hierzu bereits oben, § 4 A.I.2.b)aa).

tung der Rechenschaftspflicht in ihrem Verfassungsrecht und etwaigen Begleitgesetzen sind die Mitgliedstaaten grundsätzlich frei, solange unionsrechtliche Regelungen nicht konterkariert werden; dies verbietet das unionsrechtliche Loyalitätsgebot, das in Art. 4 Abs. 3 EUV verankert ist.[395] Vor diesem Hintergrund und unter Berücksichtigung des dualen Legitimationskonzepts darf die Einbindung nationaler Parlamente nicht dazu führen, dass der Rat in seiner Entscheidungsfindung blockiert wird; es ist mithin darauf zu achten, dass ein angemessener Ausgleich zwischen dem nötigen Einfluss der nationalen Parlamente und dem erforderlichen Verhandlungsspielraum des mitgliedstaatlichen Vertreters im Rat gefunden wird.[396] Der Bundestag muss eine effektive Einfluss- und Kontrollmöglichkeit innehaben, ohne dabei dem deutschen Vertreter im Rat den erforderlichen Gestaltungsspielraum für etwaige Kompromissentscheidungen zu nehmen.[397] Wird nun für den Abschluss eines jeden umfassenden Freihandelsabkommens, das wie CETA ausgestaltet ist, für den unionsrechtlichen Teil eine Rückbindung an 27 nationale Parlamente (sowie je nach föderaler Ausgestaltung an Regionalparlamente) erlaubt, kann dies die politische Handlungsfähigkeit der EU verringern und Entscheidungsprozesse im Rat bei Abschluss des Abkommens erheblich erschweren, da das Risiko besteht, dass wechselseitiges Nachgeben und die Bereitschaft zur Kompromissbildung verloren gehen[398].

Dies gilt insbesondere dann, wenn – anders als im Regelfall – der Rat einstimmig entscheidet, da dann letztlich ein Vetorecht jedes nationalen Parlaments besteht.[399] Im Falle der einstimmigen Beschlussfassung im Rat könnte der Bundestag den deutschen Ratsvertreter dazu zwingen, gegen das Abkommen zu stimmen, wenn kein passender Kompromiss gefunden werden kann. Besteht lediglich ein qualifiziertes Mehrheitserfordernis im Rat, liegt das Zustandekommen des Abkommens nicht in alleiniger Verantwortung eines nationalen Parlaments. In einem solchen Fall kann die qualifizierte Mehrheit nur „überspielt" werden, soweit das Abkommen von den Mitgliedstaaten ratifiziert werden muss.[400] Um den Einfluss des Bundestags auf den EU-Kompetenzbe-

---

[395] *Streinz*, in: Gamper et al. (Hrsg.), Föderale Kompetenzverteilung in Europa, 2016, S. 663 (668).

[396] *Streinz*, in: Herrmann/Simma/Streinz (Hrsg.), EYIEL Special Issue, Trade Policy between Law, Diplomacy and Scholarship, Liber amicorum in memoriam Krenzler, 2015, S. 271 (290).

[397] *Streinz*, in: Gamper et al. (Hrsg.), Föderale Kompetenzverteilung in Europa, 2016, S. 663 (673).

[398] Derartige Parlamentsvorbehalte generell als sehr kritisch betrachtend *von Bogdandy*, NJW 2010, 1 (5); hiervon abweichend auf den Ausnahmecharakter der Rückbindung abstellend *Holterhus*, EuR 2017, 234 (258).

[399] Vgl. *Schroeder*, EuR 2018, 119 (132).

[400] *Van der Loo*, CEPS Policy Insights 2017/17, S. 1 (7 f.); *Schroeder*, EuR 2018, 119 (132);

reich auszudehnen, wird in der Literatur vorgeschlagen, ein Einstimmigkeitserfordernis im Rat herbeizuführen, das so im Unionsprimärrecht nicht generell vorgesehen ist.[401] Dass die Kontrolle des mitgliedstaatlichen Vertreters im Rat aufgrund der in den Verträgen angelegten Mehrheitsentscheidungen im Rat letztlich nicht immer durchgreift[402], ist jedoch zu akzeptieren, um die Integrationsfähigkeit der EU, die gerade auch in Art. 23 Abs. 1 GG und in der Integrationsoffenheit des Grundgesetzes zum Ausdruck kommt, zu gewährleisten.[403]

(3) Beachtung der bereits bestehenden Legitimationsmechanismen

Eine Rückkopplung des deutschen Ratsvertreters an einen Beschluss des Bundestags für die Standpunktfestlegung anlässlich der Gremienbeschlussfassung im EU-Kompetenzbereich ist nicht erforderlich, da eine hinreichende demokratische Legitimation bereits auf anderem Wege realisiert wird. Das Europäische Parlament legitimiert das Abkommen über das Zustimmungserfordernis nach Art. 218 Abs. 6 AEUV und der Bundestag kann jedenfalls bei einem gemischten Abkommen durch die Blockade der Ratifikation das Inkrafttreten des kompletten Abkommens stoppen. Hinzu kommt, dass der Abschluss des in den Zuständigkeitsbereich der EU fallenden Teils eines gemischten Abkommens zu den „Angelegenheiten der Europäischen Union" zählt, sodass für den Bundestag die Art. 23 Abs. 2, Abs. 3 GG in der Ausgestaltung des EUZBBG und für den Bundesrat die Art. 23 Abs. 4–6 GG in der Ausgestaltung durch das EUZBLG Anwendung finden.[404] Unter Berücksichtigung der bereits bestehenden Rückkopplungen des Abkommens an die Zustimmung des Europäischen Parlaments, der Stellungnahmerechte des Bundestags sowie der schwerwiegenden Folgen, die durch eine Blockade von aufwendig erarbeiteten Freihandelsabkommen für die EU (und auch ihre Mitgliedstaaten) entstehen,[405] ist jedenfalls ein restriktives Verständnis des Wesentlichkeitskriteriums angebracht.

Holterhus, EuR 2017, 234 (240 f.); *Grzeszick/Hettche*, AöR 2016, 225 (249 ff.). Siehe zur Blockademöglichkeit in Bezug auf das komplette Abkommen oben, § 4 B.III.1.

[401] *Weiß*, in: Kadelbach (Hrsg.), Die Welt und Wir. Die Außenbeziehungen der Europäischen Union, 2017, S. 151 (207 f.); *Schiffbauer*, EuZW 2016, 252 (254); *Mayer/Ermes*, ZRP 2014, 237 (240); *Weisgerber*, Saar Blueprints 02/2017, S. 19.

[402] Vgl. insb. das in Art. 218 Abs. 8 UAbs. 1 AEUV genannte qualifizierte Mehrheitserfordernis.

[403] Vgl. BVerfGE 89, 155 (182 ff.) – Maastricht.

[404] Siehe hierzu bereits oben, § 4 B.III.2.b).

[405] Gravierende Folgen hatte das BVerfG bereits für das vorläufige Scheitern von CETA angenommen, siehe BVerfGE 143, 65 (91 ff.) – CETA I, sodass diese erst-recht bei einer endgültigen Blockade eintreten dürften.

(4) Restriktiver Maßstab

Maßgeblich sollte daher sein, ob die Wirkungen eines völkerrechtlichen Vertrags vermittelt über den Kompetenzbereich der EU in den nationalen Rechtsordnungen so wesentlich sind, dass die Zustimmung des Europäischen Parlaments und die Informations- und Stellungnahmerechte des Bundestags für eine hinreichende demokratische Legitimation nicht mehr ausreichen.[406] Entscheidend sind jedenfalls wieder Umfang und Bedeutung des Bereichs möglicher Durchgriffswirkungen durch die Ausübung der Unionskompetenzen in die nationalen Rechtsordnungen.[407] Ein darüber hinausgehendes Verständnis der Wesentlichkeit, das auf das Kriterium der Übertragung von Hoheitsrechten völlig verzichtet, überdehnt den Anwendungsbereich des Art. 23 Abs. 1 GG und ist auch aus legitimatorischen Gesichtspunkten nicht zwingend erforderlich. Die Frage der Übertragung von Hoheitsrechten stellt zudem im Gegensatz zu den weit formulierten Kriterien bspw. der besonders spürbaren Einengung verbliebener Handlungsspielräume europäischer Mitgliedstaaten vor dem Hintergrund der Rechtssicherheit ein vorhersehbares Kriterium dar. Eine Rückbindung des deutschen Vertreters an einen Beschluss des Bundestags ist damit aktuell für den Abschluss von Assoziierungsabkommen mit *weitreichenden* Entscheidungszuständigkeiten anzudenken, d.h. wenn die übertragenen Hoheitsrechte nach Umfang und Bedeutung so wesentlich in die nationale Rechtsordnung einwirken, dass es einer (erneuten) Zustimmung des Bundestags bedarf.[408] Die Rückbindung des deutschen Vertreters an einen Beschluss des Bundestags kann über das bereits im Unionsrecht verankerte Einstimmigkeitserfordernis im Rat bei Abschluss von Assoziierungsabkommen (Art. 218 Abs. 8 UAbs. 2 S. 1 Alt. 2 AEUV) effektiv realisiert werden.

cc) Zwischenergebnis

In der Regel ist für den Abschluss eines Abkommens in alleiniger EU-Kompetenz bzw. im Kompetenzbereich der EU bei gemischten Abkommen keine ausnahmsweise Bindung des Ratsvertreters an ein Gesetz bzw. einen Beschluss des Bundestags erforderlich, da es sich nicht um eine Regelung handelt, die als eine

---

[406] Weitergehender *Holterhus*, EuR 2017, 234 (257), der auf die Wirkungen nicht nur in, sondern „auf" die Bundesrepublik Deutschland abstellt.
[407] Vgl. *Grzeszick*, NVwZ 2016, 1753 (1761).
[408] Für Assoziierungsabkommen ließe sich auch das besondere Näheverhältnis zum Integrationsprogramm der EU leichter begründen, da in Assoziierungsabkommen in der Regel weitreichende Standards der EU übernommen werden, das Recht des Drittstaats an das Sekundärrecht der EU angepasst wird und oft sogar eine zumindest teilweise Teilhabe am Unionssystem gegeben ist, siehe *Brauneck*, EuZW 2020, 363 (366 f.).

der Änderung der EU-Verträge vergleichbare Regelung im Sinne des Art. 23 Abs. 1 S. 3 GG anzusehen ist. Die demokratische Legitimation des Bereichs der EU-Kompetenzen wird über die Mitwirkungsrechte des Europäischen Parlaments und die bestehenden Beteiligungsrechte des Bundestags nach Art. 23 Abs. 2 GG ausreichend sichergestellt. Würden in umfassenden Freihandelsabkommen tatsächlich Hoheitsrechte an völkervertragliche Gremien übertragen werden, erginge diese Übertragung *ultra vires* und erforderte die Neuschaffung einer Kompetenzgrundlage durch die förmliche Änderung der Verträge. Eine Rückbindung des deutschen Ratsvertreters an einen Beschluss des Bundestags ist vor dem Hintergrund des verfassungsrechtlichen Wesentlichkeitsvorbehalts erforderlich, wenn die Hoheitsrechtsübertragung in Assoziierungsabkommen, die als solche ja vom Integrationsprogramm gedeckt ist, nach Umfang und Bedeutung so wesentlich ist, dass sie eine erneute Bindung an die Willensbildung des Bundestags nötig macht.

3. Keine Rückbindung weitreichender Standpunktfestlegungen an den Bundestag

Das BVerfG hatte außerdem vorgeschlagen, eine Rückbindung des Bundestags durch eine einstimmige Beschlussfassung im Rat für alle Beschlüsse des Gemischten CETA-Ausschusses bzw. jedenfalls für solche Beschlüsse zu ermöglichen, die die Reichweite des Integrationsprogramms berühren. Dazu könnten Befugnisse zur verbindlichen Auslegung und Änderung des CETA[409] sowie zum Erlass institutioneller Änderungen im unionsrechtlichen Kompetenzbereich gehören[410].

a) Bestehendes Zustimmungsrecht des Europäischen Parlaments

Für solche Zuständigkeiten gewährt das Unionsrecht jedoch bereits hinreichend demokratische Legitimation. Bei der Delegation von Befugnissen, die den institutionellen Rahmen ändern oder ergänzen, als auch bei sonstigen wesentlichen Befugnissen im materiellen Bereich ist die Einbindung des Europäischen Parlaments über Art. 218 Abs. 6 AEUV vorgesehen und ausreichend. Über den Begriff der Wesentlichkeit können gerade solche Befugnisse eingefangen werden, die ein höheres Maß demokratischer Legitimation erfordern.

---

[409] BVerfGE 143, 65 (97 f., insb. Rn. 64 f.) – CETA I.
[410] *Weiß*, in: Kadelbach (Hrsg.), Die Welt und Wir. Die Außenbeziehungen der Europäischen Union, 2017, S. 151 (218 ff.).

b) Verstärkte Einbindung des Europäischen Parlaments in besonderen Fällen

Bei politisch sensiblen Beschlüssen, die jedoch die Grenze der Wesentlichkeit nicht erreicht haben, ist es sinnvoll, das Europäische Parlament im Vorfeld der Beschlussfassung in völkervertraglichen Gremien unter Berücksichtigung der Erfahrungen im Komitologiebereich einzubinden und diese Einbindung entweder primärrechtlich, über Begleitgesetzgebung oder in den Beschlüssen zur Ratifizierung des konkreten Abkommens niederzulegen.[411] Ist das Europäische Parlament der Ansicht, dass das Gremium selbst *ultra vires* handelt, d. h. über das im völkerrechtlichen Vertrag niedergelegte Integrationsprogramm hinausgeht, wird vorgeschlagen, eine Art Interpellationsrecht des Europäischen Parlaments zu kreieren,[412] wofür wiederum eine rechtliche Grundlage geschaffen werden sollte.

c) Nutzung der bestehenden Unterrichtungsrechte des Bundestags

Zudem sind die Beteiligungsrechte des Bundestags in effektiver Weise auszuschöpfen. Insbesondere ist der Bundestag entsprechend den etablierten Mechanismen[413] umfassend über die Beschlussgegenstände in Gremien informiert, die auf Grundlage von Freihandels- und Assoziierungsabkommen eingerichtet worden sind. Im Rahmen von Freihandelsabkommen erfolgt die Rückbindung über den Handelspolitischen Ausschuss, einem Vorbereitungsgremium des Rats, der die Position vorbereitet, die die Europäische Kommission in den Vertragsgremien vertreten soll und dessen Sitzungsdokumente wiederum an den Bundestag weitergeleitet werden.[414]

d) Keine zusätzliche Rückkopplung an den Deutschen Bundestag

Das Europäische Parlament muss weitreichenden Standpunktfestlegungen zustimmen, während der Bundestag umfassend über den Beschlussgegenstand informiert wird und Stellung nehmen kann. Vor dem Hintergrund dieser Kontrollmechanismen, dem Erfordernis des schnellen und flexiblen Handelns im Bereich des Auswärtigen und im Lichte des europaverfassungsrechtlichen Prinzips demokratischer Legitimation ist in der Regel eine verstärkte Rückkopplung an den Bundestag über eine einstimmige Beschlussfassung im Rat, ähnlich wie schon bei Abschluss des Abkommens, auch für die Standpunktfestlegung zur Umsetzung des Abkommens nicht erforderlich.

---

[411] *Schroeder*, EuR 2018, 119 (137).
[412] *Appel*, Das internationale Kooperationsrecht der Europäischen Union, 2016, S. 310.
[413] § 6 Abs. 1, Abs. 2, § 8 EUZBBG; siehe hierzu bereits oben, § 4 B.II.2.c).
[414] *Mayer*, ZEuS 2016, 391 (397).

IV. Zusammenfassung des mit den Anforderungen des Grundgesetzes verknüpften Maßstabs

Die Mechanismen der Unionsebene im Umfeld der Einrichtung völkervertraglicher Gremien halten den Anforderungen des Grundgesetzes an die europäische Integration stand. Für den status quo bilateraler Abkommen, insbesondere im Bereich des Wirtschaftsvölkerrechts, sind keine zusätzlichen Mitwirkungsakte nationaler Stellen, insbesondere der Parlamente, einzufordern.

Die in die nationalen Kompetenzbereiche fallenden Teile dieser Abkommen sind durch ein Vertragsgesetz in Form eines Zustimmungsgesetzes des Bundes im Verfahren des Art. 59 Abs. 2 S. 1 GG zu legitimieren. Die gesteigerten Anforderungen des Art. 23 I GG kommen in der Regel nicht zur Anwendung, da es bei gemischten Abkommen regelmäßig am qualifizierten inhaltlichen Zusammenhang zum Integrationsprogramm fehlt.

Für die Legitimation von in den EU-Kompetenzbereich fallenden Teilen völkerrechtlicher Verträge ist in der Regel keine ausnahmsweise Bindung des Ratsvertreters an ein Gesetz bzw. einen Beschluss des Bundestags erforderlich, da regelmäßig keine einer Änderung der EU-Verträge vergleichbare Regelung im Sinne des Art. 23 Abs. 1 S. 3 GG gegeben ist. Vor dem Hintergrund des verfassungsrechtlichen Wesentlichkeitsvorbehalts ist eine solche Rückbindung des deutschen Ratsvertreters allerdings dann erforderlich, wenn die Hoheitsrechtsübertragung in Assoziierungsabkommen, die als solche vom Integrationsprogramm gedeckt ist, nach Umfang und Bedeutung so wesentlich ist, dass sie eine erneute Bindung an die Willensbildung des Bundestags nötig macht. Käme es hingegen in umfassenden Freihandelsabkommen tatsächlich zu einer Übertragung von Hoheitsrechten, erginge diese Übertragung *ultra vires* und erforderte die Neuschaffung einer Kompetenzgrundlage durch die förmliche Änderung der Verträge.

Für die nachgelagerten Beschlüsse völkervertraglicher Gremien, die den nationalen Kompetenzbereich betreffen, ist auch vor dem Hintergrund des Prinzips der demokratischen Legitimation kein Zustimmungsakt des Bundestags nötig, da die Beschlüsse regelmäßig nicht unmittelbar in die nationale Rechtsordnung durchgreifen. Das Abkommen kann ein solches Zustimmungserfordernis jedoch ausdrücklich vorsehen.

Betreffen die Gremienbeschlüsse den EU-Kompetenzbereich, so ist eine Rückbindung des deutschen Ratsvertreters an einen Beschluss des Bundestags in Kombination mit einer einstimmigen Beschlussfassung im Rat nicht notwendig, da für weitreichende institutionelle und materiell-rechtliche Änderungen oder Ergänzungen des Vertragswerks ohnehin über das Verfahren des Art. 218 Abs. 6 AEUV die zwingende Zustimmung des Europäischen Parlaments vorgesehen ist. Bei politisch sensiblen Gremienbeschlüssen empfiehlt es sich, das Europäische Parlament im Vorfeld der Beschlussfassung entsprechend der Erfahrungen im Komitologiebereich verstärkt einzubinden und über Interpellationsrechte des Europäischen Parlaments sicherzustellen, dass die Gremienbeschlüsse das Programm des völkerrechtlichen Vertrags nicht überschreiten.

§ 5 Unionsrechtliches Legitimationssystem für die Einrichtung völkervertraglicher Gremien

Das fünfte Kapitel beschreibt ein Legitimationssystem, das dazu dient, die Einrichtung völkervertraglicher Gremien bilateraler Art durch die EU auf ihre Vereinbarkeit mit dem Unionsrecht zu überprüfen. Das Legitimationssystem beruht maßgeblich auf den in den vorherigen Kapiteln herausgearbeiteten Erkenntnissen, enthält allerdings auch neue Elemente wie beispielsweise die Frage des Rechtsschutzes im Umfeld der Einrichtung völkervertraglicher Gremien. Es speist sich vor allem aus den Wertungen, die aus dem Prinzip der begrenzten Einzelermächtigung, der vertraglich niedergelegten Kompetenzordnung, den Verfahrensbestimmungen für den Abschluss und die Durchführung völkerrechtlicher Verträge, sowie aus den unionsverfassungsrechtlichen Prinzipien der demokratischen Legitimation und des institutionellen Gleichgewichts, konkretisiert durch die Rechtsprechung des EuGH, abgeleitet wurden. Berücksichtigung finden auch die sich aus der supranationalen Verflechtung der EU mit den Mitgliedstaaten ergebenden Anforderungen an die Ausgestaltung der Entscheidungsverfahren der EU bei der Ausübung der EU-Kompetenzen, die am Beispiel des Grundgesetzes entwickelt wurden. Das Legitimationssystem bringt die hinter der Einrichtung völkervertraglicher Gremien stehenden Interessen in einen angemessenen Ausgleich. Dazu gehört einerseits das Bedürfnis der flexiblen und schnellen Änderung und Anpassung völkervertraglicher Strukturen, andererseits die ausreichende Beteiligung legitimationsstiftender Organe an der Entscheidungsfindung auch im Rahmen völkervertraglicher Gremien.

Es folgt ein präzisierender Überblick über die einzelnen Elemente des Legitimationssystems (A), der dazu dient, die einzelnen Verantwortungs- und Kontrollmechanismen und ihr Verhältnis zueinander darzustellen. Sodann überprüft die Arbeit die Einrichtung der CETA-Gremien am Maßstab des entwickelten Legitimationssystems (B), um die Anwendungsfähigkeit des Systems anhand eines praktischen Beispiels zu veranschaulichen. Anschließend zeigt die Arbeit die Probleme auf, die entstehen, wenn das Legitimationssystem, das für Gremien bilateraler Natur entwickelt wurde, auf Befugnisdelegationen an Gremien multilateraler Natur angewendet wird (C). Auch wenn Gremien multilateraler Art nicht Gegenstand dieser Arbeit sind, verdeutlicht diese Abgrenzung doch in besonderer Weise die Intensität der Verantwortungs- und Kontrollmechanismen im Rahmen von bilateralen Vertragsstrukturen und die dadurch erzeugte inhaltliche Nähe der Beschlüsse zum Unionsrecht. Außerdem wird ersichtlich, welche Problemkreise zu beachten sind, sollte die EU selbst an institutionellen Formen der Zusammenarbeit mitwirken wollen, die einen Grad an Intensität erreichen, der Ähnlichkeiten mit dem in der Union erreichten Standard aufweist.

A. Das unionsrechtliche Legitimationssystem

Ausgangspunkt ist die insbesondere aus dem Prinzip des institutionellen Gleichgewichts ableitbare Prämisse, dass Befugnisse nur dann zur selbstständigen Wahrnehmung an völkervertragliche Gremien delegiert werden können, wenn dabei ein hinreichender demokratisch-rechtsstaatlicher Verantwortungszusammenhang gewahrt werden kann. Das Legitimationssystem setzt sich aus verschiedenen Verantwortungs- und Kontrollmechanismen zusammen, die teils *ex ante* über die Bindung der völkervertraglichen Gremien an den Delegationsakt und über die Rückbindung des Unionsvertreters im Gremium an den Standpunkt der Unionsorgane, teils *ex post* über die gerichtliche Kontrolle der Beschlüsse durch den Gerichtshof der Europäischen Union realisiert werden. Je nach Art und Umfang der Gremienbefugnisse muss im Einzelfall das richtige Verhältnis zwischen dem Maß an Steuerung durch Input und dem Maß an Flexibilität für die Ermöglichung des Outputs gefunden werden. Für bestimmte selbstständig vom Gremium wahrzunehmende Beschlussfassungsbefugnisse reichen die vereinfachten Mitwirkungsverfahren nicht aus, um einen ausreichenden Verantwortungs- und Kontrollzusammenhang herstellen, sodass die Delegation dieser Befugnisse ausgeschlossen ist.

I. Anwendbarkeit des Legitimationssystems

Das unionsrechtliche Legitimationssystem ist auf völkerrechtliche Verträge anwendbar, die völkervertragliche Gremien bilateraler Art errichten und ihnen Beschlussfassungsbefugnisse zur selbstständigen Wahrnehmung übertragen.[1] Das unionsrechtliche Legitimationssystem enthält Verantwortungs- und Kontrollmechanismen nur für den Bereich des Abkommens, der in die EU-Kompe-

---

[1] Siehe zu den Kennzeichen der Gremien bilateraler Art und ihren Beschlüssen bereits oben, § 1.

A. Das unionsrechtliche Legitimationssystem 255

tenzen fällt. Auch im Bereich der EU-Kompetenzen ist aufgrund der dualen demokratischen Legitimationsvermittlung in der EU die nationale Ebene über das Kopplungsorgan Rat relevant. Die Bedeutung der nationalen Ebene verstärkt sich, wenn es um die Legitimation eines gemischten Abkommens geht. Hier treten zusätzlich zu den im unionsrechtlichen Legitimationssystem enthaltenen Mechanismen nationale Delegations- und Mitwirkungsakte hinzu, die sich auf den Bereich der mitgliedstaatlichen Kompetenzen beziehen.[2]

II. Anforderungen an den Delegationsakt

Maßgeblichen Einfluss auf die Art und Reichweite der Gremienbefugnisse haben die am Vertragsschluss beteiligten Unionsorgane, die das Integrationsprogramm festlegen und damit die Befugnisausübung des Vertragsgremiums zugleich erlauben und begrenzen.

1. Sachliche Rechtfertigung

Aus der Gesamtschau der Unionsverträge ergibt sich, dass die Delegation von Befugnissen rechtfertigungsbedürftig ist.[3] Damit muss die konkrete Delegation an das völkervertragliche Gremium tatsächlich geeignet sein, die Aufgabe wirksamer zu erfüllen, als das ohne die Delegation möglich wäre.[4] Eine Rechtfertigung wird in der Regel leicht zu erfüllen sein, da sich die Kompetenzen der Unionsorgane nicht auf den Hoheitsbereich der anderen Vertragspartei beziehen und damit die Mitwirkung an völkervertraglichen Gremien erforderlich ist, um schnell und effektiv völkervertragliche Regelungen zu ändern, zu ergänzen oder weiterzuentwickeln, die auch für den Hoheitsbereich der Drittstaatsseite gelten.

2. Kompetenzgrundlage für die Befugnisdelegation

Nach dem Prinzip der begrenzten Einzelermächtigung kann die Delegation nur dann erfolgen, wenn die EU ausreichend Kompetenzen für die Ausstattung der Gremien mit Beschlussfassungsbefugnissen hat. Die geeignete Kompetenzgrundlage ergibt sich aus den Vertragsschließungskompetenzen der EU, die weitreichende Befugnisübertragungen an völkervertragliche Gremien im Grundsatz decken. Die EU handelt *ultra vires*, wenn sie in sachlicher Hinsicht über die ihr zugewiesenen Kompetenzen hinausgeht („Weite" der Kompetenzen) oder

---

[2] Siehe zu diesen Mitwirkungsakten bereits oben, § 4 B.II.
[3] Vgl. für das Unionsrecht *Schmalenbach*, in: Calliess/Ruffert, 5. Aufl. 2016, Art. 216 AEUV, Rn. 48.
[4] Vgl. Stellungnahme der Kommission, aufgenommen durch den EuGH, Gutachten 1/76 (Stilllegungsfonds), Slg. 1977, 741 (748): „notwendige Folge der auswärtigen Beziehungen".

Hoheitsrechte an völkervertragliche Gremien außerhalb des Abschlusses von Assoziierungsabkommen delegiert oder bei einer Hoheitsrechtsübertragung nach Art. 217 AEUV gegen ihren Willen an Gremienbeschlüsse gebunden wird („Tiefe" der Kompetenzen). Aus den Vertragsschließungskompetenzen iVm Art. 48 EUV ergibt sich, dass unbegrenzte Befugnisübertragungen an völkervertragliche Gremien, die die wesentlichen Strukturprinzipien der Union aushöhlen, ausgeschlossen sind. Davon ist auszugehen, wenn die Aufgaben der Unionsorgane durch unbegrenzte Übertragungen völlig ausgehöhlt und damit die Verfassungsstruktur und autonome Rechtsordnung der EU abgeschafft werden würde.

3. Einhaltung des Vertragsschlussverfahrens und Beteiligung relevanter Akteure

Für eine wirksame Befugnisdelegation ist die Einhaltung des Vertragsschlussverfahrens und damit die Beteiligung aller am Vertragsschluss relevanten Organe erforderlich. Der Vertragsabschluss erfordert insbesondere die Zustimmung des Europäischen Parlaments und des Rates auf Vorschlag der Kommission oder des Hohen Vertreters (Art. 218 Abs. 6 AEUV). Der Rat entscheidet in der Regel mit qualifizierter Mehrheit (Art. 218 Abs. 8 UAbs. 1 AEUV). Eine über die im Unionsrecht verankerte Rechenschaftspflicht des Ratsvertreters gegenüber den nationalen Parlamenten hinzutretende Bindung von dessen Stimmverhalten auf Grundlage der Integrationsverantwortung ist aus Gründen der demokratischen Legitimation nur dann erforderlich, wenn die Gremienbeschlüsse nach Umfang und Bedeutung so wesentlich in die nationale Rechtsordnung hineinwirken, dass über die Zustimmung des Europäischen Parlaments hinaus die Zurechenbarkeit über die nationale Säule verstärkt werden muss. Die Delegation von Beschlussfassungsbefugnissen mit solch weitreichenden Wirkungen ist im Unionsrecht momentan ohnehin nur bei Assoziierungsabkommen denkbar. Ansonsten bleibt es bei den für den Bundestag (und auch den Bundesrat)[5] vorgesehenen umfassenden Informations- und Stellungnahmerechten.[6]

4. Anforderungen an den Delegationsakt

Vor dem Hintergrund des Prinzips demokratischer Legitimation und zur Wahrung des Prinzips des institutionellen Gleichgewichts sind Inhalt und Grenzen der Befugnisdelegation hinreichend bestimmt festzulegen, damit das Europäische Parlament und der Rat ihre jeweiligen Legitimationsleistungen bei Ver-

---

[5] Art. 23 Abs. 4–6 GG in der Ausgestaltung des EUZBLG.
[6] Siehe hierzu umfassend oben, § 4 B.III.2.

tragsabschluss auch wirksam erbringen können. Dabei ist ein Ausgleich zwischen der genauen Konturierung der Beschlussfassungsbefugnisse und der schnellen und flexiblen Entscheidungsfindung nötig, da die völkerrechtlichen Gremien gerade wegen letzterer eingesetzt werden. Die Befugnisse der Gremien sind ausdrücklich im Vertragswerk niederzulegen bzw. müssen jedenfalls durch Auslegung aus dem „Programm" des völkerrechtlichen Vertrags entnommen werden können. Ausgeschlossen sind solche Klauseln, die den völkervertraglichen Gremien nicht umgrenzte Befugnisse zur Lückenfüllung zuweisen. Die am Vertragsschluss beteiligten Unionsorgane haben eine ausreichend differenzierte Vorstellung darüber zu erlangen, welche Beschlüsse das völkervertragliche Gremium potentiell erlassen kann. Der konkrete Inhalt des Beschlusses ist hingegen nicht festzulegen.

III. Ursprungskontrolle durch die Rückbindung des Unionsvertreters an den Standpunkt der Unionsorgane

Bei der Delegation von Befugnissen muss sichergestellt sein, dass die Unionsorgane einen nach Vertragsabschluss wiederkehrenden Einfluss auf die Entwicklung des Abkommens durch die Mitwirkung an der Beschlussfassung im Gremium nehmen können.

1. Besetzung mit Unionsvertretern

Hierfür ist einerseits darauf zu achten, dass die Gremien nicht mit unabhängigen Vertretern, sondern mit Unionsvertretern (oder zumindest mitgliedstaatlichen Vertretern, die im Interesse der Union handeln) besetzt werden, die weisungsabhängig sind und damit an die Standpunkte der Unionsorgane gebunden werden können. Vor dem Hintergrund des institutionellen Gleichgewichts ist es ratsam, die Besetzung der Gremien entsprechend der Befugnisse der Unionsorgane auszugestalten, um diese zu wahren.[7] Eine Einbeziehung von Kommission und Rat würde das institutionelle Gleichgewicht auch in völkervertraglichen Gremien möglichst genau abbilden.[8]

2. Rückbindung über unionsinterne Mitwirkungsverfahren

Andererseits ist das Entscheidungsverhalten des Unionsvertreters an die institutionelle Willensbildung der Unionsorgane rückzubinden. Durch die dadurch

---

[7] EuGH, Gutachten 1/76 (Stilllegungsfonds), Slg. 1977, 741, Rn. 12.
[8] Siehe bereits *Appel*, Das internationale Kooperationsrecht der Europäischen Union, 2016, S. 310.

erzeugte Vetoposition der Unionsvertreter im bilateralen Bereich wird erreicht, dass der Beschluss durch die Unionsorgane ursprungskontrolliert[9], d. h. von seiner Entstehung an maßgeblich geprägt und kontrolliert wird.

a) Auswahl des unionsinternen Mitwirkungsverfahrens

Die Auswahl der unionsinternen Rückkopplungsverfahren hat möglichst genau das einheitliche institutionelle Gleichgewicht der Verträge widerzuspiegeln und demokratische Legitimationsanforderungen zu berücksichtigen. Entscheidend sind dabei der Bereich und die Bedeutsamkeit des jeweiligen Rechtsakts. Der Ratsbeschluss (Art. 218 Abs. 9 AEUV) ist einer Billigung durch die Kommission (Art. 218 Abs. 7 AEUV) vorzuziehen, wenn der Beschluss einen Bereich betrifft, in dem auch unionsintern ein Handeln des Rates erforderlich ist, während die Beteiligung der Kommission sinnvoll erscheint, wenn technische und eher geringfügige Entscheidungen vorliegen, die schnell und regelmäßig getroffen werden müssen. Für ein Handeln der Kommission oder des Hohen Vertreters ist eine Ermächtigung durch den Rat erforderlich. Ansonsten bleibt es bei der Standpunktfestlegung durch den Rat im Verfahren des Art. 218 Abs. 9 AEUV.

b) Intensität der Rückbindung des Unionsvertreters

Bei der Rückbindung des Unionsvertreters an die Willensbildung der jeweils zuständigen Unionsorgane ist ein Ausgleich zwischen einer engen Rückbindung und der Flexibilität des Gremienvertreters nötig. Geringfügige Änderungen des Standpunktes können durch den Gremienvertreter vorgenommen werden, die Grundzüge der Materie müssen allerdings unangetastet bleiben.

c) Intensive(re) Einbeziehung der Parlamente in Sonderfällen

Über die für das Europäische Parlament bestehenden Unterrichtungspflichten hinaus (Art. 218 Abs. 10 AEUV) ist es bei politisch sensiblen Beschlüssen ratsam, das Europäische Parlament entsprechend der Erfahrungen im Komitologiebereich vorzeitig einzubinden.[10] Wichtig ist auch die umfassende Information des Bundestags, damit dieser von seinem Stellungnahmerecht[11] effektiv Gebrauch machen und etwaige Kompetenzüberschreitungen der Unionsorgane

---

[9] Von sog. „ursprungskontrolliertem Völkerrecht" sprechend *Appel*, Das internationale Kooperationsrecht der Europäischen Union, 2016, S. 387.

[10] Siehe hierzu bereits oben, § 4 A.III.3.b)cc)(3); weitergehender *Weiß*, der die Ratsbeschlussfassung im Sinne von Art. 218 Abs. 7, Abs. 9 AEUV in Fällen, in denen die Beschlüsse die Änderung von EU-Rechtsvorschriften auslösen, von der Zustimmung des Europäischen Parlaments abhängig machen will, so *ders.*, in: EuR 2020, 407 (428).

[11] Vgl. insb. § 6 Abs. 1, 2, § 8 EUZBBG und hierzu bereits oben, § 4 B.III.3.c).

rügen kann. Eine über die bestehenden Rechenschaftspflichten hinausgehende Bindung des nationalen Vertreters an einen Beschluss oder an ein Gesetz des Bundestags ist für Standpunktfestlegungen im Bereich der EU-Kompetenzen nicht erforderlich.[12]

d) Einlasskontrolle aufgrund dualen Verständnisses

Bei der Einhaltung der unionsinternen Verfahren wird der Beschluss ab Inkrafttreten integraler Bestandteil des Unionsrechts und kann all die Attribute aufweisen, die Vorschriften des Unionsrechts auszeichnen, insbesondere die unmittelbare Wirkung und der Anwendungsvorrang vor nationalem Recht. Diese Offenheit gegenüber den Gremienbeschlüssen erscheint aus Perspektive der Unionsrechtsordnung gerechtfertigt, da es die dargestellten *ex ante*-Mechanismen den Unionsorganen ermöglichen, die Beschlüsse maßgeblich selbst mitzuentwickeln.[13]

IV. Gerichtliche Kontrolle der Befugnisdelegation durch den EuGH

Als weiteres Element im Legitimationsrahmen tritt die nachträgliche gerichtliche Kontrolle der Befugnisdelegation und des jeweiligen Beschlusses hinzu. Inwieweit Befugnisdelegationen mit dem Unionsrecht in Einklang stehen, hängt auch davon ab, ob ein ausreichender Rechtsschutz gewährt wird.[14]

1. Gerichtliche Kontrolle des völkerrechtlichen Vertrags

Der die Befugnisse übertragende völkerrechtliche Vertrag kann vor seinem Abschluss und damit vor der völkerrechtlichen Gebundenheit der EU im Wege des Gutachtenverfahrens nach Art. 218 Abs. 11 AEUV auf seine Vereinbarkeit mit dem primären Unionsrecht hin überprüft werden. In diesem Rahmen befasste sich der EuGH bereits mit Fragen der Kompetenzabgrenzung zwischen der EU und den Mitgliedstaaten[15] und mit der Frage der Vereinbarkeit des Inhalts des

---

[12] Siehe hierzu bereits oben, § 4 B.III.3.d).
[13] Vgl. *von Bogdandy/Bast/Arndt*, ZaöRV 2002, 71 (148). Zum Verhältnis der Offenheit der Unionsrechtsordnung gegenüber dem Völkerrecht und dem Einfluss auf dessen Inhalte auch *Kuijper/Hoffmeister*, in: Wessel/Blockmans (Hrsg.), Between Autonomy and Dependence. The EU Legal Order under the Influence of International Organizations, S. 131 (156) und *Wouters/Odermatt*, in: Wessel/Blockmans (Hrsg.): Between Autonomy and Dependence. The EU Legal Order under the Influence of International Organisations, 2013, S. 47 (66).
[14] Für Agenturen bereits *Remmert*, EuR 2003, 134 (139 f.).
[15] Siehe nur EuGH, Gutachten 1/08 (GATS), Slg. 2009, I-11129, Rn. 108; Gutachten 2/15 (Singapur), ECLI:EU:C:2017:376, Rn. 28 ff.

Abkommens mit dem primären Unionsrecht[16] oder dem institutionellen Gefüge der EU[17]. Dabei kann es auch um die Befugnisse völkervertraglicher Gremien und um Streitbeilegungsmechanismen und ihre Vereinbarkeit mit der Autonomie der Unionsrechtsordnung gehen.[18] Verstößt der geplante völkerrechtliche Vertrag gegen das Unionsrecht, tritt eine Sperrwirkung für dessen Abschluss ein (Art. 218 Abs. 11 S. 2 AEUV). Indem das Verfahren vor dem verbindlichen Abschluss einer Übereinkunft die Vereinbarkeit mit dem Unionsrecht überprüft, wird die EU vor internationalen Verpflichtungen geschützt, die sie wegen der Unionsrechtswidrigkeit der Verpflichtungen unionsintern nicht ausführen kann.[19] Daneben kann die Übereinkunft indirekt überprüft werden, indem der Ratsbeschluss zum Abschluss der Übereinkunft (Art. 218 Abs. 6 AEUV) im Wege der Nichtigkeitsklage (Art. 263 AEUV) angegriffen wird oder zum Gegenstand eines Vorabentscheidungsverfahrens (Art. 267 AEUV) gemacht wird. Im Rahmen der genannten Verfahren kann der EuGH überprüfen, inwieweit die Delegation von Beschlussfassungsbefugnissen mit dem Unionsrecht vereinbar ist, oder aber beispielsweise gegen die Autonomie der Unionsrechtsordnung, das Prinzip der demokratischen Legitimation oder das Prinzip des institutionellen Gleichgewichts verstößt.

2. Gerichtliche Kontrolle des Gremienbeschlusses

Schwieriger ist die Frage zu beantworten, ob die Beschlüsse völkervertraglicher Gremien durch den EuGH kontrolliert werden können.

a) Gutachtenverfahren

Da die untersuchten Gremienbeschlüsse keine völkerrechtlichen Verträge, sondern einseitige Rechtsakte der Vertragsgremien darstellen, ist das Gutachtenverfahren (Art. 218 Abs. 11 AEUV), das auf die Überprüfung geplanter Übereinkünfte abzielt, nicht auf Gremienbeschlüsse anwendbar. Zwar erscheint das Ziel des Gutachtenverfahrens, Konflikte völkerrechtlicher Verpflichtungen mit dem Unionsprimärrecht zu verhindern, auch für völkervertragliche Beschlüsse,

---

[16] Siehe nur EuGH, Gutachten 1/03 (Neues Übereinkommen von Lugano), Rn. 112 mwN.; EuGH, Gutachten 2/13 (EMRK), Rn. 178 ff; EuGH, Gutachten 1/17 (CETA), ECLI:EU:C:2019: 341, Rn. 106 ff.

[17] Siehe nur EuGH, Gutachten 1/78 (Naturkautschuk), Slg. 1979, 1411, Rn. 30 mwN; EuGH, Gutachten 1/08 (GATS), Slg. 2009, I-11129, Rn. 108; EuGH, Gutachten 1/17 (CETA), ECLI:EU:C:2019:341, Rn. 106 ff.

[18] So zuletzt EuGH, Gutachten 1/17 (CETA), ECLI:EU:C:2019:341.

[19] So bereits *Martenczuk*, in: Kronenberger (Hrsg.), The European Union and the International Legal Order, 2001, S. 141 (161).

die auf Grundlage des Abkommens ergehen, nicht gänzlich abwegig, da auch durch sie völkerrechtliche Bindungen der EU erzeugt werden. Allerdings zeichnen sich die Beschlüsse der Gremien bilateraler Art dadurch aus, dass die Unionsseite einen prägenden Einfluss auf den Inhalt der Beschlüsse nehmen kann und die genannte Problematik des Auseinanderfallens von unionsrechtlichen und völkerrechtlichen Verpflichtungen nicht ganz so stark zu Tage tritt wie im multilateralen Bereich.[20] Entscheidend ist jedoch, dass die vereinfachten unionsinternen Verfahren zur Mitwirkung an Gremienbeschlüssen gerade eingeführt wurden, um schnelle Änderungen, Anpassungen und Weiterentwicklungen völkerrechtlicher Vertragswerke zu ermöglichen. Das Gutachtenverfahren würde dieses Grundanliegen der Schnelligkeit in gewisser Weise konterkarieren. Zwar führt das Gutachtenverfahren auch bei Übereinkünften zu einer Verzögerung ihres Abschlusses, doch ist diese zeitliche Verzögerung angesichts der meist langwierigen Aushandlungsprozesse völkerrechtlicher Abkommen besser hinzunehmen. Während die Aushandlung und der Abschluss von Übereinkünften in einer Vielzahl von Zwischenschritten in Form der Textfeststellung, Unterzeichnung, Annahme, Genehmigung und Ratifikation erfolgt, steht bei Gremienbeschlüssen ein einziger Akt am Ende des Aushandlungsprozesses. Bei völkervertraglichen Beschlüssen fehlt damit der zeitliche Schwebezustand, an den das Gutachtenverfahren anknüpft, d. h. das Vorliegen eines fixierten Textes, der noch keine Bindungswirkung entfaltet.[21] Ein *ex ante*-Rechtsschutz gegen Gremienbeschlüsse ist daher nicht möglich.

b) Vorabentscheidungsverfahren

Zu untersuchen bleibt, inwiefern Beschlüsse völkervertraglicher Gremien zu den „Handlungen der Organe, Einrichtungen und sonstigen Stellen der Union" gezählt werden und damit im Wege der Vorabentscheidung (Art. 267 AEUV) durch den EuGH ausgelegt und auf ihre Gültigkeit überprüft werden können. Zur Begründung der Kompetenz zur Überprüfung eines völkerrechtlichen Vertrags stellte der EuGH im Fall *Haegeman* auf die Bestandteilseigenschaft der Abkommensbestimmungen ab,[22] die das Bedürfnis hervorrufen, den Akt ein-

---

[20] *Appel*, Das internationale Kooperationsrecht der Europäischen Union, 2016, S. 408.
[21] So auch ausführlich *Appel*, Das internationale Kooperationsrecht der Europäischen Union, 2016, S. 408.
[22] EuGH, Rs. 181/73, Haegeman, Slg. 1974, 449, Rn. 2/6 zum Assoziierungsabkommen mit Griechenland; zum Assoziierungsabkommen mit der Türkei: EuGH, Rs. 12/86, Demirel, Slg. 1987, 3719; EuGH, Rs. 30/88, Griechenland/Kommission, Slg. 1989, 3733, Rn. 12; EuGH, Rs. C-192/89, Sevince, Slg. 1990, I-3461, Rn. 8; zum TRIPS EuGH, verb. Rs. C-300/98 und C-392/98, Dior, Slg. 2000, I-11307, Rn. 34 und EuGH, Rs. C-431/05, Merck, Slg. 2007, I-7001, Rn. 31.

heitlich auszulegen und anzuwenden.²³ Die Überprüfung der Gremienbeschlüsse begründet der EuGH mit eben dieser Kompetenz zur Vorabentscheidung über Abkommen der Union als Handlung eines Unionsorgans, sodass er auch befugt sei, „über die Auslegung von Beschlüssen des durch das Abkommen geschaffenen und mit dessen Durchführung beauftragten Organs zu entscheiden."²⁴ Der EuGH sichert seine Auslegungszuständigkeit für völkervertragliche Beschlüsse, ohne dabei die Mitwirkung der Unionsorgane an ihrem Erlass als Handlung der Unionsorgane zu bezeichnen. Entscheidend für die Begründung der Auslegungszuständigkeit des EuGH ist vielmehr der enge Zusammenhang der Beschlüsse zum Abkommen, womit auch die Zugehörigkeit der Beschlüsse zur Unionsrechtsordnung begründet wird.²⁵ Es ist nur folgerichtig, dass der EuGH für die Auslegung der Beschlüsse zuständig ist, sobald diese in die aufgenommen werden.²⁶ Der EuGH kann also völkervertragliche Beschlüsse im Wege des Vorabentscheidungsverfahrens auslegen und auf ihre Gültigkeit mit dem Unionsrecht überprüfen.²⁷ Dies betrifft wegen des Zwischenrangs der Beschlüsse²⁸ die Überprüfung am Unionsprimärrecht, d.h. insbesondere die Einhaltung der Verfahrensvorschriften des völkerrechtlichen Vertrags bei Erlass des Gremienbeschlusses,²⁹ sowie die Befolgung des unionalen Standpunktverfahrens und der auf dieser Grundlage erfolgten Eingliederung in die Unionsrechtsordnung.³⁰ Bei der Auslegung des Beschlusses muss der EuGH dessen völkerrechtliche Herkunft berücksichtigen.³¹ Die Grenze der Auslegungskompetenz des EuGH ist erreicht, wenn neue Rechte begründet werden, die in den Beschlüssen selbst noch nicht angelegt sind.³²

---

²³ *Lavranos*, Legal Interaction between Decisions of International Organisations and European Law, 2004, S. 31.
²⁴ EuGH, Rs. C-192/89, Sevince, Slg. 1990, I-3461, Rn. 10.
²⁵ Siehe hierzu bereits oben, § 1 B.I.
²⁶ *Martenczuk*, in: Kronenberger (Hrsg.), The European Union and the International Legal Order, 2001, S. 141 (162).
²⁷ So auch *Wegener*, in: Calliess/Ruffert, 5. Aufl. 2016, Art. 267 AEUV, Rn. 12; *Borchardt*, in: Lenz/Borchardt, 6. Aufl. 2012, Art. 267 AEUV, Rn. 50; *Ehricke*, in: Streinz, 3. Aufl. 2018, Art. 267 AEUV, Rn. 22; für sekundäres Kooperationsrecht *Appel*, Das internationale Kooperationsrecht der Europäischen Union, 2016, S. 412 ff.
²⁸ Siehe zum Rang bereits oben, § 1 B.II.1.
²⁹ *Appel*, Das internationale Kooperationsrecht der Europäischen Union, 2016, S. 417; unklar *Martenczuk*, in: Kronenberger (Hrsg.), The European Union and the International Legal Order, 2001, S. 141 (162).
³⁰ Vgl. *Martenczuk*, in: Kronenberger (Hrsg.), The European Union and the International Legal Order, 2001, S. 141 (162).
³¹ Vgl. für völkerrechtliche Abkommen EuGH, Rs. 104/81, Kupferberg, Slg. 1982, 3641, Rn. 17.
³² GA Bot, SchlA Rs. C-371/08, Ziebell, ECLI:EU:C:2011:244, Tz. 55.

c) Nichtigkeitsklage

Möglicherweise kann der Gremienbeschluss selbst im Wege der Nichtigkeitsklage angefochten werden. Entscheidend ist dabei, inwiefern der Gremienbeschluss eine Handlung der Organe, Einrichtungen und sonstiger Stellen der Union darstellt. Aus Gründen der Systemkohärenz ist es nur konsequent, den Gremienbeschluss auch im Rahmen der Nichtigkeitsklage nicht als Handlung der Organe, Einrichtungen und sonstigen Stellen der Union einzuordnen.[33] Damit im Einklang bestätigte das EuG in einem einzigen Beschluss, dass ein beschließender Gemeinsamer Ausschuss „weder Gemeinschaftseinrichtung noch Gemeinschaftsorgan ist" und der Beschluss daher nicht im Wege der Nichtigkeitsklage überprüft werden kann.[34]

Möglicherweise ist jedoch wie bei völkerrechtlichen Verträgen eine indirekte Überprüfung des völkerrechtlichen Beschlusses über den letzten Mitwirkungsakt der Unionsorgane möglich. Auch wenn der völkerrechtliche Vertrag teils als Handlung der Unionsorgane bezeichnet wird, überprüft der EuGH regelmäßig den Beschluss zum Abschluss des Abkommens, auch wenn die Formulierungen teilweise missverständlich sind und auf ein direktes Angreifen des Abkommens hindeuten.[35] In anderen Urteilen verdeutlicht der EuGH deutlich, dass er im Wege der Nichtigkeitsklage nicht das völkerrechtliche Abkommen selbst, sondern lediglich den Beschluss zum Abschluss des Abkommens für nichtig erklären kann.[36] Eine besonders gute Erklärung liefert das EuG, indem es darauf hinweist, dass das Abkommen selbst nicht anfechtbar sei, da ansonsten

„der Gemeinschaftsrichter sich zur Rechtmäßigkeit im Hinblick auf das Gemeinschaftsrecht der einem Drittland zugestandenen Rechte oder der von ihm übernommenen Pflichten aufgrund eines völkerrechtlichen Abkommens zu äußern hätte, dem dieses frei und souverän im Rahmen der Verwaltung seiner auswärtigen Angelegenheiten zugestimmt hat. Eine solche Kontrolle würde offensichtlich den Rahmen der Zuständigkeiten des Gerichts, wie er im EG-Vertrag festgelegt ist, überschreiten."[37]

Die Nichtigkeit einer Handlung kann nur für die Unionsrechtsordnung ausgesprochen werden, da die Nichtigerklärung des völkerrechtlichen Vertrags ein

---

[33] So bereits *Appel*, Das internationale Kooperationsrecht der Europäischen Union, 2016, S. 433.
[34] EuG, Rs. T-376/04, Kommission/Belgien, Slg. 2005, II-3007, Rn. 31.
[35] Bspw. Beschluss des EuG, Rs. T-212/02, Commune de Champagne/Kommission, Slg. 2007, II-2017, Rn. 87 f., interessant das Vorbringen der Kommission in Rn. 65.
[36] Siehe EuGH, Gutachten 3/94 (Rahmenabkommen über Bananen), Slg. 1995, I-4577, Rn. 22 sowie EuGH, Rs. C-122/95, Deutschland/Rat, Slg. 1998, I-973, Rn. 41 ff; siehe ebenso implizit EuGH, Rs. C-263/14, Parlament/Rat (Abkommen EU-Tansania), ECLI:EU:C:2016:435, insb. Rn. 41, 88.
[37] EuG, Rs. T-212/02, Commune de Champagne/Kommission, Slg. 2007, II-2017, Rn. 94.

anderes Staatsgebiet betreffen würde.³⁸ Aufgrund dessen kann nur der letzte Akt der Unionsorgane angegriffen werden, konkret der Ratsbeschluss zum Abschluss des Abkommens. Die Folge seiner Beseitigung ist, dass der Kopplungsakt zur Unionsrechtsordnung wegfällt, sodass das Abkommen zwar völkerrechtlich wirksam bleibt, trotzdem aber nicht innerhalb der Unionsrechtsordnung Wirkungen entfaltet. Die Nichtigkeitsklage richtet sich damit nicht direkt gegen das völkerrechtliche Abkommen, sondern gegen die Handlung eines Unionsorgans zum Abschluss dieses Abkommens.³⁹

Auch für Beschlüsse, die auf Grundlage völkerrechtlicher Verträge ergehen, ist auf den letzten Akt der Unionsorgane, konkret auf den jeweiligen Akt der Standpunktfestlegung zurückzugreifen. Dessen Nichtigerklärung beeinträchtigt nicht die Wirksamkeit des Gremienbeschlusses, da die Verletzung interner Bestimmungen nach den allgemeinen Regeln des Völkerrechts grundsätzlich unbeachtlich ist.⁴⁰ Die Folge der Nichtigerklärung eines Standpunktes ist aber, dass die Eingliederung des Beschlusses als integraler Bestandteil in die Unionsrechtsordnung beseitigt wird.⁴¹ In seiner Rechtsprechung wies der EuGH einige Klagen gegen Standpunktbeschlüsse zwar als unbegründet ab, zeigte damit allerdings, dass sie taugliche Klagegegenstände der Nichtigkeitsklage darstellen.⁴² Außerdem bestätigte der EuGH ausdrücklich, dass ein Standpunktbeschluss, da er vom Rat angenommen wurde, eine Unionshandlung darstellt, die Rechtswirkungen entfaltet und damit mit der Nichtigkeitsklage angegriffen werden kann.⁴³ Der

---

³⁸ EuG, Rs. T-212/02, Commune de Champagne/Kommission, Slg. 2007, II-2017, Rn. 95 f.

³⁹ Auf einer Ebene „tiefer" geht das BVerfG bei der Aktivierung der Prüfvorbehalte in Fragen des Unionsrechts parallel vor. Auch das BVerfG überprüft nur mittelbar das Unionsrecht über die Brücke der nationalen Begründungs- und Vollzugsakte (vgl. Art. 100 Abs. 1 GG) und kann dadurch ebenfalls nur die Eingliederung des Unionsrechts in die nationale Rechtsordnung verhindern. Für die Auslegung und Ungültigerklärung von Unionsrecht ist der EuGH zuständig (Art. 19 Abs. 1 S. 2 EUV). Siehe zu alldem *Streinz*, in: Sachs, 8. Aufl. 2018, Art. 23 GG, Rn. 98, 101 und *Streinz*, Europarecht, 11. Aufl. 2019, Rn. 251 ff.

⁴⁰ GA Kokott, SchlA Rs. C-370/07, CITES, ECLI:EU:C:2009:249, Tz. 88. Damit ist Art. 27 WVRK iVm Art. 46 WVRK gemeint, wonach die EU einen Verstoß gegen primärrechtliche Vorschriften und die Ungültigkeit der Zustimmung zum Vertrag gegenüber anderen Staaten nur dann einwenden kann, wenn die Verletzung der Zuständigkeitsvorschriften offenkundig war, d.h. wenn sie für jeden Staat nach der allgemeinen Übung und nach Treu und Glauben objektiv erkennbar war.

⁴¹ Siehe dazu bereits ausführlich § 1 B.I.2.

⁴² Darunter EuGH, verb. Rs. C-626/15 und C-659/16, Kommission/Rat (Antarktis), ECLI:EU:C:2018:925; EuGH, Rs. C-600/14, Deutschland/Rat (OTIF), ECLI:EU:C:2017:935; EuGH, Rs. C-399/12, Deutschland/Rat (OIV), ECLI:EU:C:2014:2258; EuGH, Rs. C-431/11, Vereinigtes Königreich/Rat, ECLI:EU:C:2013:589.

⁴³ EuGH, Rs. C-687/15, Kommission/Rat (ITU), ECLI:EU:C:2017:803, Rn. 54; auch EuGH, Rs. C-370/07, Kommission/Rat (CITES), ECLI:EU:C:2009:590, Rn. 44.

EuGH erklärte bestimmte Standpunktbeschlüsse bereits für nichtig, beispielsweise, weil sie von der in Art. 218 Abs. 9 AEUV vorgesehenen Rechtsform abwichen und ihre Rechtsgrundlage nicht angegeben war,[44] oder weil der Beschluss zu Unrecht nach der Abstimmungsregel der Einstimmigkeit erlassen wurde[45].

3. Zwischenergebnis

Unter Berücksichtigung auch der besonderen Erfordernisse der auswärtigen Beziehungen liegt insgesamt ein angemessenes Rechtsschutzsystem zugrunde. Völkervertragliche Gremienbeschlüsse können nicht im Gutachtenverfahren vorab kontrolliert, jedoch nachträglich im Wege des Vorabentscheidungsverfahrens ausgelegt und auf ihre Gültigkeit mit dem Unionsprimärrecht überprüft werden. Die Nichtigerklärung der Beschlüsse durch den EuGH im Verfahren der Nichtigkeitsklage ist nicht möglich. Jedoch können Gremienbeschlüsse zumindest indirekt durch Überprüfung des zugrundeliegenden Standpunktbeschlusses überprüft werden. Die Nichtigerklärung des Standpunktbeschlusses berührt die Gültigkeit des Gremienbeschlusses nicht, verhindert jedoch zumindest dessen Eingliederung in das Unionsrecht. Die Beschlussfassungsbefugnisse der Gremien können allerdings bereits durch eine Kontrolle des völkerrechtlichen Vertrags im Gutachtenverfahren und indirekt durch ein Angreifen des Ratsbeschlusses zum Abschluss des Abkommens im Vorabentscheidungsverfahren und über die Nichtigkeitsklage überprüft werden.

V. Grenzen für die Einrichtung völkervertraglicher Gremien

Das Unionsrecht stellt insgesamt einen engen Steuerungs- und Kontrollrahmen zur Begleitung der selbstständigen Wahrnehmung von Beschlussfassungsbefugnissen durch völkervertragliche Gremien bilateraler Art bereit. Er entfaltet seine Wirkung größtenteils bereits vor der konkreten Befugnisausübung der Gremien und ermöglicht es, die weitreichenden Wirkungen der selbstständig vom Gremium erlassenen Beschlüsse in der Unionsrechtsordnung zu rechtfertigen. Allerdings reicht der dargestellte Verantwortungs- und Kontrollrahmen, der die selbstständige Ausübung der Beschlussfassungsbefugnisse der Gremien begleitet, für bestimmte Befugnisdelegationen nicht aus, sodass die Delegation dieser Befugnisse zur selbstständigen Wahrnehmung an völkervertragliche Gremien ausgeschlossen ist.

---

[44] Zur fehlenden Angabe der Rechtsgrundlage: EuGH, Rs. C-687/15, Kommission/Rat (ITU), ECLI:EU:C:2017:803, Rn. 59; EuGH, Rs. C-370/07, Kommission/Rat (CITES), ECLI: C:2009:590, insb. Rn. 62.

[45] EuGH, Rs. C-244/17, Kommission/Rat (Kasachstan), ECLI:EU:C:2018:662, Rn. 20 ff., Rn. 47.

1. Änderung oder Ergänzung des institutionellen Rahmens der Übereinkunft

Dies betrifft die explizit in Art. 218 Abs. 9 AEUV a. E. geregelte Rückausnahme der Änderung oder Ergänzung des institutionellen Rahmens der Übereinkunft, die auch auf das nochmals vereinfachte Verfahren des Art. 218 Abs. 7 AEUV anzuwenden ist. Eine solche Befugnis darf nicht zur selbstständigen Wahrnehmung an völkerrechtliche Gremien übertragen werden, da über die vereinfachten Verfahren die Befugnisse des Europäischen Parlaments im institutionellen Gefüge nicht ausreichend gesichert werden können. Solche Beschlüsse erfordern die erneute Durchführung des Vertragsabschlussverfahrens, insbesondere die Zustimmung des Europäischen Parlaments (Art. 218 Abs. 6 AEUV) und sind damit einem Änderungsvertrag der Übereinkunft gleichgestellt. Gemeint sind Beschlüsse von besonderer Relevanz, die strukturelle Änderungen an der Übereinkunft vornehmen, die nicht mehr von der Zustimmung des Europäischen Parlaments bei Vertragsabschluss gedeckt sind. Solche Beschlüsse brechen aus dem bestehenden institutionellen Rahmen aus. Unproblematisch delegierbar sind hingegen sonstige Beschlüsse, die geringfügige oder eher technische institutionelle Änderungen beinhalten, die bereits ausdrücklich im Abkommen niedergelegt sind und den institutionellen Rahmen mit Leben füllen. Dazu gehören beispielsweise Beschlüsse, mit denen Gremien ihre Geschäftsordnung festlegen oder Unterausschüsse errichten.

2. Delegation wesentlicher Befugnisse

Daneben folgt aus dem demokratischen Prinzip der Verfassungsgrundsatz, dass wesentliche Vorschriften der zu regelnden Materie durch den Unionsgesetzgeber festzusetzen sind. Für die Befugnisausstattung völkervertraglicher Gremien bedeutet dies, dass wesentliche Vorschriften im völkerrechtlichen Vertrag niederzulegen sind und nicht von der Beschlussfassungstätigkeit der Vertragsgremien angetastet werden dürfen.[46]

a) Inhalt und Reichweite der Wesentlichkeit

Die Mitwirkung an Gremienbeschlüssen ist vor dem Hintergrund des einheitlichen institutionellen Gleichgewichts ihrem Gegenstand bzw. Bereich nach im Ausgangspunkt auf das jeweilige unionsinterne Äquivalent zu begrenzen, das sich durch dieselbe Organbeteiligung auszeichnet. Bei der Festlegung wesentlicher Befugnisse ist zu berücksichtigen, dass gewisse Änderungen und Ergänzungen des völkerrechtlichen Vertrags für dessen Dynamisierung grundlegend

---

[46] Das Element der Wesentlichkeit hat *Weiß* als Teil einer unionalen (Nicht-)Delegationsdoktrin identifiziert, siehe *ders.*, in: EuR 2020, 407 (424 f.).

sind. Dass die Unionsorgane nicht selbst die Änderungen herbeiführen, sondern lediglich durch die Festlegung von Standpunkten den Inhalt des Beschlusses prägen, ist aufgrund der Besonderheiten der auswärtigen Beziehungen hinzunehmen. An Vertragsgremien delegierbar und durch die Unionsorgane zu begleiten sind damit solche Befugnisse, die unionsintern als delegierte und durchführende Rechtsetzungsbefugnisse eingeordnet werden, nicht hingegen Gesetzgebungsbefugnisse. Die Grenze der Wesentlichkeit verbietet die Delegation von Befugnissen, die die „roten Linien" des Abkommens antasten, indem sie das Wesen des Abkommens oder dessen grundlegende Gewährleistungen und Ziele ändern, Regelungsbereiche hinzufügen oder erhebliche Grundrechtseingriffe herbeiführen.

b) Kontrolle der Einhaltung der Wesentlichkeit

Die Übertragung wesentlicher Befugnisse an das Vertragsgremium und die Begleitung der Befugnisse durch Standpunkte der Kommission oder des Rates würde die Befugnisse des Europäischen Parlaments aushöhlen bzw. verfälschen.[47] Dieser Gefahr kann dadurch vorgebeugt werden, dass das Europäische Parlament die ihm zustehenden Kontrollbefugnisse bereits in der Verhandlungs-, Abschluss- und Umsetzungsphase voll ausschöpft.[48] Durch eine frühestmögliche und permanente Beteiligung (Art. 218 Abs. 10 AEUV) ist es dem Europäischen Parlament zu ermöglichen, die Delegation wesentlicher Beschlussfassungsbefugnisse an völkervertragliche Gremien bereits in der Verhandlungsphase zu verhindern und ggf. die Zustimmung zum völkerrechtlichen Vertrag von der Bedingung abhängig zu machen, dass wesentliche Befugnisse aus dem Vertragswerk entfernt werden bzw. das Erfordernis der Annahme durch die Vertragsparteien eingefügt wird. Wichtig ist, dass die bestehenden Kontrollrechte des Europäischen Parlaments in allen Phasen des Vertragsschlussverfahrens voll ausgeschöpft werden.[49] Sinnvoll ist zudem die Einfügung eines Interpellationsrechts, das dann Anwendung findet, wenn das Europäische Parlament der Ansicht ist, dass das Gremium über die ihm zugewiesenen Befugnisse hinaus handelt.[50]

---

[47] Siehe zum Dogma der Verfälschung der Befugnisse der Unionsorgane, besonders der Befugnisse des EuGH, durch völkervertragliche Zusammenarbeit EuGH, Rs. C-370/12, Pringle, ECLI:EU:C:2012:756, Rn. 158 m.w.N.; siehe zur Rechtsprechung vor Einfügung des Regelungsverfahrens mit Kontrolle, die darauf abstellte, dass die Parlamentsbeteiligung bei der Änderung nicht ausgehöhlt werden darf EuGH, Rs. C-303/94, Parlament/Rat (Anhörung des EP – Grundverordnung), Slg. 1996, I-2943, Rn. 23 ff.
[48] Vgl. zur parallelen Diskussion zu den Grenzen der Fortentwicklung völkerrechtlicher Verträge auf mitgliedstaatlicher Ebene *Hailbronner*, VVDStRL 56 (1997), S. 7 (55).
[49] Siehe hierzu bereits oben, § 3 B.I.2.c) und § 3 B.III.
[50] Siehe hierzu bereits oben, § 4 A.III.3.b)bb)(1).

B. Anwendung des unionsrechtlichen Legitimationssystems auf CETA

CETA ist zum Präzedenzfall für demokratische Anforderungen an völkerrechtliche Verträge geworden.[51] Es bietet sich daher an, das entwickelte Legitimationssystem beispielhaft auf die Einrichtung der CETA-Gremien anzuwenden. Die Anwendung dient dazu, festzustellen, ob die Delegation der Beschlussfassungsbefugnisse an die CETA-Gremien mit dem Unionsrecht in Einklang steht. Das ermittelte Ergebnis ist ein erster Anhaltspunkt auch für die Vereinbarkeit ähnlicher Freihandelsabkommen mit dem Unionsrecht, auch wenn die Ergebnisse nicht ohne weiteres auf andere Abkommen übertragen werden können. Hierfür ist eine gesonderte Anwendung des Legitimationssystems auf das spezielle Abkommen nötig.

I. Anwendbarkeit des Legitimationssystems

1. CETA-Gremien als Gremien bilateraler Art mit Beschlussfassungsbefugnissen

Bei den CETA-Gremien handelt es sich um Gremien bilateraler Natur. Sowohl das Hauptorgan Gemischter CETA-Ausschuss als auch die neun Sonderausschüsse setzen sich aus Vertretern der EU und Kanadas zusammen.[52] Im Gemischten CETA-Ausschuss sitzt auf Seiten der EU in der Regel das für Handel zuständige Kommissionsmitglied, das den Vorsitz im Wechsel mit dem kanadischen „Minister for international trade" innehat,[53] während eine Einbeziehung mitgliedstaatlicher Vertreter nur in manchen Sonderausschüssen möglich ist[54]. Die Beschlüsse des Gemischten CETA-Ausschusses werden einvernehmlich erlassen.[55] Der Gemischte CETA-Ausschuss sowie die Sonderausschüsse bekommen neben den typischen die Verwaltung des Abkommens betreffenden Aufgaben der Gremien, wie der Beauftragung mit der ordnungsgemäßen Durch-

---

[51] *Grzeszick*, NVwZ 2016, 1753 (1754).
[52] Art. 26.1 Abs. 1 CETA für den Gemischten CETA-Ausschuss, Art. 26.2 Abs. 1 CETA für die Sonderausschüsse, namentlich der Ausschuss für Warenhandel, der Ausschuss für Dienstleistungen und Investitionen, der Gemischte Ausschuss für die Zusammenarbeit im Zollbereich, der Gemischte Verwaltungsausschuss für gesundheitspolizeiliche und pflanzenschutzrechtliche Maßnahmen, der Ausschuss für das öffentliche Beschaffungswesen, der Ausschuss für Finanzdienstleistungen, der Ausschuss für Handel und nachhaltige Entwicklung, das Forum für die Zusammenarbeit in Regulierungsfragen sowie der CETA-Ausschuss für geographische Angaben.
[53] Art. 26.1 Abs. 1 CETA.
[54] Bspw. in Art. 5.14 Abs. 1, Art. 6.14 Abs. 2, Art. 13.18 Abs. 1 und Art. 19.19 Abs. 1 CETA.
[55] Art. 26.1 Abs. 3 CETA.

führung des Abkommens,[56] dem Aussprechen von Empfehlungen[57] und der Streitbeilegung,[58] Beschlussfassungsbefugnisse verschiedenster Art zugewiesen. Die materiellen Abkommensbestimmungen betreffend kann der Gemischte CETA-Ausschuss nach Art. 30.2 Abs. 2 beschließen, bestimmte Protokolle und Anhänge des Abkommens, sowie bestimmte Teile des Abkommens selbst zu ändern[59]. Dazu gehört beispielsweise die Aufnahme oder Streichung neuer geschützter Herkunftsangaben.[60] Die Änderungsbefugnis gilt vereinzelt auch für Sonderausschüsse.[61] Außerdem kann der Gemischte CETA-Ausschuss über die verbindliche Auslegung der CETA-Bestimmungen entscheiden, die für die eingesetzten Gerichte bindend sind.[62] Er beschließt außerdem über die Handhabung und Ausweitung des Begriffs des geistigen Eigentums,[63] über die Bedeutung der Verpflichtung zur gerechten und billigen Behandlung von Investoren[64] und ist befugt, über den beschleunigten Abbau oder die Beseitigung eines Warenzolls entscheiden.[65] Einem weiteren Sonderausschuss obliegt der Beschluss über Abkommen über die gegenseitige Anerkennung von Berufsqualifikationen.[66] Der Ausschuss für Finanzdienstleistungen hat über die Anwendbarkeit von Ausnahmen zu entscheiden.[67]

Im institutionellen Bereich ist der Gemischte CETA-Ausschuss befugt, sich selbst eine Geschäftsordnung geben,[68] Sonderausschüsse und bilaterale Dialogforen einrichten,[69] sowie bereits bestehenden Sonderausschüsse aufzulösen oder ihnen Zuständigkeiten zu delegieren, ihre Aufgaben abzuändern oder

---

[56] Art. 26.1 Abs. 4 lit. a, lit. f CETA.
[57] Art. 26.3 Abs. 2 S. 2 CETA.
[58] Art. 26.1 Abs. 4 lit. c CETA sowie die Regelungen zur allgemeinen Streitbeilegung in Kapitel 29.
[59] Siehe nur für den Bereich Handel und Arbeit Art. 23.11 Abs. 5 CETA, für den Bereich der technischen Handelshemmnisse Art. 4.7 Abs. 1 lit. f CETA.
[60] Art. 20.22 CETA durch Änderung von Anhang 20-A.
[61] Siehe nur betreffend die Anhänge im Bereich gesundheitspolizeilicher und pflanzenschutzrechtlicher Maßnahmen Art. 5.14 Abs. 2 lit. d CETA. Dieser Beschluss bedarf jedoch der Genehmigung der Vertragsparteien im Einklang mit den für das Inkrafttreten der Änderung erforderlichen Verfahren.
[62] Art. 26.1 Abs. 5 lit. e CETA, Art. 8.31 Abs. 3 und Art. 8.44 Abs. 3 lit. a CETA.
[63] Art. 8.1 CETA.
[64] Art. 8.10 Abs. 3 CETA.
[65] Art. 2.4 Abs. 4 CETA. Jede Vertragspartei muss dem im Einklang mit ihren geltenden Rechtsverfahren zugestimmt haben.
[66] Art. 11.3 Abs. 6 CETA. Für die Verbindlichkeit ist die Meldung jeder Vertragspartei, dass die jeweiligen internen Anforderungen erfüllt sind, erforderlich.
[67] Art. 13.16 Abs. 1 iVm Art. 13.21 Abs. 3 und Art. 13.21 Abs. 4 CETA.
[68] Art. 26.1 Abs. 4 lit. d CETA.
[69] Art. 26.1 Abs. 5 lit. h CETA.

selbst zu übernehmen.[70] Außerdem kann der Gemischte CETA-Ausschuss über den Übergang der Investitionsgerichtsbarkeit auf einen multilateralen Investitionsgerichtshof entscheiden.[71] Der Gemischte CETA-Ausschuss ist zudem befugt, eine Liste der Schiedsrichter aufzustellen[72] und Richter zu ernennen[73] oder von ihrer Tätigkeit auszuschließen[74]. Er regelt zudem administrative und organisatorische Aspekte der Arbeitsweise der Rechtsbehelfsinstanz, beispielsweise die Veränderung der Anzahl der Mitglieder des Investitionsgerichts oder die Festlegung ihres Gehalt, sowie Verfahrensfragen.[75] Der Ausschuss für Dienstleistungen und Investitionen kann einen Verhaltenskodex für Richter festlegen, der Fragen der Transparenz, Vertraulichkeit und Offenlegung behandelt.[76] Der Gemischte Verwaltungsausschuss ist dazu ermächtigt, abweichende Verfahren über den Informationsaustausch zu beschließen.[77] Der Ausschuss für Warenhandel entscheidet über die Umsetzungsmaßnahmen zum Austausch gegenseitiger Produktwarnungen, die die Art der auszutauschenden Informationen sowie die Geltung des Vertraulichkeitsgrundsatzes und Regelungen zum Schutz personenbezogener Daten enthalten müssen.[78]

2. Befugnis zum selbstständigen Erlass verbindlicher Beschlüsse

Zu prüfen ist, ob mit dem völkerrechtlichen Vertrag den Gremien Befugnisse zum selbstständigen Erlass verbindlicher Beschlüsse delegiert wurden oder ob die Gremien lediglich Beschlussentwürfe erlassen, die von den Vertragsparteien anzunehmen und ihnen zuzurechnen sind. Die oft unklaren Regelungen lassen nicht immer sofort erkennen, ob die Beschlüsse mit Erlass unmittelbar völkerrechtlich verbindlich sein sollen.

Die allgemeine Regelung, eine Art Generalklausel für die Verbindlichkeit der Beschlüsse des Gemischten CETA-Ausschusses stellt die Verbindlichkeit der Beschlüsse unter den Vorbehalt „der Erfüllung etwaiger interner Anforderungen und des Abschlusses etwaiger interner Verfahren" (Art. 26.3 Abs. 2 CETA). Die Europäische Kommission versteht den Verweis dahingehend, dass der Gemischte Ausschuss nicht ohne einen Beschluss der Unionsorgane nach den ent-

---

[70] Art. 26.1 Abs. 5 lit. a und lit. g CETA.
[71] Art. 8.29 CETA.
[72] Art. 29.8 CETA.
[73] Art. 8.28 Abs. 3 iVm Art. 8.28 Abs. 7 CETA.
[74] Art. 8.30 Abs. 4 CETA.
[75] Art. 8.27 Abs. 7 CETA.
[76] Art. 8.44 Abs. 2 und Abs. 3 lit. b CETA. Dies gilt, nachdem die Vertragsparteien ihre jeweiligen internen Vorschriften erfüllt und ihre internen Verfahren abgeschlossen haben.
[77] So bspw. Art. 5.11 Abs. 3 iVm Art. 5.11 Abs. 1 und Abs. 2 CETA.
[78] Art. 21.7 Abs. 5 CETA.

sprechenden unionsinternen Verfahren handeln könne.[79] Um welche Verfahren es sich auf Unionsseite handelt, wird nicht präzisiert. Unklar ist damit, ob die vereinfachten Mitwirkungsverfahren der Art. 218 Abs. 7 und Abs. 9 AEUV oder aber die Anwendung des förmlichen Vertragsänderungsverfahrens nach Art. 218 Abs. 6 AEUV gemeint ist. Ein systematischer Vergleich mit anderen Regelungen in CETA zeigt jedoch, dass diese teils ausdrücklich eine nachträgliche Zustimmung der Vertragsparteien erfordern.[80] Im Ausgangspunkt ist davon auszugehen, dass unterschiedliche Regelungen zur Verbindlichkeit der Gremienbeschlüsse in CETA nicht umsonst vorhanden sind, sondern auch unterschiedliche Gehalte haben. Die Regelung in Art. 26.3 Abs. 2 CETA ist damit nicht so zu verstehen, dass die Beschlüsse für die Verbindlichkeit eine nachfolgende Annahme bzw. Zustimmung der Vertragsparteien im normalen Vertragsschlussverfahren (Art. 218 Abs. 6 AEUV) benötigen. Wahrscheinlicher ist es damit, dass durch diese Vorbehaltsregelung auf die unionsinternen Verfahren zur Standpunktfestlegung (Art. 218 Abs. 9 AEUV) und möglicherweise noch auf das Verfahren zur Annahme von Änderungen (Art. 218 Abs. 7 AEUV) Bezug genommen wird, die gegenüber dem Gremienbeschluss vorgelagert erfolgen. Dass zumindest nicht stets die Durchführung der Annahmeverfahren erforderlich ist, geht aus dem Wortlaut hervor, der von der Erfüllung „etwaiger" Anforderungen und Verfahren spricht. Die Verbindlichkeit der Gremienbeschlüsse tritt damit in der Regel dann ein, wenn *vor* der Beschlussfassung ein Standpunkt der EU bzw. eine Ermächtigung in den primärrechtlichen Verfahren festgelegt wurde. Daraus folgt, dass der Beschluss selbst mit Annahme durch den Ausschuss aus sich heraus völkerrechtlich bindend wird. Gleiches dürfte auch für Beschlüsse der Sonderausschüsse gelten (Art. 26.2 Abs. 4 CETA), für deren Verbindlichkeit zwar keine ausdrückliche Generalklausel besteht, aber jedenfalls die Verwendung der Handlungsform des Beschlusses im Vergleich zur Empfehlung implizit für eine Verbindlichkeit spricht. Auch für bestimmte Beschlüsse der Sonderausschüsse wird explizit die Genehmigung durch die Vertragsparteien gefordert.[81] Aus alledem folgt, dass die Verbindlichkeit der meisten CETA-Gremienbeschlüsse nicht von einer nachfolgenden Annahme oder Zustimmung der Vertragsparteien abhängt.

---

[79] Vorschlag der Kommission für einen Ratsbeschluss über den Abschluss des CETA vom 5.7.2016, KOM(2016) 470 final, S. 8.
[80] Dies ist beispielsweise in Art. 2.4 Abs. 4 und Art. 23.11 Abs. 5 CETA der Fall.
[81] Art. 5.14 Abs. 2 lit. d CETA: Dieser Beschluss bedarf jedoch der Genehmigung der Vertragsparteien im Einklang mit den für das Inkrafttreten der Änderung erforderlichen Verfahren. Art. 11.3 Abs. 6 CETA: Für die Verbindlichkeit ist die Meldung jeder Vertragspartei, dass die jeweiligen internen Anforderungen erfüllt sind, erforderlich.

Für die Verbindlichkeit von Beschlüssen zur Änderungen bestimmter Anhänge und Protokolle enthält Art. 30.2 Abs. 2 CETA eine besondere Bestimmung, wonach die Vertragsparteien „den Beschluss des Gemischten CETA-Ausschusses im Einklang mit ihren zum Inkrafttreten der Änderung erforderlichen internen Anforderungen und Verfahren billigen (können)." Die Reichweite dieses Billigungserfordernisses ist unklar.[82] Zu berücksichtigen ist, dass das vereinfachte Änderungsverfahren in seinem Anwendungsbereich nicht für Anhänge gilt, die die wichtigen Bereiche der Investitionen, Dienstleistungen, die Einreise und den Aufenthalt natürlicher Personen, sowie Finanzdienstleistungen betreffen. Diese Anhänge können damit nur im normalen Änderungsverfahren durch Ratifikation der Vertragsparteien geändert werden,[83] auf Unionsebene nach Art. 218 Abs. 2–6 AEUV. Fraglich ist auch in diesem Fall wieder, auf welche internen Anforderungen und Verfahren verwiesen wird und ob die Billigung des Beschlusses sich auf einen nachträglichen Akt der Vertragsparteien bezieht. Jedenfalls wird die Kommission im konkreten Ratsbeschluss zur vorläufigen Anwendung und zum Abschluss des CETA gemäß dem Verfahren nach Art. 218 Abs. 7 AEUV ermächtigt, Änderungen des Anhangs 20-A zu billigen,[84] ein Anhang, der im Änderungsverfahren nach Art. 30.2 Abs. 2 CETA geändert werden kann. Hieraus folgt, dass die Vorschrift zumindest auf das interne Verfahren des Art. 218 Abs. 7 AEUV verweist und damit auch für die völkerrechtliche Verbindlichkeit der Änderungen der Anhänge nicht zwingend die Annahme oder Ratifikation durch die Vertragsparteien nach Art. 218 Abs. 6 AEUV erforderlich ist. Wenn schon für bestimmte Änderungsbeschlüsse das vereinfachte Verfahren des Art. 218 Abs. 7 AEUV möglich ist, ist davon auszugehen, dass für bestimmte Änderungsbeschlüsse das komplexere Mitwirkungsverfahren nach Art. 218 Abs. 9 AEUV angewendet werden kann. *Für alle anderen Beschlüsse, für die* keine Ermächtigung der Kommission im Ratsbeschluss vorgesehen ist, ist wohl in der Regel von der Anwendung des Verfahrens nach Art. 218 Abs. 9 AEUV auszugehen.[85] Aufgrund der großen Offenheit des Wortlauts kann damit aber wohl auch das allgemeine Vertragsschlussverfahren nach Art. 218 Abs. 6 AEUV gemeint sein.[86]

---

[82] So ausdrücklich auch das BVerfG, das folgerte, dass nicht ausgeschlossen werden könne, dass solche Beschlüsse des Gemischten CETA-Ausschusses keiner Zustimmung durch die Vertragsparteien bedürfen, BVerfGE 143, 65 (96) – CETA I.

[83] Art. 30.2 Abs. 1 CETA.

[84] Erwägungsgrund 5 und Artikel 2 des Beschlusses (EU) 2017/38 des Rates vom 28.10.2016 über die vorläufige Anwendung des CETA (ABl. 2017 L 11/1080) sowie Art. 3 des Vorschlags der Kommission für einen Ratsbeschluss über den Abschluss des CETA vom 5.7.2016, KOM(2016) 443 final.

[85] *Bäumler*, EuR 2016, 607 (627).

[86] So aufgrund der großen Offenheit der Regelung *Weiß*, in: Kadelbach (Hrsg.), Die Welt

Jedenfalls kann aus der Zuweisung von Beschlussfassungsbefugnissen, der systematischen Zusammenschau der Regelungen über die Verbindlichkeit in den Generalklauseln und in speziellen Regelungen sowie implizit aus der Vorgabe, dass die Wirkungen der Ausschussbeschlüsse mit Ende der vorläufigen Anwendung enden[87], abgeleitet werden, dass einige der Beschlussfassungsbefugnisse der CETA-Gremien für die Vertragsparteien unmittelbar völkerrechtlich verbindlich sind, ohne dass es einer weiteren Annahme der Vertragsparteien nach Art. 218 Abs. 6 AEUV bedarf.[88]

3. CETA als gemischtes Abkommen

Die Befugnisdelegation auf die CETA-Gremien erfolgte durch völkerrechtlichen Vertrag zwischen der EU, den Mitgliedstaaten und Kanada und damit durch ein gemischtes Abkommen. Die Legitimation für das CETA wird daher ebenenübergreifend bereitgestellt. Die Anwendbarkeit des unionsrechtlichen Legitimationssystems bezieht sich nur auf die Bereiche des Abkommens, die in die Kompetenzen der EU fallen. Für den Bereich der nationalen Kompetenzen treten die nationalen Delegations- und Mitwirkungsakte hinzu.

II. Anforderungen an den Delegationsakt

1. Ausreichende Unionskompetenzen

Die Vertragsschließungskompetenzen der EU ermöglichen in den der EU zugeordneten Sachbereichen weitreichende Befugnisausstattungen. CETA ist ein Freihandels- und kein Assoziierungsabkommen, sodass die EU *ultra vires* handelt, wenn mit der Befugnisdelegation an die CETA-Gremien im EU-Kompetenzbereich eine Hoheitsrechtsübertragung einhergeht.

Die Frage der unmittelbaren Wirkung der Beschlüsse der CETA-Ausschüsse ist in CETA nicht explizit geregelt. Art. 30.6 Abs. 1 CETA legt fest, dass CETA keine Rechte und Pflichten für Privatpersonen begründet und nicht in den Rechtsordnungen der Vertragsparteien unmittelbar geltend gemacht werden kann und schließt damit die unmittelbare Wirkung der Abkommensbestimmungen explizit aus. Diese Ausschlussregel wird teils entsprechend für die auf Grundlage des Abkommens erlassenen Beschlüsse angewendet,[89] während teils

---

und Wir. Die Außenbeziehungen der Europäischen Union, 2017, S. 151 (198); die Billigung als Zustimmung der Vertragsparteien verstehend *Grzeszick*, NVwZ 2016, 1753 (1756).

[87] Art. 30.7 Abs. 3 lit. d CETA.
[88] Siehe ausführlich zur Frage der autonomen völkerrechtlichen Verbindlichkeit der CETA-Beschlüsse bereits oben, § 5 B.I.2.
[89] *Weiß*, in: Kadelbach (Hrsg.), Die Welt und Wir. Die Außenbeziehungen der Europä-

für wenige und eng begrenzte Ausnahmefälle von einer Durchgriffswirkung der Beschlüsse der CETA-Gremien ausgegangen wird.[90] Allein die Tatsache, dass die Abkommensbestimmungen selbst nicht unmittelbar wirken, führt nicht zwingend dazu, dass die Beschlüsse selbst diese Fähigkeit nicht aufweisen können, kann aber als ein Indiz in diese Richtung gewertet werden.[91] Die unmittelbare Wirkung der auf Grundlage des Abkommens erlassenen Beschlüsse ist dann ausgeschlossen, wenn aus den Bestimmungen des völkerrechtlichen Vertrags hervorgeht, dass die Vertragsparteien einen den Beschluss durchführenden Rechtsakt wollten. Hierfür spricht, dass Art. 26.3 Abs. 2 CETA festlegt, dass die Beschlüsse des Gemischten CETA-Ausschusses von den Vertragsparteien umzusetzen sind. Verstoßen die Vertragsparteien bei umsetzungsbedürftigen Beschlüssen gegen die Umsetzungsverpflichtung, kann die Vertragsverletzung im Schiedsverfahren festgestellt und sanktioniert werden. Der jeweilige Spruch im Schlussbericht des Schiedspanels ist selbst verbindlich und von den Vertragsparteien umzusetzen.[92] Verstößt die Vertragspartei wiederum gegen diese Umsetzungspflicht, kann der Schiedsspruch nicht unmittelbar in die Rechtsordnung der Vertragsparteien durchgreifen, sondern die andere Vertragspartei ist dazu berechtigt, ihrerseits Verpflichtungen auszusetzen oder einen Anspruch auf Entschädigung geltend zu machen.[93] Insgesamt ist es deshalb überzeugender, von einem Ausschluss der unmittelbaren Wirkung der Beschlüsse der CETA-Gremien auszugehen. Nachdem auch im Übrigen nicht von einer faktischen Hoheitsrechtsübertragung an die CETA-Gremien ausgegangen werden kann, handeln die Unionsorgane diesbezüglich nicht *ultra vires*.

2. Anforderungen an die Ausdrücklichkeit und Bestimmtheit der Befugnisse

Die Regelungen über die Beschlussfassung des Gemischten CETA-Ausschusses stellen sicher, dass er nicht in allen Bereichen Beschlüsse erlassen kann, sondern nur, wenn dies im Abkommen vorgesehen ist.[94] Es existiert keine generelle

---

ischen Union, 2017, S. 151 (171); *Weiß*, EuZW 2016, 286 (287); allgemeiner für Freihandelsabkommen aller Art *Nettesheim*, Umfassende Freihandelsabkommen und Grundgesetz, 2017, S. 17.

[90] So *Grzeszick*, NVwZ 2016, 1753 (1761) unter Verweis auch auf *Fisahn/Ciftci*, KJ 2015, 251 (259), die jedoch auf die völkerrechtliche Verbindlichkeit, nicht auf die unmittelbare Wirkung abstellen.
[91] Siehe bereits oben, § 1 B.II.2.b).
[92] Art. 29.10 Abs. 1 S. 2 iVm. Art. 29.12 CETA.
[93] Art. 29.14 Abs. 1 CETA.
[94] Art. 26.3 Abs. 2 CETA. Anders bspw. Art. 22 Abs. 3 des Assoziierungsabkommens EWG-Türkei (ABl. 1964 P 217/3687), wonach Beschlüsse auch dann gefasst werden können, wenn die Befugnisse nicht ausdrücklich niedergelegt sind: „Mit Beginn der Übergangsphase fasst der Assoziationsrat geeignete Beschlüsse in Fällen, in denen ein gemeinsames Tätig-

Lückenfüllungsklausel zum Erlass von Beschlüssen. Das „Programm" des völkerrechtlichen Vertrags ist in den meisten Fällen hinreichend erkennbar und begrenzt die Beschlussfassungsbefugnisse in ausreichender Weise. Kritisch zu sehen ist, dass der Gemischte CETA-Ausschuss über eine Ausfüllungsklausel alle sonstigen für das Funktionieren der Rechtsbehelfsinstanz erforderlichen Aspekte durch Beschluss regeln kann, ohne dass hierfür gewisse Kriterien niedergelegt sind, die die Befugnisausübung steuern.[95] Eine solche Klausel erschwert es den am Vertragsabschluss beteiligten Parteien, besonders dem Europäischen Parlament, vorherzusehen, welche Gestalt die auf dieser Grundlage hervorgehenden Akte annehmen können. Die Anwendung des Verfahrens nach Art. 218 Abs. 9 AEUV ist in dieser Konstellation bedenklich.

III. Rückkopplungsmöglichkeit der Entscheidungsfindung

In CETA ist die einvernehmliche Beschlussfassung und die Beteiligung eines Unionsvertreters in den Gremien sichergestellt, sodass eine Rückbindung an die Willensbildung der Unionsorgane im Vorfeld der Beschlussfassung ermöglicht wird. Der Unionsvertreter hat den konkreten Beschluss zu blockieren, wenn er nicht mit dem von den Unionsorganen erlassenen Unionsstandpunkt im Einklang steht. Geringfügige Änderungen sind hiervon ausgenommen. Die abstrakt gehaltenen CETA-Bestimmungen zur Verbindlichkeit der Gremienbeschlüsse lassen nicht immer sofort erkennen, welches unionsinterne Mitwirkungsverfahren anwendbar ist. Eine größere Konkretheit kann freilich nicht erwartet werden, da auch die Anforderungen und Verfahren der anderen Vertragspartei(en) unter die Bestimmungen subsumiert werden müssen. Die Unionsorgane haben bei der Auswahl der unionsinternen Rückkopplungsverfahren sicherzustellen, dass durch sie möglichst genau das einheitliche institutionelle Gleichgewicht der Verträge widergespiegelt wird und demokratische Legitimationsanforderungen berücksichtigt werden. Entscheidend sind insbesondere der Sachbereich und die Bedeutsamkeit des jeweiligen Beschlusses.

IV. Grenzen der Befugnisdelegation

Zu prüfen ist, ob die Befugnisse der CETA-Gremien die Grenzen der Delegation überschreiten. Dies ist der Fall, wenn sie den institutionellen Rahmen der

---

werden der Vertragsparteien erforderlich erscheint, um bei der Durchführung der Assoziationsregelung eines der Ziele des Abkommens zu erreichen, und in denen die hierfür erforderlichen Befugnisse in dem Abkommen nicht vorgesehen sind.".
[95] Art. 8.28 Abs. 7 lit. g CETA.

Übereinkunft ändern oder ergänzen oder wesentliche Festlegungen materiellrechtlicher Art ermöglichen.

1. Änderung oder Ergänzung des institutionellen Rahmens der Übereinkunft

Die Befugnis des Gemischten Ausschusses, Sonderausschüsse und sonstige Untergremien einzurichten und ihnen Zuständigkeiten zu übertragen, abzuändern oder selbst zu übernehmen,[96] gehört unproblematisch zur Ausfüllung des bestehenden institutionellen Rahmens. Gleiches gilt für den Erlass einer Geschäftsordnung[97]. Denn diese Befugnisse sind in CETA explizit niedergelegt, betreffen geringfügigere, eher technische Änderungen und können daher an völkervertragliche Gremien delegiert und mithilfe der Standpunktverfahren der Art. 218 Abs. 7 und Abs. 9 AEUV durch den Rat oder die Europäische Kommission begleitet werden.[98]

a) Übergang auf ein multilaterales Investitionsgericht

Eine Änderung oder Ergänzung des institutionellen Rahmens der Übereinkunft könnte in der Entscheidung des Gemischten CETA-Ausschusses liegen, durch Beschluss über den Übergang der Investitionsschiedsgerichtsbarkeit auf ein multilaterales Investitionsgericht zu entscheiden.[99] Auch Gerichte gehören zum institutionellen Rahmen der Übereinkunft. Die Ausübung dieser Befugnis führt dazu, dass dem CETA-Gericht und der CETA-Rechtsbehelfsinstanz in verbindlicher Weise ihre Aufgaben entzogen werden, während ein neues Gericht Befugnisse übertragen bekommt. Diese Änderungsbefugnis ist bedeutsam, da durch sie das Gerichtssystem ausgewechselt wird. Hinzu kommt, dass die Aufgabenzuweisung kaum vorprogrammiert ist, da nicht festgelegt wird, welche Standards der multilaterale Investitionsgerichtshof zu erfüllen hat, ob die Min-

---

[96] Art. 26.1 Abs. 5 lit. a und lit. g CETA.
[97] Art. 26.1 Abs. 4 lit. d CETA.
[98] Siehe hierzu bereits ausführlich oben, § 3 C.III.2.b)cc).
[99] Art. 8.29 CETA. Die Investitionsschiedsgerichtsbarkeit fällt in den zwischen der EU und den Mitgliedstaaten geteilten Kompetenzbereich, wie der EuGH im Singapur-Gutachten (Gutachten 2/15, ECLI:EU:C:2017:376, insb. Rn. 305) feststellte. Der Gemischte CETA-Ausschuss kann diese Befugnis momentan noch nicht ausüben, da die Bestimmungen zur Beilegung von Investor-Staat-Streitigkeiten, da sie nicht vom ausschließlichen Kompetenzbereich der EU gedeckt sind, nicht von der vorläufigen Anwendung umfasst sind. Der EuGH hat den ISDS-Mechanismus selbst und ein späteres multilaterales Investitionsgericht für mit dem Unionsrecht vereinbar erklärt und einen Verstoß gegen die Autonomie der Unionsrechtsordnung abgelehnt, Gutachten 1/17 (CETA), ECLI:EU:C:2019:341, Rn. 108 ff., Rn. 160, Rn. 245, sich jedoch nicht zur die Befugnis des Gemischten Ausschusses geäußert, den Übergang auf ein multilaterales Investitionsgericht zu entscheiden.

deststandards des bestehenden CETA-Investitionsgerichts gelten oder ob die Standards einvernehmlich von den Vertragsparteien festgelegt werden. Dabei geht es unter anderem um Fragen der Unabhängigkeit, der Eignung und Einberufung der Richter, um die Festlegung von Regeln über die Transparenz des Schiedsverfahrens sowie um den Schutz vertraulicher Informationen. Die Ausübung einer solch allgemein gehaltenen Aufgabenzuweisung einer derart bedeutenden Regelung im institutionellen Bereich der Übereinkunft ist nicht mehr nur als Konkretisierung des institutionellen Rahmens zu sehen. Die Entscheidung, das Gerichtssystem auszuwechseln, hält sich nicht innerhalb des bestehenden institutionellen Rahmens, sondern bricht aus dem bestehenden Rahmen, der das Investitionsgericht des völkerrechtlichen Vertrags als zuständiges Gericht ansieht, aus. Damit liegt eine Änderung des institutionellen Rahmens der Übereinkunft vor, die dem Gemischten Ausschuss nicht zur selbstständigen Ausübung übertragen werden darf. Eine solche Änderung muss unter Mitwirkung des Europäischen Parlaments unionsintern im Verfahren des Art. 218 Abs. 6 AEUV erfolgen. Da für die konkrete Beschlussfassung mangels abweichender Regelung die Generalklausel des Art. 26.3 Abs. 2 CETA gilt, die von einer autonomen Verbindlichkeit des Gremienbeschlusses ausgeht, ist kein Platz für die Anwendung des Verfahrens nach Art. 218 Abs. 6 AEUV. Die Delegation verstößt in dieser Hinsicht gegen Unionsrecht.

b) Verfahrensrecht institutioneller Art

Es stellt sich die Frage, inwiefern der Erlass von organisationsinternem Organisationsrecht der Gremien und Gerichte eine Änderung oder Ergänzung des institutionellen Rahmens darstellt.

Der Gemischte CETA-Ausschuss kann die Arbeitsweise des Berufungsgerichts festlegen, indem er ein Sekretariat errichtet, das Berufungsverfahren, sowie die Zurückweisung an die erste Instanz festlegt, Kostenregelungen trifft, die Größe und Besetzung des Berufungsgerichts regelt und die Richtervergütung festlegt.[100] Hierbei handelt es sich um eher technische Aspekte, die hinreichend konkret niedergelegt sind. Der Erlass von Verfahrensrecht im institutionellen Bereich, d.h. betreffend die Gremien und Gerichte, konkretisiert den institutionellen Rahmen der Übereinkunft und erfüllt diesen mit Leben, solange die Ausgestaltung im technischen Bereich erfolgt und die Befugnisse hinreichend konkret niedergelegt sind.

---

[100] Art. 8.28 Abs. 7 lit. a – lit. f CETA.

aa) Verhaltenskodex für Richter

Weitreichender ist die allgemeine Befugnis, einen Verhaltenskodex für Richter festzulegen.[101] Es könnte sich um eine Befugnis handeln, die als wesentliche Befugnis einzuordnen ist und daher die Anwendung des normalen Vertragsschlussverfahrens nach Art. 218 Abs. 6 AEUV unter Zustimmung des Europäischen Parlaments erfordert. An sich handelt es sich um eine Befugnis, die den institutionellen Rahmen der Übereinkunft ausfüllt, indem sie die ordnungsgemäße Durchführung der gerichtlichen Verfahren sicherstellt. Allerdings bezieht sich diese Befugnis auf Garantien, die für ein rechtsstaatlich ausgestaltetes Gerichtsverfahren erforderlich sind und damit auf sensible Regelungsbereiche. Delegierbare Befugnisse sind daher restriktiver auszulegen und der Ermessensspielraum des Gremiums ist einzuschränken. Die Befugnis ist jedoch wenig vorprogrammiert. Bei Vertragsabschluss ist für die am Vertragsschluss beteiligten Unionsorgane lediglich ersichtlich, dass ein solcher Verhaltenskodex die Aspekte der Offenlegungspflichten, Vorgaben für die Unabhängigkeit und die Unparteilichkeit der Mitglieder des Gerichts, sowie Aspekte der Vertraulichkeit enthalten kann, nicht aber, in welche grundsätzliche Richtung diese Befugnisse auszuüben sind. Ein Indiz für die Bedeutsamkeit des Verhaltenskodex ist, dass im Freihandelsabkommen mit Korea der Verhaltenskodex für die Mitglieder des Schiedspanels bereits bei Abschluss des Abkommens im Verfahren des Art. 218 Abs. 6 AEUV von den Vertragsparteien in einem speziellen Anhang niedergelegt wurde.[102] Für CETA kann dieser „Mangel" jedoch dadurch geheilt werden, das Europäische Parlament den Gremienbeschluss annimmt. Die Vorschrift, die die Modalitäten für die Beschlussfassung über den Verhaltenskodex für Richter festlegt, bestimmt abweichend von der Grundregel, dass der Ausschuss den Verhaltenskodex „im Einvernehmen mit den Vertragsparteien" festlegt, sodass eine Auslegung möglich ist, die die Anwendung des normalen Vertragsschlussverfahrens nach Art. 218 Abs. 6 AEUV unter Beteiligung des Europäischen Parlaments sicherstellt.[103]

bb) Festlegung von Standards über den Austausch von Produktwarnungen

Die Befugnis zur Festlegung von Standards über den Austausch von Produktwarnungen des dem Ausschusses für Warenhandel ist in der konkreten Ausge-

---

[101] Art. 8.44 Abs. 2 CETA.
[102] Verhaltenskodex für die Mitglieder des Schiedspanels in Anhang 14-C des Freihandelsabkommens zwischen der EU und Korea (Abl. 2011 L 127/39).
[103] So bereits *Weiß*, in: Kadelbach (Hrsg.), Die Welt und Wir. Die Außenbeziehungen der Europäischen Union, 2017, S. 151 (192).

staltung im Hinblick auf die Wesentlichkeit ebenfalls problematisch.[104] Sie betrifft mit dem Informationsaustausch grundsätzlich einen Mechanismus, der eigentlich zu den institutionellen Bestimmungen zählt und die Wirksamkeit der materiell-rechtlichen Bestimmungen sicherstellen soll.[105] Der Ausschuss muss sich in Ausübung dieser Befugnis an gewisse Vorgaben halten und insbesondere die Art der auszutauschenden Informationen, die Austauschmodalitäten sowie Regelungen zum Schutz personenbezogener Daten und der Geltung des Vertraulichkeitsgrundsatzes festlegen. Problematisch erscheint, dass sich auch hier eine Regelung, die eigentlich der Konkretisierung institutioneller Strukturen zuzuordnen ist, sensible Regelungsbereiche betrifft, insbesondere Regelungen zum Schutz personenbezogener Daten und die Ausübung der Befugnis nicht weiter vorgeprägt ist. Der Gemischte CETA-Ausschuss besitzt daher einen gewissen Spielraum bei der Festlegung der Vorgaben. Die Modalitäten für Produktwarnungen werden unionsintern durch den Unionsgesetzgeber festgelegt (vgl. RL 2001/95), sodass im Lichte des einheitlichen institutionellen Gleichgewichts auch unionsextern das Europäische Parlament einzubeziehen ist. Nachdem die Zustimmung zum Abschluss des Abkommens des Europäischen Parlaments aufgrund der unbestimmten und offenen Befugnisfestlegung nicht auf den konkreten Beschluss fortwirken kann, ist eine erneute Zustimmung unter Anwendung des normalen Vertragsschlussverfahren des Art. 218 Abs. 6 AEUV nötig. Die abweichend von der Generalklausel niedergelegten Verbindlichkeitsregeln für die Festlegung des Beschlusses können jedoch so ausgelegt werden, dass die Verbindlichkeit des Beschlusses erst nach der Beteiligung der Vertragsparteien eintritt und damit das Verfahren nach Art. 218 Abs. 6 AEUV angewendet werden kann.[106]

2. Grenze der Wesentlichkeit

Zu prüfen ist, ob wesentliche Vorschriften der zu regelnden Materie durch die Unionsorgane mit den Vertragspartnern unter Einhaltung der primärrechtlichen Verfahren im völkerrechtlichen Vertrag niedergelegt wurden oder wesentliche Aspekte betreffende Beschlüsse jedenfalls von den Unionsorganen im normalen Vertragsschlussverfahren des Art. 218 Abs. 6 AEUV begleitet werden können.

---

[104] Art. 21.7 Abs. 5 CETA.
[105] Vgl. EuGH, Gutachten 2/15 (Singapur), ECLI:EU:C:2017:376, Rn. 275; abweichend dem materiellen Bereich zuordnend *Nettesheim*, Umfassende Freihandelsabkommen und Grundgesetz, 2017, S. 26.
[106] Art. 21.7 Abs. 5 CETA: „Die Vertragsparteien stellen sicher, dass in diesen Maßnahmen die Art der auszutauschenden Informationen und die Austauschmodalitäten spezifiziert werden, ferner die Geltung des Vertraulichkeitsgrundsatzes und der Regeln zum Schutz personenbezogener Daten.".

Eine Gesamtschau der Befugnisse der CETA-Gremien zeigt, dass diese die roten Linien des Freihandelsabkommens nicht antasten können. Die Befugnisse erlauben weder die Wesensänderung, noch eine Veränderung der Ziele oder der groben Regelungsbereiche des Abkommens. Für die Bereiche des Abkommens, die klassischerweise der Außenhandelspolitik zuzuordnen sind, ist ein restriktiveres Verständnis wesentlicher Befugnisse möglich. Die grundlegenden Gewährleistungen und Prinzipien, wie der Grundsatz der Inländerbehandlung und der Meistbegünstigung, werden von den CETA-Gremien nicht angetastet.

Delegierbar ist beispielsweise die Befugnis, über die Anwendung der Ausnahme für aufsichtsrechtliche Maßnahmen zu entscheiden,[107] da die jeweiligen Maßnahmen hinreichend konkret niedergelegt und ihre Ausübung ausreichend vorgeprägt ist, sodass eine Begleitung über die vereinfachten Mitwirkungsverfahren ausreicht. Vor dem Hintergrund des einheitlichen institutionellen Gleichgewichts spricht auch nichts dagegen, dass der Rat im Verfahren nach Art. 218 Abs. 9 AEUV die Beschlussfassung des Gemischten CETA-Ausschusses zum beschleunigten Abbau von Zollsätzen nach Art. 2.4 Abs. 4 CETA begleitet. Zwar steht dem Gemischten CETA-Ausschuss ein gewisser Spielraum bei der Festlegung des konkreten Zollsatzes zu, jedoch wird der Zollsatz auch unionsintern ohne eine Beteiligung des Europäischen Parlaments allein durch den Rat festgelegt (Art. 31 AEUV), sodass dies auch unionsextern unproblematisch möglich sein sollte.

a) Kategorien des geistigen Eigentums

Zu untersuchen ist, ob die Befugnis des Gemischten CETA-Ausschusses, die Kategorien des geistigen Eigentums zu erweitern und eine Festlegung darüber zu treffen, was unter einer gerechten und billigen Behandlung zu verstehen ist, als wesentliche Befugnis einzuordnen ist, die die Anwendung des normalen Vertragsschlussverfahrens (Art. 218 Abs. 6 AEUV) unter Beteiligung des Europäischen Parlaments erfordert. Der Gemischte CETA-Ausschuss kann weitere Kategorien geistigen Eigentums in die Begriffsbestimmung aufnehmen.[108] Dadurch könnten möglicherweise neue Rechte und Pflichten für die Vertragsparteien entstehen, die im völkerrechtlichen Vertrag noch nicht enthalten sind. Dies ist insbesondere deshalb problematisch, da nicht der Sachbereich Handel betroffen ist, in dem ein größerer Spielraum möglich ist und zudem mit der Festlegung der Kategorien geistigen Eigentums auch der Kern des Regelungsbereichs geistiges Eigentum betroffen ist. Jedoch beziehen sich die Regelungen des geistigen Eigentums auf bestehende Verpflichtungen im TRIPS, über die der Gemischte

---

[107] Art. 13.16 iVm Art. 13.21 CETA.
[108] Art. 8.1 CETA.

CETA-Ausschuss nicht hinausgehen kann. Damit besitzt das Vertragsgremium kaum Ermessensspielraum bei der Ausweitung der Begriffsbestimmung und verändert den Rahmen des völkerrechtlichen Vertrags nicht maßgeblich. Der Beschluss sorgt letztlich nur dafür, dass die Verpflichtungen des CETA mit denen der WTO, konkret des TRIPS, gleichlaufen, begründet hingegen keine neuen Rechte und Pflichten für die Vertragsparteien.[109]

b) Festlegung der gerechten und billigen Behandlung

Die Festlegung des Begriffs der gerechten und billigen Behandlung[110] könnte allerdings dazu führen, dass sich die Schutzstandards der Vertragsparteien ändern und damit neue Verpflichtungen begründet werden. Die Verpflichtung zur gerechten und billigen Behandlung stellt eine Kerngewährleistung im Bereich des Investitionsschutzes dar, sodass der Entscheidungsspielraum des Gremiums zu begrenzen ist. Dies geschieht bereits dadurch, dass Art. 8.10 Abs. 2 CETA Verstöße gegen die gerechte und billige Behandlung auflistet, die eindeutige Vorgaben enthalten und an die sich der Gemischte CETA-Ausschuss zu orientieren hat. Gleichzeitig will auch die Joint Interpretative Declaration der Vertragsparteien zu CETA die Befugnis dahingehend begrenzen, dass es dem Gemischten CETA-Ausschuss nicht möglich ist, neue Schutzstandards zu definieren, sondern lediglich bestehende Standards zu präzisieren, insbesondere um Fehlentwicklungen bei der Auslegung der Investitionsgerichte korrigieren zu können.[111] Solange die Befugnis zur Begriffsfestlegung nicht über die so begrenzt verstandene Auslegungszuständigkeit hinausgeht, reicht die Anwendung der unionsinternen Mitwirkungsverfahren aus, um ein adäquates Legitimationsniveau sicherstellen zu können. Nachdem es sich zwar nicht um eine wesentliche Befugnis handelt, jedoch der sensible Bereich des Investitionsschutzes betroffen ist, ist es sinnvoll, das Europäische Parlament entsprechend den Verfahren im Komitologiebereich frühzeitig einzubeziehen und dem Parlament ggf. zeitlich befristete Einspruchsrechte zu gewähren.

c) Änderung oder Ergänzung bestimmter CETA-Bestimmungen und Anhänge

Problematischer sind die Befugnisse, bestimmte Bestimmungen des Abkommens oder der Anhänge zu ändern oder zu ergänzen.

---

[109] Richtig bereits *Weiß*, in: Kadelbach (Hrsg.), Die Welt und Wir. Die Außenbeziehungen der Europäischen Union, 2017, S. 151 (193 f.).
[110] Art. 8.10 Abs. 3 CETA.
[111] Punkt 6 zum Investitionsschutz im Gemeinsamen Auslegungsinstrument zu CETA vom 27.10.2016 (Abl. 2017 L 11/14).

aa) Aufnahme und Streichung geographischer Herkunftsangaben

Der Gemischte CETA-Ausschuss kann durch Änderung des Anhangs 20-1 neue geschützte geographische Herkunftsangaben aufnehmen oder streichen.[112] Die Streichung kann aber nur dann vorgenommen werden, wenn die geographischen Herkunftsangaben an ihrem Ursprungsort nicht mehr geschützt oder nicht mehr gebräuchlich sind. Ob diese Anforderung vorliegt, hat der Gemischte Ausschuss zu prüfen. Die Prüfung durch den Gemischten CETA-Ausschuss unterliegt gewissen Kriterien, sodass es sich dabei lediglich um eine Durchführung einer bereits niedergelegten Zuständigkeit handelt. Die unionsinterne Mitwirkung kann in solch technischen Fällen unproblematisch nach Art. 218 Abs. 7 AEUV erfolgen, da die Kommission geeignet erscheint, eine solche Prüfung durchzuführen und Erwägungen der demokratischen Legitimation und des institutionellen Gleichgewichts nicht entgegenstehen.

bb) Änderung von Anhängen und Protokollen

Problematischer erscheint die allgemeine Befugnis des Gemischten CETA-Ausschusses, über die Änderung der Anhänge und Protokolle von CETA zu entscheiden.[113] Die Änderungsbefugnis ist in diesem Fall nicht auf einzelne Änderungen reduziert, sondern erfasst eine Reihe von Anhängen und Protokollen. Einige Anhänge sind von dieser Änderungsbefugnis ausgenommen. Dies betrifft Bereiche, die an sich als besonders sensibel bzw. hochpolitisch eingeordnet werden können, wie beispielsweise die Bereiche Investitionen, die Einreise und den Aufenthalt von Geschäftszwecke verfolgenden natürlichen Personen und Finanzdienstleistungen, wobei technische Tätigkeiten wie die Aufstellung einer Liste von Kontaktstellen der Mitgliedstaaten der EU dem vereinfachten Änderungsverfahren unterfallen. Solange durch die Änderung der Anhänge jedenfalls nur Klarstellungen oder Ergänzungen nicht wesentlicher Aspekte des jeweiligen Regelungsbereichs erfasst sind, ist das vereinfachte Änderungsverfahren unproblematisch möglich. Für wesentliche Aspekte ist das normale Änderungsverfahren (Art. 30.2 Abs. 1 CETA iVm Art. 218 Abs. 6 AEUV) anzuwenden.

d) Verbindliche Auslegung der CETA-Bestimmungen

Der Gemischte CETA-Ausschuss hat außerdem die Befugnis, CETA-Bestimmungen für das Investitionsgericht verbindlich auszulegen.[114] Problematisch ist, dass eine verbindliche Auslegung dem Abkommen eine neue Richtung geben

---

[112] Art. 20.22 Abs. 1 CETA.
[113] Art. 30.2 Abs. 2 CETA.
[114] Art. 8.31 Abs. 3 iVm. Art. 8.44 Abs. 3 lit. a, Art. 26.1 Abs. 5 lit. e CETA.

kann,[115] indem eine gewisse Änderung des völkerrechtlichen Vertrags herbeigeführt wird[116]. Durch die Vertragsparteien ist dies nach Art. 30, 31 WVRK möglich, wenn sich die Vertragsparteien einig sind.[117] Durch den Konsens der Vertragsparteien wird unter konkludenter Abänderung des ursprünglichen Rechts neues Recht gesetzt,[118] die Änderung stellt ein subsequent agreement dar.[119] Der Gemischte CETA-Ausschuss ist jedoch nicht zwingend mit den Vertragsparteien gleichzusetzen, da er zwar mit Vertretern der Vertragsparteien besetzt ist, jedoch als einseitig handelndes Vertragsgremium einzuordnen ist.[120] Dabei ist zu berücksichtigen, dass die verbindliche Auslegung der Abkommensbestimmungen vor dem Hintergrund der Flexibilisierung des Abkommens von großer Bedeutung ist.[121] Es erscheint insgesamt sachgerecht, dass Gremien Abkommensbestimmungen auslegen dürfen, wenn sich die Auslegung in den bereits im Abkommen niedergelegten Bahnen hält, nicht überraschend ist und damit in gewissem Ausmaß von den Vertragsparteien bei Vertragsabschluss vorhergesehen werden kann.[122]

V. Zwischenergebnis

Nach dem unionsrechtlichen Legitimationssystem ist die Delegation von Befugnissen an die CETA-Gremien im Wesentlichen mit dem Unionsrecht vereinbar.

---

[115] Siehe zu COPs/MOPs *Churchill*, AJIL 2000, S. 623 (641), wonach eine Interpretation einer *legislation* nahekommen kann.

[116] Vgl. *Sur*, L'Interprétation en Droit International Public, 1974, S. 200 f.

[117] Problematisch ist dies dann, wenn die Vertragsparteien nicht identisch sind, da es keine Verträge zu Lasten Dritter gibt, siehe Art. 31 Abs. 4 WVRK.

[118] Siehe hierzu bereits *Appel*, Das internationale Kooperationsrecht der Europäischen Union, 2016, S. 291 f.

[119] Siehe zu *subsequent agreements* ausführlich ILC, Draft conclusions on subsequent agreements and subsequent practice in relation to the interpretation of treaties, 2018, in: Yearbook of the International Law Commission, 2018, vol. II, Part Two.

[120] Generell kritisch zur Auslegungszuständigkeit von Vertragsorganen *Dörr*, in: Dörr/Schmalenbach, Vienna Convention on the Law of Treaties, 2012, Art. 31 WVRK, Rn. 19, unter Berufung auf eine Feststellung des StIGH, wonach es ein etablierter Grundsatz sei, dass nur die Partei den Vertrag verbindlich auslegen kann, die ihn auch ändern kann; eine strikte Bindung der Gremienbeschlüsse an die Grenze der Auslegung nach Art. 31 WVRK ablehnend *Weiß*, in: Kadelbach (Hrsg.), Die Welt und Wir. Die Außenbeziehungen der Europäischen Union, 2017, S. 196.

[121] So bereits *Appel*, Das internationale Kooperationsrecht der Europäischen Union, 2016, S. 307.

[122] So ausdrücklich für Vertragsgremien *Appel*, Das internationale Kooperationsrecht der Europäischen Union, 2016, S. 307 unter Verweis auf *Frowein*, in: Hafner et al. (Hrsg.), Liber amicorum 1998, S. 201 (217 f.), der ähnliche Grenzen bereits für die Vertragsänderung unter Verwendung des Amendment-Verfahrens aufgestellt hat.

Lediglich die Befugnis, den Übergang der Investitionsschutzzuständigkeit auf einen nicht näher beschriebenen multilateralen Investitionsgerichtshof zu beschließen, ändert den bestehenden institutionellen Rahmen und darf nicht an Vertragsgremien zur selbstständigen Wahrnehmung delegiert werden. Die Befugnisse über die Festlegung eines Verhaltenskodex für Richter und die Festlegung von Standards über den Austausch von Produktwarnungen sind als wesentliche Befugnisse einzuordnen, die die Annahme des Europäischen Parlaments im Verfahren des Art. 218 Abs. 6 AEUV erfordern, da sie sensible Bereiche mit Grundrechtsrelevanz betreffen und die Befugnisausübung durch das Gremium nahezu nicht vorprogrammiert ist. Da die Beteiligung des Europäischen Parlaments im Verfahren des Art. 218 Abs. 6 AEUV durch eine entsprechende Auslegung der speziellen Vorschrift im Abkommen über das Beschlussfassungsverfahren sichergestellt werden kann, wird ein angemessenes Legitimationsniveau erzielt, sodass ein Verstoß gegen Unionsrecht nicht vorliegt. Auch die Befugnisse zur Festlegung des Begriffs der gerechten und billigen Behandlung und der Kategorien des geistigen Eigentums betreffen sensible Politikbereiche, die Befugnisausübung durch das Gremium wurde bei Vertragsabschluss durch die Vertragsparteien allerdings präziser gesteuert. Werden die Befugnisse restriktiv ausgelegt, reicht die Mitwirkung der Unionsorgane im Verfahren des Art. 218 Abs. 9 AEUV aus. Es ist sinnvoll, das Europäische Parlament im Vorfeld der Festlegung solch sensibler Standpunkte entsprechend den Verfahren im Komitologiebereich frühzeitig einzubinden.

C. Abgrenzung und Ausblick: Multilaterale Gremienstrukturen

Die Ausführungen haben gezeigt, dass aufgrund des Einflusses der Unionsorgane auf die Beschlüsse in bilateralen Gremienstrukturen die Öffnung gegenüber dem Völkerrecht bei gleichzeitiger Wahrung der Autonomie der Unionsrechtsordnung und des Prinzips der demokratischen Legitimation relativ mühelos gelingt. Die Einrichtung völkervertraglicher Gremien bilateraler Natur mit Beschlussfassungsbefugnissen ist aus legitimatorischer Sicht nicht ebenso problematisch wie bei Gremien multilateraler Natur mit Mehrheitserfordernissen, da in der ersten Konstellation die Ausübung der Beschlussfassungstätigkeit über die Einvernehmlichkeitsentscheidung an die Willensbildung der Unionsorgane rückgebunden werden kann.[123] Dies wird nochmals besonders deutlich, wenn in

---

[123] Siehe zum Verhältnis zwischen Konsensprinzip und Demokratieprinzip *von Ungern-Sternberg*, Demokratie und Völkerrecht – Zur demokratischen Legitimation nationaler und internationaler Rechtserzeugung, Habilitationsschrift [bisher unveröffentlicht], S. 218 ff. sowie zur Schwächung des Konsensprinzips durch Mehrheitsentscheidungen S. 245 f.

Abgrenzung dazu multilaterale Gremienstrukturen mit Mehrheitsentscheid in den Blick genommen werden. Auch multilateralen Gremien kommen in der Praxis vereinzelt verbindliche Beschlussfassungsbefugnisse zu.[124] Hier ist die EU jedoch eine Vertragspartei von Vielen. Würden in diesen Fällen Mehrheitsbeschlussfassungen ohne Einspruchsmöglichkeit erlaubt, könnte die EU überstimmt werden, sodass Beschlüsse gegen den Willen der EU zustande kommen könnten.[125] Das Risiko, die jeweiligen Verantwortungs- und Kontrollzusammenhänge nicht mehr realisieren zu können und damit das Prinzip der demokratischen Legitimation zu gefährden, ist in solchen Konstellationen deutlich höher als im bilateralen Bereich. Denn mit der Veränderung der Strukturen und Entscheidungsverfahren verändert sich auch der Verantwortungs- und Kontrollzusammenhang, der mithilfe der im Unionsrecht niedergelegten Mechanismen erzielt werden kann.[126] Befugnisse können nur solange delegiert werden, wie der unionsrechtliche Verantwortungs- und Kontrollzusammenhang gewahrt werden kann, sodass eine Veränderung dieses Kontrollzusammenhangs zu einer Veränderung delegierbarer Befugnisse führt. Im Folgenden geht es darum, die Verantwortungs- und Kontrollmechanismen des Unionsrechts für die Befugnisdelegation an multilaterale Gremien darzustellen. Auch wenn multilaterale Gremienstrukturen nicht Kern der Arbeit sind, verdeutlicht die Abgrenzung doch in besonderer Weise die besonderen Verantwortungs- und Kontrollmechanismen im Rahmen von bilateralen Vertragsstrukturen und die dadurch erzeugte inhaltliche Nähe der Beschlüsse zum Unionsrecht. Außerdem wird ersichtlich, welche Problemkreise zu beachten sind, sollte die EU selbst an institutionellen Formen der Zusammenarbeit mitwirken wollen, die einen Grad an Intensität erreichen, der Ähnlichkeiten mit dem in der Union erreichten Standard aufweist.

---

[124] Im Völkerrecht sind verbindliche Handlungsformen nicht die Regel, sondern die Ausnahme, siehe hierzu *Blokker*, Netherlands Yearbook of International Law 2000, S. 3 (6 ff.), der als Ausnahme das durch den UN-Sicherheitsrat gesetzte Recht und decisions der EU nennt.

[125] In der Praxis sind Mehrheitsentscheidungen in der Regel mit Einspruchsmöglichkeiten bzw. opt-out-Verfahren kombiniert, siehe Beispiele bei *Tomuschat*, in: von der Groeben/Schwarze, 6. Aufl. 2003, Art. 281 EGV, Rn. 50 und *Gilsdorf*, EuZW 1991, 459 (461).

[126] Siehe zum Zusammenhang zwischen der Organisationsstruktur und den Entscheidungsverfahren, dem Umfang der Aufgabendelegation und dem Grad der politischen Verselbstständigung BVerfGE 123, 267 (364) – Lissabon und oben, § 4 A.I.1.d); diesen Zusammenhang spiegelt auch das heutige Verständnis der *Meroni*-Doktrin und das dahinterstehende Prinzip des institutionellen Gleichgewichts wieder, siehe hierzu oben, § 4 A.II. und § 4 A.III.

I. Ursprungskontrolle und Eingliederung in die Unionsrechtsordnung

Aus den Anwendungsbereichen der unionsinternen Mitwirkungsverfahren hat sich ergeben, dass eine Delegation von Befugnissen an völkervertragliche Gremien ohne eine entsprechende Mitwirkung und Einflussnahme der Unionsorgane nicht möglich ist. Dieser Grundsatz gilt auch für die Mitwirkung an Gremien mit Mehrheitsentscheid.

1. Anwendbarkeit unionsinterner Standpunktverfahren

Das heutige unionsinterne Standpunktverfahren des Art. 218 Abs. 9 AEUV war ehemals auf bilaterale Assoziierungsabkommen begrenzt, findet nun aber auf Gremien in Abkommen aller Art Anwendung, d. h. auch auf multilaterale Abkommen und Gründungsabkommen internationaler Organisationen.[127] Dieses weite Verständnis korrespondiert mit der Praxis der Unionsorgane. Ursprünglich schloss sich die Kommission für den Abschluss von WTO-Waivern dem entsprechenden Konsens in der WTO an, ohne den Rat formell zu diesem Zweck zu befassen. Diese Praxis änderte sich – vermutlich auch aufgrund der bestehenden Unsicherheiten im Hinblick auf die Reichweite der Erweiterung des Anwendungsbereichs auf wirklich alle Gremien – nicht schon nach dem Vertrag von Nizza, sondern erst kurz nach dem Inkrafttreten des Vertrags von Lissabon im Jahr 2010.[128] Diese Praxis sorgt dafür, dass einerseits die gesetzgeberische Prärogative des Rates nun im Vorfeld aller Gremienbeschlüsse geschützt wird und eine materielle Rechtsgrundlage für den jeweiligen Standpunktbeschluss angegeben werden muss[129]. Das Standpunktverfahren wird seit dem Jahre 2006 auch im Zusammenhang mit MEAs angewendet.[130] Die Europäische Kommis-

---

[127] *Schmalenbach*, in: Calliess/Ruffert, 5. Aufl. 2016, Art. 218 AEUV, Rn. 30; *Giegerich*, in: Pechstein/Nowak/Häde, 2017, Art. 218 AEUV, Rn. 161; *Mögele*, in: Streinz, 3. Aufl. 2018, Art. 216 AEUV, Rn. 10; siehe auch Europäische Kommission, Vademecum on the External Action of the European Union, SEC(2011)881/3, S. 25. Mit der Herausnahme der Begrenzung auf Assoziierungsabkommen sollte ursprünglich zunächst eine Erstreckung des Standpunktverfahrens auf den Assoziierungsabkommen ähnliche bilaterale Abkommen mit institutionellen Strukturen erreicht werden, siehe nur die Aufzeichnungen der Konferenz der Vertreter der Regierungen der Mitgliedstaaten im Vorfeld des Nizza-Vertrags, SN 2705/00, S. 5; so auch *Hoffmeister*, in: van Vooren/Blockmans/Wouters (Hrsg.), The EU's Role in Global Governance, S. 145 (153).

[128] Näher zu dieser Entwicklung und auch zum parallelen Vorgehen für das ordentliche Gesetzgebungsverfahren *Hoffmeister*, in: van Vooren/Blockmans/Wouters (Hrsg.), The EU's Role in Global Governance, S. 145 (153 f.).

[129] Anhand des Beispiels des LDC services waiver *Hoffmeister*, in: van Vooren/Blockmans/Wouters (Hrsg.), The EU's Role in Global Governance, S. 145 (154).

[130] Commission Staff Working Document, Proposal and adoption of decisions having le-

sion stellte außerdem in einem Grundsatzdokument im Jahre 2011 ausdrücklich klar, dass Unionsstandpunkte nach dem Verfahren des Art. 218 Abs. 9 AEUV auch anlässlich rechtswirksamer Akte von Gremien aus multilateralen Abkommen oder internationalen Organisationen vorbereitet werden müssen.[131]

Die unionsinternen Mitwirkungsverfahren nach Art. 218 Abs. 7 und Abs. 9 AEUV sind ihrem Wortlaut nach nicht auf konsensuale Beschlussfassungen begrenzt und damit auch auf Mehrheitsentscheidungen völkervertraglicher Gremien anwendbar. Mit der Möglichkeit, den Standpunkt durch Unionsvertreter im Gremium vertreten zu können, muss zwar die Beteiligung eines Vertreters der EU oder der Mitgliedstaaten, jedoch nicht zwingend auch eine Blockademöglichkeit des Gremienbeschlusses einhergehen. Die Anwendung der unionsinternen Verfahren der Art. 218 Abs. 7, Abs. 9 AEUV auch im multilateralen Bereich lässt den Schluss zu, dass die Delegation von Beschlussfassungsbefugnissen an völkervertragliche Gremien aus multilateralen Abkommen bzw. an Organe internationaler Organisationen mit Mehrheitsentscheid grundsätzlich möglich ist, solange Unionsvertreter Einfluss auf die Beschlussfassung nehmen können.

2. Allgemeiner Unionsstandpunkt und Spielraum des Unionsvertreters

Auch bei multilateralen Gremienbeschlüssen binden die Unionsorgane den Unionsvertreter an ihre Willensbildung. Aufgrund der Beteiligung mehrerer Vertragsparteien ist es allerdings nicht immer möglich, einen konkreter Entwurf für den Gremienbeschluss zu erarbeiten, sodass die Verhandlungen des Beschlussentwurfs häufig erst unmittelbar vor der jeweiligen Beschlussfassung stattfinden.[132] Der Ratsbeschluss ist in dieser Konstellation in der Regel allgemeiner gehalten, um dem Vertretungsberechtigten der Union einen gewissen Verhandlungsspielraum einzuräumen.[133] Durch die möglichen inhaltlichen Veränderungen im Laufe der internationalen Verhandlungen ist nicht in gleicher

---

gal effects in the context of Multilateral Environmental Agreements (MEAs) v. 13.6.2006, 10707/06 ENV 369, S. 3 f.; siehe beispielhaft zur Basler Konvention COM(2019)11 final.

[131] Europäische Kommission, Vademecum on the External Action of the European Union, SEC(2011)881/3, insb. S. 25 f.

[132] Siehe zur Kooperation in internationalen Organisationen in der Praxis *Schwichtenberg*, Die Kooperationsverpflichtung der Mitgliedstaaten der Europäischen Union bei Abschluss und Anwendung gemischter Verträge, 2014, S. 198; vgl. auch Europäische Kommission, Vademecum on the External Action of the European Union, SEC(2011)881/3, S. 27 ff.

[133] Europäische Kommission, Vademecum on the External Action of the European Union, SEC(2011)881/3, S. 29; siehe auch *Schwichtenberg*, Die Kooperationsverpflichtung der Mitgliedstaaten der Europäischen Union bei Abschluss und Anwendung gemischter Verträge, 2014, S. 198.

Weise wie im bilateralen Verhältnis sichergestellt, dass der Gremienbeschluss dem Unionsstandpunkt exakt entspricht. Dies bedeutet, dass der Gremienvertreter zwar nicht eigenmächtig über den Gremienbeschluss entscheiden kann, jedoch deutlich größere Entscheidungsspielräume besitzt als im bilateralen Verhältnis.

3. Auswirkungen auf die Ursprungs- und die Einlasskontrolle

Hinzu kommt, dass der Unionsvertreter im Gremium – je nach Ausgestaltung im völkerrechtlichen Vertrag – nicht mehr in allen Fällen das Zustandekommen des Beschlusses blockieren kann. Der Beschluss durchläuft nicht mehr zwingend den „Filter" des unionsinternen Standpunktverfahrens.[134] Dies führt dazu, dass die sachliche Ausgewogenheit des Regelungsinhalts nicht mehr durchweg gewährleistet werden kann.[135] Würde ein solcher Beschluss automatisch als integraler Bestandteil in die Unionsrechtsordnung eingegliedert werden, würden ohne weitere Kontrolle Beschlüsse in die Unionsrechtsordnung integriert, die möglicherweise gegen den Besitzstand (sog. acquis communautaire) der EU verstoßen. Aufgrund dessen ist es abzulehnen, die allgemein gehaltene Rechtsprechung des EuGH zur integralen Bestandteilseigenschaft auf Organbeschlüsse mit Mehrheitsentscheid zu übertragen.[136] Zwar wurde die einvernehmliche Beschlussfassung nie als konstitutiv für die Zuweisung der integralen Bestandteilseigenschaft bezeichnet,[137] jedoch ist eine Gleichstellung von Beschlüssen, die mit Mehrheit erlassen wurden, mit völkerrechtlichen Verträgen schwerer begründbar. Die fehlende Ursprungskontrolle erfordert jedenfalls eine Veto-Position der Union oder eine opting-out-Möglichkeit im Gremium, bevor Wirkungen in der Unionsrechtsordnung eintreten können.[138]

II. Gerichtliche Kontrolle

Mit der Gefahr, dass der Gremienbeschluss dem Unionsstandpunkt nicht mehr zwingend entspricht, geht die Problematik der schwindenden gerichtlichen Kontrolle einher. Entspricht der Gremienbeschluss nicht mehr zwingend dem

---

[134] *Gilsdorf*, EuZW 1991, 459 (461).

[135] *Tomuschat*, in: von der Groeben/Schwarze, 6. Aufl. 2003, Art. 281 EGV, Rn. 50.

[136] Schon früh *Tomuschat*, in: von der Groeben/Thiersing/Ehlermann, 5. Aufl. 1997, Art. 281 EGV, Rn. 50; Zweifel sogar an der Übertragbarkeit auf andere Assoziierungsabkommen äußernd *Mögele*, in: Streinz, 3. Aufl. 2018, Art. 217 AEUV, Rn. 25; anders *Gilsdorf*, EuZW 1991, 459 (461) und *Vedder*, EuR 1994, 202 (214).

[137] *von Bogdandy/Arndt/Bast*, ZaöRV 2002, 77 (147).

[138] *von Bogdandy/Bast/Arndt*, ZaöRV 2002, 71 (148); siehe hierzu bereits ausführlich in kompetenzrechtlicher Hinsicht oben, § 2 A.II.1.b)bb).

Standpunktbeschluss, den die Unionsorgane vor der Beschlussfassung im völkervertraglichen Gremium erlassen haben, kann eine indirekte Überprüfung des Gremienbeschlusses über den Standpunktbeschluss nicht mehr in jedem Fall erfolgen. Dementsprechend muss auch aus rechtsstaatlichen Erwägungen die Eingliederung in die Unionsrechtsordnung unter dem Vorbehalt stehen, dass die Union in den Gremien eine Veto-Position oder zumindest eine opting-out-Möglichkeit besitzt.[139]

III. Art und Reichweite delegierbarer Befugnisse

Die aufgezeigte schwächere Rückbindung des Gremienbeschlusses mit Mehrheitsentscheid an die Unionsorgane führt dazu, dass höhere Anforderungen an und Grenzen für solche Befugnisdelegationen zu stellen sind, als dies im bilateralen Bereich der Fall ist. Dies gilt bereits für die unionsrechtliche Ermächtigung, an solchen Gremien mit Mehrheitsentscheidungen mitzuwirken.[140] Die Union müsste durch Hoheitsrechtsübertragung die Direktwirkung der Organakte anerkannt haben.[141] Hoheitsrechtsübertragungen sind im Unionsrecht bisher allerdings nur auf Grundlage des Art. 217 AEUV und nur solange möglich, wie die EU die Hand auf dem Zustandekommen der Beschlüsse hat. Das bedeutet, dass die EU noch keine Kompetenzen hat, sich verbindlichen Mehrheitsbeschlüssen zu unterwerfen, die unmittelbare Wirkung entfalten können. Die EU hat bei der Teilnahme an Gremien, die zum Erlass von Mehrheitsentscheidungen befugt sind, darauf zu achten, dass die unmittelbare Wirkung der Beschlüsse im Abkommen ausgeschlossen ist. Häufig schließen jedoch bereits die strukturellen Besonderheiten multilateraler Gremien die unmittelbare Wirkung aus.[142] Im Gegensatz dazu stellt das Unionsrecht für den bilateralen Bereich hinreichende Mechanismen zur Verfügung, über die die Unionsorgane auch bei Gremienbeschlüssen mit unmittelbarer Wirkung einen ausreichenden Verantwortungs- und Kontrollzusammenhang realisieren können.

---

[139] *von Bogdandy/Bast/Arndt*, ZaöRV 2002, 77 (148) mwN; anders *Gilsdorf*, EuZW 1991, 459 (462).

[140] *Vedder*, EuR 1994, 202 (214); *Gilsdorf*, EuZW 1991, 459 (462); das Erfordernis der Lösung über die Kompetenzfrage andeutend bereits *Weis*, EuR 1977, 278 (281 f.); siehe allgemein zu Kompetenzfrage betreffend die Mitwirkung der EU in internationalen Organisationen und multilateralen Vertragsregimen *Wessel*, Journal of European Integration 2011, 621 (623 ff.).

[141] *Vedder*, in: Randelzhofer/Scholz/Willke (Hrsg.), Gedächtnisschrift für Eberhard Grabitz, 1995, S. 795 (798 ff.).

[142] *Gilsdorf*, EuZW 1991, 459 (462).

§ 6 Gesamtergebnis der Untersuchung

A. Schlussbetrachtung

Das Unionsprimärrecht hält das notwendige Rüstzeug in Form von Kompetenzen und effektiven Entscheidungsverfahren bereit, welches es der EU ermöglicht, eine wichtige Rolle als globaler Akteur zu spielen und dabei gleichzeitig durch hinreichend legitimierte Entscheidungen zu handeln. Die Mitwirkungsverfahren der Unionsorgane schaffen im bilateralen Rahmen einen angemessenen Ausgleich zwischen dem Bedürfnis nach einer effektiven Mitwirkung im Völkerrecht und einer hinreichenden Beteiligung legitimationsstiftender Organe.

Gleichzeitig ist deutlich geworden, dass den Mitgliedstaaten häufig der politische Wille fehlt, die EU auch in der Praxis als effektiven globalen Akteur ins Spiel zu bringen.[1] Dabei sind die Mitgliedstaaten eigentlich über das Prinzip der loyalen Zusammenarbeit, das insbesondere in Art. 4 Abs. 3 EUV niedergelegt ist, verpflichtet, die EU bei der Erfüllung der sich aus den Verträgen ergebenden Aufgaben zu unterstützen.

Stattdessen drängen die Mitgliedstaaten auf eine immer stärkere Beteiligung nationaler Parlamente in den Außenbeziehungen. Dies wird beispielsweise durch die Herbeiführung gemischter Abkommen in Bereichen erzielt, in denen die EU eigentlich rechtlich alleine handeln könnte. Dies birgt wiederum die Gefahr von Ratifikationsproblemen, die das Ansehen und die Glaubwürdigkeit der EU als globaler Akteur schwer beschädigen können. Die bereits bekannten Probleme bei dem Abschluss gemischter Abkommen setzen sich außerdem bei ihrer Durchführung durch die Mitwirkung an Gremienbeschlüssen fort. Auch bei der Festlegung von Standpunkten im Kompetenzbereich der EU ist das Bestreben erkennbar, durch die künstliche Herbeiführung einer konsensualen Beschlussfassung im Rat eine Blockadesituation nationaler Parlamente zu kreieren. Dieses Vorgehen schafft nicht zwingend ein „Mehr" an demokratischer Legitimation, sondern führt dazu, dass die Verantwortung für die konkrete Entscheidung verwischt und die Beschlussfassung im Rat erschwert wird. Der

---

[1] *Giegerich*, ZEuS 2017, 397 (420).

Wunsch nach mehr Input-Legitimation kann zu einer völligen Vernachlässigung des Outputs führen, indem Entscheidungsfindungen blockiert werden. Ist die EU nicht mehr in der Lage, einen Mehrwert durch gute Ergebnisse zu erbringen, wird dadurch ihre Gesamtlegitimität gegen Null gehen und die Akzeptanz des Integrationsprojekts insgesamt weiter sinken.[2] Vor dem Hintergrund der wachsenden Euroskepsis und dem Austritt Großbritanniens sollte die EU ihren Bürgern gute Ergebnisse präsentieren können. Die Lösung sollte daher sein, das Europäische Parlament als unabhängige Quelle demokratischer Legitimation auch in den auswärtigen Beziehungen der EU ernster zu nehmen, anstatt über eine konsensuale Beschlussfassung im Rat eine Veto-Möglichkeit für alle nationalen Parlamente der Mitgliedstaaten zu schaffen. Das Europäische Parlament hat nicht nur dem Abschluss völkerrechtlicher Abkommen mit institutionellen Strukturen zuzustimmen und ist aufgrund dessen intensiver auch in die Aushandlung völkerrechtlicher Verträge einzubeziehen, sondern übt einen gewissen Einfluss auch bei der Umsetzung völkerrechtlicher Verträge anlässlich völkervertraglicher Gremienbeschlüsse aus. Das Zustimmungsrecht des Europäischen Parlaments bei Vertragsabschluss setzt sich fort, wenn wesentliche Standpunktfestlegungen im institutionellen und materiell-rechtlichen Abkommensbereich anstehen. Außerhalb wesentlicher Beschlüsse sind „weichere" Einflussnahmemöglichkeiten des Europäischen Parlaments vorzuziehen, um eine effektive Entscheidungsfindung im Gremium zu ermöglichen. Ausgangspunkt hierfür sind die Unterrichtungs- und Stellungnahmerechte des Europäischen Parlaments, die beispielsweise eine Kontrolle darüber ermöglichen, ob das Gremium im Rahmen der ihm im völkerrechtlichen Vertrag zugewiesenen Befugnisse handelt. Das Europäische Parlament sollte ein Interpellationsrecht erhalten, mit dessen Hilfe es Befugnisüberschreitungen im Gremium rügen kann. Für Beschlüsse in sensiblen Bereichen ist das Europäische Parlament unter Berücksichtigung der Erfahrungen im Komitologiebereich frühzeitig in die Standpunktfestlegung einzubeziehen. Es wird vorgeschlagen, dem Europäischen Parlament in diesem Bereich befristete Einspruchsrechte bezüglich des Standpunktvorschlags der Unionsorgane zu gewähren. Durch eine verstärkte Einbeziehung des Europäischen Parlaments bestünde außerdem die Chance, dass sich die Unionsbürger im Bereich der auswärtigen Beziehungen der EU durch das Europäische Parlament vertreten fühlen und damit bei der Politikgestaltung auf Unionsebene die „Lücke" zum Einzelnen ein Stück weit verringert werden kann.[3]

---

[2] *Giegerich*, ZEuS 2017, 397 (419 f.).
[3] *Eckes*, I.CON 2014, 904 (924 ff., 929).

Die Zurückhaltung der Mitgliedstaaten bei der Ausschöpfung von Unionskompetenzen hat die Europäische Kommission für umfassende Freihandelsabkommen zu einem Strategiewechsel veranlasst. Handelsabkommen werden in einen umfangreichen EU-only-Vertrag mit Bereichen ausschließlicher Unionszuständigkeit und einem gemischten Investitionsschutzabkommen aufgespalten.[4] Auf diese Weise können jedenfalls Handelsabkommen schnell und effektiv abgeschlossen und umgesetzt werden. Die Probleme verschieben sich dann in den Bereich der Investitionsschutzabkommen.

Letztlich können die EU und ihre Mitgliedstaaten nur durch Zusammenhalt ihre gemeinsamen Interessen und Werte in der Welt als starker globaler Akteur verteidigen.[5] Deshalb sollte das Ziel, Einheit nach innen und nach außen herzustellen, wieder mit voller Kraft angestrebt und einzelne mitgliedstaatliche Interessen zurückgestellt werden. Dies gilt insbesondere in einer Zeit, die aufgrund der nie dagewesenen Herausforderungen auf globaler und nationaler Ebene,[6] wie dem Protektionismus, dem Terrorismus, dem wachsender Migrationsdruck und der sozialen und wirtschaftlichen Ungleichheiten als „neue Epoche internationaler Beziehungen"[7] beschrieben wird. In dieser neuen Welt, die von der Abkehr regelbasierter Systeme geprägt ist, wird die EU umso mehr als starker globaler Akteur benötigt, der die Werte der Demokratie und der Rechtsstaatlichkeit hochhält.

---

[4] Die Europäische Kommission hält sich in ihrem Bericht an das Europäische Parlament, den Rat, den Europäischen Wirtschafts- und Sozialausschuss und den Ausschuss der Regionen über die Umsetzung der handelspolitischen Strategie „Handel für alle" (COM (2017) 491 final) bedeckt und spricht von Freihandelsabkommen als auch „eigenständiger Investitionsschutzabkommen", S. 9. Die Praxis zeigt jedoch klar die Anwendung der Abspaltungslösung, zuerst im Rahmen des Freihandelsabkommens der EU mit Japan (Jefta, ABl. 2018 L 330/3, in Kraft seit 1.2.2019), als auch beispielsweise auf das EU-Vietnam-Freihandelsabkommen das am 12.2.2020 die Zustimmung des Europäischen Parlaments erlangt hat, siehe die Pressemitteilung der Kommission, abrufbar unter: https://trade.ec.europa.eu/doclib/press/index.cfm?id=2114. Siehe zur Aufspaltungslösung *Streinz*, Europarecht, 11. Aufl. 2019, Rn. 1317 und ausführlich *Brauneck*, EuZW 2018, 796 (796 ff.). Die veränderte Strategie der Europäischen Kommission hat auch der Rat zur Kenntnis genommen, siehe Draft Council conclusions on the negotiation and conclusion of EU trade agreements vom 8.5.2018, 8622/18.

[5] Erklärung von Rom, 25.3.2017, abrufbar unter: https://www.consilium.europa.eu/en/press/press-releases/2017/03/25/rome-declaration/pdf [englische Version].

[6] Erklärung von Rom, 25.3.2017, abrufbar unter: https://www.consilium.europa.eu/en/press/press-releases/2017/03/25/rome-declaration/pdf [englische Version].

[7] *Kadelbach*, in: Kadelbach (Hrsg.), Die Welt und Wir. Die Außenbeziehungen der Europäischen Union, 2017, S. 9 (9 ff.).

B. Überblick über die Ergebnisse

Kapitel 1

1. Völkervertragliche Gremien bilateraler Natur sind für die Zwecke dieser Arbeit solche Gremien, die auf Grundlage eines völkerrechtlichen Vertrags geschaffen werden, denen die Unionsseite (EU allein oder neben ihren Mitgliedstaaten) als Vertragspartei neben der Drittstaatsseite angehört. Die Gremien sind mit Vertretern der Unionsseite besetzt und in ihnen gilt das Einvernehmlichkeitsprinzip.

2. Nach einem dualen Verständnis werden die Beschlüsse völkervertraglicher Gremien integraler Bestandteil des Unionsrechts, wenn das Gremium im Einklang mit den im völkerrechtlichen Vertrag niedergelegten Beschlussfassungsbefugnissen und -verfahren gehandelt hat und die Union unter Einhaltung des Standpunktverfahrens einen Standpunkt erlassen hat, mit dem der völkervertragliche Beschluss im Einklang steht. Die Beschlüsse haben das Potential, unmittelbare Wirkung zu entfalten und aufgrund ihres Zwischenrangs sekundäres Unionsrecht, sowie aufgrund des Anwendungsvorrangs entgegenstehendes nationales Recht zu verdrängen.

3. Mit der Delegation von Beschlussfassungsbefugnissen geht eine gewisse Hochzonung von Entscheidungen in das Völkerrecht einher. Durch das Einvernehmlichkeitsprinzip im Gremium verlagern sich die Probleme demokratischer Legitimation auf die Unionsebene.

Kapitel 2

1. Die EU kann auf Grundlage ihrer Vertragsschließungskompetenzen völkervertragliche Gremien einrichten, mit weitreichenden Befugnissen zum Erlass von Beschlüssen ausstatten, die die Vertragsparteien völkerrechtlich binden, im Falle eines Assoziierungsabkommens nach Art. 217 AEUV sogar unmittelbare Wirkung entfalten, solange die „Identität" der EU-Verfassung nicht berührt wird.

a. Inwieweit die Vertragsschließungskompetenzen (Art. 216 Abs. 1 AEUV iVm Art. 3 AEUV) für den konkreten Einrichtungsvorgang ausreichen, hängt von der Art und der Reichweite der Beschlussfassungsbefugnisse der Gremien ab. Die EU handelt *ultra vires*, wenn sie in sachlicher Hinsicht über die ihr zugewiesenen Kompetenzen hinausgeht („Weite" der Kompetenzen) oder Hoheitsrechte an völkervertragliche Gremien außerhalb des Abschlusses von Assoziierungsabkommen delegiert oder bei einer Hoheitsrechtsübertragung nach Art. 217 AEUV gegen ihren Willen an Gremienbeschlüsse gebunden wird („Tiefe" der Kompetenzen).

aa. Die EU kann Gremien ohne Beteiligung der Mitgliedstaaten einrichten, wenn alle Sachbereiche des Abkommens von den EU-Kompetenzen abgedeckt sind und/oder sich der Rat im Bereich geteilter Kompetenzen für ein alleiniges Vorgehen der EU entscheidet. Der Einrichtungsvorgang hat zwingend als gemischtes Abkommen zu erfolgen, wenn wenigstens ein Regelungsbereich in ausschließlich mitgliedstaatliche Kompetenzen fällt (sog. „obligatory mixity").

bb. Die EU kann Hoheitsrechte auf völkervertragliche Gremien nur auf Grundlage der Assoziierungskompetenz des Art. 217 AEUV übertragen und darf sich dabei nicht gegen ihren Willen verbindlichen Organbeschlüssen einer Assoziierung unterwerfen. Hoheitsrechtsübertragungen auf Grundlage anderer Vertragsschließungskompetenzen ergehen *ultra vires*.

b. Die Delegation von Beschlussfassungsbefugnissen an völkervertragliche Gremien verletzt die „Identität" der EU-Verfassung, wenn die Strukturprinzipien der EU wesentlich berührt werden. Dies ist der Fall, wenn durch die Delegation die Aufgaben der Unionsorgane völlig ausgehöhlt werden und die autonome Rechtsordnung der EU abgeschafft wird. Es ist darauf zu achten, dass die institutionelle Struktur der Gremien eine Einflussnahme der Unionsseite ermöglicht und die Befugnisdelegation nicht zu erhebliche Machtverschiebungen zwischen den Unionsorganen untereinander oder zwischen der Union und den Mitgliedstaaten führt.

2. Die Zuständigkeit für die Mitwirkung an Gremienbeschlüssen ergibt sich aus denselben Regeln, die für die Kompetenzbestimmung bei dem Abschluss völkerrechtlicher Verträge herangezogen werden.

a. Liegt der Beschluss im ausschließlichen Kompetenzbereich der EU, ist der Standpunkt von den Unionsorganen festzulegen. Fällt der Beschluss vollständig in Bereiche mitgliedstaatlicher Zuständigkeiten, sind es die Mitgliedstaaten, die einzeln handeln oder nach Abstimmung im Rat unter Beteiligung der Europäischen Kommission einen gemeinsamen Standpunkt festlegen können. Fällt ein Teil des Beschlusses in die ausschließlich mitgliedstaatliche Zuständigkeit, ist die Beteiligung der Mitgliedstaaten im Grundsatz zwingend, solange es nicht um nebensächliche Bestimmungen geht.

b. Betrifft der Beschluss des Vertragsgremiums sowohl Kompetenzbereiche der EU, als auch der Mitgliedstaaten, hat der Rat zunächst als „Rat" den Unionsstandpunkt, in der Regel mit qualifizierter Mehrheit, zu beschließen, gefolgt von einem einstimmigen uneigentlichen Beschluss der im Rat vereinigte Vertreter der Mitgliedstaaten. Hybride Beschlüsse sind zu vermeiden, da diese das qualifizierte Mehrheitserfordernis des Art. 218 Abs. 8 UAbs. 1 AEUV umgehen und die Verantwortlichkeit für den jeweiligen Teil des Standpunktes vermischen.

c. Die Beteiligung der Mitgliedstaaten an der Standpunktfestlegung ist nur dann zwingend, wenn der Beschluss den ausschließlichen Kompetenzbereich der Mitgliedstaaten betrifft oder im geteilten Kompetenzbereich rechtliche Kriterien wie das Subsidiaritätsprinzip oder die Grundsätze des Völkerrechts einem alleinigen Handeln der EU entgegenstehen. Die „facultative mixity" ist bei der Standpunktfestlegung möglichst auszuschließen, um eine effektive Mitwirkung der EU an Gremienbeschlüssen zu gewährleisten.

Kapitel 3

Aus den Anwendungsbereichen der im Umfeld der Gremienbeschlussfassung einschlägigen Verfahrensbestimmungen der Art. 218 Abs. 6, Abs. 7 und Abs. 9 AEUV lässt sich rückschließen, dass weitreichende Befugnisdelegationen an völkervertragliche Gremien möglich sind, solange sichergestellt ist, dass Unionsvertreter an der Beschlussfassung im Gremium beteiligt sind und die institutionelle Struktur der Übereinkunft ändernde oder ergänzende Beschlüsse mit Zustimmung des Europäischen Parlaments gefasst werden.

1. Das Unionsrecht stellt für die Mitwirkung an völkervertraglichen Gremienbeschlüssen zur Änderung, Ergänzung und Weiterentwicklung völkerrechtlicher Verträge mit den Vorschriften der Art. 218 Abs. 6, Abs. 7 und Abs. 9 AEUV verschiedene unterschiedlich komplexe Verfahren bereit, die die Meinungsbildung der Unionsorgane anlässlich der völkervertraglichen Beschlussfassung ermöglichen. Das Vertragsschlussverfahren in Art. 218 Abs. 6 AEUV enthält das aufwendigste Verfahren, bei dem der Rat und das Parlament ihre Zustimmung erteilen müssen. Während die entscheidende Rolle von Rat und Kommission in den vereinfachten Verfahren bestehen bleibt, wird der Einfluss des Parlaments marginalisiert. Im Verfahren des Art. 218 Abs. 9 AEUV beschließt der Rat in der Regel mit qualifizierter Mehrheit auf Vorschlag der Kommission oder des Hohen Vertreters. Im nochmals vereinfachten Verfahren des Art. 218 Abs. 7 AEUV billigt die Kommission nach einer Ermächtigung durch den Rat Änderungen der Übereinkunft im Gremium.

2. Die Anwendungsbereiche der vereinfachten Verfahren der Art. 218 Abs. 7 und Abs. 9 AEUV sind eröffnet, wenn ein Gremium durch eine Übereinkunft eingesetzt wird, die EU an der Beschlussfassung im Gremium durch einen eigenen Vertreter oder über einen Vertreter der Mitgliedstaaten teilnimmt und das Gremium völkerrechtlich verbindliche Akte erlässt, die nicht den institutionellen Rahmen der Übereinkunft ändern oder ergänzen. Eine analoge Anwendung kommt in Betracht, wenn die Einrichtung des Gremiums in Übereinkünften der Mitgliedstaaten im EU-Kompetenzbereich erfolgt ist.

3. Ob anlässlich der Beschlussfassung völkervertraglicher Gremien das Vertragsschlussverfahren nach Art. 218 Abs. 6 AEUV oder eines der vereinfachten Verfahren der Art. 218 Abs. 7 und Abs. 9 AEUV anzuwenden ist, richtet sich

danach, ob ein Beschluss gegeben ist, der den institutionellen Rahmen der Übereinkunft ändert oder ergänzt (Art. 218 Abs. 9 AEUV a.E).

a. Beschlüsse, die den institutionellen Rahmen der Übereinkunft ändern oder ergänzen, sind aufgrund ihrer besonderen Tragweite mit dem förmlichen Abschluss einer neuen Übereinkunft gleichzusetzen, sodass die Vorschriften des Vertragsschlussverfahrens des Art. 218 Abs. 6 AEUV einzuhalten sind. Das Europäische Parlament hat solchen Beschlüssen zuzustimmen. Die EU darf sich an keinem Vertragsregime beteiligen, in dem das Gremium selbstständig durch Beschlüsse die institutionelle Struktur der Übereinkunft ändert oder ergänzt.

b. Der institutionelle Rahmen der Übereinkunft wird geändert oder ergänzt, wenn Beschlüsse strukturelle Änderungen an der Gremienstruktur oder den Entscheidungsbefugnissen der Gremien vornehmen. Sonstige Beschlüsse, die geringfügige oder eher technische Änderungen beinhalten, die bereits im Abkommen niedergelegt sind, können hingegen im verkürzten Verfahren des Art. 218 Abs. 7 oder Abs. 9 AEUV ohne Parlamentsbeteiligung vorbereitet werden.

4. Die offen formulierten Anwendungsvoraussetzungen lassen weitreichende Befugnisdelegationen für den Erlass völkerrechtlich verbindlicher Beschlüsse zu. Die wiederkehrende Einflussmöglichkeit der Unionsorgane durch deren Standpunktfestlegung führt in Verbindung mit dem im bilateralen Bereich vorherrschenden Einvernehmlichkeitsprinzip zu einer Veto-Position der Unionsorgane im Hinblick auf den jeweiligen Gremienbeschluss. Nur für besonders relevante Beschlüsse im institutionellen Bereich des Abkommens, nicht aber im materiell-rechtlichen Bereich ist die Beteiligung des Europäischen Parlaments zwingend vorgesehen.

Kapitel 4

1. Um einer Aushöhlung der Prinzipien demokratischer Legitimation und des institutionellen Gleichgewichts bei der Einrichtung völkervertraglicher Gremien vorzubeugen, sind Inhalt und Grenzen der Befugnisdelegation hinreichend bestimmt festzulegen und sind solche Beschlussfassungsbefugnisse, mit denen wesentliche Änderungen oder Ergänzungen des völkerrechtlichen Vertrags einhergehen, nicht an völkervertragliche Gremien zu delegieren.

a. Das allgemeine Prinzip demokratischer Legitimation verbietet Befugnisdelegationen an völkervertragliche Gremien, wenn ein adäquates Legitimationsniveau der Gremienbeschlüsse nicht sichergestellt werden kann. Die wenig begrenzten Anwendungsbereiche der unionsinternen Mitwirkungsverfahren ermöglichen weitreichende Befugnisdelegationen, für die die unionsinternen Legitimationsmechanismen für die Beschlussfassung völkervertraglicher Gremien nicht in allen Fällen ein adäquates Legitimationsniveau vermitteln.

aa. Die Beschlüsse völkervertraglicher Gremien sind zwar völkerrechtliche Akte, jedoch gelten sie wie Akte der Unionsorgane unmittelbar in der Unionsrechtsordnung und sind von den Unionsorganen unverändert zu beachten und anzuwenden, sodass auch diese Beschlüsse in gewissem Maße der demokratischen Legitimation bedürfen. Das Legitimationsniveau ist dabei aufgrund der Besonderheiten der auswärtigen Beziehungen ein gegenüber dem unionsinternen Niveau abgeschwächtes, da völkerrechtliche Verträge, die Gremien mit Beschlussfassungsbefugnissen errichten, gerade darauf ausgelegt sind, eine eigene Dynamik zu entwickeln und Weiterentwicklungen schnell und flexibel zuzulassen.

bb. Als Mechanismen für die Erzielung eines adäquaten Legitimationsniveaus ist die Beteiligung der Unionsorgane am Delegationsakt des völkerrechtlichen Vertrags, am Mitwirkungsakt der Standpunktfestlegung und -vertretung im Gremium, sowie die Delegation als eigenständiger Legitimationsressource zu berücksichtigen.

(1) Nach dem Legitimationskonzept des Unionsprimärrechts erfolgt die Legitimationsvermittlung primär Input-basiert, zweigleisig über das Europäische Parlament und den Rat (Art. 10 Abs. 2 UAbs. 1 und 2 EUV) und wird durch alternative Legitimationsmechanismen wie beispielsweise der Output-Legitimation, der Transparenz und der Partizipation ergänzt.

(2) Parlament und Rat beeinflusst die Inhalte des völkerrechtlichen Beschlusses vor allem durch die Beiträge im Rahmen der Aushandlung und des Abschlusses des die Befugnisse delegierenden völkerrechtlichen Vertrags. Der Einfluss des Rates setzt sich für jeden Beschluss fort, da er den Standpunkt selbst festlegen (Art. 218 Abs. 9 AEUV) oder zumindest die Entscheidung der Kommission von Bedingungen abhängig machen kann (Art. 218 Abs. 7 AEUV).

b. Das Prinzip des institutionellen Gleichgewichts schließt Befugnisdelegationen aus, die dazu führen, dass Befugnisse an exekutiv besetzte völkervertragliche Gremien übertragen werden, die unionsintern eigentlich der Mitwirkung des Europäischen Parlaments bedürfen.

c. Die aus der Rechtsprechung des EuGH zu internen Befugnisdelegationen entwickelten Anforderungen an den Delegationsakt und die Grenze der Wesentlichkeit sind zum Schutz des Prinzips demokratischer Legitimation und des einheitlichen institutionellen Gleichgewichts in abgeschwächter Weise auch auf die Delegation von Befugnissen an völkervertragliche Gremien anzuwenden.

aa. Auch bei Befugnisdelegationen in den Außenbeziehungen muss ein demokratisch-rechtsstaatlicher Verantwortungszusammenhang gewahrt werden. Hierbei ist eine Abwägung zwischen den Erfordernissen der auswärtigen Beziehungen und den Strukturmerkmalen der Union, besonders der Substanz der Unionsorgane, durchzuführen.

bb. Inhalt und Grenzen der Befugnisdelegation sind so hinreichend bestimmt festzulegen, dass das Europäische Parlament die im Primärrecht festgelegte Legitimationsleistung bei Abschluss des die Gremien errichtenden völkerrechtlichen Vertrags (Art. 218 Abs. 6 AEUV) tatsächlich erbringen kann. Dabei ist ein angemessener Ausgleich zwischen der genauen Konturierung der Beschlussfassungsbefugnisse und der flexiblen Beschlussfassung nötig, da die völkerrechtlichen Gremien gerade wegen letzterer eingesetzt werden. Die Befugnisse der Gremien müssen jedenfalls durch Auslegung aus dem „Programm" des völkerrechtlichen Vertrags entnommen werden können. Ausgeschlossen sind Klauseln, die den völkervertraglichen Gremien nicht umgrenzte Befugnisse zur Lückenfüllung zuweisen.

cc. Das Wesentlichkeitskriterium ist auch bei der Befugnisdelegation an völkervertragliche Gremien als Grenze heranzuziehen.

(1) Der Wesentlichkeitsgrundsatz ergibt sich auch ohne ausdrückliche Regelung unmittelbar aus dem Demokratieprinzip (Art. 2, 10 EUV) und stellt einen tragenden Verfassungsgrundsatz dar, sodass er als äußere Grenze unabhängig von der Art der Befugnisübertragung zu beachten ist. Das Wesentlichkeitskriterium ist als solches bereits im Verfahren des Art. 218 Abs. 9 AEUV angelegt und operabler als die Kategorie der Durchführungs- und Ermessensbefugnisse aus der *Meroni*-Rechtsprechung.

(2) Die Verfahrensvorschriften für die Mitwirkung an Gremienbeschlüssen völkervertraglicher Gremien (Art. 218 Abs. 7, Abs. 9 AEUV) sind vor dem Hintergrund der Prinzipien der demokratischen Legitimation und des institutionellen Gleichgewichts einschränkend dahingehend auszulegen, dass Beschlussfassungsbefugnisse, mit denen wesentliche Änderungen oder Ergänzungen des völkerrechtlichen Vertrags einhergehen, nicht an völkervertragliche Gremien zur selbstständigen Wahrnehmung delegiert werden dürfen. Wesentliche Befugnisse im materiellen Abkommensbereich sind ebenso wie Befugnisse, die den institutionellen Rahmen der Übereinkunft betreffen, Aufgabe des Unionsgesetzgebers. Für solche Befugnisse muss die Annahme bzw. Zustimmung der Vertragsparteien vorgesehen sein. In der EU werden derartige Beschlüsse mit dem förmlichen Abschluss einer neuen Übereinkunft, einem Änderungsvertrag gleichgesetzt, wofür das Verfahren des Art. 218 Abs. 6 AEUV einzuhalten ist.

(3) Bei der Festlegung wesentlicher Befugnisse ist zu berücksichtigen, dass gewisse Änderungen und Ergänzungen des völkerrechtlichen Vertrags für dessen Dynamisierung grundlegend sind. Die Mitwirkung an Gremienbeschlüssen ist im Ausgangspunkt vor dem Hintergrund des einheitlichen institutionellen Gleichgewichts ihrem Gegenstand bzw. Bereich nach auf das jeweilige unionsinterne Äquivalent zu begrenzen, das sich durch dieselbe Organbeteiligung auszeichnet. Daher können jedenfalls Befugnisse an Vertragsgremien delegiert

werden, die unionsintern als delegierte und durchführende Rechtsetzungsbefugnisse eingeordnet werden, nicht hingegen Gesetzgebungsbefugnisse. Nicht delegierbar sind zudem Befugnisse zur Wesensänderung des Abkommens, zur Änderung der Ziele des Abkommens, zur Festlegung bzw. Änderung der konkreten Regelungsbereiche, zur Änderung grundlegender Gewährleistungen, sowie solche Befugnisse, die erhebliche Grundrechtseingriffe ermöglichen.

2. Die Mitwirkung des Bundestags am Abschluss und der Umsetzung gemischter Abkommen ist weder im nationalen, noch im EU-Kompetenzbereich in maßgeblicher Weise zu verstärken.

a. Für die völkerrechtliche Ratifikation der in mitgliedstaatlicher Kompetenz verbliebenen Regelungsbereiche gemischter Verträge ist in der Regel ein Vertragsgesetz in Form eines Zustimmungsgesetzes des Bundes im Verfahren des Art. 59 Abs. 2 S. 1 GG erforderlich, bei Vorliegen einer Hoheitsrechtsübertragung ein Gesetz mit Doppelfunktion nach Art. 24 Abs. 1 GG. Die Beteiligung des Bundestags erfolgt nur dann nach den gesteigerten Anforderungen des Art. 23 Abs. 1 GG mit Zustimmung des Bundesrats, wenn die gemischten Abkommen in einem Ergänzungs- oder sonstigen besonderen Näheverhältnis zum Recht der Union stehen. Hierfür ist ein qualifizierter inhaltlicher Zusammenhang mit dem Integrationsprogramm der EU erforderlich, der bei gemischten Abkommen in der Regel nicht gegeben sein wird.

b. Beschlüsse völkervertraglicher Gremien im nationalen Kompetenzbereich greifen in der Regel nicht unmittelbar in die nationale Rechtsordnung durch, sodass auch vor dem Hintergrund des Prinzips demokratischer Legitimation kein Zustimmungsakt des Bundestags erforderlich ist, bevor völkervertragliche Gremien verbindliche Beschlüsse erlassen, es sei denn der völkerrechtliche Vertrag verlangt ein solches Zustimmungserfordernis ausdrücklich.

aa. Die Mitgliedstaaten sind für die Standpunktfestlegung im nationalen Kompetenzbereich gemischter Abkommen zuständig und können hierfür im Rat einstimmig unter Anwendung des Standpunktverfahrens nach Art. 218 Abs. 9 AEUV Standpunkte beschließen.

bb. Der Bundestag kann die Einhaltung des Integrationsprogramms durch die Unionsorgane überprüfen, indem er in seinen Stellungnahmerechten der §§ 6, 8 EUZBBG auf die Berührung nationaler Kompetenzen hinweist und bei einer drohenden Kompetenzüberschreitung das Erfordernis eines Zustimmungsgesetzes nach Art. 59 Abs. 2 GG oder eine einstimmige Beschlussfassung im Rat anmahnt.

c. Aufgrund der in der Praxis stattfindenden überschießenden Ratifikation des gemischten völkerrechtlichen Vertrags über den nationalen Kompetenzbereich hinaus kommt dem Bundestag bei gemischten Verträgen eine umfassende Blockademöglichkeit des Vertragswerks zu. Für völkerrechtliche Verträge in alleiniger EU-Kompetenz ist der Einfluss des Bundestags auf die sich aus den supranationalen Verflechtungen ergebende Kontrollmöglichkeit des deutschen Regierungsvertreters im Rat begrenzt, die bei gemischten Abkommen zur bereits bestehenden Blockademöglichkeit hinzutritt.

d. Im EU-Kompetenzbereich ist die ausnahmsweise Bindung des Stimmverhaltens des deutschen Vertreters im Rat an ein Gesetz (Art. 23 Abs. 1 S. 2 GG iVm Art. 23 Abs. 1 S. 3, Art. 79 Abs. 2 GG) bzw. einen Beschluss des Bundestags in der Regel nicht erforderlich. Die Einrichtung völkervertraglicher Gremien durch die EU fällt im Regelfall nicht in den Anwendungsbereich des Art. 23 Abs. 1 GG, da sie keine funktional äquivalente Regelung zur Änderung der EU-Verträge darstellt.

aa. Nach neuester Rechtsprechung des BVerfG ist der Anwendungsbereich des Art. 23 Abs. 1 GG auch dann eröffnet, wenn Hoheitsrechte durch die EU auf eine Einrichtung übertragen werden, die im Ergänzungs- oder sonstigen besonderen Näheverhältnis zum Integrationsprogramm der EU steht. In den meisten umfassenden Handelsabkommen fehlt es aber bereits am Kriterium der Hoheitsrechtsübertragung, da in der Regel die unmittelbare Wirkung der Gremienbeschlüsse jedenfalls implizit ausgeschlossen ist und wesentliche Grundrechtsbeeinträchtigungen nur ausnahmsweise zu befürchten sein dürften. Für den Fall einer Hoheitsrechtsübertragung außerhalb der Assoziierungskompetenz nach Art. 217 AEUV, d. h. beispielsweise in einem Handelsabkommen auf Grundlage des Art. 207 AEUV, ist die Neuschaffung einer Kompetenzgrundlage durch eine förmliche Vertragsänderung erforderlich.

bb. Über die in der Literatur neu entwickelte Fallgruppe wesentlicher gemischter Vertragsschlüsse lässt sich eine Anwendung des Art. 23 Abs. 1 GG auf Freihandelsabkommen in der Regel nicht konstruieren.

(1) Auf Grundlage der Integrationsverantwortung und dem Erfordernis der legitimationsvermittelnden Rückkopplung europäischer Entscheidungsmechanismen lässt sich durchaus ein verfassungsrechtlicher Wesentlichkeitsmaßstab ableiten, der es ermöglicht, besonders wesentliche Entscheidungen auch nach einer Kompetenzübertragung nach Art. 23 Abs. 1 S. 2 GG an die EU an eine legitimierende Entscheidung des Bundestags rückzukoppeln. Dieser ist aber restriktiv zu verstehen.

(2) Eine Rückbindung des deutschen Ratsvertreters an einen Beschluss des Bundestags vor dessen Mitwirkung am Abschluss völkerrechtlicher Verträge, die Beschlussfassungsbefugnisse an Gremien delegieren, ist vor dem Hintergrund des verfassungsrechtlichen Wesentlichkeitsvorbehalts nach dem jetzigen Stand des Unionsrechts nur dann erforderlich, wenn die Hoheitsrechtsübertragung in Assoziierungsabkommen, die als solche ja vom Integrationsprogramm gedeckt ist, nach Umfang und Bedeutung so wesentlich ist, dass sie eine erneute Bindung an die Willensbildung des Bundestags nötig macht.

e. Eine verstärkte Rückkopplung des Standpunkts im EU-Kompetenzbereich an den Bundestag über eine einstimmige Beschlussfassung im Rat ist zur Wahrung des demokratischen Legitimationsprinzips nicht erforderlich.

aa. Das Unionsrecht stellt bereits sicher, dass für den Erlass von Gremienbeschlüssen im EU-Kompetenzbereich, die weitreichende institutionelle und materiell-rechtliche Änderungen oder Ergänzungen des völkerrechtlichen Vertrags herbeiführen, über das Verfahren des Art. 218 Abs. 6 AEUV die Zustimmung des Europäischen Parlaments zwingend erforderlich ist. Hinzu kommt, dass der Bundestag umfassend über den Beschlussgegenstand informiert wird und ein Stellungnahmerecht innehat.

bb. Bei Bedarf ist eine verstärkte Einbeziehung des Europäischen Parlaments anzustreben. Bei politisch sensiblen Beschlüssen ist es sinnvoll, das Europäische Parlament im Vorfeld der Beschlussfassung in völkervertraglichen Gremien unter Berücksichtigung der Erfahrungen im Komitologiebereich einzubinden und dem Parlament befristete Einspruchsrechte bezüglich des Standpunktvorschlags der Unionsorgane zu gewähren. Zudem bietet sich ein Interpellationsrecht des Europäischen Parlaments an, mit dem es auf eine drohende Überschreitung des Programms des völkerrechtlichen Vertrags hinweisen kann.

Kapitel 5

1. Das Unionsrecht stellt ein Legitimationssystem zur Verfügung, das ausreichende Mechanismen enthält, um die Delegation weitreichender Beschlussfassungsbefugnisse zur selbstständigen Wahrnehmung an völkervertragliche Gremien bilateraler Art wirksam einzuhegen.

a. Das Legitimationssystem dient dazu, die Einrichtung völkervertraglicher Gremien bilateraler Art durch die EU auf ihre Vereinbarkeit mit dem Unionsrecht zu überprüfen. Es speist sich aus den Wertungen des Prinzips der begrenzten Einzelermächtigung, der vertraglich niedergelegten Kompetenzordnung, der Verfahrensbestimmungen für den Abschluss und die Durchführung völkerrechtlicher Verträge, sowie den unionsverfassungsrechtlichen Prinzipien der demokratischen Legitimation und des institutionellen Gleichgewichts. Es ist auf völkerrechtliche Verträge der EU anwendbar, die völkervertragliche Gremien bilateraler Art errichten und ihnen Beschlussfassungsbefugnisse zur selbstständigen Wahrnehmung übertragen.

b. Das Legitimationssystem setzt sich aus verschiedenen Verantwortungs- und Kontrollmechanismen zusammen, die größtenteils bereits vor der konkreten Befugnisausübung der Gremien einsetzen. Je nach Art und Umfang der Gremienbefugnisse ist im Einzelfall das richtige Verhältnis zwischen dem Maß an Steuerung durch Input und dem Maß an Flexibilität für die Ermöglichung des Outputs zu finden.

c. Die Befugnisdelegation muss sich innerhalb der Vertragsschließungskompetenzen der Unionsorgane halten. Das „Integrationsprogramm" des völkerrechtlichen Vertrags ist hinreichend bestimmt niederzulegen.

d. Die Unionsorgane haben in hinreichender Weise Einfluss auf die Beschlussfassung zu nehmen. Dies erfordert die Besetzung des Gremiums mit einem Unionsvertreter und die Durchführung des jeweils einschlägigen vertraglich niedergelegten Mitwirkungsverfahrens (Art. 218 Abs. 7 oder Abs. 9 AEUV). Der Unionsvertreter kann geringfügige Änderungen des Standpunktes vornehmen, hat jedoch die Grundzüge der Materie unangetastet zu lassen.

e. Unter Berücksichtigung der Erfordernisse der auswärtigen Beziehungen enthält das Unionsrecht angemessenen Rechtsschutz für die Kontrolle der Einrichtung völkervertraglicher Gremien bilateraler Natur. Eine *ex ante*-Kontrolle der Gremienbeschlüsse im Gutachtenverfahren nach Art. 218 Abs. 11 AEUV ist ausgeschlossen. Die Beschlüsse können *ex post* Gegenstand des Vorabentscheidungsverfahrens und indirekt durch eine Kontrolle des Standpunktbeschlusses im Wege der Nichtigkeitsklage überprüft werden, wodurch jedenfalls ihre Eingliederung in die Unionsrechtsordnung verhindert werden kann. Entscheidend ist die Überprüfung der Beschlussfassungsbefugnisse durch die Kontrolle des völkerrechtlichen Vertrags im Gutachtenverfahren und indirekt durch ein Angreifen des Ratsbeschlusses zum Abschluss des Abkommens im Vorabentscheidungsverfahren und über die Nichtigkeitsklage.

f. Die Delegation von Befugnissen, mithilfe derer das Gremium selbstständig den institutionellen Rahmen der Übereinkunft ändern oder ergänzen oder wesentliche Änderungen oder Ergänzungen materieller Art herbeiführen kann, ist ausgeschlossen. Diese relevanten Befugnisse sind mit dem förmlichen Abschluss einer Übereinkunft gleichzusetzen und erfordern die Zustimmung des Europäischen Parlaments im Verfahren des Art. 218 Abs. 6 AEUV.

g. Werden diese Grenzen beachtet, gelingt die Öffnung gegenüber dem Völkerrecht bei gleichzeitiger Wahrung der Autonomie der Unionsrechtsordnung für bilaterale Gremien relativ mühelos.

2. Nach dem unionsrechtlichen Legitimationssystem ist die Delegation von Befugnissen an die CETA-Gremien im Wesentlichen mit dem Unionsrecht vereinbar.

a. Die Befugnis, den Übergang der Investitionsschutzzuständigkeit auf einen nicht näher beschriebenen multilateralen Investitionsgerichtshof zu beschließen, ändert den bestehenden institutionellen Rahmen und darf nicht an die Vertragsgremien zur selbstständigen Wahrnehmung unter Anwendung der unionsinternen Mitwirkungsverfahren der Art. 218 Abs. 7, Abs. 9 AEUV delegiert werden. Diese Festlegung ist unter Beteiligung des Europäischen Parlaments im normalen Vertragsschlussverfahren des Art. 218 Abs. 6 AEUV zu treffen, da ansonsten ein ausreichendes Legitimationsniveau nicht erreicht werden kann. Das Abkommen ermöglicht eine solche Beteiligungsmöglichkeit nicht, sodass die Delegation dieser Befugnis mit dem Unionsrecht unvereinbar ist.

b. Die Festlegung eines Verhaltenskodex für Richter und der Standards über den Austausch von Produktwarnungen sind an sich Befugnisse, die den institutionellen Rahmen der Übereinkunft konkretisieren. In der konkreten Ausgestaltung führt die Befugnisdelegation aber zur Festlegung wesentlicher Entscheidungen, sodass das normale Vertragsschlussverfahren des Art. 218 Abs. 6 AEUV anzuwenden ist. Die Anwendung des Art. 218 Abs. 6 AEUV ist wegen spezifischer Regelungen über die Beschlussfassung im Abkommen auch möglich, sodass ein ausreichendes Legitimationsniveau sichergestellt werden kann.

c. Die vereinfachte Änderung von Anhängen und die Festlegung des Begriffs der gerechten und billigen Behandlung sind im Hinblick auf die Wesentlichkeit nicht ungefährlich, aber durch eine restriktive Auslegung und durch den Erlass detaillierter Standpunkte im Verfahren des Art. 218 Abs. 9 AEUV in den Griff zu bekommen.

d. Die Befugnis zur verbindlichen Auslegung der CETA-Bestimmungen muss sich in den durch das Abkommen vorgeformten Bahnen halten und darf nicht überraschend sein. In diesem Fall reicht eine Begleitung der Befugnis über das Verfahren des Art. 218 Abs. 9 AEUV aus.

3. An völkervertragliche Gremien mit Mehrheitsentscheid ist die Delegation von Beschlussfassungsbefugnissen nicht ebenso weitreichend möglich, da aus legitimatorischer Sicht nicht in gleicher Weise wie bei bilateralen Gremienstrukturen der Verantwortungs- und Kontrollzusammenhang zu den Unionsorganen gewahrt werden kann. Der Mehrheitsentscheid führt dazu, dass der Unionsstandpunkt nicht mehr zwingend mit dem Gremienbeschluss übereinstimmt, sodass dessen Inhalt nicht mehr ursprungskontrolliert werden kann und die gerichtliche Kontrolle maßgeblich beeinträchtigt ist. Dementsprechend kann der Gremienbeschluss in der Unionsrechtsordnung nur dann unmittelbare Wirkung entfalten, wenn eine opting-out-Möglichkeit im Gremium besteht oder die Mitgliedstaaten der EU in der Zukunft die Kompetenz zuweisen, durch Hoheitsrechtsübertragung die Direktwirkung dieser Organakte mit Mehrheitsentscheid anzuerkennen.

Literaturverzeichnis

Akyürek, Metin: Das Assoziationsabkommen EWG – Türkei. Aufenthalt und Beschäftigung von türkischen Staatsangehörigen in Österreich, Wien 2005.

Altemöller, Frank: Perspektiven für das Welthandelssystem. Von multilateraler Integration zu Freihandelsabkommen?, EuZW 2016, 374–379.

Appel, Nicole: Das internationale Kooperationsrecht der Europäischen Union. Eine statistische und dogmatische Vermessung einer weithin unbekannten Welt, Heidelberg 2016.

Arnauld, Andreas von: Das System der Europäischen Außenbeziehungen, in: ders. (Hrsg.), Europäische Außenbeziehungen, EnzEuR Bd. 10, Baden-Baden 2014, § 1 (S. 41–101).

ders.: Beteiligung des Deutschen Bundestages an gemischten völkerrechtlichen Abkommen. Schriftliche Stellungnahme zur Vorbereitung der Anhörung im Ausschuss für Recht und Verbraucherschutz des Deutschen Bundestages, 13. Januar 2016, abrufbar unter: https://www.bundestag.de/resource/blob/401408/a0de796e1196a3932979673e45068b90/arnauld-data.pdf (zuletzt abgerufen am 26.6.2021).

ders.: Beteiligung des Deutschen Bundestages an gemischten völkerrechtlichen Abkommen, AöR 2016, 268–282.

Aston, Jurij Daniel: Sekundärgesetzgebung internationaler Organisationen zwischen mitgliedstaatlicher Souveränität und Gemeinschaftsdisziplin, Berlin 2005.

Barrón, Alban: Der Europäische Verwaltungsverbund und die Außenbeziehungen der Europäischen Union. Verwaltungskooperation mit auswärtigen Partnern, München 2016.

Bast, Jürgen: Grundbegriffe der Handlungsformen der EU entwickelt am Beschluss als praxisgenerierter Handlungsform des Unions- und Gemeinschaftsrechts, Berlin 2006.

Baumgartner, Dirk: Institutionelle Aspekte des AKP-EWG-Abkommens von Lomé, EuR 1978, 105–121.

Bäumler, Jelena: Vom Vertragstext zum Inkrafttreten: Das Vertragsschlussverfahren im Mehrebenensystem am Beispiel CETA, EuR 2016, 607–630.

Becker, Jürgen: Die Partnerschaft von Lomé. Eine neue zwischenstaatliche Kooperationsform des Entwicklungsvölkerrechts, Baden-Baden 1979.

Berger, Michael: Vertraglich nicht vorgesehene Einrichtungen des Gemeinschaftsrechts mit eigener Rechtspersönlichkeit. Ihre Gründung und die Folgen für Rechtsschutz und Haftung, Baden-Baden 1999.

Blockmans, Steven/Wessel, Ramses A.: Principles and practices of EU external representation, CLEER Working Paper 2012/5.

Blokker, Niels: Decisions of International Organizations: The Case of the European Union, Netherlands Yearbook of International Law 1999, 3–44.

ders.: Is the authorization authorized? Powers and practice of the UN Security Council to authorize the use of force by ‚coalitions of the able and willing', EJIL 2000, 541–568.

Böckenförde, Ernst-Wolfgang: Demokratie als Verfassungsprinzip, in: Isensee, Josef/Kirchhof, Paul (Hrsg.), Handbuch des Staatsrechts der Bundesrepublik Deutschland, Band II, 3. Aufl. 2004, § 24, S. 429–496.

Bogdandy, Armin von: Prinzipien der Rechtsfortbildung im europäischen Rechtsraum – Überlegungen zum Lissabon-Urteil des BVerfG, NJW 2010, 1–5.

ders.: Prinzipien von Staat, supranationalen und internationalen Organisationen, in: Isensee, Josef/Kirchhof, Paul (Hrsg.), Handbuch des Staatsrechts der Bundesrepublik Deutschland, Band XI, 3. Aufl., Heidelberg 2013, S. 275–304.

Bogdandy, Armin von/Bast, Jürgen (Hrsg.): Europäisches Verfassungsrecht, 2. Aufl., Dordrecht 2009.

Bogdandy, Armin von/Bast, Jürgen/Arndt, Felix: Handlungsformen im Unionsrecht. Empirische Analysen und dogmatische Strukturen in einem vermeintlichen Dschungel, ZaöRV 2002, 77–161.

Bogdandy, Armin von/Dann, Philipp/Goldmann, Matthias: Developing the Publicness of Public International Law, GLJ 2008, 1375–1400.

Bogdandy, Armin von/Goldmann, Matthias: Die Ausübung internationaler öffentlicher Gewalt durch Politikbewertung. Die PISA-Studie der OECD als Muster einer neuen völkerrechtlichen Handlungsform, ZaöRV 2009, 51–102.

Brauneck, Jens: Abgetrennte EU-Handelsabkommen ohne Beteiligung der Mitgliedstaaten?, EuZW 2018, 796–803.

Breuer, Rüdiger: Die Sackgasse des neuen Europaartikels (Art. 23 GG), NVwZ 1994, 417–429.

Brok, Elmar: Die neue Macht des Europäischen Parlaments nach ‚Lissabon' im Bereich der gemeinsamen Handelspolitik, integration 2010, S. 209–223.

Bueren, Eckart: Grenzen der Durchführungsrechtssetzung im Unionsrecht. Neuerungen nach Lissabon?, EuZW 2012, 167–173.

Bungenberg, Marc: Die Gemeinsame Handelspolitik, parlamentarische Beteiligung und das Singapur-Gutachten des EuGH, in: Kadelbach, Stefan (Hrsg.), Die Welt und Wir. Die Außenbeziehungen der Europäischen Union, Baden-Baden 2017, S. 133–150.

Calliess, Christian/Ruffert, Matthias (Hrsg.): EUV/EGV, Kommentar des Vertrages über die Europäische Union und des Vertrages zur Gründung der Europäischen Gemeinschaft, Neuwied 1999.

dies.: EUV/EGV, Das Verfassungsrecht der Europäischen Union mit Europäischer Grundrechtecharta, Kommentar, 3. Aufl., München 2007.

dies.: EUV/AEUV, Das Verfassungsrecht der Europäischen Union mit Europäischer Grundrechtecharta, Kommentar, 4. Aufl., München 2011.

dies.: EUV/AEUV, Das Verfassungsrecht der Europäischen Union mit Europäischer Grundrechtecharta, Kommentar, 5. Aufl., München 2016.

Chamon, Merijn: EU agencies between Meroni and Romano or the devil and the deep blue sea, CMLRev. 2011, 1055–1075.

ders.: How the concept of essential elements of a legislative act continues to elude the Court. Parliament v Council, CMLRev. 2013, 849–860.

Cheyne, Ilona: International Agreements and the Community Legal Order, ELRev. 1994, 581–598.

Chiti, Edoardo: An Important Part of the EU's Institutional Machinery: Features, Problems and Perspectives of European Agencies, CMLRev. 2009, 1395–1442.

Christiansen, Thomas/Dobbels, Mathias: Non-Legislative Rule Making after the Lisbon Treaty: Implementing the New System of Comitology and Delegated Acts, ELJ 2013, 42–56.

Churchill, Robin R./Ulfstein, Geir: Autonomous Institutional Arrangements in Multilateral Environmental Agreements: A Little-Noticed Phenomenon in International Law, AJIL 2000, S. 623–659.

Classen, Claus Dieter: Die Entwicklung eines Internationalen Verwaltungsrechts als Aufgabe der Rechtswissenschaft, VVDStRL 67 (2008), 365–412.

ders.: Demokratische Legitimation im offenen Rechtsstaat, Tübingen 2009.

ders.: Innere oder äußere Souveränität? – Zum Verständnis der Übertragung von Hoheitsrechten, DÖV 2018, 253–259.

Craig, Paul P.: Delegated Acts, Implementing Acts and the New Comitology Regulation, ELRev. 2011, 671–687.

ders.: EU Administrative Law, 2. Aufl., Oxford 2012.

Dashwood, Alan: Reviewing Maastricht – Issues for the 1996 IGC seminar, London 1996.

ders.: External Relations Provisions of the Amsterdam Treaty, CMLRev. 1998, 1019–1045.

Dehousse, Franklin/Ghemar, Katelyne: Le traité de Maastricht et les relations extérieures de la Communauté européenne, EJIL 1994, 151–172.

Delcourt, Christine: The Acquis Communautaire: Has the Concept had its Days?, CMLRev. 2001, 829–870.

Doehring, Karl: Völkerrecht, 2. Aufl., Heidelberg 2004.

Dörr, Oliver/Schmalenbach, Kirsten (Hrsg.): Vienna Convention on the Law of the Treaties. A Commentary, 2. Aufl., Berlin 2018.

Dreier, Horst (Hrsg.): Grundgesetz-Kommentar, Band 2, 3. Aufl., Tübingen 2015.

Dutzler, Barbara: Der Status der ESZB aus demokratietheoretischer Sicht, Der Staat 2002, 495–522.

Eckes, Christina: How the European Parliament's participation in international relations affects the deep tissue of the EU's power structures, I.CON 2014, 904–929.

dies.: Antarctica: Has the Court got cold feet?, veröffentlicht auf www.europeanlawblog.eu am 3.12.2018, abrufbar unter: https://europeanlawblog.eu/2018/12/03/antarctica-has-the-court-of-justice-got-cold-feet/ (zuletzt abgerufen am 26.6.2021).

dies.: EU Powers Under External Pressure. How the EU's External Actions Alter its Internal Structures, Oxford 2019.

Editorial Comments: Mixed Agreements as a Technique for Organizing the International Relations of the European Community and its Member States, CMLRev. 1995, 385–390.

Eeckhout, Piet: EU External Relations Law, 2. Aufl., Oxford 2011.

Epiney, Astrid: Zur Stellung des Völkerrechts in der EU. Zugleich Besprechung von EuGH, EuZW 1998, 572 – Hermès und EuGH, EuZW 1998, 694 – Racke, EuZW 1999, 5–11.

dies.: Die Rechtsprechung des EuGH im Jahr 2012. Europäisches Verfassungsrecht, NVwZ 2013, 614–621.

Erlbacher, Friedrich: Recent Case Law on External Competences of the European Union: How Member States Can Embrace Their Own Treaty, CLEER Papers 2017/2, S. 1–41.

Fisahn, Andreas/Ciftci, Ridvan: CETA und TTIP: demokratische Bedenken zu einigen Aspekten, KJ 2015, 251–263.

Fischer, Robert: Der Umfang der Befugnis der Europäischen Gemeinschaft zum Abschluß von Handels- und Assoziierungsabkommen, in: Wissenschaftliche Gesellschaft für Europarecht (Hrsg.), Die Aussenbeziehungen der Europäischen Gemeinschaft, Wissenschaftliches Kolloquium am 4. und 5. April 1974 in Bad Ems, KSE Bd. 25, Köln 1975, S. 1–27.

Fischer-Appelt, Dorothee: Agenturen der Europäischen Gemeinschaft. Eine Studie zu Rechtsproblemen, Legitimation und Kontrolle europäischer Agenturen mit interdisziplinären und rechtsvergleichenden Bezügen, Berlin 1999.

Frenzel, Matthias: Sekundärrechtsetzungsakte internationaler Organisationen. Völkerrechtliche Konzeption und verfassungsrechtliche Voraussetzungen, Tübingen 2011.

Frid, Rachel: The Relations between the EC and International Organizations. Legal Theory and Practice, Amsterdam 1995.

From the Board: Litigation on External Relations Powers After Lisbon: The Member States Reject Their Own Treaty, Legal Issues of Economic Integration 2016, 1–14.

Frowein, Jochen A.: Are there Limits to the Amendment Procedures in Treaties Constituting International Organizations?, in: Hafner, Gerhard/Loibl, Gerhard/Rest, Alfred/Sucharipa-Behrmann, Lilly/Zemanek, Karl (Hrsg.), Liber amicorum. Professor Ignaz Seidl-Hohenveldern in honour of his 80th birthday 1998, The Hague [u. a.], S. 201–218.

Gatti, Mauro/Manzini, Pietro: External Representation of the European Union in the conclusion of international agreements, CMLRev. 2012, 1703–1743.

Geiger, Rudolf/Khan, Daniel-Erasmus/Kotzur, Markus (Hrsg.): European Union Treaties, A Commentary, München 2015.

dies.: EUV/AEUV, Vertrag über die Europäische Union und Vertrag über die Arbeitsweise der Europäischen Union, 6. Aufl., München 2017.

Georgopoulos, Theodore: The 'Checks and Balances' Doctrine in Member States as a Rule of EC Law: The Cases of France and Germany, ELJ 2003, 530–548.

Germelmann, Claas Friedrich: Perspektiven bilateraler und regionaler Freihandelsabkommen im Welthandelsrecht, EuZW 2016, 207–212.

Giegerich, Thomas: What Kind of Global Actor Will the Member States Permit the EU to Be?, ZEuS 2017, 397–420.

Gilsdorf, Peter: Die Rechtswirkungen der im Rahmen von Gemeinschaftsabkommen erlassenen Organbeschlüsse. Anmerkungen insbesondere zum Urteil des EuGH in der Rs C-192/89, EuZW 1991, S. 459–464.

Goldmann, Matthias: Inside Relative Normativity: From Sources to Standard Instruments for the Exercise of International Public Authority, GLJ 2008, 1865–1908.

Görisch, Christoph: Demokratische Verwaltung durch Unionsagenturen. Ein Beitrag zur Konkretisierung der europäischen Verfassungsstrukturprinzipien, Tübingen 2009.

Grabitz, Eberhard: Die Stellung der Gemeinschaft und ihrer Organe in internationalen Organisationen, in: Wissenschaftliche Gesellschaft für Europarecht (Hrsg.), Die Aussenbeziehungen der Europäischen Gemeinschaft, Wissenschaftliches Kolloquium am 4. und 5. April 1974 in Bad Ems, KSE Bd. 25, Köln 1975, S. 47–81.

Grabitz, Eberhard/Hilf, Meinhard/Nettesheim, Martin (Hrsg.): Das Recht der Europäischen Union, München, Stand: 69. Ergänzungslieferung, Februar 2020.

Grewe, Wilhelm: Die Auswärtige Gewalt der Bundesrepublik, VVDStRL 12 (1954), S. 9–173.

Groeben, Hans von der/Schwarze, Jürgen (Hrsg.): Kommentar zum Vertrag über die Europäische Union und zur Gründung der Europäischen Gemeinschaft, 6. Aufl., Baden-Baden 2003.

Groeben, Hans von der/Schwarze, Jürgen/Hatje, Armin (Hrsg.): Europäisches Unionsrecht, 7. Aufl., Baden-Baden 2015.

Groeben, Hans von der/Thiersing, Jochen/Ehlermann, Claus-Dieter (Hrsg.): Kommentar zum EU-EG-Vertrag, 5. Aufl., Baden-Baden 1997.

Groß, Thomas: Verantwortung und Effizienz in der Mehrebenenverwaltung, VVDStRL 66 (2007), S. 152–177.

Grzeszick, Bernd: Völkervertragsrecht in der parlamentarischen Demokratie. CETA als Präzedenzfall für die demokratischen Anforderungen an völkerrechtliche Verträge, NVwZ 2016, 1753–1761.

Grzeszick, Bernd/Hettche, Juliane: Zur Beteiligung des Bundestages an gemischten völkerrechtlichen Abkommen, Internationale Freihandelsabkommen als Herausforderung des deutschen Europa- und Außenverfassungsrechts, AöR 2016, 225–267.
Hailbronner, Kay: Kontrolle der auswärtigen Gewalt, VVDStRL 56 (1997), S. 7–34.
Haratsch, Andreas/Koenig, Christian/Pechstein Matthias: Europarecht, 11. Aufl., Tübingen 2018.
Hatje, Armin/Schwarze, Jürgen: Der Zusammenhalt der Europäischen Union, EuR 2019, 153–189.
Heliskoski, Joni: Mixed Agreements as a Technique for Organizing the International Relations of the European Community and its Member States, The Hague 2001.
ders.: Adoption of Positions under Mixed Agreements (Implementation), in: Hillion, Christophe/Koutrakos, Panos (Hrsg.), Mixed Agreements Revisited. The EU and the Member States in the World, Oxford 2010, S. 138–159.
ders.: Case Note, CMLRev. 2011, 555–567.
Hermes, Georg: Legitimationsprobleme unabhängiger Behörden, in: Bauer, Hartmut/Huber, Peter M./Sommermann, Karl-Peter (Hrsg.), Demokratie in Europa, Tübingen 2005, S. 457–488.
Herrmann, Christoph: Die gemeinsame Handelspolitik der Europäischen Union im Lissabon-Urteil, EuR-Beiheft 1/2010, 193–207.
Herrmann, Christoph/Streinz, Thomas: Die EU als Mitglied der WTO, in: von Arnauld (Hrsg.), Europäische Außenbeziehungen, EnzEuR Bd. 10, Baden-Baden 2014, § 11 (S. 587–679).
Hilf, Meinhard: Die Organisationsstruktur der Europäischen Gemeinschaften. Rechtliche Gestaltungsmöglichkeiten und Grenzen, Berlin 1982.
Hilf, Meinhard/Schorkopf, Frank: Das Europäische Parlament in den Außenbeziehungen der EU, EuR 1999, 185–202.
Hillion, Christophe: Mapping-Out the New Contractual Relations between the European Union and Its Neighbours: Learning from the EU-Ukraine Enhanced Agreement, European Foreign Affairs Review 2007, 169–182.
ders.: Mixity and Coherence in EU External Relations: the Significance of the ‚Duty of Cooperation', in: Hillion, Christophe/Koutrakos, Panos (Hrsg.), Mixed Agreements Revisited. The EU and the Member States in the World, Oxford 2010, S. 87–115.
Hoffmann, Rhea Tamara: Das CETA-Urteil des Bundesverfassungsgerichts – Nach der Unterzeichnung ist vor der Ratifikation, ZEuS 2016, 459–477.
Hoffmeister, Frank: Outsider or Frontrunner? Recent Developments under International and European Law on the Status of the European Union in International Organizations and Treaty Bodies, CMLRev. 2007, 41–68.
ders.: The contribution of EU practice to international law, in: Cremona, Marise (Hrsg.): Developments in EU External Relations Law, Oxford 2008, S. 37–96.
ders.: Curse or Blessing? Mixed Agreements in the Recent Practice of the European Union and its Member States, in: Hillion, Christophe/Koutrakos, Panos (Hrsg.), Mixed Agreements Revisited. The EU and the Member States in the World, Oxford 2010, S. 249–268.
ders.: Institutional Aspects of Global Trade Governance from an EU Perspective, in: van Vooren, Bart/Blockmans, Steven/Wouters, Jan (Hrsg.), The EU's Role in Global Governance, Oxford 2013, S. 149–152.
Holterhus, Till Patrik: Die Rolle des Deutschen Bundestags in der auswärtigen Handelspolitik der Europäischen Union – Insbesondere zu den parlamentarischen Einflussmöglichkeiten im völkerrechtlichen Vertragsschlussverfahren, EuR 2017, 234–263.

Huber, Peter M.: Das institutionelle Gleichgewicht zwischen Rat und Europäischem Parlament in der künftigen Verfassung für Europa, EuR 2003, 574–599.

ders.: Offene Staatlichkeit: Vergleich, in: von Bogdandy, Armin/Cruz Villalón, Pedro/Huber, Peter M. (Hrsg.), Handbuch Ius Publicum Europaeum, Bd. II, Heidelberg 2008, S. 403–461.

Hummer, Waldemar: Das „institutionelle Gleichgewicht" als Strukturdeterminante der Europäischen Gemeinschaften, in: Miehsler, Herbert/Mock, Erhard/Simma, Bruno/Tammelo, Ilmar (Hrsg.), Ius humanitatis. Festschrift zum 90. Geburtstag von Alfred Verdross, Berlin 1980, 459–485.

Jaag, Tobias: Demokratische Legitimation der EU-Außenpolitik nach Lissabon, EuR 2012, 309–322.

Jacobs, Francis G.: The evolution of the European legal order, CMLRev. 2004, 303–316.

Jaeger, Thomas: Alle Macht dem Volk? Direkte Demokratie und ihr Missbrauch als Integrationsproblem, EuZW 2017, 127–131.

Jaeger, Thomas/Stöger, Karl (Hrsg.): Kommentar zu EUV und AEUV unter Berücksichtigung der österreichischen Judikatur und Lehre, Art. 218–221 AEUV, Wien, 214. Lieferung, November 2018.

Jaqué, Jean-Paul: The Principle of Institutional Balance, CMLRev. 2004, 383–391.

Jarass, Hans D./Pieroth, Bodo (Hrsg.): Grundgesetz für die Bundesrepublik Deutschland, Kommentar, 16. Aufl., München 2020.

Jung, Florian: Reben, Wein und der EuGH: Zur Auslegung von Art. 218 Abs. 9 AEUV – Anmerkungen zum Urteil des EuGH vom 07.10.2014, Rs. C-399/12 – Deutschland/Rat, EuR 2015, 735–746.

Kadelbach, Stefan: Die Europäische Union in einer neuen Epoche der internationalen Beziehungen, in: ders. (Hrsg.), Die Welt und Wir. Die Außenbeziehungen der Europäischen Union, Baden-Baden 2017, S. 9–19.

Kahl, Wolfgang: Über einige Pfade und Tendenzen in Verwaltungsrecht und Verwaltungsrechtswissenschaft – ein Zwischenbericht, Die Verwaltung 2009, 463–500.

Kahl, Wolfgang/Waldhoff, Christian/Walter, Christian (Hrsg.): Bonner Kommentar zum Grundgesetz, Loseblatt, Art. 23 GG, Stand: 153. Aktualisierung, August 2011.

Kerkemeyer, Andreas: Europarechtliche Bedenken gegen das CETA-Abkommen, KJ 2015, 264–274.

Klabbers, Jan: Treaties, Amendment and Revision, in: Wolfrum, Rüdiger (Hrsg), Max Planck Encyclopedia of Public International Law (EPIL), online-Edition, zuletzt aktualisiert Dezember 2006, Rn. 1–21.

ders.: An Introduction to International Institutional Law, 2. Aufl., Cambridge 2009.

Klein, Eckart: Unmittelbare Geltung, Anwendbarkeit und Wirkung von Europäischem Gemeinschaftsrecht, Vortrag vor dem Europa-Institut der Universität des Saarlandes, Saarbrücken, 2. Februar 1988, in: Ress, Georg/Will, Michael R. (Hrsg.), Vorträge, Reden und Bericht aus dem Europa-Institut Nr. 119, Saarbrücken 1988, S. 2–30.

Klein, Eckart/Schmahl, Stefanie: Die Internationalen und die Supranationalen Organisationen, in: Vitzthum, Wolfgang/Proelß, Alexander (Hrsg.), Völkerrecht, 6. Aufl., Berlin 2013, S. 237–349.

Klein, Karl Heinz: Die Übertragung von Hoheitsrechten, Berlin 1952.

Koutrakos, Panos: International Agreements in the Area of the EU's Common Security and Defence Policy, in: Cannizzaro, Enzo/Palchetti, Paolo/Wessel, Ramses A. (Hrsg.), International Law as Law of the European Union, Leiden 2012, S. 157–187.

ders.: EU International Relations Law, 2. Aufl., Oxford 2015.

Kovar, Robert: La participation des Communautés européennes aux conventions multilaterals, AFDI 1975, 903–924.

Krajewski, Markus: New Functions and New Powers for the European Parliament: Assessing the Changes of the Common Commercial Policy from the Perspective of Democratic Legitimacy, in: Bungenberg, Marc/Herrmann, Christoph (Hrsg.), Common Commercial Policy after Lisbon, Heidelberg 2013, S. 67–85.

ders.: Binnenorganisation der EU-Außenpolitik, in: von Arnauld, Andreas (Hrsg.), Europäische Außenbeziehungen, EnzEuR Bd. 10, Baden-Baden 2014, § 3 (S. 149–205).

ders.: International Organizations or Institutions, Democratic Legitimacy, in: Wolfrum, Rüdiger (Hrsg.), Max Planck Encyclopedia of Public International Law (EPIL), online-Edition, zuletzt aktualisiert März 2019, Rn. 1–25.

Kuijper, Pieter Jan: „It Shall Contribute to ... the Strict Observance and Development of International Law ...": The Role of the Court of Justice, in: Court of Justice of the European Union (Hrsg.), The Court of Justice and the Construction of Europe: Analyses and Perspectives on Sixty Years of Case-law, The Hague 2013, S. 589–613.

ders.: Post-CETA: How we got there and how to go on, RTDEur 2017, 181–187.

ders.: Case C-244/17 – Commission v Council: the centre of gravity test revisited in the context of Article 218 (9) TFEU, veröffentlicht auf www.europeanlawblog.eu am 26.11.2018, abrufbar unter: https://europeanlawblog.eu/2018/11/26/case-c-244-17-commission-v-council-the-centre-of-gravity-test-revisited-in-the-context-of-article-218-9-tfeu/#_ftnref3 (zuletzt abgerufen am 26.6.2021).

Kuijper, Pieter Jan/Hoffmeister, Frank: WTO Influence on EU Law: Too Close for Comfort? in: Wessel, Ramses A./Blockmans, Steven (Hrsg.), Between Autonomy and Dependence, The EU Legal Order under the Influence of International Organisations, The Hague 2013, S. 131–158.

Lavranos, Nikolaos: Legal Interaction between Decisions of International Organisations and European Law, Groningen 2004.

Léger, Philippe (Hrsg.): Commentaire article par article des traités UE et CE, Bruxelles 2000.

Lenaerts, Koen: Some Reflections on the Separation of Powers in the European Community, CMLRev. 1991, 11–35.

ders.: Regulating the regulatory process: „delegation of powers" in the European Community, ELRev. 1993, 23–49.

Lenaerts, Koen/Verhoeven, Amaryllis: Towards a legal framework for executive rulemaking in the EU? The contribution of the new comitology decision, CMLRev. 2000, 645–686.

dies.: Institutional Balance as a Guarantee for Democracy in EU Governance, in: Joerges, Christian/Dehousse, Renaud (Hrsg.), Good Governance in Europe's Integrated Market, Oxford 2002, 35–88.

Lenz, Carl Otto/Borchardt, Klaus-Dieter (Hrsg.): EU-Verträge, Kommentar nach dem Vertrag von Lissabon, 6. Aufl., Wien 2012.

Locke, John: Two Treatises of Civil Government, Vol. II, London 1690.

Loo, Guillaume van der: The Court's Opinion on the EU-Singapore FTA: Throwing off the shackles of mixity?, CEPS Policy Insights 2017/17, S. 1–10.

Loo, Guillaume van der/Wessel, Ramses A.: The Non-Ratification of Mixed Agreements: Legal Consequences and Solutions, CMLRev. 2017, 735–770.

Lorz, Ralph Alexander/Meurers, Verena: Außenkompetenzen der EU, in: von Arnauld, Andreas (Hrsg.), Europäische Außenbeziehungen, EnzEuR Bd. 10, Baden-Baden 2014, § 2 (S. 1–159).

MacLeod, Iain/Henry, I. D./Hyett, Steven: The External Relations of the European Communities. A Manual of Law and Practice, Oxford 1996.

Maduro, Miguel Poiares: Der Kontrapunkt im Dienste eines europäischen Verfassungspluralismus, EuR 2007, 3–31.

Martenczuk, Bernd: Decisions of Bodies Established by International Agreements and the Community Legal Order, in: Kronenberger, Vincent (Hrsg.), The European Union and the International Legal Order, The Hague 2001, S. 141–163.

ders.: Außenbeziehungen und Außenvertretung, in: Hummer, Waldemar/Obwexer, Walter (Hrsg.), Der Vertrag über eine Verfassung für Europa, Baden-Baden 2009, S. 177–206.

Maunz, Theodor/Dürig, Günther (Begr.)/*Herzog, Roman/Scholz, Rupert/Herdegen, Matthias/ Klein, Hans H.* (Hrsg.): Grundgesetz Kommentar, Stand: 93. EL, Oktober 2020.

Mayer, Franz C.: Stellt das geplante Freihandelsabkommen der EU mit Kanada (Comprehensive Economic and Trade Agreement, CETA) ein gemischtes Abkommen dar? Rechtsgutachten für das Bundesministerium für Wirtschaft und Energie, 28.8.2014, abrufbar unter: https://www.bmwi.de/Redaktion/DE/Downloads/C-D/ceta-gutachten-einstufung-als-gemischtes-abkommen.pdf?__blob=publicationFile&v=4 (zuletzt abgerufen am 26.6.2021).

ders.: Die Mitwirkung deutscher Gesetzgebungsorgane an der EU-Handelspolitik: europarechtliche und verfassungsrechtliche Erfordernisse, ZEuS 2016, 391–400.

Mayer, Franz C./Ermes, Marina: Rechtsfragen zu den EU-Freihandelsabkommen CETA und TTIP, ZRP 2014, 237–240.

Mayhew, Alan/Hillion, Christophe: An Overview of the Enhanced Agreement and the FTA+: possible implications for SIDA assistance, SIPU report for the Swedish International Development Agency (SIDA), 14.3.2008, Sida ref: 2007.002743, abrufbar unter: http://www.wider-europe.org/files/Ukraine%20and%20the%20New%20Enhanced%20Agreement.pdf (zuletzt abgerufen am 26.6.2021).

Mayr, Stefan: „Mixed" oder „EU-only" – Sind die Investitionsschutzbestimmungen im CETA von der Außenhandelskompetenz der EU „gedeckt"?, EuR 2015, 575–600.

Möllers, Christoph: Gewaltengliederung, Legitimation und Dogmatik im nationalen und internationalen Rechtsvergleich, Tübingen 2005.

Möllers, Christoph/Achenbach, Jelena von: Die Mitwirkung des Europäischen Parlaments an der abgeleiteten Rechtsetzung der Europäischen Kommission nach dem Lissabonner Vertrag, EuR 2011, 39–60.

Möllers, Christoph/Bethge, Johannes: Stellungnahme zur Anhörung des Ausschusses für Recht und Verbraucherschutz des Deutschen Bundestages: Zur Beteiligung der gesetzgebenden Körperschaften an gemischten Abkommen, insbes.: Zur Zustimmungsbedürftigkeit des WPA Westafrika nach Art. 59 II GG, vom 13.1.2016, abrufbar unter: https://www.bundestag.de/resource/blob/401474/c1a661c4944b79a30af3c4cfef479a3f/moellers-data.pdf (zuletzt abgerufen am 26.6.2021).

Monar, Jörg: Editorial Comment. The Rejection of the EU-US SWIFT Interim Agreement by the European Parliament: A Historic Vote and Its Implications, EFAR 2010, 143–151.

Münch, Ingo von/Kunig, Philip (Hrsg.): Grundgesetz-Kommentar, 6. Aufl., München 2012.

Nettesheim, Martin: Die Integrationsverantwortung – Vorgaben des BVerfG und gesetzgeberische Umsetzung, NJW 2010, 177–183.

ders.: Das CETA-Urteil des BVerfG: Eine verpasste Chance?, NJW 2016, 3567–3570.

ders.: Umfassende Freihandelsabkommen und Grundgesetz. Verfassungsrechtliche Grundlagen der Zustimmung zu CETA, Berlin 2017.

Nowrot, Karten/Tietje, Christian: CETA an der Leine des Bundesverfassungsgerichts: Zum schmalen Grat zwischen Ultra-vires-Kontrolle und Ultra-vires-Handeln, EuR 2017, 137–154.

Obwexer, Walter: Die Vertragsschlusskompetenzen und die vertragsschlussbefugten Organe der Europäischen Union, EuR-Beiheft 2/2012, 49–75.

Oppermann, Thomas/Classen, Claus Dieter/Nettesheim, Martin: Europarecht, 8. Aufl., München 2018.

Orator, Andreas: Möglichkeiten und Grenzen der Einrichtung von Unionsagenturen, Tübingen 2017.

Ott, Andrea: GATT und WTO im Gemeinschaftsrecht. Die Integration des Völkervertragsrechts in die Europäische Gemeinschaftsrechtsordnung am Beispiel des GATT-Vertrags und der WTO-Übereinkünfte, Köln 1997.

dies.: The European Parliament's Role in EU Treaty Making, MJ 2016, 1009–1039.

Pache, Eckhard: Verantwortung und Effizienz in der Mehrebenenverwaltung, VVDStRL 66 (2007), S. 106–144.

Pautsch, Arne: Der Abschluss des Comprehensive Economic and Trade Agreement (CETA) als „gemischtes Abkommen" – ein Anwendungsfall des Art. 23 I GG?, NVwZ-Extra 8/2016, 1–6.

Pechstein, Matthias: Die Mitgliedstaaten der EG als „Sachwalter des gemeinsamen Interesses". Gesetzgebungsnotstand im Gemeinschaftsrecht, Baden-Baden 1987.

ders.: Integrationsverantwortung, Baden-Baden 2012.

Pechstein, Matthias/Nowak, Carsten/Häde, Ulrich (Hrsg.): Frankfurter Kommentar, EUV, GRC, AEUV, Band IV, Tübingen 2017.

Peters, Anne: The Position of International Law Within the European Community Legal Order, GYIL 1997, 9–77.

dies.: Elemente einer Theorie der Verfassung Europas, Berlin 2001.

dies.: Das Kosovogutachten und die Kunst des Nichtssagens, Jusletter 25. Oktober 2010, 1–4.

Petersmann, Ernst-Ulrich: Struktur und aktuelle Fragen des Assoziationsrechts, ZaöRV 1973, 283–311.

ders.: National Constitutions, Foreign Trade Policy and European Community Law, EJIL 1992, 1–35.

Pietzsch, Holger: Die Kompetenzverteilung zwischen Rat, Kommission und Parlament in den EG-Außenwirtschaftsbeziehungen, Halle an der Saale 2009.

Proelß, Alexander: Verfassungsgerichtliche Kontrolle gemischter EU-Handelsabkommen: Das Beispiel CETA, ZEuS 2016, 401–420.

Rauser, Karl Theodor: Die Übertragung von Hoheitsrechten auf ausländische Staaten. Zugleich ein Beitrag zur Dogmatik des Art. 24 I GG, München 1991.

Remmert, Barbara: Die Gründung von Einrichtungen der mittelbaren Gemeinschaftsverwaltung, EuR 2003, 134–145.

Richter, Stefan: Die Assoziierung osteuropäischer Staaten durch die Europäischen Gemeinschaften. Eine Untersuchung der rechtlichen Grundlagen der Vertragsgestaltung zwischen den Europäischen Gemeinschaften und Polen, Ungarn und der Tschechoslowakei, Berlin 1993.

Rideau, Joël: L'ordre juridique communautaire et la participation de la communauté européenne aux organisations internationales, in: Dormoy, Daniel (Hrsg.), L'Union Européenne et les organisations internationales, Bruxelles 1997, S. 68–101.

Rieckhoff, Henning: Der Vorbehalt des Gesetzes im Europarecht, Tübingen 2007.

Rosas, Allan: Mixed Union – Mixed Agreements, in: Koskenniemi, Martti (Hrsg.), International Law Aspects of the European Union, The Hague 1998, S. 125–148.

ders.: The European Union and mixed agreements, in: Dashwood, Alan/Hillion, Christophe (Hrsg.), The General Law of E.C. External Relations, London 2000, S. 200–220.

Ruffert, Matthias: Europarecht: Die neue Unabhängigkeit: Zur demokratischen Legitimation von Agenturen im europäischen Verwaltungsrecht, in: Müller-Graff, Peter-Christian/Schmahl, Stefanie/Skouris, Vassilios (Hrsg.), Europäisches Recht zwischen Bewährung und Wandel, Festschrift für Dieter H. Scheuing, Baden-Baden 2011, S. 399–414.

ders.: Mitwirkung der EU in internationalen Organisationen. Standpunkt der EU in der Internationalen Organisation für Rebe und Wein unionsrechtskonform, JuS 2015, 84–86.

Ruffert, Matthias/Walter, Christian: Institutionalisiertes Völkerrecht. Das Recht der Internationalen Organisationen und seine wichtigsten Anwendungsfelder, 2. Aufl., München 2015.

Rumler-Korinek, Elisabeth: Kann die Europäische Union demokratisch ausgestaltet werden? Eine Analyse und Bewertung aktueller Beiträge zur „europäischen Demokratiedebatte", EuR 2003, 327–342.

Sabel, Robbie: Conferences and Congresses, International, in: Wolfrum, Rüdiger (Hrsg), Max Planck Encyclopedia of Public International Law (EPIL), online-Edition, zuletzt aktualisiert Juli 2008, Rn. 1–53.

Sachs, Michael (Hrsg.): Grundgesetz Kommentar, 8. Aufl., München 2018.

Sack, Jörn: The European Community's Membership of International Organizations, CMLRev. 1995, 1227–1256.

Scharpf, Fritz W.: Demokratietheorie zwischen Utopie und Anpassung, Konstanz 1970.

ders.: Economic Integration, Democracy and the Welfare State, Max-Planck-Institut für Gesellschaftsforschung Working Paper, Köln 1996.

Schermers, Henry G./Blokker, Niels M.: International Institutional Law. Unity within Diversity, 5. Aufl., Leiden 2011.

Schiffbauer, Björn: Mehrheitserfordernisse für Abstimmungen im Rat über TTIP, CETA & Co., EuZW 2016, 252–258.

ders.: Über Hoheitsrechte und deren „Übertragbarkeit", AöR 2016, 551–593.

Schliesky, Utz: Souveränität und Legitimität von Herrschaftsgewalt. Die Weiterentwicklung von Begriffen der Staatslehre und des Staatsrechts im europäischen Mehrebenensystem, Tübingen 2004.

Schmalenbach, Kirsten: Assoziierung und Erweiterung, in: von Arnauld, Andreas (Hrsg.), Europäische Außenbeziehungen, EnzEuR Bd. 10, Baden-Baden 2014, § 6 (S. 321–369).

dies.: International Organizations or Institutions, General Aspects, in: Wolfrum, Rüdiger (Hrsg), Max Planck Encyclopedia of Public International Law (EPIL), online-Edition, zuletzt aktualisiert Oktober 2020, Rn. 1–26.

Schmidt-Assmann, Eberhard: Verwaltungslegitimation als Rechtsbegriff, AöR 1991, 329–390.

Schroeder, Marcus/Woitecki, Andreas: Was heißt hier rechtswirksam? Das Verfahren zur Festlegung von Standpunkten der Europäischen Union bei Gremienbeschlüssen völkerrechtlicher Übereinkünfte, JA 2010, 520–526.

Schroeder, Werner: Freihandelsabkommen und Demokratieprinzip – Eine Untersuchung zur parlamentarischen Legitimation gemischter Verträge, EuR 2018, 119–139.

Schwarze, Jürgen/Becker, Ulrich/Hatje, Armin/Schoo, Johann (Hrsg.): EU-Kommentar, 4. Aufl., Baden-Baden 2019.

Schwichtenberg, Klaus: Die Kooperationsverpflichtung der Mitgliedstaaten der Europäischen Union bei Abschluss und Anwendung gemischter Verträge, Frankfurt am Main 2014.

Seidl-Hohenveldern, Ignaz/Loibl, Gerhard: Das Recht der Internationalen Organisationen einschließlich der Supranationalen Gemeinschaften, 7. Aufl., Köln 2000.

Semertzi, Aliki: The preclusion of direct effect in the recently concluded EU free trade agreements, CMLRev. 2014, 1125–1158.

Sommermann, Karl-Peter: Verfassungsperspektiven für die Demokratie in der erweiterten Europäischen Union: Gefahr der Entdemokratisierung oder Fortentwicklung im Rahmen europäischer Supranationalität?, DÖV 2003, 1009–1017.

Steinbach, Armin: Kompetenzkonflikte bei der Änderung gemischter Abkommen durch die EG und ihre Mitgliedstaaten. Konsequenz aus der parallelen Mitgliedschaft in internationalen Organisationen, EuZW 2007, 109–112.

Streinz, Rudolf: Europarecht, Entscheidungsbesprechung EuGH, C-66/04, JuS 2006, 445–448.

ders. (Hrsg.): EUV/AEUV, Vertrag über die Europäische Union und Vertrag über die Arbeitsweise zur Europäischen Union, 2. Aufl., München 2011.

ders.: Disputes on TTIP – Does the agreement need the consent of the German Parliament?, in: Herrmann, Christoph/Simma, Bruno/Streinz, Rudolf (Hrsg.), EYIEL Special Issue, Trade Policy between Law, Diplomacy and Scholarship, Liber amicorum in memoriam Krenzler, Cham 2015, S. 271–295.

ders.: Repräsentative Demokratie und parlamentarische Kontrolle, in: Bungenberg, Marc/Herrmann, Christoph (Hrsg.), Die gemeinsame Handelspolitik der Europäischen Union: fünf Jahre nach Lissabon – Quo Vadis?, Baden-Baden 2016, S. 71–92.

ders.: Auswirkungen der Kompetenzverteilung zwischen Union und Mitgliedstaaten auf die Kompetenzordnung in den Mitgliedstaaten, in: Gamper, Anna/Bußjäger, Peter/Karlhofer, Ferdinand/Pallaver, Günther/Obwexer, Walter (Hrsg.), Föderale Kompetenzverteilung in Europa, Baden-Baden 2016, S. 663–692.

ders.: Europarecht: Abgrenzung von Berufsfreiheit und unternehmerischer Freiheit. Verpflichtung zur Preisangabe auf dem Etikett verstößt als Berufsausübungsregelung nicht gegen die unternehmerische Freiheit, Entscheidungsbesprechung des Lidl-Urteils des EuGH, JuS 2017, 798–800.

ders. (Hrsg.): EUV/AEUV, Vertrag über die Europäische Union und Vertrag über die Arbeitsweise zur Europäischen Union, 3. Aufl., München 2018.

ders.: Europarecht, 11. Aufl., Heidelberg 2019.

Streinz, Rudolf/Ohler, Christoph/Herrmann, Christoph: Der Vertrag von Lissabon zur Reform der EU, Einführung mit Synopse, 3. Aufl., München 2010.

Sur, Serge: L'Interpretation en Droit International Public, Paris 1974.

Tamm, Marina/Tonner, Klaus: TTIP: Abschlusskompetenzen und grundgesetzliches Konfliktpotential im Zusammengang mit den Fragen des Investitionsschutzes, EWS 2016, 198–215.

Tietje, Christian: Die Staatsrechtslehre und die Veränderung ihres Gegenstandes: Konsequenzen von Europäisierung und Internationalisierung, DVBl. 2003, 1081–1097.

ders.: Ganz, aber doch nur teilweise – die Beteiligung des Deutschen Bundestages an gemischten völkerrechtlichen Abkommen der EU, Policy Papers on Transnational Economic Law No. 45, Februar 2016, S. 1–7.

Thym, Daniel: Parliamentary Involvement in European International Relations, in: Cremona, Marise/de Witte, Bruno (Hrsg.), EU Foreign Relations Law, Oxford 2008, S. 201–232.

Torrent, Ramon: The fourth pillar of the European Union after the Amsterdam Treaty, in: Dashwood, Alan/Hillion, Christophe (Hrsg.), The General Law of E.C. External Relations, London 2000, S. 221–235.

Trute, Hans-Heinrich: Die demokratische Legitimation der Verwaltung, in: Hoffmann-Riem, Wolfgang/Schmidt-Aßmann, Eberhard/Voßkuhle, Andreas (Hrsg), Grundlagen des Verwaltungsrechts, Bd. I, München 2006, § 6 (S. 307–388).

Ungern-Sternberg, Antje von: Demokratie und Völkerrecht – Zur demokratischen Legitimation nationaler und internationaler Rechtserzeugung, Habilitationsschrift [bisher unveröffentlicht].

Vedder, Christoph: Die Auswärtige Gewalt des Europa der Neun, Göttingen 1980.

ders.: Rechtswirkungen von Assoziationsratsbeschlüssen: Die Kus-Entscheidung des EuGH, EuR 1994, 202–214.

ders.: Die Integrationskompetenz der EG in der Rechtsprechung des EuGH, in: Randelzhofer, Albrecht/Scholz, Rupert/Wilke, Dieter (Hrsg.), Gedächtnisschrift für Eberhard Grabitz, München 1995, S. 795–817.

ders.: Außenbeziehungen und Außenvertretung, in: Hummer, Waldemar/Obwexer, Walter (Hrsg.), Der Vertrag von Lissabon, Baden-Baden 2009, S. 267–300.

Vedder, Christoph/Heintschel von Heinegg, Wolff (Hrsg.): Europäisches Unionsrecht, EUV, AEUV, Grundrechte-Charta, 2. Aufl., Baden-Baden 2018.

Verhoeven, Joe: Elaboration, adoption, coordination, in: Dupoy, René-Jean (Hrsg.), Manuel sur les organisations internationales, 2. Aufl., Dordrecht 1998, S. 413–441.

Voßkuhle, Andreas: „Integration durch Recht" – Der Beitrag des BVerfG, JZ 2016, 161–168.

Weis, Hubert: Anmerkung zum Stilllegungsfondsgutachten, EuR 1977, 278–285.

Weisgerber, Philipp: CETA und TTIP: Abschluss als gemischte Abkommen und Entscheidung über die vorläufige Anwendung, Saar Blueprints 02/2017, S. 1–28.

Weiß, Wolfgang: Verfassungsanforderungen und Integrationsverantwortung bei beschließenden Vertragsorganen in Freihandelsabkommen, EuZW 2016, 286–291.

ders.: Dezentrale Agenturen in der EU-Rechtsetzung, EuR 2016, 631–665.

ders.: Demokratische Legitimation und völkerrechtliche Governancestrukturen: Bundestagsbeteiligung bei EU-Handelsabkommen mit beschlussfassenden Gremien, in: Kadelbach, Stefan (Hrsg.), Die Welt und Wir. Die Außenbeziehungen der Europäischen Union, Baden-Baden 2017, S. 151–222.

ders.: Die Integrationsverantwortung der Verfassungsorgane, JuS 2018, 1046–1050.

ders.: Umsetzung von CETA in der EU: Herausforderungen für Demokratie und institutionelles Gleichgewicht, EuR 2020, 407–430.

Wendel, Mattias: Permeabilität im europäischen Verfassungsrecht. Verfassungsrechtliche Integrationsnormen auf Staats- und Unionsebene im Vergleich, Tübingen 2011.

Wessel, Ramses A.: The Legal Framework for the Participation of the European Union in International Institutions, Journal of European Integration 2011, 621–635.

Wessel, Ramses A./Blockmans, Steven: The Legal Status and Influence of Decisions of International Organisations and Other Bodies in the European Union, in: Eeckhout, Piet/López-Escudero, Manuel (Hrsg.), The European Union's External Action in Times of Crisis, Oxford 2016, S. 223–248.

Wimmel, Andreas: Die demokratische Legitimität europäischen Regierens: ein Labyrinth ohne Ausgang?, integration 2008, 48–64.

Wittinger, Michaela: „Europäische Satelliten": Anmerkungen zum Europäischen Agentur(un)wesen und zur Vereinbarkeit Europäischer Agenturen mit dem Gemeinschaftsrecht, EuR 2008, 609–626.

Wouters, Jan/Odermatt, Jed: Norms Emanating from International Bodies and Their Role in the Legal Order of the European Union, in: Wessel, Ramses A./Blockmans, Steven (Hrsg.): Between Autonomy and Dependence. The EU Legal Order under the Influence of International Organisations, The Hague 2013, S. 47–68.

Wouters, Jan/Ramopoulos, Thomas: Revisiting the Lisbon Treaty's Constitutional Design of EU External Relations, Leuven Centre for Global Governance Studies Working Paper No. 119, 1.10.2013.

Zuleeg, Manfred: Anmerkung zu Rs. C-355/93 – Eroglu, CMLRev. 1996, 93–101.

Sachverzeichnis

Abschluss völkerrechtlicher Verträge. *Siehe* Vertragsschlussverfahren
Acquis communautaire 288
Antarktis-Urteil 72, 81, 137, 142, 152, 264
Anwendbarkeit der Standpunktverfahren
– Gremium ohne Unionsvertreter 133
– Übereinkünfte der EU 120
– Übereinkünfte der GASP 132
– Übereinkünfte der Mitgliedstaaten 120
– unverbindliche Akte 136
– Vorbereitungshandlungen 141
Assoziierungsabkommen
– einstimmige Beschlussfassung 102
– Kompetenz zum Abschluss 39
– Kompetenz zur Übertragung von Hoheitsrechten 49, 53, 250
– mit bilateraler Erfüllungsstruktur 16
– mit der Türkei 3, 24, 100, 107
– mit der Ukraine 3, 77
– mit wesentlichen Entscheidungsbefugnissen 247
– unmittelbare Wirkung 31
– Zustimmungsrecht des Europäischen Parlaments 146
AStV 73, 117, 142
Aufspaltungslösung 293
Außenvertretung
– Begriff 82
– Zuständigkeit der EU 82
Autonomie der Unionsrechtsordnung 52, 78, 260, 276, 284

Bekenntnis zur internationalen Zusammenarbeit 2, 3
Beschluss
– mit politischer Sensibilität 223, 251
– Rang im Unionsrecht 28
– Rechtsnatur 35

– unmittelbare Verbindlichkeit 18
– völkerrechtliche Verbindlichkeit 18
– Wirkung. *Siehe* unmittelbare Wirkung
Besondere Merkmale des Unionsrechts. *Siehe* Strukturmerkmale der EU
Bestandteilseigenschaft, integrale
– der Gremienbeschlüsse 26
– Konzept 22
– völkerrechtlicher Verträge 25
Beteiligung des Bundestags
– an völkerrechtlichem Vertrag mit Hoheitsrechtsübertragung 228
– an völkerrechtlichem Vertrag ohne Hoheitsrechtsübertragung 228
– an wesentlichen gemischten Vertragsschlüssen 243
Blockade
– ~position des Bundestags bei gemischten Verträgen 237
– von gemischten Abkommen in der Praxis 3
– von gemischten Beschlüssen 69
– von Standpunkten 55, 291
Bundestag. *Siehe* Beteiligung des Bundestags

CCAMLR 73, 76
CETA
– ~-Gremien 268. *Siehe auch* Gemischter CETA-Ausschuss
– Änderung oder Ergänzung des Abkommens 281
– Austausch von Produktwarnungen 278
– Begriff der gerechten und billigen Behandlung 281
– Eilverfahren vor dem BVerfG 6
– Kategorien geistigen Eigentums 280
– multilaterales Investitionsgericht 276

- nicht delegierbare Befugnisse 284
- verbindliche Auslegung 282
- Verfahrensrecht institutioneller Art 277
- Verhaltenskodex für Richter 278

CETA I und II (BVerfG) 5, 65, 234, 244, 246, 248, 272

Checks and balances 190–191, 222. *Siehe auch* Prinzip des institutionellen Gleichgewichts

Delegation. *Siehe auch* Grenze der Befugnisdelegation
- allgemeine Grundsätze für Befugnis~en 212
- auf multilaterale Gremien 284
- Bestimmtheit des ~saktes 216, 220, 256
- Einhaltung des Vertragsschlussverfahrens 185, 256
- Kompetenzgrundlage 39, 255
- sachliche Rechtfertigung der ~ 255
- wesentlicher Befugnisse 217, 266

Delegierte Rechtsetzung
- Anforderungen an den Delegationsakt 198
- Delegationsgrenze 199

Demokratische Legitimation. *Siehe* Legitimation, Prinzip der demokratischen Legitimation

Deutschland/Rat (OIV) 84–85, 88, 98–99, 106, 121, 125, 128, 136, 142, 151, 184, 217, 264

Deutschland/Rat (OTIF) 43, 56, 61, 63, 74, 94, 153, 264

Dior-Urteil 31, 60, 261

Durchführungsbefugnis 196, 199, 211, 218, 221

Durchgriffswirkung 45, 229, 247, 274

Effektivität
- der Entscheidungsfindung im Gremium 107, 223
- der Standpunktfestlegung 64, 85, 98, 108, 127, 151, 244
- der völkervertraglichen Zusammenarbeit 3, 13, 69, 88, 291

Einlasskontrolle. *Siehe* Kontrolle

Einrichtung im Näheverhältnis der EU 230

Einvernehmlichkeitsprinzip 17, 35, 103, 183, 284

EU-only-Abkommen
- Begriff 71
- Einfluss des Bundestags 238
- Legitimationsakte 181
- mit Singapur 8

Europäische Kommission 90, 108, 113, 159

Europäisches Parlament
- Aushöhlung der Befugnisse 266–267
- Beitrag zur Legitimationsvermittlung 175, 183, 191
- Rolle im Standpunktverfahren 96, 108, 113, 159
- Rolle im Vertragsschlussverfahren 113
- verstärkte Einbeziehung 256, 258, 284, 292

EUSFTA-Beschluss (BVerfG) 8–9

EUZBBG 239

EUZBLG 239

Freihandelsabkommen
- Frage der Gemischtheit 64
- Hoheitsrechtsübertragung 248
- im Näheverhältnis zum Unionsrecht 232
- Kompetenzen zum Abschluss 41, 44, 149
- mit der Türkei 32
- mit Kanada (CETA). *Siehe* CETA
- mit Singapur (EUSFTA) 8
- unmittelbare Wirkung 31
- Verfahren vor dem BVerfG 6
- Zustimmungserfordernis des Bundestags 228

GASP 62, 91, 101, 106, 132

Gemeinsame Handelspolitik 58

Gemeinsamer Standpunkt
- Begrifflichkeit 64
- Einvernehmlichkeit 66

Gemischte Abkommen
- CETA 273
- facultative mixity 43
- Kompetenzabgrenzung, vertikale 43
- obligatory mixity 43
- überschießende Ratifikation 237

Gemischter Beschluss. *Siehe auch* Hybrider Beschluss
- Begriff 64

– facultative mixity 75
– in CETA 65
– Notwendigkeit 61
– obligatory mixity 61
Gemischter CETA-Ausschuss
– Befugnisse 268
– Besetzung 268
Gerichtliche Kontrolle. *Siehe* Kontrolle
Gremienbeschluss. *Siehe* Beschluss
Gremienentscheidung. *Siehe* Beschluss
Gremium. *Siehe* Vertragsgremium, bilateraler Natur
Grenze der Befugnisdelegation
– Änderung der Unionsverträge 50, 186
– erheblicher Grundrechtseingriff 204, 223
– unbegrenztes Ermessen 221
– Wesensänderung des Abkommens 219
– wesentliche Befugnisse 266, 279
– wesentliche institutionelle Befugnisse 143, 162, 266, 276
Grundsatz der loyalen Zusammenarbeit. *Siehe* Loyale Zusammenarbeit
Gutachten 1/17 260, 276
Gutachten 1/76 40, 48, 50, 211, 221, 255, 257
Gutachten 1/78 41, 61, 84, 126, 260
Gutachten 2/13 28, 52, 260
Gutachten 2/15 2, 41, 43–44, 58, 76, 149, 279
Gutachten 2/91 123, 128–129
Gutachtenverfahren 260

Haegeman-Urteil 24, 60, 261
Handelsabkommen der neuen Generation 2
Hochzonung von Befugnissen auf Gremien. *Siehe* Delegation
Hoher Vertreter für Außen- und Sicherheitspolitik 91, 108
Hybrider Beschluss 64, 67, 73, 76. *Siehe auch* Gemischter Beschluss

Identität der Unionsrechtsordnung. *Siehe* Strukturmerkmale der EU
Institutioneller Rahmen der Übereinkunft
– als Delegationsgrenze 158, 162, 266, 276
– Änderung oder Ergänzung 150
– Anwendungsbeispiele 153

– Begriff 148
Institutionelles Gleichgewicht. *Siehe* Prinzip des institutionellen Gleichgewichts
Integrationskompetenz 49
Integrationsprogramm 48, 182, 216, 227, 230, 234, 236, 242, 249, 255–256
Integrationsverantwortung 8, 176, 238, 256
– Aktivierung bei wesentlichen gemischten Vertragsschlüssen 243
– Begriff 226
– bei „Weiterübertragung" von Hoheitsrechten 242
– Grundlagen 240
– Haushaltsverantwortung 242
– von Verfassungs wegen 241
Internationale Organisation
– für Rebe und Wein (OIV) 121
– mit bilateraler Erfüllungsstruktur 16
– mit Mehrheitsentscheid 21
– Organe 34
– Präsenz der EU 1
– Rechtsnatur ihrer Beschlüsse 35
– Standpunktfestlegung 287
Interpellationsrecht 267, 292
IntVG 240

Komitologie
– ~-Urteile 199
– Einbindung des Europäischen Parlaments 251
Kommission/Griechenland (IMO) 123, 128
Kommission/Rat (CITES) 94, 129, 264–265
Kommission/Rat (ITU) 57, 64, 94–97, 99, 264–265
Kommission/Rat (Kasachstan) 56, 62, 98, 101, 132, 145, 151–152, 169, 265
Kommission/Rat (Luftverkehrsabkommen USA) 67, 71, 181
Kommission/Rat (WTO-Beitritt Vietnam) 61–62, 82, 94–95, 145
Kompetenzabgrenzung. *Siehe* Gemischte Abkommen; *Siehe* Standpunktfestlegung
Kompetenzen. *Siehe auch* Vertragsschließungskompetenzen
– zur Einrichtung von Vertragsgremien 39
– zur Standpunktfestlegung 53

Kontrolle
- der Wesentlichkeit 267
- Einlass~ 259, 288
- ex ante 254, 259
- ex post 254, 263
- gerichtliche ~ der Befugnisdelegation 259, 288
- Ursprungs~ 108, 257, 288

Legitimation
- Input-~ 69, 174, 178–179, 183, 254, 292, 298, 303
- multilateraler Gremienstrukturen 284
- Output-~ 69, 174, 179, 184, 292, 298
- Throughput-~ 174
Legitimationsbedarf
- der Gremienbeschlüsse 170
- für die Einrichtung von Gremien 168
- in den Außenbeziehungen 171
Legitimationskonzept. *Siehe* Legitimationsvermittlung
Legitimationsmechanismen. *Siehe* Legitimationsvermittlung
Legitimationsmodell. *Siehe* Legitimationssystem
Legitimationsniveau
- Begriff 167
- Einhaltung bei CETA 281, 284
- Ermittlung 167
- hinreichendes ~ bei der Befugnisdelegation 185
Legitimationssystem
- Elemente 255
- generelle Anwendbarkeit 254
- Herleitung 253
- und CETA 268
Legitimationsvermittlung
- alternative Formen 178
- im Legitimationskonzept der EU 175
- Mechanismen der ~ auf Unionsebene 180
Lissabon-Urteil 8, 39, 44, 50, 170, 173, 177–179, 216, 226, 241, 244, 285
Loyale Zusammenarbeit 52, 59, 95, 121, 127, 291

Maßstab für Befugnisdelegationen. *Siehe* Delegierte Rechtsetzung; *Siehe* Meroni-Kriterien; *Siehe* Legitimationssystem

Mehrheitserfordernis
- bei der Standpunktfestlegung 97
- bei Gemischten Beschlüssen 67
- im Rat bei Vertragsabschluss 9
- in multilateralen Gremienstrukturen 284
Meroni I und II 188, 193
Meroni-Kriterien
- Inhalte 193
- modifizierte Anwendung auf Vertragsgremien 210
Mitwirkungsverfahren. *Siehe* Standpunktverfahren
Multilaterale Gremienstrukturen. *Siehe* Delegation auf multilaterale Gremien, Legitimation multilateraler Gremienstrukturen

Nemo plus iuris transferre potest quam ipse habet 194
Nichtigkeitsklage 263

Opting-out-Möglichkeit 288–289, 304

Parlament/Rat (Abkommen EU-Mauritius) 96, 213
Parlament/Rat (SGK) 202
Patentgericht-Beschluss (BVerfG) 230, 242
Pflicht zur loyalen Zusammenarbeit. *Siehe* Loyale Zusammenarbeit
Policy making power. *Siehe* Vertragsschließungskompetenzen
Prinzip der begrenzten Einzelermächtigung 39, 62, 188, 253, 255
Prinzip der demokratischen Legitimation 166, 185. *Siehe auch* Legitimation, Legitimationsvermittlung, Legitimationsniveau, Legitimationssystem
- Aushöhlung 53, 186, 192, 224
- duale demokratische Legitimation 176
Prinzip der loyalen Zusammenarbeit. *Siehe* Loyale Zusammenarbeit
Prinzip des institutionellen Gleichgewichts
- als Grenze der Befugnisdelegation 190, 196
- Aushöhlung 53, 93, 192
- einheitliches institutionelles Gleichgewicht 213, 279
- Herleitung 187
- Inhalte 189, 254

Rat der Europäischen Union 92, 108, 113, 159
Rat/Kommission (Internationaler Seegerichtshof) 48, 83, 98, 116, 120, 125, 130–131, 133–134, 145, 188
Rechenschaftspflicht 5, 176, 222, 244, 256
Rechtsetzungsbefugnis 20–21, 197, 214, 267
Rechtswirksamer Akt 135. *Siehe auch* Beschluss
Reversibilität der Delegation 6, 172
Rezeptionsakt 170, 180, 227
Rückbindung
– der Beschlüsse an den Bundestag 233, 248
– des Unionsvertreters an den Unionsstandpunkt 106, 275

Sevince-Urteil 19, 22, 29–30, 32, 209, 261–262
Standpunkt
– ~vertretung im Gremium 83, 105
– Begriff 82
Standpunktfestlegung
– Bereich ausschließlicher EU-Kompetenzen 58
– gemischter Kompetenzbereich 64
– geteilter Kompetenzbereich 72
– Kompetenzabgrenzung 54
– mitgliedstaatlicher Kompetenzbereich 58
Standpunktverfahren. *Siehe auch* Anwendbarkeit des Standpunktverfahrens
– Beteiligung der Unionsorgane (Tabelle III) 160
– Einfluss der Unionsorgane (Tabelle II) 159
– Entstehungsgeschichte 84
– Gegenüberstellung 115
– informelle 116
– nach Art. 218 Abs. 7 AEUV 109
– nach Art. 218 Abs. 9 AEUV 89
– Rolle der Unionsorgane (Tabelle I) 116
Status der Gremienbeschlüsse. *Siehe* Bestandteilseigenschaft, integrale
Strukturmerkmale der EU 51, 211

Taflan-Met-Urteil 18, 24, 30, 32, 36
Transparenz, Grundsatz der 179

Treaty making power. *Siehe* Vertragsschließungskompetenzen
Trennungslösung 70

Übertragung von Befugnissen auf Gremien. *Siehe* Delegation
Übertragung von Hoheitsrechten
– auf zwischenstaatliche Einrichtung 47
– Begriff 45
– bei CETA 273
Ultra vires 6, 42, 48, 243, 248–250, 255, 273–274
Unmittelbare Wirkung
– Ausschluss 31, 242, 273, 289
– Bedeutung 29
– der Abkommensbestimmungen 30
– der Beschlüsse in CETA 273
– der Gremienbeschlüsse 29, 32
Unterrichtungsrechte
– des Bundestags 236, 239, 249
– des Europäischen Parlaments 86, 96, 108, 111, 113, 130, 178, 292
Ursprungskontrolle. *Siehe* Kontrolle

Verantwortungszusammenhang 212, 254
Verbindlichkeit der Beschlüsse. *Siehe* Beschluss
Vereinbarkeit von CETA mit EU-Recht 268
Vereinigtes Königreich/Parlament und Rat (Leerverkäufe) 197, 212, 218, 222
Vereinigtes Königreich/Rat 54, 57, 82, 98, 100, 151–152
Vertragsgremien, bilateraler Natur
– Beschlussfassungsbefugnis 270
Vertragsgremium, bilateraler Natur. *Siehe auch* Gemischter CETA-Ausschuss
– Abgrenzung 16
– Beschlussfassungsbefugnis 18
– Besetzung 17
– Kennzeichen 15, 120, 132, 162, 254
– Rechtsnatur 33
Vertragsschließungskompetenzen. *Siehe auch* Kompetenzen
– implizite 1, 41, 56, 58
– zur Übertragung von Hoheitsrechten 48
Vertragsschlussverfahren 113, 115, 256
Veto-Position 77, 162, 292. *Siehe auch* Opt-out-Möglichkeit
Vorabentscheidungsverfahren 261

Wesensänderung des Abkommens 219
Wesentlichkeit
– ~sgrundsatz als tragender Verfassungsgrundsatz 218, 223
– als Delegationsgrenze für völkervertragliche Gremien 217, 256, 266
– als Grenze der delegierten Rechtsetzung 199
– bei CETA 279
– bereichsspezifischer ~sgrundsatz 201
– Grundrechtsbezug 204
– Prüfung der ~ 205
– unionsrechtlicher ~smaßstab 151, 203
– verfassungsrechtlicher ~smaßstab 46, 104, 153, 243, 247, 250
WTO 2, 31, 134, 244, 281, 286